DESCRIPTION

DES

PHARES

Tous les relèvements sont vrais et donnés de la mer, c'est-à-dire rapportés aux méridiens des bâtiments et non à ceux des phares.

Ils sont tels que l'observateur peut les voir en se supposant placé au centre du compas du navire.

DESCRIPTION

DES

PHARES

EXISTANT

SUR LE LITTORAL MARITIME DU GLOBE

*Nouvelle édition rédigée d'après les listes officielles
des divers Gouvernements maritimes.*

Septembre 1880

Cette Édition annule les précédentes
Elle contient le décret du 4 novembre 1879 sur les feux

PARIS

HAUSERMANN, LIBRAIRE-HYDROGRAPHE
Successeur de ROBIQUET
RUE DE CLUNY, 11

UN SUPPLÉMENT

Contenant les changements et modifications des phares jusqu'au 1ᵉʳ janvier

1881

sera adressé gratuitement, par la poste, après cette époque à toutes les personnes qui enverront leur adresse avec ce bordereau et un timbre-poste de 0,50 à l'Éditeur.

Hausermann, rue de Cluny, n° 11. — PARIS

UN SUPPLÉMENT

Contenant les changements et modifications des phares jusqu'au 1ᵉʳ janvier

1882

sera adressé gratuitement, par la poste, après cette époque à toutes les personnes qui enverront leur adresse avec ce bordereau et un timbre-poste de 0,50 à l'Éditeur.

Hausermann, rue de Cluny, n° 11. — PARIS

RÈGLEMENT INTERNATIONAL

SUR

LES FEUX QUE LES NAVIRES DE GUERRE ET DE COMMERCE DOIVENT PORTER LA NUIT, LES SIGNAUX QU'ILS DOIVENT FAIRE EN TEMPS DE BRUME ET LES MANŒUVRES QU'ILS DOIVENT EXÉCUTER POUR PRÉVENIR LES ABORDAGES.

Adopté par les nations suivantes :

Autriche-Hongrie.
Belgique.
Chili.
Danemark.
France.
Allemagne.
Grande-Bretagne.
Grèce.

Italie.
Pays-Bas.
Norwége.
Portugal.
Russie.
Espagne.
Suède.
Etats-Unis.

Art. 1ᵉʳ — A dater du 1ᵉʳ septembre 1880, les bâtiments de la marine nationale, ainsi que les navires du commerce, seront assujettis aux prescriptions ci-après, qui ont pour objet de prévenir les abordages.

Dans les règles qui suivent, tout navire à vapeur qui ne marche qu'à l'aide de ses voiles est considéré comme bâtiment à voiles; et tout navire à vapeur dont la machine est en action est considéré comme navire à vapeur, qu'il se serve de ses voiles ou qu'il ne s'en serve pas.

Règles concernant les feux

Art. 2 — Les feux mentionnés dans les articles suivants numérotés 3, 4, 5, 6, 7, 8, 9, 10. et 11, doivent être tenus allumés par tous les temps, depuis le coucher du soleil jusqu'à son lever.

Aucun autre feu ne devra paraître à l'extérieur du navire.

Art. 3. — Tout navire à vapeur en mer, quand il est en marche, doit porter :

(**A**). Sur le mât de misaine ou en avant du mât de misaine, à une hauteur d'au moins 6 mètres au-dessus du plat bord, — et si la largeur du navire est de plus de 6 mètres, à une hauteur au-dessus du plat bord au moins égale à la largeur du navire, — *un feu blanc brillant*, construit de manière à fournir une lumière uniforme et sans interruption sur tout le parcours d'un arc horizontal de vingt quarts ou rhumbs de vent. Il devra être fixé de telle sorte que la lumière se projette de chaque côté du navire depuis l'avant jusqu'à deux quarts de l'arrière du travers. La portée de ce feu devra être assez grande pour qu'il soit visible à cinq milles de distance par une nuit sombre, mais atmosphère sans brume, pluie, brouillard ou neige.

(**B**). A *tribord, un feu vert* établi de manière à projeter une lumière uniforme et sans interruption sur tout le parcours d'un arc horizontal de dix quarts du compas compris entre l'avant du navire et deux quarts de l'arrière du travers à tribord; il doit avoir une portée telle qu'il soit visible à au moins deux milles de distance, par une nuit sombre, mais atmosphère sans brume, pluie, brouillard ou neige.

(C) A *babord, un feu rouge* établi de manière à projeter une lumière uniforme et sans interruption sur tout le parcours d'un arc horizontal de dix quarts du compas, compris entre l'avant du navire et deux quarts de l'arrière du travers à babord; il doit avoir une portée telle qu'il soit visible à au moins deux milles de distance, par une nuit sombre, mais atmosphère sans brume, pluie, brouillard, ou neige.

(D) Ces feux de côté vert ou rouge doivent être pourvus, du côté du navire par rapport à eux, d'écrans se projetant en avant d'au moins 0^m91; de telle sorte que leur lumière ne puisse pas être aperçue de tribord devant pour le feu rouge et de babord devant pour le feu vert

Art. 4. — Tout navire à vapeur qui remorque un autre bâtiment doit porter, outre ses feux de côté, deux feux blancs brillants placés verticalement à 0^m91 de distance au moins l'un au-dessus de l'autre, afin de le distinguer des autres bâtiments à vapeur. Chacun de ces feux doit être du même genre et installé de la même manière que le feu blanc brillant porté au mât de misaine par les autres navires à vapeur.

Art. 5. — Tout navire à voiles ou à vapeur employé, soit à poser, soit à relever un câble télégraphique, tout navire qui, par une cause accidentelle, n'est pas libre de ses mouvements doit, si c'est le jour, porter en avant de la tête du mât de misaine et pas plus bas que cette tête du mât, trois boules noires de 0^m61 de diamètre chacune, placées verticalement l'une au-dessous de l'autre à une distance d'au moins 0^m91; si c'est pendant la nuit, il doit mettre à la place assignée au feu blanc brillant, que les bâtiments à vapeur sont tenus d'avoir en avant du mât de misaine, trois feux rouges placés dans des lanternes sphériques d'au moins 0ᵐ25 de diamètre et disposés verticalement à une distance l'une de l'autre d'au moins 0ᵐ91.

Ces boules ou ces lanternes servent à avertir les autres navires qui approchent que celui qui les porte n'est pas manœuvrable et par suite ne peut se garer.

Les navires ci-dessus ne doivent pas avoir les feux de côté allumés lorsqu'ils n'ont aucun sillage. Ils doivent, au contraire, les tenir allumés s'ils sont en marche soit à la voile, soit à la vapeur.

Art. 6. — Tout navire à voiles, qui fait route ou qui est remorqué, doit porter les feux indiqués par l'article 3 pour un bâtiment à vapeur en marche, à l'exception du feu blanc qu'il ne doit avoir en aucun cas.

Art. 7. — Toutes les fois que les feux de côté rouge ou vert ne pourront pas être fixés à leur poste, comme cela a lieu à bord des petits navires pendant le mauvais temps, on devra tenir ces feux sur le pont, à leurs côtés respectifs du bâtiment, allumés et prêts à être montrés. Si on approche d'un autre bâtiment, ou si l'on en est approché, on doit montrer ces feux à leurs bords respectifs en temps utile pour empêcher l'abordage, les placer de manière qu'ils soient le plus visibles possible, et de telle sorte que le feu vert ne puisse pas s'apercevoir de babord ni le feu rouge de tribord.

Afin de rendre plus facile et plus sûr l'emploi de ces feux portatifs, les lanternes doivent être peintes extérieurement de la couleur du feu qu'elles contiennent et munies d'écrans convenables.

Art. 8. — Tout navire soit à voiles, soit à vapeur doit, lorsqu'il est au mouillage, avoir un feu blanc dans une lanterne sphérique d'au moins 0ᵐ20 de diamètre placé le plus en vue possible à une hauteur au-dessus du plat bord qui n'excède pas 6 mètres ; ce feu doit montrer une lumière claire uniforme, sans interruption, et visible tout autour de l'horizon à une distance d'au moins un mille.

Art. 9. — Les *bateaux pilotes*, quand ils sont sur leur station de pilotage pour leur service, ne doivent pas porter les mêmes feux que les autres navires, ils doivent avoir à la tête du mât un feu blanc, visible tout autour de l'horizon; ils doivent également montrer à de courts intervalles ne dépassant jamais 15 minutes *un ou plusieurs feux à éclats*.

Quand un bateau pilote n'est pas dans sa zone et occupé au service du pilotage, il doit porter les mêmes feux que les autres navires.

Art.10 — (**A**) Les *bateaux de pêche non pontés*, et tous autres bateaux non pontés ne sont pas forcés, lorsqu'ils sont en marche, de porter les feux de côté obligatoires pour les autres navires; mais, s'ils ne les ont pas, ils doivent avoir à la place une *lanterne toute prête* et munie sur un des côtés d'un verre vert, et sur l'autre d'un verre rouge, et s'ils approchent d'un navire ou s'ils en voient approcher un, ils doivent montrer la lanterne assez à temps pour éviter un abordage, en la tenant de manière que la lumière verte ne soit vue qu'à tribord et la lumière rouge à babord.

(**B**) Tout *bâtiment de pêche*, ou tout bateau non ponté doit montrer un *feu blanc* brillant quand il est *au mouillage*.

(**C**) Tout *bâtiment de pêche* occupé à la pêche aux filets traînants portera à l'un de ses mâts deux feux rouges placés verticalement l'un au-dessus de l'autre, à une distance d'au moins 0^{m}91.

(**D**) Tout *bateau pêchant* à la drague portera à l'un

de ses mâts *deux feux* placés verticalement à la distance d'au moins 0^{m}91 l'un au-dessus de l'autre, le feu supérieur étant rouge et le feu inférieur vert ; en outre, il aura les deux feux de côté réglementaires pour les autres bâtiments, ou, s'il ne peut pas les porter, il aura tout prêts et à la main les feux colorés prévus par l'article 7, ou enfin une lanterne avec un verre rouge et un verre vert comme il est dit au paragraphe (A) de cet article 10.

(E) Les bâtiments de pêche, ainsi que les bateaux non pontés pourront en outre, s'ils le désirent, se servir d'un feu à éclats alternativement montré et caché.

(F) Les feux mentionnés dans cet article sont substitués à ceux qui sont indiqués dans les articles 12, 13 et 14 de la convention entre la France et l'Angleterre, inscrits dans le *British Sea Fisheries act*, 1868, et dans le décret du 26 mai 1869, *Bulletin officiel de la Marine*, premier semestre, page 434 et suivantes, 28 Octobre 1873, *Bulletin officiel*, 1873, deuxième semestre, page 436.

(G) Tous les feux exigés par cet article, à l'exception des feux de côté, doivent être contenus dans des lanternes sphériques, de manière que la lumière soit visible sans interruption sur tout l'horizon.

Art. 11. — Un *navire* qui est *rattrapé* par un autre bâtiment doit montrer au-dessus de sa poupe un *feu blanc* ou à *éclats* destiné à avertir le navire qui approche.

Signaux phoniques par temps de brume, brouillard, etc.

Art. 12. — Tout navire à vapeur doit être pourvu :
1° D'un sifflet à vapeur ou de tout autre système efficace de sons au moyen de la vapeur, placé de manière que le son ne soit gêné par aucun obstacle ;

2° D'un cornet de brume d'une sonorité suffisante qu'on puisse faire entendre au moyen d'un soufflet ou de tout autre instrument;

3° D'une cloche assez puissante.

Tout navire à voiles doit être pourvu d'un cornet et d'une cloche analogues.

En temps de brume, de brouillard ou de neige, soit de nuit, soit de jour, les avertissements indiqués ci-dessous seront employés par les bâtiments.

(**A**) Tout navire à vapeur, lorsqu'il est en marche, doit faire entendre un coup prolongé de son sifflet à vapeur ou de tout autre mécanisme à vapeur à des intervalles qui ne doivent pas excéder deux minutes

(**B**) Tout navire à voiles, lorsqu'il est en marche, doit faire les signaux suivants avec son cornet, à des intervalles de deux minutes au plus : un coup lorsqu'il est tribord amures; deux coups, l'un après l'autre, quand il est babord amures; trois coups, l'un après l'autre, quand il a le vent de l'arrière du travers.

(**C**) Tout navire, à voiles ou à vapeur, qui ne fait pas route, doit sonner la cloche à des intervalles qui n'excédent pas deux minutes.

Art. 13. — Tout navire, soit à voiles, soit à vapeur, ne doit aller qu'à une vitesse modérée pendant les temps de brouillard, de brume ou de neige.

Règles relatives à la route et à la manière de gouverner

Art. 14. — Quand deux navires à voiles font des routes qui les rapprochent l'un de l'autre de manière à faire courir le risque d'abordage, l'un des deux s'écartera de la route de l'autre, d'après les règles suivantes.

(A) Le navire *qui court largue* doit s'écarter de la route de celui qui est au plus près.

(B) Le navire qui est *au plus près bâbord amures*, doit s'écarter de la route de celui qui est au plus près tribord amures.

(C) Si les deux navires courent largue, mais avec les amures de bords différends, le bâtiment qui a le *vent par bâbord* s'écarte de la route de celui qui le reçoit par tribord.

(D) Si les deux navires courent largue ayant tous deux le vent du même bord, *celui qui est au vent doit s'écarter* de la route de celui qui est sous le vent.

(E) Le bâtiment qui est vent arrière doit s'écarter de la route de l'autre navire.

Art. 15. — Si les deux navires marchent à la vapeur et courent l'un sur l'autre, en faisant des routes directement opposées ou à très-peu près, de manière à faire craindre un abordage, chacun d'eux devra venir sur tribord, afin de laisser l'autre navire passer à bâbord.

Cet article s'applique uniquement au cas où les bâtiments ont le cap l'un sur l'autre en suivant des rhumbs de vent tout à fait, ou presque tout à fait opposés, de telle sorte que l'abordage soit à craindre. Il ne s'applique pas à des navires qui, s'ils continuent leurs routes, se croiseront certainement sans se toucher.

Les seuls cas que vise cet article sont ceux dans lesquels chacun des deux bâtiments a le cap sur l'autre, les deux plans longitudinaux étant complétement ou à très-peu près sur le prolongement l'un de l'autre, en d'autres termes, les cas dans lesquels, pendant le jour, chaque bâtiment voit les mâts de l'autre navire l'un par l'autre ou à très-peu près, et tout à fait ou à très-peu près dans le prolongement de son cap; et, pendant la nuit, le cas où chaque bâtiment est placé de manière à voir à la fois les deux feux de côté de l'autre.

Il ne *s'applique pas* aux cas où, pendant le jour, un bâtiment en aperçoit un autre droit devant lui et coupant sa route; ni aux cas où, pendant la nuit, chaque bâtiment, présentant son feu rouge, voit le feu de même couleur de l'autre navire; où chaque bâtiment, présentant son feu vert, voit le feu de même couleur de l'autre navire; ni aux cas où un bâtiment aperçoit droit devant lui un feu rouge sans voir de feu vert, ou aperçoit droit devant lui un feu vert sans voir de feu rouge, ni, enfin, aux cas où un bâtiment aperçoit à la fois un feu vert et un feu rouge, dans toute autre direction que droit devant ou à peu près.

Art. 16. — Lorsque deux navires marchant à la vapeur font des routes qui se croisent de manière à faire craindre un abordage; *le bâtiment qui voit l'autre par tribord doit s'écarter* de la route de cet autre navire.

Art. 17. — Si deux navires, l'un à voiles et l'autre à vapeur, courent de manière à risquer de se rencontrer, le *navire sous vapeur doit s'écarter* de la route de celui qui est à voiles.

Art. 18 — Tout navire à vapeur qui en approche un autre au point de faire craindre un abordage doit *diminuer de vitesse ou stopper* et même marcher en arrière, si cela est nécessaire.

Art. 19. — En changeant sa route conformément à l'autorisation ou aux prescriptions de ce règlement, un bâtiment à vapeur qui est en marche peut indiquer ce changement à tout autre navire en vue au moyen des *avertissements* suivants donnés *avec le sifflet* à vapeur.

Un *coup bref* pour dire : *Je viens sur tribord.*
Deux *coups brefs* : *Je viens sur babord.*

Trois *coups brefs :* Je vais en arrière à toute vitesse.

L'emploi de ces avertissements est facultatif: mais, si l'on s'en sert, il faut que les mouvements du navire soient d'accord avec la signification des coups de sifflet.

Art. 20. — Quelles que soient les prescriptions des articles qui précèdent, tout bâtiment à vapeur ou à voiles qui en *rattrape un autre doit s'écarter* de la route de celui-ci.

Art. 21. — Dans les *passes étroites*, tout navire à vapeur doit, quand la recommandation est d'une exécution possible et sans danger pour lui, *prendre la droite* du chenal.

Art. 22. — Quand, d'après les règles tracées ci-dessus l'un des navires doit changer sa route, l'autre bâtiment doit continuer la sienne.

Art. 23. — En suivant et interprétant les prescriptions qui précèdent, on doit *tenir compte de tous les dangers* de la navigation ainsi que des circonstances particulières qui peuvent forcer de s'écarter de ces règles pour éviter un danger immédiat.

Art. 24. — Rien de ce qui est recommandé ici ne peut exonérer un navire, ou son propriétaire, ou son capitaine, ou son équipage, des conséquences d'une négligence quelconque, soit au sujet des feux ou des signaux, soit de la part des hommes de veille, soit enfin au sujet de toute précaution que commandent l'expérience ordinaire du marin et les circonstances particulières dans lesquelles le bâtiment se trouve.

Art. 25. — Rien dans ces règles ne doit entraver l'application des *règles spéciales* dûment *édictées par l'autorité* locale, relativement à la navigation dans une rade, dans une rivière ou enfin dans une étendue d'eau intérieure quelconque.

Art. 26. — Ces règles ne doivent en rien gêner la mise en exécution de toute prescription spéciale faite par un gouvernement quelconque quant à un plus grand nombre de feux de position ou de signaux à mettre à bord des bâtiments de guerre au nombre de deux ou davantage, ainsi qu'à bord des bâtiments à voiles naviguant en convoi.

APPEL DES PILOTES

Décision ministérielle.

Pour appeler un pilote de jour, hissez en tête du mât de misaine un pavillon **blanc** *bordé de* **bleu** *ou à défaut le pavillon national.*

De nuit, agitez un fanal au-dessus du plat bord.

STATIONS DE SAUVETAGE

sur les côtes de France à la date du 1er août 1880

CANOTS DE SAUVETAGE (64)

Tous les canots de sauvetage sont fournis et entretenus par les soins de la Société centrale de Sauvetage des Naufragés, excepté ceux de Boulogne, Le Havre et Honfleur, qui le sont par la Société humaine de Boulogne, les Chambres de commerce du Havre et de Honfleur. La Société des Sauveteurs Bretons a placé à St-Malo une baleinière insubmersible à côté du canot de la Société Centrale.

A l'exception des canots du fort Mardyck et d'Aigues-Mortes, tous les canots de la Société Centrale sont insubmersibles, à redressement spontané et à écoulement des eaux au moyen de soupapes automotrices.

			Report.	22		Report.	42
Dunkerque	2	St-Malo		1	Etel		1
Fort Mardyck	1	— Baleinière		1	Quiberon		1
Gravelines	1	Dinard		1	Belle-Isle		2
Calais	2	Portrieux		1	La Turballe		1
Boulogne	1	Ile de Bréhat		1	Pouliguen		1
Berck	1	Perros Guirec		1	St-Marc		1
Cayeux	1	Roscoff		1	L'herbaudière		1
Dieppe	1	L'aberwrac'h		1	Les Sables d'Olonne		1
Fécamp	1	Portsal		1	Ile d'Yeu		1
Le Havre	2	Conquet		1	Les Baleines		1
Honfleur	1	Ile d'Ouessant		2	La Cotinière		1
Grandcamp	1	Ile de Molène		1	Entrée de la Gironde		1
Barfleur	1	Camaret		1	Cap Breton		1
Becquet	1	Douarnenez		1	St-Jean de Luz		1
Omonville	1	Ile de Sein		1	Agde		1
Goury	1	Audierne		1	Cette		1
Dielette	1	Kerity		1	Palavas		1
Carteret	1	Lesconil		1	Aigues Mortes		1
Granville	1	Ile de Groix		1	Carro		1
A reporter	22	A Reporter		42	Total		62

STATIONS DE SAUVETAGE.

Postes de secours au nombre de 378 (non compris les postes de ligne Torrès)

Fournis et entretenus par la Société Centrale de Sauvetage des Naufragés, confiés à l'Administration des Douanes et manœuvrés par ses agents du service actif.

L'astérique indique que le poste est muni d'une boîte de secours.

74. Postes de 1re classe avec canons porte-amarres et appareil va et vient complet

		Report..	23	*Report*..	49
* Cayenne (Dunkerque). P.		* Trouville. P.	1	Barcares. P.	1
	1	Deauville P.	1	Villeroi P.	1
Risban (Dunkerque) P.	1	Luc. P.	1	Cette P.	1
Dunkerque, à bord des Remorqueurs. E. E. E. E.	4	Port-en-Bessin. P. Grandcamp. P.	1	Palavas P.	1
		Saint-Vaast. P.	1	Grau-du-Roi. P.	1
		Le Thot. P.	1	Grau d Orgon. P.	1
Fort Philippe (Gravelines). P.	1	Diélette. P.	1	Saintes-Maries. P.	1
		Granville. P.	1	Faraman P.	1
Fort Vert (Calais). P.	1	Perros-Guirec. P.	1	Piémanson. P.	1
Calais. E. P.	1	Ile de Batz. P.	1	Bouc. P.	1
Calais. O. P.	1	Porsal. P.	1	Marseille. P.	1
* Wissant. P.	1	L'Abérildut. P.	1	La Ciotat. P.	1
* Wimereux. P.	1	Conquet. P.	1	Bandol. P.	1
* Le Portel. P.	1	Camaret. P.	1	Peschiers. P.	1
* Equihen. P.	1	Audierne, P.	1	Ile Saint-Honorat. P.	1
* Trepied. P.	1	Plovan. P.	1	Bastia	1
Berck. P.	1	Kérity. P.	1	La Calle. P.	1
Pointe Saint-Quentin. P.	1	Palais (Belle-Ile). P.	1	Ténès. P.	1
		Sables d'Olonne. P.	1	Arzew. P.	1
Tréport P.	1	Ars (Ile de Ré). P.	1	Saint-Pierre. P.	1
Dieppe Pollet P.	1	* St-Trojan (Ile d'Oléron). P.	1	Phare de Galentry. E.	1
— jetée O. P.	1	* La Garonne. P.	1	Ile-aux-Chiens. E.	1
St-Valéry-en-Caux. P.	1	Boucau sud. P.	1	Langlade. E.	1
Fécamp P. jetée N.	1	Saint-Jean-de-Luz P.	1	Saint-Pierre. P.	1
— jetée S. P.	1	La Nouvelle. P.	1		
A Reporter..	23	*A Reporter*..	49	*Total*..	71

207. Postes de 2me classe avec fusils porte amarres. ceintures de sauvetage et lignes

		Report..	4	*Report*	10
Cayenne (Dunkerque.	1	Phare de Waldet.	1	St-Valery-s.-Somme, à bord du Remorqueur.	1
Risban (idem).	1	Calais.	1		
Dunkerque, à bord des Remorqueurs	1	Digue Camin.	1	Tréport.	1
		Escalie.	1	Dieppe Pollet.	1
Fort Philippe (Gravelines).	1	Berck.	1	— jetée ouest.	1
		Fort Mahon.	1	St-Valery-en-Caux.	1
A Reporter..	4	*A Reporter*..	10	*A Reporter*..	15

STATIONS DE SAUVETAGE

Report.	15	*Report.*	71	*Report.*	123
Fécamp jetée Nord.	1	Douarnenez	1	Livron	1
— jetée sud	1	Audierne	1	Grau d'Agde Ouest.	1
Yport	1	Guilvinec	1	— Est.	1
Etretat	1	Tudy	1	Le Môle d'Agde	1
Ouistreham	1	Concarneau	1	Castelas	1
Courseulles	1	Portomanech	1	Lazaret	1
Port-en-Bessin	1	Douélan	1	Cette	1
Colleville	1	Lomener	1	Feu de Cette	1
Fontenay	1	Gavres	1	La Peyrade	1
Saint-Vaast	1	Phare d'Etel	1	Morin	1
Maltot	1	Porthaliguen	1	Maguelonne	1
Barfleur	1	Saint-Pierre Quiberon	1	Palavas	1
Cosqueville	1			Grau de Pérols	1
Fermanville	1	Palais (Belle-Ile)	1	Les Dunes	1
Becquet	1	Fort Philippe (Belle-Ile)	1	Grau du Roi	1
Bourbourg	1			Madame	1
Cherbourg	1	Sables d'Olonne	1	Grau d'Orgon	1
Saint-Anne	1	Phare du Haut-Banc	1	Saintes-Maries	1
Querqueville	1	Saint-Martin (Ile de Ré)	1	La Gacholle	1
Omonville	1			Beauduc	1
Auderville	1	Lox (Ile de Ré)	1	Phare de Faraman	1
Siouville	1	La Rochelle	1	Piemanson	1
Diélette	1	St-Denis d'Oléron	1	Carri	1
Flamanville	1	Saint-Palais	1	Majeau	1
Le Rozel	1	Embouchure de la Gironde, steamer *Sonora*	1	L'Estaque	1
Surtainville	1			La Madrague	1
Carteret	1			La Joliette	1
Granville	1	Soulac	1	Malmonsque	1
Saint-Malo	1	* Saint-Nicolas	1	Bandol	1
Saint-Jacut	1	* Gressiets	1	Hyères	1
Tresselin	1	Ferret	1	Porquerolles	1
Pléhérel	1	* Le Sud	1	Gavalière	1
Erquy	1	* Biscarosse	1	Saint-Raphaël	1
Dahouet	1	* Mimizan	1	Cannes	1
Le Cottentin	1	Cap Breton	1	Cap d'Antibes	1
Le Roselier	1	Boucau Nord	1	Antibes	1
Portrieux	1	Boucau Sud	1	Nice	1
Portlazo	1	Chambre-d'Amour	1	Saint-Hospice	1
Port-Zeven	1	Biarritz	1	Cap d'Aglio	1
Bréhat	1	Bidart	1	Menton	1
Locquivy	1	Guétary	1	Phare de la Giraglia	1
Rocharhon	1	Saint-Jean-de-Luz	1	Barcaggio	1
Port-Blanc	1	Socoa	1	Centuri	1
Perros-Guirec	1	Hendaye	1	Saint-Florent	1
Ile aux Moines (Sept-Iles)	1	Banyuls	1	Phare de Montella	1
Ploumanach	1	Port-Vendres	1	Ile Rousse	1
Ile Grande	1	Collioure	1	Calvi	1
Trebeurden	1	Argelès	1	Phare de la Revellata	1
Ile de Batz	1	Saint-Cyprien	1		
Roscoff	1	Canet	1	Galeria	1
Phare de l'Ile Vierge	1	Le Barcarès	1	La Piana	1
L'Abérildut	1	La Petite-Entrée	1	Carghèse	1
Plougouvelin	1	Basse-Franqui	1	Sagone	1
Bertheaume	1	La Nouvelle	1	Les Sanguinaires	1
Camaret	1	Valras	1	Ajaccio	1
Morgat	1	Saint-Geniez	1	Propriano	1
		Roquehaute	1	Rocapina	1
A Reporter	71	*A Reporter*	123	*A Reporter*	179

STATIONS DE SAUVETAGE.

Report. .	179	*Report*. .	188	*Report*. .	197
Phare du cap de Feno	1	San-Pelegrino	1	Le Fort-Génois	1
Bonifacio	1	Bastia. Môle genois	1	Philippeville	1
Phare de Lavezzy	1	Erbalungo	1	Djiɉelli	1
Phare de la Chiappa	1	Porticiolo	1	Dellys	1
Porto-Vecchio	1	Macinaggio	1	Fort de l'Eau	1
Solenzara	1	La Calle	1	Sidi-Ferrueh	1
Calzarello	1	La Ferme des Anglais	1	Cherchell	1
Aleria	1	Bone	1	Mostaganem	1
Prunete	1	Le Caroubier	1	Nemours	1
				St-Pierre (6 fusils)	1
A Reporter. .	188	*A Reporter*. .	197	*Total* .	207

87 Postes de 3ᵉ classe avec ceintures et accessoires

Tente-Verte	1	*Report*. .	30	*Report*. .	57
Mardick	1	Loix (île de Ré)	1	Cap Lardier	1
Gris-Nez	1	Fier-d'Ars (Ile de Ré)	1	Camarat	1
Dannes	1			Cannebière	1
Trepied	1	Rivedoux (Ile de Ré)	1	Issembre	1
Anse au Beurre	1	St-Denis (île d'Oléron)	1	Aurelle	1
Arromanches	1			Carras	1
Régneville	1	Poste sémaphorique de la Coubre	1	Villefranche	1
Hauteville	1			Pino	1
Bricqueville	1	*Phare de la Coubre	1	Canari	1
Bréville	1	Pointe à l'Espagnole	1	Nonza	1
Saint-Pair	1	Bonne-Anse	1	Stora	1
Plougastel	1	Bréjat	1	Collo	1
Lanberlach	1	Montalivet	1	Bougie	1
Landevenec	1	Les Genests	1	Herbillon	1
Le Fret	1	Truc Blanc	1	Cap Matifoux	1
Roscanvel	1	Le Hugua	1	Hussein-Dey	1
Treboule	1	Cazau	1	Alger	1
Pont-Croix	1	Sanguinet	1	Péniche *Caïman*	1
Benodet	1	Sainte-Eulalie	1	Saint-Eugène	1
Glenans (Iles)	1	*Contis	1	Pointe-Pescade	1
Trevignon	1	Lit	1	Castiglione	1
Kermeursach	1	Vielle	1	Tipaza	1
Etel (mât de signaux)	1	Molietz	1	La Salamandre	1
St-Martin de Brem	1	*Vieux-Boucau	1	Port-aux-Poules	1
Caré Pigeon	1	Seignosse	1	Ravin-Blanc	1
Talmont	1	Ondres	1	Oran	1
L'Aiguillon	1	Saint-Pierre	1	Mer-el Kebir	1
Pointe de l'Aiguillon	1	Fleury	1	Aïn-Turck	1
		Tour Saint-Louis	1	Andalouses	1
Porte du Chapitre	1	Lavandou	1	Raschgoun	1
A Reporter. .	30	*A Reporter*. .	57	*Total* .	87

AVERTISSEMENT

Les portées des feux sont comptées en milles marins de 60 au degré et calculées en supposant l'œil de l'observateur élevé de 4m50 au-dessus de la mer. Elles sont évaluées approximativement d'après l'intensité des feux, en tenant compte de la réfraction atmosphérique. On conçoit que ces portées peuvent éprouver de fortes variations en plus ou en moins, selon l'état de l'atmosphère, et aussi selon les soins que les gardiens apportent à leur entretien.

On a remarqué que les portées exprimées pour les phares à réflecteur sont sensiblement trop fortes, tandis que celles des phares lenticulaires sont trop faibles. C'est une considération qu'il ne faut pas perdre de vue dans l'observation des distances à la côte.

Pendant les brouillards, tous les feux peuvent devenir invisibles ou considérablement altérés, même à petite distance. Dans ces cas, on sonne des cloches, ou l'on fait résonner des gongs et des sifflets à vapeur. Le mirage peut être aussi la cause d'erreurs et d'illusions également très-importantes à apprécier.

Indépendamment des feux qui sont décrits au texte suivant, on doit s'attendre à trouver d'autres feux et chercher à éviter les confusions; ce sont principalement les feux accidentels, ceux de pilotes, de pêcheurs, de bateaux à vapeur, d'usines de charbonniers et d'incendies, qui ont quelquefois été la cause d'accidents qu'une observation soignée peut seule éviter.

Les relèvements sont VRAIS et donnés de la mer, c'est-à-dire en supposant l'œil de l'observateur au centre du compas du bâtiment.

LES LONGITUDES SONT COMPTÉES DE PARIS.

	Latitude Nord	Longitude
Paris	48° 50′ 13″ N.	0° 0′ 0″
Greenwich	51 28 38 N.	2 20 14 O.
San-Fernando	36 27 45 N.	8 32 39 O.

NOTA. — En Russie, Suède, Norvége, Prusse, Danemark, Hollande, États-Unis, on compte du méridien de Greenwich. L'Autriche, l'Italie, la Grèce, comptent du méridien de Paris, et l'Espagne, du méridien de San-Fernando.

ABRÉVIATIONS

PHARES

FIXE : *feu fixe*. Lumière constante blanche ou de couleur.

TOURNANTS : *feux à éclipses*, qui se succèdent à des intervalles de 1/2 minute ou de 1 minute, selon la disposition des appareils. Les éclats qui alternent avec les éclipses acquièrent en quelques secondes leur maximum d'intensité, et décroissent ensuite jusqu'à leur disparition.

A ÉCLATS : *feux fixes* montrant des éclats à de courts intervalles ou des groupes d'éclats à intervalles égaux.

FIXES A ÉCLATS : lumière fixe avec addition d'éclats blancs ou colorés précédés et suivis de courtes éclipses. Ces feux se distinguent des feux tournants : 1° par l'intensité de la lumière fixe qui succède à chaque éclat en se maintenant pendant 2, 3 ou 4 minutes ; 2° par la courte durée de l'éclipse qui les précède ou les suit.

Dans les feux *tournants* et dans les *feux variés par des éclats*, les éclipses ne sont jamais complètes dans un rayon qui varie entre 6 et 12 milles, selon la puissance de l'appareil d'éclairage.

INTERMITTENTS : feux paraissant tout à coup, restant visibles un certain temps, et s'éclipsant brusquement pendant un temps plus court.

ALTERNATIFS : *feux alternativement blancs et rouges sans éclipses interposées.*

APPAREILS D'ÉCLAIRAGE.

C., *Catoptriques*, ou à réflecteurs métalliques.

D., *Dioptriques*, ou à la lumière réfractée à travers des lentilles.

C.D., *Catadioptriques*, combinaison des 2 systèmes.

Les appareils d'éclairage sont divisés en six classes, suivant leurs dimensions et l'intensité de la flamme du foyer.

Ils sont désignés comme suit dans la description :

CORDOUAN (D. 1.) Signifie éclairage Dioptrique de 1er ordre.
AIGUILLON (D. 3.) — — de 3e —
BOUGIE (C.5) —. Catoptrique de 5e —
COLUMBRETTES (CD. 1) — Catadioptrique de 1er —

SIGNAUX DE MARÉE.

Ces signaux sont produits au moyen de ballons noirs et de pavillons qui se hissent sur un mât muni d'une vergue. Les ballons se détachent en noir sur le ciel.

Un ballon placé à l'intersection du mât et de la vergue annonce 3 mètres d'eau dans le chenal. Chaque ballon placé au-dessous du premier ajoute 1 mètre ; placé au-dessus, il en ajoute 2. Hissé à l'extrémité de la vergue à gauche du navigateur, il en ajoute 0m25 ; hissé à droite, 0m50.

On hisse un pavillon blanc avec croix noire dès qu'il y a 2 mètres d'eau dans le chenal et on l'amène dès que la mer est redescendue à ce niveau. Pendant la durée du flot, la flamme sera au-dessus du pavillon ; au moment de la pleine mer et pendant l'étale, elle sera amenée ; pendant le jusant, elle sera au-dessous du pavillon. Les figures ci-dessous font connaître ces dispositions.

Ces signaux seront remplacés par un pavillon rouge lorsque l'état de la mer interdira l'entrée du port.

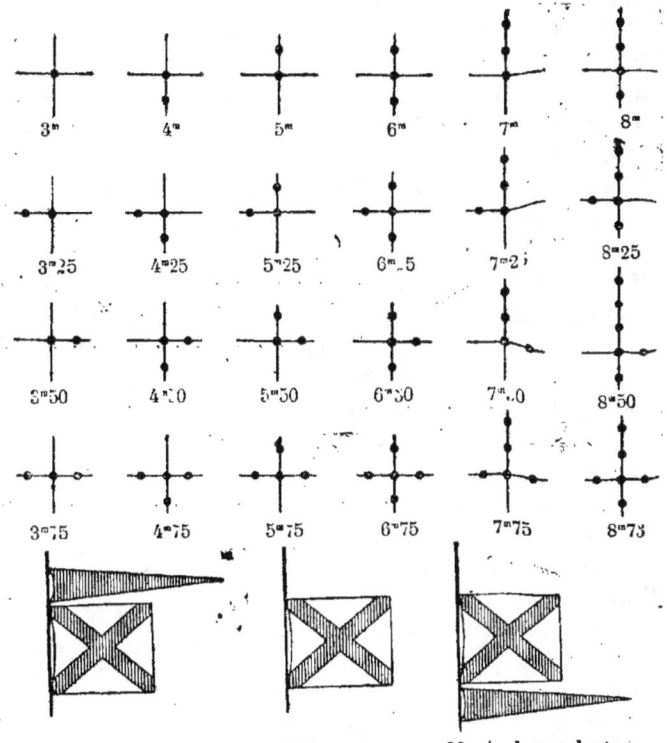

Marée montante.   Pleine mer.   Marée descendante.

TABLE DES DIVISIONS GÉNÉRALES

Afrique	266 — 366
Allemagne	40
Amérique	274 — 350
— (Côte Occidentale)	357
Antilles	342
Archipel	240
Australie	402
Autriche	226
Belgique	1
Bengale (Golfe du)	377
Brésil	351
Chine	388
Coromandel (Côte de)	310
Danemark	24
Espagne et Portugal	175
États-Unis	299
France	142 — 196
Hollande	2
Iles Britanniques (Ecosse)	78 — 80 — 122
— (Angleterre)	85 — 98 — 108
— (Irlande)	129
Iles Ioniennes, Grèce	238
Indes (Mer des)	366
Italie	206
Japon	392
Malabar (Côte du)	372
Méditerranée	185
Mer Noire	251
Mexique (Golfe et côtes du)	333 — 360
Norwége	62
Prusse	39
Russie	44 — 252
Suède	53
Turquie	242 — 251

PHARES

(LES RELÈVEMENTS SONT VRAIS ET DONNÉS DE LA MER)

MER DU NORD

BELGIQUE

Pannes (Adinkerke), *fixe vert*, visible de 5 milles, sur un candélabre en fer (51° 6′ 12″ N., 0° 15′ 1″ E.)

Nieuport (D. 3), *fixe rouge*; élevé de 29ᵐ3, tour en briques; visible à 10 milles du S. 83° O. au N. 77° E. par le S. (51° 8′ 32″ N. et 0° 24′ 24″ E.)

—— *Fixe*; au côté O. du port, à 1085ᵐ de la laisse de basse mer; élevé de 9ᵐ8, il se voit de 6 milles. Allumé au flot à 3ᵐ6 d'eau sur la barre et éteint au jusant à la même hauteur. (51° 8′ 55″ N. 0° 23′ 45″ E.) Tenu par le précédent, on passe sur la barre.

Ostende (D. 1), *fixe*, élevé de 57ᵐ50 au-dessus de la mer et visible à 20 milles; (51° 14′ 13″ N. 0° 35′ 35″ E.) visib. quand on le relève entre le S. 25°O. et le N. 70°E par le S. et l'E.

—— *Fixe vert*, sur la pointe N. de la jetée O.; Hauteur 7ᵐ6, portée 7 milles.

—— *Fixe rouge*, portée 9 milles, sur l'extrémité N. de la jetée de l'E.; allumé quand il y a 2ᵐ70 d'eau sur la barre et éteint à moins de 2ᵐ70. L'entrée ne doit être tentée que lorsqu'il est allumé. Dans le jour, à 4ᵐ8 d'eau sur la barre, on hisse un pavillon *bleu* sur flamme *rouge*.

—— *Fixe rouge*, sur le musoir de la jetée, allumé depuis 3ᵐ4 jusqu'à 4ᵐ88 et de 4ᵐ88 à 3ᵐ4, visible à 5 milles.

—— *Fixe* à 90ᵐ en dedans du bout de la jetée de l'E., élevé de 12ᵐ et visible à 7 milles; on l'allume avec 4ᵐ88 d'eau sur la barre; tenu par le feu *vert*, il conduit à l'entrée. Dans

MER DU NORD. — BELGIQUE

les gros temps, lorsque l'accès des jetées est impossible, ce service est interrompu; on ne doit pas alors chercher à donner dans le port.

—— Un 5° feu s'allume à 12ᵐ en avant du précédent et 4ᵐ plus bas, quand il y a 5ᵐ·7 d'eau sur la barre.

Blankenberg (D. 3), *fixe*, élevé de 25ᵐ au-dessus de la mer et éclairant à 14 milles (51° 18′ 58″ N. 0° 46′ 40″ E.)

—— Feu de pêcheurs, *fixe vert*, visible de 4 milles et placé sur un candélabre en fer. (51° 19′ 10″ N. 0° 47′ 41″ E.)

Heyst, *vert*, élevé de 7ᵐ·5; il éclaire 180° vers le Nord, du S. 67° O. au N. 67° O., visible à 3 milles.

Knocke (D. 3), *fixe*, élevé de 26ᵐ·5, tour carrée, visible de 12 milles. (51° 21′ 16″ N. et 0° 57′ 22″ E.) Tenu au S. 67° E. par le feu flottant de Vielengen, il conduit à l'E. du banc Wandelaar.

Ouest-Hinder (flottant), mouillé par 31ᵐ au S. E. du banc; le feu est *tournant* de 30 s. en 30 s., un éclat *rouge* suivi de deux éclats *blancs*, élevé de 12ᵐ, visible à 12 milles. Bateau noir à bandes rouges horizontales. (51° 22′ 30″ N. 0° 6′ 12″ E.)

Nord-Hinder (flottant G. 3), *tournant*, mouillé par 36ᵐ d'eau au côté E. du banc *Nord-Hinder*. Élevé de 12ᵐ·2 et visible à 11 milles. Bateau rouge, les mots *Noord-Hinder* sur ses côtés. Le jour, ballon *rouge* à la tête du grand mât. Pendant la brume on sonne une cloche tous les quarts d'heure avec coups de gong entre chaque sonnerie. (51° 36′ 45″ N. 0° 14′ 16″ E.)

Un fanal ordinaire est placé à l'étai de misaine, à 2 mètres au-dessus du plat-bord pour indiquer l'évitage du bâtiment. Lorsque le bateau-feu sera déplacé de son mouillage, ce fanal, ainsi que le grand feu, sera éteint et remplacé par deux feux rouges, l'un à l'avant, l'autre à l'arrière.

Une bouée *rouge* est mouillée par 12ᵐ d'eau à 2 milles N. 16° O. du feu, avec le mot *Hinder*.

Wielingen (flottant G.), *rouge* à éclats de 30 s. en 30 s., près la bouée noire n° 2 dans la direction de *Bruges* et *Lissevege*. Hauteur 12ᵐ, portée 9 milles. (51° 23′ 10″ N. et 0° 50′ 0″ E.)

HOLLANDE

Wielingen (D. 3). Deux feux de direction *fixes, blancs,* sur la digue de mer près de *Nieuwe-Sluis*. Le feu E., visible de 11 milles quand on le relève entre le S. 82° E. et le N. 64° E., est élevé de 25ᵐ. (51° 24′ 26″ N. et 1° 11′ 10″ E.) Le feu O., à 1,062ᵐ au S. 84° O. du précédent est élevé de 13ᵐ et visible à 12 milles. Leur alignement indique la route jusque en vue du feu flottant *rouge*.

Kruishoofd, *fixe*, sur la digue, à 2,500ᵐ dans l'O. de *Nieuwe-Sluis*, rouge au large, du N. 84° E. au S. 14° O., par le sud ; *blanc* vers l'intérieur. Il fait éviter le *Cadzand* et le *Hompels*.

Kaapduinen (C.). 2 feux *fixes blancs*. Le feu du Nord élevé de 28ᵐ et celui du S. de 9ᵐ; ils sont à 200ᵐ N. 14° O. et S. 14° E. l'un de l'autre, et visibles seulement en dedans, du N. 39° O. au N. 73° E. par le N.

West-Kappel (D. 1), *fixe* par 51° 31′ 50″ N. et 1° 6′ 38″ E. 44ᵐ d'élévation, portée de 18 milles; visible quand on le relève entre le S. et l'O. 1/2 S. par l'E. et le S. ; on le voit sur le *Steenbank* et une partie du *Steendiep*, mais près du *Banjaard* il disparaît.

—— *Fixe blanc* à 1,400ᵐ au N. 31° O. de celui de *West-Kappel*. Élevé de 18ᵐ, visible de 13 milles quand on le relève entre le S. 6° E. et le N. 16° O. par l'Est. (51° 32′ 27″ N. et 1° 6′ 0″ E.) L'alignement de ces deux feux conduit du *Steen-Diep* à l'*Oost-Gat*.

—— *Fixe blanc. Secteur rouge*, près de *Domburg* ; *rouge* entre le S. 64° E. et le N. 87° E. ; *blanc* du N. 87° E. au N. 56° E. vers l'intérieur.

Oostgat (D. 4), *fixe*, sur une dune un peu au N. de *Zoutelande*, visible de 10 milles quand on le relève entre le N. 17° O. et le N. 69° O. (51° 30′ 15″ N. et 1° 8′ 15″ E.)

—— (D. 4) *fixes*, à 115ᵐ N. 51° O. et S. 51° E. l'un de l'autre ; élevés, celui du N. de 24ᵐ5, celui du S. de 27ᵐ5, et visibles de 15 milles du N. 36° E. au S. 67° E. (51° 28′ 30″ N. 1° 10′ 45″ E.)

Flessingue (D. 4), *fixe, blanc, rouge*, sur le bastion *Westerhaven* (*Escaut occidental*). 15ᵐ d'élévation ; se voit à 9 milles ; il est rouge du S. 43° E. à l'Est, *blanc* en dedans. (51° 26′ 25″ N. 1° 14′ 26″ E.)

—— *fixe* sur la jetée Ouest du môle du port de commerce; élevé de 3ᵐ au-dessus de la haute mer.

Port du chemin de fer : 1 *fixe rouge* sur le môle Ouest ; 1 *fixe vert* sur le môle Est ; 1 *fixe* dans l'intérieur du port.

MER DU NORD. — HOLLANDE

Breskens (D. 4), 2 feux *fixes* sur les extrémités N. E. et S. O. du canal, à 500ᵐ l'un de l'autre. (51° 24′ 0″ N. et 1° 13′ 50″ E.)

Borselen (D. 4), *fixe*, près la station des pilotes, à la partie S. O. de l'île *Sud-Beveland*. Portée 11 milles; élévation 10ᵐ8. (51° 24′ 43″ N. et 1° 23′ 54″ E.), *rouge* du S. E. au S. 64° E., *blanc* du S. 64° E., par l'E. et le N. jusqu'en dedans.

Nieuwe-Neuzen (D. 4), 2 *fixes* sur la digue du polder, à 300ᵐ N. 39° O. et S. 39° E. l'un de l'autre. Le feu du N. est visible de 8 milles; le feu du S. de 10 milles (51° 20′ 32″ N. et 1° 28′ 30″ E.). Leur alignement guide dans la passe de Neuzen.

Terneuse (D. 4), *fixe* sur la jetée Ouest de ce port : 13ᵐ d'élévation; 8 milles de portée; il est *rouge* quand on le relève entre le S. 62° E. et l'E. 1/2 S. (51° 20′ 30″ N. 1° 29′ 30″ E.)

Eendragt. 3 *fixes* : celui du milieu sur l'angle de la digue du Polder; celui de l'Est à 305 mètres au N. 73° E. de celui du milieu; celui de l'Ouest à 340ᵐ au S. 21° O. de celui du milieu; portées 9, 10 et 11 milles.

Baarland (D. 4), *fixe blanc* et *rouge*, sur la digue de ce cap, élevé de 4ᵐ5, visible à 8 milles; il est *blanc* du N. 34° E. au S. 28° O. par l'O. et le N., et *rouge* de chaque côté sur la côte de *Sud* Beverland. (51° 28′ 44″ N. et 1° 33′ 50″ E.)

Biezelingsche-Ham (D. 4), feu *fixe* sur l'extrémité de la digue rive droite; visible à 8 milles, du N. 39° E. au N. 37° O. par le Nord. (51° 26′ 3″ N. et 1° 35′ 20″ E.)

—— (D. 4), *fixe*, visible à 11 milles; il est à 540ᵐ au N. 6° O. du précédent. (51° 26′ 20″ N. et 1° 35′ 15″ E.)

Hansweert (D. 3), sur la digue, rive droite du canal; *fixe*, *blanc*, élevé de 9ᵐ5, visible à 8 milles du côté du fleuve et *rouge* quand on le relève du S. 50° E. au S. 84° E. sur le *Kapelle plaat*. (51° 26′ 25″ N. 1° 40′ 22″ E.)

Welsoorden, feu *fixe blanc*, sur l'épi de *Welsoorden*, on le voit à 8 milles; n'apparaît que quand on le relève au S. 29° E. (51° 23′ 40″ N. 1° 41′ 50″ E.)

Magere-Merrie (C.), sur la digue au S. de Magere-Merrie; *fixe*, visible de 12 milles et éclairant un arc de 180° (51° 23′ 55″ N. et 1° 41′ 8″ E.)

Groenendik (D. 4.), 2 feux *fixes*, visibles de 8 milles. Le feu de l'E., sur la digue au S. de Welsoorden, paraît *rouge* quand on le relève depuis en aval jusqu'au S. 64° O.; *blanc* en amont. Le feu de l'O., à 692° O. 5° S. du précédent, est élevé de 11° tandis que celui de l'E. ne l'est que de 5°3. (Feu de l'O. 51° 22' 21" N. et 1° 41' 45" E.)

Rilland, 2 *fixes*, l'un *blanc* et *rouge*, au sud du village, *rouge* quand on le relève depuis en aval jusqu'au N. 16° E., *blanc* en amont; l'autre *blanc* à 200° au N. 28° O. du premier, visible seulement en amont; portées 8 et 10 milles. (1ᵉʳ 51° 24' 26" N. et 1° 51' 23" E.). Leur alignement guide jusqu'à la ligne des feux de *Frederick*.

Bath (D. 4), 2 *fixes*, l'un sur la digue au N. du village de *Bath*; l'autre *blanc* et *rouge*, *blanc* lorsqu'on le relève en aval jusqu'au N., *rouge* en amont; l'autre *blanc*, à 156° N. 59° E. du précédent, (51° 24' 10" N. 1° 52' 8" E.) portées 9 et 11 milles.

Frédéric Sud (D.), à 177° du suivant, *fixe*; visible de 10 milles, du S. 68° E. au S. 23° E. Elévation 8°;

Frédéric du Nord (D. 4), contre la digue de l'ancien fort; *blanc* en aval, jusqu'à l'E. q. S. E.; *rouge* de là jusqu'en amont; visible de 8 milles. Leur alignement donne le chenal le long du Doel-bank.

Doel (D.), au bout de la jetée; *rouge* entre le S. 12° E. et le Sud, *blanc* du Sud en amont, visible de 8 milles.

Liefkenshok (D. 5), *fixe blanc*, élevé de 6° près de l'embarcadère du fort.

Kruisschans (D. 5), près de la digue du polder d'Oordam, *fixe blanc*, élevé de 5°; portée 5 milles.

Oosterhoofd, *fixe rouge*, sur la dune, au N. de Oost-Kappel, par 51° 35' 30" N. et 1° 15' 30" E., visible à 6 milles du S. 50° O. au N. 50° E. par le Sud.

Veere (D. 4), *fixe* au côté Sud de l'entrée, sur la tour *Kampveer*, par 51° 33' 3" N. et 1° 20' 0" E.; élévation 11° 7, portée 11 milles; visible dans la partie intérieure du Roompot, au S. 37° E, puis vers l'intérieur.

—— *fixe*, sur la jetée N., canal de Veere-Vlissingen; *fixe rouge* sur la jetée sud du même canal.

Middelbourg (D. 4), feu *fixe* dans le *Sloe*, vis-à-vis du *Zuidvliet* et au S. du nouveau port de *Middelbourg*, par 51°

31′ 48″ N. et 1° 20′ 40″ E.; élevé de 10ᵐ et visible de 4 milles, du N. 41° 22′ O. au S. 30° O. par l'Ouest, par conséquent sur le *Sloe*, le *Zuidvliet* et la passe de *Veere*.

Kleverske, sur la digue Est du canal Veere-Vlissingen — *fixe*.

Sloe Vulpenburg, sur l'angle de la digue, *fixe*, portée 8 milles.

Zandkreck, sur l'angle de la digue au N. de Goes, *fixe*, 10 milles.

Goes, *fixe blanc*, sur le môle Ouest, élevé de 14ᵐ sur un poteau en bois et visible à 5 milles. (51° 32′ 26″ N. 1° 35′ 38″ E.)

Wemeldinge, *fixe blanc*, sur l'extrémité de la jetée O. du port. (51° 31′ 20″ N. 1° 40′ 0″ E.) [Élev. 12ᵐ; portée 11 milles.

Stavenisse (île Tholen), sur la digue E.; *fixe*, portée 11 milles. (51° 35′ 42″ N. et 1° 40′ 4″ E.)

Goerishoek, *fixe blanc*, sur la digue, à l'angle S. O. de Tholen; élevé de 11ᵐ et visible à 11 milles (51° 31′ 38″ N. et 1° 44′ 20″ E.)

Bergen-op-Zoom, sur le côté S. du port, *fixe rouge*, portée 4 milles.

Zierikzee (D. 4), *fixe blanc*, sur la jetée O., par 51° 37′ 55″ N. et 1° 33′ 12″ E.; élévation 13ᵐ et portée 8 milles. Il éclaire l'*Escaut* Est, la rade *Zierikzee* et l'entrée du *Roompot*.

Val, *fixe, blanc, rouge*, 4 milles de portée, à 1 mille E. q. N. E. du précédent, sur le *Zuidhœk*. (51° 37′ 55″ N. et 1° 35′ 25″ E.) *Rouge* quand on le relève entre l'E. 1/2 S. et le N. 19° E. par l'E.; *blanc* du N. 19° E. à l'O. 1/2 N.

Zijpe, *fixe blanc* sur le *Hoek van Niewland*, élevé de 8ᵐ et visible à 6 milles. Il paraît *rouge* dans la direction de la bouée blanche du *Noordplaat*. (51° 39′ 02″ N. et 1° 45′ 50″ E.)

Bruinisse, sur la jetée E. *fixe blanc*.

West-Schouwen (D. 1), *tournant*, de 90 s. en 90 s., en dedans de la dune de l'Ouest, sur un plateau; ce feu est élevé de 52ᵐ et visible à 19 milles. (51° 42′ 33″ N. et 1° 21′ 18″ E.) Chaque grand éclat de 10 s. de durée est précédé d'un éclat moins brillant de 15 s., ce qui le distingue de tous les feux tournants de la mer du Nord, éclipse 65ˢ. En

MER DU NORD. — HOLLANDE.

temps ordinaire les éclipses sont absolues au-delà de 10 milles.

——, (C. 4), *fixe*, visible de 13 milles, à la partie N. O. de *Schouwen*, à l'O. des longues dunes et dans le N. 28° E. du phare précédent. Il éclaire de la 5ᵉ tonne *blanche* à la dune, et quand il est par le feu tournant on est près de cette tonne et on peut mouiller au besoin. (51° 43′ 33″ N. et 1° 22′ 40″ E.)

Haamsteede (C.), *fixe vert*, guide vers le *Schaar de Renesse*, si on le tient au S. 42° O., par le feu tournant.

Renesse ou **Noordschouwen** (D. 3), 2 *fixes* à la partie N. de *Schouwen* dans le N. N. E. de *Renesse*; ils sont espacés de 845ᵐ E. et O. et élevés de 45 et 35ᵐ; celui de l'E., par 51° 44′ 33″ N. et 1° 37′ 30″ E., est *blanc* quand on le relève du N. 80° E. au S. 65° E. et dans l'intérieur du S. 40° O. au N. 73° O. Il est *rouge* du S. 65° E. au S. 55° E., masqué du S. 55° E. au S. 40° O. sur le *Middelplaat*. Le feu de l'O. est *fixe*, visible au large du N. 80° E. au S. 56° E.; portées 18 et 16 milles.

Ossenhoek, *fixe*, élevé de 7ᵐ, portée 9 milles; visible quand on le relève entre l'E. 1/2 S. et le N. O. 1/2 N. au N. du *Schaar*, sur la rade et à l'E. (51° 44′ 40″ N. 1° 33′ 1″ E.)

Ijzeren-Baak (D. 4), *fixe*, portée 12 milles sur la dune du côté N. de l'île; il est élevé de 29ᵐ et visible de 15 milles (51° 49′ 47″ N. et 1° 35′ 34″ E.) *blanc* du S. 82° E. au S. 50° E. et du S. 7° E. au S. 58° O. *Rouge*, du S. 50° E. au S. 7° E. sur le haut-fond du *Hinder*.

Ouddorp, *fixe*, sur le milieu des dunes, au N. O. d'Ouddorp, visible du S. 4° O. au S. 31° O. sur le haut-fond du *Hinder*.

Goeree (D. 2), feu *fixe*, sur la tour de l'église par 51° 49′ 8″ N. et 1° 38′ 20″ E. Son élévation est de 45ᵐ et sa portée de 18 milles; visible du N. 62° O. au N. 73° E. par l'O. et le S. et de l'E. N. E. au N. 27° E. Il est caché dans la partie extérieure du canal de *Brouwershaven* et à l'E. de la rade.

Scherm van Goeree (D.), sur les dunes au N. E. de l'île *Gœdereede*; *fixe blanc*, visible du S. 73° E. au S. 27° E.; quand on le relève au S. 48° E. par le grand feu de *Goeree* on est à peu près au milieu du *Nord-Pampus*.

Bokkengat (flottant D.), mouillé par 5ᵐ5 au côté N. du

chenal, au S. de la bouée noire n° 3, *fixe, blanc*, au mât de misaine. Feu au mât de l'arrière qui est plus petit. (51° 51' 4" N. 1° 37' 46" E.) Portée 5 m.

Nord-Pampus (flottant), côté N. du chenal, à la jonction du Bokkengat et du Noordergat, au N. du prolongement du Noord-Pampus, par 7·2 d'eau ; *fixe blanc*, au mât unique. Lorsque ces 2 bateaux sont éloignés de leur poste, ils ne sont pas allumés. Cloche de brouillard.

Kwak-Hoek (C.) *fixe*, élevé de 10·5 sur une colonne en fer. Il se voit de 11 milles. (51° 49' 53" N. 1° 45' 20" E.)

Middelharnis, *fixe blanc*, sur le bout de la jetée Nord du port.

Hellevoetsluis (D 4). *fixe blanc* et *rouge*, sur le côté O. du port de guerre (île *Voorne*), rouge entre l'E. q. N. E. et le N. 69° E. sur le *Nord-Pampus* et du N. O. q. O. à l'O. N. O. 1/2 N., *blanc* sur le reste de l'horizon. On le voit de 12 milles. (51° 49' 12" N. 1° 47' 30" E.) Cloche de br. sur la tête du môle de l'E. du port de guerre.

—— *fixe rouge*, sur la tête du môle Ouest, port du canal.

—— *fixe blanc*, sur la tête du môle E., port du canal.

Hoornsche Hoofden, sur l'extrémité de la digue de mer, *fixe blanc* et *rouge*; *blanc* au large, *rouge* vers l'intérieur. Séparation des lumières N. q. N. E. (51° 48' 18" N. et 1° 50' 52" E.) Cloche de Brume.

Ooltgensplaat, *fixe blanc*, sur le talus extérieur de la digue, à l'E. du vieux fort *Frederik* (51° 40' 53" N. et 2° 1' 40" E.) ; visible à 8 milles.

Willemstadt, *fixe blanc*, *rouge*, sur la berge à l'O. du port, côté S. du canal. Il est élevé de 13· et visible de 10 milles. (51° 41' 48" N. 2° 6' 12" E.)

Strijen-Saas, *fixe blanc* sur le côté Ouest du port, visible à 11 milles de l'O. 20° S. au S. 63° E. par le S. Il est *rouge* dans la direction de l'Overfal, quand on le relève entre le N. 38° E. et le N. 15° E. (51° 42' 49" N. et 2° 15' 2" E.)

Moerdijk, *fixe* sur le môle de l'Ouest ; *fixe rouge* sur le môle de l'Est.

Dorsche-Kil, *fixe*, visible de 6 milles, à l'extrémité O. du *Kil*. (51° 43' 24" N. et 2° 17' 0" E.)

MER DU NORD. — HOLLANDE

Willemsdorp, 2 *fixes* au S. du *Kil*, au S. E. et au S. O. de *Willemsdorp*, par 51° 43′ 46″ N. et 2° 18′ 40″ E. Allumés très-irrégulièrement.

Krab, 2 *fixes* dans la vieille *Meuse*, pointe E. de *Beverland*; leur portée n'est que de 4 et 6 milles. (51° 46′ N. et 2° 17′ E.)

Maasluis Scheur. Il y a dans le Maasluis Scheur 6 feux *fixes blancs*, à Noorduiwland, Maasluis, Rozemburg (2 f.), Blankerburg (2 f.) et 1 *fixe rouge* à Zandweg.

Brielle, feu *fixe rouge*, sur l'extrémité extérieure du môle du port; il paraît *blanc* dans la direction de *Rozemburg*. (51° 54′ 29″ N. 1° 50′ 31″ E.)

Hewelsch-Hoofd, feu *fixe*.

Nieuwe-Sluis. 2 feux, *fixe bleu* et *fixe rouge*. (Passage de Brielle.)

Schiedam, feu *fixe blanc*, sur la rive droite de la *Meuse*.

Pernis, feu *fixe blanc*, sur la rive gauche de la *Meuse*.

Vlaardingen, feu *fixe blanc*, sur la rive droite de la *Meuse*.

Delfshaven. 2 f. *fixes rouges* (Nouvelle-Meuse.)

Katendrecht. Feu *fixe*.

Rotterdam, 4 feux *fixes blancs* au port de guerre; feux *rouges* et *bleus* sur le côté Ouest.

Canal de Rotterdam (ou Hoek van Holland). Feu *fixe rouge* et *blanc*, sur le milieu de la digue Sud (Zuiddam), à l'entrée du canal; il est élevé de 6ᵐ et visible de 6 milles. *Rouge* au large, *blanc* vers l'intérieur. Bateau de sauvetage. (51° 58′ 38″ N. et 1° 45′ 14″ E.)

—— 2 feux *fixes blancs* (Zuidduin), visibles de 10 milles, à l'entrée du canal, à 145ᵐ N. 55° O. et S. 55° E. l'un de l'autre; leur alignement conduit dans le nouveau canal de Rotterdam. (51° 58′ 30″ N. et 1° 46′ 14″ E. Feu de l'O.)

—— 2 feux *fixes rouges*, sur la côte N. à Krimsloot, à 365ᵐ N. 70° O. de S. 70° E. l'un de l'autre. (51° 58′ 14″ N. et 1° 48′ 13″ E. Feu de l'O.)

Zanddijk. 2 *fixes*, Portée 3 milles, feux d'alignement.

Scheurdam, sur le côté Ouest du *Bovenmond*, *fixe rouge*.

1.

MER DU NORD. — HOLLANDE

—— Feu *fixe blanc*, sur le musoir de la jetée Nord. Allumage incertain quand la mer est grosse. (51° 59' 11" N., 1° 44' 50" E.)

Scheveningen. Feu *alternatif blanc* et *rouge* de 30 s. en 30 s., élevé de 40ᵐ, visible à 18 milles. (52° 6' 16" N. et 1° 55' 56" E.) Station de sauvetage; câble télégraphique allant à Orfordness, en Angleterre.

Katwijk, feu *fixe blanc*, sur la dune S. du village. (52° 12' 2" N. et 2° 3' 15" E.) Élévation 25ᵐ et portée 14 milles; feu de pêcheurs. Station de sauvetage.

Nordwijk, petit feu *fixe blanc*, au N. N. O. du village, sur une dune par 52° 14' 50" N. et 2° 5' 45" E. Élévation 20ᵐ et portée 13 milles; n'est allumé que pour les pêcheurs. Station de sauvetage.

Zandvoort, feu *fixe* de pêcheurs, sur la dune à l'O. du village, allumé seulement lorsque ces derniers sont dehors; par 52° 22' 28" N. et 2° 11' 17" E. Élévation 23ᵐ et portée 14 milles. Station de sauvetage.

Ijmuiden (D. 1), 2 feux *fixes blancs*, guident dans le port extérieur, à l'entrée du canal d'Amsterdam. Portée 19 milles. Position : 52° 27' 46" et 2° 14' 18" pour l'un, et 52° 27' 41" 2° 14' 47" E. pour l'autre.

—— 2 feux *fixes rouges*, donnant l'alignement de l'angle N. de l'entrée.

—— 2 feux *fixes bleus*, donnant l'alignement de l'angle S. Ces deux alignements passent à 5ᵐ des têtes des jetées du port extérieur.

Egmond (D. 3). Cette ville a pour reconnaissance un signal en bois, et de nuit deux feux *fixes rouges*, sur des tours à 376ᵐ N. 50° O. et S. 50° E. l'une de l'autre. Sur la tour du N., il y a 4 écrans en fer noirs qui se détachent bien sur la couleur rouge du phare, et qui forment un bon amer de jour. Les feux élevés de 36ᵐ et 38ᵐ sont visibles de 7 milles entre le N. 17° E. et le S. 11° E. par l'Ouest. (52° 37' 50" N. et 2° 18' 30" E.)

Kijkduin (D. 1), *fixe*, élevé de 57ᵐ et visible de 20 milles; il est masqué par l'extrémité des dunes du Texel et entre le N. 12° E. et le N. 78° O. Bateau de sauvetage. (52° 59' 21" N. 2° 23' 24" E.)

Schulpengat, 2 feux *fixes blancs*, de direction : le supérieur, au Nord de la balise intérieure du *Zandijk*, est élevé

MER DU NORD. — HOLLANDE   11

de 19ᵐ5 et visible à 13 milles du S. 84° E. au S. 50° E. L'inférieur, au Nord de la balise extérieure, est à 450ᵐ au N. 72° O. du feu supérieur, élevé de 11ᵐ et visible de 11 milles du S., 84° E., au S. 50° E. Ils guident vers la tonne extérieure qui est à l'entrée Sud du *Schulpengat*.

— — (D. 4), feu *fixe* à 1200ᵐ S. 32° O. du phare de Kijkduin, élevé de 18ᵐ 5, et visible à 12 milles entre le N. 51° E. et le N. 6° E. Vu en ligne avec le feu de *Kijkduin*, il conduit à l'entrée du canal *Schulpengat*.

— — (C.), *fixe*, *rouge* et *vert* sur la dune extérieure auprès de Falga. Il est *rouge* dans la partie du N. Schulpengat, *vert* dans la partie Sud, ligne de changement E. 1/2 N.

— — (D. 4), feux *fixes blancs*, sur la côte S. O. de l'île *Texel*; celui du Nord, placé sur le *Schilbolsnol*, est élevé de 8ᵐ 5; celui du Sud, sur le *Stuif-Dijk*, élevé de 6ᵐ5. Les deux feux sont à 700ᵐ S. 30° 30′ O. et N. 30° 30′ E. l'un de l'autre, et se voient à 10 milles entre le N. 22° E. et le N. 53° E. Leur alignement conduit sur le milieu de la barre.

Nieuwe-Diep. 2 *fixes* sur la jetée O. celui de l'extrémité, *blanc*, élevé de 8ᵐ8 par 52° 58′ 0″ N. et 2° 25′ 36″ E; le second, *rouge*, élevé de 10ᵐ 6 à 67° S. 26° O. du premier. On les voit de toutes les directions après avoir doublé le *Wester-Hoofd*, ainsi qu'en rade de *Texel* jusqu'au port de ce nom et au *Balg*. Leur alignement conduit vers le port. Station de sauvetage.

Oude Child, 3 *fixes*, 1 *rouge* à l'extrémité de la jetée O. du port, 1 *blanc* sur le môle E. et 1 *blanc* près de la côte au N. 70° O. du précédent.

Texel (Eijerland) (D. 2.), feu *tournant* de minute en minute, sur les dunes au N. de l'île; il est élevé de 26ᵐ, et se voit à 18 milles. (53° 11′ 0″ N. et 2° 31′ 8″ E.) Bateaux de sauvetage.

Vlieland (D. 4). *fixe blanc* et *rouge* sur la dune au milieu de l'île, par 53° 17′ 47″ N. et 2° 43′ 20″ E. Son élévation est de 46ᵐ et sa portée de 18 milles. Il paraît *rouge* du S. 28° 30′ E. au N. 67° 30′ E. et indique les passes de *Stortmelk-Nord*; et *blanc* entre le S. 20° O. et le N. 67° 30′ E. par le Nord. Masqué du N. 28° 30′ O. au N. 20° E.

Terschelling (D. 1) sur la partie O. de l'île; *fixe* sur la tour *Brandaris*, par 53° 21′ 40″ N. et 2° 52′ 40″ E. Il est élevé de 54ᵐ et visible de 20 milles sur tout l'horizon.

Deux balises sont sur l'extrémité O. de l'île. Il est caché à l'O. 48° S. par l'extrémité N. de *Vlieland.*

—— *fixe, blanc* et *rouge*, à 280° au S. 73° O. du précédent; *blanc* du S. 18° E. au N. 29° E. par l'E., *rouge* du N 29° E. au N. 38° O. Son alignement avec le précédent indique le chenal. Portée 8 milles. (52° 21′ 37″ — 2° 52′ 25″.)

West-Terschelling, *fixe*, à 10ᵐ de la tête du môle de l'O.

Schiermonnigk-Oog (D. 3) *fixe blanc*, visible entre le S. O et le S. 88° E. à la distance de 18 milles; son élévation et de 42ᵐ. (53° 29′ 15″ N. et 3° 48′ 35″ E.)

—— (D. 3) sur une dune à 1000 mètres S. 53° E du précédent; *fixe, blanc*, est élevé de 45ᵐ et se voit à 18 milles, entre le S. O. et le N. 21° O. par le S., le N. et l'O. Ces deux feux guident pour donner dans la mer de *Frise.* Bateau de sauvetage. — Pilotes.

ZUIDERZÉE

Wieringen, 2 *fixes blancs*, de 4 et 10 milles de portée, à l'ext. O. de cette île et à 410ᵐ N. 25° O. et S. 25° E. l'un de l'autre; conduisent au mouillage à travers le *Sloot,* ou chenal au S. de Vieringen. (52°53′ 13″ N. et 2° 35′ 44″ E.)

Kolhorn, 2 feux *fixes* de direction. L'alignement de ces deux feux conduit au milieu de l'entrée du port. (52° 47′ 36″ N. et 2° 34′ 36″ E.)

Medemblick, feu de port *fixe, blanc*, sur la jetée Ouest.

Ven, *fixe blanc*, sur la tour du *Ven*, à 1 mille 1/2 d'*Enkhuysen*, par 52° 44′ 34″ N. et 2° 56′ 46″ E. Sa portée est de 12 milles de l'E. 1/2 S. au N. N. O. 1/2 N. par le Sud, il est élevé de 17ᵐ. Câble télégraphique allant à *Stavoren.*

Enkhuyzen, *fixe blanc*, sur l'extrémité de la jetée Ouest, par 52° 42′ 0″ N. et 2° 57′ 24″ E. Avec le suivant, il guide dans le *Krabbengat.*

—— *Fixe rouge.* sur le mur d'*Enkhuysen*, tenu au S. 48° O. par le précédent, il conduit dans l'entrée E. du Krabbergat.

—— *Fixe vert* du S. 13° O. au N. 82° O. par l'O., *rouge* du N. 82° O. au N. 68° O., *blanc* du N. 68° O. au N. 13° E. (52° 42′ 25″ N., 2° 57′ 40″ E.)

Broekerhaven *fixe blanc*, sur le bout de la jetée Ouest. (52° 41′ 13″ N. et 2° 55′ 9″ E.)

Leekerhoek, sur l'angle de la digue près de Osterleek, *fixe blanc*.

Hoorn, *fixe blanc*, à l'entrée Ouest du port. (52° 38′ 0″ N. et 2° 43′ 42″ E.)

Edam, *fixe blanc*, sur le côté Nord du port. (52° 31′ 12″ N. et 2° 44′ 20″ E.)

Vollendam, *fixe blanc*, sur le môle de l'Est du port. (52° 29′ 40″ N. 2° 45′ 28″ E.)

Goudzee, *fixe blanc*, sur l'extrémité de la berge à l'O. de Marken.

Marken, *fixe blanc*, au sommet d'une tour à l'extrémité E. de l'île, par 52° 27′ 37″ N. et 2° 48′ 10″ E.; portée, 12 milles.

Hoek van't Ij (D. 4), à l'entrée de l'Ij, à 1/2 lieue de Dugerdam, *fixe blanc*, visible de 12 milles et élevé de 16^m, dans une tour en pierre. (52° 22′ 21″ N. et 2° 40′ 40″ E.)

Huizen *fixe blanc, et rouge* sur la jetée O.; portée 3 milles. (52° 18′ 54″ N. — 2° 54′ 58″ E).

—— Sur le côté O. du port à 100^m au S. 29° O. du précédent, portée 3 milles. Leur alignement conduit au port.

Muiden, *fixe blanc, rouge,* sur la jetée Ouest du port (52° 20′ 33″ N. 2° 43′ 55″ E.), *rouge* vers l'Est pour signaler l'entrée du port.

—— *fixe rouge*, sur le côté Ouest du port, à 1000 mètres au Sud du précédent.

Eem, *fixe blanc*, au côté O. de l'entrée. (52° 16′ 23″ N. et 2° 59′ 30″ E.)

Spakenburg, *fixe blanc*, de pêcheurs. (52° 16′ 22″ N. et 3° 2′ 44″ E.)

Nijkerk, 2 *fixes*, à 70^m N. N. E. et S. S. O. l'un de l'autre. Leur alignement guide pour aller dans le port. (52° 15′ 30″ N. 3° 7′ 40″ E.)

Harderwijk, *fixe rouge*, au côté O. de l'entrée, visible de 8 milles. (52° 21′ 16″ N. 3° 17′ 5″ E.)

—— *fixe rouge* à Vischport; portée 8 milles. — En ligne avec le précédent, il guide vers le port.

MER DU NORD. — HOLLANDE

Elburg, 2 *fixes*; le premier sur le môle Ouest, le second dans le port à 650ᵐ au N. 39° O. du premier. Il faut les tenir en ligne. (Inférieur 52° 27′ 16″ N. 3° 29′ 24″ E.)

Ketel, à l'embouchure de l'*Yssel*, sur la tête de la digue Sud ; *fixe blanc*, du S. 61° E. au N. 61° O. par le S., *rouge* sur le reste. (52° 35′ 5″ N. et 3° 25′ 30″ O.)

—— 2 autres feux *fixes blancs* sont à la pointe S. de l'entrée à 150ᵐ E. et O. l'un de l'autre. Ils indiquent la direction de la passe.

Schokland (D. 4), *fixe blanc*, sur la pointe S. de cette île par 52° 37′ 14″ N. et 3° 26′ 10″ E. Portée 12 milles, élévation 16ᵐ. Visible sur tout l'horizon excepté du S. au S. q. S. O. Pilotes, cloche de brouillard.

—— *Fixe rouge et blanc*, sur la pointe N. de l'île ; *rouge* du S. 61° E. au S. 29° O. par le S. et *blanc* du S. 29° O. au N. 61° O. par l'O., et du N. 29° E. au S. 61° E. par l'E. ; masqué par l'île du N. 29° E. au N. 61° O. par le N. (52° 39′ 28″ N. et 3° 26′ 36″ E.) portée, 11 milles.

Urk (D. 4), *tournant*, à éclats de 10 s. de durée suivis d'éclipses de 50 s. Placé à l'angle S. O. de l'île ; portée, 15 milles ; il est élevé de 25ᵐ. Pilotes. (52° 39′ 42″ N. 3° 15′ 22″ E.)

—— 2 *fixes*, 1 *blanc* et 1 *rouge*, sont sur la partie S. de l'île et sur le *Westhavenhoofd*. Tenus l'un par l'autre au N. 28° O., ils guident au port. (52° 39′ 38″ N. et 3° 15′ 23″ E.)

Ganzediep, 2 *fixes blancs* sont au côté O. du port. (52° 36′ 45″ N. 3° 37′ 17″ E.) Leur alignement conduit au port.

Kraggenburg, *fixe blanc*, sur la pointe de la jetée du Sud. (52° 39′ 17″ N. 3° 36′ 12″ E.)

—— *fixe rouge*, à 13ᵐ en dedans du précédent : n'est allumé que quand le niveau de l'eau est de 1ᵐ plus haut que celui d'Amsterdam, pour indiquer qu'il y a danger par suite de la submersion des digues.

Blokzijl, *fixe blanc*, sur l'ext. de la jetée Nord du chenal. (52° 43′ 2″ N. 3° 36′ 12″ E.)

Kuinre, *fixe blanc*, sur l'ext. de la jetée O. (52° 47′ 4″ N. 3° 28′ 55″ E.)

Lemmer, 2 *fixes*, inf. *rouge*, super. *blanc*, sur la jetée Ouest, N. q. N. O. et S. q. S. E. l'un de l'autre. On les tient en ligne pour entrer. (52° 50′ 36″ N. 3° 22′ 30″ E.)

MER DU NORD. — HOLLANDE 15

Stavoren, *fixe,* au côté N. O. du port, par 52° 53' 12" N. et 3° 1' 12" E. Sa portée est de 11 milles. Un second fanal, feu de port, est à l'extrémité de la jetée S. pour marquer l'entrée. On les met en ligne pour éviter les roches marquées par une bouée *rouge* devant le port.

Hindeloopen, *fixe,* au côté O. de l'entrée du port. (52° 56' 44" N. et 3° 4' 0" E.)

Workum, au côté S. de l'entrée, 2 *fixes;* leur alignement conduit à l'entrée du chenal. (52° 57' 40" N. et 3° 4' 24" E.)

Boontjès ou **Surig,** 2 *fixes blancs* sur la pointe à 145ᵐ S. 43° O. et N. 43° E. l'un de l'autre, visibles de 5 à 6 milles. (53° 6' 33" N. et 3° 2' 40" E.)

Harlingen, 2 *fixes blancs;* le premier au fond du port, sur le rempart, le second à l'extrémité de la jetée N. Ils donnent la direction de l'entrée; portées 11 et 13 milles. (53° 10' 34" N. — 3° 4' 30" E.)

—— *fixe rouge* sur le môle Nord. (53° 10' 34" N. et 3° 4' 16" E.

—— *fixe vert,* sur môle Sud.

Ameland (D. 4), *fixe,* hauteur 15ᵐ; portée 12 milles; sur la dune S. O. de l'île à 500ᵐ au S. 39° E. de la balise de *Hollum;* visible entre le S. 40° O. et le N. 50° O. par le Nord, l'E. et le S. Stat. de sauvetage. (53° 26' 18" N. et 3° 16' 49" E.

—— sur la dune la plus O. de l'île. *En construction.*

ALLEMAGNE

Ile Borkum, à l'embouchure de l'*Ems;* *fixe blanc à éclats;* 1 éclat toutes les 2ᵐ. Elévat. au-dessus de la H. M. 63ᵐ. Portée 21 milles (53° 35' 25" N. et 4° 19' 31" E.)

Récif Borkum (*flottant*) à 18 milles au N. 28° O. du phare, par 25ᵐ d'eau; 3 *fixes,* 2 *blancs,* 1 *rouge* (1 à chaque mât); bateau rouge, 3 mâts. Globe noir aux mâts de misaine et d'art. Pyramide noire au grand mât. *Borkum Riff* écrit en blanc sur les flancs. — Feu d'évitage à l'étai de misaine. — Coups de canon lorsqu'un navire court sur un danger. Si le bateau n'est pas à son poste les feux sont éteints; de jour les marques sont alors amenées. (53° 49' 9" N — 4° 8' 10" E.)

MER DU NORD. — ALLEMAGNE

Delfzyl, *fixe blanc et rouge*, au côté Nord de l'écluse, *rouge* vers l'Ems, *blanc* vers la terre. (53° 19′ 41″ N. — 4° 35′ 38″ E.

—— *fixe blanc vert*, au côté S. de l'écluse, *vert* vers l'Ems, *blanc* vers la terre.

—— *fixe blanc*, sur l'extrémité de la jetée N. du port. Portée 3 milles (53° 19′ 59″ N. — 4° 35′ 56″ E).

—— *fixe rouge*, dans le port à 350m au S. 72° O. du précédent; leur alignement indique l'entrée du port.

Knock, sur la digue, *fixe*, portée 11 milles, visible quand on le relève entre le S. 48° E. et le N. 76° O. par l'E. et le N. (53° 20′ 26″ N. — 4° 24′ 24″ E.)

Termunterzijl sur le môle O., *fixe*. (53° 18′ 15 N. — 4° 42′ 3″ E).

Norderney sur l'île. *Scintillant blanc*, de 10s en 10s : élévation 60m, portée 20 milles. 6 éclats par min. sign. de tempête. (53° 42′ 39″ N. — 4° 53′ 34″ E.

Ile Wangeroog, auprès de l'extrémité E. de l'île. *Tournant* 1m en 1m, éclat 15s, éclipse 45s. Elev. 31m, portée 16 milles. Stat. de sauvetage. Sémaphore — Signaux de tempête et de glaces. Sirène de brume, 2 sons de 5 à 6 secondes, pause 8s toutes les 2m. (53° 47′ 27″ N. — 5° 33′ 44″ E.)

Jade, *flottant* par 10m.2 *fixes*, grand mât et misaine, élév. 16m et 9m, portée 9 milles, bateau rouge 3 mâts, ballons à mis. et g. m.; les mots : *Aussen Jade* sur les côtés. (53° 49′ 39″ N. — 5° 41′ 35″ E.) Cloche de brouillard, coups de canon quand un navire fait fausse route.

Minsener Sand. *flottant* par 17m, *fixe rouge*, portée 7 milles, le nom écrit sur les flancs, cloche de br. 1m, pause 2m.

Schillighorn, sur la pointe *Groden*, *fixe rouge*, él. 21m, portée 12 et 9 milles; le feu d'une portée de 12 milles est visible entre le S. 3° E. et le S. 36° O. par le sud; le feu d'une portée de 9 milles, entre le S. 36° O. et le N. 43° O. par l'O. (53° 42′ 16″ N. et 5° 41′ 36″ E.)

—— Sur une fenêtre de la même tour, *fixe blanc*, portée 11 milles, visible du N. 43° O. au N. 40° O.; stat. de sauvet. signaux.

Hooksiel, au côté N. du chenal; *fixe*, él. 8m, portée 6 milles, visible entre le N. 56° O. et le N. 84° O.

Inhausersiel, sur la pointe, *fixe*; lanterne.

MER DU NORD. — ALLEMAGNE. 17

Banc Génius, *flottant* près de la pointe S. E; du banc, *fixe*; élé. 12ᵐ, portée 9 milles, le nom sur les côtés. — cloche de br. pendant 2ˢ toutes les 3ˢ.

Wilhemshaven, sur la tête du môle Sud, *fixe rouge*, portée 3 milles.

—— sur la tête du môle Nord, *fixe vert*.

—— Au port des torpilles, *fixe blanc*.

Varelersiel, sur la digue N. *fixe et à éclats*. Elévation 27ᵐ, portée 12 milles; visible du S. 54° E. au S. 54° O. par le S. Entre le S. 2° E. et le S. 54° O. il montre 2 écl. très-rapprochés suivis d'une éclipse de 4ˢ; entre le S. 2° E. et le S. 2° O. il paraît *fixe*. — Entre le S. 2° O. et le S. 54° O. il montre 5 écl. suivis d'une éclipse de 8ˢ. (53° 24′ 50″ N. et 5° 50′ 45″ E.

—— Sur une fenêtre de la même tour; *fixe*, él. 24ᵐ, portée 13 milles; visible du S. 1° O. au S. 2° E.

Wéser, *flottant* par 23ᵐ, à 4 milles au N. 62° O. de la bouée à clef, 3 *fixes*, 1 à chaque mât. El. 12ᵐ, portée 8 à 10 milles. Bateau rouge, le nom sur les flancs, feu d'évitage à l'étai de mis. Cloche de br. 5 coups toutes les 2ˢ. Coups de canon quand un navire fait fausse route (53° 54′ 0″ N. — 5° 29′ 0″ E).

Bremen, *flottant* par 17ᵐ à la bifurcation du canal, *fixe* au mât de mis., portée 10 milles. Galiote *rouge*, 2 mâts, ballon au mât de mis.; le nom sur les flancs. Coups de canon de brume. Pilotes (53° 48′ 3″ N. — 5° 48′ 8″ E.)

Banc Hohe Weg. Sur la partie N. E. du banc, *fixe*, élév. 27ᵐ, portée 16 milles; visible du N. 63° E. au N. 30° E. par le Sud et l'Ouest; télégraphe. — Signaux de mauvais temps. (53° 42′ 51″ N. — 5° 54′ 23″ E.)

—— Au côté N. E. de la même tour, *fixe blanc*, *rouge*, portée 7 milles; *blanc* du S. 38° E. au S. 84° O. par le Sud; *rouge* dans la direction de la bouée rouge de la pointe N. du *Robben-plate*.

Langlütjensand II, sur la jetée du fort. — *fixe*, portée 5 milles.

Brinkamahoff II, sur le débarcadère, près de la batterie de ce nom; *fixe*, portée 4 milles. (53° 35′ 35″ N.) — 6° 11′ 20″ E.

Bremerhaven, au côté N. de l'écluse, *fixe*, él. 36ᵐ,

portée 10 milles. (53° 32′ 54″ N. — 6° 13′ 58″ E.) Ballon d'heure. — sign. de temp.

— Sur le môle N. du vieux port. — *fixe rouge*, portée 6 milles.

Geestemünde, à l'entrée de la Geeste, *fixe vert*, portée 3 milles, visible du S. 84° O. au N. 6° O. par l'E. et le S. Cl. de br. Bat. de sauv. Signaux.

Ile Helgoland (D. 1) sur le sommet de l'île, *fixe*, — élév. 67ᵐ, portée 20 milles. (54° 10′ 50″ N. — 5° 32′ 45″ E.) Doit être remplacé par un feu tournant. Bat. de sauvet. — Télégr. — sign. de br. amorces toutes les 15ᵐ.

— Sur l'escalier conduisant à la haute terre. — *fixe rouge*, portée 4 milles.

HAMBOURG OU ELBE

Feu flottant extérieur N° I. *Gustav-Heinrich* mouillé par 22ᵐ d'eau, à l'embouchure de l'Elbe, dans l'alignement de la balise de *Scharhörn* avec le phare de *Neuwerk*; *à éclats*, élévat. 11ᵐ,5; portée 8 milles, (54° 0′ 6″ N. — 55° 6′ 57″ E.) Bateau rouge, 3 mâts, pavillon rouge au grand mât pendant le jour; le mot *Elbe* sur les flancs. — 3 éclats de 8ˢ par minute. Cloche de br. et coup de canon. — Coups de canon quand un navire court sur un danger.

Galiote des Pilotes, flottant par 19ᵐ à 1 mille 8/10 au S. 85° E. du précédent, *fixe*. Elév. 8ᵐ,6; portée 3 milles. Bateau noir, 2 mâts, guidon rouge au grand mât. — Cloche et coups de canon de brume. (53° 59′ 50″ N. — 6° 0′ 57″ E).

Feu flottant du milieu N° II. *Caspar*, flottant par 18ᵐ à 2 milles au N. 28° E. de la balise de Scharhorn. 2 *fixes blancs*, élév. 14ᵐ et 9ᵐ,5, portées, 8 et 6 milles. — Bateau rouge 3 mâts, pavillon à bandes horiz. bleues et blanches au mât de misaine, le mot *Elbe* sur les flancs. Cloche de br. — on doit passer dans le N. de ce bateau. (53° 59′ 5″ N. — 6° 5′ 49″).

Feu flottant intérieur N° III. *Jacob. Hinrich*, flottant par 17ᵐ, au N. 42° E. du grand feu de *Neuwerk*; *fixe blanc*; élév. 10ᵐ, portée 8 milles (33° 57′ 4″ N. — 6° 12′ 43″ E.) Bateau rouge, 3 mâts, pavillon rouge à carré blanc au grand mât. — Le mot *Elbe* sur les côtés. On peut passer des 2 bords.

MER DU NORD. — ALLEMAGNE 49

Neuwerk, sur l'extrémité Sud de cette île, *fixe blanc*, élév. 38ᵐ, portée 15 milles (53° 55′ 1″ N. — 6° 9′ 33″ E.)

—— Sur l'extrémité N. O. de l'île, à 625ᵐ au N. 32° O. du précédent, *2 fixes blancs*: supérieur visible du N. 60° O. au N. 75° E. par l'O. et le S.; élévat 18ᵐ1, portée 10 milles; inférieur (à 8ᵐ7 au dessous) élévat. 9ᵐ4, portée 8 milles. — Visible entre le S. 63° O. et le S. 71° O. (53° 55′ 16″ N. — 6° 9′ 13″ E.)

Feu flottant intérieur N° IV (*Neptun*) flottant par 18ᵐ, au Nord de la balise *Kugel*; *fixe blanc*, élévation 10ᵐ9, portée 6 milles, bateau rouge; 3 mâts, ballon au grand mât, le mot *Elbe* sur les flancs. (53° 55′ 43″ N. — 6° 20′ 4″ E.)

Bak licht. Sur la pointe N. E. de la terre ferme, à 2 encablures dans l'Ouest de la balise *Kugel*; *fixe blanc*, élév. 8ᵐ3, portée 8 milles. Éteint jusqu'à nouvel ordre; allumé seulement quand le bateau-feu précédent n'est pas à son poste. (53° 53′ 32″ N. — 6° 20′ 37″ E.)

Cuxhaven, au N. O. de l'entrée du port, *fixe à éclats* de 70ˢ en 70ˢ, éclat brillant 50ˢ, faible 15ˢ, éclipse 5ˢ. — Élév. 24ᵐ, portée 12 milles; il est fixe quand on le voit de la terre et de l'*Elbe*. — Ballon d'heure à 0 h. T. M. de Greenwich. — Signaux de temp. — Pilotes. (53° 52′ 25″ N. — 6° 22′ 19″ E.)

—— Au côté N. E. de la même tour, au-dessous du précédent. — *fixe blanc*, élév. 6ᵐ2, portée 8 milles. Quand on aperçoit ce feu, on peut gouverner dessus pour aller en rade de Cuxhaven. Bat. de sauv.

Alte Liebe. Au N. de l'entrée de Cuxhaven, *fixe blanc et rouge*. Élév. 7ᵐ, portée 3 milles; *blanc* dans la direction de l'entrée du port et vers la terre; *rouge* au large et dans toutes les autres directions. (53° 52′ 30″ N. — 6° 22′ 26″ E.)

Altenbruch, à l'entrée du port, *fixe blanc*; élév. 13ᵐ2, portée 8 milles. (53° 50′ 5″ N. — 6° 26′ 53″ E.)

Brunsbüttel, à 1 mille 1/4 dans l'O. de l'entrée de ce port, *fixe blanc*; élév. 13ᵐ2, portée 8 milles. (53° 53′ 30″ N. — 6° 45′ 46″ E.)

Bosch, sur le côté S. de la rivière, à l'O. de Saint Margarethen, *fixe blanc*; élév. 6ᵐ3; portée 6 milles. Station de pilotes. (53° 53′ 45″ N. — 6° 53′ 36″ E.)

Storort, sur la rive gauche de la Stor; *fixe blanc*. Élév. 7ᵐ, portée 6 milles; visible du large entre le S. 64° O. et le N. 64° E. par le S. et dans le canal. (53° 49′ 20″ N. — 7° 32′ 52″ E.)

MER DU NORD. — ALLEMAGNE

Gluckstadt, sur le môle N. du port; *fixe blanc rouge*, élév. 9"3, portée 10 et 6 milles ; *rouge* entre le N. 41° E. et l'O. par l'E. et le S. (53° 47′ 15″ N. — 7° 4′ 18″ E.)

Elsfleth. Sur la digue de ce nom, près de *Collmar*; *fixe blanc*, élév. 9"2, portée 3 milles. (53° 44′ 5″ N. et 7° 7′ 19″ E.)

Krautsand, flottant par 4", *fixe*, élév. 12"4, portée 5 milles; le nom sur les flancs. Gong de brume. — Passer au N. du bateau-feu.

Pagensand, au côté N. du Pagensand, sur la même balise, 2 feux *fixes* : l'un *blanc, rouge*, élevé de 14"3, visible de 5 milles; *rouge* entre le bateau-feu de Krautsand et la tonne noire 15/16; *blanc* sur le reste de l'horizon; l'autre *blanc*, élevé de 5"5, visible dans le chenal entre les bouées blanches 13, 13/14 et la bouée noire 17. (53° 42′ 20″ N. — 7° 19′ 52″ E.)

Brunshausen, à l'entrée de la *Schwinge*, *fixe*; élevé de 8"6, portée 6 milles. (53° 38′ 20″ N. — 7° 11′ 31″ E.)

Juel's Sand. Sur l'extrémité N. O. du banc; *fixe*, élévation 8" 6, portée 6 milles. (53° 37′ 19″ N. — 7° 13′ 6″ E.)

Lühe, sur l'extrémité O. de la digue; *fixe rouge*. (53° 34′ 26″ N. — 7° 19′ 39″ E.)

Mielstaks, sur la digue ; *fixe blanc*. Elév. 8", portée 5 milles.

Schulau, flottant par 5" 7 au N. de Hanskalsand; *fixe*, portée 5 milles. Bateau *rouge*, 1 mât. Gong. de brume.

Schulau, à 185" en amont de l'entrée; 2 *fixes*; l'un *blanc*, élevé de 11" 6, visible de 5 milles ; l'autre *fixe rouge*, au-dessous du précédent, sur la même balise, élevé de 7" 8, visible de 3 milles entre la bouée *blanche* n° 2 et la bouée noire n° 8 (53° 34′ 7″ N. — 7° 22′ E). Ballon d'heure sur le quai Kaiser, à 0^h 39" 53^s; 7 T. M. de Hambourg.

Finkenwarder, à 3 milles en aval de *Hambourg* ; *fixe rouge*, élevé de 13", portée 4 milles. (53° 32′ 16″ N. — 7° 33′ 5″ E.)

Tollen Ort, En face d'Altona, *fixe rouge*, élevé de 5". Portée 2 milles.

Hambourg, près de Sandthor Haven, *fixe rouge*. Portée 2 milles.

HOLSTEIN, SCHLESWIG ET JUTLAND

Büsum, sur la digue à l'O. de l'écluse du port; *fixe blanc*, élevé de 10^m. Vis. de 5 milles. Guide pour passer le *Russenloch*, entre le *Norderpiep* et le *Suderpiep*. Bateau de sauvetage (54° 7' 47" N. — 6° 31' 24" E.)

Eider, flottant par 13^m, à 10 milles en dehors de la barre; *fixe*; él. de 11^m, port. 8 milles. Bateau noir à 3 mâts; ballon à chaque mât, le mot *Eider* sur les flancs. Sirène de brume: sons de 5^s de durée à 1^m d'intervalle. — Coups de canon quand un navire fait fausse route. Si le bateau n'est pas à son poste, le feu est éteint et de jour, on hisse un pavillon noir avec carré blanc au mât d'artimon. (54° 16' 5" N. — 5° 56' 42" E.)

— **Galiote des pilotes**, flottant par 4^m — *fixe*, élevé de 10^m, visible de 8 milles. Galiote rouge, 2 mâts. Le mot *Eider* sur les flancs. — Pavillon rouge au mât de misaine quand il y a des pilotes à bord. — Cloche de br. Voir l'observation du feu précéd. (54° 15' 49" N. — 6° 15' 7" E.)

— **Wöllerwiek.** Feux de l'Ouest à 120^m, N. 53° E, — S. 53° O. 2 *fixes blancs*. — Elevés de 8^{m}8 et 4^{m}0. visib. à 4 milles. (54° 17' 3" N. — 6° 27' 32" E.) Leur alignement indique le chenal.

— Feux de l'Est, sur la digue, à 47^m S. 60° E. et N. 60° O.; 2 *fixes*, élevés de 9^{m}6 et 3^{m}7, Visib. 4 milles; leur alignement conduit dans la partie O. du *Purrenstrom*. (54° 17' 20" N. — 6° 28' 21" E.)

— à Tonning, sur la digue extérieure, à l'O. du port; à 138^m S. 30° O. et N. 30° E. 2 *fixes*, vis. 4 milles; leur alignement conduit dans la partie Est.

Ile Amrum, (D. 1). Sur la grande dune, *fixe* à éclats de 6^s de durée, toutes les 20^s. Elév. 63^m, portée 20 à 28 milles. (54° 37' 58" N. — 6° 1' 15" E). La tour est un bon amer de jour.

Port d'Amrum, à 1800^m au S. 83° E. du phare précédent; *fixe*, élevé de 8^m, vis. de 6 milles sur un angle de 90°, de l'église Saint-Laurentin à la pointe S. E. de l'île. Son alignement avec le grand feu conduit dans le port. Dans le jour, la lanterne est remplacée par un cylindre à raies *noires et blanches*. (54° 37' 52" N. — 6° 2' 55" E.)

JUTLAND. — DANEMARK

Récif Amrum, flottant par 11ᵐ. *En projet.*

Wyk (île Fohr) au côté E. de l'île, sur la digue extérieure du port, à 16ᵐ N. 64° E. et S. 64° O. l'un de l'autre. — 2 *fixes* visibles à 5 milles entre le N. 14° O. et le S. 31° O par l'Ouest; leur alignement conduit dans le port. (54° 41′ 30″ N. — 6° 14′ 6″ E.)

Dagebüll, l'un à 6 mètres du débarcadère, l'autre à 80ᵐ au S. 82° E. du premier. 2 *fixes rouges* et *blancs*, *rouges* vers le Nord, *blancs* vers l'O. et le S. portée 9 milles; leur alignement conduit au port.

Ile Sylt, feu de l'O. sur *List*, extr. N. de l'île; *fixe blanc, rouge;* élevé de 19ᵐ5, visible à 10 milles; (53° 3′ 17″ N. — 6° 4′ 4″ E.), il est *rouge* dans la direction du canal pour le distinguer du suivant. Leur alignement conduit sur la barre par 5ᵐ5 d'eau à mer basse.

—— Feu de l'E. à 2665 au S. 41° E. du précédent, *fixe*, élevé de 22ᵐ, visible de 12 milles.

—— (D. 1.) (Rothe-Kliff) sur le monticule Bröns, au milieu de l'île, près du village de *Kampen; fixe à éclats* de 4ˢ en 4ˢ, éclat 15ˢ, obscurité 25ˢ. Secteur rouge. Élevé de 63ᵐ, visible de 21 milles. Il est plus brillant du S. 54° O. au N. 8° E. Entre le S. 8° O. et le S. 42° O., direction du *Lister Tief*, il est *rouge*. Tour 38ᵐ, ronde, jaune en briques. 3 bateaux de sauvetage sur l'île. (54° 56′ 53″ N. — 6° 0′ 25″ E.)

—— à **Munkmarsh**. Au côté E. de l'île, côté S. de la jetée. 2 *fixes*, visibles de 6 milles, éclairant 90° entre *Listerley* et *Westerley*, leur alignement conduit dans le nouveau port. (54° 55′ 10″ N. — 6° 37′ 1″ E.)

Hoyer, 2 *fixes*, l'un sur l'écluse, l'autre à 1,000 mètres en dedans. Visibles de 7 milles. Leur alignement conduit à l'écluse de Hoyer, à partir de l'extrémité S. du canal *Hoyer*. (54° 57′ 27″ N. — 6° 20′ 54″ E.)

Graadyb ou **Sœddingstrand**. L'un sur la plage de *Sœdding*, l'autre à 617ᵐ au N. 53° E.; 2 *fixes* éclairant 9° de chaque côté de leur alignement. Élévation 12ᵐ5 et 24ᵐ, portées 11 et 14 milles. Un feu supplémentaire, au côté S. du phare de l'O., éclaire dans le Sud et est masqué vers l'Est. (55° 29′ 40″ N. — 6° 4′ 5″ E.)

Esbjerg. 2 *fixes* sur les môles O. et E. du port, à 288ᵐ S. 58° E. et N. 58° O. Élév. 7ᵐ, 8ᵐ et 11ᵐ. Portées 10 milles.

JUTLAND. — DANEMARK

Ils éclairent un secteur de 9° de chaque côté de leur alignement. (Feu du N. : 55° 27′ 8″. — 6° 5′ 54″ E.)

—— Sur la tête du môle N. *fixe vert*, élevé de 5ᵐ3, visible de 3 milles.

—— 2 *fixes rouges*, l'un sur le nouveau quai de l'avant-port, l'autre sur le terrain élevé de la voie ferrée. Leur alignement conduit dans l'avant-port.

Fanö ou **Nordby**. 2 feux : l'un *fixe* sur la pointe S. O. du quai, visible de 3 milles ; l'autre à 680ᵐ au N. q. N. O. du précédent, sur la pointe *Pakhus*, *fixe blanc, rouge et vert*; *blanc* au S., *vert* au N., *rouge* à l'E. Leur alignement guide vers le port.

Récif Horns, flottant par 34ᵐ. *Tournant* de 30ˢ en 30ˢ, bateau *rouge*, 2 mâts, ballon rouge au mât de mis. Sirène de brume : 3 sons en succession rapide. Feu d'évitage sur l'étai de misaine. (55° 34′ 7″ N. — 4° 59′ 14″ E.)

Bovbjerg (D. 1.) à 12 milles au S. O. du canal *Tyborön*. Feu *fixe* élevé de 62ᵐ, visible de 20 milles. (56° 31′ 0″ N. — 5° 46′ 46″ E.)

Tyborön (flottant), galiote des pilotes en dedans de l'embouchure du canal ; *fixe*, élevé de 9ᵐ, visible de 9 milles. (56° 42′ 42″ N. — 5° 54′ 24″ E.) Stat. de pil. et de sauv. En octobre et novembre, il est en dedans du vieux Fjordgrund, à 1 mille dans l'E. q. N. E. de sa position habituelle.

Thisted, sur le môle S., *fixe rouge*, élevé de 5ᵐ3, visible de 2 milles du N. 50° E. au S. 29° O. par le N. Stat. sauvetage. (56° 57′ 16″ N. — 6° 21′ 41″ E.)

Hanstholm (D. 2.), sur la pointe N. O. du Jutland ; *Tournant* de 30ˢ en 30ˢ, éclats 6 à 8ˢ, élevé de 66ᵐ, visib. de 20 milles. (57° 6′ 50″ N. — 6° 15′ 54″ E.) Stat. de sign. au N. N. O. du phare.

Hirshals (D. 1.). Sur la pointe, côté N. O. du Jutland ; *fixe à éclats* de 4ᵐ en 4ᵐ ; *fixe* 2ᵐ55ˢ ; éclat 11ˢ, éclipse 27ˢ, élévation 57ᵐ, visible de 20 milles. (57° 35′ 6″ N. — 7° 36′ 24″ E.). Stat. de sauv. Signaux, Sirène de brume : 2 sons toutes les 2ᵐ. Signaux sur le côté N. O. de la tour, pour indiquer que les bateaux-feux du Kattégat ont quitté leur poste.

KATTÉGAT (COTÉ OUEST, DANEMARK).

Skagen (D. 1), à 1193ᵐ en dedans de la pointe et à 1570ᵐ dans le N. 65° E. de l'ancien phare, relevé par la vieille tour de l'église de *Skagen*, *fixe blanc*; élevé de 44ᵐ, vis. de 18 milles. (57° 44′ 9″ N. 8° 17′ 47″ E.) Il est visible sur tout l'horizon; mais relevé entre le N. 65° E. et le N. 19° E., il éclaire plus faiblement et n'est alors visible que de 12 milles. Quand les glaces interrompent la navigation, on le signale sur la tour au moyen des signaux indiqués à la fin du volume. (voir aussi sur la même planche, les signaux faits à l'ancien phare.) Signaux de tempête. — Pilotes.

—— Au côté N. de la même tour : *fixe blanc, rouge* et *vert* visibles sur un arc de 120° entre le S. 46° O. et le S. 74° E. *Rouge*, le bateau de *Lœso-Rende* n'est pas à son poste. *Vert*, le bateau de *Trindelen* n'est pas à son poste. — *Blanc*, les 2 bateaux ci-dessus ne sont pas à leur poste.

Récif de Skagen, flottant, par 38ᵐ à l'extrémité du récif. *Rouge* à *éclats* de 30ˢ en 30ˢ. Élevé de 9ᵐ. (57° 46′ 0″ N. — 8° 23′ E.) Bateau *rouge* 2 mâts, ballon *rouge* au grand mât. — Les mots *Skagen Rev*. de chaque bord. Sirène de brume : 1 son de 2 en 2 min.

Aalbæk, sur la plage entre *Skagen* et *Frederikshaven*, 2 *fixes rouges* élevés de 3ᵐ7, vis. 2 milles, feux de pêcheurs allumés du 1ᵉʳ septembre au 1ᵉʳ mai. (57° 35′ 45″ N. — 8° 5′ 16″ E.)

Hirsholm. Sur le sommet de l'île, tournant de 30ˢ en 30ˢ. Élév. 13ᵐ, visible de 10 milles. (57° 29′ 13″ N. — 8° 17′ 20″ E.) Éclats 4ˢ; éclipses 25ˢ. — Pilotes. On hisse un ballon *rouge* au phare quand le bateau-feu de *Lœso* n'est pas à son poste.

Frederikshaven, sur l'extrémité de la jetée S. du port; *fixe rouge*, élév. 7ᵐ, visib. 4 milles entre le N. 12° E. et le N. 47° E. par le N. et l'O. (7° 26′ 8″ N. — 8° 21′ 27″ E.)

—— Sur la même jetée S. à 1ᵐ4 au N. 60° O. du précédent; *fixe*, élév. 3ᵐ. On le voit quand on est près de la passe et quand on le relève entre le N. 47° E. et le S. 12° O. par l'O. Il guide pour donner dans la passe.

KATTÉGAT. — DANEMARK

Trindelen, flottant par 13ᵐ (¹) à 8 encâblures au N. 82° E. des bancs et à 7 milles au N. 27° E. de la pointe E. de *Læso*; *fixe*, élév. 9ᵐ, vis. de 10 milles; goëlette *rouge*, à 2 mâts, le mot *Trindelen* sur les côtés. — Ballon rouge au grand mât. Sirène à vapeur donnant 2 sons de 2ˢ à 1ˢ 1/2 d'intervalle. — Gong en cas d'avarie de la sirène. (Voir les signaux de la fin du volume.) (57° 25′ 50″ N. — 8° 55′ 46″.)

Iles Læsö sur le môle S. du port, côté N. O. de l'île; *fixe rouge*, élevé de 5ᵐ, visible de 4 milles. (57° 17′ 50″ N. — 8° 35′ 16″ E.)

Nordre Ron, à 3 milles 1/2 au N. de la pointe N. O. de *Læso*, *fixe blanc*, à 1 *éclat rouge*, élév. 15ᵐ8, visib. de 12 milles. (57° 21′ 30″ N. — 8° 35′ 16″ E.) Doit être allumé au printemps de 1880. Sirène de br., 3 sons tous les 2ᵐ.

Canal Læsö, flottant par 21ᵐ à 4 encâblures au N. 85° E. de la balise du milieu du *Dvalegrund*, *fixe*, élevé de 9ᵐ4, vis. de 10 milles. Bateau à 2 mâts. Ballon rouge au mât de misaine qui porte le feu. Gong de brume. (56° 58′ 30″ N. — 7° 58′ 1″ E.)

Egense Kloster, sur la pointe; 2 *fixes*, à 133ᵐ N. 66° O. — S. 66° E., élevés de 5ᵐ3 et 10ᵐ, vis. de 9 et 10 milles. Leur alignement conduit sur la barre du *Liimfiord*.

Hals, sur le quai, — côté Est de l'entrée de *Liimfiord* ; *fixes rouges*. Leur alignement conduit à la rade de *Hals*.

Kobbergrund, flottant par 19ᵐ, 3 *fixes*, en triangle, un à chaque mât, élévation 9ᵐ, 12ᵐ5 et 9ᵐ, visibles de 11 et 10 milles. (57° 8′ 52″ N. — 9° 2′ 32″ E.) Goëlette à 3 mâts, *rouge* avec son nom; ballon *rouge* à chaque mât. Au printemps de 1880, ces trois feux doivent être remplacés par un feu unique *fixe blanc*. Gong de brume.

Ile Anholt, à 1 mille 1/2 en dedans de la pointe Est de l'île; *tournant* de 25ˢ en 25ˢ, éclat 6ˢ, éclipse 19ˢ, élév. 37ᵐ, visib. de 14 milles, entre le N. 53° E. et le N. 75° E. par le Sud, l'E. et le N. (56° 44′ 16″ N. — 9° 19′ 0″ E.)

—— Au côté E. de la même tour, *fixe*, visible de 9 milles, dans la direction des récifs. N'est allumé que quand le feu flottant suivant n'est pas à son poste.

(1) Sur les côtes du Danemark, les bateaux-feux sont peints en *rouge*, avec une *croix blanche* portant le nom de la station; ballon *rouge* au mât de misaine, pavillon *bleu à croix blanche* au mât de l'arrière quand ils ne sont pas à leur poste. — Gong de brume. — feu d'évitage *fixe blanc* à l'étai de misaine, à 2ᵐ au-dessus du plat-bord.

Anholt Knob, flottant par 31ᵐ à 1 mille au N. 75° E. du récif *Knobben*; *fixe*, élév. 9ᵐ, vis. 10 milles, goëlette à 2 mâts, rouge avec croix blanche. — Le nom sur les flancs, ballon *rouge* au mât de mis., gong de brume 5ˢ en 5ˢ et pendant 5ˢ; quand il n'est pas à son poste, on allume le feu précédent. Au printemps de 1880, il sera remplacé par un feu *tournant* à 2 éclats blancs toutes les minutes. (56° 46′ 40″ N. — 9° 31′ 6″ E.)

Fornæs, pointe E. du Jutland. *Tournant* de 30ˢ en 30ˢ, éclat 6ˢ, éclipse 24ˢ. Elév. 21ᵐ, portée 13 milles, visible du S. 34° E. au N. 10° E. par le N., l'O. et le S. et dans la baie de Grenaa, jusqu'au N. 46° E. Quand on le relève entre le S. 34° E. et le S. 20° E., on ne le voit pas si l'on est près de terre, parce qu'il est caché par celle-ci. Pavillon *blanc* à bande *bleue*, quand il y a des glaces dans le *grand Belt* et dans la baie *Aarhuus*. (56° 26′ 36″ N. — 8° 37′ 25″ E.)

Hesselö, sur le côté E. de l'île, *fixe*, élevé de 36ᵐ, visib. de 16 milles. de partout, sauf quand on le relève entre le N. 5° E. et le N. 5° O. (56° 11′ 50″ N. — 9° 22′ 36″ E.)

Banc Schultz, flottant par 27ᵐ, à 7 encâbl. au S. 19° O. de la tête de 3ᵐ6 du banc. 2 *fixes*, élevés de 9ᵐ4, visib. de 10 milles. (56° 8′ 55″ N. — 8° 50′ 51″ E.) Bateau *rouge*, 2 mâts; ballon rouge sur chacun. — Les mots *Schultz grund* sur les 2 bords. — Cl. de Br.

Ile Hjelm (D. 2.) Sur le sommet de l'île, à l'entrée d'*Ebeltoft*, *fixe à éclats* de 4ᵐ en 4ᵐ, visible pendant 2ᵐ55ˢ, éclipse 25ˢ, éclat 15ˢ, éclipse 25ˢ; à moins de 8 milles, faible lumière entre les éclats. Elev. 50ᵐ, portée 16 à 19 milles. (56° 8′ 1″ N. — 8° 28′ 16″ E). Pavillon *blanc* à raie verticale *bleue*, indique des glaces dans le *grand Belt* et dans le canal à l'O. de l'île.

Spotsbjerg, sur le côté N. E. de l'entrée du fiord d'*Ise*; *à éclats* de 30ˢ en 30ˢ, élevé de 38ᵐ, portée 11 milles. (55° 58′ 36″ N. — 9° 31′ 22″ E.) Visible quand on le relève entre le S. 56° O. et l'E. 1/2 N. par le S. et l'E.; dans la baie *Nyrup* jusqu'à l'E. q. N. E. et dans la partie Ouest du fiord d'*Ise* jusqu'au S. 15° O.; on peut encore le voir de loin quand il reste au N. 5° E.

KATTÉGAT, COTÉ EST, SUÈDE (1)

Tylö, sur la partie O. de l'île. *Scintillant blanc, éclat de* 3s, *éclipse* 7s, élevé de 17m, vis. de 12 milles. (56° 38′ 48″ N. — 10° 22′ 46″ E.) Caché entre son relèvement au N. 68° O. et la terre, par une haute pointe.

Halmstad, sur l'extrémité extér. de la jetée de l'O. *fixe rouge,* élevé de 6m, vis. de 4 milles. (56° 39′ 30″ N. — 10° 31′ 4″ E). N'est pas allumé par gros temps; on le laisse à bâbord en entrant. 2 feux *verts* sur les jetées donnent la la direction du canal.

Morups Tänge, sur la pointe, au N. O. de *Falkenberg, fixe,* élevé de 28m,4; visib. de 16 milles. (56° 55′ 24″ N. — 10° 1′ 40″ E.) Fait parer le banc *Middelgrund*.

Warberg (D. 3), sur le rocher *Skrifvarek,* élevé de 21m, vis. de 12 milles. (57° 6′ 24″ N. — 9° 53′ 16″ E.) *à éclats :* blanc 3s, rouge 3s, éclipse 19s.

—— Feux de port, sur les jetées; *fixe rouge* et *fixe vert*.

Nidingen, sur le rocher important de ce nom, 2 *fixes* à 30m N. 53° E. et S. 53° O. l'un de l'autre; élevés de 19m,7, vis. de 12 milles. (57° 18′ 12″ N. — 9° 34′ 10″ E.) Cloche de br. dans le N. O. de la tour.

Böttö, sur le rocher de ce nom, canal de Goteborg, Sund de Winga, *fixe blanc et scintillant;* élevé de 13m, vis. de 10 milles (57° 39′ 0″ N. — 9° 23′ 4″ E.); *fixe,* quand on le relève entre le N. 22° E. et le N. 42° E., *scintillant* entre le N. 42° E. et le N. 62° E.; *fixe* entre le N. 62° E. et le N. 2° E. par l'E., le S. et l'O., *scintillant* du N. 2° E. au N. 22° E.

Buskär, sur le rocher de ce nom; *fixe rouge,* élevé de 24m, vis. de 10 milles. (57° 38′ 18″ N. — 9° 20′ 34″ E.)

Gefweskär, sur le rocher de ce nom, *fixe rouge,* visib. quand on le relève entre le N. 70° E. et le S. 43° O. par le N. et l'O. (57° 39′ 48″ N. — 9° 26′ 4″ E.)

Elfsborg, sur le fort, près de Göteborg; *fixe blanc et rouge;* élevé de 14m, vis. de 10 milles. (57° 41′ 12″ N. — 9°

---

(1) A tous les phares de Suède où il y a des canons, un seul coup de canon est un signal d'avertissement. On répond par des coups de canon aux signaux de brume des navires.

30″ 16″ E.) *Rouge* quand on le relève entre le S. 34° E. et le N. 88° E., dans la direction des îlots *Skalkorge*.

Winga, sur l'île, canal de *Göteborg* ; *fixe à éclats* de 3ⁿ en 3ⁿ ; éclat très-court ; élevé de 26ⁿ, vis. de 14 milles. On signale avec des ballons *blancs* que les bateaux-feux de *Truidelen*, *Kobbergrund* et *Knoben* ne sont pas à leur station et avec un cône *noir et blanc* que celui de *Svinbâdarne* n'est pas à son poste. Cornet de brouillard, 1 ou 2 fois par minute. (57° 38′ 6″ N. — 9° 16′ 4″ E.)

— — Sur l'île, à 120ᵐ au S. 25° O. du précédent ; *fixe*, élevé de 26ᵐ2 ; vis. de 14 milles. On le tient dans l'alignement du précédent, quand on le relève au N. 25° E. Il y a sur l'île une pyramide surmontée d'une boule qui masque le feu du Nord au S. 31° O. et le feu du S. au N. 8° E. Ballon *noir* à raies blanches quand il y a des pilotes.

Marstrand (D. 1), sur le rocher *Hamnskär*, le plus S. du groupe *Pater Noster* ; *tournant de 90ˢ en 90ˢ* ; éclat 30ˢ ; éclipse 1ᵐ, élevé de 35ᵐ6, vis. de 20 milles. (57° 53′ 48″ N. — 9° 7′ 52″ E.) Cloche de br. 30ˢ.

— — Sur la pointe O. de l'île *Ko*, côté E. de l'entrée N. du port ; *fixe*, élevé de 7ᵐ6, vis. de 8 milles. (57° 53′ 36″ N. — 9° 14′ 46″ E.) Visib. quand on le relève entre le S. 10° E. et le N. 15° O. par l'E. ; il est caché au N. de l'E. q. N. E., par *Marstrandsö*. Il guide pour le port, en passant par l'entrée N.

Maseskär, sur le rocher, devant *Karingö*, *fixe rouge*, élevé de 33ᵐ8, visible de 12 milles quand on le relève entre le S. 20° O. et le N. 87° O. par l'E. Tour en fer, à jour dans le bas, damier rouge et blanc en haut, cylindre central rouge avec ceinture blanche. (58° 5′ 42″ N. — 9° 0′ 4″ E.)

Hällö (D. 2), sur l'île à 1/2 mille S. 66° E. de la balise de *Sœlö*, entrée du fiord d'Aby ; *scintillant de 5ˢ en 5ˢ*, éclat 2ˢ, éclipse 3ˢ ; élevé de 39ᵐ3, vis. de 16 milles. Caché quand on le relève entre le S. 65° E. et le S. 70° E. par la balise Sœlö. (58° 20′ 12″ N. — 8° 53′ 10″ E.)

Wäderöbod, sur un îlot du groupe *Waderoarne* ; feu *alternatif rouge blanc*, de 30ˢ en 30ˢ, éclat 9ˢ, éclipse 21ˢ, masqué au S. S. O. 1/2 O. par le Waderö Storö (58° 32′ 42″ N. — 8° 42′ 4″ E.)

MER BALTIQUE. — PETIT-BELT

Nord Koster, sur l'île la plus N. du groupe, à 60ᵐ N. 15° O. et S. 15° E. l'un de l'autre. 1° *fixe à éclats* de 3ᵐ en 3ᵐ, éclat 7ˢ, élevé de 65ᵐ, vis. de 16 milles. — 2° *fixe*, élevé de de 65ᵐ, vis. de 16 milles. Ils servent à attérir sur *Stromstad*.

PETIT-BELT

Aarhuus, sur les môles S. et N.; *fixe rouge* et *fixe vert*, le premier vis. de 6 milles, l'autre de 1 mille. Bateau de sauvetage. (56° 9′ 30″ N. — 7° 53′ 16″ E.)

Sletterhage, sur la pointe S. O. de la presqu'île *Helgenœs*, *fixe*, élevé de 16ᵐ, vis. de 11 milles. (56° 5′ 48″ N. — 8° 10′ 58″ E.)

Thunö, au côté E. de l'île, *fixe blanc, rouge*, élevé de 31ᵐ, vis. de 11 milles; *Rouge* dans la direction de la pointe Rönnen, ou lorsqu'on le relève au S. 70° O. *Blanc* partout ailleurs, mais masqué par la terre entre le N. 54° E. et le S. 83° E. par l'E. Pilotes. (55° 56′ 59″ N. — 8° 6′ 37″ E.)

Westborg, sur le morne, pointe S. O. de *Samso*; *fixe à éclats* de 3ᵐ en 3ᵐ, feu fixe pendant 1ᵐ55ˢ, éclat très-vif 15ˢ entre 2 *éclipses* de 25ˢ, à moins de 6 milles on ne voit plus les éclipses. Elév. 36ᵐ, vis. de 14 à 16 milles, excepté entre le S. 26° E. et le S. 75° O., par le Sud où il est caché en partie par les terres. (55° 46′ 11″ N. — 8° 13′ 3″ E.)

Horsens. Au côté S. du port, à 109ᵐ l'un de l'autre, 2 *fixes*, élevés de 9ᵐ9 et 3ᵐ4, vis. de 6 milles. Leur alignement guide dans le port. (55° 51′ 30″ N. — 7° 31′ 39″ E.)

Bogense, sur la tête intér. de la jetée, *fixe rouge*, élevé de 6ᵐ, vis. de 3 milles quand on le relève entre le N. 82° E. et le S. 4° E. par l'E. On est dans le canal quand on tient le feu au S. q. S. E. (55° 34′ 0″ N. — 7° 44′ 53″ E.)

Fredericia, sur la tête du môle N. O; *fixe rouge*, élevé de 5ᵐ6, vis. de 3 milles entre le S. 82° E. et le N. 82° O. par le N. (55° 33′ 36″ N. — 7° 25′ 27″ E.)

—— Sur le môle O. à 110ᵐ du précédent, *fixe vert*, élevé de 7ᵐ, vis. de 3 milles.

—— à terre, 2 *fixes rouges* dont l'alignement donne la route pour aller au port.

Middelfart, sur le môle O.; *fixe rouge*, élevé de 5m6, visib. de 2 milles, quand on le relève entre le S. 48° E. et le N. 48° O. par le S. (55° 30′ 30″ N. — 7° 23′ 46″ E.) N'est pas allumé par clair de lune.

Strib, de chaque côté du canal 2 *fixes verts*, vis. de 2 milles; ne sont allumés que quand on attend des paquebots. (55° 32′ 30″ N. — 7° 25′ 36″ E.)

—— à terre, 2 *fixes rouges*, vis. 2 milles. Leur alignement donne la route à suivre.

Ile Baagö, sur la pointe Sud, *fixe*, élevé de 12m, vis. de 10 à 11 milles. Masqué par le village quand on le relève entre le S. 41° O. et le S. 46° O. (55° 17′ 44″ N. — 7° 27′ 55″ E

Assens, à 14m de l'extrémité du môle, *fixe*, élevé de 6m2, visible de 9 milles quand on le relève entre le N. 30° E. et le S. 7° O. par l'E. et le S., excepté entre le S. 60° E. et le S. 32° E. où il est caché par *Baagö*. (55° 16′ 16″ N. — 7° 33′ 21″ E.)

Aarösund, près du village, *fixe*, élevé de 11m7, vis. de 10 milles quand on le relève entre le N. 37° O. et le S. 60° E. par l'O. et le S. (55° 15′ 48″ N. — 7° 22′ 38″ E.)

Apenrade, sur le môle S. du port, *fixe rouge*, élevé de 5m, visible de 4 milles; n'est allumé que jusqu'à 1 heure du matin du 15 septembre au 15 avril. Tenu au N. 38° O. il guide au port. (55° 2′ 37″ N. — 7° 5′ 38″ E.)

Sonderburg, près du château, côté O. de l'île d'*Alsen*, à 39m N. 11° O. et S. 11° E.; 2 *fixes rouges*, élevés de 7m6 et 6m2; visibles de 5 milles. (54° 54′ 31″ N. — 7° 26′ 57″ E). *Rouges* au large, mais *blancs* du côté de la ville. Leur alignement conduit entre les têtes E. et O. du port.

Svenborg, sur la tête du môle du port, *fixe*, élevé de 5m3, visib. de 4 milles.

—— Sur les bras du môle, N. 12° O. et S. 12° E. l'un de l'autre, 2 *fixes*, celui du N. allumé toute la nuit, sauf par clair de lune; celui du Sud jusqu'à 11 heures du soir.

—— Sur l'angle E. du quai des Vapeurs, feu *fixe vert* et sur l'angle Ouest, feu *fixe rouge*; portées 2 milles. Allumés seulement quand on attend le courrier.

Æröskjöbing, sur la tête du quai; *fixe*, élevé de 5m; vis. de 4 milles (54° 53′ 22″ N. — 8° 5′ 22″ E.)

MER BALTIQUE. — PETIT-BELT

Ile Alsen, sur la falaise *Kekenis*, pointe S. de l'île; *fixe*, élevé de 25m2, visib. de 12 milles quand on le relève entre le S. 85° E. et le S. 67° O. par l'E., le N. et l'O. Pilotes. (54° 51' 17" N. — 7° 39' 16" E.)

Banc Kalkgrund, flottant par 18m, à l'extrémité N. du banc, à 1 encablure au N. de la balise du banc; *fixe*, élevé de 8m, vis. de 7 milles. (54° 50' N. — 7° 32' 46" E.) Bateau *rouge*, 2 mâts. Pavillon blanc au mât de misaine. — Pilotes. — Gong de br. — Passez au N. du bateau.

Flensburg, 2 *fixes*, l'un *vert*, dans la ville, l'autre *rouge*, sur la machine à mâter, à 79m au N. 28° E. du premier. L'alignement de ces feux donne la direction du canal. (1er. 54° 47' 27" N. — 7° 6' 4" E.)

Schleimunde, à l'entrée de la Schlei, sur le môle N., *fixe rouge*, élevé de 17m, vis. de 12 milles, entre le S. 25° E. et le N. par l'O. Mât de signaux voisin de la tour jaune du phare. (54° 40' 23" N. — 7° 42' 10" E.)

Eckernförde, sur l'extrémité de la jetée; *fixe*. (54° 28' 15" N. — 7° 30' 3" E.) Tenu au N. 47° O., il indique le meilleur mouillage.

Bülk (D. 3), feu *fixe* élevé de 30m. Il indique le fiord de *Kiel*; visible de 15 milles, du S. 45° E. au N. 17° E. par l'O. Siffet de brouillard. Pilotes à *Bülk* et à *Laboë*. (54° 28' 24" N., 7° 51' 50" E.)

Fredericksort (D. 5), sur la partie S. E. du récif qui est au côté N. du fiord; *fixe*, élevé de 11m,3, visible de 9 milles. En entrant dans le fiord, laissez le feu à 200m au moins sur tribord. Cloche de brume. (54° 23' 28" N. et 7° 51' 13" E.)

—— 2 *fixes*, *blanc* et *rouge* sur les môles du port des Torpilles.

Düsternbrook (C. 4), sur la côte du *Holstein*; *fixe rouge*, visible de 3 milles entre le N. 42° E. et le S. 26° E. par l'O. (54° 20' 20" N. et 7° 49' 2" E.)

Kiel (Gaz), feu *fixe vert*, sur le quai des bateaux à vapeur, élevé de 5m8 et visible de 2 milles entre le S. 76° O. et le N. 53° O. par l'O.

—— Feu *fixe rouge* sur l'extrémité du pont des bateaux à vapeur, visible de 2 milles du S. 8° O. au N. 42° E. par l'O.

MER BALTIQUE. — PETIT-BELT

Sandkrug ou **Wilhelminenhöhe** (C. 4), 2 *fixes rouges*, le supérieur élevé de 9m2 et l'inférieur de 6m3 ; ils éclairent entre *Dusternbrook* à l'Ouest et le *Kitzemberg* à l'Est, et sont visibles de 5 à 6 milles. Tenus l'un par l'autre, ils font passer à 46m au N.O d'un banc de 7m5, signalé par une bouée avec perche et balai. (54° 19′ 10″ N. et 7° 48′ 52″ E).

Marienleuchte (D. 4), *tournant de 30 s. en 30 s.* sur la pointe N. E. de l'île *Fehmarn*, sur le *Olhenborg-Hut*. Il se voit sur tout l'horizon ; mais il est caché par la côte du N. 8° O. au N. 28° O. jusqu'à 5 milles de distance de la terre. Sirène de br. 2 sons de 3s à intervalles de 70s. (54° 29′ 44″ N. et 8° 54′ 19″ E.)

Sund de Fehmarn (D. 4), près de *Flügge*, côte S. O. de *Fehmarn*; *fixe*, élevé de 17m3, visible de 13 milles du S. 76° E. au N. 76° O. par le N. et l'E. (54° 26′ 34″ N. et 8° 41′ 3″ E.)

—— (D. 6), sur la pointe *Strukkamp*, à 6720m S. 56° E. du précédent; élevé de 5m7, visible de 8 milles du S. 71° E. au N. 71° O. par le N. et l'E. Tenus l'un par l'autre, ce feu et le précédent font traverser le Sund. (54° 24′ 39″ N. et 8° 45′ 15″ E.)

Fakkebjerg (C. 3), feu *fixe*, sur une montagne à 1 mille N. du cap S. de *Langeland*; visib. de 14 milles quand on le relève entre le S. 41° O. et le S. 61° E. par le N.; mais il est caché en certains endroits par la terre. Sa hauteur est de 39m. (54° 44′ 23″ N. et 8° 22′ 0″ E.)

Dahmerhöft, à 160m de la côte, *fixe blanc à éclats* de 5s en 5s, élevé de 33m et visible de 10 milles quand on le relève entre le S. 4° E. et le N. 67° E. par le S. et l'O. éclats visibles à 14 milles. (54° 12′ 12″ N. — 8° 45′ 28″ E.)

Pelzerhaken ou **Neustadt** (D. 6), *fixe à éclats* de 2 m. en 2 m. sur la pointe *Pelzer*, par 54° 5′ 14″ N. et 8° 32′ 0″ E.; à 2 milles E. 1/2 N. de l'entrée de *Neustadt*; il est élevé de 14m2 et visible de 12 milles quand on le relève entre le S. 82° E. et S. 54° O. par l'O., le N. et l'E.; lumière fixe 1 m. 19 s., éclipse 13 s., éclat 15 s.; éclipse 13 s., etc. A moins de 6 milles, les éclipses ne sont jamais totales. Pilotes.

MER BALTIQUE. — GRAND-BELT

GRAND-BELT

Seirö (C. 3), *tournant* de 2 m. en 2 m., sur la pointe N. O. de cette île. Elévation 31ᵐ au-dessus de la mer, visible de 15 milles, entre le N. 56° O. et le N. 35° O. par l'O. le S. et le N. (55° 55′ 10″ N. et 8° 46′ E.)

Revsnœs (D. 4), *fixe* sur la pointe N. O. de *Sélande*; son élévation est de 24ᵐ et sa portée de 12 milles. Il est visible entre le S. 80° O. et le N. 48° O. par le N. et l'E. (55° 44′ 36″ N. et 8° 32′ 8″ E.)

Odense, *fixe*, élevé de 9ᵐ4, visible de 6 milles; sur un poteau à l'ext. S. de la presqu'île *Hals*. (55° 30′ 58″ N. et 8° 13′ 40″ E.)

Kallundborg (C. 6), *fixe rouge*, à l'extrémité de la langue de *Gisselöre* au S. O. du port. Sa hauteur est de 2ᵐ8, sa portée de 5 milles. On y trouve des pilotes. (55° 41′ 12″ N. et 8° 44′ 56″ E.)

Romsö (D. 4), *fixe rouge*, au côté E. de l'île par 55° 30′ 42″ N. et 8° 28′ 0″ E.; élevé de 15ᵐ7, il se voit de 7 milles; mais il est masqué par l'île entre le S. 47° E. et le N. 54° E.

Halskov (C. 6), *fixe*, près *Korsör*. Placé sur le banc *Lygete*, par 55° 20′ 15″ N. et 8° 47′ 30″ E., visible de 10 milles, du S. 47° E. au N. 8° E. par l'E. Pendant les brouillards, quand on attend le paquebot, on allume un brasier accessoire pour faire reconnaître la position.

Korsör (C. 6), deux feux *fixes* au côté N. de l'entrée de ce port, visibles de 9 milles entre le S. 70° E. et le N. 31° E. par l'E. (55° 20′ 11″ N. et 8° 48′ 16″ E.) Leur alignement conduit au port.

Dans les nuits obscures, on hisse un feu *rouge* sur la jetée S. et un feu *blanc* sur celle du N. au départ ou à l'arrivée du paquebot.

Sprogö (C. 3), sur la partie la plus haute de l'île; *tournant*; élevé de 43ᵐ8 il se voit de 17 milles sur tout l'horizon, montrant son plus vif éclat, de 20 s. de durée, de 2 m. en 2 m. (55° 19′ 51″ N. et 8° 38′ 16″ E.)

Au S. de l'île, deux balises blanches donnent la direction du câble électrique, qu'on doit éviter d'endommager.

Knuds-Hoved (D. 5), *fixe*, à la pointe E. de *Fionie* et à l'entrée de la baie de *Nyborg*. (55° 17′ 24″ N. — 8° 31′ 5″ E.) Visible de 10 milles sur tout l'horizon vers le *Belt* et dans l'anse de *Nyborg* jusqu'au S. 82° E. Balises blanches donnant la direction du câble électrique.

Slipshavn (C. 4) *fixe rouge*, à l'angle N. O. du fort; visible de 6 milles quand on le relève entre le S. 82° O. et le S. 4° O. par le N. et l'E. (55° 17′ 8″ N. et 8° 29′ 30″ E.)

Nyborg (Gaz), deux *fixes rouges* sur le quai O., à 23° N. 11° O. et S. 11° O. l'un de l'autre; ils conduisent dans le port. Allumés seulement pour les paquebots.

—— 2 feux *fixes* sur le terre-plein du fort, à l'O. du port, 104° N, 19° O. et S. 19° E.; ils sont visibles de 6 milles et, tenus en ligne, ils font passer tous les bancs jusqu'à l'alignement des feux rouges. (55° 18′ 32″ N. et 8° 27′ 40″ E.)

Lundeborg, *fixe rouge*, sur la jetée N. du port, élevé de 3^m, visible de 2 milles, est allumé du 1er septembre au 1er mai. On le laisse à tribord en entrant (55° 8′ 20″ N. 8° 27′ 11″ E.)

Helholm ou Agersö (C. 6), *fixe*, sur une tour ronde et blanche, dans la passe d'*Omô*, sur la pointe S. de *Helholm*. Son élévation est de 9^m et sa portée 8 milles. (55° 11′ 9″ N. et 8° 52′ 34″ E.) Visible sur tout l'horizon, excepté entre le S. 50° E. et le S. 2° E., où il est masqué par *Agersö*; et entre le S. 55° O. et le N. 69° O., où il est caché par un moulin.

Rudkjobing (C.), *fixe*, visible de 5 milles; sur l'extrémité du môle du milieu du port. (54° 56′ 16″ N. et 8° 22′ 16″ E.)

Veirö (D. 4), *tournant*, sur l'îlot de ce nom, par 55° 2′ 15″ N, et 9° 2′ 0″ E. Les éclats ont lieu de 15 s. en 15 s, éclipses 14^s; son élévation est de 15^m7 et sa portée de 11 milles, sur tout l'horizon.

Ore, côté S. de *Selande*; 2 *fixes* S. 36° O. — N. 36° E. visi. de 4 milles. (55° 0′ 22″ N. — 9° 32′ E.)

Vordingborg (C. 6.), 1° feu *fixe* de port, élevé de 1^m8 et visible à 4 milles (54° 59′ 40″ N. et 9° 33′ 45″ E.); 2° feu *fixe* élevé de 4^m6, visible à 4 milles; 3° feu *fixe* de 2^m5 d'élévation et de 2 milles de portée. En approchant de *Vordingborg*, on tient les deux premiers en ligne jusqu'à ce qu'on voie le troisième. Ils ne sont allumés que quand les paquebots sont en mer.

Orehoved, côté N. de *Falster*, *fixe rouge*; vis. 4 milles. (54° 57′ 33″ N. — 9° 31′ 13″ E.)

MER BALTIQUE. — GRAND-BELT

Gaabense (C. 6), deux feux *fixes* sont allumés lorsqu'on attend le bateau à vapeur ; on les voit à 4 milles. (54° 56′ 30″ N. et 9° 32′ 46″ E.)

Taars (C. 6) feu *fixe* sur la plage côté N. du fiord de *Nakshov*. Il est élevé de 10m et visible de 10 milles. (54° 52′ 40″ N. et 8° 42′ 0″ E.)

——— (C. 4), sur l'estacade, près le poste des bateaux de passage, à 608m S. 85° O. du précédent et n'éclairant que dans la direction du canal; portée, 6 milles. Il faut les tenir l'un par l'autre, pour se rendre à la station des pilotes.

Langeland ou Tranekjœr (C. 4), *fixe*, visible de 10 milles, sur la côte E. de l'île, au S. 60° E. du château de *Tronekjœr;* il guide les bateaux à vapeur qui passent dans le *Belt de Langeland.* (54° 59′ 15″ N. et 8° 33′ 16″ E.) Visible du S. 40° O. par l'E. jusqu'au dehors et masqué en partie du S. 40° O. au S. 29° O. par les bois. Au N. de ce dernier relèvement il est tout à fait masqué.

Bagenkop (C.), *fixe rouge*, visible de deux milles sur l'ext. N. de la jetée O. (54° 44′ 23″ N. et 8° 22′ E.)

SUND, CÔTÉ OUEST

Nakkehoved (C. 3), 2 *fixes* à 400m N. 86° O. et S. 86° E. l'un de l'autre. Le feu de l'O. élevé de 44m9, visible de 12 milles du N. 87° E. au N. 69° O. par le S. et dans toute la baie de *Hornbek;* est caché entre le S. 82° E. et le S. 72° E. Celui de l'E., visible de 12 milles du S. 72° E. au N. 69° O. et dans toute la baie de *Hornbek.* (56° 7′ 9″ N. et 10° 1′ 0″ E. du feu E.)

Kronborg (D. 3), feu *fixe blanc à éclat rouge* de 30s en 30s, sur la tour N. E. du château; élevé de 33m6, il indique l'entrée du *Sund* et le mouillage de *Kronborg*, avec une portée de 12 milles. Visible du S. 45° E. au N. 30° E. par l'O., il est caché par *Hven* entre le N. 19° O. et le N. 8° O. et au N. 8° E. par la tourelle S. E. du château. (56° 2′ 22″ N. et 10° 17′ 20″ E.)

Helsingör ou **Elseneur** (C. 6), à la tête de la jetée S.; *fixe rouge*, élevé de 5m3 et visible de 4 milles. (56° 2′ 5″ N. et 10° 17′ 10″ E.) Avec celui de *Kronborg*, il éclaire tout le *Sund.*

On y trouve des remorqueurs, et un bâtiment signale le

midi moyen de *Greenwich* par la chûte de son ballon. Pilotes.

Ile Hven, feu suédois, sur la pointe N. O. de l'île, *scintillant*, à *éclats* de 10s en 10s, élevé de 30m, vis. de 12 milles du N. 31° O. au S. 64° O. par le N. et l'E. Le garder en vue pour éviter les basses de *Landskroma* et de la pointe *Barsebak* jusqu'à *Malmo*. (55° 54' 48" N. — 10° 20' 24" E.)

Kirkbacken, feu suédois, sur la tête du môle, côté O. de l'île *Hven*; *fixe rouge, vert et blanc* : *rouge* du N. 23° O. au N. 77° E. par le N.; *vert* du N. 77° E au S. 23° E. par l'E.; *blanc* du S. 23° E. au S. 77° O. par le S. (55° 54' 36" N. — 10° 20' 28" O.)

Vedbæk (C. 6), 2 *fixes* : celui de l'Ouest est élevé de 12m,4 et placé au N. du débarcadère de *Vedbæk* par 55° 51' 2" N. et 10° 14' 21" E. Le feu de l'Est, élevé de 9m,2, est à 376m N. 65° E. de celui de l'O.; tous les deux sont visibles de 10 milles. Ils signalent la position du télégraphe électrique qui va de *Sélande* en *Skanie*.

Taarbœk (C.), *fixe vert*, élevé de 4m,5 sur le môle Nord. Feu de port visible de 1 mille. (55° 47' 20" N. et 10° 16' 0" E.)

Skovshoved, sur le brise-lames Sud du port, *fixe rouge*, visible de 1 mille. (55° 45' 30" N. et 10° 16' 4" E.) Feu de port.

Copenhague, sur la côte O. de l'entrée du port; *fixe*; feu de port. Il y a en outre 2 feux de port *fixes rouges*, placés l'un sur le rempart du château-fort; l'autre au N. O. Ils servent pour le *Krone Lobet*.

Trekroner (D. 4) sur la casemate de l'E. de la batterie; *fixe*, varié de 3 m. en 3 m. par des éclats de 15 s., précédés et suivis d'une éclipse de 25 s., élevé de 19m,8 et visible de 8 milles, les éclats de 11 milles. (55° 42' 1" N. et 10° 16' 54" E.) Cornet de brume, sons de 8s toutes les 55s.

—— 2 *fixes rouges*, sur la même batterie à 170m S. 42°E. et N. 42° O., visibles de 11 milles. Leur alignement guide dans le chenal.

Provesteen, 2 *fixes rouges* à 94m N. 2° E. et S. 2° O., visibles de 5 milles et placés sur la batterie. Ces feux guident pour passer entre le *Mittelgrund* et le *Middelpulten*.

Drogden (flottantC), *tournant* de 20 s. en 20 s. visible de 10 milles. Il est à 1 encablure au S. E. du plus haut fond

MER BALTIQUE. — SUND 37

du banc *Quartus*. Goëlette rouge avec croix blanche, mouillée par 8ᵐ 5 d'eau. Sa hauteur est de 9ᵐ 4. Cloche de brume; on y trouve des pilotes. (55° 33′ 14″ N. et 10° 23′ 0″ E.)

Dragör, 2 *fixes rouges*, visibles de 10 milles, à 377ᵐ· N. 5° E. et S. 5° O. sur la plage au N. de la ville. Leur alignement conduit dans le milieu du *Hollander deep*. (55° 35′ 45″ N. — 12° 20′ 16″ E.)

Dragör, *fixe rouge* sur la jetée N., visible de 2 milles entre le N. 8° E. et le S. 8° O. par le N et l'O. Est allumé du 1ᵉʳ août au 1ᵉʳ mai.

Kalkgrund, flottant, feu *intermittent*; éclat 1ˢ, éclipse 1ˢ, élév. de 7ᵐ, vis. de 8 milles. Bateau *rouge*, 1 mât; ballon; le mot *Kalgrundet* sur les flancs; cl. de br. 3 coups toutes les 2ᵐ. (55° 36′ 50″ N. — 10° 33′ 27″ E.)

Oskargrund, flottant, *fixe blanc* élevé de 8ᵐ 7, le mot *Oskargrundet* sur les côtés. Cloche de br. 2 coups toutes les 2ᵐ. (55° 35′ 15″ N. 10° 30′ 45″ E.) Passer au N. O. des deux bateaux; leur alignement indique le chenal *Flint Rinne*.

Nordre Röse (D. 3), *fixe blanc à éclats rouges* de 30 s. en 30 s., visible de 10 milles. (55° 38′ 10″ N. et 10° 21′ 17″ E.) Le phare est en construction sur le banc *Nordre Röse* (Dans le canal *Drogden*). En attendant, on allume 2 feux (de position) l'un au-dessus de l'autre sur l'échafaudage.

Kiöge (C. 6), feu *fixe rouge*, sur l'extrémité du môle Nord, à 8ᵐ 8 au-dessus de la mer; on le voit de 8 milles. (55° 27′ 20″ N. et 9° 52′ 6″ E.)

Stevns (D. 2), à l'extrém. S. du promontoire; *tournant* de 30 s. en 30 s., éclat 13 s., éclipse 17 s. Elév. de 64ᵐ au-dessus de la mer, portée 20 milles. (55° 17′ 26″ N. et 10° 7′ 14″ E.)

Rodvig (C. 6), feu de port; *fixe rouge*, à l'extrémité de la jetée E. du port; élevé de 5ᵐ 6, visible de 5 milles.

Faxö (C. 6), feu *fixe blanc* et *vert* sur le bout de la jetée de l'Est; tour à bandes rouges et blanches: *blanc* du N. 85° O. au N. 58° O. Hauteur, 6ᵐ 7; portée, 8 milles. (55° 13′ N. et 9° 49′ 52″ E.)

Moën (D. 3), *fixe*, sur la côte S. E. de l'île par 54° 56′ 50″ N. et 10° 12′ 30″ E.; élévation 25ᵐ; portée 11 milles. Visible depuis l'entrée du *Grönsund* par le N. jusqu'à ce qu'on le relève au S. 37° O. où il est caché par les falaises de *Moën*.

MER BALTIQUE. — SUND.

Giedser (D. 3), feu *fixe* à la pointe S. de l'île *Flaster*; élevé de 19°, on le voit de 13 milles sur tous les points de l'horizon excepté quand on le relève entre le S. 3° O. et le S. 29° E. Le banc *Trindelen* lui reste à 3 milles 1/2 au S. 56° E. Une bouée rouge est à une encâblure au S. 52° O. de ce danger, par 6°5. (54° 33′ 50″ N. et 9° 37′ 48″ E.)

Récif Giedser, flottant par 11°; *tournant rouge* de 30ˢ en 30ˢ. Bateau *rouge*, 2 mâts, ballon au mât de misaine où l'on hisse le feu; le mot *Gjedsör Rev*, de chaque côté. Sirène de brume toutes les minutes. (54° 28′ N. — 9° 49′ 16″ E.)

Kullen (C.), feu *tournant* de 2 m. en 2 m., élevé de 86ᵐ et visible de 20 milles. Éclats de 30 s. qui sont suivis d'éclipses de 1 m. 30 s. Il fait reconnaître l'entrée du *Sund*. (56° 17′ 54″ N. et 10° 7′ 4″ E.)

SUND, COTE EST.

Svinbadan (flottant), mouillé devant les bancs *Svinebö* et *Jungnasbö* au S. 15° E. du précédent, deux feux *fixes rouges* à 8ᵐ au-dessus de la mer, visibles de 6 milles. Bateau *rouge* à 2 mâts, avec son nom sur les côtés. Cloche de brouillard et siflet de brume donnant 2 fois par minute 3 sons de 2 sec. à intervales de 2 secondes. Pavillon mi-partie *blanc-bleu* à la corne quand il y a des pilotes à bord. (56° 10′ 48″ N. et 10° 10′ 34″ E.)

Helsingborg (C.), *fixe rouge*, sur la jetée N. Un pavillon rouge est hissé au môle S. quand on ne peut entrer. La portée du feu est de 6 milles. (56° 2′ 42″ N. et 10° 21′ 22″ E.)

Raa, feu de pêcheurs, *fixe vert*, élevé de 7ᵐ 4. (55° 59′ 36″ N. et 10° 24′ 46″ E.)

Landskrona (C.), 2 *fixes rouge et vert* sur les quais, à 183ᵐ N. 80° O. et S. 80° E. l'un de l'autre; leur alignement conduit dans le port, et, vus d'une certaine distance, ils ne forment qu'un seul feu; la portée du feu de l'E. est de 8 milles. (55° 52′ 0″ N. et 10° 29′ 34″ E.)

Malmo (C.), *fixe et à éclats* sur le môle intérieur, dans le port, élevé de 20ᵐ au-dessus de la mer, vis. de 12 milles; on voit un *éclat* de 1ˢ entre le S. 10° E. et le S. 29° E.; il est *fixe blanc* entre le S. 29° E. et le S. 47° E. et, entre le S. 47° E. et le S. 55° E., il montre 2 *éclats* rapides toutes les 4 secondes. (55° 36′ 48″ N. et 10° 39′ 28″ E.)

MER BALTIQUE — ILE BORNHOLM.

—— ; à 465ᵐ au N. 29° O. du prédédent ; *fixe blanc, rouge et à éclats : fixe rouge* entre le S. 5° O. et S. 81° E. par le S. *fixe blanc* entre le S. 81° E. et le N. 87° E. par l'E. *Blanc à 1 éclat* entre le N. 87° E. et le N. 82° E. *fixe blanc* entre le N. 82° E. et le N. 65° E. *Blanc à 2 éclats* entre le N. 65° E. et le N. 46° E. élév. 9ᵐ6 ; portée 8 milles. Réflecteur éclairant la tête du môle de l'E. pour entrer dans le port ; tenez le feu fixe rouge extérieur par le feu fixe blanc intérieur. (55° 37′ 0″ N. — 10° 39′ 28″ E.).

—— Dans le port, 2 feux de direction *fixe rouge, fixe vert*.

Falsterbö (D. 2), sur la pointe, *fixe*, élevé de 23ᵐ7, se voit de 14 milles. (55° 23′ N. et 10° 29′ 9″ E.)

Il faut éviter d'approcher de *Falsterbö* et ranger de préférence les falaises fort saines de *Stevn's-Klint*.

—— (flottant C.), mouillé par 11ᵐ d'eau à l'extrémité du récif de *Falsterbö*, 2 *fixes*. Le bateau est rouge avec le mot *Falsterbö* sur ses côtés ; ses deux mâts portent chacun un feu *fixe* visible de 10 milles. Le jour, chaque mât porte une boule rouge, et on tinte une cloche dans les temps de brume. On y trouve des pilotes. Feu d'évitage à l'avant. (55° 17′ 39″ N. — 10° 27′ 22″ E.)

ILE BORNHOLM

Christiansöe (C. 3), *tournant à éclats* de 30ˢ en 30ˢ, sur une grande tour dans la forteresse à 15 milles N. 80° E. du feu d'*Hammeren* (île *Bornholm*). Il est élevé de 28ᵐ5 et visible de 15 milles ; masqué au N. 36° O. par une colline. (55° 19′ 19″ N. et 12° 51′ 25″ E.) Pour gagner le mouillage, on appelle un pilote en mettant un pavillon au petit mât de hune ; si on ne répond pas, on ne peut pas entrer.

Due Odde, à 1600ᵐ de la pointe S. de *Bornholm*, *fixe blanc à éclats*, élevé de 47ᵐ ; visible de 20 milles. (55° 0′ 13″ N. — 12° 44′ 26″ E.) Sirène de brume ; 2 sons par minute.

—— à 1050ᵐ au S. 8° O. du précédent, *fixe*, élevé de 16ᵐ ; visible de 12 milles. Sirène de brume ; 2 sons par minute.

Ces feux ont été allumés au printemps de 1880.

Hammeren (D. 1), à 1 mille au S. 35° O. de la pᵗᵉ Nord de l'île *Bornholm*, feu *fixe* élevé de 91ᵐ et visible de 20 milles. (55° 17′ 20″ N., 12° 25′ 36″ E.)

ILE BORNHOLM — ALLEMAGNE.

Rönne (C. 4), 2 *fixes* : *vert*, *rouge*; celui de l'Est sur la colline de l'Église est *vert*; visible entre le S. 56° E. et le N. 11° O. par l'E.; celui de l'O. est *rouge* et éclaire tout l'horizon; il est sur le môle du port, à 316ᵐ dans le S. 57° O. du précédent; leur portée est de 8 milles. Il faut les tenir l'un par l'autre pour donner dans le port. (55° 6′ 2″ N. et 12° 21′ 46″ E.)

ALLEMAGNE

Travemünde (C.), sur la pointe Nord de la passe, à 364ᵐ de la partie Est de *Travemünde*. Feu *fixe*, élevé de 31ᵐ au-dessus de la mer, se voit de 16 milles sur un secteur de 60°. La nuit, si on veut entrer, on hisse 2 feux à 6ᵐ du pont et à 3ᵐ l'un de l'autre, pour avoir un pilote. En l'absence des feux *rouges* ci-après, le port est impraticable et il faut mouiller en attendant le jour. (53° 57′ 44″ N. et 8° 32′ 45″ E.)

—— Feu *fixe* de 6 milles de portée dans la même tour que le précédent, à 12ᵐ 4 plus bas. Portée 6 milles.

—— Feu *fixe rouge*, visible de 3 milles, sur la tête du môle du Sud.

—— Feu *fixe rouge*, visible de 3 milles, sur la presqu'île *Privall*, à 595ᵐ S. 43° O. du précédent.

En tenant ces 2 feux l'un par l'autre au S. 43° O., on donne dans le milieu du canal et on va jusqu'à l'alignement des 2 feux verts suivants qui conduisent au port. — Ces feux rouges ne sont pas allumés quand le port est impraticable et de jour, on hisse dans ce cas un ballon blanc et rouge au sommet de la balise située sur le môle N.

—— Feu *fixe vert*, visible de 3 milles, sur le pont de Travemünde.

—— Feu *fixe vert*, visible de 3 milles entre deux maisons à 90ᵐ au S. O. q. S. du précédent. Tenir les feux rouges en ligne jusqu'à l'alignement des feux verts qui conduit au port.

Warnemünde (C.), feu *fixe* à 411ᵐ de l'extrémité du môle de l'O., élevé de 18ᵐ. On le voit de 15 milles sur tout l'horizon (54° 10′ 58″ N. et 9° 45′ 40″ E.)

—— Feux *fixes rouges*, au côté Ouest du port à 114ᵐ N. et S. l'un de l'autre; ils sont élevés, celui du Sud de 16ᵐ, celui du Nord de 12ᵐ, et se voient de 8 milles; leur alignement

ALLEMAGNE. 41

conduit au milieu de l'entrée du port. (54° 10' 52" N. et 9° 45' 16" E.)

—— Feux *verts bleus* à l'extrémité des môles E. et O. du port.

Wismar (D. 4), à *Timmendorf*, sur la tour des pilotes (qui sert aussi d'amer), pointe N. O. de l'île *Poel*. Le feu *fixe* est élevé de 18ᵐ et se voit de 10 milles entre le S. 43° O. et le S. 69° E. par le S. (54° 59' 38" N. et 9° 2' 38" E.)

Buk (D. 2), à 1 mille environ de la pointe *Buk*; à *éclats* alternativement *blancs* et *rouges* de 6ˢ toutes les 15ˢ, *rouge* entre le N. 40° E. et le N. 74 E., *blanc* sur le reste de l'horizon. Elevé de 21ᵐ, visible de 16 et 14 milles. (54° 7' 57" N.— 9° 21' 27" E.)

Darser-Ort (D. 2), deux feux dans la même tour, sur la pointe N. de la presqu'île *Dars*, un *tournant*, l'autre *fixe* : le premier est élevé de 33ᵐ, *éclats* de 30 s., de 1 m. en 1 m. visibles de 16 milles sur tout l'horizon ; le second élevé seulement de 13ᵐ est visible de 12 milles du N. 82° E. au S. 58° E. par l'E. (54° 28' 28" N. et 10° 10' 9" E.) Signal de brume, 2 coups de canon toutes les 10 min.

Arkona (C.), feu *fixe*, sur la pointe N. E. de la presqu'île *Vittow* par 54° 40' 53" N. et 11° 5' 58" E. Son élévation est de 66ᵐ au-dessus de la mer, sur une tour blanche de 21ᵐ. Ce feu est visible de 21 milles, *rouge* entre le N. O. et le N. E. *Blanc* sur le reste de l'horizon. Sirène de brume, sons de 5 sec. à intervalles de 70 à 80 secondes.

Griefswalde (C.), feu *tournant* de 90ˢ en 90ˢ, alternativement *rouge* et *blanc* toutes les 45 s. avec une éclipse de 45 s. entre chaque éclat. Son élévation est de 47ᵐ et sa portée de 18 milles. (54° 15' 2" N. et 11° 35' 28" E.)

Palmerort (flottant), par 5ᵐ 3, au côté S. du canal de *Stralsund*. Deux *fixes* visibles de 10 milles sur tout l'horizon. Bateau *rouge* avec ballon rouge au mât ; on doit en passer au N. Cloche de brouillard. (54° 12' 27" N. et 11° 4' 46" E.)

Swinemünde (D. 1), au côté E. du port, feu *fixe*, élevé de 62ᵐ, visible de 21 milles. (53° 55' 3" N. et 11° 57' 5" E.)

Relevez le phare au S. 25° E. pour aller sur la bouée *noire* et *blanche* extérieure ; amenez les balises du môle de l'E. et de la plage l'une par l'autre au S. 36° E., vous donnez dans le port jusqu'à la deuxième jetée du môle E. à 4 encablures en dedans du phare, et à 1/2 encablure du môle, où se trouve le pilote; s'il fait mauvais, on fait gouverner avec un pavillon rouge.

— (C.), *fixe rouge* par 53° 55′ 58″ N. et 11° 56′ 42″ E. à l'ext. de la jetée E. Il est élevé de 13ᵐ au-dessus de la mer et visible de 11 milles.

Il y a en outre dans le *Stettiner Haff*, entre *Swinemunde* et *Stettein*, 3 bateaux-feux ayant chacun un feu *fixe*, et un feu *fixe blanc* et *rouge* sur le môle de l'O. à l'entrée de l'*Uecker*.

Gross Horst (D. 1), *tournant* chaque 20 s., sur un morne, entre les baies de *Dievenow* et *Treptow*. Élévation, 63ᵐ, portée 20 milles. (54° 5′ 46″ N. et 12° 43′ 52″ E.)

Colbergmünde (D. 4), sur le môle Est, par 54° 11′ 19″ N. et 13° 13′ 15″ E.; *fixe*, élevé de 8ᵐ et visible de 6 milles. Bat. de Sauv., sign. de tempête.

Funkenhagen (D. 2), *fixe blanc*, sur la plage près du village, élevé de 50ᵐ, visible de 18 milles. (54° 14′ 40″ N. et 13° 32′ 25″ E.)

Jershöft (C.), feu *tournant* de 2 m. en 2 m., par 54° 32′ 30″ N. et 14° 12′ 35″ E., sur le cap : *éclats* de 70 s., *éclipses* de 50 s. Le feu, élevé de 50ᵐ, visible de 18 milles. Le banc *Stolpe* reste à 24 milles dans le N. de ce feu.

Stolpemünde (D. 4), *fixe rouge*, élevé de 11ᵐ6, visible de 6 milles. Il est placé sur une dune voisine de la jetée de l'E. et sert à faire reconnaître le port en le tenant au S. 32° E. (54° 35′ 20″ N. et 14° 31′ 20″ E.)

Scholpin (D. 1), sur la haute dune près de la ville; *fixe*, élevé de 74ᵐ et visible de 22 milles. (54° 43′ 10″ et 14° 54′ 30″ E.)

Rixhöft (D. 1), *fixe*, élevé de 70ᵐ au-dessus de la mer (54° 50′ 0″ N. et 16° 0′ 15″ E.); visible de 22 milles du N. O. à l'E. par le S.

— Un second feu *fixe* est à 190ᵐ N. 78° O. du précédent; visible de 21 milles du N. E. à l'E. par le Sud.

Hela (C.), à 800ᵐ N. 37° E. de la pointe S. de la presqu'île. Ce feu a 37ᵐ d'élévation; il est *tournant*, avec des *éclats* de 30 s. en 30 s., visible de 17 milles, mais du S. 18° E. au S. 58° E. il est caché par les dunes et du S. 24° E. au S. 60° E. par le Sud jusqu'à une distance de 1/2 mille. (54° 36′ 6″ N. et 16° 28′ 50″ E.)

ALLEMAGNE — RUSSIE.

Heisternest (D. 4.), sur la presqu'île *Hela*, à 3 milles 1/3 du précédent ; *fixe blanc* montrant toutes les 2 *minutes* un *éclat blanc* pendant 10 *secondes*, précédé et suivi d'une éclipse de 10 *secondes* : il est élevé de 38ᵐ et visible de 16 milles, du N. 4° E. au S. 86° E. par le Nord. (54° 39′ 6″ N. et 16° 26′ 55″ E.)

Oxhöft, à 530ᵐ N. 36° E. de l'église, feu *scintillant* de 3 s. en 3 s., élevé de 46ᵐ et éclairant tout l'horizon à 13 milles, excepté quand il est masqué par la presqu'île *Hela*. (54° 33′ 9″ N. et 16° 13′ 32″ E.)

Danzig (G. et D. 6), le premier sur la tour *Neufahrwasser*, à la pᵗᵉ O. de la nouvelle entrée de la *Vistule*, est *fixe* dans une tour de 23ᵐ; visible de 15 milles du N. 49° O. au S. 77° E. par l'O. (54° 24′ 20″ N. et 16° 20′ 0″ E.)

Le second fanal est à l'ext. du môle E. à 1500ᵐ N. q. N. O. du précédent et sert principalement comme feu de port ; c'est un feu *fixe rouge* visible de 5 milles du N. 58° O. au N. 56° E. par l'O. et le S. Bateaux de sauvetage. Signaux, pilotes, ballon d'heure.

Pillau (C. 2), feu *fixe* que l'on voit lorsqu'on perd de vue celui d'*Hela*, par 54° 38′ 25″ N. et 17° 34′ 43″ E.; élevé de 29ᵐ sur une tour de 27ᵐ et visible de 14 milles du N. 28° E. au S. 28° O. par l'E. Est allumé du 1ᵉʳ août au 15 mai. Bateau de sauvetage. Pilotes.

— Sur le rempart de la ville ; *fixe vert*. Signale l'entrée. Quand on allume au-dessous un feu *rouge*, aucun navire ne peut entrer.

Il y a en outre 2 feux *fixes*, l'un sur la plage E. du *Nehrung*, l'autre à 87ᵐ au S. 37° E.; visib. de 6 milles entre le N. et le S. 34° O., leur alignem. indique le chenal. (54° 38′ 7″ N. — 17° 33′ 16″ E.)

Hollstein (C.), à l'embouchure du *Pregel*, 2 feux *fixes* visibles de 6 milles (54° 41′ 30″ N. et 18° 2′ 31″ E.). Tenus l'un par l'autre, ils guident dans le canal.

Il y a dans le Frisches Haff des feux *fixes* à *Anker*, à *Passarge*, à *Tolkemit*, à *Reimansfeld* et à *Elbing*.

Fraenbourg (C.), près de cette ville, feu de port *fixe rouge*. (56° 21′ 30″ N. et 17° 20′ 37″ E).

Bruster-Ort (D. 2), feu *fixe à éclats* de 4 m. en 4 m., sur le cap par 54° 57′ 40″ N. et 17° 38′ 52″ E. La portée est de 24 milles, mais à moins de 8 milles on continue à voir

ALLEMAGNE — RUSSIE.

un feu *fixe* dans les intervalles. Il est élevé de 59ᵐ. sur une tour rouge de 30ᵐ. Le feu est *fixe* 3 m., éclipse 28 s, éclat 4 s., éclipse 28 s., etc.

Nidden (D. 1), sur le *Kurisches Nehrung*. *Scintillant* montrant chaque 10 *secondes* un *éclat* de 4 s.; il est élevé de 68ᵐ sur une tour octogonale et visible de 22 milles.(59°18′24″ N. et 18° 39′ 50″ E.)

Memel (C. 3), feu *fixe*; allumé du 1ᵉʳ août au 15 mai ; au côté N.E. de l'entrée. Il a 30ᵐ d'élévation et 20 milles de portée. (55° 43′ 45″ N. et 18° 45′ 52″ E.) Il y a en outre 2 feux de port à l'entrée de la *Dange*, l'un *fixe bleu*, l'autre *fixe rouge* et un feu *rouge* à 200ᵐ au S. 62° O. du grand phare.

Il y a dans le *Curisches Haff* 6 feux *fixes*, à *Winderburg*, à *Atmatt*, à *Nemonien*, à *Rinderort* et à *Rossitien*.

RUSSIE

Vindau, 2 feux de port signalent l'entrée de la rivière *fixe blanc* de 8 milles de portée à 27ᵐ du bout de la jetée du Nord ; *fixe rouge*, à 118ᵐ du bout de la jetée, dans le S. 38° O. du premier, portée 8 milles.

Libau (D. 2), sur la rive gauche de l'entrée, feu *fixe* à *éclats* de 1 m. en 1 m., élevé de 31ᵐ et visible du N. 3° E. au S. 3° O. par l'E. à 12 milles de distance. La tour ronde, rouge ; la lanterne verte. Les éclats sont de 4 s. à 5 s. (56° 31′ 1″ N. et 18° 39′ 26″ E.)

—— (D. 4), feu *fixe rouge* sur la jetée Sud, à 742ᵐ au N. 54° O. du grand phare ; élevé de 8ᵐ, visible de 6 milles entre le N. N. E. et l'O. S. O. par l'E. (56° 34′ 13″ N. et 18° 39′ 10″ E.)

Backhofen, sur la côte par 57° 11′ 43″ N. — 19° 4′ 52″ E., *tournant blanc*, 3 *éclats* rapides toutes les 30ˢ, élevé de 18ᵐ, visible de 19 milles, tour *rouge* en pierres.

Liouser-Ort (D. 2), feu *fixe* élevé de 36ᵐ, par 57° 34′ 10″ N. et 19° 23′ 43″ E. ; visible du S. 67° O. au N. 20° E. par le S. à 13 milles. Il fait connaître l'entrée du golfe de *Riga* et parer les bancs du large. Une boule noire le jour, un feu *rouge* la nuit à la place du feu *blanc*, indiquent que le golfe est pris par les glaces.

Svalfer-Ort ou **Tsérel** (C. 3), *tournant* de 90 s. en 90 s. sur la p^te S. de l'île d'*Œsel* par 57° 54' 37" N. et 19° 44' 0" E. Élevé de 35™, visible de 17 milles. depuis le S. 68° E. par le N. jusqu'au S. 44° O.

Filsand (D. 1), sur la pointe O. de l'île, 5 milles ½ de l'île *Œsel*; *fixe*, élev. de 41™ et visible de 13 milles, lumière forte quand on relève le feu entre le S. 12° E. et le N. 12° O. Les bancs *Filsand*, avec 0™ 5 d'eau, sont à 5 milles dans l'O. q. S. O. du feu. (58° 23' 2" N., 19° 29' 42" E.)

Domes-Næss (C.), sur l'extrémité du récif, feu *fixe blanc*. (57° 48' 10" N. et 20° 18' 45" E.) élevé de 17™; visible de 9 mille entre le N. 7° E. et le N. 37° E. par le sud et l'ouest. Station de sauvetage, 2 bateaux croiseurs.

Runo (C. 3), feu *fixe* sur la hauteur S. E. de *Runo*; on ne doit jamais l'approcher à moins de 4 milles. Sa hauteur est de 66™ 5 et sa portée de 16 milles. (57° 48' 8" N. et 20° 55' 20" E.)

Messaragotsem (D. 4), au côté N. de ce cap, feu *alternatif rouge et blanc* de 30 s. en 30 s., élevé de 21™ et visible de 13 milles sur tout l'horizon. (57° 21' 45" N. et 20° 48' E.)

Riga (D. 2 et 4). 2 feux dans la même tour sur la digue de *Fortkamet à Dinamind*. Le sup^r, *fixe à éclats* de 30 s. en 30 s., est élevé de 31™ 4 et visible de 12 milles, du N. 40° E. au N. 49° O. par l'E., le S. et l'O. Il signale la rivière, et ses éclats de 5 s. le distinguent des feux de la côte. Le feu inférieur, à 25™ plus bas, est *fixe rouge* et visible du S. 4° O au S. 81° O par le S.; il signale le meilleur endroit pour mouiller en rade par 14 et 16™ de fond; les pilotes stationnnent auprès du phare. (57° 3' 28" N. et 21° 41' 4" E.)

—— (D. 6). feu *vert* sur la digue de *Magnus-Holm*, côté E., à 1,000™ au N. 19° 30' E. du grand feu; visible du N. 53° O. au S. 62° O. par l'E. et le S. à 6 milles de distance; il est dans l'alignement des deux balises de *Magnus-Holm* et de la bouée à cloche de la barre extérieure. (57° 3' 58" N. et 21° 40' 45" E.)

Pernov (C.), deux feux *fixes blanc* et *rouge* au S. de la passe, à 375™ l'un de l'autre; le *blanc*, élevé de 21™, visib. de 10 milles; masqué quand le voit au N. du N. 17° E; le feu *rouge* vis. de 8 milles sur toute la baie; leur alignement au N. 37° E. conduit entre les jetées. (58° 23' 10" N. et 22° 9' 16" E.)

Kiouno (D. 3), sur l'extrémité S. de l'île par 58° 5' 50" N. et 21° 39' 20" E. Le feu est *tournant* de 30 s. en 30. s. et d'une portée de 11 milles. Il guide pour aller à *Pernov*; mais il faut en passer à 5 milles S. pour éviter le banc. Éclat 18 s., éclipse 12 s.

Verder (D. 3), feu *fixe blanc et rouge* élevé de 28ᵐ 6 sur cette île, et visible de 11 milles. Il paraît *blanc* entre le N. 16° O. le N. 18° E. dans le canal du milieu des bancs, et *rouge* entre le N. 18° E. et le S. 42° E. par l'E. sur les bancs de l'île *Moon*, et aussi dans l'entrés S. du *Moonsund*, (58° 33' 58" N. et 21° 11' 43" E.)

GOLFE DE FINLANDE

Dager-Ort (D. 1), sur le sommet du cap O. de l'île *Dagœ*; feu *fixe* varié par des *éclats* chaque minute; visible de 21 milles du S. 45° O. au N. 56° O. par le S. et l'E.; il est à 102ᵐ au-dessus de la mer, sur une tour blanche de 34ᵐ, qu'on aperçoit de 25 milles. Cloche de brouillard. On peut communiquer avec le phare qui est relié à la terre par un télégraphe (58° 55' 2" N. et 19° 56' E.)

Takhona (D. 1), sur l'extrémité N. de l'île *Dagœ*, feu *fixe blanc*, élevé de 43ᵐ, visible de 18 milles du S. 85° E. au S. 77° O. par le S. (59° 5' 25" N. et 20° 16' 0" E.)

Ristna (D. 3), sur cette pointe, extrémité Ouest de l'île *Dagœ*; le feu est *fixe rouge*, élevé de 35ᵐ 8 et visible de 17 milles, entre le S. 28° O. et le N. 18° E. par le Sud. Il fait parer le banc *Nekmangrund* (58° 56' 15" N. et 19° 44' 0" E.). Cloche de brouillard.

Worms (D. 3), sur l'extrémité N. O. de l'île; feu *fixe*, *blanc* du S. 46° O. au S. 32° E. *rouge* du S. 32° E. au S. 46° E.; *blanc* du S. 46° E. au N. 62° O. Il est élevé de 22ᵐ et visible de 10 milles. (59° 1' 45" N. et 20° 48' 4" E.)

Odensholm (D. 2), feu *tournant blanc* sur la pointe N. O. à 35ᵐ au-dessus de la mer, sur une tour de 29ᵐ 7, visible de 17 milles quand on le relève depuis le N. 47° E. par l'Est et le Sud jusqu'à la côte. Il montre 2 éclats successifs de 6 s. et 4 s. séparés par une éclipse de 2 s.; cloche de brouillard.

Ristninna (*Proposé.*)

Paker-Ort (C. 3), feu *fixe* par 59° 23' 19" N. et 21° 43'

10° E. sur la face N. du cap; il a 44·6 d'élévation et est visible de 14 milles, quand on le relève entre le S. 58° O. et le N. 11° E. par le S. et l'E. 2 cloches de brouillard.

Port-Baltique, 2 feux *fixes* pour guider dans le canal du port; celui de l'E. *vert*, visible de 2 milles ½ du N. 11° O. jusqu'au S. 79° E par le N.; celui de l'O. *rouge* visible à 2 milles ½ du N. 5° E. jusqu'à terre par le N. En entrant on voit d'abord le feu vert.

Sourop (C. 3), supérieur sur le cap, par 59° 28′ N. et 22° 4′ E.; feu *fixe* de 41· d'élévation. Visible de 13 milles, quand on le relève du N. 22° E. jusqu'au S. 17° O. par l'E. et le S.

—— (D. 4), inférieur sur l'extrémité E. du cap à 1 mille ½ au N. 66° E du phare sup'; feu *fixe*, élevé de 14·6 et visible de 8 milles. Relevé au S. 66° 14′ O. par le feu sup', il guide au milieu de la passe du Sud entre le banc *Nargen* et le *Middelgrund*. Il n'est visible que du S. 63° O. au S. 70° O. (7°)

Nargen (C. 3), sur l'extrémité N. de l'île; c'est un feu *tournant* de minute en minute, élevé de 38· 4 et visible de 13 milles. Il guide pour aller mouiller à *Narghen* et à *Revel*. Éclat 10 s., éclipse 50 s. (59° 36′ 22″ N. et 22° 11′ 48″ E.)

Revel-Stein (flottant), bateau à 3 mâts mouillé par 22· au nord du banc *Revel Stein*, et portant 2 feux *fixes* à la tête du grand mât et du mât d'artimon; pendant le jour, on arbore au grand mât un pavillon jaune à croix bleue sous le ballon, (59° 43′ 15″ N. et 22° 24′ 50″ E.) Sifflet de brouillard. Le feu du mât d'artimon est visible de 6 milles, l'autre de 7 milles. Le bateau est rentré le 13 novembre.

Revel ou **Katérinental** (C. 3), près des casernes du mont *Laksberg*, au côté E. de *Revel*, *fixe*. Visible entre le S. 15° E. et le S. 24° E., soit sur un angle de 9° libre de tout danger. Tenu par le suivant, il conduit en rade. Ce feu a 49· d'élévation au-dessus de la mer, on l'aperçoit de 15 milles. (59° 26′ 21″ N. et 22° 29′ E.)

—— (C. 3), nommé *phare Sud de Katérinental*, installé sur le mont *Laksberg*, à 1,050· S. 21° E. du précédent, par 59° 25′ 47″ N. et 22° 29′ 20″ E. Le feu est *fixe* et à 78· au-dessus de la mer. Visible de 19 milles entre le S. 7° 30′ O. et le S. 56° 30′ E. par le S. La tour, de 34·7, est rouge, dôme vert.

—— *feux* du port militaire : 1° A l'extrémité E. du bastion N. côté N. E. de la passe de l'E.; visible du N. 58° E. au N. 77° O. par le S. — 2° La partie S. de cette passe est éclairée par un feu *rouge*, visible vers l'entrée, du S. 85° E. au N. 40° O. par le S. et placé sur l'extrémité N. du bastion E. — 3° La passe de l'O. a deux feux : le premier sur l'extrémité O. du bastion N., visible du N. 29° E. au S. 74° O. par le S.; le second à l'extrémité N. E. du bastion O. est *rouge*, visible vers l'entrée, du N. 18° E. au S. 63° O. par le S. Leur portée est de 3 milles. On laisse les feux blancs au N. et les feux rouges au S. en entrant dans le port.

Koksker (D. 2), sur l'île de ce nom, *fixe* à 32" au-dessus de l'eau. On l'aperçoit de 12 milles sur tout l'horizon. Il fait parer le *Devil's eye* qui gît à 3 milles ½ dans le S. 86° O. (59° 42′ N. et 22° 42′ 23″ E.)

Ekholm (D. 2), sur la pointe Nord de l'île, feu *tournant* chaque 30 s., servant à la navigation des baies de *Paponwick*, *Casperwick* et *Monkwick*; cette dernière a un bon mouillage abrité. Son élévation est de 32" et sa portée de 12 milles. (59° 41′ 6″ N. et 23° 28′ 44″ E.)

Stenscher ou **Stensker**.(D. 3.), à mi-hauteur de l'île de ce nom, *fixe* élevé de 19"8 et visible de 9 milles entre le N. 65° E. et le N. 41° O. par le Sud. (59° 49′ 10″ N. et 24° 2′ 46″ E.)

Rodsker (C. 3), sur l'île de ce nom, à 9 milles S. 47° O. de l'île *Hogland*. Son feu *tournant*, qui est élevé de 19"5, montre un *éclat* de 10 s. de durée, puis s'éclipse pendant 50 s. Il est visible de 9 milles sur tout l'horizon. La tour est jaune (59° 58′ 8″ N. et 24° 20′ 50″ E.)

Hogland. Deux phares sont dans la partie N. de l'île; le feu supérieur (D. 1) est *fixe*, élevé de 117" et visible de 23 milles sur tout l'horizon, excepté quand on le relève entre le N. 12° O. et le N. 36° O.(60° 5′ 44″ N. et 24° 38′ 10″ E.)

Le second feu (D. 4), également *fixe*, est sur l'extrémité N. de l'île à 1,200" N. 14° E. du précédent; son élévation n'est que de 10". Il est visible de 7 milles, quand on le relève entre le N. 48° E. et le N. 36° O. par l'E. le S. et l'O. Cloche de brouillard.

—— (D. 3), feu *fixe rouge* sur l'extrémité S. de l'île; il est élevé de 15"8 et visible de 8 milles, du S. O. q. O. au S. E. q. E. par le N. (60° 0′ 40″ N. et 24° 41′ 26″ E.) 2 trompettes de brume et une cloche.

Sommers (D. 3), sur la colline Ouest de l'île, feu *tournant* chaque minute, à 24"4 au-dessus de la mer; très-utile

GOLFE DE FINLANDE — RUSSIE. 49

lorsqu'on est forcé de louvoyer entre les îles *Hogland* et *Sommers*: par un temps clair, on ne perd jamais de vue l'une de ces deux îles. Portée 10 milles; éclat 24 s. (60° 12′ 30″ N. et 25° 19′ 45″ E.) Cloches de brouillard.

Nerva (D. 2), feu *fixe* sur l'île de ce nom. Il est élevé de 36^m sur une tour blanche et se voit de 12 milles sur tout l'horizon. (60° 14′ 43″ N. et 25° 38′ 9″ E.) Cloche de brouillard.

Seskar (D. 2), sur l'extrémité N. O. de la plus grande île ; le feu est *fixe*, varié par des *éclats* de 30 s. en 30 s ; durée de l'éclat, 5 s. ; il est élevé de 29^m 5 au-dessus du niveau de la mer et visible de 11 milles entre le N. 15° E. et le N. 30° O. par le Sud. (60° 2′ 8″ N. et 26° 3′ 50″ E.)

Narva (C. 3), sur la rive gauche de l'embouchure de la rivière. Feu *fixe* élevé de 19^m au-dessus de la mer et visible de 9 milles quand on le relève entre le S. 8° E. et le N. 58° E. par l'E. (59° 28′ 4″ N. et 25° 43′ 20″ E.) Télégraphe, cloche de brouillard.

London (flottant C. D. 4), au N. du banc, à 105^m de la balise blanche du banc, ayant trois feux *fixes*, en triangle, l'un à la tête du mât et les deux autres à chaque bout d'une vergue. Le feu supérieur visible de 6 milles sur tout l'horizon et les deux autres de 5 milles. (60° 0′ N. et 27° 12′ 16″ E.) Cloche de brume.

Tolboukine (D. 3), sur l'îlot isolé de l'extrémité O. de l'île *Kotline*, feu *tournant* de 1 m. en 1 m., élevé de 28^m 8, visible de 11 milles sur tout l'horizon, moins le côté de l'île *Kotline*. (60° 2′ 34″ N. et 27° 13′ 30″ E.)

Kronslott (D. 4), 2 feux *fixes* sur la batterie *Nicolaiev*; le feu supérieur *fixe blanc* est élevé de 16^m 6 et se voit de 8 milles 1/2, quand on le relève entre le S. 69° 9′ E. et le S. 76° 51′ E. (7° 42′), et du côté de l'E., 180° du N. au S. (59° 58′ 44″ N. et 27° 26′ 20″ E.)

Le feu inférieur, *fixe rouge*, est à 180^m du feu supérieur; il est élevé de 7^m 6 et visible de 6 milles, du S. 27° E. au N. 63° E. La tour en fonte, élevée de 4^m 9, est blanche à l'O. et jaune foncé à l'E.

L'alignement des feux, au S. 73° E., mène à la rade de *Kronstadt*. Ne pas mouiller sur la route.

Kronstadt (D.), feu *fixe rouge* sur le bout de la jetée

GOLFE DE FINLANDE — RUSSIE.

des vapeurs de guerre, visible de 5 milles du S. au N. E. par l'O. (59° 58' 55" N. et 27° 28' 10" E.)

— (D.), feu *fixe* sur l'extrémité N. de la jetée des vapeurs de commerce, visible de 5 milles du S. au N. E. par l'O. (59° 58' 58" N. et 27° 28' 13" E.) Cloche de brouillard.

— (C.), 2 feux *fixes* horizontaux à 12ᵐ 8 l'un de l'autre, sur le pont de l'entrée du port de guerre; leur alignement donne la direction de l'entrée; ils se voient de 4 milles 1/2.

— Sur le bastion S. du port de guerre ; *fixe bleu* et *blanc*: *bleu* quand on le relève entre le S. 30° E. et le N. 60° E. par l'E.; *blanc* entre le N. 60° E. et le S. 60° O. par le N. et l'O. Cloche de brume.

— (D. 4), 2 feux *fixes* de 5 milles de portée, sur le bout des môles E. et O. du port marchand. Visibles quand on les relève entre le S. E. et l'O. par le S. La passe est entre eux. (59° 59' 0" N. et 27° 25' 10" E.) Ballon d'heure au télégraphe.

Oranienbaum, (C.) *fixe rouge* au côté N. du port principal; portée de 7 milles. On y frappe une cloche de brouillard pendant les mauvais temps. (59° 55' 40" N. et 27° 26' 29" E.)

Peterhoff, 2 fanaux dans la même tour à l'angle N. E. de l'entrée du canal; le supér., *fixe blanc*, éclaire tout l'horizon de la baie à 6 milles ; l'infér., *rouge* très-vif, dirigé au N. 15° E. (59° 53' 32" N. et 27° 34' 40" E.)

Iélaghin, flottant (C. 3), *fixe*, mouillé par 3ᵐ, visible de 7 milles 1/2 sur tout l'horizon. Il marque le chenal N. de l'île *Ielaghin*. (59° 58' 20" N. et 27° 49' 20" E.) Signaux de marée pour la barre du canal N. de la *Neva*. Cloche de brouillard.

Neva (flottant C. 3), par 59° 55' 48" N. et 27° 47' 32" E. à 180ᵐ de l'entrée de la *Neva*. Il est *fixe*, élevé de 12ᵐ 8, et se voit sur tout l'horizon de 7 milles de distance. Cloche de brouillard. On y signale la hauteur de l'eau dans la *Neva*.

Sestroretsk, feu *fixe* sur la douane du port du chemin de fer, visible de 7 milles quand on le relève entre le N. 85° E. et le S. 70° E. par l'E.

— Feu *fixe, rouge*, au côté gauche de l'entrée du port.

— Feu *fixe, vert*, au côté droit.

Styrsoudden (D. 2), à l'entrée du *Bierké-Sund*. Le feu est *fixe*, élevé de 35ᵐ 7 et visible de 12 milles du S. 48° E. au N. 67° O. par l'E. et le N. (60° 11′ 5″ N. et 26° 42′ 50′ E.)

Kallboden-Grund (flottant C. 4), *fixe*, visible de 7 milles; mouillé auprès de l'accore Sud du banc, par 16ᵐ. C'est un bateau à trois mâts, un ballon à raies verticales blanches et rouges à chaque mât. Dans le jour, on hisse un pavillon jaune à croix verticale bleue au grand mât. Cornet de brouillard donnant des sons de 3 *secondes* chaque 10 minutes. (59° 58′ 45″ N. et 23° 7′ 16″ E.)

Sœderscher ou **Sœder-Sker** (D. 3), *fixe*, varié par des *éclats blancs* de 4 à 5 s. chaque 90 s. Il est élevé de 37ᵐ 7 et visible de 13 milles quand on le relève entre le S. 36° E. et le S. 36° O. par le N. (60° 6′ 40″ N. et 23° 5′ 40″ E.)

Porkala-Oudd ou **Ren-Sker** (C. 3), *fixe* sur la petite île *Ren-Sker*, à près de 2 milles S. du cap *Porkala*. La tour est carrée en granit gris dans le bas, ronde et blanche dans le haut, dôme vert; visible de 15 milles, entre le N. 56° E. et le N. 79° O. par le N. (59° 56′ 10″ N. et 22° 4′ 30″ E.)

Roussarœ ou **Hangœ** (D. 3), feu *fixe* varié par des *éclats* de 2 m. en 2 m., il est placé sur la pointe S. E. de l'île *Roussarœ*, située au côté N. du golfe de *Finlande*. La lumière est élevée de 34ᵐ et visible de 12 milles; durée de l'éclat 6 s. On y trouve des pilotes. (59° 46′ 0″ N. et 20° 37′ 54″ E.) Cloche de brouillard.

Hangœ Udd (D. 4), *fixe blanc* et *rouge*, sur l'extrémité N. de l'île *Gustavsvern* à l'entrée du havre. Il est *blanc* au mouillage, relevé entre le S. 27° 40′ E. et le S. 80° 40′ E., et *rouge* vers l'entrée de la rade, entre le N. 38° 20′ O. et le S. 27° 40′ E. par l'O. et le S. On le voit de 7 milles. (59° 48′ 10″ N. et 20° 37′ 34″ E.)

Port de Hangœ. Feu *fixe vert*, élevé de 6ᵐ sur la tête du môle, visible de 6 milles.

—— Feu *fixe blanc*, élevé de 13ᵐ, sur le morne au N. du même môle; visible de 8 milles.

Leur alignement au N. 20° E. guide jusqu'au môle du port.

Outœ ou **Utö** (C. 3), feu *fixe* sur le côté O. de l'île. Élevé de 40ᵐ; visib. de 13 milles du N. 80° O. au S. 80° E. par le N. (59° 46′ 30″ N. et 19° 1′ 46″ E.) Cloche de brouillard. Pilotes à l'O. du phare.

GOLFE DE BOTHNIE

Logsher ou **Log-Sker** (C. 3), feu *fixe* sur un rocher par 59° 50′ 50″ N. et 17° 33′ 50″ E., à 11 milles S. O. de la pointe Sud d'*Aland*. Sa portée est de 11 milles et il est élevé de 30". Visib. quand on le relève entre le N. 32° O. et le S. 40° O. par le N. et l'O. La plus grande clarté est dirigée à l'O. pour signaler les dangereux *Flœtian*, qui s'étendent à 5 milles. La tour est en briques, la lanterne jaune. C'est une excellente balise le jour. Cloche de brouillard.

Ekkerœ (C. 3), feu *fixe* sur la partie la plus O. de l'île à 6" de hauteur; il se voit de 5 milles; sa lumière est plus vive quand on le relève au N. 76° E. (60° 13′ 20″ N. et 17° 11′ 6″ E.)

Helman (C. 3), feu *fixe* sur l'ext. S. de l'îlot *Helman*, près de *Signilsker*. Il est élevé de 7" et visible de 5 milles dans l'E., de l'O. S. O. au N. 65° O., et dans l'O., du S. 71° E. au N. 36° E. (60° 12′ 11″ N. et 16° 57′ 0″ E.)

Tchœpmansgrund. En *construction*. (60° 24′ 10″ N. — 19° 47′ 26″ E.)

Nioustadt ou **En-Sker** (C. 3), feu *fixe* sur l'île de ce nom, à 12 milles O. S. O. de *Nioustadt*, par 60° 43′ 3″ N. et 18° 40′ 30″ E. Le feu est élevé de 46"50 au-dessus de la mer, et visible du N. 58° O. au S. 32° O. par l'E à la distance de 14 milles. On y trouve des pilotes. Cloche de brouillard.

Skelsker ou **Skelscher** (D. 2), sur le rocher *Sodra-Skelsker*, entrée N. du *Quarken* du S. Le feu est *fixe* blanc montrant un *éclat rouge* chaque 30 s.; élévation 44"6, portée 14 milles. (60° 24′ 45″ N. et 17° 18′ 46″ E.)

Bierneborg ou **Sebbsker** (D. 4), sur la pointe Nord de l'île, près de l'entrée des ports de *Refsœ* et de *Bierneborg*; il est *fixe à éclats* chaque minute et se voit de 16 milles, élévation 35" 7. (61° 28′ 29″ N. et 19° 2′ 25″ E.)

Kaskœ (D. 3), sur l'île *Skelgrund*, feu *tournant rouge* de 30 s. en 30 s., visible de 16 milles. (62° 19′ 30″ N. et 18° 50′ 30″ E.)

Norr-Sker (C. 3), sur l'îlot S. O. du groupe, entrée du *Quarken* du N., élevé de 32" au-dessus de la mer; il est *tournant à éclats* de 5 s. à 10 s. de 1 m. en 1 m., pas d'éclipse. Sa portée est de 12 milles. Éclats alternativement

GOLFE DE BOTHNIE — SUÈDE   53

croissants et décroissants. (63° 14' 0" N. et 18° 16' 42" E.)
Cloche de brouillard.

On trouve des pilotes près de la balise *Ostra-Norrsker*.

Snipan (flottant C.), mouillé par 22ᵐ au N. O. de l'extrémité N. O. du banc *Snipan* (*Quarken* du Nord); le feu est *fixe rouge*, élevé de 8ᵐ et visible de 7 milles. Le bateau *rouge* porte le mot *Kvarken* sur ses flancs. (63° 27' 30" N. et 18° 24' 51" E.) Cloche de brouillard.

Ulko-Kalla (D. 4), sur ce rocher, entre *Gamla-Carleby* et *Brakestad*; le feu est *fixe*, élevé de 17ᵐ 5 et visible de 9 milles. (64° 20' N. et 21° 6' 50" E.)

Uléaborg (D. 4), sur la pointe *Marianiem*. La tour blanche à dôme rouge est élevée de 31ᵐ et porte un feu *fixe*, à *éclats* de 40 s. en 40 s., qui se voit de 12 milles, quand on le relève entre le N. N. E. et le S. O. par l'E. (65° 2' 20" N. et 22° 16' 51" E.)

SUÈDE

GOLFE DE BOTHNIE — SUÈDE, COTE EST.

Haparanda (C.), feu *fixe* sur l'île *Maloren*, par 65° 31' 42" N. et 21° 16' 16" E., au Sud de *Haparanda*. Il est visible de 10 milles. Pilotes auprès du phare.

Rödkallen (C.), feu *tournant*, montrant chaque *minute* un *éclat* de 15 *secondes*; élévation 25ᵐ, portée 14 milles. (65° 19' 24" N. et 20° 3' 0" E.)

Lilla Leskär, à l'entrée de *Pitea*; *fixe, vert, rouge* ou *blanc et à éclat*; vu du S. ou de la mer, il est *blanc à 1 éclat* suivi d'une éclipse de 4ˢ quand on le relève entre le N. 13° O. et le N. 17° O.; *fixe blanc* entre le N. 17° O., et le N. 33° O., secteur qui pare tous les bancs; *blanc à 2 éclats*, entre le N. 33° O. et le N. 72° O. Vu du N. ou de Pitt Sund, il est *fixe vert* entre le S. 26° E. et le S. 19° E.; *fixe blanc* entre le S. 19° E. et le S. 15° E., secteur qui conduit au mouillage devant Pitt Sund, en faisant parer les bancs. Enfin, *fixe rouge* entre le S. 15° 30'E et le S. 8° 30' E. invisib. ailleurs. Portée 12 milles. (65° 9' 10" N. — 19° 18' O)

Gasören, à l'entrée de *Skelleftea*. — En construction.

Biurö (D. 2), sur cette pointe, feu *fixe* élevé de 50ᵐ et visible à 18 milles du S. 53° E. au N. 48° E. par l'E. (64° 29' 18" N. et 19° 15' 10" E.) Gong de brouillard.

Ratan (C.), 2 *fixes* à 46" de distance sur le côté O. du canal S. du port de *Ratan*, le feu intérieur *rouge* élevé de 9". Le feu extérieur *blanc* élevé de 5", 5, visibles de 5 milles du N. 76° O. au N. 3° E. par le Sud. En les tenant l'un par l'autre on pare tous les dangers qui sont au Sud du canal. (63° 59' 48" N. et 18° 33' 40" E.) Cloche de brouillard.

Uméa (C. 3), sur la roche *Soder*, au N. E. de *Holmö*, dans le *Norra-Quarken*, par 63° 48' 36" N. et 18° 41' 0" E. Son feu est *tournant*, à *éclats* de 30 s. avec *éclipses* intermédiaires de 90 s. Il est élevé de 31" et visible de 14 milles du N. 75° E. au N. 14° E. par l'O.

Bredskär, 2 feux *fixes blancs*, visibles de 3 milles, guident dans le *Sund* de *Bredskär*. (63° 39' 48" N. et 18° 0' 11" E.)

Holmö-Gadd (C. 3), sur la roche *Söder-Gadden* au S. des îles *Holmö*, feu *fixe* élevé de 21" et visible de 12 milles, quand on le relève entre le S. 45° O. et le S. 15° O. par le N. Il projette une lumière très-brillante vers le S. 20° O., direction du *Gaddsnytan*. Canon par temps de brume. (63° 35' 48" N. et 18° 26' 26" E.)

Skag (G. 3), feu *tournant* chaque minute; il est élevé de 21" 2, et visible de 12 milles du S. 30° au N. 57° E. par l'O. et le N. La tour en fer est placée sur le rocher *Graklubben*, au N. de la pointe *Skag*. (63° 11' 48" N. et 16° 42' 22" E.) Cloche de brouillard.

Sydost-Brotten (flottant C. 3), mouillé à 2 milles 1/2 de l'accore Sud de ces bancs. Le feu est *fixe* et se voit de 10 milles; le mot *Sydost-Brotten* est écrit sur ses côtés. Le jour un ballon rouge à treillis est hissé au grand mât, et par la brume et un temps obscur, on tinte une cloche. (63° 19' 0" N. et 17° 48' 46" E.)

Lungö (D. 4), sur la pointe Sud de l'île; *fixe à éclats*, de 3 m. en 3 m. On voit un *éclat* de 7 s., précédé et suivi par 20 s. d'obscurité, puis un feu *fixe* de 2 m. 13 s. de durée. Sa hauteur est de 23" et sa portée de 12 milles. (62° 38' 18" N., 15° 45' 46" E.)

Draghällan, sur le rocher à l'entrée de *Sundswall*, *fixe et à éclats*, visible de 12 milles. Du côté du large, il est *blanc* à 1 éclat de 1s, suivi d'une *éclipse* de 4s lorsqu'on le

GOLFE DE BOTHNIE — CÔTE EST DE SUÈDE. 55

relève entre le N. 43° O. et le N. 58° O.; *fixe blanc* entre le N. 58° O. et le N. 72° O., secteur qui fait parer tous les bancs; et *blanc* à 2 *éclats* en succession rapide, suivis d'une éclipse de 4ˢ lorsqu'on le relève entre le N. 72° O. et le S. 67° O. Du côté de *Sundswall*, il est *fixe blanc* quand on le relève entre le S. 30° E. et le S. 35° E. Dans les autres directions, il est invisible. (62° 20' 12" N. — 15° 7' 16" E.)

Bremö (D. 2), sur la pointe N. E. de l'île, *fixe* élevé de 30° et visible de 16 milles, du S. 54° E. au N. 25° E. par le N. et l'E. (62° 13' 6" N. et 15° 25' 16" E.)

Agö (C.), sur la pointe E. de l'île, à l'entrée de *Hudikswall*, feu *tournant* de 2 m. en 2 m., pendant lesquelles on voit trois *éclats* courts mais très-vifs. Il est élevé de 28° 6 et visible de 12 milles entre le S. 32° E. et le N. 40° E. par le S. et l'O. (61° 32' 48" N. et 15° 8' 28" E.)

Söderhamm, 2 feux de direction *fixes rouges* à 267° E. et O. Ils guident pour entrer dans le port.

Storjungfrun (D. 3), sur l'île boisée du même nom, feu *fixe* élevé de 26° et visible à 14 milles quand on le relève entre le S. 72° E. et le N. 30° E. par l'O. (61° 10' 6" N. et 15° 0' 46" E.). Très-utile pour atterrir sur *Söderhamm*.

Finn-Grund (flottant C. 4), feu *fixe* par 61° 1' 42" N. et 16° 40' 46" E., sa portée est de 10 milles; il est mouillé par 16ᵐ à 2 milles N. 41° E. des hauts fonds du récif *Ostra-Finn-Grund*, dont il porte le nom. Cloche de brouillard.

Bönan (C.), feu *fixe* près *Graberg*, à 6 milles de *Gêfle*. Son élévation est de 18° et sa portée de 6 milles. Sert à conduire au mouillage de *Graberg*. (60° 44' 24" N. et 14° 59' 22° E.)

Skutskär (C.), à l'entrée du port, baie de *Gêfle*; feu *fixe rouge* visible de 4 milles. (60° 39' 18" N. et 15° 4' 27" E.)

Björn (C. 3), 2 feux *fixes*, élevés de 12° 5 et visible à 10 milles, du N. 11° O. au N. 57° E. par le S. sont installés sur ce rocher à 35° S. 56° E. l'un de l'autre. (60° 38' 30" N. et 15° 39' 22" E.)

Eggegrund (C.), sur le banc de ce nom, baie de *Gêfle*; le feu *fixe* éclaire tout l'horizon à 10 milles et guide pour aller à *Gêfle* en faisant parer le *Hansbäden*, le *Flatbotten*. Gong de brouillard. (60° 43' 48" N. et 15° 12' 52" E.)

Orskär (C.), feu *tournant* en 2 m., élevé de 36°,4 au-dessus de la mer et visible de 16 milles sur tout l'horizon, excepté entre N. q. N. O. et le N. 39° O. *Éclats* 30 s., éclipses 1 m. 30 s. (60° 31′ 42″ N. et 16° 2′ 40″ E.)

Oregrund (flottant C.), le feu est *fixe*, élevé de 6°,4 et visible de 9 milles. Le bateau mouillé à 1/2 mille au N. E. du banc *Länsman* est rouge et porte sur ses flancs le mot *Grepen*. Gong et cloche de brouillard. (60° 28′ N. et 15° 57′ 16″ E.)

Djursten (C.), feu *fixe blanc*, secteur *rouge* sur la côte O. de l'île *Grasö*; sert pour atterrir sur *Oregrund*; il a 19°,9 d'élévation et se voit de 12 milles; il paraît *rouge* relevé entre le S. 9° E. et le S. 55° E. (60° 22′ 12″ N. et 16° 4′ 16″ E.)

Grundkalle-Grund (flottant C.), 2 *fixes*, dans le *Quarken* du Sud. Le bateau rouge, avec son nom sur ses côtés, a deux mâts portant chacun un feu *fixe* à 12° au-dessus de l'eau, visible de 10 milles. (60° 30′ N. et 16° 34′ 46″ E.). Cloche de brouillard.

Undesten (C.), feu *fixe* sur la roche de ce nom, à l'entrée du golfe de *Bothnie*, dans le *Quarken* du Sud, par 60° 16′ 36″ N et 16° 35′ 22″ E. Le feu élevé de 24°, est visible à 14 milles, du S. 38° E. au N. 57° E. par l'O.

Svartklubben (C.), feu *tournant*, 3 *éclats* en 2 *minutes* élevé de 22° visible de 12 milles, du S. 72° E. au N. 10° E. par le S. et l'O. (60° 10′ 36″ N. et 16° 29′ 40″ E.) Cloche de brouillard. Les éclats sont très-courts, mais très-vifs.

Grisslehamn (C.), feu *fixe* sur la plage, allumé lorsque les paquebots-poste sont en vue; on le voit de 4 milles. (60° 5′ 42″ N. et 16° 28′ 16″ E.)

Simpnäsklubb (C. à l'entrée Nord du passage *Arholma*. Feu *fixe*, visible de 8 milles de distance. Gong de brouillard. (59° 53′ 42″ N. et 16° 44′ 52″ E.)

Näskubben (C.) *fixe rouge*, près de la roche *Björkö*, élevé de 6°5 au-dessus de la mer et visible de 5 milles du S. 7° E. au N. par l'O., excepté dans le N., vers la mer d'*Aland*, où il est masqué par le signal de *Simpnäs*. (59° 52′ 42″ N. et 16° 44′ 46″ E.)

Söderarm (C.), feu *tournant* en 2 m. par 59° 45′ 18″ N. et 17° 4′ 34″ E., sur les écueils *Tolskär*. Le feu est élevé de 30° et visible de 14 milles entre l'E. et le N. 12° E. par le

MER BALTIQUE — COTE EST DE SUÈDE   57

S. et l'O. C'est un guide excellent pour entrer dans la mer d'*Aland*. Éclat 30 s., éclipse 90 s. On y trouve des pilotes.

Svenska-Björn (flottant C.), 2 *fixes* à 5 milles S. E. de cette roche, bateau rouge à deux mâts, portant chacun un feu *blanc*, à 11" d'élévation et visible de 10 milles. (59° 35' N. et 17° 26' E.) Cloche de brouillard sonnée trois coups précipités chaque fois.

Svenska Hogarne (D. 2), sur l'île *Storön*. Le feu est à *éclats* montrant chaque *minute* un *éclat* de 10 s., *blanc* pendant 5 s., puis *rouge*, aussi pendant 5 s.; il est élevé de 29" et visible de 14 milles (59° 26' 42" N. et 17° 10' 16" E.) Canon par temps de brume.

Grön-Skär (D. 3), feu fixe sur la roche de ce nom; la lumière élevée de 34" est visible de 16 milles. (59° 16' 48" N. et 16° 41' 40" E.)

Sandhamn (C.), 2 *fixes*; l'intérieur, sur une maison du village est *blanc*; l'extérieur, près du canal, au N. O. de la station des pilotes, à 57" S. 55° E. de l'autre, est *rouge*; ils font passer entre les bancs extérieurs et conduisent au mouillage. (59° 17' 34" N. et 16° 35' 3" E. le feu rouge.)

Kanholmen, dans l'archipel de Stockholm, *fixe blanc*. (59° 22' 12" N. 16° 24' 46" E.)

Korsö (D. 4), sur la roche *Korsö*. *fixe* à *éclats* très-courts chaque 2 m., précédés et suivis de courtes éclipses. Il est élevé de 46" et visible de 14 milles du S. 35° O. au S. 35° E. par le N. (59° 17' 12" N. et 16° 37' 0" E.)

On allume un feu *fixe* près la douane, quand un navire se présente à la passe le soir.

Landsort (D. 2), par 58° 44' 30" N. et 15° 32' 10" E., sur la pointe S. de l'îlot *Landsort* ou *Oja*. *Fixe blanc*, varié de minute en minute par un *éclat rouge* de 5 s. élevé de 44"6 et visible de 18 milles. Gong de brouillard.

— *fixe vert*, dans la même tour et au-dessous, indique la passe entre les hauts-fonds qui sont de chaque côté du canal.

Masknuff (D. 4.), *fixe*, sur le rocher de ce nom, canal Sud de *Stockholm*. (58° 51' 24" N. et 15° 41' 10" E.) Visible de 9 milles, du S. 44° O. au N. par l'Est.

Bokö (C.), *fixe* sur l'îlot *Jalafton*, visible du S. 11° O. au S. 79° O. (58° 51' 12" N. et 15° 16' 16" E.)

MER BALTIQUE — CÔTE EST DE SUÈDE

Ledskär (C.), *fixe* sur ce rocher, dans l'*Orsbaken*; visible du S. 56° E. au N. 56° O. par le S. Il guide les navires allant à *Norrköping*. (58° 42′ 12″ N. et 14° 53′ 30″ E.)

Femörö (C.) *fixe*, sur ce cap; visible de 9 milles du N. 56° O. du N. 79° E. par le S. Il guide les navires venant d'*Arkö* et allant à *Braviken*. Gong de brume. (58° 38′ 54″ N. et 14° 46′ 46″ E.)

Ile Häfringe, baie de *Norrköping*, *fixe blanc*, visible de 8 milles quand on le relève entre le N. 19° E. et le S. 28° O. par le N. et l'O.

Barösund, sur l'île Kettilö, *fixe*, allumé du 16 août au 15 mai (58° 11′ 42″ N. 14° 34′ 10″ E.)

Häradskär (D. 1), *fixe à éclats* chaque 90 s. sur l'extrémité S. O. de l'île; il montre un éclat très-vif 7 s., obscurité 19 s. lumière *fixe* 45 s., puis obscurité 19 s., éclat, etc.; il est élevé de 35ᵐ 8, sur une tour rouge, et visible de 20 milles sur tout l'horizon. (58° 8′ 50″ N. et 14° 39′ 30″ E.)

Gottska (D. 3), sur la p^{te} N. de l'île, à 235ᵐ N. 15° O. et S. 15° E. l'un de l'autre, 2 *fixes*, visibles de 16 milles du N. 6° E. au N. 82° O. par le S. En les tenant au S. 44° E., on passe à 1 mille dans l'O. de l'extr. S. O. des roches *Kopparsternarne*. (58° 23′ 12″ N. et 16° 52′ 40″ E.)

Farö (C.), *tournant* de 2ᵐ en 2 m., sur la p^{te} N. E. de l'île *Farö*, nommée *Holmudd*; élévation 30ᵐ, visible de 16 miles entre le S. 55° E. et le N. 35° E. par l'O. *Éclats* 30 s. *éclipses* 1 m. 30 s. Gong de brouillard (57° 57′ 25″ N. et 17° 2′ 22″ E.)

Estergarn (D. 3.), sur l'îlot de ce nom, sous la côte E. *Gottland*; *fixe*, élevé de 31ᵐ sur la mer et visible de 16 milles sur tout l'horizon. (57° 26′ 24″ N., 16° 39′ 34″ E.) Cloche de brouillard.

Närsholm (D.3.) sur l'îlot *Närs*, côte S. E. de *Gottland*, *étincellant à éclats* de 4 s., *éclipses* de 6 s. Il est élevé de 21ᵐ et visible de 12 milles. (57° 13′ 18″ N. et 10° 23′ 0″ E.) La tour *rouge* et les deux maisons *rouges* des gardiens forment de bons amers de jour.

Faludden (D. 3.) *fixe rouge* sur la pointe S. E. de l'île, à 10ᵐ d'élévation et visible de 8 milles du S. 55° E. au N. 35° E. par l'O. et le N. Il fait éviter le récif de la pointe *Fal*. Gong de brouillard. (56° 59′ 48″ N. et 16° 5′ 30″ E.)

MER BALTIQUE — CÔTE EST DE SUÈDE

Hoborg (C.), sur la p^te Sud (*Ref-Udden*) de *Gottland*, par 56° 55' 18" N. et 15° 50' 52" E. La tour a 22ᵐ de hauteur; le feu est *tournant* de 2 m. en 2 m., *éclats* de 30 s., *éclipses* de 1 m. 30 s. Élevé de 57ᵐ, il est visible de 46 milles quand on le relève entre le S. 70° O. et le S. par le N.

Wisby (C.), sur l'extrémité S. du brise-lames; *fixe, rouge* au large, *blanc* vers le port, visible de 6 milles. (57° 38' 12" N. et 15° 58' 30" E.) Allumé d'octobre à décembre et pour le paquebot.

Utholmen (C.), près de *Westergarn*, côté ouest de l'île *Gottland*; *fixe, rouge, blanc et scintillant*, visible de 10 milles. (57° 25' 54" N. et 15° 47' 4" E.) *Rouge* entre le N. 62° O. et le S. 85° O.; *blanc* du N. 62° O. au S. 16° E., *scintillant* de 1ˢ en 1ˢ, du S. 16° E. jusqu'à terre. Les pêcheurs sont autorisés à allumer des feux sur la côte de *Gottland* pour guider leurs bateaux, mais ils doivent toujours allumer 2 feux distants de 20 à 30ᵐ orientés N. et S. et à la même hauteur au-dessus de la mer.

Westergarns. 2 *fixes* dans le port; tenus l'un par l'autre, il indiquent la passe. (57° 26' 0" N. — 15° 50' 16" E.)

Furö (C.), *fixe rouge* du S. 55° E. au S. 46° O. par le S.; *scintillant* du S. 46° O. au N. 77° O. et *blanc* du N. 77° O. au S. 5° E. par le N. Le feu scintillant a des éclats alternativement *rouges* et *blancs* jusqu'à 5 à 6 milles du phare, et au-delà des éclats *blancs* suivis de courtes éclipses jusqu'à 9 milles, portée maximum du feu. (57° 17' N. et 14° 17' 15" E.)

Storgrund (D. 3.), sur la pointe N. O. de l'île d'*Oland*, par 57° 22' 0" N. et 14° 45' 46" E., *fixe*, élevé de 31ᵐ6 et visible de 16 milles du N. 80° E. au N. 55° O. par le S. Une roche n'ayant que 6ᵐ d'eau reste au N. 26° 30' E. du phare, à 4 milles de distance.

Klinte, feu *fixe* sur la côte E. de l'île. On l'allume pour le bateau-poste. (56° 53' N. et 14° 23' 15" E.)

Kappeludden (D. 2), sur la pointe S.E. d'*Oland*; *scintillant* avec des *éclipses* de 6 s. et des *éclats* de 4 s., visible de 14 milles entre le S. q. S. E. et le N. q. N. E. par l'O. Les bancs *Pingrund* et *Hagbygrund* restent en dehors de la partie éclairée. (56° 49' 18" N. et 14° 30' 22" E.)

Öland (D. 2), sur 'a p^te S. par 56° 11' 50" N. et 14° 3' 46" E.; *fixe et à éclats*; tour blanche, élévation 40ᵐ3 au-dessus de la mer, visible de 18 milles; quand on le relève entre le S. 26° E. et le S. 19° E., il est *blanc à 2 éclats* suivis d'une éclipse de 4ˢ; entre le S. 19° E. et le S. 6° E.; il est *fixe blanc*; entre le S. 6° E. et le S. 1° O. il est *blanc à* 1 éclat de 1ˢ suivi d'une éclipse de 4ˢ; sur le reste de l'horizon, il est *fixe blanc*. Pilotes, bat. de sauv.

Borgholm (D. 4), sur *Krákudden*, au S. O. de la ville, *fixe*, élevé de 11ᵐ et visible de 10 milles. (56° 52′ 36″ N. et 14° 17′ 52″ E.) On allume 3 feux rouges pour guider les navires entrant dans le port.

Dämman (C.), sur le banc de ce nom; *fixe à éclats* montrant chaque 2 m. 3 éclats de 5 s. Il est élevé de 13ᵐ, et visible de 16 milles sur tout l'horizon, excepté entre le N. 78° O. et le S. 80° O. Allumé du 1ᵉʳ mars au 15 décembre. (57° 3′ 36″ N. et 14° 20′ 34″ E.) Gong de brouillard.

Pointe Ipse (D. 4), sur l'île *Oland* près de *Kalmar*, *fixe blanc et rouge et à éclats* de 9 milles de portée et de 8ᵐ d'élévation; *blanc* du N. 46° E. au N. 60° E.; *rouge* du N. 60° E. au S. 27° E. par l'Est; *blanc* du S. 27° E. au S. 24° O.; et *blanc à 2 éclats* du N. 50° E. au N. 40° E. (56° 44′ 42″ N., 14° 10′ 39″ E.)

Grimskär (D. 4) sur ce rocher près de *Kalmar*, de 12 milles de portée, de 14ᵐ d'élévation; *fixe blanc, rouge et à éclats : blanc à éclats* de 1ˢ toutes les 4ˢ, du N. 40° E. au N. 24° E.; *fixe blanc* du N. 24° E. au N. 7° E.; *blanc à 2 éclats* du N. 7° E. au N. 9° O.; *fixe blanc* du N. 9° O. au S. 43° O.; *rouge* du S. 43° O. au S. 31° O.; *blanc à éclats* 1ˢ toutes les 4ˢ du S. 31° O. au S. 27° O.; *fixe blanc*, du S. 27° O. au S. 25° O.; *rouge à 2 éclats* du S. 25° O. au S. 21° O.; *fixe blanc* du S. 21° O. au N. 40° E. On y trouve des pilotes. (56° 39′ 12″ N. et 14° 2′ 10″ E.) Gong de brume.

Utgrunden. (flottant C.), mouillé à 8ᵐ00 dans le S. O. de l'accore du banc du Sud, situé dans la partie S. du détroit de *Kalmar*. Le bateau a deux mâts montrant chacun un feu *fixe* élevé de 7ᵐ5 et visible de 10 milles. Cloche de brouillard. (56° 20′ 48″ N. et 13° 54′ 34″ E.)

Utklippan (C.), *tournant* de 2ᵐ en 2ᵐ sur les rochers de ce nom au S. de *Carlskrona*. Le feu, élevé de 30ᵐ au-dessus de la mer, est visible de 16 milles; fixe 1 m. 20 s., éclat 10 s., éclipse 15 s. (55° 57′ 12″ N. et 13° 21′ 52″ E.)

Ce phare est muni d'une forte cloche de brouillard.

Carlskrona (D. 3), sur le rocher Gotnat; *fixe blanc, rouge et à éclats : fixe blanc* quand on le relève entre le N.

11° E. et le N. 14° E.; *blanc à double éclat* suivi d'une éclipse de 4s entre le N. 11° E. et le N. 6° E.; *rouge à 1 éclat* de 1s suivi d'une *éclipse* de 4s entre le N. 14° E. et le N. 25° E.; *fixe blanc* du N. 73° E. au N. 83° O.; élévation 18m, portées 16 et 12 milles.

—— Au côté N de la même tour, *fixe*, allumé du 1er août au 15 mai. Ce feu sert, avec un feu de gaz situé au N. E. du chantier de la marine, à guider vers la rade intérieure.

Ternö, dans la ville. *fixe*; visible de 8 milles, du N. 15° O. au N. 21° O., courir sur le feu jusqu'auprès de la ville.

Carlshamn (C.), *fixe*, visible de 8 milles, petit feu de pêcheurs. (56° 7′ N. et 12° 38′ 30″ E.)

Hanö (D. 4), sur cette île devant le port de *Carlshamn fixe blanc*, à *éclats rouges* de 90 s. en 90 s. précédés et suivis de courtes éclipses. Élevé de 6m 5, visible de 14 milles. (56° 0′ 54″ N. 12° 30′ 52″ E)

Sandhammaren (D. 2), sur la pointe S. de la *Skanie*, 2 *fixes* sur des tours en fer gisant N. 33° E. à 220m l'une de l'autre. Les lumières sont élevées de 31m et visibles de 16 milles du S. 12° E. au S. 79° E., par l'O. et le N. (55° 23′ N. 11° 51′ 16″ E.)

Ystad (D. 4), deux feux à 380m N. 18° E. et S. 18° O. l'un de l'autre; celui de l'intérieur est *fixe*, élevé de 16m 2 et visible de 12 milles sur l'horizon. L'extérieur est sur la jetée O.; son feu *fixe rouge* n'a que 7m 7 de hauteur. Portée 8 milles. (55° 25′ 36″ N. et 11° 29′ 52″ E.)

L'alignement des 2 feux conduit à 90m de la balise flottante de l'entrée; un réflecteur éclaire la tête du môle de l'Est et le rend visible de la balise.

Trelleborg (C.), 2 *fixes rouges* à 350m N. 16° E. et S. 16° O. l'un de l'autre, sur les deux bouts du môle qui est au milieu du port; il faut les tenir l'un par l'autre au N. 16° E. pour entrer. (55° 22′ 30″ N. et 10° 49′ 3″ E. le feu extérieur.)

MER DU NORD

NORVÉGE, COTE SUD

Hegholm (D. 4), sur la pointe N. de l'île, *fixe rouge*, guide vers l'entrée principale de *Christiania* ou vers le mouillage auprès de l'îlot. Visib. quand on le relève entre l'O. S. O. et le N. 11° E. par le S. Allumé du 15 juillet au 31 mai. Sa hauteur est de 6ᵐ et sa portée de 6 milles. (59° 54′ N. et 8° 23′ 21″ E.) Cloche de brouillard.

Dynen (D. 4), sur l'île de ce nom. *fixe blanc*, visible de 8 milles entre le S. 64° O. et le N. 54° E. par l'O. et le N. Le premier rhumb passe à l'O. des bancs *Herberg* et le second à l'E. de *Vasholmfluerne* (59° 53′ 40″ N., 8° 21′ 40″ E.)

Steilene (C.), sur le milieu de l'île; visible quand on le relève entre le N. 5° E. et le S. S. O. par l'E. Sa hauteur est de 7ᵐ et sa portée de 6 milles. (59° 49′ 22″ N. et 8° 16′ 16″ E.) Cloche de brouillard.

Diger (C.), sur cette pointe; *fixe blanc et rouge*; il paraît *rouge* du N. 11° O. au N. 36° E., sur les dangers du passage, et *blanc* sur tout le reste de l'horizon. (59° 43′ 35″ N. et 8° 15′ 30″ E.) Cloche de brouillard.

Fildvedt (C.), feu *fixe* sur cette pointe, côte O. du fiord de *Christiania*. Sa hauteur est de 7ᵐ 6 et sa portée de 6 milles. Visible quand on le relève entre le S. 3° O. et le N. 25° E. par l'O. et le N., paraît plus brillant au N. 17° E. L'écueil de *Bævokellen* gît au S. du feu. Cloche de brouillard. (59° 34′ 45″ N. et 8° 17′ 26″ E.)

Drobach, *fixe rouge*, sur la douane, visible de 6 milles du N. 9° O. au S. 37° E. par l'E. (59° 39′ 30″ N. et 8° 17′ 56″ E.)

Rödtangen (C.), feu *fixe* sur la pointe E. de l'entrée du *Dramfiord*. Visible de 6 milles, du N. 50° O. jusqu'au S. E. par le N. et l'E (59° 31′ 54″ N. et 8° 6′ 6″ E.).

Les 7 feux précédents sont allumés du 15 juillet au 31 mai.

Bastö (D. 4.) feu *fixe* sur la pᵗᵉ N. E. de l'île, dans le canal de *Christiania*. Visible de 8 milles du S. 43° E. au N. 5°. O. par le S. et l'O.; il fait trouver le mouillage au S. de la p^te *Horten*, sur le banc *Langrunden*. Quand on approche le *Bastokalv* d'une encâblure, on perd de vue le feu. (59° 23′ 20″ N. et 8° 13′ 46″ E.)

Moss-Haven (Gaz), *fixe rouge* sur le côté E. du canal S. de l'entrée; portée de 3 milles. (59° 26′ 25″ N. et 8° 19′ 36″ E.)

Torgersö (C.), sur la p^te N. O. de l'île; *fixe rouge* et visible de 6 milles du S. 82° E. au N. 82° O. par le S. et l'O. On l'allume du 15 juillet au 1er juin. (59° 15′ 30″ N. et 8° 10′ 40″ E.)

Fulehuk (D. 4.), à *éclats* de 3 m. en 3 m., visible de 13 milles, élevé de 17™ 3. On voit un éclat brillant 10 s., une lumière fixe 2 m. 30 s., et une éclipse totale 10 s. avant et après chaque éclat. Il sert à éviter les écueils en dehors des îles de *Bollärn*, est éclairé toute l'année et visible sur tout l'horizon. On frappe une cloche de brouillard, 15* par minute. (59° 11′ 0″ N. et 8° 16′ 30″ E.)

Torgauten (D. 6.), sur la p^te S. de l'île, à l'O. de l'entrée de *Frederikstad* par 59° 9′ 30″ N. et 8° 30′ 6″ E. Feu *fixe blanc*, *rouge*, élevé de 11™ 2 et visible de 8 milles du S. 40° O. au S. 76° E. *rouge* entre le N. 66° E. et le N. 80° E., sur les bancs *Strutskrakken*; on les évitera en se tenant dans la lumière blanche.

Humlungen (D. 6.), au côté O. de l'entrée de *Lauersvælg*; *fixe*, *blanc rouge*, élevé de 7™ et visible de 8 milles. Il paraît *rouge* à partir du N. 85° O. jusqu'au S. 72° E. (59° 4′ 25″ N. et 8° 42′ 0″ E.)

Lille-Færder (D. 1.), *fixe* sur la petite île de ce nom; entretenu toute l'année pour l'entrée du golfe de *Christiania*. La tour est rouge, ceinture blanche; le feu est élevé de 46™ 8 et visible de 20 milles. Sifflet de brouillard 15* toutes les 3™. (59° 2′ 0″ N. et 8° 11′ 56″ E.)

Torbjonskjœr (D. 3.), à l'entrée de la baie de *Christiania*; *fixe blanc* avec 2 *éclats rouges* très-rapides de 2 s. chacun de 1 m. en 1 m. *Fixe blanc* 1 m., éclipse 4 s, éclat *rouge* 2 s., éclipse 8 s., éclat *rouge* 2 s., éclipse 4 s., etc. Il est élevé de 25™ 7 et visible de 14 milles. (58° 59′ 45″ N. et 8° 27′ 6″ E.) Cloche de brouillard, 5 coups précipités chaque minute.

Svenör (D. 3), sur l'île de ce nom, à *éclats* de 3" en 3"; *fixe 2 minutes*, éclipse 12 s., éclat 6 s., éclipse 24 s., éclat 6 s., éclipse 12 s., etc. Il est élevé de 27".4. Sa portée est de 17 milles et il est allumé toute l'année. (58° 58' 5" N. et 7° 48' 56" E.)

Stavœrnsö (D. 6), sur l'ext. S. de l'île de ce nom, à l'entrée de la baie de *Laurvig. fixe rouge*, visible de 6 milles du N. 9° O. au N. 50° O. et du N. 87° O. au S. 9° O. par l'O., le secteur non éclairé couvrant le banc *Agnœsbö* (58° 59' 30" N. et 7° 44' 16" E.)

Langö-Tangen (D. 4), près *Langösund*, par 58° 59' 45" N. et 7° 25' 36" E. Feu *fixe blanc, secteur rougé* élevé de 15" dans une tour carrée jaune et visible de 10 milles; Il est *rouge* du N. 39° O. jusqu'à terre et du N. 11° E. jusqu'à terre, *blanc* sur tout le reste de l'horizon. Rester dans la lumière blanche pour parer les bancs.

Jomfruland (D. 2), au milieu de l'île, *à éclats* se succédant de 30 s. en 30 s.; au-delà de 8 milles la lumière disparaît entièrement entre les éclats. Sa tour ronde est blanche, élevée de 40".7, et sa portée est de 18 milles, il est caché par l'île sur 5 quarts du compas. (58° 52' 10" N. et 7° 16' 0" E.) Trompette de brouillard, 3 fois par minute.

Stafseng (D. 5), à l'entrée du *Kragerö*, *fixe rouge*, élevé de 25" et visible de 7 milles excepté dans la direction du banc *Butteboe*, jusqu'à 100" de chaque côté. (58° 51' 12" N. et 7° 7' 36" E.)

Strömtangen (D. 6), *fixe rouge*, élevé de 7"6, visible de 6 milles entre le N. 8° O. et le S. 8° E. par l'O. (58° 50' 28" N. et 7° 8' 6" E.)

Stangholm (D. 4), sur la p^{te} E. de l'île de ce nom. *fixe rouge*, visible de 7 milles, du S. 11° E. jusqu'au N. 16° O. par l'O. (58° 42' 20" N. et 6° 54' 46" E.) Ne relevez jamais le feu à l'O. du N. 55° O.

Lyngor (D. 3) sur la p^{te} S. O. de *Kjeholmen*; *fixe rouge à éclats rouges* de 2" en 2"; élevé de 19", visib. de 14 milles (58° 38' 20" N. — 6° 49' 11" E.)

Torungerne (D. 2), à l'entrée d'*Arendal*, détroit de *Tromö*. Deux phares à feux *fixes* sont installés : le 1er sur l'île extérieure par 58° 24' 5" N. et 6° 27' 30" E.; élevé de 40"6, il est visible de 18 milles; de 2e sur l'île intérieure N. 2° O,. 1,230" du précédent avec la même portée. Ces feux éclairent tout l'horizon.

Sandvig (D. 6); *fixe blanc rouge* sur la pointe au côté O. du chenal d'*Arendal* ; visible du S. 22° E. au N. 33° E. par l'O.; *rouge* à l'Ouest du banc *Kranken*; il est élevé de 13" et visible de 8 milles. (58° 26′ 20″ N. et 6° 27′ 16″ E.) En tenant le feu au N. 14° O. on passe à 1 encâblure 1/2 à l'O. du banc.

Homborgsund, sur la pointe S. O. de *Store Gröningen*, alternativement *fixe* 30s et *Scintillant* 30s; élevé de 22", visib. de 15 milles. (55° 15′ 20″ N. — 6° 12′ 1″ E.)

Ydre Gröningen, sur le rocher; *fixe rouge*, élevé de 15", 4; vis. de 9 milles quand on le relève entre le N. 62° O. et le N. 40° E. par le N. et l'E. (58° 5′ 5″ N. — 5° 45′ 36″ E). Il est sur le pignon d'une maison.

Oxö (D. 2); *fixe* élevé de 42"20 et visible de 18 milles; sur un îlot par 58° 4′ 25″ N. et 5° 43′ 20″ E.

Odderö (D. 4), sur la pointe S. O. de l'île. C'est le feu du port de *Christiansand*, par 58° 8′ 10″ N. et 5° 40′ 16″ E. *fixe blanc*, élevé de 8"5 et visible de 7 milles, du N. 30° O. au N. 62° O., dans le passage navigable, entre *Oxö* et *Gröningen*.

Mandals (D. 3), sur la pointe S. O. de l'île *Ryvingen*; *blanc à éclats rouges* de 30 s. en 30 s. Elevé de 39", il se voit de 14 milles, et est masqué par l'île, au N. de l'O. (57° 58′ 5″ N. et 5° 9′ 26″ E.)

Hatholm (D. 4), *fixe*, élevé de 18" et visible de 8 milles, du S. 40° E. au N. par le Sud. Il guide vers le port de *Risoër*. (58° 0′ 10″ N. et 5° 7′ 1″ E.)

Lindesnæs ou **cap de Naze** (D. 1), *fixe à éclats* de 1 m. en 1 m., visible de 22 milles; éclats 12 s. Il est élevé de 50". (57° 59′ 0″ N. et 4° 42′ 46″ E.) A plus de 12 milles, il y a intervalle d'obscurité entre les éclats. La partie supérieure du bâtiment est en fer peinte en rouge; l'inférieure est en pierres blanches : c'est une excellente marque de jour.

Sondre-Katland; sur la pointe S. O. de l'îlot; *fixe blanc et rouge*; (58° 3′ 30″ N. — 3° 30′ 21″ E.) élevé de 16" visib. de 10 milles. *blanc* entre le N. 29° E. et le S. 74° O par le N.; entre le S. 11° E. et le S. 78° E. et entre le N. 74° E. et le N. 68° E. *Rouge* entre le N. 16° O, et le N. 42° O.

NORVÈGE, COTE OUEST

Lister (D. 2), près la pointe O. de *Lister* sur *Gunnarshough*, Scintillant, éclats de 4 s. en 4 s., visible sur tout l'horizon. Portée 18 milles. Elévation 38". (58° 6' 30" N. et 4° 14' E.) Trompette de brume.

Varnæs (D. 5) *fixe*, guide dans le *Listerfjord*. Visible du N. 33° E. jusqu'à l'O. S. O. par le S.; allumé toute l'année; élevé de 27", il se voit de 9 milles (58° 10' 35" N. et 4° 17' 6" E.)

Vibber-Odde (D. 5); *fixe* sur la pointe S. E. d'*Egerö*. Elevé de 22ᵐ et visible de 9 milles. du S. 5° E. au N. 5° O. par l'O. (58° 25' 20" N. et 8° 39' 20" E.)

Egerö (D. 1); *fixe*, sur la pointe O. d'*Egerö*, il est à 47" au-dessus du niveau de la mer et visible de 19 milles (58° 26' N. et 3° 32' 6" E.)

Grundsholmen (D. 5); *fixe*, sur la pointe N. O. de *Grundsund-Holm*. Elevé de 13", visible de 9 milles du N. 50° E. au N. 68° E. par le S. (58° 27' 50" N. et 3° 32' 56" E.)

Obrestad (D. 3), sur la pointe; *fixe*, varié par des *éclats blancs* chaque 30 *secondes*; il est élevé de 33" et visible de 17 milles. (58° 39' 27" N. et 3° 13' 16" E.)

Lille-Feysteen (D. 4); *fixe rouge*, élevé de 21" au-dessus de la mer et visible de 9 milles. Il est à 4 milles du récif de *Sedderen*. (58° 49' 30" N. et 3° 10' 40" E.)

Fladholm (D. 4), *fixe*, élevé de 13", visible de 8 milles entre le S. 40° O. et le N. 16° E. On en passe au N. et on mouille à l'E. par 16 à 18"; (58° 55' 18" N. et 3° 33' 26" E.)

Hvidingsö (D. 2); *fixe varié* par des éclats de 4 m. en 4 m., visible de 19 milles; élevé de 45" 3; à l'entrée du chenal S. de *Bergen*. Lumière *fixe* 2 m. 55 s., éclipse 25 s., éclat 15 s., puis éclipse, etc. (59° 3' 40" N. et 3° 4' 10" E.) A 12 ou 14 milles, on ne voit plus que les éclats. Pilotes.

Tungenæs (D. 6); *fixe* de 9" 7 d'élévation, visible de 8 milles, du N. E. q. E. par l'O. et le Sud, jusqu'à 1 encablure au S. de la pointe S. O. de *Bru*. (59° 2' 6" N. et 3° 14' 0" E.)

Dusevig (C.), *fixe*, visible de 6 milles; il est placé à

MER DU NORD — COTE OUEST DE NORVÉGE

l'entrée de la baie de *Dusevig*, sur la pointe *Varnäs*. (58° 59' 50" N. et 3° 21' 6" E.)

Stavanger (C.), feu de port *fixe* sur la tour *Valberg,* dans le village dont il signale le mouillage. Portée 4 milles. (58° 58' 15" N. et 3° 24' 6" E.)

Skudesnæs (C.), à la p^{te} S. E. de *Karmö*, *fixe rouge*, élevé de 53" 5 et visible de 6 milles du N. 20° E. au S. 34° O. par l'O. et le N. (59° 8' 25" N. et 2° 57' 46" E.) Garder la lumière en vue pour parer les bancs.

Vigholm (D. 6), feu du port *Skudesnæs*, *fixe rouge*, visible de 6 milles, du N. 8° O. au S. 25° E. par l'O. mais allumé seulement du 15 juillet au 15 mai. (59° 8' 25 N. et 2° 56' 36" E.)

Fjeldö (C.), *fixe*, sur l'île *Vindhougklubben*, à 8 milles de *Stavanger*. Sa portée est de 6 milles. Allumé du 15 juillet au 15 mai. (59° 5' 20" N. et 3° 14' 11" E.)

Bukne-Sund (C.), *fixe* ; sur l'île *Bukken*, visible de 4 milles, par 59° 13' 25" N. et 3° 7' 20" E. Allumé du 1er octobre au 1er avril. En venant du S , on le tient à bâbord pour aller mouiller à *Förrisvigen*.

Kobbervig (C.), *fixe rouge*, dans le *Sund* de *Karmö*, côté E. de l'île par 59° 17' 15" N. et 2° 29' 30" E. ; élevé de 9" 4 et visible de 3 milles du S. 54° O. au N. 59° O. En venant du S., dès que vous verrez le feu, gouvernez dessus jusqu'à terre.

Höjevarde (D. 6.) ; *fixe* dans le *Karmöfjord*, élevé de 19" 7 et visible de 6 milles. du S. 53° E. au N. 14° E. par le N. et l'O. (59° 19' 20" N., 2° 59' 16" E.)

Udsire (D. 2), sur l'île au large de *Karmö*. 2 *fixes*, visibles de 18 milles. La distance des tours est 200" N. 68° O. et S. 68° E.; les lumières sont élevées de 77" 8 et les tours rouges ; la plus E. est par 59° 18' 20" N. et 2° 32' 26" E.

Sörhougö (D. 5.) ; *fixe*, sur l'ilot à l'entrée de *Karmösund* et à l'extrémité N. de l'île *Vræbians*. Ce feu domine tout l'horizon, mais il sert principalement à diriger sur le sund de *Karmö* quand on vient du N. par le *Bommelfjord*. Il est élevé de 22" et visible de 9 milles. La tour est carrée et blanche. (59° 25' 25" N. et 2° 54' 30" E.)

Foeö (D. 4), sur cette île ; *fixe blanc et rouge* ; élevé de 12" et visible de 9 milles. *Blanc* du S. 4° O. au N. 70 E. par l'O. et le N.; *rouge* sur le rocher *Gangvar*, et à ½ encablure de chaque côté. (59° 22′ 40″ N. et 2° 50′ 26″ E.) Du 15 juillet au 15 mai.

Gitterö (C.), sur ce rocher à l'entrée du port de *Rövoer*; *fixe*, visible de 6 milles, du S. 14° E. au N. 48° E. par l'O. et le N. (59° 26′ 5″ N. et 2° 47′ 26″ E.) Allumé du 1er octobre au 31 mars.

Ryvarden (D. 6), *fixe*, sur la pointe, par 59° 31′ 35″ N. et 2° 53′ 20″ E. Visible de 6 milles, de *Lingholmen* jusqu'à *Smörwig*. N'est allumé que du 15 juillet au 15 mai.

Espavær (C.); *fixe*, à l'entrée Sud du port, visible de 6 milles. (59° 35′ 0″ N. et 2° 49′ 6″ E.) Du premier octobre au 31 mars.

Lille-Blegen (C.); *fixe*, côté E. de *Bommelö*, par 59° 36′ 40″ N. et 2° 55′ 0″ E. élevé de 4″ 8, et visible de 8 milles.

Midtholm ou **Moster-Haven** (D. 6.), *fixe rouge*, au côté Est de *Bommelö*, par 59° 42′ N. et 3° 4′ 0″ E. Elevé de 11″ 9 et visible de 6 milles du S. 3° O. au N. 36° E. par l'O., mais caché dans le S. S. O. vers *Mosterhuk* et dans le N. vers *Orness*.

Lervig; près de ce village, île *Stordo*; *fixe*, élevé de 15″ 4; visible de 9 milles quand on le relève entre le N. 40° E. et le S. 50° O. par le N. et l'O. (59° 46′ 50″ N. — 3° 12′ 44″ E.).

Folgerö (C.), dans le *Stock-Sund*, côté E. de *Bommelö* par 59° 47′ 50″ N. et 2° 58′ 26″ E. Elevé de 15″ 7; visible de 8 milles du N. 22° O. au S. 22° E. par l'O. et le S.

Ringholm (D. 4); *fixe blanc*, élevé de 9″ et visible de 10 milles du N. 26° O. au S. 26° E. par le S.; il est allumé du 15 juillet au 15 mai comme les trois précédents. (50° 53′ 13″ N. — 2° 53′ 8″ E.)

Slotterö (D. 2), sur la pte N. O. de l'île au S. de l'entrée du fiord de *Selbö*; *fixe*, élevé de 46″ au-dessus de la mer; visible de 18 milles. (59° 54′ 30″ N. et 2° 44′ 16″ E.)

Öxhammer (D. 5); *fixe*, visible de 8 milles, par 59° 59′ 20″ N. et 2° 58′ 26″ E. près de *Bekervig*. Le feu est à bâbord quand on vient du Sud vers la rade. Visible du N. 50° E. au S. 6° E. par le N. et l'O.; masqué dans la direction de *Nyleden*.

Pijrholm (D. 6), *fixe*, visible de 4 milles par 60° 5′ 15″

MER DU NORD — COTE OUEST DE NORVÈGE

N. et 2° 51′ 16″ E., allumé du 15 juillet au 15 mai. On le tient à tribord quand on vient du Sud et qu'on cherche le *Sund*.

Marsten (D. 3), *fixe*, *à éclats rouges* de 20 s. en 20 s., durée des éclats 8 s., élévation 38ᵐ, portée 17 milles. (60° 7′ 45″ N. et 2° 40′ 46″ E.)

Leerö (D. 6); *fixe* sur la côte N. O. de l'île; élevé de 17ᵐ 4, visible de 8 milles du N. 20° O. au S. 20° O. par le S. et l'E., masqué sur les *Raugnene* et à 1 encâblure de chaque côté. Allumé du 15 juillet au 15 mai. (60° 14′ 20″ N. et 2° 50′ 6″ E.)

Bergen ou **Nordnæs** (D. 6); *fixe rouge*; port de *Bergen*; par 60° 24′ 0″ N. et 2° 58′ 26″ E., élevé de 12ᵐ 5, visible de 4 milles. Allumé du 15 août au 30 avril. Il guide sur le mouillage de *Vaagen* et les passes.

Skjällanger (D. 5); *fixe*, à la partie N. du canal, sur la pointe N. O. de l'île *Holzenö*. Elevé de 18ᵐ et visible de 9 milles du S. 20° E. au N. par l'E. Il sert à guider les navires qui prennent le passage du N. pour aller à *Bergen*. (60° 36′ 35″ N. et 2° 36′ 56″ E.) Du 15 juillet au 15 mai.

Hellisö (D. 2); au côté N. de l'île; *fixe à éclats* de 1 m. en 1 m. Entre les éclats de 12 s., on voit une éclipse lorsqu'on est à plus de 8 milles du feu. Elévation 46ᵐ 7, portée 19 milles. (60° 45′ 5″ N. et 2° 22′ 50″ E.)

Ronglevär (D. 6); *fixe blanc*, *rouge*, élevé de 15ᵐ, visible de 8 milles du S. 5° E. au N. 72° E. par l'O.; secteur *rouge* entre le N. et le N. 11° E., masqué par la terre quand il reste entre le N. 62° E. et le N. 18° E., ainsi qu'à l'O. du Nord (60° 48′ 18″ N. 2° 27′ 50″ E.).

Ile Kinn (D. 6). sur la partie S. E. de l'île; *fixe*, élevé de 9ᵐ 2 et visible du S. 17° E. au N. 3° E. par l'O. à la distance de 8 milles. (61° 33′ 35″ N. et 2° 26′ 26″ E.) Allumé du 1ᵉʳ août au 15 mai.

Ytterö. Sur l'île, 61° 34′ 15″ N. — 5° 21′ 1″ E. En construction.

Stabben (D. 5), sur l'île; *fixe blanc*, *rouge*; visible de 9 milles. élevé de 15ᵐ 7; il paraît *rouge* dans la direction du port de *Florö*, du S. 87° O. à l'O., masqué de l'O. à l'O. q. N. O. et *blanc* partout ailleurs (61° 36′ 2″ N. et 2° 37′ 23″ E.)

Smorhavn (D. 5), sur la pointe S. O. de *Fiskholmen*; fixe blanc et *rouge*; élevé de 20°, et visible de 9 milles, blanc, du S. 70° E. au S. 62° O. par l'O., le N. et l'E.; rouge du S. 70° E. au S. 11° E. (61° 45' 45" N. et 2° 35' 50" E.)

Hjertnesstrand (D. 6), *fixe*, sur cette pointe, côté Est du *Ulve-Sund*. Elevé de 16°,7, visible de 8 milles, de l'E. au S. 50° O. par le S., excepté entre le S. 28° E. et le S. 14° E. où il est masqué. (61° 59' 14" N. et 3° 50' 34" E.) Cloche de brouillard.

Skogsnas (D. 4); sur la pointe N. E. de *Vaagso*, *fixe* rouge et *scintillant* élevé de 17° et visible de 9 milles. (62° 2' 3" N. et 2° 47' 36" E.) Visible de l'O. S. O., au N. 40° E. par le S.; il est à *éclats* de 2 s. à 3 s. dans le canal entre *Kraakefluen* et *Melfluen*. Cloche de brouillard, 9 coups toutes les 5°.

Haugsholm (D. 4), sur la partie O. de *Frekö*; *fixe* blanc, avec 2 secteurs *rouges*; élevé de 21° et visible de 9 milles entre le S. 36° E. et le S. 58° O. par le N. Il paraît *rouge* entre le S. 60° E. et le S. 74° E. et entre l'O. q. S. O. et le S. 62° O. Il est masqué en partie dans la direction de *Nystöl*, par la partie élevée et Est de *Frekö*. (62° 10' 36" N. et 3° 2' 20" E.)

On a un bon mouillage entre *Frekö* et *Haugsholmen*, ainsi que dans l'Est de cette dernière île.

Flaavär (D. 4), sur l'île *Varholm*, *fixe* et *intermittent* rouge et *blanc*, élevé de 17°, visible de 11 milles; il montre une lumière *rouge* et *blanche* intermittente toutes les 3 s. entre le N. 70° E. et le N. 65° E., dans la direction du rocher *Skiaggen*. (62° 18' 54" N. et 3° 16' 12" E.)

Rundö (D. 1); *fixe*, élevé de 48°,2, sur une tour rouge, ronde à ceinture blanche; il est placé sur la pte N. O. de l'île et visible de 20 milles. Il fait reconnaître, en venant du N., la pte plus O. de *Stat* et guide dans l'entrée du *Breedsund*, sur le feu de *Walderhoug*. (62° 24' 50" N., 3° 15' 50" E.)

Hogsten ou **Godö** (D. 4), sur la pointe *Hogsten*; *fixe* varié par des *éclats* de 3 m. en 3 m. Elevé de 12°,5 sur une tour blanche et visible de 12 milles. (62° 27' 48" N. et 3° 42' 5" E.)

Aalesund (C.), *fixe rouge* sur la pointe du môle; on le laisse à tribord pour entrer. (62° 28' 27" N. et 3° 48' 30" E.)

Walderhoug (D. 6), *fixe rouge*, par 62° 30′ N. et 3° 47′ 50″ E. Elevé de 12ᵐ 5 sur la berge de la pointe S. de l'île *Valderö* et visible de 6 milles, du S. 56° O. au N. 54° E. par l'O. et le N.

Alnæs (D. 6), *fixe*, élevé de 9ᵐ 4 sur cette pointe, île *Godö*; visible de 8 milles du N. 40° E. au N. 72° O. par l'E. et le S. (62° 29′ 24″ N. et 3° 38′ 14″ E.)

Les 11 feux précédents sont allumés du 1er août au 15 mai.

Synœs (D. 6) ; *fixe* ; sur cette pointe, île *Wiggeren*, élevé de 8ᵐ 5 ; visible de 8 milles de l'O. 1/2 N. jusqu'au S. par l'E. (62° 32′ 9″ N. et 3° 40′ 33″ E.) Du 25 janvier au 8 avril.

Ærkna (D. 6), *fixe rouge*, élevé de 45ᵐ, visible de 8 milles, entre le S. 70° O. et le N. 3° E. par le S. et l'E. (62° 32′ 58″ N. et 3° 36′ 36″ E). Du 25 janvier au 8 avril.

Lepsörev (flottant G.), *fixe*, mouillé par 5ᵐ 5 auprès de la partie S. E. du récif *Lepsö* ; élevé de 7ᵐ 6, visible de 4 milles. Cloche de brouillard. (62° 35′ 12″ N. et 3° 55′ 28″ E.) Du 1er août au 15 mai.

—— Sur la tête du môle de *Gamleimland*, *fixe blanc et rouge*, élevé de 8ᵐ 5, visible de 9 milles ; *blanc* quand on le relève entre le N. 50° E. et le S. 50° O. par l'E. et le S. ; *rouge* entre le S. 21° O. et le S. 41° O. (62° 35′ 15″ N. — 3° 55′ 58″ E.)

Ulla (D. 6.) ; *fixe* sur *Kvœrnholmen*, près de la pêcherie d'*Ulla* ; élevé de 17ᵐ 8 ; visible de 8 milles depuis le N. 40° E. par l'Est et le Sud jusque dans le *Sund d'Ulla*. Il guide les pêcheurs vers *Soudmöre*. (62° 41′ 10″ N. et 3° 50′ 6″ E.) Allumé du 25 janvier au 8 avril.

Ohna (D. 2) ; *fixe blanc, éclat rouge* ; sur ce rocher, à 41ᵐ au-dessus de la mer. Il montre un éclat *rouge* chaque 30″ ; visible de 18 milles sur tout l'horizon. (62° 51′ 49″ N. et 4° 12′ 52″ E.)

Björnsund (D. 5) ; sur le côté Est de l'île *Möen* ; *fixe*, élevé de 26ᵐ 9 et visible de 9 milles, du N. 62° E. au N. 40° O. par l'E., le S. et l'O. (62° 53′ 45″ N. et 4° 29′ 0″ E.)

Kvitholm (D. 2) ; sur la pointe N. O. de l'île ; à *éclats* de 1 m. en 1 m. ; éclipse 48 s., éclat 12 s. ; les éclipses totales au-delà de 8 milles ; la portée est de 18 milles. (63° 1′ 23″ N. et 4° 54′ 20″ E.) Sa hauteur est de 41ᵐ 4 au-dessus de la mer, et sa tour blanche visible du N. 9° E. au N. 53° O. par l'E., le S. et l'O.

MER DU NORD — CÔTE OUEST DE NORVÉGE

Hestkjaer (D. 3) ; *fixe blanc rouge et scintillant* ; élevé de 23", visible de 15 milles quand on le relève entre le N. 60° E. et le S. 57° O. par le Sud, le feu est *fixe blanc* dans les canaux, *scintillant* ou *rouge* dans les intervalles ; il est allumé du 1er août au 15 mai. (63° 5′ 30″ N. —5° 9′ 46″ E.) (Variation 18° 30′ N. O. en 1880.)

Stavönæs (D. 5), sur la pointe N. E. d'*Averö* ; *fixe*, visible de 9 milles entre le S. 85° E. et le N. 67° O. par le S. et l'O. Il est à l'entrée de *Christiansund*, par 63° 6′ 52″ N. et 5° 20′ E. Élevé de 19" 7. La maison est jaune et sert de marque pour entrer dans le *Tréflos* ; on la tiendra au S. 50° E. jusqu'à la pointe de *Stavnæs*.

Leervig (C.), feu de port ; *fixe*, sur le côté Nord du canal près *Christiansund*. Il se voit de 3 milles et guide dans le *Sörsund*. (63° 6′ 18″ N. et 5° 20′ 47″ E.)

Kvitnœss (D. 5), sur la partie extérieure de la p^{te} ; *fixe blanc* et *rouge*, élevé de 19 mètres et visible de 9 milles ; *rouge* du S. 50° O. au S. ; *blanc* du S. au S- 52° E. *rouge* du S. 52° E. au N. 50° E. (63° 7′ 55″ N. et 5° 28′ 36″ E.)

Ringkolm (D. 5), dans le chenal du S. de *Trontheim*, sur un îlot, par 63° 18′ 37″ N. et 5° 53′ 50″ E. *fixe*, élevé de 15" 7. et visible de 9 milles. Il sert à trouver le mouillage et à éviter les écueils près *Ædös*.

Terningen (D. 4), sur cette île, dans le chenal de *Trontheim*, par 63° 29′ 14″ N. et 6° 42′ 47″ E. *fixe*, élevé de 30" et visible de 9 milles, du S. 56° O. par l'O. et le N. jusqu'au N. 72° E.

Ile Böröholm (D. 5) ; *fixe*, à 15"3 au-dessus de la mer et visible de 9 milles entre le S. 11° E. et le N. 50° E. par l'O. et le N. *rouge* entre le S. 5° O. et le S. 28° O. pour couvrir les bancs *Sliskjoerene* et *Sliskjoertaren* ; on l'allume du 1er août au 15 mai comme les 8 précédents et 6 suivants (63° 34′ 20″ N. et 6° 53′ 44″ E.).

Agdanæs (D. 6), sur la pointe de ce nom dans *Trontheim-Fjord*, par 63° 38′ 46″ N., et 7° 25′ 4″ E. *fixe*, élevé de 35" et visible de 8 milles. Il y a deux roches sous l'eau auprès de la pointe du phare.

Monkholm (D. 6), sur le fort devant *Trontheim* ; *fixe*, élevé de 13" et visible de 8 milles, du S. 27° O. par l'O. et le N. jusqu'au S. 27° E. ; il guide au mouillage d'*Ilsvigen*. (63° 27′ 2″ N. et 8° 3′ 16″ E.)

MER DU NORD — CÔTE OUEST DE NORVÈGE 73

Halten (D, 2), sur l'île de ce nom, *scintillant* de 4 s. en 4 s., élevé de 36™, visible de 18 milles. (64° 10' 10" N. et 7° 7' 16" E.)

Rodö (D. 4); *fixe*, élevé de 83™ et visible de 11 milles, entre le S. 85° E. et le S. 67° E. dans le canal et vers le port. (60° 22' 30" N. — 8° 7' 11" E.)

Villa (D. 2), sur l'île de ce nom ; *fixe*, varié par des *éclats* de 4 m. en 4 m. Élevé de 40™ et visible de 18 milles de distance. Il guide dans le *Foldenfjord* ; la tour se voit à 10 milles. (64° 32' 50" N. et 8° 21' 40" E.) Pilotes pour le fiord de Namsen.

Gjæslingerne ; *fixe blanc et rouge*, élevé de 22™ et visible de 11 milles de l'O. N. O. au S. 56° O. par le N. et l'O. *rouge* du S. 67° O. au S. 56° O. et du N. 3° E. au N. 48° O. (64° 43' 50" N. et 8° 31' 16" E.)

Praestö (D, 5), sur un îlot au S. du *Nærö-Sund*, dans le fiord de *Folden*, par 64° 47' 25" N. et 8° 47' 16" E. *fixe*, élevé de 14™ et visible de 9 milles du N. E. au S. 37° O. par l'E. et le S.

Buholm (D. 6), à l'entrée du *Bronö-Sund* ; *fixe*, 12™7 d'élévation et 8 milles de portée ; visible quand on le relève entre le S. 6° E. et l'O. par le S. et entre le N. 14° E. et l'E. Allumé comme les 6 suivants du 15 août au 30 avril. (65° 28' 30" N. et 9° 53' 16" E.)

Aaswær ou **Andersbakken** (D. 4), sur cette île, la plus Nord du groupe *Aaswær* ; *fixe blanc* à *secteur rouge*, élevé de 15™ et visible de 11 milles entre l'E. et le N. par le Sud et l'Ouest. Il est *rouge* entre le N. 84° O. et le N. 76° O. ; partout ailleurs, il est *blanc*. (66° 15' 45" N. et 9° 58' 46" E.)

Trœnen (D. 2) ; *fixe blanc* à *éclats* de 12 s. de durée de 1 m. en 1 m. Il est placé sur l'îlot *Söholmen* ; élevé de 38™ et visible de 17 milles sur tout l'horizon (66° 25' 50" N. et 9° 39' 36" E.)

Stöt (D. 4), sur l'île *Seiskiær* ; *fixe* à *éclats* de 2 m. en 2 m visible à 13 milles du N. 72° E. au N. 17° O. par le S. (66° 56' 35" N. et 11° 8' 40" E.)

Bodö ou **Nyholm** (D. 6), près de *Bodö* ; *fixe blanc*, secteur *rouge*, élevé de 19™ et visible de 8 milles. (67° 17' N. et 12° 3' 46" E.) *blanc* du N. 50° E. au N. 67° E. *rouge* le là au S. jusqu'à *Hjertoen*, *blanc* du S. 5° O. jusqu'à la terre et pour les navires qui viennent au mouillage. Venant de *Bodö* par l'O. on pourra passer dans le *Rösösundet* entre *Rösöen* et *Kvanoen*, ou au N. du *Svartoxen*.

5

MER DU NORD — CÔTE DE NORVÈGE

Grytö (D. 3) ; *fixe*, sur cette île. Élevé de 33° et visible de 13 milles ; il faut le garder à bâbord pour passer dans le *Helligvær* du Sud. (67° 23′ 15″ N. et 11° 32′ 26″ E.)

Vaagö (D. 5), sur la pointe N. E. de l'île, par 67° 26′ N. et 11° 41′ 26″ E. ; *fixe rouge*, élevé de 15° et visible de 7 milles du S. 41° E. au N. 50° O. par le Sud et l'Ouest.

Værö, *en construction*. (67° 39′ 0″ N. — 10° 25′ 1″ E.)

Glopen (D. 4), sur cette pointe, port *Sorvaagen* ; *fixe* élevé de 40° 6 et visible de 16 milles du S. 27° O. au N. 50° E. par l'O. On l'allume du 1er septembre au 14 avril comme les trois suivants. (67° 53′ 30″ N. et 10° 44′ 16″ E.) Le feu est masqué en partie par la terre quand on le relève entre le N. 39° E. et le N. 23° E.

Reine (C.), sur la p^{te} S. de l'île *Olenilsöens*, *fixe*, visible du S. 59° O. au S. 25° E. par l'O. le N. et l'E. à la distance de 5 milles. (67° 55′ 50″ N. et 10° 48′ 16″ E.)

Svinö (D. 6), sur l'île la plus au S. du groupe qu'il faut traverser pour aller à *Balstad*. Le feu, élevé de 59°4, est *fixe rouge* et visible de 6 milles du S. 64° E. au S. 25° O., par l'E. et le N. (68° 3′ N. et 11° 14′ 16″ E.)

Stamsund (D. 6), *fixe*, d'une portée de 6 milles, installé sur la pointe Sud de *Tornholmen* à l'entrée Sud de *Stamsund*, côté Sud de *Vaärgö-Ouest*, par 68° 7′ 15″ N. et 11° 32′ 46″ E. ; visible depuis le N. 29° E. jusqu'au S. 85° O. par le N. on passe à l'E. de l'écueil *Stabben* en restant dans la partie éclairée.

Henningsvær (D. 4), sur *Quitvarden*, auprès de *Hellandsoen*, dans le canal de *Loffoden* ; *fixe*, varié par des *éclats* de 3 m. en 3 m. Élevé de 34°5, visible de 17 milles. Allumé du 15 août au 1er mai. (68° 8′ 30″ N. et 11° 54′ 15″ E.)

Siaaholmen ou **Skraaven** (D. 6), *fixe rouge*, sur la p^{te} Ouest de l'île, par 68° 9′ 30″ N. et 12° 21′ 16″ E. Élevé de 9°, visible de 6 milles du N. 53° E. au S. 53° E., par l'Est, et du S. 30° E. au S. 20° E. Il faut le relever au N. 58° E. pour parer le banc *Siaagrunden* en faisant route pour le canal de l'Ouest. Allumé du 1er septembre au 14 avril.

Tranö (D. 4), sur l'île *Stangholmen* près de *Tranö*, fiord de l'Ouest, *fixe*, élevé de 12°8 et visible de 11 milles, de l'E. N. E. à l'O. S. O. 1/2 O. par l'Est et le Sud. (68° 10′ 35″ N. et 13° 17′ 46″ E.) Allumé du 15 août au 30 avril.

Orsvaag (D. 6), sur la pointe N. E. de l'île *Sagöen*; *fixe*, élevé de 27·8 et visible de 8 milles, du N. 48° E. au S. 64° E. par le N., l'O. et le S. (68° 11′ 40″ N. et 12° 6′ 45″ E.) Allumé du 1er septembre au 14 avril.

Svolvœr (D. 6); *fixe rouge*, sur la partie Sud de l'île *Kiœ*. Il est allumé du 1er septembre au 14 avril, élevé de 16·4 et visible de 6 milles, du N. 15° E. au S. 25° O. par le N. et l'O. Un écran le cache du côté de *Rodholmen*. (68° 13′ 15″ N. et 12° 16′ 45″ E.)

Hjertholm (D. 6), sur le côté E. de l'île; au côté E. du port de *Lödingen*; *fixe*, élevé de 20·3 et visible de 8 milles, du S. 17° O. au N. 14° E. par l'O. et le N. (68° 24′ 30″ N. et 13° 42′ 45″ E.) Allumé du 15 août au 30 avril.

Andenæs (D. 2), sur la pointe N. de l'île *Andö*; *fixe* varié par des *éclats* de 3 m. en 3 m.; portée 18 milles; élevé de 40·6 au-dessus de la mer. (69° 19′ 30″ N. et 13° 47′ 56″ E.) Allumé du 14 août au 30 avril.

Hekkingen (D. 4), sur cette île, par 69° 36′ N. et 14° 55′ 15″ E.; *fixe*, visible de 11 milles, entre le S. 26° E. et le N. 33° O. par le S. et l'O. Son élévation est de 21·· au-dessus de la mer. Allumé du 14 août au 30 avril.

Fuglenæs ou **Hammerfest** (D. 6), sur la pointe de *Fuglenæs*; *fixe*, élevé de 10· et visible de 8 milles, entre le S. 22° 30′ E. et l'O. S. O. par l'E. et le N. (70° 40′ 15″ N. et 21° 19′ 45″ E.) Du 14 août au 30 avril.

Fruholm (D. 1), sur cet ilot; *fixe*, élevé de 45· et visible de 19 milles sur tout l'horizon. (71° 5′ 45″ N. et 31° 39′ 10″ E.) Du 25 août au 1er avril.

ISLANDE; à **Reykiannæs**, *pointe* S. O. de l'*Islande*; *fixe*, élevé de 55··; visible de 19 milles. (63° 48′ 10″ N.—25° 1′ 29″ O.) Allumé du 1er août au 15 mai.

MER BLANCHE

Sviatoï-Noss (C. 3), auprès de l'extrém. N. du cap; *fixe*, élevé de 90· 8 sur une tour octogone *jaune clair* de 15· 6 et visible de 20 milles, du N. 2° O., par l'O. et le S., au N. 27° E. (68° 8′ 51″ N. et 37° 28′ 40″ E.) Du 1er août au 1er novembre comme tous les feux de la mer Blanche.

On a placé à la partie N. du cap *Sviatoï-Noss* une pyramide à quatre faces peintes en bandes blanches, noires et rouges; elle fait reconnaître le cap, 2 cornets de brouillard, 4 à 5 sons par minute.

Orlov (C.), sur la pointe N. E. du cap, par 67° 11′ 30″ N. et 39° 1′ 40″ E. *fixe*, élevé de 68°, et visible de 17 milles quand on le relève entre le S. 20° E. et le N. par le Sud et l'Ouest. Chapelle en bois à 80° au N. 18° E. du phare.

Ce phare guide sur la rade *Tri-Ostrova* à 5 milles S. S. E., où l'on se met à l'abri des glaces, et en hantant la côte saine qu'il signale, on évite les bancs du large. Dans une petite tour, au S. du phare sur la côte, il y a une cloche que l'on tinte dans les temps de brouillards.

Morjovets (C.), à l'ext. N. O. de l'île, à l'entrée de la baie de *Mezen*, par 66° 55′ 50″ N. et 40° 9′ 46″ E. *fixe*, élevé 47°, et visible de 14 milles, du S. 30° E. au N. 45° E. par l'Est.

Zimnegor (Zimni) (D. 2), sur cette côte; *fixe à éclats* de 30s en 30s; élevé de 106°, visible de 21 milles quand on le relève entre le S. 32° O. et le N. 16° O. par le S., l'E. et le N. (65° 28′ 15″ N. — 37° 24′ 5″ E.)

Sosnovets (C.), au milieu de l'île, élevé de 42°3, sur une tour octogonale de 23°; *fixe*, visible de 13 milles sur tout l'horizon. (66° 28′ 18″ N. et 38° 23′ 18″ E.)

Jijghin, sur l'île de ce nom, à l'entrée du golfe *d'Onega*, *fixe*, élevé de 43°; visible de 14 milles. (65° 12′ 17″ N. — 34° 31′ 20″ E.) Allumé du 1er août au 16 novembre. Tour ronde, jaune, toit rouge.

Solovets, sur l'Église, au côté N. O. de l'île; *fixe*, élevé de 125°, visible de 23 milles, quand on le relève entre le S. 52° O. et le N. 10° O. par le S. et l'E. (65° 7′ N. — 33° 17′ 15″ E.)

Joujmoui, sur le côté N. O. de l'île *Grande Joujmoui* (C. 2), *fixe*, élevé de 45°, visible de 12 milles. Tour octog. jaune en bois, lanterne en bronze. Le mouillage est bon au N. E. et au S. O. de l'île. (60° 40′ 15″ N. — 33° 15′ 16″ E.) Allumé du 1er août au 1er novembre.

Modiough, sur la côte O. de l'île, bouche *Berezov, Dvina Nord*; *fixe*, élevé de 40°, visible de 13 milles entre le S. S. E. et le N. O. q. N. par l'E.; mais masqué par les bois, quand on le relève entre le N. q. N. O. et le N. O. q. N. Pilotes pour *Arkangel*; télégraphe signalant le fond sur la barre. Deux balises indiquent le canal du milieu sur la barre. Les navires du commerce arrrivant doivent s'arrêter pour la visite de la douane, auprès d'une maison située à la p^te S. de l'île. (64° 54′ 47″ N. — 37° 56′ 45″ E.)

—— Sur une dune du S. de l'île; 2 *fixes* à 425" S. 41° E. et N. 41° O. l'un de l'autre; celui du S. E., par 64° 51′ 8″ N. —37° 59′ 20″ E., est élevé de 20" et visible de 9 milles entre le S. 35° E. et le N. 9° O. par l'E. et le N. Celui du N. O. est élevé de 6" 4. et visible de 5 milles entre le S. 35° E. et le S. 47° E., secteur indiquant le chenal de la barre. L'alignement des 2 feux au S. 41° E. fait franchir la barre; à 125" au S. E. du 1er feu, se trouve un mât avec 2 boules noires, qui assure l'alignement des feux; des bouées indiquent le chenal.

ILES BRITANNIQUES

ILES SHETLAND ET ORCADES

North-Unst (D. 1), sur *Muckle-Flugga*, extrémité N. O. des Shetland, *fixe blanc et rouge*, élevé de 70", visible de 21 milles. (60° 51′ 20″ N. et 3° 13′ 17″ O.) Le feu est *blanc* excepté quand on le relève entre le N. 84° O. et le N. 53° O., où il montre une lumière *rouge*. En contournant *Scaw d'Unst*, voyez toujours la lumière *blanche*.

Walsey-Skerries (D. 1). *Tournant* de 1" en 1", visible de 17 milles sur *Bound Skerrie*. Altitude 44", lorsqu'on est rapproché du phare, la lumière ne disparaît jamais. (60° 25′ 24″ N. et 3° 4′ 14″ O.)

Bressay (C. D. 2), *tournant, éclats rouges, blancs* chaque 1", sur la pointe S. E. de l'île Bressay, visible de 15 milles, altitude 32", tour blanche. Sert pour aller mouiller à *Lerwick* (60° 6′ 10″ N. et 3° 27′ 44″ O.)

Cap Sumburgh (D. 1), *fixe*, sur la pointe S. O. des Shetland, visible de 21 milles, élevé de 91". (59° 51′ N. et 3° 36′ 14″ O.)

North-Ronaldsha (D. 1), sur la pointe N. E. de l'île, à éclats de 10s en 10s; visible de 17 milles, altitude 43". (59° 23′ 15″ N. et 4° 43′ 52″ O.)

Start-Point (D. 3), sur l'île *Sanda*, la plus E. des *Orcades*; *fixe rouge*, élevé de 24ᵐ, visible de 15 milles. (59° 16′ 29″ N. et 4° 42′ 39″ O.)

Auskerry (D. 1), sur l'extrémité Sud de l'île; *fixe*, élevé de 33ᵐ et visible de 16 milles. (59° 2′ N. et 4° 54′ 14″ O.)

Kirkwall (C.), à l'ext. de la jetée en pierre; *fixe*, allumé seulement d'août à avril. Il est élevé de 6ᵐ, et visible de 9 milles. (58° 59′ 10″ N. et 5° 17′ 44″ O.)

—— *fixe rouge*, au bout de la jetée en fer.

Hoy-Sound (C. et D.), 2 phares distants de 2035ᵐ S. 73° E. et N. 73° O. sur les pointes N. E. et N. O. de l'île *Gremsa*. Le feu le plus élevé (58° 56′ 9″ N. et 5° 36′ 47″ O.), est *fixe rouge, blanc*; *rouge* quand on le voit du large, et *blanc* quand on le relève entre le S. 49° E. et le S. 40° O. Il éclaire également un petit arc de l'horizon, vers les îles Cava et Risa, entre le N. 32° O. et le N. 55° O. Le phare inférieur a un feu *blanc*, visible du Nord, entre le S. 69° O. et le N. 69° E.

Les 2 feux en ligne conduisent dans l'entrée O. du *Hoy Sound* entre les roches *Bow* et *Kirk*. Altitudes des feux, 35ᵐ et 16ᵐ 7; portées, 15 et 11 milles.

Cap Cantick (D. 2), sur le cap, extrémité S. E. de *South Walls*, île *Hoy*; *Tournant*, de 1ᵐ en 1ᵐ. Il est élevé de 35ᵐ et visible de 15 milles, mais caché par la haute terre qui est à l'O. (58° 47′ N. — 5° 27′ 59″ O.)

COTE SEPTENTRIONALE D'ÉCOSSE

Cap Wrath (C. 1), ext. N. O. de l'Écosse, par 53° 37′ 30″ N. et 7° 19′ 55″ N.; le feu est *tournant* chaque minute, montrant alternativement une lumière *blanche* et une *rouge*.

Holburn (D. 4), sur le cap, feu à *éclats* de 10 s. en 10 s.; son élévation est de 22ᵐ8 et sa portée de 13 milles. La lumière est *blanche* vers le firth de *Pentland* et la baie *Thurso* jusqu'au N. 1° E. et, *rouge* vers la rade de *Scrabster*. (58° 36′ 50″ N. et 5° 52′ 26″ O.)

Dunnet (D. 1), à l'ext. N. de l'*Écosse*, par 58° 40′ 16″ N. et 5° 42′ 34″ O. Ce feu *fixe* est visible de 23 milles; il est élevé de 105ᵐ.

Pentland-Skerries (D. 1), sur la plus grande des

CÔTE SEPTENTRIONALE D'ÉCOSSE.   79

îles à l'entrée E. du *Pentland-Firth* ; 2 feux fixes à 30° N. 4° O. et S. 4° E. ; élev. 52ᵐ et 43ᵐ; on les voit de 18 et 16 milles. Amenés en ligne, ils conduisent à l'O. du banc vaseux qui est à l'E. S. E. du *Skerry*. (58° 41' 22" N. et 5° 15' 39" O.)

Noss-Head (D. 1), sur la côte E. de *Caithness*, *tournant éclats* de 30 s. en 30 s., *blancs et rouges*; élevé de 53ᵐ et visible de 18 milles; *blanc* du côté de la mer entre le N. 27° E. et S. 11° O. et, *rouge* dans la baie de *Sinclair*, entre le S. 11° O. et le N. 86° E. (58° 28' 38" N. et 5° 23' 19" O.)

Wick ou **Pulteney** (Gaz), *fixe et rouge*, sur la jetée de l'Est, visible de 8 milles. Son élévation est de 10ᵐ 6. (58° 26' N. et 5°25'14"O.) Il y a, à terre, un feu *vert* qui, tenu ouvert au N. du feu du port, fait parer l'extrémité du nouveau brise-lames.

Latheronwheel, *fixe*, sur le cap S. de l'entrée. (58° 16' 10" N. et 5° 43' 9" O.) N'est allumé que dans les nuits obscures de la saison de pêche.

Little-Ferry, 2 *fixes*, sur la pointe; ce sont de simples lampes de 3 à 4 milles de portée.; N. 65° O. et S. 65° E. à 540ᵐ l'un de l'autre. (58° 56' N. et 6° 20' 14" O.)

Tarbat Ness (C.), sur la pointe, à l'ext. N. E. du comté de *Ross*, par 57° 51' 54" N. et 6° 6' 44" O. Au large, ce feu est *intermittent*, paraissant tout à coup et restant visible pendant 2 m. 30 s., puis il s'éclipse subitement pendant 30 s. En dedans du *Firth-of-Murray*, où quand on le relève entre le N. 20° O. et le N. 25° E., le feu est *fixe* et toujours visible. Son élévation est de 53ᵐ et sa portée de 15 à 18 milles.

Cromarty (D. 4), sur la pointe par 57° 41' N. et 6° 22' 14" O.; *fixe et rouge*, élevé de 18ᵐ et de 9 milles de portée.

Chanonry (D. 4), *fixe*, sur cette pointe, à l'entrée du golfe conduisant à *Inverness* et au canal *Calédonien*. Élevé de 12ᵐ au-dessus de la mer et éclairant à 11 milles. (57° 34' 30" N. et 6° 25' 14" O.)

Covesea-Skerries (D. 1), *tournant*, sur la pointe *Craig*, par 57° 43' 15" N. et 5° 40' 34" O. Son *éclat* a lieu de 1 m. en 1 m. et est suivi d'une éclipse totale. Ce phare a 48ᵐ d'altitude et se voit de 18 milles. Il paraît *blanc* lorsqu'on le relève entre le N. 78° E. et le N. 84° O. par le Sud; *rouge* dans la baie de *Spey*.

Elgin et **Lossiemouth** (Gaz), *fixe vert*, sur la jetée S.

CÔTE ORIENTALE D'ÉCOSSE.

Cullen (Gaz), *fixe*, sur un poteau en fer, à l'ext. de la jetée. Allumé quelquefois quand les pêcheurs sont au large. (57° 41′ 30″ N. et 5° 9′ 39″ O.)

Port Gordon, près du bord de la jetée Est, 2 *fixes* : *rouge*, *blanc*. S. 6° E. et N. 6° O. Extérieur *rouge*, intérieur *blanc*. Allumés du 1er août au 1er avril.

Buckie (C. D.), *fixe*, sur la jetée de l'Ouest, pendant la saison de pêche, de mi-flot à mi-jusant.

Banff (Gaz), *fixe* sur l'ext. de la jetée N., élevé de 8ᵐ 5, visible de 8 milles. Canot de sauvetage. (57° 40′ N. et 4° 51′ 20″ O.)

—— 2 feux de position *fixes blanc* et *rouge*, sur la partie intérieure de la jetée extérieure N. 60° O. et S. 60° E. à 18ᵐ. On ne les voit du large que quand le port est ouvert. Leur alignement sert pour entrer.

Macduff (C. D.), *fixe blanc et rouge*, sur l'ext. de la jetée Nord. Élevé de 7ᵐ et visible de 6 milles ; *blanc* entre le N. 3° E. et le N. 31° O., *rouge* du N. 31° O. au S. 87° O. quand le port est ouvert. (57° 40′ N. et 4° 50′ 4″ O.)

Pot Gardenstown, sur la tête du quai Est ; *fixe*, *blanc*, *rouge*. (57° 40′ N. et 4° 40′ 14″ O).

COTE ORIENTALE D'ÉCOSSE

Kinnaird Head (D. 1), à l'entrée du *Firth de Murray*, *fixe blanc, rouge*, visible de 15 milles, à une altitude de 36ᵐ 6 ; *blanc* entre le N. 86° E. et le N. 57° O. par le S.; *rouge* entre le N. 57° O., et la côte, pour signaler les roches *Rattray Briggs*. (57° 41′ 51″ N., 4° 20′ 20″ O.)

Fraserburgh. Au bout et au centre de la jetée, à 70ᵐ S. 82° E. et N. 82° O. 2 *fixes rouges*, se voient à 5 milles. (57° 41′ 30″ N., 4° 20′ 14″ O.)

Peterhead (D.), au coude de la jetée O., port du Sud, *fixe*. Visible de 10 milles entre le N. 34° O. et le N. 37° E. par le N. *Éteint jusqu'à nouvel ordre, port fermé*. (57° 30′ N., 4° 6′ 14″ O.)

—— (C. D.), au bout de la jetée O. port N., *fixe rouge*, élevé de 8ᵐ, visible de 10 milles, entre le S. 18° O. et le S. 60° O. On allume un feu *vert* sur un mât, au coude du brise-lames N. lorsque l'entrée est dangereuse.

Boddom, à 120ᵐ au N. de l'entrée du port S. 2 *fixes rouges*. Leur alignement conduit dans le chenal E du port S.

CÔTE ORIENTALE D'ÉCOSSE. 81

— — à l'ext. du môle du port S, 2 *fixes rouges*, allumés seulement pendant la saison de pêche. Leur alignement conduit dans le chenal N. du port S.

Buchanness (C.), sur le *Ness*, à *éclats* de 5ˢ en 5ˢ, éclaire à 16 milles du S. 12° E. au N. 30° E. par le N. (57° 28' 15" N., 4° 6' 25" O.)

Aberdeen. Ext. du brise-lames S., 3 *fixes* : supérieur *rouge*, milieu *blanc* et inférieur *vert*. Lorsque le mauvais temps empêchera d'allumer ces 3 feux, le feu de la jetée Nord sera éclipsé dans un secteur de 67° sur le côté Sud de l'entrée du port.

— — à *Torry*, côté Sud de la rivière *Dee*; 2 *fixes, rouge, vert*, visibles de 8 milles : *rouge* quand l'entrée est *praticable*, *vert* quand elle est *dangereuse*.

— — (D.), à l'ext. de la jetée N., *fixe*, visible de 8 milles. Il n'est allumé que depuis la *mi-flot* jusqu'à l'*étale* (57° 8' 20" N., 4° 24' 9" O.)

Girdleness (D. 1) (C), dans la même tour, 2 *fixes* verticaux; à une certaine distance ils se confondent en un feu allongé, à 56 et 35ᵐ de hauteur, ils se voient à 19 et 16 milles. Au large est la roche noyée le *Girdle*. Sifflet de brouillard sur le *Ness*. Il résonne 10 secondes chaque minute. (57° 8' 15" N., 4° 23' 16" O.)

Stonehaven, *fixes*, sur la jetée dans deux tours S. 81° O. et N. 81° E. Leur élévation est de 5ᵐ 5 et 7ᵐ 3, l'inférieur ou celui du large *blanc*, celui de l'intérieur *rouge*, portée 8 milles. (56° 53' N., 4° 32' 14" O.)

Montrose (D. 2), *fixe*, sur Montrose-Ness, au côté Sud du canal. Visible à 17 milles du S. 19° O. jusqu'à terre par l'O. et le N. Un feu plus faible allumé dans la même tour éclaire dans la direction du canal qui conduit à Montrose. (56° 42' N., 4° 46' 14" O.)

— — Au côté N. de l'entrée, 2 *fixes rouges* à 275ᵐ. N. 86° O. et S. 86° E. Vus l'un par l'autre ils conduisent dans la rivière et font passer entre le *banc Annat* et *Scurdy-Ness*. Visibles entre 10 et 11 milles avec une altitude de 18 et 10ᵐ (56° 42' N. et 4° 47' 14" O.)

Arbroath, sur le coude S. O., port extérieur, *fixe rouge*, élevé de 7ᵐ, visible à 8 milles. N'est allumé que lorsqu'un navire va entrer. On brûle une amorce pour signaler qu'il faut prendre le large. (56° 33' N., 4° 55' 14".)

5.

—— au côté O. du port intérieur, 2 *fixes*. Ils guident entre *Cheek-Bush* et les roches *Chapel*.

Port Dundée, 2 *fixes rouges*, sur les jetées du milieu et de l'Est à 119° N. 79° O. et S. 79° E. En ligne ils font passer près et au S. O. de *Beacon-Rock*. Ils sont visibles à 7 milles et élevés de 3 et 4° (56° 28′ N., 5° 18′ 14″ O.)

—— (gaz) 2 *fixes rouges* de chaque côté du dock de *Camperdown*.

Newport (C.), 2 *fixes*, sur la jetée de l'Ouest à 58° N. et S. Visibles à 7 milles ils font passer à l'Est du *Middle-Bank*. Il y a des feux *rouges* et *blancs* sur la jetée du passage à *Dundee* pour le même objet. (56° 26′ N., 5° 17′ 14″ O.)

Port-on-Craig ou **Tayport** (C.D.), 2 *fixes*, à 1,547° E. et O. Visibles à 10 et 12 milles, élevés de 24 et de 9°. Ils servent pour remonter la *Tay* et font éviter les bancs d'*Abertay* et du *Sud*. En temps de brume on sonne une cloche. Canot de sauvetage à *Brought-Ferry*. (56° 27′ N., 5° 9′ 14″ O.)

Buddonness ou **Tay** (D.3), 2 *fixes*, à 365° N. 57° O. et S. 57° E. Visibles de 15 et 12 milles, élevés de 31 et 18°. Leur direction guide pour entrer dans la *Tay* en évitant les bancs *Gaa* et *Abertay* (56° 28′ 5″ N., 5° 5′ 9″ O.)

Abertay, flottant, par 10°, en face l'épi Abertay ; *fixe à éclats de 10s en 10s*, se voit à 8 milles. Bateau rouge à 2 mâts sur les côtés duquel est écrit *Abertay*. Cloche de Brume.

Saint-Andrew's, *fixe rouge*, à l'ext. de la jetée, visible de 6 milles (56° 20′ 3″ N., 5° 7′ 14″ O.)

—— (D.7) *fixe*, dans le mur de la cathédrale, visible de 5 milles.

Bell-Rock (C. D. 1). Le rocher se montre à nu à marée basse ; au large des golfes *Forth* et *Tay*, 10 milles S. 39° E. d'*Arbroath*. Feu *tournant*, alternativement *blanc* et *rouge* de 1 m. en 1 m. ; élevé de 28° et visible de 15 milles. Pendant les brouillards, on tinte une cloche de 30 s. en 30 s. La tour a 35°5 ; elle est assise à 3° au-dessous de la haute mer. (56° 26′ 3″ N. et 4° 43′ 20″ O.)

Crail, 2 *fixes*, supérieur *rouge*, inférieur *blanc*, sur le sommet des anciennes balises, en haut de la falaise.

May (D. 1), sur le sommet de l'île, à l'entrée du golfe de *Forth* (56° 11′ 9″ N. et 4° 53′ 36″ O.), *fixe*, visible sur tout l'horizon, à 21 milles. Son élévation est de 78° sur une tour de 23°.

— — Un second fanal est sur cet îlot, à 230° N. du précédent. Son feu *fixe* est visible de 15 milles dans un arc de 15° vers le rocher *North-Carr* ; il a 33° de hauteur. Quand on les amène en ligne, on passe à ½ mille E. du *North-Carr*.

Cellardyke (Gaz), *fixe rouge*, sur le côté d'une maison, partie Ouest du port, par 56° 14′ N. et 5° 0′ 14″ O. Allumé quand les bateaux sont dehors.

Anstruther Est (Gaz), *fixe blanc*, sur la jetée E. par 56° 13′ 16″ N. et 5° 2′ 7″ O. On allume aussi deux *fixes blancs* sur *Anstruther Ouest* pour guider dans le canal de l'Est.

Pittenween (D. 6) ; 2 feux : le premier, à l'extr. de la jetée de l'Est, *fixe rouge*, élevé de 7° 6 et visible de 6 milles. (56° 13′ N. et 5° 3′ 44″ O.) Le second, au N. 30° E. du premier feu, est placé sur l'angle S. O. du moulin d'une ancienne scierie ; il est aussi *fixe rouge* et visible de 6 milles. Dans les mauvais temps, lorsqu'il y a 1° 8 d'eau dans le port, on allume un feu de gaz, *blanc*, élevé de 15°, visible de 7 milles.

Saint-Monans (Gaz), Deux *fixes*, *rouge* et *blanc*, visibles de 7 milles. L'un sur l'ext. de la jetée, l'autre sur le côté d'une maison, N. 10° E. et S. 10° O. (56° 12′ 30″. et 5° 6′ 29″ O.) Pour donner dans le port, il faut tenir le feu *rouge* un peu ouvert dans l'O. du feu *blanc*. Allumés pendant la saison de la pêche.

Buckhaven (D.) *fixe*, de 9 milles de portée ; il est sur le parapet au bout de la jetée Est. (56° 10′ 6″ N. et 5° 21′ 58″ O.)

Dysart, *fixe vert*, élevé de 6°. Quand les navires entrent.

Wemyss-Ouest, *fixe rouge*, sur le bout de la jetée, allumé du mi-flot au mi-jusant.

Kirkcaldy (Gaz). Ext. de la jetée E ; *fixe*, *rouge*, élevé de 10°6 et visible de 8 milles. (56° 7′ N. et 5° 29′ 9″ O.)

Il y a aussi quelquefois un feu *fixe* sur le musoir de la jetée.

Burnt-Island, *fixe rouge*, sur la tête du môle de l'Est, avec un *fixe blanc* dans la partie inférieure de la tour et un *fixe vert* sur la tête du môle de l'Ouest.

Saint-David, *fixe*, sur la jetée.

Inverkeithing, deux *fixes rouges*, sur le quai O. du port.

Charleston (D. 4), *fixe*, sur le bout de la jetée extérieure.

Grangemouth (D. 4), *fixe rouge*, à l'entrée de la rivière *Carron*, visible de 10 milles et élevé de 9ᵐ 1. Pour guider les navires dans la rivière.

—— Côté Nord sur la jetée, *fixe*, *rouge*.

Granton, sur la jetée, *rouge et fixe*, visible de 6 milles et élevé de 10ᵐ. (55° 59′ N. et 5° 35′ 14″ O.) Cloche de brume.

—— Deux feux *fixes*, *rouge et vert*, sur les extrémités E. et O. du brise-lames.

Newhaven (D. 5), *fixe*, sur la jetée. On le voit de 5 milles. (55° 59′ N. et 5° 31′ 14″ O.) Lumière plus vive dans la direction de *Herwit*.

Leith (D. 6), sur la jetée de l'Est, bâbord en entrant, par 55° 59′ N. et 5° 30′ 14″ O. Le feu est *fixe rouge*, élevé de 7ᵐ et visible de 8 milles.

—— (D. 5), *fixe*, visible de 10 milles à l'extrémité de la jetée O. A 3ᵐ d'eau, on allume un feu *vert* sous le feu de cette jetée; et lorsque les portes du dock *Victoria* sont ouvertes, le feu *vert* est remplacé par un feu *rouge*; et aux têtes du dock s'allument alors des feux *rouges*. Un ballon indique que le dock est ouvert, cong de brume.

—— (D. 6), *fixe vert*, visible de 8 milles, sur la tête de la jetée de l'Est.

Fisherrow, *fixe rouge*, à l'extrémité de la jetée; n'est pas allumé par clair de lune. (55° 56′ 55″ N. et 6° 24′ 14″ O.)

Inchkeith (D. 2), au sommet de l'île dans le golfe de *Forth*; *tournant* de 1ᵐ en 1ᵐ et les *éclats* très-brillants durent 10 s., vis. de 20 milles, élevé de 67ᵐ. (56° 2′ N. et 5° 28′ 14″ O.)

Cockenzie, *fixe vert*, sur le bout de la jetée Est; visible de 8 milles.

North-Berwick, *fixe rouge*, au bout de la jetée Nord. Allumé d'octobre en avril.

Dunbar, deux feux *fixes*: *blanc*, *bleu*, *rouge*, au vieux port, et *blanc* au port *Victoria*; *blanc* dans la direction de l'entrée; *bleu* vers l'O.; *rouge* à l'E. Le feu du port *Victoria* conduit vers l'entrée. Feux supplémentaires aux 2 ports pendant la saison de la pêche. (56° N., 4° 50′ 54″ O.)

Saint-Abbs-Head (D. 1), feu *fixe* varié par des *éclats* de 10 s. en 10 s.; il est élevé de 68ᵐ et visible de 20 milles. (55° 55′ N. et 4° 28′ 14″ O.) En temps de brume, on fait fonctionner une sirène donnant un son de 6 *secondes* suivi d'une pause de 1 *minute* 15 *secondes*.

Eyemouth, 2 *fixes*, sur le coin d'une maison au bout de la jetée O. Le supérieur *rouge*, l'inférieur *blanc*. (55° 52′ 25″ N. et 4° 25′ 14″ O.)

COTE ORIENTALE D'ANGLETERRE

Burnmouth, ext. du môle; *fixe, blanc*. (55° 50′ 30″ N. 4° 24′ 29″ O.) Feu de pêche allumé quand l'entrée est accessible.

Berwick (D.), ext. E. de la jetée, tribord en entrant. Il y a deux lumières *fixes* dans la même tour, à 14ᵐ5 et 8ᵐ3 au-dessus de la mer; le supérieur est *blanc* et l'inférieur, allumé lorsqu'il y a 3ᵐ d'eau sur la barre, est *rouge*. On voit ce dernier à 8 milles, seulement quand on est dans l'E. des récifs *Seal Carr*, et le premier à 12 milles. (55° 46′ N. et 4° 19′ 14″ O.)

Longstone (D. 1), *tournant* de 30 s. en 30 s.; visible à 15 milles, élevé de 22ᵐ 9 sur une tour rouge de 25ᵐ 5. (55° 39′ N. et 3° 57′ 14″ O.). Ce feu en ligne avec le feu supérieur de *Farn* au S. 42° O., fait passer sur le *Knavestone*. Trompette de brouillard.

Farn (C), 2 feux, le plus élevé près de la pointe S. O., l'inférieur près de la pointe N. O. de l'île (55° 37′ N. et 3° 59′ 14″ O.); ils sont distants de 170ᵐ N. 38° O. et S. 38° E. Le plus élevé de 26ᵐ 4 au-dessus de la mer, *tourne* de 30 s. en 30 s., et se voit à 15 milles. Le plus bas, qui n'a que 13ᵐ7, est *fixe*, et éclaire à 12 milles du S. 33° E. au S. 50° E. Le feu supérieur tenu un peu moins de sa hauteur à l'E. du feu inférieur, conduit entre le *Megstone* et *Oxscar*. Ces feux et le *Megstone* en ligne, conduisent entre le *Ploughseat* et le *Goldstone*.

North-Sunderland, tête du môle. *fixe blanc*, et à 90ᵐ de l'ext. de la jetée, *fixe rouge*; allumé ½ h. après le ¼ du flot jusqu'à ½ h. avant les ¾ du jusant. Feux de direction N. 40° E — S. 40° O.

Warkworth, ext. de la jetée S.; *fixe blanc* au Sud du

S. 84° O. et *fixe rouge* au Nord de ce relèvement ; élevé de 10m,7, vis. de 5 milles; est allumé quand il y a 3m d'eau sur la barre, éteint quand la mer est trop grosse pour entrer. (55° 21' N. 3° 55' 14" O.)

Coquet (D. 1), à la partie S. O. de l'île ; *fixe, blanc* entre le S. 4° E. et le N. 13° O. ; *rouge* du S. 4° E. jusqu'à terre. Lumière plus faible sur le reste de l'horizon. Portée 14 milles. (55° 20' 6" N. et 3° 52' 14" O.)

—— Dans la même tour, à 8m,5 au-dessous; *fixe, blanc* entre le N. 43° O. et le N. 29° O., *rouge* depuis ce rhumb jusqu'au N. 4° O. pour faire éviter le banc *Bondicar Bush*. Quand on perd de vue le feu supérieur, on a passé l'alignement de la pointe *Hauxley* et du *Bondicar Bush* et on ne voit plus que la lumière *rouge*; il ne faut pas alors trop s'approcher de la côte.

Newbiggin, *fixe, rouge, vert* (55° 11' N. 3° 51' 14" O.) *Rouge* au large; *vert* au S. 35° O. pour l'entrée de *Newbiggin*, allumé pendant la saison des harengs.

Blyth (C.), 2 feux à l'ext. S. de la ville, bâbord en entrant en rivière; ils sont séparés de 133m N. 43° O. et S. 43° E. Leurs feux sont *fixes* et allumés seulement quand il y a 2m,4 d'eau sur la barre. Le jour un pavillon *bleu* indique la même quantité. On les voit de 11 et de 7 milles. Tours blanches. (55° 7' 30" N. et 3° 50' 9" O.)

Tynemouth (C.), *tournant rouge* chaque minute ; il est placé dans la cour du château, à 47m d'élévation, et se voit à 18 milles. (55° 1' N. 3° 45' 14" O.)

—— *fixe rouge*, au milieu de la jetée N.

—— Trois *feux* placés l'un sur l'autre; ext. des travaux de la jetée du Nord. Le sup. *vert*, celui du milieu *blanc* et l'inf. *rouge*. Ils sont déplacés à mesure que les travaux avancent.

North-Shields (C.), 2 *fixes* à tribord en entrant sur des tours, séparés de 219m N. 79° E. et S. 79° O.; élevés l'un de de 37m et l'autre de 23m et visibles de 16 et de 13 milles. (55° 0' 30" N. et 3° 46' 14" O.)

Souter (D. 1), *fixe*, montrant un *éclat blanc* chaque 30 secondes; il est élevé de 45m,7 et visible de 20 milles. (54° 58' 10" N. et 3° 41' 44" O.)

—— *fixe blanc* et *rouge*, dans la même tour, à 6m,4 plus bas, se montre *blanc* du N. 82° O. au N. 18° O. et *rouge* du

N. 18° O. au N. 1° O. Cornet de brouillard. Le feu *blanc* inférieur indique la direction du rocher *Mill* et de la pointe *Copecarr*, le *rouge* inférieur celle de *Whitburn Stile, Hendon Roch* et *White Stones.*

Sunderland, *fixes* placés sur les jetées de chaque côté de l'entrée de *Wear*. Celui du N. (D. 3) élevé de 22″8, se voit de 13 milles. (54° 55′ 1″ N. et 3° 40′ 14″ O.). Le feu de la jetée S. (D. 5) est un feu de marée visible de 10 milles, allumé de la mi-flot au quart de jusant; par des vents d'O., ce feu est éteint à marée haute, et on allume un feu *rouge* à 6″4 au-dessous de celui de la tour du N. Le jour on hisse un pavillon dans les mêmes circonstances. Un feu *vert* sur le nouveau phare signifie qu'il y a du danger dans le port. Quand il n'y a pas de feu de marée ne pas tenter l'entrée.

Seaham (D. 5. D. 7), le 1er phare sur la pointe *Red-Acre*, a 2 feux dans la même tour, dont le plus bas est *tournant rouge*, avec des *éclats* de 30 s. en 30 s. l'autre *fixe*; visibles de 11 et 14 milles. Ils sont élevés de 15 et de 28″.

Le 2e fanal est sur la jetée S., à feu *fixe rouge* et par 54° 50′ N. et 8° 39′ 14″ O. C'est un feu de marée pour avertir d'entrer.

Hartlepool (D. 1 et 4). Le phare est sur le *Heugh*. Il a deux feux *fixes*, le supérieur *blanc* et l'inférieur *rouge*. Le premier allumé toute la nuit, le second du mi-flot au mi-jusant. Leur élévation est de 25″6 et 18″8, et ils sont visibles de 15 milles et de 4 milles. Pendant le jour, le feu *rouge* est remplacé par un ballon rouge placé au mât de pavillon de la tour. (54° 41′ 51″ N. et 3° 30′ 33″ O.)

—— Sur la jetée du vieux port, feu *fixe rouge* visible de 7 milles; deux petits feux *rouges* sont également placés sur le quai, pour guider dans l'entrée du port intérieur.

—— A l'extrémité de la jetée N. du port O. *fixe vert*, élevé de 7″9. On fait des signaux avec un ballon, quand des navires privés de pilotes sont forcés d'entrer.

—— 2 *fixes rouges*, à 400m N. 63° 45′ O. du feu précédent. Tenus l'un par l'autre, ils guident dans la passe du port.

—— Ext. de la jetée du vieux port, *fixe rouge*, guide pour reconnaître le vieux port.

—— Sur le quai dans l'intérieur de la passe, 2 *fixes rouges* guident au N. 38° O. dans l'entrée du port Intérieur.

Seaton (C.), deux feux *fixes* espacés de 1,076m N. 79° O. et S. 79° E. sont élevés de 27 et de 10m et visibles de 13 milles. Le feu inférieur est *rouge*, le supérieur *blanc* : ce dernier est à un demi-mille dans les terres, et le premier sur la côte près des rochers *Long-Scar*. (54° 40′ 0″ N. et 3° 32′ 9″ O.)

Slag-Wall (D. 4), feu *fixe* derrière la 5e bouée noire; il est élevé de 8m et visible de 7 milles. La tour porte les mots: *Fifth Buoy Light*. (54° 37′ 36″ N. et 3° 30′ 39″ O.)

Seal-Sand, *fixe rouge* à 1,080m S. 25° O. de la 5e bouée, sur le banc.

Coatham (D. 4) sur l'extrémité du môle (baie *Tees*) *fixe rouge*; élevé de 9m.

Whitby (D. 1), 2 phares près de *Ling-Hill*, au Sud de la ville et à 235m N. 42° O. et S. 42° E. Le feu N. est *fixe, blanc*, avec un secteur *rouge*, éclairant depuis la terre jusqu'au *Scar* ; le feu S. est *fixe, blanc* ; élevés de 73m 2 ils éclairent à 23 milles. Le feu du Sud ouvert à l'Est de celui du Nord fait parer la roche *Whitby-Scar* qui gît à 2 milles environ du phare du Nord dans la direction des deux feux. (54° 28′ 40″ N. 2° 54′ 24″ O.)

—— (C.), *fixe vert*, sur la jetée O.; visible de 10 milles ; on l'allume deux heures avant et jusqu'à deux heures après la pleine mer. Le jour, on hisse un pavillon *rouge* dans les mêmes circonstances ; élevé de 25m,3, tour en pierres jaunes. (54° 30′ N. et 2° 57′ 14″ O.)

—— *fixe rouge* et *vert* sur le bout de la jetée de l'E., visible de 8 milles ; Il paraît *rouge* vu du S. et *vert* vu au N. de la bouée *Whitby-Rock ;* on peut alors faire route entre les 2 feux *verts* pour donner dans le port.

Scarborough, ext. de la jetée *Vincent*, *fixe rouge* au large, *blanc* du côté du port, allumé lorsqu'il y a 3m d'eau à l'entrée, ce qu'on marque par un ballon le jour. Élevé de 17m 7, visible de 13 milles. (54° 17′ N. et 2° 43′ 14″ O.)

Flamborough (D.1), *tournant*, montrant successivement deux *éclats blancs* et un *rouge*, avec des intervalles de 30 s. Après l'éclat les lumières diminuent jusqu'à l'éclipse. Portée 21 milles (54° 7′ N. et 2° 25′ 16″ O.) Elevé de 65m 2. Par temps de brume canon de 10 m. en 10 m.

Bridlington, *fixe rouge*, ext. de la jetée N. ; élevé de 7m 3, portée 8 milles ; on ne l'allume que lorsqu'il y a 2m 7 d'eau dans la passe. (54° 5′ 12″ N. et 2° 31′ 56″ O.)

CÔTE ORIENTALE D'ANGLETERRE. 89

Winteringham, deux *fixes* dans les champs, sur une maison, guidant à l'E. du *Witthon-Middle*; et deux *fixes* sur des espars guidant dans le canal sur la côte S. E. du *Whitton-Ness.*

Whitton-Ness (flottant), devant le banc *Whitton-Middle* à 3" l'un de l'autre. Le bateau, qui porte deux feux l'un sur l'autre, le supérieur *blanc* et l'inférieur *rouge*, est dans le N. E. du banc; il montre un feu de navire *blanc* à 0,9 au-dessus de la lisse à l'avant; on le contournera pour passer dans le N.

—— Deux *fixes*, sur la jetée; feu de l'E. *blanc*, feu de l'O. *rouge*. Ils font passer au N. O. de *Whitton-Middle*. Cloche de brouillard.

—— Sur les bancs en croissance, 2 *fixes.*

Walker-Dyke, aux 2 *Stoneheaps*, 2 *fixes*, *vert* et *jaune*. Le feu Est est *vert*, l'Ouest *jaune*. Servent à éviter une pointe de roches dangereuses.

Faxfleet, sur *Faxfleet-Ness*, *fixe jaune*. Guide pour entrer ou sortir de l'*Humber*, venant de l'*Ouse* ou de la *Trent.*

Withernsea, ext. de la jetée, *fixe rouge.*

Brough, 4 *fixes*, côté E. de la crique, font passer au Nord de *Whitton-Middle.*

Spurn (D.), [1] sur la pointe *Spurn*, 2 *fixes*, sur des tours séparées de 145" N. 65° O. et S. 65° E. Le feu supérieur (D. 1) par 53° 34' 44" N. et 2° 13' 14" O.; ils sont élevés de 28" et de 16". On les découvre à 15 et 12 milles. Un secteur *rouge*, installé au feu supérieur, éclaire entre le S. 85° E. et le N. 55° O. par le Nord.

——(flottant C. 4), *tournant*, devant la pointe *Spurn*, à l'entrée de la rivière par 16" 9; ses *éclats* ont 1 m. d'intervalle; on les voit de 10 milles. Ce bateau est rouge et porte une boule à la tête de son mât. Le mot *Spurn* est sur ses côtés. (53° 34' N. et 2° 7' 9" O.) Cornet de brouillard.

Bull-Sand (flottant C.), ext. S. E. du banc, par 9" d'eau. Sa portée est de 8 milles. (53° 34' N. et 2° 14' O.) Cloche de brouillard.

Grimsby, 2 *fixes rouges* sur les têtes des jetées.

(1) Ce feu pourrait disparaître subitement, la falaise étant mangée par la mer.

CÔTE ORIENTALE D'ANGLETERRE.

Middle-Shoals, flottant par 6ᵐ 4, sur l'extrémité N. O. du banc, *fixe rouge*, visible de 7 milles. Bateau rouge avec ballon au mât. *Middle* peint sur les flancs.

Stallingborough, *fixe*, dans l'*Humber*. Il sera aperçu à l'O. quand on sera par le travers du banc *Burcom*. Vu au S. O., il sera très-brillant, mais sa lumière s'affaiblira à mesure qu'on approchera des passes, pour disparaître près de la bouée *Holm*. (53° 37′ N. et 2° 30′ 14″ O.)

Killingholm (G.), 3 *fixes*, élevés de 20ᵐ6, 10ᵐ6, et 11ᵐ2. Le phare inférieur à 196ᵐ S. 68° E. du grand ; et le phare N. à 240ᵐ N. 11° O. du même; leur portée est de 11 milles. Le feu le plus élevé par le feu N., fait éviter le banc du *Holm* et la base *Skitter*. Ce même feu par le feu du S., donne un alignement pour remonter l'*Humber*. (53° 39′ N. et 2° 32′ 14″ O.)

Thorngumbald-Clough, 2 feux de direction *fixes* S. 48° E. et N. 48° O.

Salt-End, 2 *fixes* de direction au N. du phare de *Paull* S. 79° E. et N. 79° O. En remontant l'*Humber*, les feux de *Killingholm* conduisent à l'alignement des feux de *Thorngumbald-Clough* ; ceux-ci à l'alignement des feux de *Salt-End*, et ces derniers conduisent à la partie inférieure de la rade *Hull*.

Chalderness, 2 *fixes*, *blanc*, *rouge* sur des balises à l'ext. N. O. des tuileries et des briqueteries. Ils font contourner le *Ness* et conduisent dans le canal *Ancholme*.

Dowsing. Extérieur (flottant C.), il est *tournant*, montrant une lumière *rouge* de 20 s. en 20 s. Le bateau est mouillé par 19ᵐ au côté O. du banc. Les mots *Outer-Dowsing* sont sur ses côtés. (53° 28′ 15″ N. et 1° 17′ 34″ O.) Cornet de brouillard.

—— Intérieur (flottant C.), par 18ᵐ près de l'extrémité N. E. du banc; le feu est *tournant vert* chaque 20 *secondes*; il est élevé de 11ᵐ 6. Les mots *Inner-Dowsing* sont sur ses côtés. (53° 19′ 20″ N. et 1° 45′ 54″ O.) Gong de brouillard.

Lynnel-Well (flottant C.) par 32ᵐ d'eau, devant le coude de *Long-Sand* ; ce navire est rouge et porte un feu *tournant* à *éclats* chaque 20 s., visible de 10 milles; les éclipses sont très-courtes; le jour, on hisse un ballon à la tête du mât. Le mot *Lynn-Well* est écrit sur ses côtés; gong de brouillard. (52° 1′ 25″ N. et 1° 54′ 54″ O.)

Chenal de Lyon, près la bouée de la barre de *Wisbeach*, *fixe*, *rouge* (*feu proposé*).

Lynn, 2 *fixes*, visibles à 5 milles, au côté Est de l'entrée du canal à 168° N, 27° O. et S. 27° E. Ils guident vers le port de *King's-Lynn*.

Boston, 2 *fixes* à *Hob-Hole* N. 19° O. et S. 19° E. à 50°.

Hunstanton (D. 2), sur la p^{te}; tour blanche de 19°, à feu *fixe blanc*, visible à 16 milles, et élevé de 33°1. Il est d'un *rouge vif*, quand on le relève entre l'E et l'E. q. S. E. direction du banc *Roaring-Middle*. (52° 56' 54" N. et 1° 50' 24" O.)

Dudgeon (flottant C.), par 19° d'eau, à 1 mille S. S. O. de la partie la plus élevée du banc; *fixe*, élevé de 10°6 qu'on voit à 10 milles. Un ballon rouge est à son grand mât; le navire est rouge. Gong de brouillard. (53° 15' N. et 1°24'14" O.)

Leman et **Ower** (feu flottant C.), par 29° de basse mer (53° 8' 45" N. et 0° 19' 14" O.) près la p^{te} S. E. du *Ower*, *tournant* avec 2 éclats en succession rapide toutes les 30^s; il est élevé de 11°5 et visible de 10 milles. Le jour, chacun des mâts porte une boule rouge. On tire le canon quand on voit des navires courant sur des dangers. Il porte son nom sur ses côtés. Il est à 4 milles N. 85° E. du point le plus haut du *Leman* et à 3 milles 1/2 au S. 56° E. du sommet du banc *Ower*. Gong de brouillard.

Cromer (C.), sur la pointe N. E. de *Norfolk*, feu *tournant* de 1 m. en 1 m., qu'on voit à 23 milles. (52° 56' N. et 1° 1' 9" O.) Il est élevé de 83° sur une tour blanche de 18°5.

Hasborough (D.), 2 feux entre ceux de *Winterton* et de *Cromer*; ils sont *fixes* sur deux tours blanches séparées de 1/2 mille N. 72° O. et S. 72° E., visibles de 17 et 15 milles; ils conduisent dans la passe d'*Hasborough* entre *Newarp* et *Ridge-Sands*. L'un a 41°; l'autre 29° au-dessus de la mer. (52° 49' N. et 0° 48' 14" O.)

—— flottant (C.) à l'extr. N. du banc d'*Hasborough* par 27°; il a 2 lanternes sur des mâts séparés, à 10° 5 d'élévation, visibles à 10 milles. (52° 58' N. et 0° 44' 14" O.) Ce bateau est rouge, avec les mots *North-Hasborough* sur ses côtés. Gong de brouillard.

Winterton (D. 1), sur la pointe de ce nom, *fixe* qui se voit à 14 milles. Tour rouge entourée de maisons blanches.

Il n'éclaire pas au N. 24° O. direction de la bouée *Scroby-Elbow*. (52° 43′ N. et 0° 38′ 44″ O.)

Newarp (flottant C.), par 31ᵐ d'eau à l'extr. N. du *Cross-Sand*. Le bâtiment est rouge, il porte un feu *tournant* de 1 m. en 1 m., élevé de 11ᵐ et montrant 3 *éclats* rapides suivis d'une éclipse de 36ˢ. Ce feu se voit à 10 milles, et le mot *Newarp* est écrit sur les côtés du bateau. (52° 45′ N. et 0° 27′ 14″ O.) Trompette de brouillard.

Cokle-Gat (flottant C.), au côté Est du *Cokle-Gat* (entrée Nord de la rade de *Yarmouth*); son feu est *tournant* de 1m. en 1m. Il est ancré par 13ᵐ d'eau de basse mer. Bateau *rouge* portant un ballon. Gong de brouillard. (52° 41′ 20″ N. et 0° 33′ 49″ O.)

Yarmouth. Feux *fixes rouges* : le supérieur, sur la fenêtre supérieure du *Sailor's-Home* de *Yarmouth*, est élevé de 18ᵐ2; l'inférieur, sur la jetée *Britannia*, de 6ᵐ1. En les tenant en ligne, on pare le banc *Caistor*. Portées 6 et 4 milles.

—— Sur la jetée Sud de *Gorleston* par 52° 34′ 25″ N., 0° 35′ 54″ O. Feu *fixe* de marée : *rouge* pendant le flot; *vert* du commencement du jusant jusqu'à la baissée à 0ᵐ 30 du marégraphe, éteint alors, rallumé à la même quantité de montée jusqu'à ce que le flot commence, visible seulement à 2 milles. Le jour il est remplacé par un pavillon rouge. Le feu n'est pas allumé quand le mauvais temps empêche d'entrer.

—— Ext. de la jetée *Britannia* ; *fixe*, *vert*.

Corton (flottant C.), en dehors du banc, à l'entrée S. E. du canal *Corton*. Bateau rouge mouillé par 23ᵐ. Le feu est *tournant rouge* de 20 s. en 20 s. ; le mot *Corton* est écrit sur ses flancs. (52° 31′ 30″ N. et 0° 30′ 44″ O.) Gong de brouillard.

Canal Hewet ou **Nicholas-Gat** (feu flottant C.), à la passe *Saint-Nicolas* ou canal *Hewett*, par 21ᵐ d'eau, près du banc *Kettle-Bottom*; feu *fixe* élevé de 11ᵐ et visible à 10 milles. Le jour il porte un ballon rouge; on y frappe un gong dans les brouillards, et le mot *Nicholas-Gat* est écrit sur les côtés (52° 34′ 30″ N. et 0° 33′ 19″ O.)

—— Un petit feu *rouge* à *éclats* chaque 10 s. se montre à l'arrière, à 5ᵐ d'élévation. Il est visible de 4 milles.

Lowestoft (D. 1 et C.) à la pointe E. du comté de *Suffolk*, sur des tours séparées de 807ᵐ N. 46° O. et S. 46° E. Ils se voient à 16 et 11 milles. Le *supérieur*, sur la falaise, porte 2 feux à 7ᵐ3 l'un au-dessus de l'autre : le 1ᵉʳ, qui est *tournant* chaque 30 *secondes*, est élevé de 37ᵐ5, et se voit sur tout l'horizon; le 2ᵉ, est *rouge*, visible entre le S. 26° O. et le S. 15° O. L'*inférieur* (D. 2), sur la pointe de *Lowestoft-Ness*, est *fixe blanc, rouge : rouge* au large entre le S. 4° O. et le N. 15° E., *blanc* jusqu'à la terre. (52° 29′ 14″ N. et 0° 34′ 50″ O. Feu supérieur.) Cloche de brouillard.

—— Un *fixe rouge*, visible à 2 milles, est placé sur chaque jetée de ce port; celui de la jetée N. est masqué depuis le S. 43° O. jusqu'à terre. Deux feux *verts* sont allumés à l'entrée du port intérieur.

—— On allume un feu *rouge* sur le *Look-Out* pour indiquer 3ᵐ d'eau et plus à l'entrée. Un feu *vert* indique moins de 3ᵐ. De jour un pavillon *rouge* remplace le feu *rouge*, un pavillon *noir*, le feu *vert*.

Pakefield Gat ou **Kessingland** (C.), *fixe rouge* visible à 9 milles; il est placé sur la falaise au N. E. des maisons de pêcheurs de *Kessingland*, dans une tour blanche. Il éclaire du S. 64° O. au N. 79° O. par l'O. pour indiquer le passage entre les bouées de *Pakefield Gat*. (52° 24′ 50″ N. et 0° 36′ 24″ O.)

EMBOUCHURE DE LA TAMISE

Orfordness (D. 1), 2 feux sur cette pointe, à l'E. d'*Orford*; ils sont *fixes*, à 1,309ᵐ N. 34° E. et S. 34° O. l'un de l'autre, et élevés de 28ᵐ et de 18ᵐ. Le supʳ *blanc* paraît *rouge* entre le N. 68° E. et le N. 52° E., il est masqué du 1ᵉʳ relèvement jusqu'à terre; l'inférieur, *blanc* également, passe sur la limite Sud des fonds de 7ᵐ 3 dans la baie *Hollesley*, il montre une lumière *rouge* entre le S. 20° O. et le S. 29° O., couvrant le banc *Sizewell*; mais il est masqué du 1ᵉʳ relèvement jusqu'à terre, et le second passe à 3 encâblures dans l'E. de la bouée *Sizewell*. On les voit à 17 et 14 milles. (52° 5′ N. et 0° 45′ 44″ O.)

Leur alignement au sud du *Ness* fait traverser la baie *Hollesley*, auprès des accores N. O. du *Whiting*, et sur les accores extérieurs du *Cutler-Sand*; dans le Nord, il fait passer en dedans du *Knoll*, du *Ridge* et du *Napes*, et en dehors du *Sizevell*.

Ship-Wash (flottant C), à l'ext. N. E. du banc de ce nom, par 16ᵐ d'eau, *fixe*, élevé de 10ᵐ 3; portée 10 milles. Le mot *Ship-Wash* est peint sur ses côtés. (52° 1′ 30″ N. et 0° 42′ 14″ O.) Cornet de brouillard.

Cork (flottant C.), par 8ᵐ 3, près du banc *Cork*, devant *Harwich*. Son feu est *tournant* de 30 s. en 30 s. et visible à 10 milles. Un ballon rouge le signale pendant le jour. (51° 56′ N. et 0° 57′ 14″ O.) Gong de brouillard.

Harwich (C.), 2 *fixes* de direction sont établis au côté Ouest de l'entrée du port, à *Dovercourt*, auprès de la pointe, à 190ᵐ N. 81° O. et S. 81° E. Le supérieur, élevé de 13ᵐ 7, éclaire à 12 milles entre le N. 21° O. et le S. 60° O. par l'O. Le feu inférieur, de 8ᵐ 23 d'élévation, éclaire à 9 milles entre le N. 75° O. et le S. 85° O. Leur alignement au N. 81° O. passe entre les bouées *Ridge intérieur* et *Andrews*.

—— Ext. du môle *Félixtow*; *fixe rouge*.

——Feu de port, sur le bout de la jetée Nord; il est *rouge* entre le S. 71° O. et le S. 51° O.; éviter de mouiller dans l'arc éclairé en *rouge* jusqu'à ce qu'on soit dans l'E. du feu *rouge* de *Landguard*. Feu *vert* sur la jetée de l'Ouest.

—— Ext. de la jetée du fort *Landguard*; *fixe vert*.

Landguard (D. 6), sur la plage à 242ᵐ en dedans de la pointe de ce nom, *fixe rouge* et *blanc*, visible à 5 milles; il paraît *rouge* entre le N. 39° O et le N. 26° E. jusqu'à la bouée *Beach-End*; là il paraît *blanc* et projette une étroite bande de lumière *rouge* entre le S. 36° E. et le S. 47° E., direction de la bouée *North-Shelf*. Portée 5 milles. (51° 56′ 15″ N., 1° 1′ 14″ O.)

Galloper (flottant C.), par 36ᵐ d'eau, à la partie S. O. du banc *Galloper*. Le bâtiment est *rouge* et porte deux feux *fixes* sur des mâts séparés, à 10ᵐ 6 d'élévation. On les voit de 10 milles; le jour ils sont remplacés par deux boules rouges. Gong de brouillard. (51° 45′ N. et 0° 24′ 14″ O.)

Kentish-Knock (flottant C.), feu *tournant* de 1 m. en 1 m., mouillé par 20ᵐ près l'ext. E. du banc. (51° 40′ 59″ N. et 0° 39′ 17″ O.) Son élévation est de 10ᵐ 6 et sa portée de 10 milles. Le bateau est rouge avec 2 ballons verticaux; il a son nom écrit sur ses côtés. On tire le canon lorsqu'on observe un navire courant sur les dangers. Cornet de brouillard.

Sunk (flottant C.), par 17ᵐ à l'ext. E. du *Sunk-Bank*, dans le bon canal de la *Swin-East*. Le feu est *tournant à éclats* alternativement *rouges* et *blancs*, chaque 45 secondes, qui se voient à 10 milles : le jour, le grand mât porte un ballon surmonté d'un demi-ballon. Il conduit principalement aux

EMBOUCHURE DE LA TAMISE.

Sunk et *King's-Channels*, et de là à la *Tamise*. (51° 49' 28" N. et 0° 49' 6" O.) Gong de brouillard.

Gunfleet Sand (C.), feu *tournant* de 30 s. en 30 s., construit sur l'accore S. E. du banc ; il est *rouge*. On ne doit jamais l'approcher à moins de $1/2$ mille et on ne doit jamais le contourner par le Nord. (51° 45' 50" N. et 1° 0' 14" O.) Cloche de brouillard.

Swin-Middle (flottant C.), à l'ext. O. de ce banc, par 10° d'eau; *tournant* de 1" en 1", élevé de 11" et visible à 10 milles. Les mots *Swin-Middle* se lisent sur les côtés. Bateau rouge, un ballon au mât. Gong de brouillard. (51° 39' N. et 1° 13' 9" O.)

Maplin (D. 2), *fixe rouge à secteur blanc*, sur la pointe S. E. du banc, par 51° 35' N. et 1° 17' 14" O. Sa portée est de 10 milles ; polygone rouge de 16 côtés, élevé sur pilotis, vis. à partir du N. 51° E. par le N. et l'O. jusqu'au S. 19° E.; *blanc*, indiquant le chenal entre *Girdler* et la bouée de *Shivering Sand*, du N. 15° O. au N. 8° O. Au N. 84° O., *faisceau* de lumière *blanche* à 4" au-dessous du feu, sur la bouée *Maplin-Spit*. Cloche de brume.

Mouse (flottant C.), par 7" 3 de basse mer, à l'ext. O. du banc dont le nom est écrit sur ses côtés. Le feu est *tournant vert*, de 20 s. en 20 s., élevé de 11" et visible à 10 milles. Le bâtiment est rouge et porte un ballon. Gong de brouillard. (51° 32' N. et 1° 20' 14" O.)

Northfleet (D. 4), *fixe blanc, rouge*, sur le quai *India-Arms*; *blanc* dans le canal de *Northfleet-Hope*, et *rouge* depuis les fonds de 2"7 sur le *Broadness* et dans l'Est. Portée 12 milles, élévation 14" 6. Tenu par la cheminée de l'usine à ciment, il est *blanc* au Nord, et *rouge* au Sud dans le passage *Gravesend*.

East Oaze, bouée éclairée au gaz. Éviter de l'aborder.

Sea Reach (D. 2), sur *Mucking-Flat*, côté N.; *fixe, blanc, rouge*, élevé de 12", vis. de 11 milles. Le feu à l'O. on pare *Scar Elbow*. Au N. de cette ligne il est *rouge*; au S., *blanc*; au N. 24° O. une étroite zone *rouge* signale la bouée *Blyth Ouest*. Il est *rouge* au N. 32° E., et à l'O. de ce relèvement, au-dessus d'*Ovens Spit*, par 2"7, à marée basse. Cloche de brouillard.

—— (D. 2), sur *Chapman-Head*, *fixe, blanc, rouge*, élevé de 18", vis. à 11 milles. Le feu au N. 43° O. on pare la bouée

E. *River Middle;* au Nord de cet alignement le feu est *rouge,* au sud il est *blanc.*

—— Ext. de la jetée; *fixe, rouge.*

Queenborough (D. 6), rivière *Medway, fixe blanc,* dans un phare sur pilotis, visible à 5 milles. Placé sur les fonds de 1ᵐ8.

—— (Sur le môle), 2 feux de direction *fixes rouges,* visibles à 3 milles dans un secteur de 45°.

Sheerness (Gaz), sur la pᵗᵉ *Garrison, fixe rouge* de 5 milles de portée, placé sur la face N. O. du fort circulaire; élevé de 15ᵐ2. (51° 26′ 48″ N. et 1° 35′ 32″ O.) On le perd de vue en entrant dans la *Medway* quand on le relève à l'E. du S. 41° E.

Nore (feu flottant C.), à l'ext. E. des bancs *Nore,* par 7ᵐ 3. Il y a un feu *tournant* de 30 s. en 30 s., de 10ᵐ5 d'élévation, qu'on voit à 10 milles. Ce feu conduit à l'entrée de la *Tamise* et de la *Medway.* (51° 29′ N. et 1° 32′ 14″ O.) Gong de brouillard.

Girdler-Sand (feu flottant C.), mouillé par 5ᵐ 8 près du banc *Girdler;* il est muni d'un feu *tournant* de 30 s. en 30 s., visible à 10 milles, et porte son nom sur ses côtés. (51° 29′ N. et 1° 13′ 4″ O.) Gong de brouillard. Coup de canon pour navire en danger.

Canal du Prince (Feu flottant C.), mouillé par 7ᵐ3 sur le côté N. du canal, entre les feux de *Tongue* et *Girdler; tournant rouge,* de 20 s. en 20 s. Le bateau porte écrit sur ses côtés *Prince's-Channel.* On ne doit pas passer au N. du bateau. Gong de brouillard.

East-Tongue (feu flottant C. et D.). Il porte deux feux verticaux, l'un *blanc,* et l'inférieur *rouge,* sur l'arrière du bateau à un mât; portées 10 et 4 milles. Il est mouillé par 18ᵐ 3. Le mot *Tongue* est écrit sur ses côtés. On doit toujours en passer au N. Gong de brouillard. (51° 29″ N. et 1° O.)

Margate, ext. O du môle. *fixe rouge,* qui se voit à 10 milles; élevé de 26ᵐ. (51° 24′ N. et 0° 57′ 14″ O.)

— *fixe vert,* au bout de la jetée.

North-Foreland (D. 1), *fixe blanc* et *rouge;* élevé de 57ᵐ sur une tour blanche octogonale de 26ᵐ, se voit à 19 milles; sa lumière est *rouge* entre le S. 39° E. et le S. 11° E., ou depuis le feu flottant de *Tongue,* jusqu'à 1 encablure dans

EMBOUCHURE DE LA TAMISE. 97

l'E de la bouée *Est Margate.* (51° 22′ 28″ N. et 0° 53′ 26″ O.) En mai 1880 ce feu deviendra *intermittent*, il disparaîtra 5ˢ toutes les ½ minutes.

Ramsgate (D. 6), élevé de 11ᵐ sur la jetée O., *fixe rouge* ou *vert*, qui se voit de 7 milles ; *rouge* lorsqu'il y a 3ᵐ d'eau dans les jetées, *vert* quand il y a moins de 3ᵐ ; le jour un ballon rouge est hissé sur la falaise, près l'*échelle de Jacob*, quand il y a 3ᵐ d'eau. (51° 19′ 42″ N. et 0° 54′ 51″ O.)

—— Sur la falaise de l'Ouest ; *fixe, vert* ; par le feu *rouge* de l'Ouest donne la direction du canal *Old Cudd*.

—— Sur la falaise de l'Est ; *fixe, vert* ; par le feu *rouge* de l'Ouest guide dans les plus grands fonds, depuis la bouée *Fairway* dans le canal de *Ramsgate*.

—— *Scintillant*, visible à 5 milles, alternativement 5 s. de lumière, 5 s. d'obscurité ; sur la jetée de l'Est, éclaire un arc de 224°, de la direction de la bouée *Dyke* au milieu des portes du bassin de l'entrée Ouest du port intérieur.

Goodwin-Sands (flottant C.), mouillé par 18ᵐ devant l'ext. N. des *Goodwin-Sands*. Feu *tournant* de 1 m. en 1 m., montrant 3 *éclats* rapides suivis d'une *éclipse* de 36 s. ; il est élevé de 11ᵐ et visible à 10 milles. Ce bâtiment est rouge et porte des boules rouges ; le mot *Goodwin* est sur ses flancs. (51° 19′ 23″ N. et 0° 44′ 47″ O.) Gong de brouillard.

—— (flottant C.), mouillé par 55ᵐ à 1 mille ½ au côté Est des *Goodwin*. Le feu est *tournant vert*, montrant sa plus vive lumière chaque 15ˢ ; il est élevé de 11ᵐ4. Le bateau porte son nom (*East Goodwin*) sur ses côtés et une balise en forme de Diamant surmonté d'un demi-diamant en tête du mât. Gong de brouillard. (51° 13′ N., 0° 43′ 49″ O.)

—— (flottant C.) sur le bord O. du *Goodwin*, dans le *Gull-Steam*, mouillé par 15ᵐ d'eau ; ce bâtiment est rouge et porte un seul feu *tournant* avec éclats de 20 s en 20 s. visible à 7 milles. Le mot *Gull* est écrit sur ses côtés. (51° 16′ 30″ N. et 0° 50′ 14″ O.) Gong de brouillard. Ballon au mât.

—— (flottant C.) à l'ext. Sud du *Goodwin*, feu *fixe* élevé de 10ᵐ6, visible à 10 milles. Bâtiment rouge, mouillé par 25ᵐ6 d'eau ; il porte une boule rouge et les mots *South-Sand-Head*. (51° 9′ 12″ N. et 0° 52′ 4″ O.) Trompette de brouillard résonnant pendant 5 secondes chaque 2 minutes.

Deal, *fixe rouge*, sur la jetée en fer, à 330ᵐ de l'esplanade. Ballon d'heure à 1 h., temps moyen de *Greenwich*.

6

COTE MÉRIDIONALE D'ANGLETERRE

South-Foreland. Deux *fixes* électriques à 410ᵐ de distance E. q. N. E et O. q. S. O.; leurs lumières à 113ᵐ et 84ᵐ d'élévation, se voient à 26 et 23 milles; tenus en ligne, ces phares font éviter l'extrémité S. des bancs *Goodwin*. Feu supérieur, visible du S. 15° O. au N. 58° par l'O.; feu inférieur, visible du S. 34° O. au N. 54° E. par l'O. (51° 8′ 23″. N. et 0° 57′ 52″ O.)

Douvres (Gaz). Trois feux *rouges* sont sur la jetée du Sud. Le premier, élevé de 12ᵐ3, est allumé avec 2 à 3ᵐ d'eau sur la barre; les deux autres, placés sur un même mât à des distances inégales, sont allumés lorsqu'il y a de 3 à 3ᵐ9. Le jour, on hisse un pavillon rouge avec ballon noir dans le premier cas, et le pavillon rouge seul dans le second. Quand il y a plus de 3ᵐ9, le ballon noir est au-dessus. (51° 7′ N. et 1° 1′ 14″ O.

Ces feux ne servent qu'à signaler les jetées et non le chenal, qui change souvent par le mouvement des sables.

— (C.), sur la jetée N., *fixe rouge*, allumé avec 2ᵐ13 d'eau sur la barre et seulement le temps de la marée.

— (D. 4), sur la tête de la jetée de l'*Amirauté*; feu *fixe blanc* à éclats toutes les 7ˢ 1/2, élevé de 13ᵐ et visible de 6 milles. Cloche de brouillard. Les éclats sont visibles à plus de 7 milles.

— (Gaz), près la tour de ville, au côté O. de l'entrée du dock *Granville*, feu *fixe vert*, signalant le milieu entre les jetées.

Folkestone (C.). 2 *fixes, rouge, blanc*, sur la jetée S., par 51°4′N. et 1°8′39″O.; le feu *rouge* n'est allumé que lorsqu'il y a 3ᵐ6 d'eau dans le port, ce qui est marqué le jour par un pavillon *rouge* à mi-mât. Le feu *blanc* sous le *rouge* indique plus de 4ᵐ2. On les voit à 6 milles. Près de *Folkestone*, on doit courir au large lorsque le feu supérieur de *South-Foreland* disparaît. Quand on n'allume pas les feux il y a moins de 3ᵐ6 ou le chenal est obstrué.

— (D. 5) feu *fixe vert*, sur la jetée neuve qui s'étend à 315ᵐ dans l'E. 22° S.; il est à 214ᵐ S, 19° E. du feu rouge; il se voit à 6 milles, et il est *vert* en mer du S. 82° O. au N. 49° E. Un feu *blanc* à terre de ces relèvements indique un danger. Cloche de brouillard.

COTE MÉRIDIONALE D'ANGLETERRE.

Varne (flottant C.), mouillé par 29ᵐ d'eau près de l'extrémité Ouest du banc ; feu *rouge tournant* chaque 20 s ; il est élevé de 10ᵐ et visible à 10 milles. Gong de brouillard. (50° 56′ 18″ N. et 1° 3′ 54″ O.) Une bouée *rouge*, marquée N. E. *Varne*, est mouillée par 23ᵐ à 5 milles 1/2 au N. 41° E. de ce feu.

Dungeness (D. 1), sur la pᵗᵉ, à 385ᵐ de la laisse de haute mer ; *fixe blanc et rouge*, qui se voit à 15 milles. La lumière *rouge* éclaire du N. 70° E. jusqu'à terre et du S. 41° O. jusqu'à terre. La tour est peinte en bandes alternatives rouges et blanches horizontales. Le feu est haut de 28ᵐ. (50° 54′ 47″ N. et 1° 21′ 56″ O.)

—— Feu *scintillant*, à 202ᵐ S. 46° E. du précédent, montrant un vif *éclat* chaque 5 secondes, avec éclipse de 3 secondes entre chaque éclat. Cornet de *Daboll* pour les temps de brume.

Rye (Gaz), feux *fixes*, sur la jetée de l'Est à 773ᵐ N. 34° O. et S. 34° E. l'un de l'autre ; ils sont élevés de 7ᵐ6 et 3ᵐ6 ; le feu supérieur est allumé quand il y a 3ᵐ d'eau sur la barre, l'inférieur, quand la mer monte et jusqu'à mi-jusant. (50° 56′ 45″ N. et 1° 34′ 40″ O.)

—— Feu *fixe rouge* sur l'ext. du *Groin*, allumé quand la mer monte jusqu'à mi-jusant.

Hastings (Gaz), deux feux à 270ᵐ N. et S. de distance, *fixes, rouge et blanc*, qui dirigent les pêcheurs ; ils sont à 18ᵐ et 9ᵐ au-dessus de la mer. Le feu supérieur *blanc* est visible à 4 milles. (50° 52′ N. et 1° 44′ 14″ O.)

La jetée de *Hastings* porte un feu *fixe vert*, visible à 2 milles.

Eastbourne, simple lampe à feu *fixe vert*, élevé de 3ᵐ et allumée pendant la saison de la pêche. (50° 45′ N., 2° 3′ 14″ O.)

Royal-Sovereign (flottant C.), mouillé par 22 mètres, par 50° 42′ 50″ N. et 1° 53′ 24″ O. Le feu, élevé de 11 mètres, montre chaque *minute* 3 *éclats* consécutifs en 23 *secondes* et est éclipsé pendant 37 *secondes*. Il porte son nom sur ses côtés. Gong de brouillard.

Beachy-Head (C.), feu *tournant* de 2 m. en 2 m. avec *éclats* de 15 s. et *éclipse* de 1 m. 45 s. ; visible à 23 milles ; il est élevé de 87ᵐ sur la falaise *Belletoute*, sur une tour blanche de 14ᵐ 6 ; en le tenant ouvert de la falaise la plus voisine à l'E., on évite les bas-fonds du *Royal-Sovereign* et les autres bancs. (50° 44′ 15″ N. et 2° 7′ 14″ O.)

Newhaven (D.), feux *fixes*, sur la jetée O. et à 46ᵐ N. 20° O. et S. 20° E. l'un de l'autre; ils sont visibles à 10 milles de distance, mais l'inférieur n'est allumé que lorsqu'il y a 3ᵐ d'eau sur la barre; son feu est *rouge* quand il y a de 3 à 4ᵐ, et *blanc* lorsqu'il y a plus. Pendant le jour, un ballon noir hissé au mât de la jetée de l'O. marque 2 à 3ᵐ sur la barre; deux ballons indiquent 3 à 4ᵐ, et un pavillon rouge toute quantité au-dessus. (50° 47′ N. et 2° 16′ 49″ O.)

—— Feu de port *fixe vert*, sur la jetée E.; son élévation est de 5ᵐ4 et sa portée de 3 milles. Il fait passer entre les jetées.

Brighton, *fixe vert*, sur la jetée de la chaîne; élevé de 10ᵐ7 au-dessus de la mer, il se voit à 10 milles. (50° 49′ N. et 2° 28′ 14″ O.)

—— *fixe rouge*, sur la tête de la jetée.

Shoreham (D. 4). Deux *fixes* sont en dedans de l'entrée du port, à 239ᵐ N. 3° O. et S. 3° E. visibles à 10 milles; ils sont à 13 et 7ᵐ au-dessus de la mer; le plus bas est *vert* à la marée montante quand il y a de 2ᵐ4 à 3ᵐ3 d'eau dans les jetées; *blanc* quand il y a plus de 3ᵐ3; *rouge* à l'étale de la haute mer, puis *blanc* de nouveau jusqu'à ce que le fond retombe à 3ᵐ3. (59° 50′ N. et 2° 35′ 14″ O.)

—— Deux feux *fixes verts*, au bout des jetées du port.

Worthing. Feu *fixe* sur la jetée, par 50° 48′ 30″ N. et 2° 43′ 14″ O.

Littlehampton (Gaz), *fixe rouge*, de 7 milles de portée sur l'ext. N. de la jetée E. (50° 48′ N. et 2° 52′ 14″ O.)

—— Feux de marée, *fixes*, *blanc*, *vert*, *rouge* sur l'extrémité Sud de la jetée inférieure : *blanc* 3ᵐ d'eau entre les jetées, *vert* 3ᵐ 3, *rouge* 3ᵐ 6, *rouge* et *blanc* 3ᵐ 9, deux *blancs* 4ᵐ 2, *blanc* et *vert* 4ᵐ 5. Tous éteints à marée haute.

Bognor, *fixe rouge*, sur la maison du péage; sert à guider les pêcheurs.

Selsea-Bill, *fixe* dans la maison de veille; *vert* du S. 70° O. au N. 25° O., *rouge* du N. 25° O. au N. 36° E.; il se voit à 6 milles.

Owers (flottant G.), mouillé par 34ᵐ à ½ mille de l'ext.

S. E. des bancs d'*Owers*. Le feu est *tournant*, montrant alternativement 2 *éclats blancs* et un *éclat rouge* à 30 *secondes* d'intervalle; il est visible à 10 milles et élevé de 10^m 6. Lorsqu'on voit un navire courant sur les dangers, on tire le canon. Trompette de brouillard très-puissante. (5° 38' 50" N. et 3° 0' 9" O.)

Nab (flottant C.), par 9^m d'eau à 1 mille ¾ à l'E. de *Nab-Rock* (50° 42' 15" N. et 3° 19' 34" O.) Bateau rouge portant deux feux *fixes* sur des mâts différents, à 11 et 8^m d'élévation. On les voit à 8 et 6 milles; gong de brouillard. Le mot *Nab* est sur les flancs du navire.

Warner (flottant C.), feu *tournant* de 1 m. en 1 m., il est mouillé dans l'entrée E. de *Spithead* par 24^m d'eau et porte son nom sur ses côtés. Le bateau est rouge et porte un ballon. (50° 43' 50" N. et 3° 23' 14" O.) Gong de brouillard.

South-Sea, feu *fixe*, dans le château, à l'entrée de *Portsmouth*; visible à 9 milles et élevé de 15^m. Ce feu paraît *rouge* lorsque le chenal, entre les bouées du *Spit* et du *Horse*, est ouvert, soit du N. 12° O. au N. 11° E., mais *vert* à l'O. de la bouée du *Spit* ou entre le N. 11° E. et le N. 65° E., et invisible à l'E. du *Horse*. (50° 47' N. et 3° 25' 14" O.)

Spit-Sand, sur un fort; *fixe*.

Baie Stokes, 2 feux *fixes rouges*, à chaque angle de la face S. O. de la jetée; on allume 2 feux *rouges* aux angles N. O. et S. E. de la jetée pour le paquebot.

Ryde (D. 4), feu *fixe*, à l'ext. de la jetée, visible à 6 ou 7 milles (50° 44' 30" N. et 3° 29' 40" O.)

Calshot (flottant C.), à l'ext. du banc et par 6^m 4 d'eau de basse mer. Son feu est *tournant* de 1 m. en 1 m. et visible à 9 milles. Le mot *Calshot* est peint sur ses côtés. (50° 48' N. et 3° 36' 14" O.) Gong en temps de brume.

Netley. Ext. de la jetée; *fixe*, *vert*.

Southampton. 2 feux *fixes* sur le quai royal. On les amène en ligne pour pratiquer le chenal. (50° 54' N. et 3° 44' 14" O.)

—— Deux feux *fixes*, *verts*, sur l'extrémité du quai prolongé, côté N. O. de la rivière *Itchen*. En ligne ils font donner dans le chenal.

Il existe encore deux feux *fixes* sur les jetées des docks :

6.

CÔTE MÉRIDIONALE D'ANGLETERRE.

rouge sombre sur la jetée N. et *rouge* sur celle du S. En les tenant en ligne, on pénètre dans la rivière *Itchen* par 4ᵐ 5 d'eau.

—— à l'entrée d'*Itchen*; *flottant, fixe rouge*.

Yarmouth, feu extérieur *fixe vert*, près du mur du château, côté Ouest; feu intérieur *fixe*, sur l'angle d'une maison, à 27ᵐ du précédent. Tenus en ligne, ils mènent dans le port par 4ᵐ 2 d'eau. Ils ne sont allumés que pendant les mois d'hiver.

Hurst (D.), sur la pointe de ce nom et dans le fort, il y a deux feux *fixes* séparés de 203ᵐ N. 39° E. et S. 39° O.; ils se voient à 13 et 10 milles. Le plus élevé atteint 23ᵐ (50° 42′ 26″ N. et 3° 53′ 10″ O.) Le feu supérieur est visible du N. 27° E. au N. 50° E.; l'inférieur du N. 25° E. au N. 53° E. Du large, les feux sont masqués par les *Needles* au Nord du N. 30° E. Le feu qui guide dans la *Solent* est dans la lanterne du phare supérieur. On le voit entre le S. 53° O. et le S. 70° O.

Needles (D. 1), sur la plus extérieure des roches à l'O. de l'île de *Wight*, *fixe blanc, secteur rouge*, élevé de 24ᵐ et visible, le feu *blanc*, à 14 milles, le *rouge* à 9 milles. Le feu est *rouge* entre le N. 62° O. et le N. 67° E. par le Nord, *blanc* entre le S. 33° O. et le S. 39° O. La limite S. du feu blanc au N. 62° E. fait passer à 1 mille ½ dans le S. du cap *Durslton*, sur des fonds de 25ᵐ. Sa limite N. relevée à l'E. fait parer le banc *Dolphin* et l'accore S. O. des *Shingles* par 9ᵐ 1. Le feu blanc fait aussi éviter le banc *Warden*. (50° 39′ 42″ N. et 3° 55′ 36″ O.)

Sainte-Catherine (D. 1). à la pointe Sud de l'île *Wight* par 50° 34′ 30″ N., et 3° 38′ 1″ O. Son feu est *fixe*, élevé de 40ᵐ et visible à 17 milles. Il éclaire du S. 70° E. au S. 78° O. par le Sud. Cornet de Daboll.

Poole. 2 *fixes*, au côté N. de l'entrée, à 240ᵐ N. 26° O. et S. 26° E. l'un de l'autre. On les voit à 6 milles; ils donnent la direction pour entrer. Le feu inférieur est masqué entre le N. 8° O. et le N. 16° O. (50° 41′ N. et 4° 16′ 14″ O.) Il y a en outre pendant l'hiver 4 feux *fixes* à *Poole*: un *blanc* sur la pointe *Nord-Haven*; deux *rouges* dans la ville et un *blanc* auprès de la ferme *Lilliput*.

Weymouth, deux feux *fixes rouges* à l'E. de la station du chemin de fer; N. 45° O. et S. 45° E., et deux *fixes verts* sur la jetée du N. (50° 37′ N. et 40° 46′ 9″ O.) En tenant les feux *rouges* en ligne, on donne dans la passe du port en parant le *Mixen*. Suivez cet alignement jusqu'à voir l'un par l'autre les feux *verts* de la jetée au S. 62° O. pour aller dans le port.

Shambles (flottant C.), mouillé par 27ᵐ, à l'extrémité Est du banc ; *fixe*, 10 milles de portée ; le bateau est rouge et porte son nom sur ses cotés. On fait résonner une trompette de brouillard ; on tire le canon quand un navire est en danger.

Portland (D. 1), à l'ext. S. de la presqu'île sont deux phares à feux *fixes*, à 460ᵐ N. O. et S. E. l'un de l'autre ; on les voit à 21 et 18 milles ; ils ont 61 et 41ᵐ au-dessus de la mer. Tenus en ligne, ils font éviter le *Portland-Race* et les *Shambles* L'inférieur éclaire seulement du S. 85° E. au S. 47° O. (50° 31′ 22″ N. et 4° 47′ 3″ O., le feu supérieur.)

—— (C.), feu placé sur le brise-lame, sur un mât au centre du fort ; il est *rouge fixe* et visible de 8 milles, il est masqué par la presqu'île de *Portland* du N. 1° E. au N. 52° E. ; est visible de *Westbay* entre le N. 22° E. et le S. 88° E., mais pour un observateur à 4ᵐ 5 au-dessus de la mer, il disparait quand on est à moins de 2 milles du banc *Chesil*. Cloche de brouillard sonnée à intervalles de 39, 28, 27, 37, 18 et 20ˢ.

Lyme-Regis, *fixe rouge* de 4 milles de portée sur la jetée intérieure.

—— *fixe rouge* sur la maison de la douane à 250ᵐ N. 62° O. et S. 62° E avec le précédent. En tenant le feu supérieur ouvert juste à l'E. du feu inférieur au N. 62° O., on pare le *Cobb* extérieur et on fait route sur les têtes des jetées intérieures. (50° 43′ 30″ N. et 5° 16′ 6″ O.)

Teignmouth, deux *fixes* à l'ext. S. O. du *Denn*, au côté N. de l'entrée du port ; *rouges* dans toutes les directions ; leur élévation est de 10ᵐ et leur portée de 6 milles. Vus en ligne, on pare les roches au large du *Ness*. (50° 32′ 35″ N. 5° 49′ 50″ O.)

Babicombe, sur la plage. *fixe rouge, vert* et *blanc*. Feu de pêcheurs *vert* au N. N. E., *rouge* au large, *blanc* au S. S. O.

Torquay, *fixe blanc* et *rouge,* sur la jetée du port intérieur, élevé de 4ᵐ 5 et visible de 5 milles. (58° 27′ 30″ N. et 5° 51′ 14″ O. *Blanc* au large, *rouge* dans l'O.

—— *fixe rouge,* sur le bout de la jetée du port extérieur.

Brixham, feu de port *rouge* et *fixe*, à l'extrémité du brise-lames. Un deuxième feu *fixe vert* sur la tête du môle

Ouest du port, élevé de 6ᵐ sur un pilier en fer, vis. de 6 milles (50° 24′ N. — 5° 50′ 14″ O.) La nuit il faut passer au Nord de *Shoalstone* pour ouvrir le feu *rouge* avec lequel on parera le brise-lames.

Darmouth, feu *fixe, blanc, rouge* et *vert* sur la pointe *Kingswear.* Sa portée est de 11 milles et son élev. de 26ᵐ. Il paraît *blanc* dans le canal sur un arc de 10° entre le N. 28° O. et le N. 38° O.; *rouge* entre le N. 38° O. et la terre au N. E., ou sur les bancs *Kettle* et sur le récif *Castle*; *vert* entre le N. 28° O. et la côte au S. O. sur les bancs qui entourent le rocher *Checkstone.* (50° 20′ 20″ N. et 5° 53′ 24″ O.)

— *fixe* à 33ᵐ en avant. On est dans le bon chenal en le tenant au N. 38° O. par le précédent.

— *Fixe blanc, vert* et *rouge* près la station du garde-côte. Les pointes *Castle* et *Kettle* dépassées, le feu *blanc* indiquera la route pour mouiller; le feu *rouge* éclairera les bancs qui sont au N. du port et le feu *vert* le banc de la pointe *One-Gun* au Sud, une pyramide en maçonnerie de 24ᵐ est placée sur la haute terre à 150ᵐ au-dessus de la mer, presqu'à un 1/2 mille au N. 150° E. de la pointe *Froward* extérieure.

Casquets (D. 1), sur le rocher le plus élevé; *à éclats,* montrant toutes les 30 s. 3 *éclats* successifs de 2 s. séparés par 3 s. d'obscurité et suivis d'une *éclipse* de 18 s. Cloche de brouillard. (49° 43′ 17″ N. et 4° 42′ 56″ O.)

Aurigny (ALDERNEY) (Gaz), *fixe rouge* de 6 milles de portée, sur le parapet de la vieille jetée du port de *Braye,* masqué dans la direction des dangers qui sont des deux côtés du port. (49° 43′ 20″ N. et 4° 32′ 20″ O.)

— (Gaz), à 335ᵐ S. 35° O. du précédent. Le feu est *fixe rouge,* élevé de 17ᵐ, visible à 9 milles du côté du large.

Guernesey (Gaz), *fixe rouge* sur la jetée du vieux port *Saint-Pierre,* par 49° 27′ 14″ N. et 4° 52′ 19″ O., visible à 3 milles. L'élévation au-dessus de la mer est de 10ᵐ. On l'aperçoit en venant par la passe N. (petit *Russel*), par celle de l'E. (grand *Russel*), et par le S. quand on a doublé la pointe *Saint-Martin.* En approchant du château *Cornet* pour entrer, on amène le feu au S. 86° O.

— (D. 3), *fixe* sur le bout du brise-lame du château *Cornet,* côté S. de l'entrée du port neuf de Saint-Pierre. Élevé de 14ᵐ, il se voit à 9 milles. Vue du S. S. E. au N. N. O. par l'E, la lumière est brillante, et faible du N. N. O par l'E. au S. S. E par l'O. (49° 27′ 13″ N. et 4° 51′ 45″ O.)

Le clocher de *Torteval*, à l'ext. Ouest, et la colonne de la pointe S. E. de l'île, font reconnaître celle-ci aux bâtiments qui viennent du S. O.

—— Feu *fixe vert* sur le bout de la jetée N. du port *Saint-Pierre*.

Hanois (D. 1), sur la roche S. O. du groupe, extrémité O. de *Guernesey*; il est *tournant rouge* de 45 s. en 45 s. et élevé de 30ᵐ 5, au-dessus de la haute mer, il se voit de 12 milles. (49° 26′ 2″ N. et 5°2′24″ O.) Il est visible à l'O. sur tout l'horizon; caché à l'E. par *Guernesey* du S. 58° O. au N. 65° O. relèvement qui passe à trois mille 1/4 au S. O. de l'*Etac de Sercq* et sur les roches *Pierres-de-Lecq*. Passant de nuit dans l'O. de l'île *Guernesey*, n'amenez le feu au S. du S. S. E. que si le feu des *Casquets* vous reste au N. E. Méfiez vous du courant de flot. Cloche de brouillard.

Jersey (D. 5). sur le brise-lame de *Verclut*, au côté N. de la baie de *Sainte-Catherine*, extrémité extérieure, fixe, élevé de 18ᵐ et visible de 12 à 10 milles. (49° 13′ 16″ N. et 4° 20′ 46″ O.)

—— (Gaz), *fixe*, sur le bout de la jetée *Gorey*.

—— (C. 4), *fixe*, de 6 milles de portée et 9ᵐ d'élévation, sur la jetée *Victoria* ou jetée neuve du Sud.

—— (Gaz), 2 feux. L'extérieur *fixe vert*, sur l'angle O. de la jetée *Albert*. L'intérieur *rouge*, sur le parapet de l'esplanade, à 578ᵐ N. 22° E. et S. 22° O. avec le précédent; visibles à 3 milles. Leur alignement conduit dans le chenal de *Saint-Hélier*.

—— (Gaz), *fixe rouge*, de 3 milles de portée et 5ᵐ de hauteur, sur la tête de la jetée *Albert* à *Saint-Hélier*.

—— (Gaz), *fixe rouge*, sur la jetée supérieure de la rade, à 612ᵐ N. 45° E. du feu de *Victoria*. 3 milles de portée et 14ᵐ de hauteur.

Lorsqu'on approchera du port de *Saint-Hélier*, avec le feu *rouge* de la jetée *Albert* par le feu *rouge* de la vieille jetée du N., on passera dans l'O. des *Grune-Saint-Michel* et très-près dans l'E. des *Huîtriers*. Le meilleur canal en venant de l'O. est celui qui passe entre les *Huîtriers* et les *Bues*; pour y donner, il faut tenir le feu *blanc* de la jetée *Victoria* dans l'alignement du feu *rouge* de la jetée supérieure de la rade, mais on passe très-près du *Grune-au-Dart* et de la *Grande-Vaudin*.

CÔTE MÉRIDIONALE D'ANGLETERRE.

La Corbière (D. 2), sur cette roche, à la pointe S. O. de Jersey. Le feu est *fixe blanc* du N. 31° O. au S. 31° E. par l'E.: 2 *secteurs rouges* à terre de ces limites, pour signaler au N. E. les hauts fonds du banc *Rigdon*, et au S. E. les *Vrachères* et les dangers voisins jusqu'à terre. Le feu, élevé de 36ᵐ, se voit à 17 milles. (49° 10′ 40″ N. et 4° 35′ 4″ O.) Cloche de brouillard.

Minquiers (flottant), sur la partie S. O. du plateau. Bateau noir à deux mâts, portant deux feux *fixes*, élevés de 12 et 8ᵐ, et visibles à 10 et 8 milles. On sonne une cloche en temps de brume. (48° 53′ 38″ N. et 4° 37′ 44″ O.) (Feu Français).

Start-Point (D. 1), feu *tournant*, montrant des *éclats* de 1 m. en 1 m., visible à 20 milles. Il est à 126ᵐ en dedans de l'extrémité S. E. de la pointe, sur une tour blanche de 28ᵐ et élevé de 62ᵐ au-dessus de la mer. Un feu *fixe blanc* est placé à 7ᵐ au dessous, dans la même tour. On voit toujours une faible lumière lorsqu'on est à moins de 10 milles. Le feu tournant est visible entre le N. 67° E et le S. 27° O. Cornet de brouillard, un son toutes les 3 minutes. (50° 13′ 18″ N. — 5° 58′ 42″ O.)

Plymouth (D. 2), à l'ext. O. du brise-lames; à partir de mai 1880, ce feu sera *rouge* du côté du large, et *blanc* du côté du mouillage. De plus, le feu sera intermittent toutes les ½ minutes. Cloche de brume 8 sons par minute. (50° 20′ 2″ N. — 6° 21′ 14″ O.)

—— (Gaz), *fixe rouge*, au bout de la jetée de la baie *Mill*. Feu *vert* sur le ponton, le long de la jetée.

—— (Gaz), feu *fixe*, sur la jetée *Barbican* de l'O. Il se voit à 6 milles; relevé au N. 4° E. et tenu ouvert par la pointe *Butten*, il guide dans le canal de l'Est.

—— (Gaz), débarcadère de *Mount Wisc*.

—— (Gaz), ext. du brise-lames en construction, à la pointe Ouest de *Mount-Batten*; *fixe*, porté vers le large, à mesure que les travaux avancent.

Eddystone (D. 1), sur ce rocher, à l'entrée de la baie de *Plymouth*; la hauteur est de 22ᵐ; la tour est peinte en bandes horizontales rouges et blanches. La pointe *Ram-Head* en est à 9 milles N. 42° 30′ E. Le feu, *fixe*, se voit à 13 milles. Cloche de brouillard, cinq coups précipités chaque 30 secondes. (50° 10′ 49″ N. et 6° 36′ 7″ O.)

Il y a plusieurs dangers tout autour : celui du S. s'étend

à 142°, celui de l'E., à 119°, et celui du N. E. à 274°. Il ne faut donc pas trop approcher.

Fowey, feu de port *fixe rouge*, visible de 5 milles. La balise *Gribben*, près de *Fowey*, est peinte en bandes horizontales rouges et blanches.

Falmouth (C.), sur la pointe *Saint-Antony*, feu *tournant* élevé de 22° et visible de 13 milles; la succession de ses éclats de 20 s. en 20 s. le fait reconnaître de tous les autres feux. Un feu *fixe* est placé à 11° 2 plus bas dans la même tour. Il éclaire entre le N. 2° E. et le N. 12° O. par le N. ou vers les *Manacles*. Cloche de brouillard, 4 coups toutes les 30ˢ. (50° 8' N. et 7° 21' O.)

—— Feu *fixe vert* sur le brise-lame *Prince-de-Galles*, à 216° de la laisse de basse mer.

Lizard (électriques), sur la falaise du cap. Deux feux *fixes*, sur deux tours blanches, à 68° S. 75° O. et N. 75° E., élevés de 70° au-dessus de la mer. On les voit à 21 milles. Ces feux en ligne font éviter les roches *Wolf* et les *Manacles*. (49° 57' 40" N. et 7° 32' 20" O.) Trompette de brouillard, un son toutes les 5ˢ.

Penzance (D. 4), à l'ext. de la jetée du S., prolongée à l'E.; feu *fixe*, *rouge* du S. 80° O. au N. 24° O. dans le canal, quand il y a 4° 5 d'eau; *vert* quand il y en a moins. Sur le reste de l'horizon il est *blanc*. Il a 10° au-dessus de la mer sur une tour blanche de 6° 7, et se voit de 10 milles. (50° 7' 5" N. et 7° 51' 14" O.)

Wolf (D. 1), feu *tournant*, montrant alternativement des éclats *rouges* et *blancs* chaque 30 *secondes*; il est élevé de 33° 5 et visible à 16 milles. Cloche de brouillard, 3 coups toutes les 15ˢ. (49° 56' 43" N. et 8° 8' 41" O.)

Longships (D. 1), sur le rocher le plus élevé du *Longships*, à 3 milles de l'ext. S. O. de *Land's-End*; le feu est *fixe*, visible sur tout l'horizon à 16 milles, étant élevé de 33° 4. Il paraît *fixe blanc* au large, entre le S. 4° O. et le N. 35° O., par le S. et l'Est; ces relèvements font passer à ½ mille des *Brisons* et ¾ de mille de *Runnelstone*; il paraît *rouge* à l'E. de ces relèvements vers la terre. (50° 3' 58" N. et 8° 4' 59" O.) Cloche de brouillard, 2 coups toutes les 15ˢ.

Seven-Stones (flottant C.), mouillé par 72° d'eau à 1 mille E. des roches. Le bateau est rouge et porte son nom écrit. *Tournant blanc* de 1 m. en 1 m. 3 éclats rapides, éclipses 36^s, vis. de 11 milles. Le jour, un ballon rouge est au mât. Sirène trompette de brouillard, 3 sons toutes les 2^m. (50° 3′ 37″ N. et 8° 24′ 46″ O.)

Saint-Agnès (C.). au sommet de l'île ; le feu est *tournant* et se voit à 17 milles. L'éclat a lieu de 1 m. en 1 m., et s'éclipse après que la lumière s'est perdue graduellement. (49° 53′ 33″ N. et 8° 40′ 52″ O.) Il est élevé de 42^m sur une tour blanche de 22^m. Il est caché entre le S. 14° E. et le S. 66° O., excepté entre les îles. Depuis juin 1880 ce feu montre un éclat chaque ½ minute.

Bishop-Rock (D. 1), *fixe*, élevé de 33^m 4, vis. de 16 milles, caché du S. 32° O. au S. 80° O. excepté au S. 55° O entre *Saint-Martin* et *Sainte-Mary*, où il fait passer au S. de la plus Sud des *Seven-Stones*. Cloche de brouillard, 1 son chaque 10 s. (49° 52′ 23″ N. et 8° 45′ 54″ O.)

COTES OCCIDENTALES D'ANGLETERRE

Saint-Yves, *fixe*, sur la jetée intérieure, vis. de 9 milles, allumé lorsqu'il y a 3^m d'eau dans le port, depuis le 1er septembre jusqu'au 30 avril. (50° 12′ N. et 7° 48′ 14″ O.)

— *fixe rouge*, sur la jetée extérieure en bois, visible de 2 milles.

Hayle, deux *fixes*, à 90^m N. 3° O. et S. 3° E. l'un de l'autre, sont placés sur les dunes de *Lelant*. L'une des tours est rouge et l'autre noire. Ils se voient à 6 milles et ne s'allument qu'à 3^m 7 d'eau. (50° 11′ 30″ N. et 7° 46′ 9″ O.)

—— Sur la jetée des quais de *Lelant* il y a en outre un feu *fixe rouge*.

Padstow, *fixe rouge* et *vert* sur l'extrémité du quai.

Godrevy (D. 1), feu *fixe* à *éclats* de 10 s. en 10 s. sur l'île, baie de *Saint-Yves* ; il est élevé de 36^m 5 et visible de 15 milles. A 8^m 24 plus bas, dans la même tour, un feu *fixe rouge* éclaire du S. 33° E. au S. 67° E., dans la direction des rochers *Stones*. Cloche de brouillard, un coup toutes les 5 secondes. (60° 14′ N. et 7° 44′ 14″ O.)

Trevose-Pead (D. 1), deux feux *fixes*, sur l'ext. N. O. du cap, le plus élevé est à 62^m au-dessus de la mer et se voit à 20 milles. Le fanal le moins élevé est plus rapproché de la mer ; son altitude n'est que de 39ᵐ et sa portée de 17 milles, entre le S. 26° O. et le N. 31° E. Leur distance n'est que de 15ᵐ (50° 32′ 55″ N. et 7° 22′ 17″ O.)

Hartland (C.), feu *tournant* montrant de 30 en 30 *secondes* deux *éclats blancs* et un *éclat rouge* ; il est élevé de 36ᵐ 6. Un cornet de brouillard donne des sons de 5 *secondes* chaque 2 *minutes*. (51° 1′ 24″ N. et 6° 51′ 44″ O.)

Lundy (D.1), au S. O. de cette île, par 51° 10′ 7″ N. et 7° 0′ 29″ O. C'est une tour blanche et à deux feux distincts ; le supérieur est *tournant* et produit un *éclat* de 2 m. en 2 m ; l'inférieur est *fixe*, visible du S. 33° E. au N. 23° E. La terre est si élevée que le feu supérieur a 164ᵐ au-dessus de la mer et l'inférieur 142ᵐ. Par un temps clair, ils se voient, l'un à 30 et l'autre à 27 milles. On a remarqué qu'à 5 milles les lumières se confondaient en une très-forte lumière *tournante*, dans la direction de l'O. Il est aussi des moments où les brouillards les cachent, l'île restant parfaitement visible. Par temps de brume, on tire au côté Ouest de l'île toutes les 10 minutes une fusée qui éclate avec grand bruit à une hauteur de 200 mètres.

Bideford (C.) sur les sables *Braunton*, côté Nord de la rivière, à 284ᵐ N. 64° O. et S. 64° E ; 2 *fixes*, leur alignement fait franchir la barre ; élevés de 28ᵐ et 13ᵐ ; visibles de 14 et 11 milles. Le feu supérieur allumé toute la nuit se voit en mer du N. 45° E. au S. 45° E. ; à l'Est de ce dernier relèvement et au-dessus de *Buggy Leap* et de *Asp Rocks* il disparaît.

Une lumière plus faible, pour la navigation intérieure, est visible à terre du relèvement au N. 45° E.

Le feu inférieur allumé de mi-flot à mi-jusant ne paraît brillant que quand il est en ligne avec le feu supérieur ; le jour un ballon indique 4ᵐ 5 d'eau sur la barre. (51° 4′ N. — 6° 32′ 14″ O.)

Bull Point, côté Sud du canal de *Bristol*, feu puissant blanc à 3 *éclats* successifs d'environ 2 *secondes* de durée, séparés par des *éclipses* d'environ 3 *secondes*, le troisième éclat suivi d'une éclipse d'environ 18 *secondes* ; le tout formant une période d'une 1/2 minute. A 5ᵐ 50 au-dessous, feu *fixe rouge* signalant la *Morte Stone*, visible du N. 55° E. au S. 85° E. Signal de brume, 3 sons toutes les 2 minutes. (51° 11′ 54″ N. — 6° 32′ 20″ O.)

Ilfracombe (Gaz), côté N. du port ; c'est un feu *fixe* et *rouge* visible de 10 milles ; élevé de 38™; il n'est éclairé que du 1er septembre au 30 avril. (51° 13′ 0″ N. et 6° 27′ 9″ S.)

Watchet (C.), *fixe rouge* sur l'extrémité du brise-lames; feu de marée, élevé de 9™ 3 et de 4 milles de portée, allumé de 2™ 4 du flot à 3™ du jusant. (51° 11′ N. et 5° 40′ O.)

Bridgewater ou **Burnham** (C.), à l'E., en entrant dans la rivière *Parret*. Ces deux fanaux sont à 457™ O. 5° S. et E. 5° N. Le supérieur est *intermittent* à *éclats* de 3 m. 30 s. avec obscurcissement de 30 s.; il est visible de 15 milles et élevé de 28™. L'inférieur est *fixe*, visible de 9 milles, n'étant élevé que de 7™. Le feu supérieur paraît *blanc* de l'E. à l'E. q N. E. et *rouge* entre l'E. q N. E. et le N. 73° E Un autre secteur *rouge* se voit de la rivière quand on relève le feu du N. q. N. O. au N. 1/2 O. environ. (51° 15′ N. — 5° 20′ 14″ O.)

—— Feu *fixe rouge*, dans la tour du feu inférieur, visible de l'O. 18° S. à l'O. 14° S., ce dernier rhumb coupant les bouées *Gore Little-Gore*, et entre le S. 11° E. et le S. 25° E. dans la rivière.

On reste dans les plus profondes eaux du chenal en tenant le feu supérieur au S. de l'inférieur, quatre fois la largeur de sa tour, jusqu'à ce que le feu *Flatholm* soit ouvert à l'E. de l'île *Steep-Holm*; faire route ensuite à l'E. 47° N. jusqu'à ce que le feu sup. arrive au N. de trois fois sa largeur, afin de parer les bancs *Start* et *Lark*.

Breaksea (flottant C.), *tournant* de 15 s. en 15 s., élevé de 10™ 5 et mouillé par 14™ 6, à 2 milles dans le S 85° O. de la bouée du banc d'*Une Brasse*. On allume un feu *fixe rouge* de 4™ 2 d'élévation sur un petit mât à l'arrière du bateau pour faire reconnaître celui-ci. (51° 19′ 48″ N., 5° 37′ 56″ O.)

Flatholm (D. 1), sur l'île *Flatholm*; feu *fixe*, visible à 18 milles. Son élévation est de 50™. Il est *rouge* entre le S. 39° E. et le S. 23° O, entre la bouée *Ranie-Spit* et la balise *Monkstone*. (51° 22′ 36″ N. et 5° 27′ 14″ O.)

English and Welsh-Ground (flottant C.), *tournant* de 1 m. en 1 m.; mouillé par 8™ 7 dans la partie S. du canal de *Bristol*. Le bateau est rouge et porte ces mots : *English-and-Welsh-Grounds*. Gong de brouillard. (51° 26′ 30″ N. et 5° 18′ 14″ O.)

Clevedon, *fixe rouge* sur le bout de la jetée; visible de 7 milles.

Avon (D. 2), *fixe blanc, rouge et vert*, sur le côté E de l'entrée de cette rivière; il est élevé de 22ᵐ et a une portée de 13 milles. Il est *blanc* au large et un arc *vert* éclaire entre le N. 68° E. et le N. 57° E. (51° 30′ N. et 5° 2′ 14″ O.)

Charpness Docks, *fixe blanc*; feu de marée sur la jetée Nord de l'entrée du bassin de marée.

Pont-Severn, *fixe rouge* sur la pile centrale et *fixe blanc* sur chaque autre.

Usk (D. 1), au côté O. en entrant dans la rivière *Usk*. Feu *fixe blanc, rouge et vert*; *blanc* du N. 43° E. au N., *rouge* du N. jusqu'au N. 39° O.; *blanc* du N. 39° O. au N. 50° O. entre les bouées et l'entrée de la rivière, *rouge* entre le N. 50° O. et la terre, *vert* entre le S. 51° O. et le S. 37° O. (51° 32′ 0″ N. et 5° 20′ 9″ O.)

Cardiff, 2 *fixes rouges*, près des *Docks*; les amener en ligne pour faire le canal. (51° 27′ 48″ N. et 5° 29′ 56″ O.)

—— (D. 5), *fixe*, visible de 10 milles à l'extrémité de la jetée *Bute dock*.

Pertskewet, *fixe rouge*, au bout de la jetée.

Portishead, *fixe*, sur la jetée.

Nouveau passage ou **Charstone**, *fixe rouge*, sur cette roche; nouveau passage.

Nash-Point C.), 2 feux *fixes blancs* à 300ᵐ de distance S. 81° E., N. 81° O.; celui de l'Est paraît *rouge* au N. du N. 70° O. et, en outre, on allume sur une fenêtre, au-dessous de la lanterne, un feu *rouge*, visible entre le S. 52° E et le S. 59° E. Le feu de l'Ouest est visible entre le N. 39° O. et le S. 56° E. On les voit de 19 et 17 milles. Amenés en ligne, ils font passer au S. des hauts-fonds qui sont à l'E de *Nash-Point*; mais, vu la proximité de cette pointe et du *Nash Sand*, cette même ligne passe près de la partie S. E. de ce dernier haut-fond et à la distance d'une encâblure. (51° 24′ N. et 5° 53′ 14″ O.)

Porthcawl (D. 5), sur le bout S. E. du brise-lames. Le feu est *fixe blanc, rouge et vert*, élevé de 10ᵐ 3 et visible de 11 milles. Il est *blanc* entre le N. 81° E et le N. 36° E., *rouge* au Nord du N. 81° E. au S. 60° E. et *vert* du N. 36° E. au N. 60° O.

Deux feux de marée, *fixes rouges*, à 4ᵐ 55 l'un de l'autre, sur l'extrémité N. O. du brise-lames, se voient au N. 59° O.

l'un par l'autre. Ils sont élevés de 11ᵐ25 et 13ᵐ45 au-dessus de l'eau. Allumés quand les portes de l'entrée du port sont ouvertes aux navires.

Scarweather (flottant C.) près de l'extr. Ouest du banc. Le feu est *tournant rouge* de 20 s. en 20 s., élevé de 11ᵐ5 et visible de 10 milles. Le bateau est mouillé par 25ᵐ d'eau et porte son nom sur ses côtés. Il est rouge avec ballon rouge et 1/2 ballon par-dessus. (51° 26′ 53″ N. et 6° 15′ 38″ O.) Trompette de brouillard.

Swansea, sur la jetée O., *fixe, rouge*, on le voit à 7 milles, allumé d'avril à octobre inclusivement lorsqu'il y a 2ᵐ4 d'eau dans le port et le reste de l'année quand il y a 3 mètres, un ballon noir donne de jour les mêmes indications; cloche de brouillard, élevé de 7ᵐ3. Sa tour est blanche avec sommet rouge. (51° 37′ N. et 6° 16′ 9″ O.)

—— à 393ᵐ du bout de la jetée de l'Ouest; *fixe, blanc*, visible du large seulement.

—— 2 *fixes, verts,* ou *rouges* à l'entrée du dock S., *verts* quand les portes sont ouvertes, *rouges* quand le passage est obstrué, *Verticaux*. De jour on hisse un pavillon *rouge* quand les portes sont ouverts, on l'amène à mi-mât quand elles sont obstruées.

—— 2 *fixes, verts* ou *rouges* à l'entrée du dock N., allumés comme les précédents. *Horizontaux*.

—— *fixe rouge* ou *vert*, au pont du canal neuf; *rouge* quand le pont est fermé, *vert* quand il est ouvert.

Briton-Ferry, au côté N. de l'entrée du dock, *fixe, rouge* quand l'entrée est libre, *vert* quand elle ne l'est pas.

Mumbles (D.), sur l'île *Mumbles*, ext. O. de la baie *Swansea*; *fixe*, visible de 15 milles. (51° 33′ 59″ N. et 6° 18′ 26″ O.) Il a 35ᵐ au-dessus de la mer et se trouve dans une tour blanche de 17ᵐ.

Helwick-Sands (feu flottant C.), près de l'ext. O. de ce banc; il est *tournant* et ses *éclats* de 1 m. en 1 m. sont visibles à 10 milles; le bâtiment est mouillé par 30ᵐ et porte un ballon rouge le jour (51° 31′ N. et 6° 44′ 14″ O.) Cornet de brouillard Sons de 5ˢ à intervalles de 2 minutes. *Helwick* écrit sur ses flancs.

Port Burry, *fixe*, à bâbord en entrant dans la rivière *Burry*, allumé lorsqu'il y a 3ᵐ d'eau dans le port; sa portée est de 9 milles, étant élevé de 10ᵐ 7. (51° 41′ N. et 6° 35′ 14″ O.)

Llanelly (C.), *fixe*, de marée, sur le brise-lame. Allumé de mi-flot à mi-jusant. (51° 40′ 0″ N. et 6° 30′ 39″ O.)

—— *Fixe*, sur la pointe *Whiteford*; allumé de mi-flot à mi-jusant. Il est visible du N. 34° E. jusqu'au S. et montre un secteur *rouge* à l'E. de ce relèvement pour faire parer le *Scar*.

Saundersfoot, *fixe rouge*, à l'extr. de la jetée S. (51° 43′ N. et 7° 2′ 14″ O.) Allumé quand il y a 2ᵐ 4 d'eau. De jour on hisse un *ballon jaune*.

Tenby, sur l'ext. de la jetée, *fixe rouge* allumé pendant la marée.

Pointe Neyland, *flottant* au débarcadère; *fixe*. 2 feux de lampe sont montrés à la maison du bac, *Hazelbeach*, et deux autres sur la pointe *Nayland* pour faire parer *Carr Spit*.

Caldy (D. 1), à l'ext. S. de l'île; *fixe*, élevé de 65ᵐ et visible de 20 milles; il est *blanc* au large et *rouge* entre le N. 87° E. et le S. 79° E. et entre le S. 32° O. et le S. 8° E. (51° 37′ 56″ N. et 7° 1′ 11″ O.)

Saint-Ann's (D. 1), sur la pointe *Saint-Ann's*, à l'ext. O. de l'entrée de *Milfordhaven*; 2 *fixes*, sur deux tours à 185ᵐ N. O. et S. E.; ils ont 58 et 48ᵐ d'élévation, et se voient à 19 et 17 milles. Ils font éviter les roches *Toes* et *Crow*, quand on les tient en ligne. Le feu supérieur a un secteur *rouge* entre le N. 68° O. et le S. 67° O. dans la direction de *Chapel et Harbour*. Trompette de brouillard; un coup toute les 3 m. (51° 41′ N. et 7° 30′ 44″ O.)

Milford Haven (D. 6), 2 *fixes rouges* dans l'arsenal, 14 et 7ᵐ d'élévation, 3 milles de portée. Le feu supérieur vis. du N. 87° E. au S. 65° E., le feu inférieur visible du S. 26° E. au S. E. Un secteur *vert* marque *Carr Sprit* du S. 26° E. au S. 37° E. (51° 37′ 56″ N., 7° 1′ 6″ O.)

Great-Castle (C.), 2 *fixes*, le supérieur élevé de 34ᵐ, et l'inférieur de 23ᵐ, sont sur ce cap. En les tenant en ligne N. 41° E. on passe entre le cap *Saint-Ann's* et le rocher *Midchannel*.

Smalls (D. 1), sur la roche *Smalls*, canal de *Saint-Georges*, *fixe*, *secteur rouge*; élevé de 35ᵐ, visible de 17 milles. Le secteur *rouge* couvre les bancs *Hats* et *Barrel* du S. 71° O. au N. 75° O. En temps de brouillard sons de cloche et

CÔTES OCCIDENTALES D'ANGLETERRE.

fusées éclatant avec grand bruit toutes les demi-heures. La tour est peinte en bandes horizontales rouges et blanches.

South-Bishop (D. 1), feu *tournant* dont les *éclats* sont de 20 s. en 20 s.; il est élevé de 44" et a une portée de 18 mil- (51° 51' N. et 7° 45' 14" O.) On se propose de faire sonner une cloche par brume.

Baie New-Quay, *fixe blanc* et *rouge*, au bout de la jetée, *rouge* quand on le relève au S. du S 62° O. pour couvrir les roches *Carreg-Ina*. (52° 13' N. et 6° 41' 58" O.) Allumé du 15 septembre au 12 mars.

Aberystwith, *fixe*, *rouge* pour les navires venant du S. et de l'O., et *blanc* pour les navires venant de l'O N. O. et du N. N E. Il y a 2 autres feux *blancs* mobiles dans un champ, près l'extrémité intérieure de la jetée. On doit les tenir en ligne quand il y a assez d'eau pour les navires pouvant franchir la barre. (52° 24' 30" N et 6° 25' 44" O.)

Cardigan (flottant C.), par 64"; *tournant rouge* de 30 s. en 30 s., entre *South-Bishop* et *Bardsey*, dans la baie *Cardigan*; la lumière est élevée de 11" 2 et visible à 9 milles. Gong de brume, Cardigan-Bay sur les côtes. (52° 24' 30" N. et 7° 20' 44" O.)

Saint-Tudwall, sur l'île O. de la rade, feu *intermittent, blanc* et *rouge*; *éclats* de 8 s. suivis d'*éclipses* de 2 s. Blanc du S. 12° E au N 12° O. par le Sud et l'Est; *rouge* du N. 12° O. au N. 68° O.; *blanc* du N. 68° O. au S. 38° O. et *rouge* du S. 38° O. au S. 12° E. Il est masqué par l'île Est du S. 27° O. au S. 50° O.

—— Feu *rouge* dans une fenêtre à 4" 8 au-dessous du précédent; il est visible du S. 78° O. au S. 62° O. (16°), couvrant *Carreg-Y-Trai*.

Bardsey (D. 1), *fixe* à l'extrémité S. de l'île; élevé de 39"; visible de 17 milles. Il est masqué à l'Ouest du S. S. O. 1/2 O. (52° 45' N. et 7° 8' 4" O.) Trompette de brouillard.

Carnarvon (D. 4), *fixe*, *rouge* sur l'île *Llandwyn*, élevé de 15"; il est visible de 5 milles entre le S. 63° E. et le N. 30° E. (53° 8' 10" N. et 6° 45' 14" O.)

Un ballon noir marque 3" d'eau dans le chenal N.

—— *fixe rouge*, sur l'extr. de la jetée.

CÔTES OCCIDENTALES D'ANGLETERRE.

— — Flottant (G.), mouillé par 55™. au S. 7° O. à 12 milles 3/4 du phare de *South-Stack*; feu *tournant* chaque 20 s., montrant deux *éclats blancs* suivis d'un *rouge*; il est élevé de 11™ et visible de 10 milles; le mot *Carna von-Bay* est sur ses côtés. (53° 5' 45" N. et 7° 4' 26" O.) Trompette de brouillard, un coup toutes les 2 minutes.

South-Stack (D. 1), sur le rocher, pointe N. O. de *Holy-Head*, feu *tournant*, visible à 20 milles et élevé de 61™. L'éclat paraît de 1 m. en 1 m. puis se perd et s'éclipse. (53° 18' N. et 7° 2' 14" O.) Cloche de brouillard, un coup toutes les 15 secondes.

Un feu *tournant* de 90 s. en 90 s. est allumé, quand les brouillards empêchent de voir le feu supérieur, sur la pointe N. O de l'île à environ 27™ N. du phare.

Holy-Head (D. 4), *fixe rouge*, sur la vieille jetée dans le vieux phare, élevé de 20™. Cloche de brouillard. (53° 19' N. et 6° 57' 24" O.)

— — (D.), *fixe rouge*, élevé de 6™ sur le nouveau brise-lames; il montre des *éclats rouges* chaque 7 *secondes* 1/2 visibles à 13 milles. Le feu paraît *fixe rouge* entre les éclats de 3 à 4 milles. Cloche de brouillard, 3 coups précipités à intervalle de 15 secondes.

— — *fixe*, sur la jetée en bois, vieux port. De nuit, on ne doit donner dans la passe que lorsque le petit feu *rouge* de la tour du phare du vieux port paraît entre le S. 5° O. et le S. 20° O.

— — 2 *fixes* dans le port intérieur : *vert* à bâbord, *rouge* à tribord; ils signalent l'entrée qui conduit aux quais.

Skerries (D. 1), sur l'île de ce nom à 1/2 mille N. 46° O. de la pointe *Carnels* et à 6 milles 1/2 N. 4° E. de *Holy-Head*; il est *fixe* et élevé de 35™. On le voit à 16 milles. Il est masqué entre le N. 47° O et le N. 65° O. pour couvrir le rocher *Platters* de l'Est. (53° 25' 15" N. et 6° 56' 34" O.)

— — *fixe rouge*, dans la même tour, à 15™ plus bas; il éclaire entre le S. 72° O. et S. 50° O. et couvre les rochers *Ethel* et *Coal*. Trompette de brouillard, un coup toutes les 3 minutes.

Almwch, *fixe* sur la jetée N.; visible de 9 milles et élevé de 11™. Pendant les forts vents d'O, on ferme le port avec des pannes et on éteint le feu. (53° 25' N. et 6° 40' 14" O.) Il éclaire entre le N. 16° E. et le N. 61° E.

116 CANAL ST-GEORGES. — COTE OUEST D'ANGLETERRE.

Lynus (C.), feu *intermittent* de 10 s. en 10 s., sur la pointe N. E. de l'île *Anglesea*, 8 s. pour l'éclat et 2 s. pour l'éclipse; élevé de 39" et visible de 16 milles; masqué quand on le relève à l'E. du S. 71° E. pour indiquer qu'on approche du relèvement de *Middle Mouse*. Il disparait au N. du N. 34° O. pour prévenir du voisinage des rochers *Dulas*. (53° 25' 10" N. et 6° 36' 29" O.)

Penrhyn, *fixe vert*, à l'extrémité de la jetée Est, et *fixe, rouge* à l'extrémité de la jetée Ouest.

Beaumaris, *fixe blanc*, sur la jetée (53° 15' 45" N. et 6° 25' 39" O.)

Menai (D. 1), à l'ext. de *Trwyn-Du*, entrée Nord du détroit de *Menai*. Feu *fixe, rouge*, visible de 12 milles. (53° 18' 50" N et 6° 22' 34" O.) Cloche de brouillard, 3 coups précipités toutes les 15 secondes.

On prévient expressément de ne point approcher ce phare à moins de 50" pour éviter la ligne de rochers de sa base. Cloche de brouillard.

Grand-Orme (D. 1), sur ce cap, falaise à pic. Le feu *fixe blanc* et *rouge*; étant vu du large, il paraît *blanc* entre le S. 87° E. et S. 64° O. par le S. et *rouge* entre le S. 64° O. et le S. 80° O. Il est élevé de 98"8 et visible à 24 milles. (53° 20' 35" N. et 6° 12' 14" O.)

Pointe Air (C.), sur une pyramide dont la base est au-dessous du niveau de la mer; dans les marées ordinaires d'équinoxe, il se trouve 5" d'eau tout autour. Feu *fixe*, élevé de 16", visible de 9 milles, *blanc* sur tout l'horizon, excepté entre le S. 65° E. et le S. 59° O. où il est *rouge* sur le banc *West-Hoyle*. Cloche de brouillard. (53° 22' N et 5° 39' 38" O.)

Hoylake (D. 4), deux feux placés au côté N. E de l'entrée de la *Dee*, *fixes* sur des tours séparées de 548" N. 7° E. et S. 7° O. Les feux ont 16 et 9" d'élévation et sont visibles à 13 et 11 milles. Ils conduisent à la rade d'*Hoylake*, en approchant par l'Ouest le feu supérieur ouvre au S. 43° E., et le feu inférieur au S. 26° E. (53° 23' 46" N. et 5° 30' 51" O.)

Leasowe (C.), *fixe*, au bord de la mer, entre les rivières *Mersey* et *Dee*. Le feu de *Bidston* ouvert à l'E. de celui de *Leasowe*, puis à l'O., conduit dans le *Horse-Channel*. Il est masqué à l'O. du S. 11° O. (54° 24' 49" N et 5° 27' 41" O.) Le feu est visible de 15 milles et élevé de 28".

Bidston (C.), *fixe*, par 53° 24' N. et 5° 24' 41" O. Sa por-

CANAL ST-GEORGES. — CÔTE OUEST D'ANGLETERRE. 117

tée est de 23 milles, étant élevé de 74". Ce feu est masqué quand on le relève à l'O. du S. 12° E.

Rock (C.), sur *Rock-Point*, à l'entrée de la *Mersey*; feu *tournant*, montrant un *éclat blanc* de 30 s. en 30 s. Il est visible à 14 milles et élevé de 23" sur une tour de 28". Pendant les brouillards, on tinte une cloche. (53° 26' 43" N. et 5° 22' 41" O.)

Le jour, une boule noire signifie qu'il y a 3"3 d'eau dans la passe *Rock-Gut*; une lumière *fixe* de supplément, placée à une fenêtre basse du côté O., indique la même hauteur pendant la nuit.

North-Dock-Wall (D. 1), feu *fixe*, *blanc* du N. 12° O. au S. 43° E. par l'Est, *rouge* au S. du S. 43° E. Tenu par celui de *Rock* il indique le point où l'on doit tourner entre les passages *Horse* et *Rock*.

Crosby (C.), au Nord de la pointe, par 53° 31' 25" N. et 5° 23' 41" O. Son feu *fixe* est élevé de 29" et se voit à 12 milles. Il éclaire entre le S. 52° E. et le N. 64° E. Il y a plusieurs petits feux de position dans le port de *Liverpool*.

—— (flottant C), 3 *fixes*, bâtiment rouge ancré par 9"; il porte un ballon rouge. Le feu principal, élevé de 9" et visible à 8 milles, est au mât de misaine. Les deux autres feux sont *blancs* et placés l'un à l'avant et l'autre à l'arrière du bateau, à 2"7 au-dessus du pont, de sorte que l'on voit 3 feux en triangle quand on est par le travers du bateau et deux feux verticaux quand on est devant ou derrière. On ne voit les feux inférieurs que lorsqu'on est dans le canal. Cornet de brouillard portant à 3 ou 4 milles, 3 sons dans une minute, sons de cloche en attendant que la trompette soit prête.

Formby (flottant C.), dans le nouveau chenal, mouillé par 15" d'eau, à 2 milles 3/4 dans le N. 76° O. du bateau feu de *Crosby*. Le bateau est noir avec ballon noir au mât de misaine et porte un feu *tournant rouge*, visible à 11 milles. *Formby* peint sur l'arrière. Cloche de brouillard.

Liverpool (C.), feu flottant du N. O. mouillé par 24" dans l'alignement des feux de *Bidston* et de *Leasowe*, au S. 70° E. Le bateau porte un feu *tournant* avec éclat de 1/2 minute en 1/2 minute. Il est élevé de 11"55 et visible à 11 milles. Bateau noir avec une large raie blanche portant inscrits les mots *North-West-Light-Ship*. (53° 30' 20" N. et 5° 51' 44" O.) Cloche de brouillard.

Bar Light-Ship (C.), (flottant) le bateau feu de *Formby* au

7.

S. 76° E., à 3 milles 4/10, le phare supérieur de *Hoylake*, au S. 23° E, à 9 milles 1/2; *fixe*, élevé de 9ᵐ, visible de 8 milles; bateau rouge, *Bar* peint à l'arrière. Cornet de brouillard, 3 sons par minute entendus à 3 ou 4 milles, coups de cloche si le cornet n'est pas prêt.

Birkenhead, sur la jetée neuve du *bac*, *fixe*; Il y a dans le port de *Liverpool* 40 petits feux particuliers qui peuvent être enlevés à toute époque.

Ribble (D. 4), feu *intermittent* de 4 m. en 4 m. au S. E. de la pointe *Stanner*, côté N. de l'entrée; son élévation de 25ᵐ, sa portée de 12 milles. Feu *fixe* brillant 3 minutes 1/2, *éclipse* 1/2 minute. (53° 44′ 38″ N. et 5° 21′ 31″ O.)

—— *Southport*, au bout de la jetée; *Fixe*.

Lytham, *fixe*, au bout de la nouvelle jetée, de 2 heures avant jusqu'à 1 heure 1/2 après le plein. (53° 44′ 10″ N. et 5° 18′ 44″ O.)

Blackpool, *fixe blanc* et *vert*, sur la jetée, *vert* au large, *blanc* vers la côte. On se propose d'allumer un feu blanc sur la jetée du Sud.

Wyre, *fixe*, à l'angle N. E du banc *North-Wharf*, en dehors de la pointe *Rossal*, formant l'ext. S. de la baie *Lancaster*. Le feu est élevé de 9ᵐ sur une échafaudage en bois, et se voit à 10 milles. Une cloche est tintée trois fois par minute pendant les brouillards. (53° 55′ 14″ N. et 5° 22′ O.)

Fleetwood, deux *fixes*, dans la ville, à 258ᵐ N. 26° O. et S. 26° E. l'un de l'autre, sont élevés de 27 et de 9ᵐ. Ils sont allumés avec 2ᵐ 7 d'eau dans le chenal, et se voient à 13 et 9 milles. (53° 55′ 36″ N. et 5° 21′ 14″ O.)

Lune. Il y a deux feux *fixes* à l'entrée de la rivière, visibles à 9 milles, mais qui ne s'allument que lorsqu'il y a 2ᵐ 5 d'eau à l'entrée; ce qu'un ballon noir indique le jour. Le premier de ces feux est sur le promontoire *Cokersand* et le second sur le *Plover-Scarr-Rock*. (53° 58′ 56″ N. et 5° 13′ 9″ O.)

Ils sont séparés de 760ᵐ N. 82° E. et S. 82° O. Le plus élevé est une tour en bois, et l'inférieur une construction en pierre.

Clark-Wharf-Spit (flottant), *fixe rouge*, entre l'épi de ce nom et l'épi *Yeoman*, par 54° 1′ 20″ N. et 5° 20′ 14″ O.; portée 5 milles. Le jour, on hisse un ballon, et la nuit, on allume un feu *blanc* sur les bossoirs quand il y a 2ᵐ 4 d'eau dans le canal. Cloche de brouillard, un son toutes les 20 secondes.

Poulton (D.), ext. Ouest de la jetée en pierre, *fixe* sur une tour blanche de 15ᵐ 2 au-dessus de la mer avec 8 milles de portée. (54° 4' 20" N. et 5° 12' 44" O.)

Les têtes des jetées sont marquées par des feux *verts* dans l'Ouest, *rouges* au N. 2 feux *rouges*, l'un à 120ᵐ du bout de la jetée en pierre, l'autre à 1 encâblure du bout de la jetée en bois, donnent l'alignement pour franchir la barre inférieure. Feu *bleu* au large, *rouge* vers le port, au bout de la jetée de *Promenade*.

Morecambe (flottant C.), *tournant rouge* à éclats de 30 s. en 30 s., mouillé par 22ᵐ d'eau. (53° 54' N. et 5° 51' 14" O.), élevé de 11ᵐ 5 et visible de 10 milles ; il porte son nom sur ses côtés. Trompette de brouillard.

Walney, sur la pointe S. E. de l'île, feu *tournant* montrant un *éclat* brillant par *minute*, et visible à 13 milles. Il est élevé de 21ᵐ dans une tour de 18ᵐ. (54° 2' 56" N. et 5° 30' 46" O.)

Michael-Scar, Feu *fixe* et *rouge*, à 400ᵐ S. 88° E. du précédent, éclairant du N. 67° E. ou S. 22° O. par le Nord; sa portée est très-faible. Allumé à mi-flot jusqu'à mi-jusant.

Port-Piel, (gaz) *fixe* sur la jetée ; il est *rouge* excepté vers le S. E. et l'O. N. O. où il paraît *blanc* pour indiquer à peu près le milieu du canal. Un dragueur, employé sur la barre, montre en outre du feu ordinaire de position, 2 feux verticaux écartés de 2ᵐ sur le bord où l'on doit passer et un feu à la même hauteur sur l'autre bord.

Canal Barrow, au côté Est, *fixe,* visible du N. 79° O. au S. 20° E. par le Nord.

Saint-Bees (D. 1), sur la pointe, *fixe* qu'on voit à 25 milles, élevé de 102ᵐ, dans une tour blanche de 17ᵐ. (54° 30' 50" N. et 5° 58' 14" O.)

Whitehaven, feu *tournant* de 2 m. en 2 m. sur la tête de la jetée Ouest, élevé de 16 m., visible de 11 milles. (54° 33' N. et 5° 56' 14" O.)

—— *fixe bleu* sur la tête de la jetée N., signalant avec le précédent l'entrée extérieure.

—— *fixe rouge,* sur le bout du vieux quai à 405ᵐ S. 54° E. du feu *tournant,* allumé de mi-flot à mi-jusant. Le jour, on hisse un pavillon *rouge* pendant le même intervalle.

Harrington, feu de port, *fixe* à 4 milles N. de *Whitehaven*; c'est une lanterne élevée de 13" 4 sur un poteau en fer, visible de 11 milles qu'on laisse à tribord en entrant; il s'allume lorsqu'il y a 2" 4 d'eau. Le jour, cylindre rouge au même moment de la marée. (54° 37' N. et 5° 54' 14" O.)

Workington, *fixe* sur le brise-lame qui prolonge la jetée *John*, par 54° 39' N. et 9° 55' 14" O.; allumé quand il y a 2" 4 d'eau sur la barre.

—— *fixe vert*, sur l'extrémité de la jetée en bois; allumé à 2" 4 d'eau sur la barre. Tour blanche.

—— *fixe vert*, à l'extrémité N. O. du dock *Lonsdale*; allumé à 2" 4 d'eau sur la barre. Tour blanche.

Maryport, *fixe* sur la jetée en pierres intérieure; visible de 12 milles, allumé quand il y a 2" 4 d'eau. On le laisse à tribord en entrant ainsi que les deux feux suivants.

—— Sur la jetée, côté Sud, *fixe rouge* visible de 3 milles.

—— *fixe*, sur l'extrémité de la jetée Sud en bois, visible de 6 milles et élevé de 9"; la tour blanche. (54° 43' N. et 5° 50' 54" O.)

—— *fixe vert*, visible de 3 milles, sur la langue du Nord. On le laisse à bâbord. Allumé quand il y a 2" 4 d'eau.

Solway (flottant), mouillé par 9" dans le chenal de *Robin-Rigg*, par 54° 48' N. et 5° 52' 14" O.; son feu *rouge* est visible à 6 milles. Le jour un ballon noir remplace le feu, et dans les brouillards on sonne une cloche.

Silloth, feu *fixe jaune*, à l'extrémité de la jetée en bois; pendant que les portes du dock sont ouvertes, ce feu est remplacé par un feu *fixe vert* et pendant le jour, un ballon *rouge* près du phare a la même signification, 2 feux *rouges* en ligne mènent à l'entrée du dock.

Lee-Scar, *fixe*, sur les roches S. O. du *Silloth*; il est élevé de 7" 6 et visible de 10 milles (54° 52' N. et 5° 45' 14" O.) Cloche de brouillard.

Skinburness, *fixe rouge*, dans la baie de *Silloth*, élevé de 12" et visible de 9 milles. (54° 52' 30" N. et 5° 43' 14" O.)

Port Peel, *fixe* sur l'extrémité du brise-lames du port (île de *Man*); élevé de 9" 6 et visible de 5 milles.

—— *fixe rouge*, au côté Est de l'entrée, élevé de 6" 4 et visible de 8 milles. (54° 13' N. et 7° 2' 14" O.)

CANAL ST-GEORGES. — COTE OUEST D'ANGLETERRE 121

Port Erin, *fixe vert*, sur l'extrémité du nouveau brise-lames, élevé de 7™ 6 et visible de 3 milles. Le laisser à tribord en entrant.

Chicken (D. 1), feu *tournant* montrant son plus vif éclat chaque 30 *secondes*; il est élevé de 37™ 5 et visible à 16 milles (54° 2′ N. et 7° 10′ 59″ O.) Sur le rocher à ¾ de mille S. O. de *Calf-of-Man*.

Cloche de brouillard sonnée chaque 30 *secondes*.

Port Saint-Mary, ext. de la jetée; *fixe* visible de 9 milles; il est élevé de 7™ 6 sur une tour blanche. (54° 4′ N. et 7° 4′ 14″ O.)

Castletown, *fixe rouge*; à l'extrémité de la jetée neuve. Il se voit à 8 milles. (54° 5′ N. et 6° 59′ 14″ O.)

Derby-Haven, petit feu *fixe*, allumé sur l'île du *Fort* pendant la saison de la pêche du 12 août au 10 octobre; il est visible de 6 milles entre le S. 12° E. et le N. 22° E., étant élevé de 15™. (54° 5′ N. et 6° 56′ 9″ O.)

—— Sur l'extrémité S. O. du brise-lame, feu *fixe* de 2 milles de portée.

Douglas-Bay, sur la pointe, feu *fixe*, visible de 14 milles; n'est pas visible à terre du N. 25° E. Il est élevé de 32™ sur une tour de 20™. (54° 9′ N. et 5° 48′ 14″ O.)

—— Feu de port, *fixe rouge* sur l'extrémité N. E. de la nouvelle jetée; il est visible à 5 milles, élevé de 6™.

—— *fixe bleu*, sur l'extrémité extérieure de la jetée en fer; il est visible sur un arc de 120°.

Les navires doivent tenir le feu *rouge* en vue en faisant route pour le port.

—— *fixe vert*, sur le nouveau débarcadère, à 180™ au N. 60° E. du bout de la jetée intérieure, visible de 3 milles.

—— *fixe* sur la jetée intérieure, visible de 6 milles; allumé à 2™ 7 d'eau sur la barre.

Bahama (feu flottant), à 1 mille de la pointe S. E. du banc par 20™ d'eau; *tournant blanc*, montrant 2 éclats en succession rapide toutes les 30 *secondes*; élevé de 11™ 6, visible de 11 milles. Trompette de brouillard, 2 sons en succession rapide toutes les 2 *minutes*; les mots *Bahama-Bank* écrits sur ses flancs.

Ramsey, feu de port, sur la jetée S. bâbord en entrant;

fixe rouge visible de 4 milles, il est élevé de 8ᵐ. (54° 20′ N. et 6° 43′ 14″ O.)

—— *fixe vert*, sur le bout de la jetée du Nord, visible de 9 milles.

Ayre (C.), sur cette pointe à l'ext. N. de l'île de *Man*. Le feu est *tournant* et à deux lumières, l'une *blanche* et l'autre *rouge* alternativement ; les éclats ont lieu de 1 m. en 1 m., et se voient à 15 milles. (54° 24′ 56″ N. et 6° 42′ 41″ O.)

COTE OCCIDENTALE D'ÉCOSSE

Annan, feu de marée *fixe*, sur *Barnkirk*, allumé de mi-flot à mi-jusant. (54° 57′ 40″ N. et 5° 36′ 14″ O.) Cloche de brouillard.

Little-Ross (D. 2), au sommet de l'île, à l'entrée du port *Kirkcudbrigh*, par 54° 46′ N. et 6° 25′ 14″ O. ; feu à *éclats*, qui ont lieu de 5 s. en 5 s. Son élévation est de 53ᵐ et sa portée de 18 milles. Il n'est pas visible à terre du S. 12° E. au S. 79° E.

Kirkcudbright, feu *fixe* sur le quai.

Mull-of-Galloway (C.), feu *intermittent*, montrant un feu *fixe* pendant 30 *secondes*, suivi d'une éclipse soudaine et totale de 15 *secondes*, visible du S. 73° E. au S. 19° O. par l'Est et le Nord. Le feu est élevé de 99ᵐ et s'aperçoit de 23 milles. (54° 38′ 9″ N. et 7° 11′ 29″ O.)

Port Patrick (D.), *fixe* à l'angle S. E. du port, élevé de 11ᵐ, vis. de 8 milles, masqué par la pointe *Laggon* quand on le relève au N. 27° E. et par la pointe *Miller* quand on le relève au S. 72° O. (54° 50′ 20″ N. et 7° 27′ 16″ O.)

Corsewall (C.), sur la pointe, près de l'entrée du *Loch-Ryan*, par 55° 0′ 29″ N. et 7° 29′ 42″ O. Ce feu *tournant* est alternativement *blanc* et *rouge* avec des éclats de 1ᵐ en 1ᵐ, élevé de 34ᵐ, visible de 15 milles.

Stranraer, 3 feux : *fixe* sur la jetée Est, visible à 9 milles ; *rouge* sur la jetée Ouest, visible à 3 milles ; *vert* sur l'ext. intérieure, allumé quand on attend le paquebot d'Irlande.

Loch Ryan (D. 4), sur la pointe *Cairn Ryan*, par 54° 58′ 35″ N. et 7° 22′ 14″ O. Son feu est *fixe* et élevé de 14ᵐ au-dessus de la mer, avec une portée de 10 milles. Il guide pour aller mouiller dans le *Loch*.

CANAL SAINT-GEORGES. — CÔTE OUEST D'ÉCOSSE 123

Turnberry (D. 2.), sur la pointe, au vieux château en ruines, feu à *éclats*, chaque 12 *secondes*; sa hauteur de 29″2 le fait apercevoir à 15 milles. La tour de 19″5 est blanche et placée au côté Est de l'entrée du *Firth-of-Clyde*. (55° 19′ 30″ N. et 7° 10′ 34″ O.)

Air Harbour (D. 6,) côté Nord du port, 2 *fixes*, sup., *blanc*, inf. *rouge* dans la même tour; élevés de 17″ et 6″, visibles de 10 et 7 milles. (55° 28′ 10″ N. — 6° 58′ 24″ O.)

—— Partie intérieure de la jetée Nord : *fixe, rouge*, quand il y a 2″4 d'eau sur la barre.

—— Ext. extérieure du môle Sud; *fixe, rouge* à l'Est du N. 70° E., *blanc* au N. du N. 70° E.

—— Ext. extérieure du brise-lames; *fixe, blanc*; feu apparent ou réfléchi.

Troon (Gaz), Tournant de 1″ en 1″, son *éclat* de 40ˢ est suivi d'une éclipse de 20 secondes. Il est élevé de 11″ et visible à 9 milles. (55° 33′ N. et 7° 1′ 14″ O.) à 320″ N. 15° E. et S. 15° O. avec le suivant.

—— A l'extrémité de la jetée, *rouge* et *fixe*, visible seulement à 6 milles.

Irvine, feux de marée : l'un près du *Look-Out*, l'autre à 2 encâblures environ de la perche de la barre; *rouge* à 3″9 d'eau sur la barre; *vert* à 3″6; *rouge* et *vert* quand il n'y en aura que 3″3.

Ardrossan (D.), feu *scintillant* de 4 s., *éclat* 2 s., *éclipse* 2 s. Il est placé sur le bout du brise-lames, et se voit à 10 milles dans un arc de 23° quand il reste entre le N. 67° E. et le N. 44° E.

Broomielaw, feux *fixes* de gaz, colonnes en fer sur les quais.

Bowling-Bay, feu *fixe*, à l'entrée du canal de la *Clyde*, visible à 2 milles et élevé de 3″5 sur une maison en bois. (55° 56′ N. et 6° 49′ 5″ O.

—— Feu *fixe blanc* et *rouge*, sur le quai de *Donald*, pour signaler le coude du canal. Les glaces de la lanterne sont alternativement *rouges* et *blanches*.

Dalmuir, *rouge*, au côté Nord de la rivière, indique un coude.

Park Rashielee, *fixe*, sur le quai du *Park*, au côté S. de la rivière.

Cardross (D. 4). *fixe rouge*, sur le banc *Pillar* côté N. du chenal, élevé de 7ᵐ et visible à 4 milles, en pierres noires, sommet blanc.

Glascow (D. 4). sur une balise devant l'entrée, feu *fixe*, élevé de 12ᵐ et visible de 3 milles (55° 46' 15" N. et 6° 34' 14" O.)

Un autre petit feu *fixe* est allumé sur l'angle Nord du quai des vapeurs.

Garmoyle, feu flottant *fixe*, indiquant le côté Sud du canal.

Dumbarton, feu *fixe rouge*, allumé pour les paquebots.

Dumbuck, *fixe* au côté S. du passage.

Pointe Garvel, *flottant* par 3ᵐ 7 à 625ᵐ au N. 33° E. du *Garvel House*; intermitent blanc à intermittences de 8ˢ, montrant une lumière de 4 *secondes* de durée, suivie de 2 petites éclipses pendant les 4 *secondes* suivantes.

Greenock, feu *fixe*, sur le quai en face de la douane; il sert à guider les bateaux à vapeur. (55° 57' 0" N. et 7° 5' 9" O.)

Des feux *rouges* sont encore établis à 1/4 mille N. O. du quai *Albert*; ils sont distants de 155ᵐ, et tenus en ligne, S. O. et N. E. conduisent au mouillage au-dessous du banc.

Helenborough, feux *fixes* : *rouge* sur la tête de la jetée et *vert* sur le bout d'en dedans de la jetée. Entre ces feux il y a 2 feux *blancs*.

Rothesay, trois feux *fixes* sur le quai du N., *rouge* à l'ex. E., *blanc* au milieu, *vert* à l'extr. O.

Cloch (C.). sur la pointe rive gauche; *fixe* qui se voit à 7 milles; il est élevé de 23ᵐ 2. Sifflets de brouillard à vapeur donnant un son aigu puis un son grave chacun de 2ˢ 1/2, sons de cloche toutes les 6ˢ sur la pointe *Kempack*, sons de 2 cloches de tons différents, l'un après l'autre toutes les 8 secondes au fort *Matilda* (55° 56' 35" N. — 7° 12' 53" O.)

Toward (C.,) sur la pointe dans le *Firth of Clyde*, feu à éclats de 10 s. en 10 s. qui se voit à 10 milles. Son élévation est de 21ᵐ sur une tour blanche de 19ᵐ. (55° 51' 45" N. et 7° 19' 31" O.)

Craigmore, Ext. du môle, pointe Bogany, île Bute, à éclats, montre 3 éclats de 1/2 seconde chacun, séparés par des intervalles de 1/2 seconde et 1 seconde 1/2, suivis d'une lumière de 5 secondes.

Cumbrae (D. 2), sur la côte O. de l'îlot, golfe de *Clyde*. *fixe*, élevé de 35°. (55° 43′ 16″ N. et 7° 18′ 44″ O.) Trompette de brouillard de Daboll, sons de 5ˢ à intervalles de 18 à 20ˢ.

Lamlash (D. 4), Ext. S. de l'île *Holy*; *fixe, vert*, élevé de 14°, vis. de 12 milles. Masqué à l'Ouest du N. 78° O. par l'île *Holy* et à l'Est du N. 10° E. par l'île *Arran*. Visible au dessus du port *Lamlash* quand il n'est pas masqué par *Holy*.

Pladda (C. 1), sur la petite île au large de la pointe S. E. de l'île *Arran*, il y a deux feux *fixes verticaux*, avec un intervalle de 7ᵐ6; L'un élevé de 39°, se voit à 17 milles; le second, élevé seulement de 23°, ne se voit qu'à 14 milles; ils sont visibles entre le S. 81° E. et le S. 31° O., ils donnent la direction du *Firth-of-Clyde* et de l'entrée de *Kilbrannon*. (55° 26′ N. et 7° 27′ 23″ O.) Cornet de brume, sons pendant 5ˢ, intervalles de 10ˢ.

Ardrishaig, à l'ext. de la jetée; *fixe*, élevé de 7ᵐ6, visible de 4 milles. (56° 0′ 45″ N. 7° 46′ 44″ O.)

Campbellton, *fixe rouge*, sur la vieille jetée; il éclaire entre le N. 48° O. et le S. 42° E. par l'O. Il est élevé de 5ᵐ4 et se voit à 2 milles. (55° 25′ 30″ N. et 7° 55′ 44″ O.)

—— Sur la jetée neuve *fixe vert*, visible entre le N. 47° O. et le S. 36° O. par l'O.

Davar (D. 2), feu *tournant*, sur la pointe N. E. de l'île *Davar*, à l'entrée de la baie de *Campbellton*, par 55° 25′ 45″ N. et 7° 52′ 29″ O., élevé de 36°. Il *tourne* de 30 s. en 30 s., et est visible de 15 milles. A petite distance, le feu ne disparaît jamais entièrement.

Sanda (D. 1), sur le *Ship-Rock*, au large du *Mull-of-Cantyre*, par 55° 16′ 30″ N. et 7° 55′ 9″ O. Son feu est *fixe et rouge*, élevé de 50° et visible de 17 milles, excepté quand on en est au N. du N. 88° O. Sirène de brouillard proche le phare, à 2 milles devant la côte S. E. du *Mull-of-Cantyre*, un son de 7ˢ une fois par minute.

Mull-of-Cantyre (D. 1), à l'ext. S. O. du *Mull*, par 55° 18′ 39″ N. et 8° 8′ 14″ O., *fixe*, se voit à 22 milles, ayant 90° d'élévation dans une tour en pierre de 11ᵐ; il éclaire du N. 8° O. vers la mer jusqu'au S. 3° O.

Port Ellen ou *Loch Leodamis*, à la pointe *Carraig-*

126   OCÉAN ATLANTIQUE. — CÔTE OUEST D'ÉCOSSE.

Fadda, entrée O. du port. Son feu *fixe rouge* est élevé de 14" et visible de 11 milles. (55° 37′ 10″ N. et 8° 32′ 54″ O.)

Loch-in-Dail (D. 4), sur la pointe *Dun*, à 1/2 mille au Nord du port *Charlotte*. Feu *fixe*, *blanc* entre le N. 31° E. et le N. 8° O., *rouge* entre le N. 8° O. et le S. 70° O ; et *blanc* jusqu'au S. 34° O. Il est élevé de 15" et visible de 12 milles. (55° 44′ 40″ N. et 8° 42′ 29″ O.)

Rhins-of-Islay (C. 1), sur l'île *Oversay*, ext. S. O. d'*Islay*, par 55° 40′ 20″ N. et 8° 51′ O. Ce feu est à *éclats* de 5 s en 5 s., sans obscurcissement complet, et il est visible à 17 milles. Ce feu a 45" d'élévation et sa tour 29". Il disparaît lorsqu'on est à 1/2 mille de la pointe *Cull*.

Islay-Sound (D. 2), sur la pointe *Rudha-Mhail* (île d'*Islay*), feu *fixe blanc* et *rouge* par 55° 56′ 6″ N. et 8° 27′ 44″ O. Il paraît *rouge* depuis le S 2° O. jusqu'au N. 76° E. par l'E. ou dans la direction de *Colonsay* et *blanc* sur tous les autres points de l'horizon éclairé. Élevé de 44" 7, visible de 15 milles.

Mac-Arthur (D. 3), sur la côte E. de l'île d'*Islay*. Le feu est *fixe blanc* et *rouge*. Il est *blanc* dans l'intérieur du *Sound*, de la côte d'*Islay* au S. 22° E. ; *rouge* du S. 22° E. au S. 62° O., puis *blanc* du S. 62° O. dans le N. jusqu'à ce qu'il soit masqué par la côte Sud d'Islay. Il est élevé de 89" et visible de 17 milles. (55° 45′ 50″ N. et 8° 23′ 14″ O.)

Skeirmaoile ou *Iron-Rock* (D. 2), feu *tournant* de 30 en 30 *secondes*, élevé de 22" 2 et visible à 14 milles. Il est situé à l'entrée S. du *Sound de Jura*. (55° 52′ 30″ N. et 8° 10′ 14″ O.)

Crinan-Canal, feu *rouge* et *fixe*, au côté E., élevé de 7"6 et visible à 4 milles. (56° 5′ 30″ N. et 7° 53′ 14″ O.)

Oban, 2 feux *fixes blancs* et *rouges*, dans les lanternes; on les allume quand on attend les bateaux à vapeur. (56° 25′ N et 7° 51′ 14″ O.)

Phladda (D. 4), sur cet îlot. Feu *fixe*; il paraît *rouge* vu du N., dans la direction du rocher *Bogha-Nuadh*, ou quand on le relève entre le S. 11° E et S. 6° O., et *blanc* du côté de la terre, quand on le relève entre le S. 6° O et le N. 1° O. mais il est masqué au large quand il reste entre le N. et le S. 11° E. Il est élevé de 12" 8 et visible à 11 milles. (56° 14′ 48″ N. et 8° 1′ 5″ O.)

Pointe Corran (D. 4), à l'O. de l'entrée du *Loch-Eil*, feu *fixe* qui paraît *rouge* vers l'E. et le S., du N. 31° E. au

S. 34° O., et *blanc* dans toutes les autres directions vers l'O. Il est élevé de 11m 5 et visible à 10 milles. (26° 43′ 16″ N. et 7° 34′ 42″ O.)

Lismore (C. 1), sur l'îlot *Mousedale*, 56° 27′ 19″ N. et 7° 56′ 36″ O. Le feu est *fixe*, élevé de 32m, et se voit à 14 milles. Il est masqué dans le *Firth Lorn* à l'Est du relèvement au N. 25° E.

Mull Sound, Runa-Gal (D. 4), sur cette roche, dans le *Sound de Mull*, à 45m de la laisse des hautes mers. Le feu est *fixe*, *rouge*, *blanc* et *vert*, élevé de 17m, et visible à 12 milles. *Rouge* au large ; *vert* dans la direction des roches *New*, *Red* et *Stirk* ; *blanc* au S. dans le *Sound de Mull*. (56° 38′ N. et 8° 24′ 14″ O.)

Skerryvore (D. 1), sur le rocher, à 9 milles dans le S. 31° O. de l'île *Tiree* par 56° 19′ 22″ N. et 9° 36′ 46″ O. Le feu est *tournant* de 1 m. en 1 m. : il éclaire tout l'horizon et est à 45m au-dessus de la mer ; ses éclats se voient à 17 milles ; plus près, on remarque une lumière fixe entre les éclats.

Ardnamurchan (D. 1), *fixe*, éclairant du N. au S. 36° O. par l'E. ; sur la pointe, par 56° 43′ 38″ N. et 8° 33′ 43″ O. Il est élevé de 55m et se voit à 18 milles. Il conduit à l'entrée N. du chenal du *Mull*.

Dubh-Artach (D. 1), *fixe blanc*, élevé de 44m et visible de 18 milles sur tout l'horizon, mais entre le N. 8° O. et N. 70° E. il est *rouge* (56° 8′ N. et 8° 58′ 14″ O.) Cloche sonnée 10 secondes, à coups précipités, suivis d'un repos de 30″.

Ornsay (D. 4), extr. N. O. du *Sound de Sleat* ; le feu est *fixe* et visible à 12 milles, avec 19m de hauteur. Visible du N. 28° E. au S. 28° E. par le N. et l'O. (57° 8′ 40″ N. et 8° 7′ 4″ O.)

Kyle-Akin (D.), sur la pointe S. O. de l'île *Gillean* ; *fixe blanc* et *rouge*, élevé de 17m 6, et visible à 11 milles ; le feu *rouge* à secteurs *blancs* dans les canaux qui conduisent aux *Sounds* de *Loch-Alsh* et d'*Applecross* du S. 48° E. au S. 81° E. et du N. 78° O. au N. 84° O. Il est masqué au Nord de ce dernier relèvement.

South-Rona (C. D. 2), sur la pointe N. E., *fixe à éclats* de 12 s. en 12 s., élevé de 67m 7 ; visible de 20 milles. (57° 34′ 31″ N. et 8° 17′ 39″ O.) Visible entre le N. 3° O. et le N 50° E. par le N. et l'O.

OCÉAN ATLANTIQUE. — CÔTE OUEST D'ÉCOSSE.

Ru-Stoer (C.D.4), sur *South Ear*, feu *intermittent* montrant un *éclat* de 1 *minute* suivi d'une *éclipse* de 30 *secondes*. Il est élevé de 60ᵐ et visible de 19 milles (58° 14′ 10″ N. et 7° 43′ 14″ O.)

Monach (D. 1), feu à *éclats* de 10 s. en 10 s.; sur l'île *Shillay* devant la côte O. de *North-Uist*. Le feu est élevé de 45ᵐ 6 et visible à 17 milles. (57° 31′ 34″ N. et 10° 1′ 52″ O.)

Monach (D. 4), *fixe*, *rouge* dans la même tour, élevé de 19ᵐ et visible de 12 milles entre le S. 59° E. et le S. 32° O. par le S.

Loch Tarbert de l'Est, presqu'île de *Harris* (*Hébrides*), feu *rouge* sur la nouvelle jetée.

Barra-Head (C.), sur la partie élevée de l'île *Bernera*, ext. Sud des *Hébrides*, par 56° 47′ 8″ O. et 9° 59′ 23″ O. Il est *intermittent*, paraissant subitement pendant 2 m. 30 s., puis éclipse pendant 30 s. La lumière est à 208ᵐ au-dessus de la mer et se voit à 32 milles. Invisible entre le S. 5° E. et le S. 42° O.

Ushenish (D. 1), sur le cap côté E. de l'île *South-Uist*; le feu est *fixe rouge*, élevé de 53ᵐ et visible de 18 milles, entre le N. 3° O. et le S. 45° O. par l'Ouest. (57° 17′ 55″ N. et 9° 31′ 45″ O.)

Scalpay Glass Island, sur la pointe Est de l'île *Glass*, îles *Harris*, *fixe*, élevé de 30ᵐ, vis. de 16 milles. (57° 51′ 25″ N. — 8° 58′ 42″ O.)

Stornoway (C. D. 3), sur l'extrémité S. E. du récif *Arnish* (île *Lewis*) par 58° 11′ 28″ N. et 8° 42′ 24″ O., à 3 milles N. O. de *Chicken-Head*. C'est un feu *tournant* ayant un éclat blanc de 30 s. en 30 s. Son élévation est de 17ᵐ et sa portée de 12 milles. Plus rapprochée, la lumière ne s'éclipse pas entièrement. Une balise, située sur l'extrémité S. O. du récif *Arnish*, porte au sommet un prisme, éclairé par la réflexion d'un feu, placé sur une fenêtre au bas du phare, et dont la lumière, visible entre le N. 36° O. et le S. 76° O., sert à faire parer les récifs *Arnish*.

Butt of Lewis (B. 1), sur la butte de *Lewis*, pointe N. des *Hébrides*. Le feu est *fixe*, élevé de 51ᵐ 8, et visible de 18 milles, du N. 42° O. au N. 49° E. par l'O. et le S. (58° 30′ 40″ N. et 8° 36′ 14″ O.)

COTE SEPTENTRIONALE D'IRLANDE

Tory (D. 1), sur la pointe N. O. de l'île, par 55° 16′ 26″ N. et 10° 35′ 14″ O. Son feu *fixe* a 39m6 au-dessus de la mer et se voit sur tout l'horizon à 16 milles, excepté en passant le détroit, où il est caché par les roches *Tory*, du N. 62° O. au N. 84° O.

Buncrana, petit feu *rouge* sur un des piliers du débarcadère, visible du S. 42° E. au N. 49° E. par l'Est, sert d'amer pour le mouillage devant la ville.

Lough-Swilly (C 3), sur la pointe *Fanad*. côté O. de l'entrée de *Lough-Swilly*.. Feu *fixe*, *rouge* vers la mer, *blanc* dans le *Lough*. On le voit à 14 milles ; il est élevé de 27m, sur une tour blanche de 8m. (55° 16′ 33″ N. et 9° 58′ 7″ O.)

—— (D 3), *fixe blanc*, visible de 13 milles du S. 3° O., au N. 30° O. par l Est : La lanterne est attachée à une maison à 121m dans le N. 20° E. du fort *Dunree*. (55° 11′ 50″ N., 9° 53′ 24″ O.) Au cap *Dunree* prendre beaucoup de tour pour éviter les récif *Skelligs*.

Inistrahull (D. 1), à la partie N. E. de l'île. Son feu est *tournant* de 30 s. en 30 s. et il perd graduellement sa lumière. Sa portée est de 18 milles et son élévation de 55m. (55° 25′ 55″ N. et 9° 33′ 51″ O.)

Un feu *rouge*, allumé sur la tour de l'Ouest, à 7m6 au-dessous du feu *blanc*, passe sur l'extrémité N. E. du banc *Tuns*, entre le S. 88° O. et le N. 75° O. Quand on le masque au Nord, il fait parer ce banc.

Inishowen (C. 3), sur la pointe *Dunagree* et dans 2 tours à 138m ; deux feux *fixes* : celui de l'Est, élevé de 20m 4 ; celui de l'Ouest, de 28m. On les voit de 13 et 15 milles. Feu de l'Est : 55° 13′ 38″ N. — 9° 15′ 52″ O.

Warren (D. 6), sur cette pointe, à l'entrée du *Lough Foyle*. Ce feu est *fixe rouge et blanc*, élevé de 4m 5, *rouge* entre le N. 51° E. et le S. 61° O. quand on le relève du Sud ; *blanc* depuis le S. 61° O. jusqu'à terre, au Nord : il éclaire la roche *Bluick* et les autres dangers extérieurs. Il est également *blanc* dans le *Lough Foyle*, à partir du N. 51° E. jusqu'au N. 60° E., mais de là jusqu'à terre il est masqué.

Foyle. Dans le *Lough-Foyle*, on trouve : 1° un fanal à feu *fixe*, près le *Red-Castle*, sur un échafaudage rouge ; 2° un feu *fixe* au côté E., vis-à-vis du *White-Castle* ; 3° un fanal sur les hauts-fonds de *Ture*, côté S. E. du chenal, sur un échafaudage noir ; 4° un fanal, sur les hauts-fonds de *Cunnyberry*, côté N. O du chenal, sur un échafaudage rouge ; 5° un fanal sur la pointe *Culmore*, sur un mât rouge ; 6° un fanal, au côté E. de *Culkeeragh*, sur une tour en briques blanches de 15ᵐ ; 7° un fanal à feu *rouge*, sur *Boom-Hall* ; 8° un fanal dans la baie *Ross* côté Sud du canal, sur pilotis noir ; 9° un fanal près de la roche *Mill* côté N. O. du canal, sur un mât. Tous ces feux sont *fixes*, *blancs*.

Rathlin (D. 1), sur la pointe N. E. de cette île : au sommet de la tour, *intermittent* avec éclats de 50 s. et *éclipses* de 10 s. se succédant régulièrement ; visible du large à 21 milles entre le S. 69° E. et le N. 10° E. par le S. et l'O. De l'intérieur du *Rathlin-Sound*, on le voit entre le N. 35° E. et le N. 60° E. ; il montre une lumière *rouge* dans la direction de la roche *Carrickavaan* ; sa hauteur est de 74ᵐ. Canon de brouillard, un coup toutes les 15 minutes. (55° 18′ 10″ N. et 8° 30′ 59″ O.)

—— A la base et du côté E. de la tour, à 18ᵐ 5 au-dessous du précédent ; feu *fixe*, visible du large à 9 milles, entre le S. 58° E. et le N. 4° E. ; il ne se voit pas de l'intérieur du canal qui est à l'O. de l'île *Rathlin*.

COTE EST D'IRLANDE

Maidens (C. 1), deux feux distants de 720ᵐ N. 82° O. et S. 82° E., sur ces rochers ; le plus O. par 54° 55′ 47″ N. et 8° 4′ 32″ O. Ces feux sont *fixes* et leurs tours blanches sont peintes avec une large ceinture rouge au milieu. Leurs portées sont de 14 et 13 milles, les feux étant élevés de 28ᵐ 6 et 25ᵐ 5.

On doit veiller pendant les temps de brouillards à tenir ces feux à bonne distance ; plusieurs récifs s'étendent à plus de 3 milles dans le N. et à 1 mille 1/2 dans le S.

Larne Lough (C. 2), feu *fixe*, sur la pointe *Farrs*, côté Est de l'entrée, par 54° 51′ 7″ N. et 8° 7′ 35″ O. Il est élevé de 12ᵐ 8 et visible de 11 milles. Un secteur *rouge*, visible de 9 milles, entre le S. 45° O. et le S. 33° O., signale le récif qui s'étend de la pointe *Barr*. Le centre du secteur paraît aussi sur le rocher *Hunter*.

Belfast (D. 5. C. 4), feu *intermitent blanc*, à intervalles irréguliers, élevé de 8ᵐ 2, sur le banc *Hollyvood* par 2ᵐ 4 d'eau. (54° 39′ N. et 8° 13′ 14″ O.)

COTE EST D'IRLANDE. 131

Il y a aussi un feu *vert*, élevé de 4ᵐ2, sur le banc *Hollywood*, et deux autres semblables vers *Belfast*; on les laisse tous à bâbord en remontant. Il existe aussi un feu *rouge* de 4ᵐ d'élévation dans le S. S. O. de la balise en pierres; on le laisse à tribord en entrant quand on va à *Belfast*. Cloche de brouillard.

Carrickfergus, près du vieux château; *fixe*, est allumé depuis 2 heures avant jusqu'à 2 heures après le plein.

Copeland (C. 1) sur la petite île de ce nom; tour blanche de 16ᵐ; feu *fixe* élevé de 40ᵐ et visible à 16 milles. Cloche de brouillard. (54° 41′ 44″ N. et 7° 52′ 15″ O.)

Donaghadee (C. 3), à l'ext. de la jetée S. E ; la lanterne est à 17ᵐ au-dessus des hautes eaux. Le feu *fixe*, *rouge* vers la mer, du N. O. au S. 22° O., et *blanc* du N. 28° O au N. O. et de la pointe *Orwik* au S 22° O. il est invisible entre le N 28° O. et la terre. Quand le feu *rouge* devient *blanc*, lorsqu'on vient du Sud, on est près des dangers. Il se voit à 12 milles. (54° 38′ 45″ N et 7° 52′ 15″ O.)

South-Rock (flottant D.), bateau-feu à 3 mâts, noir à bande blanche, portant son nom inscrit sur les côtés, à 2 milles dans le N. 75° E. de *South-Rock*. Feu *tournant* visible à 10 milles; sa révolution est de 1 m. 30 s. et son éclipse se fait graduellement. Dans les temps brumeux, on tire du canon, un coup toutes les 15 minutes. Ne pas passer entre le *Ridge* et le bateau-feu. (54° 24′ 40″ N. et 7° 42′ 30″ O.)

Ardglass (C. 6), sur une maison dans le N. N. E. de la ville. Feu *fixe* et *rouge*, visible de 6 milles, et situé au fond du port à 2 encâblure au N. 37° O. de l'entrée. Son élévation est de 5ᵐ5. (54° 15′ 10″ N. et 7° 57′ 4″ O.)

Port Dundrum, sur le vieux quai; *fixe*, allumé de 2 h. 1/2 av la haute mer jusqu'à 2 heures après.

Dundrum Bay (D.2), gaz, sur la pointe *Saint-Jean*, qui ferme la baie de *Dundrun*, par 54° 13′ 10″ N. et 8° 0′ 10″ O. Feu *intermittent rouge* de 1 m. en 1 m., élevé de 19ᵐ et visible à 12 milles. Sa tour est blanche. *Éclat* 45 s., *éclipse* 15 s. Caché dans la baie quand on le relève au S. du N. 84° E.

Carlingford-Lough (C. 1), deux feux *fixes verticaux*, sur la roche *Haulbowline*, dans le *Lough*, par 54° 1′ N. et 8° 25′ 14″ O., on les voit à 15 milles; l'inférieur n'est allumé que de mi-flot à mi-jusant et pendant la même période de jour on hisse une boule. On sonne une cloche à des intervalles de 30 s. dans les mauvais temps. La lanterne est à 31" au-dessus de la mer Un petit feu *rouge* sur une fenêtre au 3ᵉ étage de la tour, éclairant entre le S. 30° O. et le S. 17° O., signale un des coudes du canal.

—— (D. 8). Deux feux de direction sur pilotis, à 450ᵐ N. 50° O. et S. 50° E. l'un de l'autre, montrent chacun un feu *fixe*. Le feu S. E. est élevé de 7" et visible à 5 milles, le feu N. O., élevé de 12", visible à 6 milles. Il faut les tenir en ligne pour passer dans le nouveau canal par 4ᵐ2 de fond; ils sont cachés quand on les relève à l'E. du N. 41° E.

—— (C 3), sur la pointe *Greenore*; feu *tournant* de 45 s. en 45 s.; élévé de 7", on le voit à 9 milles. Il est caché à à l'E. du S. 26° E. par la jetée. (54° 1′ 55″ N. et 8° 28′ 6″ O.)

—— (D. 8), *fixe rouge* sur la jetée de *Greenore*; il est élevé de 10" et visible de 5 milles. En ligne avec le précédent, S. 20° E., il conduit dans le canal, entre les bancs *Watson* et *Stalka*.

Dundalk (D. 4), au côté N. du chenal; feu à *éclats* de 15 s. en 15 s. Son élévation est de 10" et sa portée 9 milles. *Blanc* du S. 67° O. au N. 31° O., et dans le canal qui conduit à *Dundalk*, entre le S. 53° E. et le S. 26° E.; masqué du N. 37° O. au N. 2° E et du S. 26° E. au S. 67° O. *Rouge* du N. 2° E. au S. 49° E. Cloche de brouillard, six sons par minute; 8 balises éclairées entre la barre et le quai. (53° 58′ 40″ N. et 8° 38′ 9″ O.)

Drogheda (C. 3), trois feux dans les sables à l'entrée Sud de la *Boyne*. 1° feu E *fixe*, de 8ᵐ2 au-dessus de la mer; 2° feu O. *fixe*, de 12ᵐ au-dessus de la mer, à 91ᵐ S. 78° O. du feu E., 3° feu N. *fixe et rouge*, de 7ᵐ5 au-dessus de la mer, à 705ᵐ N. 37° O. du feu de l'E. Le feu de l'Est est visible du large du S. 62° O. au N. 85° O. et reste à 11 milles 1/2 au N. 49° O. de *Rockabill*. Le feu de l'Ouest est visible du large entre le S. 62° O. et le N 85° O. (53° 43′ N. et 8° 35′ 14″ O.)

Les feux de l'Est et de l'Ouest, tenus en ligne, conduisent dans les plus profondes eaux de la barre, et lorsqu'on a passé cette dernière on change de direction aussitôt qu'on ouvre le feu N. sur lequel on gouverne alors. Il y a un feu vert et 5 feux *blancs* dans le canal intérieur qui conduit à *Drogheda*. *Les positions des feux E. et O. changent suivant les altérations des sables.*

Rockabill (D. 1), à 45ᵐ sur le sommet de la plus grande des *Skerries*, feu à *éclats* de 12ˢ en 12ˢ. *Blanc* vu du large entre le N. 28° O. et le S. 11° O.; *rouge* quand il est vu de l'Ouest

COTE EST D'IRLANDE.

ou du côté de la terre entre les mêmes relèvements. Sa portée est de 18 milles. (53° 35′ 45″ N. et 0° 20′ 44″ O.)

Balbriggan (C. 2), sur la jetée, côté S. de l'entrée, à 9 milles de *Drogheda*. Il est *fixe* et visible à 10 milles. Son élévation est de 12ᵐ 8. Il montre une lumière *rouge* entre le N. 53° O. et le N. 68° O., sur les dangers *Skerris* (53° 36′ 45″ N. et 8° 31′ 14″ O.)

Baie Skerries (C. 5), sur la tête du môle; *fixe rouge*, élevé de 13ᵐ, visible de 5 milles quand on le relève entre le S. 31° E. et le N. 3° O. par l'Est.

Howth (C. 2), *fixe* et *rouge* à l'ext. de la jetée Est; il se voit à 11 milles et est élevé de 13ᵐ, le port *Howth* est au côté N. de la colline, en dedans de *Irelands-Eye*, 3/4 de mille de cette île. (53° 24′ N. et 8° 24′ 14″ O.)

Deux petits feux placés sur l'extrémité de la jetée O. servent comme points de reconnaissance, en entrant par le N. ou entre *Irelands-Eye* et *Lambay*.

Bailey (D. 1). sur la pointe S. E. de la presqu'île *Howth*, côté N de la baie de *Dublin*; feu *fixe*, élevé de 41ᵐ et visible à 15 milles. (53° 21′ 40″ N et 3° 23′ 29″ O). Puissante *sirène* de brume produisant des sons de 5 secondes de durée avec pauses de 55 secondes.

Poolbeg (C. 1), à l'extr. du mur Sud de *Dublin*, à l'entrée de la rivière; feu *fixe*. Il est élevé de 20ᵐ et se voit à 12 milles (53° 20′ 30″ N. et 8° 29′ 30″ O.) Cloche de brouillard.

—— (D. 4.), près de l'extrémité E. du mur de la ville; feu *fixe*, élevé de 9ᵐ. Il montre une lumière *rouge* dans le canal de la rivière.

——Feu *fixe* sur une perche, au bord du banc du N., à 3/4 de mille plus loin.

Bull, à l'ext. du mur Nord de *Bull*; blanc, à éclats, secteur *rouge*. (En construction.)

Kingstown (C. 3), sur l'ext. de la jetée Est; son feu est *tournant*, élevé de 12ᵐ 5 au-dessus de la mer et montre alternativement des feux *rouges* et *blancs*, de 30 s en 30 s.; il est masqué au Nord du N. 63° O. pour faire parer les roches *Muglin*. (53° 18′ N. et 8° 28′ 14″ O.) Cloche de brouillard.

—— (C. 4), petit feu *rouge*, de direction, placé sur la jetée O.; sa portée est de 2 milles.

COTE EST D'IRLANDE.

Kish (flottant C.), par 18ᵐ à 3/4 de mille de l'ext N. du banc. Le feu est *tournant* de *minute* en *minute* et se voit de 10 milles, étant élevé de 11ᵐ. Le bateau a 3 mâts, avec un ballon noir au grand mât et *Kish* écrit sur les côtés. Par brume 2 coups de canon précipités de 15 minutes en 15 minutes (53° 19′ N. et 8° 16′ 59″ O.)

Codling (flottant C.) feu *tournant rouge* de 20 s. en 20 s. Il est mouillé par 16ᵐ, à 4 milles 1/3 S. 45° E. du banc. Bateau à 3 mâts noir à raie blanche avec 1 ballon sur un demi-ballon, les mots *Codling-Bank* sur ses côtés; portée 9 milles. (53° 3′ 40″ N. et 8° 5′ 39″ O.) Gong de brouillard.

Wicklow-Head (D. 1), à l'extrémité Est du comté. Feu *intermittent, éclat* 10 s., *éclipse* 3 s. Il est élevé de 37ᵐ et visible à 16 milles. (52° 57′ 50″ N. et 8° 20′ 19″ O.)

Arklow. Bateau du Sud (flottant C.), mouillé par 46ᵐ à 1 mille 3/4 de l'ext. Sud du fond de 5ᵐ 5. Il est *tournant* chaque 30 *secondes* et visible à 10 milles. Gong de brouillard. Les mots *Arklow Bank South* sur les côtés. (52° 40′ 45″ N. et 8° 17′ 24″ O.)

—— Bateau du Nord (flottant C.), mouillé par 33ᵐ à 3 milles 1/4 dans le S. 87° E. de l'extrémité N. du banc; *tournant*, 2 *éclats* en succession rapide suivis d'une *éclipse* de 45 secondes. Gong de brouillard. Les mots *Arklow Bank North* sur les côtés. (52° 53′ N. et 8° 10′ 34″ O.)

Blackwater Bank (flottant C. 3). Bateau à 3 mâts noir ligne blanche, portant un feu *fixe* à la tête du grand mât, et de jour 2 ballons noirs. Le feu est élevé de 12ᵐ et visible à 10 milles. Le bateau est mouillé par 34ᵐ à 3 milles 1/2 N. 65° E. de la bouée Nord du banc (52° 30′ 10″ N. et 8° 25′ 14″ O.) Gong de brouillard. Les mots *Blackwater Bank* sur les côtés.

Bancs Lucifer (flottant C.), *fixe rouge*, sur un bateau à 3 mâts, noir à raie blanche avec globe au grand mât, mouillé par 38ᵐ à 2 milles 1/2 dans le N. 66° E des bancs. Le feu élevé de 12ᵐ est visible de 8 milles. (52° 21′ 30″ N. et 8° 29′ 29″ O. Gong de brouillard. *Lucifer Shoals* peint en blanc sur les côtés.

Rosslare, *fixe blanc* à l'ext. du brise-lames en construction.

Tuskar (C. 1), sur ce rocher. Il est élevé de 31ᵐ et *tournant* : il montre deux *éclats blancs* qui se suivent, et un *rouge*, avec des intervalles de 1′; c'est-à-dire que le feu *rouge* ne se voit que toutes les 3 *minutes*. Durée des éclats, 10 s. L'éclat *blanc* est visible à 15 milles, le *rouge* à 10 milles. Avec les brouillards, on tire une fusée qui éclate avec bruit à une hauteur de 120″. (52° 12′ 9″ N. et 8° 32′ 35″ O.)

COTE SUD D'IRLANDE

Saltees (flottant C.), par 56″, auprès de la roche *Coningbeg*, la plus Sud des îles *Saltees*; à *éclats*, élevé de 11″6, visible de 10 milles, le bateau porte un ballon et *Coningbeg* sur les 2 côtés. Le feu montre 3 *éclats* en succession rapide toutes les minutes, *éclats* de 23 secondes suivis d'une *éclipse* de 37 secondes. Trompette de brume, 2 sons de 5 secondes à intervalles de 20 secondes suivis d'un intervalle de 4 minutes et demi.

Hook (D. 1), côté E., de l'entrée de *Waterford*; feu *fixe* visible à 16 milles, son élévation étant de 46″3 sur une tour blanche avec trois zones horizontales rouges et une lanterne rouge. (52° 7′ 25″ N. et 9° 16′ 7″ O.) Canon par temps de brume.

Il faut se garder de venir à moins d'une encablure de la pointe *Hook*, afin d'éviter les courants irréguliers.

Duncannon (C. 3), feu double, dans le fort au côté E. en montant à *Waterford*. Ces deux feux sont *fixes* et *verticaux* avec 3″ d'intervalle. Le plus élevé a 16″ et se voit à 10 milles (52° 13′ 13″ N. et 9° 16′ 14″ O.) Le feu inférieur ne se voit que du large.

Waterford (C. 3), *fixe*, élevé de 39″ et visible de 16 milles, sur le cap *Black*, à 1/2 mille N. 3° E. du précédent. Ce feu et le précédent étant tenus en ligne conduisent dans le chenal.

—— (C. 3), *fixe rouge*, à 7 milles en dedans de l'entrée. Rendu à 1/2 mille en amont du fort *Duncannon*, on relèvera ce feu au N. 52° 27′ O. à 1 mille environ et en le gardant ouvert par le bossoir de bâbord et donnant au phare un tour de 1/2 encablure, on gagnera le mouillage par la meilleure route.

—— à l'entrée Est, *Queen's Channel*, *fixe*, *vert* et *rouge* sur un pilier. *Vert* en haut de la rivière; *rouge* dans la direction de *King's Channel* et en bas de la rivière.

COTE SUD D'IRLANDE.

Dunmor, (C. 3), *fixe* à la tête de la jetée côté O. de l'entrée de *Waterford*, *rouge*, sur la mer, *blanc* vers le port; il est élevé de 13ᵐ, dans une tour blanche de 15ᵐ; on le voit à 5 milles. (52° 9' N. et 9° 19' 44'' O.)

Dungarvan (D. 3), sur la p^te *Ballinacourty*, feu *fixe*, visible à 10 milles. Il est *vert* du N, 78° O au S. 68° O , *rouge* dans la direction du rocher *Carrickapane*, et *blanc* dans toutes les autres directions (52° 4' 27'' N. et 9° 53' 14'' O.)

Mine-Head (D. 1), feu *intermittent* de 1 m. en 1 m., l'*éclat* ayant 50 s., l'*éclipse* 10 s. Ce feu est élevé de 86ᵐ 7 et visible de 21 milles, entre le N. 52° E. et le S. 60° O, par le Nord. (51° 59' 33'' N. et 9° 55' 22'' O.)

Youghal (D. 3), au côté O. de l'entrée. par 51° 56' 34'' N. et 10° 10' 48'' O. ; élevé de 23ᵐ, son feu *fixe* visible de 6 milles. Sa tour est circulaire.

On montre un feu *rouge* à une fenêtre du phare du *Youghal* deux heures avant la haute mer jusqu'à une heure et demie après. Visible du N. 12° E. au N. 6° O. En outre, un secteur de lumière *rouge*, placé dans une fenêtre d'une petite maison située à l'E. du phare, est visible entre le N. 50° O. et le N. 67° O., dans les mêmes circonstances de marée, pour guider dans le chenal.

Ballycottin (D. 1), feu *fixe à éclats*, sur l'îlot extérieur. Son élévation est de 59ᵐ, et ses éclats de 10 s. en 10 s., sont visibles à 18 milles, entre le S. 62° O. et le N. 72° E. par le Nord. (51° 49' 30'' N. et 10° 19' 14'' O.) Cloche de brouillard.

Cork (C. 2), sur la pointe *Roche*, côté E. du port. Feu *intermittent*, éclairant 15 s , éclipsé brusquement pendant 5 s., élevé de 29ᵐ, et visible à 10 milles. Cloche de brume, 2 sons par minute.

La même tour porte à sa base un feu *fixe* (D. 2), visible à 8 milles entre le N. 31° E. et le N. 15° E., pour signaler la position de la roche *Daunts*. (51° 47' 33'' N. et 10° 35' 28'' O.)

—— (flottant), mouillé par 25ᵐ 6. à 8/10 de mille dans le S. 36° E de la roche *Daunt*, port de *Cork*. Le feu, *fixe rouge*. a 12ᵐ au-desssus de la mer. Le bateau noir porte un ballon au grand mât et un cône au mât d'artimon Les mots *Daunt's-Rock* sont sur ses côtés. (51° 43' N. et 10° 37' 14'' O.) Canon par temps de brume, 2 coups à 5 minutes d'intervalle tous les quarts d'heure.

COTE OUEST D'IRLANDE. 137

—— (D. 4), sur un échafaudage de 9ᵐ 7, installé par 2ᵐ 7 d'eau au coude E. du *Spit-Bank*, près de *Queenstown*, C'est un feu *rouge* et *fixe*, visible de 5 milles du N. 3° E. au S. 86° E. par l'O. Il montre un secteur *blanc* du S. 15° O. au S. 39° O., sur le rocher *Bar*. (51° 50′ 41″ N. et 10° 36′ 40″ O.)

—— (D. 4), dans *Lough-Mahon*, devant *Meelough-Spit*. Feu *fixe rouge*, à 30ᵐ du bord du banc; élévation 7ᵐ 3; portée 2 milles. (51° 53′ N. et 10° 39′ 28″ O.) Cloche de brouillard.

—— *fixe*, au S. E. de *Black-Rock-Castle*, 7 encablures de distance, visible à 3 milles.

—— *fixe vert* à *Donkethel*, côté N. du canal, feu visible à 2 milles.

—— *fixe rouge*, sur le quai du *Roi*. Feu de gaz, visible à 1 mille.

—— *fixe rouge*, à *Tivoli*. Feu de gaz, visible à 1 mille.

Poor Head, sur le sommet du cap; trompette de brume, son de 5 secondes toutes les 2 minutes.

Kinsale (C. 2), sur le fort *Charles*, côté E. du port, feu *fixe* et visible à 14 milles; son élévation est de 30ᵐ, sa tour blanche (51° 41′ 48″ N. et 10° 50′ 4″ O.)

Old-Head (D. 1), feu *fixe*, élevé de 72ᵐ au-dessus de la mer, dans une tour de 30ᵐ blanche avec 2 raies rouges. Ce feu est visible à 21 milles, mais il est *rouge* entre les *Sevenheads* et le rocher *Horse*, dans la baie de *Curtmacsherry*. Éviter de voir le feu *rouge* quand on ne va pas au mouillage. (51° 36′ 11″ N. et 10° 52′ 12″ O.)

Cap Galley, feu montrant 6 ou 7 *éclats successifs* en 16ˢ et 44 s. d'*éclipse*. Il est élevé de 53ᵐ et visible de 19 milles. (51° 31′ 47″ N. et 11° 17′ 16″ O.)

Fastnet (D. 1), feu *tournant* de 1ᵐ en 1ᵐ au sommet de ce rocher par 51° 23′ 18″ N. et 12° 56′ 39″ O. Il est élevé de 45ᵐ et visible de 18 milles. La tour de 28ᵐ a une large ceinture rouge. Il y a une roche dangereuse à 360ᵐ N. 29° E. de ce phare.

COTE OUEST D'IRLANDE

Crook haven (D. 3), sur la pointe *Rock-Island*, côté N. de l'entrée; feu *fixe*, élevé de 20ᵐ. Il est *rouge* entre le N.

8.

COTE OUEST D'IRLANDE.

22° O. et le N. 81° O. et *blanc* au Nord de ce dernier relèvement pour faire parer les rochers *Alderman*. (51° 28′ 35″ N. et 12° 2′ 53″ O.)

Pour donner dans *Crookhaven*, et parer les rochers *Alderman*, tenez-vous au nord de la limite N. du feu *rouge* en les doublant.

Bear-Haven (C. 2), sur la roche *Roancarrig*, dans la baie de *Bantry*, à l'entrée E. de *Bear-Haven* Feu *fixe* visible à 12 milles et élevé de 16ᵐ 8. Visible du S. 73° E. au S. 87° E. (51° 39′ 10″ N. et 12° 5′ 3″ O.)

Calf (D. 1), feu à *éclats* de 15 s. en 15 s., sur ce rocher, près de l'île *Dursey*, baie de *Bantry*. Son élévation de 41ᵐ le fait apercevoir de 17 milles. (51° 34′ 10″ N. et 12° 35′ 4″ O.)

Skelligs (C. 1), sur la plus élevée des roches, à 7 milles 1/2 de *Bolus-Head*. Ce feu est *fixe*, élevée de 53ᵐ, et on le voit à 18 milles. du S. 65° E. au S. 82° O. Il y a 2 tours; le feu est dans la tour inférieure, l'autre n'est pas éclairée. (51° 46′ 14″ N. et 12° 25′ 59″ O.)

Valentia (C. 2), feu *fixe*, sur la pointe *Cromwells*, élevé de 16ᵐ 5. Visible de 12 milles entre le S. 73° E. et le Sud. (51° 56′ N. et 12° 39′ 30″ O.

Tearaght (D. 1), sur l'île la plus Ouest des *Blasket*, feu *tournant* chaque 90 s. Il est élevé de 84ᵐ et visible de 22 milles, entre le N. 34° O. et le S. 45° O. par l'E. et le S. (52° 4′ 30″ N. et 13° 0′ 14″ O.)

Tralee (D. 4), *fixe*, sur l'île *Samphire*. Au large du N. 81° E. au S. 85° O., ce feu est *rouge*, mais il est *blanc* du S. 24° E. au N. 81° E. Il est élevé de 17ᵐ et visible à 8 milles. Sa tour circulaire est construite en pierre bleuâtre. (52° 16′ 14″ N. et 12° 13′ 7″ O.)

Horse Rock (D.), côté Nord du chenal à 12 milles 3/4 en aval de *Limerick*; *fixe blanc*. élevé de 2ᵐ 7, vis. de 6 à 7 milles, dans une maison en bois sur pilotis.

Sod Island. côté Nord du chenal à 10 milles 1/2 en aval de *Limerick*, *fixe*, *blanc*, élevé de 3ᵐ 6, visible de 5 à 6 milles, sur une perche blanche.

Ile Caïn (lampe) au côté Nord du chenal, *fixe blanc*, élevé de 7ᵐ 6, vis. de 5 milles sur une perche en bois.

Logheen (lampe) côté Nord du chenal à 9 milles en

aval de *Limerick, fixe blanc*, élevé de 3ᵐ, vis. de 4 à 5 milles; sur une perche en bois.

Spilling Rock (lampe) côté Sud du chenal à 8 milles en aval de *Limerick; fixe blanc*, élevé de 4ᵐ, vis. de 4 à 5 milles; sur une perche en bois.

Crawford Rock (lampe) côté Nord du chenal à 6 milles 1/4 en aval de *Limerick; fixe blanc*, élevé de 6ᵐ, vis. de 4 à 5 milles; sur une perche en bois.

—— à 3 encâblures au N. 64° E. du feu blanc; *fixe rouge*, élevé de 8ᵐ 5; allumé pendant l'hiver seulement.

Flagstaff Rock, côté Nord du chenal à 5 milles 1/2 en dessous de *Limerick, fixe blanc*, élevé de 6ᵐ 4. Allumé pendant l'hiver seulement.

Ballast Rock (lampe) côté Nord du chenal à 4 milles de *Limerick; fixe blanc*, élevé de 6ᵐ 7, vis. de 4 à 5 milles; sur une perche blanche.

—— à 1 encablure 1/2 au S. 74° E. du feu blanc, *fixe rouge*, élevé de 7ᵐ 6, allumé l'hiver seulement.

Coonagh point, côté Nord du chenal à 3 milles de *Limerick; fixe blanc*, élevé de 7ᵐ, vis. de 4 à 5 milles; sur un poteau blanc.

Braemar point, côté Sud du chenal, à 2 milles 1/2 de *Limerick; fixe blanc*, élevé de 7ᵐ 3, vis. de 4 à 5 milles, sur un poteau blanc.

Clonmacken point, côté Nord du chenal à 1 mille 1/2 de *Limerick, fixe blanc*, élevé de 7ᵐ 6, vis. de 4 à 5 milles.

Barrington quai, côté Nord du chenal à 3 milles 1/4 de *Limerick; fixe rouge* à l'Ouest, *vert* à l'Est, élevé de 4ᵐ 6, vis. de 3 à 4 milles.

Dock head, côté Sud du chenal à *Limerick; fixe rouge*, élevé de 5ᵐ, vis. de 3 à 4 milles.

Loop-Head (D. 1), à 450ᵐ N. 76° E. de l'ext. du cap. Le feu est *intermittent*, montrant un *éclat* de 20 s. suivi d'une *éclipse* de 4 s. et visible de 22 milles, entre le S. 36° O. et le N. 81° O., étant élevé de 84ᵐ dans une tour blanche de 22ᵐ. (52° 33′ 38″ N. et 12° 16′ 8″ O.)

Kilcradan (C. 2), sur la pointe, côté N. de la *Shannon*. Feu *fixe, rouge* vers la mer, *blanc* à l'intérieur. On le voit à

16 milles, étant élevé de 40ᵐ. (52° 34′ 47″ N. et 12° 2′ 48″ O.)

Scattery (D. 4), feu *fixe blanc* et *rouge*, sur l'extrémité Sud de l'île, par 52° 36′ 15″ N et 11° 51′ O. Il est élevé de 15ᵐ 2 et *blanc* à 10 milles sur tout l'horizon, excepté entre le N. 2° O et le N. 36° E. où il est *rouge*, sur le rocher *Rinana*; masqué vers la terre entre le S. 28° O. et le S. 86° E.

Tarbert (D. 3), *fixe*, dans le *Shannon*. La lanterne a 18ᵐ au-dessus de la mer, et sa portée est de 13 milles. (52° 35′ 30″ N. et 11° 42′ 1″ O.)

Beeves (D. 3), *fixe blanc* et *rouge* sur le bord S. des rochers, élevé de 12ᵐ et visible à 10 milles (52° 39′ N. et 11° 21′ 32″ O.); au S., entre le N. 60° E. et le N. 81° O., il est *blanc*, mais au N. des rochers sa couleur est *rouge*.

Inisheer (D. 1), sur la pointe S. *fixe, blanc*, visible à 15 milles de l'Ouest du Sud et de l'Est du S. 62° E. au S. 54° O. La lumière est *rouge* dans la direction de la roche *Finnis*; il faudra, en approchant de ce feu, éviter la partie éclairée en *rouge*. (53° 2′ 40″ N. et 11° 51′ 44″ O.)

Eeragh (D. 1), sur la pointe O. de l'île, par 53° 8′ 55″ N. et 12° 11′ 44″ O., feu *tournant* de 1 m. en 1 m., visible à 16 milles et élevé de 35ᵐ au-dessus de la mer, dans une tour ronde avec 2 bandes horizontales rouges.

Ile-Straw. Baie *Killeany* (D. 5), *fixe, rouge*, élevé de 9ᵐ, vis. de 6 milles du N. 79° E. au N. 70° O.

Mutton, feu de port, sur l'île *Mutton* devant la ville de *Galway*. Il est *fixe*, élevé de 10ᵐ et visible à 10 milles. (53° 15′ 13″ N. et 11° 23′ 24″ O.

Slyne-Head (C. 1), deux tours distantes de 129ᵐ N. 20° O. et S. 20° E., sur l'îlot le plus O. des îlots rocheux de *Slyne-Head*. Le feu le plus N. est *tournant* de 2 m. en 2 m.; on voit successivement un feu *rouge* et deux feux *blancs*, il fait une révolution complète en 6 minutes. Le plus S. est *fixe*. Les deux tours sont blanches, et leurs feux, élevés de 35 et de 31ᵐ, ont une portée de 15 et 14 milles. En les voyant en ligne, ils font parer toutes les roches entre les baies *Galway* et *Clew*.

Clare (C. 1), sur la pointe N. de l'île, entrée de la baie *Clew*, feu *fixe*, qui se voit à 27 milles; il est élevé de 104ᵐ sur une tour blanche de 11ᵐ9. (53° 49′ 30″ N. et 12° 19′ 44″ O.)

Inishgort (C. 3) sur la pointe S. de l'île. Ce feu est *fixe* et se voit à 10 milles. Il a 11^m au-dessus de la mer, et guide sur *Westport* et *Newport*. (53° 49′ 34″ N. et 12° 0′ 26″ O.)

Blacksod (D. 3), feu *fixe rouge* et *blanc*, sur la jetée *Termon*, extrémité de la pointe; il est *blanc* entre le N. 20° E. et le S. 31° O. par le Nord et l'Ouest; *rouge* entre le S. 31° O. et le S. 12° O. Son élévation de 11^{m}2 le fait apercevoir à 10 milles. (54° 5′ 54″ N. et 12° 23′ 48″ O.)

Black Rock (D. 1), feu à *éclats blancs* et *rouges*, de 30 s. en 30 s., sur cette roche. Le feu est *blanc* au large, et *rouge* vers la terre entre le S. 34° O. et le N. 81° O.; il est élevé de 86^m, sur une tour ronde de 15^{m}2 et visible à 22 milles. (54° 4′ 10″ N. et 12° 39′ 34″ O.)

Eagle (C. 1). Ce rocher est à trois milles 1/2 au S. 42° O. d'*Erris-Head*, par 54° 17′ N. et 12° 25′ 45″ O. Les deux tours sont à 120^m N. 50° E et S. 50° O. Leurs feux *fixes*, élevés de 67^m et visibles de 20 milles. Tenus en ligne, ils conduisent au large de toutes les roches qui existent entre les baies *Blacksod* et *Broadhaven*, et des *Stags* qui sont à l'Est de la dernière. Invisibles du N. 14° O. au S. 67° O.

Broadhaven (D. 3), sur la pointe *Cashel*, au côté O. de l'entrée. Le feu est *fixe*, élevé de 26^m et visible à 12 milles. Il est *rouge* quand on le voit de la partie Ouest du port, *blanc* au large ou dans l'Est. (54° 16′ N. et 12° 13′ 14″ O.)

Baie Killala (C. 5), au côté Ouest de la baie, station du *Coast Guard* à *Ross*; *fixe rouge*, visible entre le S. 50° O. et le S. 78° O. pour faire parer les rochers *Patrick*.

Sligo (C. 2), sur le *Black-Rock*, feu *fixe*, visible à 13 milles, et seulement du côté de la baie; son élévation est de 24^m. (54° 18′ N. et 10° 57′ 14″ O.)

Oyster (C. 3), dans la baie de *Sligo*. Deux feux sur des tours blanches à 150^m de distance, marquent le N. 60° O.; la barre franchie, leur alignement fait éviter le banc *Bungar*. Ces feux sont *fixes* et visibles à 17 milles; ils ont 12 et 14^m d'élévation. (54° 18′ 5″ N. et 10° 54′ 13″ O.)

Killybegs (C. 1), sur la pointe *Saint-John*; feu *fixe*, visible de 14 milles. Il est élevé de 29^m (54° 34′ 8″ N. 10° 47′ 47″ O.)

—— (C. 3), au côté O. de l'île *Rotten*, feu *fixe*, visible à 12 milles, *blanc* avec secteur *rouge* au dessus des rochers *Ballockmore*, du N. 16° E au N. 39° E. La tour est blanche et la lanterne élevée de 20^m. (54° 36′ 51″ N. et 10° 46′ 37″ O.)

MANCHE — COTE NORD DE FRANCE.

Rathlin-o-Birn (D. 2), feu *fixe blanc* et *rouge*, élevé de 35ᵐ et visible de 16 milles; *blanc* sur tout l'horizon de la mer du S. 45° E. au N. 53° O. par l'E., mais *rouge* vers la terre et au S. E. de l'île. La tour est sur la pointe extérieure de l'île. On doit rester en dehors de la limite du feu *rouge*. (54° 39′ 47″ N. et 11° 10′ 6″ O.)

Aranmore (D. 1), sur la pointe *Rinrawros*, N. O. de l'île Aran, feu *tournant*, montrant un *éclat blanc* et un *éclat rouge* de même intensité à 20 s. d'intervalle; il est élevé de de 71ᵐ et visible de 25 milles. (55° 0′ 52″ N., 10° 53′ 2″ O.)

—— Feu *fixe rouge* dans la même tour, à 10ᵐ au-dessous du précédent; il est visible dans la direction des roches *Stay*, du S. 35° O. au S. 54° O.

FRANCE

LES RELÈVEMENTS SONT DONNÉS DE LA MER.

COTE SEPTENTRIONALE

Dunkerque (D. 1), feu *tournant* dont les éclipses se succèdent de 1 m. en 1 m.; entre l'écluse de chasse et le fort *Risban*, par 51° 3′ N. et 0° 1′ 41″ E. L'élévation est de 59ᵐ. Les éclats se voient à 24 milles. Les éclipses ne paraissent totales en temps ordinaire, qu'au-delà de 12 milles; en deçà, on aperçoit un petit feu fixe dans les intervalles.

Ce phare est particulièrement destiné à éclairer les bancs de *Dunkerque*. Par un beau temps, sa portée doit dépasser leurs limites et atteindre, au N. de ces dangers, la partie S. des bancs *Hewett*.

—— (D. 4), *fixe vert*, sur l'extrémité de la jetée E.; élevé de 8ᵐ et visible de 3 milles. (51° 3′ 25″ N. et 0° 1′ 22″ E.)

—— (C. 4), feu de port *fixe*, *blanc*, *rouge* et *vert* sur la jetée O.; l'élévation est de 10ᵐ et la portée de 4 milles. Destiné à signaler le mouvement de la marée de 0ᵐ 25 en 0ᵐ 25. Quand la hauteur de la marée au-dessus du zéro des cartes est de moins de 2ᵐ, le feu paraît *rouge* s'il y a flot, et *vert* s'il y a jusant. A partir de 2ᵐ, le feu paraîtra *blanc* varié par des *éclats rouges* et *verts* de 80ˢ en 80ˢ, les éclats se succédant de 5ˢ en 5ˢ. — chaque *éclat rouge* ajoute 1ᵐ, chaque *éclat vert* ajoute 0ᵐ 25. Une courte occultation dans chaque série indique le flot, 2 courtes occultations, le jusant ; l'absence d'occultation indique l'étale. Exemple : En 80s on aperçoit 1 feu *blanc* varié par 2 *éclats rouges*, suivi d'un *vert*, avec une occultation vers le milieu de la série ; on en conclut 2" de hauteur initiale + 2" pour les 2 éclats rouges, + 0,25 pour l'éclat vert, total 4" 25, et il y a flot ; feu *blanc* 1 *éclat rouge*, 3 verts, 2 occultations = 2 + 1 + 0,75 = 3" 75, et il y a jusant. Cloche de brouillard. Canots de sauvetage.

—— (C 4), feu *fixe* sur la tour de l'*Heuguenard*, destiné à éclairer le chenal entre les jetées. Sa portée est de 12 à 15 milles dans cette direction, qui est le S. 39° E. et en dehors de laquelle le feu n'est visible que de 5 ou 6 milles dans un angle de 10° à 12°.

Ce feu est souvent aperçu avant le feu de la jetée O.

Snouw (flottant C. 3), *fixe rouge*, élevé de 10" et visible de 7 milles. Le bateau rouge, à un mât surmonté d'une sphère rouge à claire-voie, de 2" de diamètre, est mouillé par 20" d'eau à 5 milles N. 49° E. du phare de *Gravelines* ; il porte son nom sur ses côtés Cloche de brouillard. (51° 3' 32" N. et 0° 7' 34" O.)

Dyck (flottant C. 3), bateau rouge, mouillé par 20" à 3 milles 1/2 N. 34° O. du phare de *Gravelines*. Il montre deux feux *fixes*, élevés de 10" 5 et 7", visibles à 11 milles. Les mâts ont à leur sommet chacun une sphère rouge à claire-voie de 2" de diamètre. Cloche de brouillard. (51° 3' 8" N. et 0° 16' 40" O.)

Ruytingen (flottant C. 3), *tournant rouge* à *éclipses* de 30 s. en 30 s., mouillé par 18" à 11 milles 1/2 au N. 32° O. du phare de *Dunkerque* ; il est élevé de 10" et visible de 11 milles. (51° 12' 52" N. et 0° 8' 0" E.)

Vu par le feu fixe de *Gravelines*, il fait parer les *Ruytingen*, et passer entre le *Dyck* et le *Dyck* occidental. Cloche de brouillard.

Gravelines (D. 3), feu *fixe*, sur le petit fort *Philippe*, jetée du N. E., par 51° 0' 18" N. et 0° 13' 40" O. ; son élévation est de 29" et sa portée de 14 milles.

—— (C. 4), deux feux de marée : 1° le fanal d'aval, sur la jetée S. O., grand fort *Philippe*; son élévation est de 6" et sa portée 6 milles ; 2° le fanal d'amont, à 60" du précédent, même élévation et même portée. Ils sont *fixes* tous les deux. Canot de sauvetage.

Ils donnent la direction du chenal et ne sont allumés que

2 h. avant et après le plein de la mer, c'est-à-dire quand il y a 2ᵐ d'eau à l'entrée, pendant les mortes eaux.

Walde (D. 3), sur la pointe de la plage de *Walde*, à 3 milles à l'E 39° N. du phare de *Calais*; feu *alternatif*, *rouge* 4 s., *blanc* 16 s., sans éclipses. Haut. 10ᵐ 8; portée 10 milles. (50° 59' 47'' N. et 0° 25' 5'' O.)

Calais (D. 1), feu *fixe varié* de 4 m. en 4 m. par des *éclats* précédés et suivis de courtes éclipses, dans les fortifications à 400ᵐ de l'ancien phare. (50° 57' 45'' N. et 0° 29' 2'' O.) Son élévation est de 58ᵐ au-dessus de la mer et sa portée de 20 milles.

Les éclipses ne paraissent totales qu'au delà de 12 milles.

—— (C. 4), feu de port, *fixe* et *rouge*, sur l'ext. N. de la jetée O. Son élévation est de 7ᵐ et sa portée de 4 milles. Quand l'accès est impossible, ce feu n'est point allumé. 2 bateaux de sauvetage.

—— (D. 4), feu de *marée*, sur l'extrémité de la jetée de l'E. Son feu, *fixe blanc*, est élevé de 12ᵐ et sa portée de 9 milles. On ne l'allume qu'avec 3ᵐ d'eau et quand l'entrée est praticable. Un feu *rouge* au dessous du feu *blanc* annonce 4ᵐ, un feu *rouge* au-dessus 5ᵐ, les trois feux 6ᵐ. Cloche de brouillard quand le port est accessible par temps de brume.

—— 2 *fixes rouges* sur la même jetée de l'Est.

Gris-Nez (D. 1), feu *tournant*, électrique, dont les éclipses se succèdent de 30 s. en 30 s. et que l'on voit à 22 milles de distance; il est élevé de 69ᵐ. Une lumière *fixe* de faible portée se voit entre les éclats quand on est à moins de 10 milles. (50° 52' 10'' N. et 0° 45' 13'' O.) Le feu peut être aperçu de 32 milles.

Boulogne (D. 4), feu *fixe rouge*, à 30ᵐ de l'ext. de la jetée N. E. Son élévation est de 14ᵐ et sa portée de 7 milles.

—— Petit feu *fixe vert*, au bout de la même jetée, sur un mât portant un ballon pendant le jour. En ligne avec le précédent il indique la direction de l'enrochement qui fait suite à la jetée N. E.

—— (D. 4), deux feux de *marée*, *fixes*, sont à l'extrémité de la jetée S. O., à l'aplomb, l'un à 13 et l'autre à 10ᵐ d'élévation. On les voit de 9 milles. (50° 43' 56'' N. et 0° 45' 4'' O.)

On allume le feu supérieur avec 3ᵐ d'eau dans le canal, le feu inférieur à la pleine mer, et tous deux sont éteints à

MANCHE — CÔTE NORD DE FRANCE. 145

3ᵐ d'eau de jusant. Cloche de brouillard. Station de sauvetage.

Alpreck (D. 4), feu *fixe blanc*, varié de 2 m. en 2 m. par des *éclats rouges* d'une durée d'environ 3 s. qui sont précédés et suivis de courtes éclipses. On peut le voir de 12 milles, et il est élevé de 49ᵐ. Il est à 2 milles 1/2 S. 24° O. de l'entrée de *Boulogne*. (50° 41′ 57″ N. et 0° 46′ 28″ O.)

Camiers (D. 4), 2 feux *fixes* sur les dunes. Le supérieur *blanc* élevé de 37ᵐ est visible de 10 milles (50° 33′ 5″ N. et 0° 43′ 22″ O.) L'inférieur *rouge* n'est allumé qu'avec moins de 2ᵐ d'eau à l'entrée du chenal et n'éclaire que 15 degrés de chaque côté; il est élevé de 17ᵐ et se voit de 9 milles. Leur distance est de 730ᵐ S. 80° O. et N. 80° E., ne pas compter sur leur alignement pour l'indication du chenal.

Touquet (D. 1), deux feux *fixes*, élevés de 53ᵐ et de 20 milles de portée, établis sur la rive gauche de l'emb. de la *Canche*, ils sont à 250ᵐ N. et S. l'un de l'autre, de manière que les feux ne se confondent pas à la limite de leur portée et se présentent à toutes distances comme formant un groupe. (Tour Sud, 50° 31′ 25″ N. et 0° 44′ 40″ O.)

Berck (D. 4), feu *scintillant* de 5 s. en 5 s., sur la pointe du *Haut-Banc de Berck*, rive N. de l'emb. de l'*Authie*. Elevé de 35ᵐ, il est visible de 14 milles; mais il est caché au S. 8° 30′ E. dans un espace de 19° 30′ par le clocher de l'hôpital. (50° 24′ 0″ N. et 0° 46′ 38″ O.) Canot de sauvetage.

Crotoy (C. 5), feu *fixe* blanc, au côté N. de l'embouchure de la *Somme*. Sa portée est de 6 milles; il n'est allumé lorsqu'il y a 1ᵐ d'eau à l'entrée du port, et éteint 2 h. après la pleine mer. (50° 12′ 56″ N. et 0° 42′ 51″ O.)

Saint-Valery-sur-Somme (D. 5), feu *fixe rouge* de 3 milles de portée, sur l'extrémité de la digue de halage du Nord. (50° 11′ 30″ N. et 0° 42′ 42″ O.)

—— Feu *fixe vert*, visible de 4 milles, sur le musoir de la digue du large.

Hourdel (C. 5), feu *fixe* de marée, visible de 6 milles, au côté S. de l'emb. de la *Somme*, sur la pointe du *Hourdel*. Il est allumé lorsqu'il y a 0ᵐ 50 d'eau à l'entrée du port, et éteint 2 h. après la pleine mer. (50° 12′ 57″ N. et 0° 46′ 15″ O.) Cloche de brouillard.

Cayeux (D. 3), feu *fixe* varié par des *éclats* de 4 m. en 4 m., qui sont précédés et suivis de courtes éclipses, au côté

9

S. de l'entrée de la *Somme*. Elevé de 28ᵐ, sa portée est de 14 milles. (50° 11′ 42″ N. et 0° 49′ 28″ O.)

—— (C. 5), feu de marée, établi à 3,500ᵐ au S.-O. du phare, pour indiquer le chenal S. de la *Somme*. Il est allumé à 3 h. 30 après le commencement du flot et éteint à 1 h. 30 de jusant. Cloche de brouillard. Canot de sauvetage.

Tréport (D. 5), feu de *marée*, sur la jetée Ouest, à 23ᵐ de son ext. N.; il est *fixe*, élevé de 11ᵐ et visible de 10 milles. Allumé lorsqu'il y a 2ᵐ d'eau dans le chenal à l'ext. des jetées. Le jour, un pavillon remplace le feu; dans les quadratures, le signal n'a que quelques minutes de durée. Cloche de brouillard.

On a placé sur l'ext. de la même jetée un feu *fixe rouge*, visible de 5 milles, pour indiquer que l'entrée est impraticable. (50° 3′ 53″ N. et 0° 58′ 0″ O.)

—— Feu *fixe rouge*, visible de 5 milles sur l'ext. de la jetée E.

Dieppe. Trois feux sur la jetée E., à 10ᵐ de son extrémité, sur un même mât, pour guider à l'entrée du port. Ils sont *fixes* et visibles de 6 milles. Le plus bas, élevé de 7ᵐ 10 est allumé toute la nuit.

Deux heures et demie avant la pleine mer, le second feu est allumé à 2ᵐ au-dessus du premier feu permanent, et éteint 2 h. après le plein.

Et *deux heures* avant le plein, le troisième feu est allumé à une hauteur de 10ᵐ 7. Au moment du plein, ce feu est éteint, et deux heures après, le feu intermédiaire. Ces deux derniers feux ne sont allumés qu'autant que l'entrée n'est pas interdite.

Pour guider les navires, le mât qui porte les fanaux est tenu vertical tant que le navire fait bonne route; dans le cas contraire, on l'incline du bord où il faut gouverner. Pour obtenir ces signaux, les navires doivent être signalés par deux fanaux, l'un à l'avant, l'autre à l'arrière. Cloche de brouillard sonnée à toute volée pendant 2 minutes; un coup frappé dans les intervalles indique 4ᵐ d'eau dans le chenal; deux coups indiquent 5ᵐ et ainsi de suite. Canot de sauvetage.

—— (D. 5), feu *fixe*, sur la jetée O. et à 8ᵐ 3 de son ext. N.; il a 13ᵐ d'élévation et peut être vu de 10 milles. Allumé à 3ᵐ 25 d'eau dans la passe. (49° 56′ 4″ N. et 1° 15′ 15″ O.)

Ailly (D. 4), sur le cap, à 3 milles O. de *Dieppe*, feu *tournant*, dont les éclipses se succèdent de 1 m. en 1 m. Sa portée est de 27 milles et les éclipses ne sont totales qu'au delà de 12 milles. (49° 52′ 7″ N. et 1° 22′ 40″ O.)

Saint-Valery-en-Caux (D. 5), feu de marée *fixe*, sur la jetée O., à 66ᵐ de son ext. N.; élevé de 11ᵐ, il se voit de 6 milles Il n'est allumé que lorsqu'il y a 2ᵐ 6 d'eau dans le chenal à l'ext. des jetées (49° 52′ 25″ N. et 1° 37′ 39″ O.)

—— (D. 5), feu *fixe rouge* de 5 milles de portée, à l'extrémité de la jetée E. du port. (49° 52′ 26″ N. et 1° 37′ 37″ O.)

Fécamp (D. 1), feu *fixe*, sur la pointe *Fagnet*, près la chapelle de *Notre-Dame du Salut*, à gauche de l'entrée; élevé de 114ᵐ, il se voit de 18 milles. (49° 46′ 5″ N. et 1° 58′ 3″ O.)

—— (D. 5), feu de marée *fixe* varié par des *éclats* de 3 m. en 3 m., qui sont précédés et suivis de courtes éclipses; sur la jetée N., à 53ᵐ de son ext. Son élévation est de 13ᵐ et sa portée de 10 milles. Allumé avec 3ᵐ 25 d'eau à l'entrée du chenal. Cloche de brouillard, disposée comme celle de *Dieppe*. (Voir ci-dessus). Canot de sauvetage.

—— (D. 4), feu *fixe rouge*, à 10ᵐ du musoir de la jetée S.; il a 5 milles de portée. Signaux de marée.

La Hève (D. 1), deux feux *fixes* (lumière électrique) sont sur des tours, à 98ᵐ N. 19° 50′ E. et S. 19° 50′ O. de distance et à 2 milles N. N. O. de l'entrée du *Havre*. Élévation 121ᵐ et portée 27 milles. Tour Sud, par 49° 30′ 43″ N. et 2° 16′ 7″ O.

C'est à 4 milles O. de ces phares qu'est la grande rade du *Havre*, où la tenue est très-bonne dans la direction du phare de *Fatouville*, vu par le feu de la jetée N. du *Havre*.

Le Havre (D. 5), feu *fixe*, sur la jetée N., à 11ᵐ de son extrémité; élevé de 12ᵐ, il se voit de 10 milles. (49° 29′ N. et 2° 14′ 5″ O.) Canots de sauvetage.

En temps de brume, on signale les approches de ce fanal au moyen d'une cloche placée près de la tourelle.

Un petit feu *fixe rouge* a été installé à l'ext. de la jetée Sud. Il éclaire l'écueil et le musoir sur lequel il faut se garder de donner, à droite de l'entrée.

—— Feu *fixe rouge*, sur le grand quai; tenu par le feu rouge précédent, il donne un alignement qui conduit au port.

En entrant dans la *Seine*, on verra du côté N. les deux

grands feux *fixes* du cap de la *Hève* et le feu du *Havre*, au S. ceux de *Honfleur*, et dans les terres celui de *Fatouville*.

La ceinture du *banc de l'Eclat* et des *Hauts de la rade* est signalée par cinq bouées, ainsi que le *Haut de la petite rade*. On ne doit y pénétrer qu'avec un pilote.

EMBOUCHURE DE LA SEINE

Hoc (D. 5), feu *fixe*, à 3 milles 1/4 en amont de l'entrée du *Havre*. Elévation 12°, portée 10 milles. (49° 28′ 47″ N. et 2° 8′ 59″ O.)

Digue du Nord, feu *fixe*, visible de 5 milles, à l'extrémité de la digue. (45° 26′ 43″ N. et 1° 58′ 5″ O.)

Le Mesnil, feu *fixe*, à 1 mille 1/3 dans le N. E. de la pointe de *Tancarville*, portée 7 milles.

Villequier (C. 5), à 1 mille à l'O. de l'église de *Vatteville*; élevé de 9° 6, visible de 3 milles.

Caudebecquet (D. 5), feu *fixe* sur la digue, à l'ouvert de la vallée de *Caudebec*; élévation 6° 4; visible de 6 milles. (49° 31′ 16″ N. et 1° 35′ 0″ O.)

La Vaquerie (D. 5), feu *fixe* à 2 milles 1/4 en amont de l'église d'*Aizier*; visible de 4 milles. Avec le précédent, il signale le canal endigué.

Il y a 15 fanaux à feu *fixe blanc* sur la rive droite de la Seine et 12 à feu *fixe rouge* sur la rive gauche.

Vieux-Port (D. 5), feu *fixe*, 280° en amont de l'église, élévation 6° 5; portée 7 milles.

Courval (C. 5), feu *fixe* à 3 milles 1/4 en amont de la pointe de *Quillebœuf*; élevé de 38°, visible de 4 milles.

Gros-Heurt (C. 5), feu *rouge* sur l'extrémité d'amont du quai de *Quillebœuf*; portée 3 milles.

Quillebœuf (D. 4), feu *fixe*, sur la digue du S., à l'angle N. de l'embouchure du canal du *Marais-Vernier*, à 160° en aval de l'extrémité S. du quai de *Quillebœuf*; élevé de 10° 4, visible de 10 milles. (49° 28′ 26″ N. et 1° 48′ 44″ O.)

La Roque (D. 4), feu *fixe* sur la pointe, près de l'*Ermitage*; élévation 57° 7, portée 18 milles. (49° 26′ 41″ N. et 1° 54′ 41″ O.)

—— (D. 5), feu *fixe rouge*, sur la digue du S. à ½ mille au N. N. O. de la pointe la *Roque*; élévation 9ᵐ 7; visible de 4 milles.

La Rille (D. 5), feu *fixe rouge*, élevé de 10ᵐ, qui signale l'entrée de la rivière. Il se voit de 7 milles. (49° 26′ 16″ N. et 1° 57′ 54″ O.)

—— (D. 5), feu *fixe*, visible de 5 milles, à l'extrémité de la digue N. de la *Seine*, dont il signale l'entrée du canal. (49° 26′ 43″ N. et 1° 58′ 9″ O.)

Berville (D. 5), feu *fixe* à ½ mille O. de l'église; visible de 18 milles. (49° 25′ 58″ N. et 1° 59′ 15″ O.)

Fatouville (D. 1), feu *fixe blanc*, varié de 3 m. en 3 m. par des *éclats rouges* qui sont précédés et suivis de courtes éclipses. Son élévation est de 128ᵐ au-dessus de la mer et sa portée de 20 milles (49° 24′ 53″ N. et 2° 0′ 42″ O.) Son alignement avec le feu de la jetée de l'hôpital de *Honfleur*, passe à petite distance au N. du banc du *Ratier*.

Honfleur (D. 4), feu *fixe rouge* sur la jetée de l'Ouest à 12 mètres de son extrémité. Il est élevé de 10 mètres au-dessus des plus hautes mers et visible de 6 milles.

—— Feu sur le musoir de la jetée de l'Est. Il est *fixe blanc*, varié par des séries d'*éclats colorés*; élevé de 12ᵐ et visible de 9 milles.

Ces séries d'*éclats* se produisent toutes les minutes et les *éclats* de chacune d'elles se succèdent de 5 en 5 secondes.

Il n'est allumé que quand il y a au moins 2ᵐ d'eau dans le chenal. Chaque *éclat rouge* ajoute 1ᵐ à cette indication, et chaque *éclat vert* y ajoute 0ᵐ 25. Ainsi, quand le feu *blanc* sera varié par deux *éclats rouges* suivis d'un *éclat vert*, la profondeur d'eau signalée sera de 4ᵐ 25; elle se réduira à 3ᵐ 75, si l'appareil produit un *éclat rouge* suivi de trois *éclats verts*. Bateau de sauvetage. Cloche de brouillard, 30 coups par minute.

—— (D. 3), feu *fixe*, dont la portée est de 15 milles. Il est sur la jetée de l'hôpital; étant relevé par le phare de *Fatouville*, il fait passer au N. du banc du *Ratier*. En temps de brouillard, on sonne une cloche. (49° 25′ 32″ N. et 2° 6′ 32″ O.)

Un feu *fixe vert* provisoire est allumé sur l'extrémité de la risberme en enrochements au Nord de l'écluse de chasse en construction.

Deauville (D. 4), feu *fixe rouge*, élevé de 19ᵐ 6 et visible de 10 milles entre le S. 7° 30′ E. et le N. 88° 30′ E., dans un espace angulaire de 84 degrés; la tour peinte en bandes rouges et blanches est par 49° 21′ 50″ N. et 2° 15′ 32″ O.

Trouville (D. 5), feu *fixe vert* à 12ᵐ de l'extrémité de la jetée E.; il est élevé de 10ᵐ et visible de 7 milles; il est à 500ᵐ N. 31° 30′ O. du feu de Deauville. Cloche de brouillard. (49° 22′ 5″ N. et 2° 15′ 47″ O.)

—— Feu *fixe* de marée, *blanc* dans la majeure partie de l'horizon et *rouge* entre le S. 13° 30′ O. et le N. 31° 30′ O.; il est placé sur la jetée de l'Ouest à 79ᵐ au N. 85° O. du précédent et se voit de 8 milles; élevé de 10ᵐ. On ne l'allume qu'avec 2ᵐ 3 d'eau dans le chenal.

Dives (C. et D. 5), 2 feux *fixes rouges*. Le supérieur, élevé de 45ᵐ, sur le coteau de *Beuzeval*, se voit de 9 milles; (49° 17′ 43″ N. et 2° 25′ 25″ O). Le feu inférieur, élevé de 3ᵐ et à 178ᵐ N. 13° O. du feu supérieur, se voit de 7 milles. Il n'est allumé que lorsqu'il y a plus de 2ᵐ d'eau dans le chenal; il faut les tenir en ligne.

Orne (C. et D. 5), deux petits feux *fixes*: le fanal d'aval, sur les dunes, près la redoute d'*Oyestreham*, élevé de 12ᵐ et visible de 6 milles. Le fanal d'amont, sur l'église d'*Oyestreham* à 28ᵐ d'élévation, et se voit de 10 milles. Ne pas se fier à l'alignement des feux pour le chenal dont les bancs changent. (49° 16′ 37″ N. et 2° 35′ 43″ O., le feu d'amont.)

—— Feu *fixe vert*, sur la jetée E. de *Oyestreham*, 6ᵐ 50 d'élévation et 3 milles de portée. (47° 17′ 8″ N. et 2° 34′ 58″ O.)

—— Feu de marée, *fixe rouge* de 4 milles de portée, établi à 20ᵐ de l'extrémité N. de la jetée O. de l'avant-port; on l'allume 3 h. avant et on l'éteint 3 h. après le plein. Cloche de brouillard.

—— Sur le terre-plein, à l'E. de l'écluse d'*Oyestreham*, *fixe vert*, élevé de 9ᵐ, visible de 4 milles.

Courseulles (C. 5), feu *fixe*, sur la tête de la jetée Ouest, élevé de 9ᵐ et visible de 6 milles. (49° 20′ 18″ N. et 2° 47′ 39″ O.)

—— Sur la jetée E., feu *fixe vert* élevé de 7ᵐ 60 et visible de 4 milles. (49° 20′ 18″ N., 2° 47′ 38″ O.)

Pointe de Ver (D. 3), à 12 milles au N. 72° O. de l'emb. de l'*Orne*; feu *fixe* varié par des *éclats* visibles de 14 milles, qui se succèdent de 4 m. en 4 m. avec des durées de 8 s. Son élévation est de 42ᵐ. Les *éclats* sont précédés et suivis de *courtes éclipses* qui ne paraissent totales qu'au delà de 6 milles. (49° 20′ 28″ N. et 2° 51′ 23″ O.)

Port-en-Bessin (C. 5), deux feux de port *fixes* : celui d'aval, permanent, élevé de 28ᵐ et visible de 6 milles; celui d'amont, à 72ᵐ au S. 35° 20′ O. du précédent, est *fixe blanc* ou *rouge*; il paraît *rouge* lorsqu'il y a moins de 3ᵐ50 d'eau sur les bancs de l'intérieur du port. Sa portée de 12 milles se réduit alors à 9 milles. Il n'éclaire que 15° environ de chaque côté de l'axe du chenal qu'il signale avec le précédent et sa portée diminue à mesure qu'on s'éloigne de la ligne qui le joint au précédent. (49° 21′ 3″ N. et 3° 5′ 48″ O.)

Grandcamp (C. 5), feu *fixe*, à 800ᵐ à l'O. de l'église. Il est élevé de 8ᵐ et se voit de 6 milles. (49° 23′ 25″ N. et 3° 22′ 45″ O.) Canot de sauvetage.

Isigny (C. 5), feux *fixes* : le premier, fanal d'amont, est élevé de 13ᵐ et visible de 12 milles; le second, fanal d'aval, à environ 600ᵐ N. 7° O. du précédent, est élevé de 8ᵐ et visible de 9 milles; ils guident pour donner dans le port. (49° 19′ 21″ N., 3° 26′ 53″ O.)

Carentan (D. et C. 5), 2 feux en aval, feu *fixe rouge*, près de la digue de *Brevands*; en amont, feu *fixe* à 860ᵐ S. 30° O. du précédent. Leur portée est de 7 milles. Ils donnent la direction du canal. (49° 20′ 39″ N. et 3° 31′ 27″ O.)

Saint-Marcouf (D. 5), feu *fixe*, sur le fort de l'île. Il est élevé de 17ᵐ et visible de 8 milles. (49° 29′ 55″ N. et 3° 29′ 1″ O.)

La Hougue (D. 5), feu *fixe*, sur l'ext. Sud du fort de la *Hougue*, élevé de 11ᵐ et visible de 9 milles. (49° 34′ 19″ N. et 3° 36′ 36″ O.)

Morsalines (D. 4), sur la butte, à 2 milles S. 87° O. du feu du fort la *Hougue*. Il est élevé de 86ᵐ, portée de 9 milles; vu par le fanal de la *Hougue*, il indique la limite N. du chenal par lequel les grands bâtiments doivent entrer dans la rade. Leur alignement touche du côté S., la plus haute des roches du *Ouest-Drix*, sur laquelle il ne reste que 4ᵐ55 d'eau de basse mer, dans les grandes marées.

Réville (D. 5), sur la redoute, pointe de *Saire*, feu *fixe*, élevé de 11ᵐ et visible de 9 milles. Vu par le phare de *Barfleur*, il donne une direction à l'Ouest de laquelle on doit éviter de prolonger des bordées, quand on louvoie de nuit par le travers de l'île *Tatihou*, pour s'approcher de l'entrée de la rade en venant du N. (49° 36′ 26″ N. et 3° 34′ 1″ O.)

Saint-Vaast (D. 5), sur le bout de la jetée, feu *fixe rouge*, élevé de 11ᵐ, et visible de 5 milles. On sonne une cloche pendant la brume. (49° 35′ 14″ N. et 3° 35′ 44″ O.)

Barfleur (D. 5), deux feux de port *fixes* : le premier, sur le côté gauche de l'entrée du port ; son élévation est de 7ᵐ et sa portée de 9 milles. Le second, à 283° S. O. du premier ; son élévation est de 13ᵐ et sa portée de 9 milles. Tenus l'un par l'autre, ils donnent la direction de la passe du port de *Barfleur*. (49° 40′ 7″ N. et 3° 35′ 58″ O.)

— 2 feux *fixes rouges*, l'un près du musoir de la jetée S., l'autre près du bout de la jetée N., guident dans la passe du S. Canot de sauvetage.

Gatteville (D. 1), sur le cap *Barfleur* ou *Gatteville*, feu *tournant* dont les éclipses se succèdent de 30 s. en 30 s. Son élévation est de 72ᵐ et sa portée de 22 milles. Les éclipses ne sont totales qu'au-delà de 12 milles. (49° 41′ 50″ N. et 3° 36′ 11″ O.)

Cap Levi (D. 3), feu *fixe blanc*, varié de 3 m. en 3 m. par des *éclats rouges*. Son élévation est de 35ᵐ au-dessus de la mer et sa portée de 11 milles. (49° 41′ 50″ N. et 3° 48′ 37″ O.)

Becquet (C. et D. 5), feu *fixe rouge*, en amont, par 49° 39′ 13″ N. et 3° 53′ 7″ O. Élevé de 9ᵐ et visible de 9 milles. Le feu d'aval, *fixe blanc*, à 79ᵐ N. 26° E. du précédent, est élevé de 7ᵐ50 et se voit de 7 milles. Ils servent de direction pour entrer dans le port. Canot de sauvetage.

Cherbourg, cinq phares sont établis aux entrées de la rade : sur le fort de *Querqueville*, sur l'île *Pelée*, au port du *Commerce* et sur la *digue*.

Le feu de l'île *Pelée* est *fixe*, visible de 9 milles, et élevé de 26ᵐ. (49° 40′ 16″ N. et 3° 55′ 45″ O.)

Le second est un feu *fixe*, *vert*, sur le musoir E. de la *digue*, sa portée est de 4 milles et son élévation est de 19ᵐ.

Le troisième, au fort central de la *digue*, est un feu *fixe* varié par des *éclats* de 3 m. en 3 m., qui sont précédés et suivis de courtes éclipses, par 49° 40′ 28″ N. et 3° 57′ 23″ O. ; il est élevé de 20ᵐ et visible de 10 milles.

Le quatrième est un feu *fixe rouge*, sur le musoir O. de la *digue*. Élevé de 19ᵐ, il se voit de 7 milles.

Le cinquième, celui de l'entrée O. de la rade, est un feu *fixe* dans le fort *Querqueville*; élevé de 18ᵐ, il se voit de 9 milles.

——— Feux du port de *Commerce*; feu *fixe rouge*, sur une tourelle à l'ext. de la jetée E. Élevé de 10ᵐ, portée 6 milles. Il est masqué du côté O. par le fort du *Homet*. Feu *fixe vert* sur le musoir de la jetée Ouest; c'est un feu de gaz, visible de 2 milles.

Aux approches de la digue de *Cherbourg*, on aperçoit, en même temps, par un temps favorable, le feu à éclats et les deux feux fixes de *Querqueville* et de l'île *Pelée*, et, en approchant davantage, les feux des extrémités de la digue, qui permettent de se mettre en position pour entrer.

La Hague (D. 1), feu *fixe* sur le rocher dit *Gros-du-Raz*, près du cap, par 49° 43′ 22″ N. et 4° 17′ 30″ O. Elevé de 47ᵐ, portée 18 milles. Canots de sauvetage à *Goury* et à *Omonville*.

Diélette (D. 5), feu *fixe blanc* et *rouge*, de 9 milles de portée, sur le musoir de la nouvelle jetée; il éclaire tout l'horizon et paraît *rouge* du côté de terre à partir du relèvement au S. 42° E. (49° 33′ 14″ N. et 4° 12′ 7″ O.) Canot de sauvetage.

——— feu *fixe rouge*, dans le fond du port, à 466ᵐ dans le S. 49° E. du feu *blanc*, à 23ᵐ au dessus de l'eau : portée 9 milles.

Ils donnent la direction à suivre pour entrer dans le port.

——— Un feu *vert* de peu de portée est établi sur l'extrémité de la vieille jetée.

Pour les feux des îles anglaises de Jersey, Guernesey, etc., voyez p. 104 et 105.

Carteret (D. 2), feu à *éclipses* qui se succèdent de 30 s. en 30 s. sur la tour du cap *Carteret*, par 49° 22′ 27″ N. et 4° 8′ 40″ O. L'appareil est à 80ᵐ au-dessus de la mer. Les *éclats* peuvent être aperçus jusqu'à 20 milles, mais les éclipses ne paraissent totales qu'au delà de 7 à 8 milles. Bateau de sauvetage.

Portbail (C. 5), feu *fixe rouge* en amont, sur le clocher de l'église de *Portbail*, élevé de 19ᵐ, il se voit de 9 milles et n'éclaire que 15° de chaque côté de l'axe du chenal. (49° 20′ 9″ N. et 4° 2′ 15″ O.)

——— (D. 5), feu *fixe*, en aval, sur la pointe de la *Dune*, à 871ᵐ dans le S. 43° 30′ O. du précédent. 7 milles de portée.

9.

Ils donnent la direction pour entrer dans le port. (49° 19′ 48″ N. 4° 2′ 21″ O.)

Sénéquet (D. 3), feu *fixe rouge*, sur la tour-balise du rocher *Sénéquet*, dans le passage de la *Déroute*. Il est élevé de 17ᵐ et visible de 10 milles. (49° 5′ 32″ N. et 3° 59′ 58″ O.)

Regnéville (D. 5), à l'entrée du havre de ce nom, sur a pointe d'*Agon*; feu *fixe*, élevé de 10ᵐ et visible de 10 milles. (49° 0′ 32″ N. et 3° 55′ 5″ O.)

Chausey (D. 3), par 48° 52′ 13″ N. et 4° 9′ 35″ O. Son feu *fixe blanc* est varié de 4 m. en 4 m. par des *éclats rouges* précédés et suivis de courtes éclipses qui ne paraissent totales qu'au delà de 6 milles; son élévation est de 37ᵐ au-dessus de la mer et sa portée de 14 milles. Il fait connaître les dangers des *Chausey*.

Granville (D. 3), feu *fixe* sur le cap *Lihou*, 750ᵐ N. 57° O. de l'entrée du port. Son élévation est de 47ᵐ et sa portée de 14 milles. (48° 50′ 7″ N. et 3° 57′ 1″ O.) Canot de sauvetage.

—— (D. 5), feu de port, *fixe rouge*, à l'ext. S. E. du môle neuf, à gauche de l'entrée du port; son élévation est de 12ᵐ et sa portée de 7 milles.

Minquiers (flottant C. 4). Le bateau peint en noir, est mouillé près de la pointe S. O. du plateau des *Minquiers*; il porte deux feux *fixes* chacun sur un mât, élevés de 12 et 8ᵐ, et visibles de 11 milles. (48° 53′ 38″ N. et 4° 37′ 40″ O.) Cloche de brouillard de 3ᵐ en 3ᵐ pendant 1ᵐ.

Mont Saint-Michel ou **Rivière-le-Couesnon**, sur le versant O. du Mont-Saint-Michel, feu *fixe rouge*, élevé de 17ᵐ et visible de 6 milles. On l'allume 2 heures avant le plein, et on l'éteint 1 heure 1/2 après (48° 38′ 12″ N. et 3° 51′ O.)

La **Pierre de Herpin**, sur le rocher à l'O. du Mont-Saint-Michel, en *construction*.

Cancale (D. 5), feu *fixe rouge* sur le rocher la *Fenêtre*, à l'entrée du port de la *Houle*. Élevé de 10ᵐ, on peut le voir de 7 milles. (48° 40′ 17″ N. et 4° 11′ 20″ O).

Saint-Malo (D. 5), feu de port *fixe*, sur le musoir du môle des *Noires*, à gauche de l'entrée. Son élévation est de 10ᵐ et sa portée de 10 milles. (48° 38′ 38″ N. et 4° 22′ 2″ O.)

Grand-Jardin (D. 3), feu *fixe blanc*, à *éclats* de 2 s., *rouges* et *verts*, de 20 s. en 20 s., visibles de 12 milles; élé-

MANCHE — COTE NORD DE FRANCE. 155

vation 20ᵐ. Il est placé sur l'ext. S. de ce rocher. Sa lumière est plus faible de la pointe du *Décollé* à celle de *Dinard*, du N. 36° O. au N. 36° E. (48° 40' 14" N. et 4° 25' 13' O.)

Rochebonne (C. 5), feu *fixe rouge*, au N. du village de *Saint-Hydeuc*, à 7,700ᵐ E. 1° N. du précédent; son élévation est de 39ᵐ et sa portée de 15 milles; visible entre le N. 84° O. et le S. 86° E. ou 5° de chaque côté de sa ligne de jonction avec le *Grand-Jardin*. (48° 40' 18" N. et 4° 18' 56" O.)

Bas-Sablons (C. 5), feu *scintillant vert*, de 4 s. en 4 s., visible dans un secteur de 16° de chaque côté de son alignement avec le suivant. Hauteur 18ᵐ 50, portée 8 milles. (48° 38' 12" N. et 4° 21' 33" O.)

La Balue (C. 4), feu *fixe vert* sur les hauteurs de la *Balue*, à 1,650ᵐ S. 51° E. du précédent. Visible quand on le relève du S. 43° E. au S. 59° E.)

Pour entrer, mettez *Rochebonne* par le *Grand-Jardin*, suivez jusqu'à voir les feux *verts* des *Bas-Sablons* et de la *Balue* dans une ligne verticale; venez sur tribord et suivez cet alignement jusque par le travers du feu *blanc* des *Noires*; le feu de la *Balue* sera masqué par les constructions de *St-Servan* jusque par le travers du clocher de *Saint-Malo*, mais de là la route devient libre jusqu'à l'entrée du port. Bateaux de sauvetage à *Saint-Malo* et à *Dinard*.

Cap Frehel (D. 1), feu *tournant* de 30 s. en 30 s., sur ce cap, à 35ᵐ S. 60° O. de la vieille tour. Son élévation est de 79ᵐ et sa portée de 24 milles. En temps ordinaire, les éclipses ne paraissent totales qu'au-delà de 12 milles. (48° 41' 5" N. et 4° 39' 23" O.)

Port du Légué (D. 5), feu *fixe* sur la jetée de la pointe à l'*Aigle*, à l'entrée du canal du *Légué*. Il est élevé de 13ᵐ et visible de 10 milles. (48° 32' 10" N. et 5° 3' 22" O.)

Binic (D. 5), feu *fixe*, sur le musoir du môle *Penthièvre*. Elevé de 11ᵐ, on le voit de 10 milles. (48° 36' 7" N. et 5° 9' 12" O.)

Portrieux (D. 5), feu *fixe rouge*, sur la jetée, à 15ᵐ environ de l'ext. Son élévation est de 10ᵐ et sa portée de 7 milles. Cloche de brouillard. (48° 30' 50" N. et 5° 9' 40" O.) Canot de sauvetage.

Saint-Quay (D. 5), sur l'île *Harbour*, baie de *Saint-Brieuc*; feu *fixe*, à l'entrée N. O. de la rade des îles de

Saint-Quay. Son élévation est de 15™ et sa portée de 10 milles. (48° 40′ 2″ N. et 5° 8′ 45″ O.)

Roches Douvres (D. 1), feu *scintillant*, sur la plus grande des roches, à environ 16 milles au N. N. E. de l'île *Bréhat.* Son élévation de 55™, sa portée de 25 milles. Ses éclipses de 4 s. en 4 s. durent 3 s. environ. Cloche de brouillard. (49° 6′ 28″ N. et 5° 9′ 3″ O.)

Bréhat, deux feux *fixes rouges* : le premier (D. 4), est situé sur la roche du *Paon*, au côté N. de l'île, et se voit de 7 milles ; le second (C. 5), sur le tertre de *Rosedo*, à 1,610™ S. 59° 15′ O. du précédent, est visible de 9 milles. (48° 51′ 58″ N. et 5° 19′ 26″ O., position du premier feu.) Canot de sauvetage.

Ces deux feux donnent la direction de la *Horaine*, qui se trouve à 3 milles environ au N. 59° E. du premier.

Héaux-de-Bréhat (D. 1), feu élevé de 45™ et visible jusqu'à 18 milles. Il paraît *fixe rouge* quand on le relève entre l'O. et le N. 58° O.; *rouge*, varié par des *éclipses* entre le S. 67° E. et le S. 42° O., *blanc* entre ces deux secteurs colorés pour indiquer l'espace libre de tout danger, sauf au N. de l'île *Bréhat*, où est le plateau de *Roch-ar-Bel*, qu'on évite en gouvernant au N. O., quand on a dépassé l'alignement des feux du chenal de *Trieux.* On pourra même alors entrer dans le secteur *rouge* à *éclipses.* Ce phare est à 1/2 mille N. 39° O. de l'île *Bréhat*, 16 milles 1/2 E. de l'île aux *Moines*, et 33 milles N. 67° O. du cap *Fréhel.* (48° 54′ 33″ N. et 5° 25′ 26″ O.)

Trieux (C. 5 et 4) deux feux *scintillants* de 4 s. en 4 s. Le feu d'*aval*, sur la roche la *Croix*, par le travers des *Trois-Iles*, côté E. du canal, visible 12° de chaque côté du canal ; le feu d'*amont*, sur les hauteurs de *Bodic*, à 3,800™ au S. O. du précédent, visible sur 9° de chaque côté du canal. Portées 12 milles et 16 milles. Il faut les tenir l'un par l'autre. (Feu d'aval : 48° 50′ 16″ N. et 5° 23′ 30″ O.)

(—— (D. et C. 5), 2 feux *fixes rouges* : le premier, sur la presqu'île de *Coatmer*, visible de 6 milles du S. 17° O. au N. 17° E. par l'O. ; le second, à 660™ au S. 39° O. du précédent, et visible sur 12° de chaque côté du canal ; portée 8 milles. Suivez l'alignement des feux *scintillants* ; arrivé près du premier, venez au S. O. prendre la ligne des feux *rouges* qui conduit au mouillage.

Tréguier (D. 5), feu *fixe* près du moulin du port de la

Chaîne, élevé de 11ᵐ, sur la maison des gardiens, portée 6 milles. (48° 51′ 35″ N. et 5° 28′ 12″ O.)

—— (C. 5), feu *fixe rouge*, près du moulin de *Saint-Antoine*, à 1,400ᵐ au S. 43° E. du précédent; il est élevé de 32ᵐ et se voit de 9 milles.

Tenus en ligne, au S. 43° E., ils donnent la direction de la grande passe.

La Corne (D. 5), sur cet écueil, à l'entrée de la rivière de *Tréguier*, feu *fixe blanc, rouge et vert*, élevé de 11ᵐ; on peut voir le feu *vert* de 4 milles 1/2. Il est *vert* au N. E. dans un angle de 7° 28′ compris entre le petit *Pen-ar-Guëzec* et la basse de *Port-Béni*; *rouge* à l'Est du feu *vert*, et *blanc* vers le S. O. dans un angle de 7° 31′. (48° 51′ 23″ N. et 5° 30′ 51″ O.)

Pour entrer dans la rivière de *Tréguier*, on suit l'alignement des feux de la *Chaîne* et du *Moulin de Saint-Antoine* jusqu'à ce que l'on voie le feu *vert* de la *Corne*, sur lequel on gouverne aussitôt en se maintenant dans le secteur; on contourne ensuite le phare de la *Corne* à environ 1 encablure de distance en le laissant sur bâbord, et l'on entre dans le faisceau *blanc* qui signale le mouillage intérieur.

Perros (C. 4), 2 feux *fixes*: l'un près du pont de *Nantouar*, par 48° 48′ 7″ N. et 5° 44′ 0″ O., est élevé de 10ᵐ et se voit de 10 milles; l'autre est à 685ᵐ dans le S. E. du précédent; il se voit de 12 milles, élévation 77ᵐ. Leur alignement signale la passe occidentale. Canot de sauvetage.

—— (C. 5), 2 autres feux *fixes* donnent la direction de la passe orientale. Le premier, à 100ᵐ en arrière du *Colombier*, par 48° 47′ 56″ N., et 5° 46′ 53″ O., est élevé de 27ᵐ et visible de 12 milles. Le second est à 2,865ᵐ dans le S. O. du précédent, près du moulin de *Kerprigent*, élevé de 79ᵐ et visible de 12 milles.

Nota. En entrant par la passe occidentale, il faudra quitter l'alignement des feux de *Nantouar* et de *Kerjean*, un peu avant de voir l'un par l'autre les feux du *Colombier* et de *Kerprigent*, dont il faudra alors suivre la direction.

Ploumanach (D. 5), feu *fixe rouge*, sur le rocher *Mean-Ruz*. Il est élevé de 21ᵐ et se voit de 7 milles. (48° 50′ 23″ N. et 5° 49′ 15″ O.)

Sept-Iles (D. 3), feu *fixe varié* par des *éclats* de 3 m en 3 m., sur l'ext. E. de l'île aux *Moines*. Les éclats sont de 5 s. en 5 s. Le feu moins brillant est précédé et suivi de très-courtes éclipses, qui ne paraissent totales qu'au-delà de 6 milles. Il est élevé de 56° et visible de 14 milles. (48° 52′ 46″ N. et 5° 49′ 42″ O.) Station de Sauvetage.

Ce feu est masqué par la petite île du *Rouzic* et l'île *Bono*, sur un espace angulaire de 3° 30′, dans la direction O. S. O. et E. N. E.

Triagoz (D. 3), sur le rocher *Guen-Bras*; feu *fixe*, varié par des *éclats* alternativement *rouges* et *blancs*, de 30 s. en 30 s., sans éclipses. Il est élevé de 30° et visible de 12 milles. Cloche de brouillard. (48° 52′ 20″ N. et 5° 59′ 4″ O.)

Morlaix, trois feux donnent la direction des chenaux de la rade de *Morlaix* (chenal de *Tréguier*) : le premier, sur l'île *Noire*, le second, sur les hauteurs de la *Lande*, et le troisième, sur l'île *Louët*.

1° (D. 5) feu de l'île *Noire*, *fixe*, varié de 2° en 2° par des *éclats* précédés et suivis de courtes éclipses; élevé de 14°, sa portée est de 10 milles; il donne avec le feu de la *Lande*, la direction du chenal E. Cloche de brouillard. (48° 40′ 23″ N. et 6° 12′ 48″ O.)

2° (C. 4), feu de la *Lande*, *fixe*, par 48° 38′ 14″ N. et 6° 13′ 23″ O.; il est élevé de 87° et visible de 13 milles.

3° (D. 5), feu de l'île *Louët*, *fixe*, élevé de 16° et visible de 10 milles. Il donne avec le feu de la *Lande* la direction du chenal O.

Outre ces trois fanaux, on a établi sur le front N du château du *Taureau*, à 770° N, 60° O. de l'île *Noire*, un petit fanal à feu *fixe rouge* pour éclairer le mouillage de la partie septentrionale de la rade de *Morlaix*.

Ile de Bas (D. 1), feu *tournant* dont les éclipses se succèdent de 1 m. en 1 m. sur un monticule, dans la partie O. de l'île; il a 68° d'élévation sur une tour de 40°, et se voit de 24 milles; les éclipses sont totales au-delà de 12 milles. (48° 44′ 45″ N. et 6° 21′ 53″ O.) Station de sauvetage.

Pontusval (D. 4), sur la pointe de *Bec-Pol*; feu *fixe*, élevé de 18°, sur une tour de 13°, et visible de 10 milles. (48° 40′ 43″ N. et 6° 41′ 2″ O.) Stat. de sauvetage.

Ile Vierge (D. 3), feu *blanc*, varié de 4 m. en 4 m. par des *éclats rouges* qui sont précédés et suivis de courtes éclipses, par 48° 38′ 23″ N. et 6° 54′ 20″ O., sur l'îlot de la *Vierge*, entre les deux ports d'échouage du *Correjou* et de

Porz-Malo, et à 2 milles au N. E. du mouillage extérieur de l'*Aberwrac'h*. Le feu est élevé de 33™ et se voit de 14 milles.

En temps ordinaire, les courtes éclipses ne paraissent totales qu'au-delà d'une distance de 6 milles.

L'Abervrac'h (D. et C. 5). L'entrée du grand chenal de l'*Aberwrac'h* est éclairée par deux fanaux ; l'un, à feu *fixe rouge*, est établi sur l'îlot *Vrac'h*, par 48° 36' 57'' N. et 6° 54' 49'' O. Il est élevé de 18™ et se voit de 7 milles ; la tourelle de l'île *Vrac'h* a été peinte en blanc pour qu'elle puisse être facilement aperçue de jour. L'autre, à feu *blanc*, est élevé de 52™ sur une tour blanche, à 3,000™ S. 79° 22' E. du feu *rouge*; il se voit de 12 milles. Tenus l'un par l'autre, ils donnent exactement la direction de la partie extérieure du grand chenal. Cette direction passe à 77™ S. de la balise du petit *Pot-de-Beurre*, qui limite du côté O. le mouillage extérieur de l'*Aberwrac'h*.

—— Mouillage *intérieur* : en aval, feu *fixe vert*, à l'extrémité de la grève de la *Palue*; il est élevé de 9™ et visible de 8 milles. (48° 35' 53'' N. et 6° 53' 54''O.) Canot de sauvetage

En amont, feu *blanc*, au fond de l'anse *Saint-Antoine*. Son élévation est de 15™ et sa portée de 4 milles.

Ils servent pour conduire les navigateurs au-delà du mouillage voisin de la balise du petit *Pot-de-Beurre*, et indiquent le grand mouillage et les deux anses d'échouage des *Anges* et de *Saint-Antoine*, quand on les tient l'un par l'autre.

COTE OCCIDENTALE DE FRANCE

Ouessant (D. 1,) sur le *Stiff*, pointe N. E. de l'île, feu *fixe*, élevé de 83™ et visible de 18 milles. (48° 28' 31'' N. et 7° 23' 41'' O.)

—— (D. 1), *tournant* de 20 s. en 20 s., montrant successivement un *éclat rouge* et deux *blancs*. Il est sur la pointe de *Créac'h*, près de l'extrémité N. O. de l'île, à 3 milles O. S. O. 1/2 O. et E. N. E. 1/2 E. du précédent; élevé de 68™, sur une tour ronde de 47™, et visible de 24 milles. Trompette de brouillard sur la pointe O. de l'île. (48° 27' 34'' N. et 7° 28' 1'' O.) 2 Canots de sauvetage.

Le Four (D. 3), *alternatif*, *fixe* 30 *secondes*, *scintillant* 30 *secondes*, montrant *huit éclats* précédés et suivis d'éclipses totales; il est élevé de 28™ et visible de 17 milles. (48° 31' 25'' N. et 7° 8' 32'' O.) Trompette de brume.

160 OCÉAN ATLANTIQUE. — CÔTE OUEST DE FRANCE.

Conquet (D. 4), feu *fixe*, sur la pointe de *Kermorvan*, à l'O. de l'entrée (48° 21' 44" N. et 7° 7' 40" O.) élevé de 22^m, portée 11 milles. Canot de sauvetage.

Vu par le phare de *Saint-Mathieu*, il signale la direction à tenir pour suivre le chenal du *Four*.

Pierres-Noires (D. 3), sur la roche *Diamant*; feu *tournant rouge* à éclipses de 10 en 10 secondes; il est élevé de 27^m,5 et visible de 12 milles. (48° 18' 40" N. et 7° 15' 6" O.)

Saint-Mathieu (D. 2), feu *tournant* dont les éclipses se succèdent de 30 s. en 30 s., à 7 milles O. du goulet de *Brest*. Il est élevé de 54^m et se voit de 18 milles; les éclipses ne sont totales qu'au delà de 8 milles. (48° 19' 50" N. et 7° 6' 32" O.)

Brest)D. 3). sur la pointe du *Petit-Minou*, côté N. de l'entrée de *Brest*; feu *fixe* de 14 milles de portée; son élévation est de 32^m au-dessus de la mer. Ce phare et celui du *Portzic* marquent la direction pour donner dans le goulet de *Brest*, en évitant au N. les écueils du *Coq* et la basse *Beuzec*, et au S. l'écueil de la *Vandrée*. (48° 20' 12" N. et 6° 57' 9" O.)

Portzic (D. 2), sur la pointe, à 6,400^m N. 60° E. du phare du *Petit-Minou*; feu *fixe* varié par des éclats de 3 m. en 3 m. précédés et suivis de courtes éclipses; son élévation est de 56^m et sa portée est de 18 milles. Les éclipses ne sont totales qu'au delà de 8 milles. (48° 21' 29" N. et 6° 52' 19" O.)

Quélern (D. 3), feu *fixe*, près du fort des *Capucins*, par 48° 19' 10" N. et 6° 54' 43" O.) Elevé de 63^m, Il est visible 10 milles sur un arc de 18°: quand on le relève entre le N. 81° E. et le N. 68° E. et sert à faire éviter, par voie d'occultation, les écueils la *Vandrée*, la *Parquette* et le *Trépied*; et au N. le *Coq* et *Beuzec*; un rayon de lumère est dirigé sur les *Fillettes*.

Brest, Port de Commerce(D.5), deux feux *fixes*, *vert* sur le musoir de la jetée de l'Ouest; *blanc*, sur le musoir de la jetée de l'Est. Ils se voient de 7 milles. (48° 22' 42" N. et 6° 49' 23" O., le feu de la jetée O.)

Toulinguet (D. 5), feu *fixe rouge*, sur la pointe de ce nom, près de *Camaret*, par 48° 16' 50" N. et 6° 58' 1" O. Son élévation est de 49^m et sa portée de 7 milles. Canot de sauvetage à *Camaret*.

Douarnenez (D. 4), feu *fixe*, sur le sommet de l'île *Tristan*, à l'entrée du port. Elevé de 35^m, sur une tour ronde de 9^m5; portée 10 milles. (48° 6' 12" N. et 6° 40' 31" O.)

OCÉAN ATLANTIQUE — COTE OUEST DE FRANCE. 161

——— Feu *fixe rouge*, élevé de 7^m, sur le môle de *Rosmeur*; portée 5 milles. (40° 5' 49" N. et 6° 39' 34" O.) Canot de sauvetage.

Chaussée de Sein (D. 1), en construction.

Ile de Sein (D. 1), feu *fixe* à *éclats* de 4 m. en 4 m., précédés et suivis de courtes éclipses; au sommet d'une tour ronde, sur la pointe N. de l'île, par 48° 2' 40" N. et 7° 12' 18" O. Le foyer a 45^m d'élévation; portée 18 milles, les éclipses ne paraissent totales qu'au delà d'une distance de 12 milles. Bateau de sauvetage.

Bec-du-Raz (D. 1), feu *fixe*, sur la partie la plus élevée du *Bec-du-Raz* (48° 2' 22" N. et 7° 4' 12" O.); le foyer a 79^m au-dessus de la mer; la portée est de 18 milles.

Observations. Les phares du *Raz* et de *Sein* gisent S. 87° E. et N. 87° O. à 5 milles 1/2 de distance, et leur direction, qui est celle de la chaussée de *Sein*, passe à 4 encâblures environ dans le S. de l'ext. N. O. de la dite chaussée.

Le phare de la pointe du *Raz* est éloigné de 14 milles 1/2 de l'ext. de la chaussée de *Sein* et celui de l'île de *Sein* de 9 milles seulement.

Si on atterrit sur la chaussée par l'O., on commence à prendre connaissance du feu du *Bec-du-Raz* lorsqu'on n'est plus qu'à 4 ou 5 milles de l'ext. O. de la chaussée. Pour en passer dans le S., gouvernez de manière à voir le feu fixe du *Bec-du-Raz* s'ouvrir à droite du feu à *éclats*; pour donner dans l'*Iroise*, il faut que le feu du *Bec-du-Raz* s'ouvre promptement à gauche du feu à *éclats*.

Falaise du Raz (D. 5), à 200^m N. 87° O. du feu du Raz, dans la direction de l'écueil de la *Plate*; feu *fixe blanc*, élevé de 63^m, visible de 10 milles entre le N. 69° E. et le S. 68° E. (pour couvrir la *Vieille* et les écueils aux environs), et entre le S. 40° E. et le S. 10° E. entre les plateaux des *Barillets* et de la pointe du *Van*.

Tevennec (D.), feu *scintillant* à éclipses de 4 en 4 secondes; il est élevé de 28^m et visible de 13 milles; il est blanc quand on le relève entre le N. 15° O. et le N. 32° O. à l'Est de l'écueil de *Cornoc-Bras* et à l'Ouest de la *Vieille* et de la *Plate*. Rouge entre le N. 32° O. et le N. 72° O.; blanc de nouveau du N. 72° O. jusqu'à l'Est, par le Sud, et caché entre l'Est et le N. 15° O. (48° 4' 19" N. et 7° 8' 1" O.)

Audierne. Deux feux *fixes*; le 1er (D. 5), *rouge*, d'une portée de 7 milles, sur l'ext. de la jetée de la pointe *Raou-*

162 OCÉAN ATLANTIQUE. — COTE OUEST DE FRANCE.

lic, par 48° 0′ 34″ N. et 6° 52′ 42″ O. ; le 2° (C. 5), près du jardin des *Capucins*, à 1,100 N, 15° E. du premier, est *blanc* et visible de 12 milles.

Tenus l'un par l'autre, ils indiquent la route pour entrer dans le port par la passe centrale de la *Gamelle*. Canot de sauvetage.

Penmarc'h (D. 1), feu *tournant* dont les éclipses se succèdent de 30 s. en 30 s., sur la pointe, près de l'église *Saint-Pierre*. (47° 47′ 52″ N. et 6° 42′ 45″ O.) Son élévation est de 41", et sa portée 22 milles. Les éclipses ne sont totales qu'à 12 milles. Canot de sauvetage.

Guilvinec (C. et D. 5), 2 feux *fixes rouges*; celui d'amont, élevé de 15"2, éclaire un espace de 14° de chaque côté du canal et se voit de 9 milles dans l'axe de ce canal, de 6 milles à 10° de l'axe. Le feu d'aval, élevé de 6", se voit de 6 milles dans un espace de 180° à partir de la ligne qui le joint à l'écueil la *Charette*. Tenus en ligne au S. 53° O. ils conduisent dans le port. (47° 47′ 49″ N. et 6° 36′ 37″ O.)

Loctudy (D. 5), feu *fixe*, pour signaler l'entrée de la rivière de *Pont-l'Abbé*, à gauche de l'entrée, par 47° 49′ 54″ N. et 6° 29′ 50″ O. ; il est visible de 10 milles et élevé de 11".

Odet, deux feux *fixes* : le premier *rouge* (C. 5), sur la pointe du *Coq*, rive gauche, élevé de 10" et d'une portée de 9 milles. (47° 52′ 20″ N. et 6° 26′ 58″ O.) Le deuxième (D. 5) à 266" N. 14° O. du premier ; feu *blanc*, élevé de 17" et visible de 9 milles. Tenus l'un par l'autre, ils indiquent le grand chenal.

Ile aux Moutons, au N. des îles *Glénans*, (47° 36′ 32″ N. 6° 21′ 58″ O.) *fixe*, *rouge*, *vert* et *blanc*; *Rouge* quand on le relève entre le S. 39° E. et le N. 81° E. (60°) par l'E. au-dessus des dangers s'étendent à l'E. des *Poulains* ; *vert* entre le N. 81° E. et le N. 50° E. pour faire parer la *basse-rouge*; *blanc* entre le N. 50° E. et le N. 23° E. (22°) secteur libre ; *rouge* entre le N. 28° E. et le N. 68° O. par le N. au-dessus des dangers des *Glénans*, *blanc* sur le reste de l'horizon.

Concarneau, deux feux *fixes* conduisent à la petite rade ; le premier (D. 5) est dans la batterie de la *Croix*, par 47° 52′ 11″ N. et 6° 15′ 21″ O. ; il est élevé de 14" et visible de 9 milles.

Le deuxième (C. 5) est entre *Concarneau* et *Beuzec*, 1,876. N. 28° E. du premier. Son élévation est de 54" et sa portée de

OCÉAN ATLANTIQUE — COTE OUEST DE FRANCE. 163

12 milles. On remarquera que la direction de ces deux feux range de très-près l'écueil du *Cochon*, sur lequel il y a une tourelle.

Lanriec (C. 5), sur la côte de *Lanriec*, à l'E. de l'entrée de *Concarneau*, feu *fixe* et *rouge*, qui n'est visible qu'en dedans de l'écueil de *Men-Fall*, d'où l'on pourra se diriger sur ce feu pour se rendre dans la petite rade. On le voit de 9 milles. (47° 52′ 1″ N. et 6° 14′ 55″ O.)

Penfret (D. 3), sur la pointe du Nord de l'une des îles *Glenans*, feu *fixe*, visible de 14 milles; il est varié par des éclats de 4 m. en 4 m., précédés et suivis de courtes éclipses qui ne sont totales qu'au delà de 6 milles. (47° 43′ 17″ et 6° 17′ 30″ O.)

Pont-Aven (D. 5), feu *fixe blanc*, *rouge* et *vert* sur la pointe de *Bec-ar-Vechen*, à gauche de l'embouchure. *Blanc*, quand on le relève entre le N. 50° E. et le N. 32° O. par le N.; *rouge*, du N. 32° O. au N. 48° 30′ O., ou 16° 30′, sur les plateaux des *Verrès* et du *Cochon*; blanc, du N. 48° 30′ O. au N. 56° 30′ O.; vert du N. 56° 30′ O jusqu'à terre. En gardant toujours la lumière blanche en vue, on évite les dangers.

Douelan (D. 5), 2 feux de direction sont à l'entrée; celui d'*aval* est par 47° 46′ 19″ N. et 5° 56′ 46″ O. Son élévation est de 25ᵐ. Celui d'*amont*, à 326ᵐ N. 14° O. du précédent est élevé de 36ᵐ. Ils sont *fixes* et visibles de 8 milles.

Lorient (C. 5), deux feux *fixes* servent pour l'entrée de la petite passe : 1º Sur le coteau de la *Perrière*, par 47° 43′ 56″ N. et 5° 41′ 59″ O., 23ᵐ d'élévation; portée 12 milles.
2º Sur le clocher de l'église, par 47° 44′ 53″ N. et 5° 41′ 46″ O.; il est élevé de 45ᵐ et visible de 12 milles.

Ces deux feux étant tenus en ligne, donnent la direction pour entrer par la passe de l'E. (la passe de *Gavre*). On ne peut dévier de cette ligne exacte sans toucher sur des dangers.

Deux autres feux *fixes* (C. 5) sont allumés sur le continent près des moulins de *Kerbel*, à l'E. du *Port-Louis*, pour signaler la *grande passe* (ou passe O.) de la rade de *Lorient*. Le premier, au pied du bastion Sud de *Port-Louis*, est élevé de 6ᵐ et visible de 12 milles. Le second, élevé de 19ᵐ, est à 1.670ᵐ au N. 61° E. du précédent; il se voit également de 12 milles.

En les tenant exactement en ligne, on évite les écueils du chenal et les *Truites*; pour entrer à *Lorient*, on maintient cette direction jusqu'au point où les feux de la *Perrière* et de l'*Église* paraissent sur la même verticale; alors on se dirige sur ces derniers. Une marche en sens contraire permet de sortir par la grande passe.

Il y a en outre un feu *fixe rouge*, visible de 5 milles sur l'extrémité de la jetée de *Port-Louis*, et un feu *fixe blanc*, visible aussi de 5 milles sur le bout de l'appontement.

Keroman. Deux feux *fixes* : le supérieur *rouge*, élevé de 13m,6 et visible de 9 milles, par 47° 44′ 7″ N., 5° 42′ 24″ O., l'inférieur *vert*, élevé de 3m,2 et visible de 8 milles; il est à 340m S. 7° E. du premier et leur alignement fait passer entre le banc du *Turc* et la côte de *Kernevel*.

Kernevel. Deux feux *fixes* : le supérieur *rouge*, élevé de 9m,3 et visible de 9 milles, par 47° 42′ 54″ N. et 5° 42′ 43″ O., l'inférieur *vert*, visible de 8 milles à 300m N. 35° E. du précédent. Leur alignement guide du précédent au mouillage de *Penmané*. Ces 4 feux sont visibles sur un arc de 16° de chaque côté de l'axe des chenaux et diminuent d'intensité à mesure qu'on s'éloigne de cet axe.

Groix (D. 1), feu *fixe*, dans le N. O. de l'île, 500m S. E. 1/2 S. de la pointe *Pen-Men*, par 47° 38′ 51″ N. et 5° 50′ 50″ O. L'appareil est à 59m au-dessus des pleines mers. Sa lumière peut être vue de 20 milles. Canot de sauvetage.

— (D. 5), sur le fort de la *Croix*, pointe E. de l'île; feu *fixe blanc* varié de 3 m. en 3 m. par des *éclats rouges* précédés et suivis de courtes éclipses. Son élévation est de 52m et sa portée de 10 milles. Il éclaire tout l'horizon, excepté à l'O. où il est masqué par les hauteurs de la partie O. de l'île. (47° 38′ 3″ N. et 5° 45′ 20″ O.)

Etel (D. 5), sur la rive droite de la rivière d'*Etel*. Feu *fixe rouge* de 12m,3 d'élévation et de 7 milles de portée. (47° 38′ 41″ N. et 5° 33′ 7″ O.) Bateau de sauvetage.

Teignouse (D. 4), feu *fixe* varié de 3 m. en 3 m. par des *éclats* précédés et suivis de courtes éclipses; sur l'écueil de la *Teignouse*, côté N. de la passe, à 1 mille 1/2 S. 63° E. de la pointe S. de la presqu'île de *Quibéron*. Son élévation est de 48m, et sa portée de 11 milles. (47° 27′ 27″ N. et 5° 23′ O.) Cloche de brume. Canot de sauvetage à *Port-Maria*.

Port-Haliguen (D. 5), feu *fixe*, dans la baie de *Quibéron*, à l'extrémité de la jetée Nord. Sa portée est de 10 milles, son élévation de 12m. (47° 29′ 10″ N. et 5° 26′ 24″ O.)

OCÉAN ATLANTIQUE — CÔTE OUEST DE FRANCE. 165

Crac'h, 2 feux sur la rive gauche de la rivière de *Crac'h*. Le premier (C. 5), est *fixe rouge*, par 47° 34′ 7″ N. et 5° 20′ 38″ O. Le second (D. 5) *blanc*, à 525ᵐ N. 11° 30′ O. du premier. Ils se voient de 9 et 10 milles ; le premier est élevé de 9ᵐ, l'autre de 21ᵐ au-dessus de la mer. Leur direction conduit dans la rivière et fait passer entre l'îlot *Mousker* et l'écueil *Petit-Treho*.

Port Navalo (C. D. 4), feu *fixe*, élevé de 22ᵐ et visible de 10 milles ; sur la pointe, côté droit de l'entrée du *Morbihan*. Sa portée est de 15 milles dans la direction de la passe de la *Teignouse* dont, avec le feu de la *Teignouse*, il donne la direction. (47° 32′ 53″ N. et 5° 15′ 24″ O.)

Belle-Ile (D. 1), feu *tournant*, dans le S. O. de l'île, par 47° 18′ 40″ N. et 5° 33′ 54″ O., près l'anse de *Goulfar*. Les éclats se succèdent de 1 m. en 1 m. et se voient de 27 milles, mais les éclipses ne sont totales qu'au delà de 12 milles ; l'appareil a 84ᵐ de hauteur.

Kerdonis, extrémité E. de *Belle-Ile*, alternativement *fixe blanc* et à *éclats rouges* de 25ˢ en 25ˢ ; élévation 35ᵐ, portée du feu blanc 13 milles et des éclats rouges 12 milles, tourelle en maçonnerie. (47° 18′ 39″ N. et 5° 23′ 50″ O.)

Palais (*Belle-Ile*) (D. 5), sur le musoir du grand môle, à gauche de l'entrée du port. Ce feu *fixe* est élevé de 9ᵐ et se voit de 9 milles. (47° 20′ 53″ N. et 5° 29′ 30″ O.)

Sauzon (D. 5), feu de port, *fixe rouge*, sur l'extrémité du môle, côté O. de l'entrée du port, à 9ᵐ au-dessus de l'eau et visible de 7 milles. (47° 22′ 22″ N. et 5° 33′ 23″ O.)

Poulains (D. 4) feu *scintillant* de 5 s. en 5 s., sur l'île aux *Poulains*, extr. N. O. de *Belle-Ile*. sur une tour carrée blanche et à 34ᵐ de hauteur ; sa portée est de 14 milles. (47° 23′ 20″ N. et 5° 35′ 21″ O.)

Grands Cardinaux, sur *Grouge-Guès*, la roche du S. au S. E. de l'île *Hœdic* ; *fixe blanc* élevé de 27ᵐ, portée 12 milles.

Penlan (D. 5), rive Nord de l'emb. de la *Vilaine*. Feu *fixe* élevé de 16ᵐ et visible de 10 milles. (47° 31′ 0″ N. et 4° 50′ 23″ O.)

Four (D. 2), sur le rocher le *Four de Guérande* ; il est à 3 milles 1/2 O. de la pointe de *Croisic*. Feu *tournant* dont les éclipses se succèdent de 30 s. en 30 s. Son élévation est de 24ᵐ et sa portée de 18 milles. Les éclipses ne paraissent totales qu'au delà de 8 milles. (47° 17′ 53″ N. et 4° 58′ 20″ O.)

Croisic (C. 5), 2 feux : le premier, *fixe*, près du rivage, à 450ᵐ N. 26° O. de l'église; son élévation est de 4ᵐ et sa portée de 12 milles. Le 2ᵉ feu est *fixe*, à 46ᵐ S. S. E. du 1ᵉʳ, élevé de 10ᵐ et visible de 6 milles (47° 17′ 58″ N. et 4° 51′ 14″ O.)

Ces deux feux donnent la direction de la passe et font passer fort près de deux roches situées à 1 mille 1/2 S. 30° E. de la balise du rocher le *Trehic*, lesquelles découvrent de 1ᵐ à 1ᵐ 6 en basse marée de vive eau. Il y aurait imprudence à s'y engager de nuit sans pilote.

— (D. 5), feu *fixe blanc, rouge* sur le musoir de la jetée de *Trehic*; il est élevé de 12ᵐ et paraît *blanc* à 10 milles quand on le relève entre le S. 43° E. et le S. 87° E. En dehors de ces relèvement, il paraît *rouge*. (47° 18′ 30″ N. et 4° 51′ 40″ O.)

La Banche (D. 3), sur le rocher le *Turc*. Feu *fixe rouge*, élevé de 21ᵐ 5 et visible de 10 milles. (47° 40′ 39″ N. et 4° 48′ 20″ O.)

Pouliguen (D. 5), élevé de 7ᵐ, sur le bout de la jetée à l'entrée du port. Le feu est *fixe rouge* et se voit de 5 milles. (47° 16′ 27″ N. et 4° 45′ 32″ O.)

Pointe de l'Eve (C. 5), feu *fixe rouge*, sur le sommet des falaises, il signale la passe de la *Ville-ès-Martin*, et indique qu'on est dans le canal tant qu'il reste masqué par la tour d'*Aiguillon*. Hauteur 31ᵐ, portée 9 milles. (47° 14′ 30″ N. et 4° 36′ 14″ O.)

Aiguillon (Loire) (D. 3), en *aval*, sur la tour d'*Aiguillon*, au côté N. de l'entrée de la *Loire*, à 3 milles S. 55° O. de l'église de *Saint-Nazaire*; feu *fixe*, élevé de 36ᵐ et visible de 14 milles. (47° 14′ 33″ N. et 4° 36′ 2″ O.)

Commerce (Loire) (D. 3), en *amont*, sur la tour du *Commerce*, également au côté N. de l'entrée; feu *fixe*, varié de 2 m. en 2 m. par des *éclats* précédés et suivis de courtes éclipses; il est élevé de 60ᵐ et se voit de 14 milles.

Ces deux phares sont à 1.960ᵐ S. 31° O. et N. 31° E., direction qui passe sur la pointe E. du banc des *Charpentiers*. Dans l'état actuel, il faut, pour éviter ce banc, gouverner de manière à voir le feu changeant du *Commerce* un peu à droite du feu fixe de la tour d'*Aiguillon*.

Ville-ès-Martin (D. 4), sur la pointe de ce nom, feu *tournant rouge*, à éclipses de 30 s. en 30 s., élevé de 10ᵐ et visible de 12 milles. Pendant les éclipses, on voit toujours un feu *rouge* jusqu'à 4 milles. (47° 15′ 22″ N. et 4° 33′ 55″ O.)

OCÉAN ATLANTIQUE — CÔTE OUEST DE FRANCE.   167

Saint-Nazaire (D. 5), feu *fixe* de port, sur le musoir du môle, par 47° 16' 18" N. et 4° 32' 5" O., élevé de 8″, portée 8 milles.

—— 2 feux *fixes*, un *rouge* et un *vert* à l'entrée des bassins.

Méans ou **Brivet** (D. 5). 2 feux de direction sont placés à l'entrée de la rivière du *Brivet*; celui d'aval, *fixe rouge*, élevé de 6″20, sur la plage, par 47° 18' 5" N. et 4° 31' 15" O.; le feu d'amont, *fixe blanc*, élevé de 11″40, à 10″ O. du précédent, leur portée est de 5 milles.

Mindin, feu *fixe* sur cette tour. (En *projet*.)

Roche-Saint-Nicolas, feu *fixe rouge* sur la partie la plus saillante des roches. (En *projet*.)

Donges, feu *fixe* sur l'extrémité de l'estacade, rive droite.

Pierre-à-l'Œil (D. 5), feu *fixe rouge*, élevé de 5″30, visible de 8 milles. Il est à 800″ au S. 86° O. du feu du port de *Paimbœuf*. (47° 17' 26" N. et 4° 22' 49" O.) Les 2 feux tenus l'un par l'autre signalent la direction du grand chenal de la Loire entre *Saint-Nazaire* et *Paimbœuf*.

Paimbœuf (D. 5), feu *fixe*, sur l'ext. du môle, élevé de 8″, portée 8 milles. (47° 17' 25" N. et 4° 22' 11" O.)

Pierre-Rouge, feu *fixe rouge* sur la roche, visible de 4 milles.

Ile Carnay, 2 feux *fixes* de direction, sur le côté Nord de l'île.

La belle Ile, 2 feux *fixes rouge* et *blanc*, de direction, l'un sur le côté Nord de l'île, l'autre sur la tête de l'île.

—— Feu *fixe*, sur la tête de l'île.

Ile au Loup, feu *fixe* sur la tête de l'île.

—— Feu *fixe rouge*, sur la queue de l'île.

Ile Grand-Pinaud, feu *fixe* sur la tête de l'île.

Ile de Bois, 2 feux *fixes* de direction, sur cette île.

Ile de la Liberté, 2 feux *fixes* de direction.

Ile de Cheviré, 2 feux *fixes* de direction.

Pornic (D. 4), feu du port *fixe*, sur la pointe de la *No-*

veillard, à gauche de l'entrée; son élévation est de 20° et sa portée de 10 milles. (47° 6′ 38″ N. et 4° 27′ 11″ O.)

Pilier (D. 2), sur la pointe N. O. de cet îlot à 2 milles 1/2 de la pointe N. O. de l'île de *Noirmoutiers*. Le feu est *fixe*, *blanc et rouge*, varié par des *éclats* de 4 m. en 4 m., précédés et suivis de courtes éclipses. *Rouge*, dans un angle de 44°, sur la chaussée des *Bœufs*; également *rouge*, sur l'écueil la *Couronnée*, dans un angle de 20°. Restez dans la lumière *blanche* pour parer ces récifs. Il se voit de 14 et 20 milles. Son élévation est de 32°. Les éclipses ne sont visibles qu'au delà de 7 milles. (47° 2′ 35″ N. et 4° 41′ 52″ O.)

Noirmoutiers (C. D. 4), feu *fixe blanc*, *rouge*, sur la pointe des *Dames*, au N. E. de l'île, à 2,300 m de l'entrée du port. *Blanc* et visible de 10 milles sur la plus grande partie de l'horizon; *rouge* quand on le relève entre le S. 80° O. et le S. 5° E., à mi-distance des écueils *Pierre*, *Moine* et *Basse-des-Pères*, et dans un angle de 30° sur la *Chaussée-des-Bœufs* (47° 0′ 40″ N. et 4° 33′ 31″ O.) Restez dans la lumière *blanche*. Canot de sauvetage à l'*Herbaudière*.

Île d'Yeu (D. 1) feu *fixe*, sur la butte de *Petite-Foule*, à 1,700 m de la pointe N. O. de l'île d'*Yeu*, élevé de 54 m, portée 18 milles. (46° 43′ 4″ N. et 4° 43′ 11″ O.)

Corbeaux (Île d'Yeu) (D. 3), feu *fixe rouge* sur cette pointe, à l'extrémité S. E. de l'île, élevé de 19 m 50 et visible de 7 milles. (46° 41′ 27″ N. et 4° 37′ 19″ O.)

Port-Breton, sur le musoir de la jetée N. O. *clignotant blanc* et *rouge*, élevé de 7 m 9; portée du feu blanc 9 milles 1/2, du feu rouge 6 milles; il est *clignotant blanc* quand on le relève entre le S. 28° E. et le N. 74° O. et *clignotant rouge* entre le S. 28° E. et le S. 57° 30′ E. (46° 43′ 45″ N.; 4° 41′ 7″ E.)

Port-Breton (île d'*Yeu*) (D. 5), 2 feux *fixes* sont allumés : le premier sur la tête du *Grand-Quai*, à droite de l'entrée, portée 8 milles. (46° 43′ 37″ N. et 4° 41′ 11″ O.)

Le second, sur la rive opposée, au fond du port, 260 m du premier; il a 20 m de hauteur avec une portée de 9 milles.

Cette passe, n'ayant que peu de largeur, ne peut être franchie, même avec le secours des fanaux, que par des pilotes.

Saint-Gilles (D. 5.), feu *fixe et rouge*, à l'extrémité de la jetée Nord. Son élévation est de 12" et sa portée de 7 milles. (46° 41′ 50″ N. et 4° 17′ 8″ O.)

Barges-d'Olonne (D. 3), sur la grande *barge*. Le feu est *fixe* varié de 3 m. en 3 m. par des *éclats rouges*; élevé de 23"; portée 14 milles. La petite barge d'*Olonne*, située à 900" dans le S. du phare, est signalée par une bouée noire. (46° 29′ 43″ N. et 4° 10′ 45″ O.)

La Chaume (D. 4), feu sur le quai de la *Chaume*, côté O. de l'entrée des *Sables-d'Olonne*. C'est un feu *fixe* de 32" d'élévation et visible de 10 milles. (46° 29′ 38″ N. et 4° 7′ 59″ O.)

—— 2 feux *fixes rouges*, *provisoires*, sur le même quai, donnant la direction du passage ouvert au milieu de la petite barre qui s'est formée à l'entrée du port.

Sables-d'Olonne (D. 5), feu *fixe*, sur la jetée, côté E. de l'entrée du port. (46° 29′ 28″ N. et 4° 7′ 6″ O.) Élévation 11", portée 8 milles. Tenu par celui de la *Chaume*, il donne la direction du grand chenal et fait passer à 1 encablure à l'E. des roches *Barre-Marine*. Signaux de marée. Bateau de sauvetage.

—— 2 feux *fixes rouges*, à 383" N. 51° E. et S. 51° O. l'un de l'autre, signalent la passe S. O. de la rade ; celui d'aval, dit de l'*Estacade*, élevé de 10" par 46° 29′ 31″ N. et 4° 6′ 43″ O., celui d'amont, dit de la *Potence*, élevé de 28" 4; visibles sur un secteur de 12° de chaque côté de la passe; leur portée est de 7 milles.

Grouin-du-Cou (D. 5), feu *fixe*, sur la pointe de ce nom, 7 milles N. 32° E. du phare des *Baleines*. Son élévation est de 28" et sa portée de 10 milles. Il signale la pointe N. E. de l'entrée du *Pertuis-Breton*. (46° 20′ 41″ N. et 3° 48′ 4″ O.)

Aiguillon (D. 5), feu *fixe*, sur la pointe du même nom, 7 milles 1/2 N. 59° E. du feu de port de *Saint-Martin* (île de *Ré*). Son élévation est de 13" et sa portée de 10 milles. (46° 16′ 13″ N. et 3° 32′ 32″ O.) Balise *noire* sur l'extrémité de basse mer de la pointe. La laisser par bâbord en entrant.

Haut-Banc-du-Nord (D. 3), placé en mer, sur cet écueil, à 1 milles 1/2 environ N. O. du phare des *Baleines*; son feu est *fixe*. Élévation 23"; portée 14 milles. Les dangers de la pointe des *Baleines* s'étendent à plus de 1 mille de ce feu.

Baleines (D. 1), sur la pointe N. O. de l'île de *Ré*, feu *tournant* à *éclipses* qui se succèdent de 30 s. en 30 s., par

46° 14′ 40″ N. et 3° 53′ 55″ O. Son élévation est de 50ᵐ et sa portée de 26 milles. Ses éclipses ne sont totales qu'à 10 milles. Canot de sauvetage.

Fier d'Ars (C.), (Ile de *Ré*) deux feux visibles de 5 milles : l'un, en amont, *fixe vert*, l'autre en aval *fixe blanc*, à 366ᵐ N. 78° E. du premier. (46° 14′ 2″ N., 3° 49′ 9″ O.) Ils donnent la direction à suivre pour entrer dans le *Fier d'Ars*.

Saint-Martin (île de *Ré*) (D. 5), feu *fixe rouge*, destiné à guider en avant de la côte N. E. de cette île. Il est élevé de 17ᵐ, sur l'angle saillant du demi-bastion, 100ᵐ à l'E. de l'entrée, et se voit de 7 milles du S. 78° E. au N. 56° O. par le S. (46° 12′ 28″ N. et 3° 42′ 7″ O.)

La Flotte (île de *Ré*) (D.5) feu de port *fixe*, sur le nouveau môle, à 2 milles S. 57° E. de l'entrée du port de *Saint-Martin*. Son élévation est de 10ᵐ et sa portée de 9 milles. (46° 11′ 19″ N. et 3° 39′ 28″ O.)

Chauveau (C. 3), feu *fixe*, sur les rochers de la pointe S. E. de l'île de *Ré*, par 46° 8′ 2″ N. et 3° 36′ 39′ O., portée 14 milles, élevé de 22ᵐ. Des rayons *rouges*, visibles de 13 milles, couvrent toutes les roches de la côte Sud de l'île de *Ré*. On évitera ces dangers en se tenant dans la partie *blanche* du feu.

Roche-Bonne (flottant G.), à l'Est du plateau. Deux feux *fixes* à 14 et 10ᵐ d'élévation, sont visibles de 11 milles. Le bateau est peint en rouge et mouillé par 48ᵐ. En temps de brume, une trompette de brouillard résonne pendant 3 s. avec 14 s. d'intervalle. (46° 12′ N. et 4° 40′ 20″ O.)

La Rochelle, 2 feux de port. Le feu d'amont (D. 5), *fixe blanc*, sur le quai E. du bassin à flot. Élévation 24ᵐ, portée 10 milles. (46° 9′ 25″ N. et 3° 29′ 12″ O.)

Le feu d'aval (C. 5) est *fixe rouge*, à l'O. du bassin à flot, 235ᵐ S. 60° O. du précédent; son élévation est de 14ᵐ et sa portée de 9 milles. Ils donnent la direction pour entrer dans le port.

Ile d'Aix (D. 5), feu *fixe* sur le fort, à la pointe Sud de l'île. Il est élevé de 20ᵐ et visible de 10 milles. (46° 0′ 36″ N. et 3° 30′ 55″ O.)

Fouras (D.), feu de port sur l'extrémité de la jetée du port Nord de *Fouras*; *fixe blanc*, élevé de 6ᵐ 50 sur un candélabre en fer se voit de 7 milles. (45° 59′ 47″ N. 3° 2′ 6″ O.)

Charente, 2 feux sur la rive droite : le feu d'amont,

OCÉAN ATLANTIQUE — CÔTE OUEST DE FRANCE.   171

fixe rouge, élevé de 13"·3, visible de 16 milles dans un angle de 18° vers le feu d'*Aix*, et à 11 milles vers le feu d'aval.

—— Feu d'aval, à 600" N. 65° O. du précédent, *fixe vert*, visible de 11 milles du S. 47° E. au S. 83° E.

—— Deux feux sur la rive gauche : feu d'amont, *fixe rouge* élevé de 13"·4 visible de 9 milles du S. 30° E. au S. 60° E.

—— Feu d'aval, à 490" N. O. du précédent, *fixe rouge*, élevé de 5"·2, visible de 9 milles du S. 30° E. au S. 60° E. Pour entrer en *Charente*, mettre l'un par l'autre les feux de la rive droite, suivre jusqu'à voir les feux *rouges* de la rive gauche l'un par l'autre.

Chassiron (D. 1), feu *fixe*, à l'ext. N. O. de l'île d'*Oléron*, 15 milles S. S. O. du phare des *Baleines*; de sorte que ces deux feux sont vus en même temps par ceux qui entrent dans le pertuis d'*Antioche*. Élevé de 50", se voit de 18 milles. (46° 2′ 49″ N. et 3° 44′ 52″ O.)

La Perrotine (D. 5), (île d'Oléron), feu *fixe* sur le bout de la jetée S.; il a 6" de hauteur et se voit de 5 milles. (45° 58′ 15″ N. et 3° 34′ 4″ O.)

Château (D. 5), (île d'Oléron) 2 feux *fixes* de 8 milles de portée, donnent la direction pour entrer dans le port : celui d'aval, par 45° 53′ 6″ N. et 3° 30′ 46″ O., est élevé de 10"; celui d'amont, élevé de 23"·5, en est à 240" N. 41° O.

Seudre, (Mus de loup) sur la rive gauche de l'embouchure de cette rivière, feu *fixe blanc*, visible quand on le relève entre le S. 60° E. et le N. 44° O. en passant par le Sud. Élevé de 7"; portée 8 milles. (45° 47′ 49″ N., 3° 28′ 52″ O.)

La Coubre (D. 3) feu *fixe*, sur cette pointe, au côté N. de l'emb. de la *Gironde*, 7 milles N. 29° O. du phare de *Cordouan*, sur un échafaudage en bois; il est élevé de 37" et visible de 14 milles. (45° 41′ 35″ N. et 3° 35′ 35″ O.)

Grand-Banc (flottant C. 4), au Sud du précédent et au S. E. du banc *Mauvaise* par 15" d'eau; il porte deux feux *fixes*, élevés de 10"·5 et 7", visibles de 11 milles. (45° 39′ 52″ N. et 3° 36′ 0″ O.) Cloche de brouillard, 5 coups de 30° en 30°.

Palmyre (D. 4), sur les dunes de la pointe, à 5 milles au S. 80° E. du phare de la *Coubre*; feu *fixe*, alternativement *rouge* et *vert* de 20 s. en 20 s., visible de 14 milles. Vu par le feu flottant du *Grand-Banc*, il donne le gisement de la passe des *Charentais*. (45° 40′ 52″ N. et 3° 28′ 45″ O.)

La Falaise (C. 5), feu *fixe rouge*, à 4 milles 1/2 N. 35° E. du feu de *Cordouan*. Hauteur 14ᵐ, portée 10 milles. Tenu par celui de *Terre-Nègre*, il conduit depuis l'alignement des feux du *Grand-Banc* et de *Cordouan* jusqu'à celui des feux rouges de *Saint-Georges* et de *Suzac*. (45° 38′ 53″ N. et 3° 27′ 4″ O.)

Terre-Nègre (C. D. 4), rive N. de l'emb. de la *Gironde*, à 550ᵐ du précédent et à 4 milles 1/2 N. 38° E. du feu de *Cordouan*; feu *fixe*, élevé de 36ᵐ et visible de 14 milles. (45° 38′ 49″ N. et 3° 26′ 38″ O.)

Le Chay, feu *fixe rouge* à l'Ouest de celui de *Royan*, près de la falaise; il est élevé de 27ᵐ et visible de 10 milles dans un angle de 24°. (45° 37′ 20″ N. et 3° 22′ 52″ O.)

Saint-Pierre, feu *fixe rouge*, au N. 46° E. du précédent; il se voit de 12 milles dans un angle de 24°; élevé de 54ᵐ. (45° 38′ 5″ N. et 3° 21′ 47″ O.)

Royan (D. 4), feu de port sur le musoir de la jetée; *fixe*, se voit de 10 milles; 13ᵐ 5 d'élévation. (45° 37′ 13″ N. et 3° 22′ O.)

Saint-Georges (D. 4), près du port; *fixe rouge*, élevé de 14ᵐ 5 et visible de 20 milles dans un angle de 15°. (45° 35′ 57″ N. et 3° 20′ 47″ O).

Suzac (D. 4), sur les dunes, à 2,500ᵐ du précédent; *fixe rouge*, élevé de 37ᵐ et visible de 18 milles. (45° 35′ 18″ N. et 3° 18′ 50″ O.

Cordouan (D. 1), feu *tournant, blanc et rouge*, à éclipses de 1 m. en 1 m.; il est élevé de 63ᵐ et se voit de 24 milles. Chaque grand éclat est précédé d'un éclat moins brillant; les éclipses ne paraissent totales qu'au-delà de 10 milles. *Rouge*, quand on le relève entre le S. et le S. 81° O., pour indiquer le point où il faut quitter l'alignement des feux de *Terre-Nègre* et *Falaise* et gouverner au S. 56° E. (45° 35′ 14″ N. et 3° 30′ 39″ O.)

Grave (D. 3), feu *scintillant* à courtes éclipses chaque 5 secondes. Il se voit de 14 milles, élévation 26ᵐ. (45° 34′ 10″ N. et 3° 24′ 12″ O.)

Saint-Nicolas, feu *fixe vert*, sur les dunes, au S. 63° O.

OCÉAN ATLANTIQUE — CÔTE OUEST DE FRANCE. 173

du feu de *Grave*; il est élevé de 21ᵐ 7 et visible de 7 milles. (45° 33′ 47″ N. et 3° 25′ 16″ O.)

Suivre son alignement avec le feu scintillant de *Grave*, jusqu'à voir les feux *rouges du Chay* et de *Saint-Pierre* en ligne; cette direction sert à atteindre l'alignement du feu de *Talais* par celui de *Richard*.

Talais (flottant C. 4), mouillé par 5ᵐ, sur la partie N. O. du banc de *Talais*, vers le milieu de la longueur et en amont de la rade du *Verdon*. Feu *fixe* élevé de 11ᵐ, visible de 10 milles. Le jour, un ballon rouge à claire-voie remplace le feu. On y frappe une cloche pendant les brouillards. (45° 30′ 42″ N. et 3° 19′ 24″ O.) Bateau rouge.

Richard (D. 4), feu *fixe rouge*, sur la rive S. de la *Gironde*, 1 mille en aval du petit port de *Richard*; il est élevé de 32ᵐ et se voit de 16 milles. (45° 26′ 25″ N. et 3° 16′ 11″ O.)

By (flottant C. 4), feu *fixe*, mouillé par 4ᵐ par le travers de la tour de *By*; il est élevé de 10ᵐ et visible de 10 milles. (45° 23′ 40″ N. et 3° 9′ 29″ O.) Bateau à bandes horizontales rouges et noires.

Mapon (flottant C. 4), feu *fixe*, mouillé par 6ᵐ au-dessous de la *Maréchale*; il est élevé de 10ᵐ et visible de 9 milles. (45° 17′ 18″ N. et 3° 6′ 5″ O.) Bateau rouge.

Patiras (C. 4), sur l'extrémité Nord de l'île; feu *scintillant*, à courtes éclipses de 4 en 4 secondes; élévation 21ᵐ, portée 19 milles. (45° 12′ 22″ N. et 3° 3′ 10″ O.)

Mousset (D. 5), à l'Est du hameau, N. 20° O. du feu de *Gaët*; feu *fixe blanc* et *rouge*, élevé de 20ᵐ et visible de 6 milles; *blanc* sur l'horizon maritime; *rouge* vers le feu de *Gaët*. (45° 13′ 25″ N. et 3° 5′ 36″ O.)

Gaët (D. 5), feu *fixe blanc* et *rouge*, à l'entrée du chenal; il paraît *blanc* sur la majeure partie de l'horizon, et *rouge* dans la direction du feu de *Mousset*. (45° 12′ 22″ N. et 3° 5′ 4″ O.)

Pauillac (D. 5), feu *fixe vert*, élevé de 6ᵐ, visible de 3 milles; il est sur le quai, à l'origine de la cale saillante. (45° 11′ 57″ N. et 3° 4′ 56″ O.)

—— (D. 5), feu *fixe blanc* et *rouge*, sur l'ext. du débarcadère en charpente; *rouge*, dans la direction de *Saint-Lambert*; *blanc*, sur le reste de l'horizon. Portée 6 milles. (45° 11′ 53″ N. et 3° 4′ 49″ O.)

10.

174 OCÉAN ATLANTIQUE — COTE OUEST DE FRANCE.

Saint-Lambert (C. 5), feu *fixe rouge*, à 1,000ᵐ S. du précédent; il est élevé de 16ᵐ et visible de 8 milles dans un angle de 24°, vers le débarcadère. (45° 11′ 21″ N. et 3° 4′ 19″ O.)

Callonge, *fixe rouge*, près de l'embouchure du chenal; élevé de 6ᵐ8; visible de 4 milles 1/2. (45° 17′ 7″ N. 3° 2′ 16″ O.)

Blaye (C. 4), feu de port, *fixe rouge*, sur le bout du musoir du quai vertical, visible de 4 milles.

—— (C. 4), feu *fixe*, en amont de la poterne du débarcadère.

Il y a en outre 16 feux éclairant l'intérieur du fleuve.

Hourtin (D. 1), entre l'embouchure de la *Gironde* et le bassin d'*Arcachon*, 2 feux *fixes*, élevés de 54ᵐ, et visibles de 20 milles; les tours sont carrées et à 200ᵐ N. 5° E. et S. 5° O. l'une de l'autre; celle du Sud par 45° 8′ 20″ N. et 3° 30′ 2″ O.

Ferret (D. 1), sur le cap, feu *fixe*, au N. de l'entrée du bassin d'*Arcachon*, par 44° 38′ 43″ N. et 3° 35′ 15″ O. Son élévation est de 51ᵐ et sa portée de 18 milles.

Contis (D. 1), feu *tournant* de 30 s. en 30 s., sur les dunes de *Contis*, à mi-distance entre le bassin d'*Arcachon* et l'embouchure de l'*Adour*. Son élévation est de 50ᵐ sur une tour ronde de 38ᵐ. Il se voit de 24 milles, mais les éclipses ne sont totales qu'au delà de 10 milles. (44° 5′ 45″ N. et 3° 39′ 24″ O.)

Cap Breton, feu *fixe rouge* sur l'extrémité extérieure de l'estacade de la rive gauche du canal; élevé de 8ᵐ, sur un candélabre en fer, il se voit de 5 milles. (43° 39′ 19″ N. et 3° 47′ 4″ O.) Bateau de sauvetage.

Adour (D. 4), sur la tour des signaux, près de la jetée du Sud, feu *fixe blanc*, visible de 10 milles quand le passage est praticable; il est *fixe rouge* et visible de 7 milles, quand l'état de la mer ne permet pas d'entrer. Son élévation est de 17ᵐ. (43° 31′ 46″ N. et 3° 21′ 32″ O.) Station de sauvetage.

Quand le feu *blanc* est allumé, on allume deux feux *fixes verts* pour indiquer la direction du canal entre les jetées.

Biarritz (D.-1), feu *alternatif* sur la pointe de *Saint-Martin*, à 2 milles 1/2 S. S. O. de l'emb. de l'*Adour*. Les

OCÉAN ATLANTIQUE. — COTE NORD D'ESPAGNE. 175

éclipses sont totales et durent 20 s., et les *éclats alternatifs blancs* et *rouges* sont visibles de 22 milles ; élévation 73° au-dessus de la mer. (43° 29′ 38″ N. et 3° 53′ 31″ O.)

Socoa (D. 5), feu de port *fixe, blanc, rouge* au côté O. de l'entrée de la baie de *Saint-Jean-de-Luz*, sur la partie la plus saillante de la côte voisine du port. Son élévation est de 35° et sa portée de 10 milles. Ce feu montre des rayons *rouges* dans un espace angulaire de 27° 30′ qui indiquent au navire la position du mouillage. (43° 23′ 43″ N. et 4° 1′ 30″ O.)

Saint-Jean-de-Luz, 2 feux *fixes verts*, à 452ᵐ S. 29° E. et N. 29° O. l'un de l'autre, donnent la direction entre la digue de *Socoa* et le brise-lames *Artha*. Le feu d'aval, sur la jetée de *Saint-Jean-de-Luz*, se voit de 3 milles dans un angle de 26° ; le feu d'amont est au fond du port, élevé de 16° et se voit de 7 milles dans un angle de 20°. (43° 23′ 5″ N. et 4° 0′ 15″ O. Feu d'amont.) Bateau de sauvetage.

Sainte-Barbe (C.), feux *fixes rouges*, à 380ᵐ N. 76° O. et S. 76° E. l'un de l'autre ; ils sont élevés de 29 et 50° et visibles de 13 milles, dans un angle de 30° du N. 64° O. au S. 86° O. Pour entrer de nuit dans la baie de *Saint-Jean-de-Luz*, on devra se diriger d'abord sur le feu *fixe blanc* du *Socoa*, en le relevant au S. 41° E. jusqu'à ce qu'on voie l'un par l'autre les deux feux *fixes rouges* des hauteurs de *Sainte-Barbe* au S. 79° E. On suivra alors ce dernier alignement jusqu'à sa rencontre avec celui des deux feux *fixes verts* de *Saint-Jean-de-Luz*. Dès que le feu du *Socoa* se montrera *rouge*, on viendra au S. 15° O. pour mouiller quand ce même feu redeviendra *blanc*.

ESPAGNE ET PORTUGAL

COTE NORD D'ESPAGNE

Higuero ou **Figuier** (CD. 4), feu *fixe, provisoire* élevé de 80° et visible de 5 milles ; dans une tour ronde, par 43° 23′ 22″ N. et 4° 8′ 0″ O. au côté O. de l'entrée de *Fontarabie*, sur le cap *Figuier*.

Passages (CD. 4) sur le cap la *Plata*, au côté Ouest du port. Feu *fixe*, élevé de 148° et visible de 10 milles. (43° 20′ 5″ N. et 4° 16′ 20″ O.)

176 OCÉAN ATLANTIQUE — CÔTE NORD D'ESPAGNE.

Saint-Sébastien (CD. 3), sur le mont *Iguelbo*, par 43° 19′ 22″ N. et 4° 21′ 0″ O. ; feu *fixe à éclats*, qui se succèdent de 2 m. en 2 m. Son élévation est de 130" au-dessus de la mer et sa portée de 15 milles.

Santa-Clara (CD. 4), feu *fixe à éclats* de 1 m. en 1 m., sur cette ile, baie de *Saint-Sébastien*. Il est élevé de 53", sur une tour ronde de 8"3, et visible de 9 milles. (43° 19′ 30″ N. et 4° 20′ 12″ O.)

La roche *Bancha* git à 2 encâblures au large de l'ile. Le feu est masqué du S. O. au N. O. par l'O.

Guetaria (CD. 4), feu *fixe*, sur le pic le plus N. de l'ile *San-Antonio*. Il est élevé de 89" 7, sur une tour octogone, et visible de 10 milles. (43° 19′ 5″ N. et 4° 33′ 23″ O.)

Zumaya (D. 4), sur le mont *Atalaya*; feu *fixe*, (43° 18′ 45″ N. et 4° 35′ 48″ O.) détruit. Doit être prochainement rallumé.

Lequeitio (CD. 4) sur la pointe *Santa-Catalina*; *fixe*, élevé de 45", sur une tour conique bleue, et visible de 10 milles. (43° 23′ 24″ N. et 4° 53′ 49″ O.)

Machichaco (CD. 1), à l'ext. du cap, feu *fixe* varié par des *éclats* de 4 m. en 4 m. Elevé de 82" au-dessus de la mer, il se voit de 20 milles. (43° 27′ 20″ N. et 5° 9′ 43″ O.)

Pointe Galea (CD. 4), à 1/2 mille S. E. q. S. de la pointe, sur la côte E. de la baie de *Portugalète* ou de *Bilbao*, par 43° 22′ 36″ N. et 5° 24′ 19″ O. C'est un feu *fixe*, élevé de 122" au-dessus de la mer et visible de 10 milles. (43° 22′ 36″ N. et 5° 24′ 19″ O.)

Bilbao, feu qu'on allume sur l'extrémité du môle du S. O. lorsqu'un navire entre dans le port.

Castro-Urdiales (CD. 4), sur la tour S. E. du château *Santa-Anna*, par 43° 24′ 20″ N. et 5° 36′ 23″ O. feu *fixe* varié par des *éclats rouges* de 3 m. en 3 m., élevé de 45" et visible de 7 milles sur un arc de 270°; les pierres sur lesquelles il est situé s'étendent à 15" dans le S. E.

Santoña (CD. 4), sur la pointe *del Caballo*, au côté N. de l'entrée du port; feu *fixe rouge*, élevé de 26", visible de 10 milles. (43° 28′ 12″ N. et 5° 47′ 28″ O.)

Pescador (CD. 4), sur cette pointe, située à l'O. de l'entrée du port de *Santoña*. Feu *fixe blanc*, montrant un *éclat*

OCÉAN ATLANTIQUE — CÔTE NORD D'ESPAGNE. 177

de 3 m. en 3 m.; il est à 38ᵐ6 au-dessus de la mer et visible de 17 milles. (43° 28′ 36″ N. et 5° 48′ 19″ O.)

Ile Mouro (C. D. 4), feu *fixe*, élevé de 41ᵐ et visible de 12 milles quand on le relève entre le N. 12° O. et le N. 78° E. par le S. (43° 28′ 24″ N. et 6° 5′ 43″ O.) Roche *Corbera* à une encâblure au S. 84° E. du phare.

Corda (D. 4), feu *fixe vert* sur la pointe *del Puerto (Santander)*; élevé de 24ᵐ, visible de 4 milles du S. 15° E. au N. 55° E. par le Sud et l'O; mais il paraît *blanc* dans un arc de 5°, pour couvrir la roche *Herradura*. (43° 28′ 13″ N. et 6° 6′ 27″ O.)

Santander (CD. 2), sur le cap *Mayor*, à 1 mille 3/4 de l'entrée du port; feu *tournant* de 1 m. en 1 m., élevé de 90ᵐ et visible de 20 milles: les éclipses ne sont totales qu'au delà de 8 milles (43° 29′ 30″ N. et 6° 7′ 53″ O.)

—— Feu *fixe rouge*, sur la maison de la capitainerie; élevé de 9ᵐ; portée 3 milles.

Suances (CD. 4), feu *fixe* sur la pointe *Torco de Afuera*; visible de 7 milles; 36ᵐ d'élévation. Passant à petite distance, le feu est caché entre le S. 67° E. et le S. 89° E. (43° 26′ 50″ N. et 6° 21′ 13″ O.)

San-Vicente (D. 4), sur la pointe *Silla*, à l'O. de l'entrée du port. Feu *fixe rouge*, élevé de 43ᵐ et visible de 9 milles entre le S. 80° E. et le N. 80° O. par le S. (43° 23′ 35″ N. et 6° 45′ 8″ O.)

Comillas, 2 feux *fixes*, allumés sur deux piliers coniques placés sur les hauteurs de la côte, seulement lorsque les pêcheurs sont en mer de mauvais temps.

Tina-Major (CD. 3), sur la pointe *San Emeterio*, à 68ᵐ au-dessus de la mer; feu *fixe*, visible de 15 milles. (43° 25′ 15″ N. et 6° 53′ 35″ O.)

Llanes (CD. 4), sur la pointe *San-Antonio*, au côté S. de l'entrée de la rivière; feu *fixe*, élevé de 19ᵐ et visible de 9 milles. (43° 28′ 37″ N. et 7° 6′ O.)

Rivadesella (CD. 3), sur le mont *Somos*. Feu *fixe* varié de 4 en 4 m. par un *éclat blanc*; son élévation est de 112ᵐ5 et sa portée de 15 milles. (43° 31′ N. et 7° 27′ 23″ O.)

Villaviciosa (D. 6), sur la pointe de *los Tazones*, à l'O. de l'entrée; feu *fixe*, visible de 7 milles, et élevé de 67ᵐ sur une tour carrée jaune. (43° 35′ 10″ N. et 7° 43′ 13″ O.)

Gijon (CD. 4) feu *fixe*, établi sur le mont *Santa-Catalina*, au N. de la ville. Son élévation est de 51" au-dessus de la pleine mer, et sa portée de 10 milles. (43° 32' 48" N. et 8° 0' 19" O.)

—— (CD. 4), feu *fixe rouge* sur l'extrémité du môle neuf de la pointe *Bocal*; élévation 8"8, portée 7 milles sur 180" de l'horizon.

—— Un petit feu *rouge* existe sur le bout du môle N.; on ne le voit que de l'entrée de la barre.

Peñas (CD. 1) feu *tournant* dont les éclipses se succèdent de 30 s. en 30 s. Son élévation est de 104" et sa portée de 21 milles, par un temps clair. Tenez-vous à 2 milles du fronton du cap à cause des bancs. (43° 42' 20" N. et 8° 10' 5" O.)

Avilès (CD. 4), feu *fixe* sur la pointe *del Castillo*, côté N. de l'entrée, élevé de 35", sur une tour octogonale jaune de 15"; sa portée est de 10 milles. (43° 38' 5" N. et 8° 16' 17" O.)

Cudillero (CD. 4), sur la pointe *Rovallera*, à l'entrée du port, sur une maison; feu *fixe*, visible de 10 milles. Sa hauteur est de 30". (43° 36' 10" N. et 8° 29' 20" O.)

Busto (CD. 3), sur le cap *Busto*; feu *fixe*, varié par des *éclats rouges* de 2 m. en 2 m. Il est élevé de 93"6 et visible de 12 milles. Passez à 1 mille du cap. (43° 35' 55" N. et 8° 49' 5" O.)

Luarca (CD. 4), sur l'ext. de la pointe *Atalaya*; feu *fixe*, haut de 60" et visible de 7 mille du Cap *Busto* à la pointe *Mujeres*. (43° 34' 30" N. et 8° 53' 13" O.)

Tapia (CD. 3) sur cette île, par 43° 35' 40" N. et 9° 43" O.) Feu *fixe*, varié par des *éclats* de 2 m en 2 m.; élevé de 23" et visible de 15 milles.

Pancha (CD. 4), feu *fixe*, élevé de 24" et visible de 9 milles. Le récif *Panchorro*, de 4" 20, reste à 1,3 encablure N. 20° 30' E., et le banc *Arredo*, de 14", à 3,3 encablures N. 62° E. du feu. (43° 34' 40" N. et 9° 24' 43" O.)

San-Cypriano (CD. 4), sur le morne *Atalaya*, au côté E. de l'entrée. Feu *fixe*, élevé de 37", sur une tour grise, et visible de 9 milles. (43° 43' 0" N. et 9° 48' 48" O.)

Conejera ou **Coelleira** (CD. 4) sur cette roche, à l'extrémité E. de l'entrée du havre de *Barquero*. Feu *fixe*, à 83"

OCÉAN ATLANTIQUE — CÔTE NORD D'ESPAGNE.   179

au-dessus de la mer, visible de 9 milles. (43° 45′ 36″ N. et 10° 0′ 33″ O.)

Estaca de Vares (CD. 1), feu *tournant*, à éclipses de 4 m. en 1 m., sur le sommet, à 2 milles S. de la pointe saillante du cap. Il est élevé de 93ᵐ et se voit de 23 milles. (43° 47′ 20″ N., 10° 4′ 23″ O.)

Cedeira (D. 4) feu *fixe* de 9 milles de portée ; élevé de 27ᵐ. Sur la presqu'île *Robaleira*, au S. O. de la ville. Il guide pour aller au mouillage. (43° 39′ N. et 10° 25′ 43″ O.)

Prior (CD. 3) feu *fixe*, sur le cap de ce nom, par 43° 33′ 25″ N. et 10° 39′ 43″ O. Il est élevé de 136ᵐ au-dessus de la mer, et visible de 15 milles.

Priorino (CD. 4), feu *fixe*, varié par des *éclats rouges* de 2 m. en 2 m., sur le cap de la baie du *Ferrol*; son élévation est de 27ᵐ au-dessus de la mer et sa portée de 12 milles. Il fait connaître l'entrée du port du *Ferrol*. (43° 27′ 30″ N. et 10° 40′ 33″ O.)

Le Ferrol (D. 4), feu *fixe, rouge*, à 100ᵐ dans l'E. du fort de la *Palma*, élevé de 11ᵐ5 et visible de 8 milles. (43° 27′ 45″ N. et 10° 36′ 25″ O.)

—— (C. 4), feu *fixe* sur l'extrémité du môle du port du *Commerce*; il se voit de 4 et 5 milles. (43° 28′ 40″ N. et 10° 35′ 48″ O.)

La Corogne (CD. 3), sur la tour d'*Hercules*, surmontée d'une lanterne, à 104ᵐ au-dessus de la mer. Le feu est *fixe*, varié par des *éclats* de 3 m. en 3 m. Le feu *fixe*, qu'on voit dans les intervalles est visible de 12 et les *éclats* de 16 milles; en dedans du rayon des 12 milles, le phare offre les aspects suivants : le feu *fixe*, affaibli pendant 107 s., s'éclipse pendant 30 s.; l'éclat suit pendant 13 s.; puis encore l'éclipse pendant 30 s., le feu *fixe*, et ainsi de suite. (43° 23′ 10 N. et 10° 44′ 39″ O.)

La tour d'*Hercules* est d'origine très-ancienne; elle a été réparée par César et Trajan.

—— (CD. 4) feu *fixe* sur le château *San-Antonio*, près la pᵗᵉ N. E. du port de la *Corogne*; il est élevé de 17ᵐ et visible de 10 milles. (43° 22′ N. et 10° 43′ 25″ O.)

—— (C.) sur le môle de la *Douane*; feu *fixe rouge* qui se voit de 6 milles. (43° 22′ N. et 10° 44′ 9″ O.)

Ile Sisargnas (CD. 4), sur le 2ᵉ sommet, situé dans le

N. de la partie O. de l'île *Mayor*, par 43° 21′ 45″ N. et 11° 10′ 48″ O. Feu *fixe* varié par des *éclats rouges* de 4 m. en 4 m.; il est élevé de 107ᵐ au-dessus de la mer et visible de 12 milles.

COTE OCCIDENTALE D'ESPAGNE

Camariñas ou **Villano** (CD. 4), feu *fixe*, élevé de 74ᵐ, portée 10 milles. (43° 9′ 54″ N. et 11° 33′ 13″ O.) Il guide vers la rivière *Carmariñas*.

Finistère (CD. 1), feu *fixe* à *éclats* de 30 s. en 30 s. Il est élevé de 140ᵐ au-dessus du niveau de la mer et visible de 21 milles. Le banc de pierre *Peton de Socabo* est à 1 mille au S. 38° O. (42° 52′ 45″ N. et 11° 35′ 41″ O.)

Cap de Cée (CD. 4) sur le cap, à 4 milles 1/3 au N. 63° E. du cap *Finistère*, feu *fixe rouge*, élevé de 25ᵐ et visible de 8 milles. (42° 54′ 50″ N. et 11° 30′ 23″ O.)

Muros (CD. 4), feu *fixe* sur la pointe de *Queijal*, au S. 82° E. du sommet du mont *Louro*; élevé de 27ᵐ, on peut le voir de 10 milles. (42° 44′ 20″ N. et 11° 24′ 3″ O.)

Corrubedo (CD. 3) feu *fixe*, par 42° 34′ 30″ N. et 11° 24′ 55″ O.; élevé de 32ᵐ5 au-dessus de la mer, il est visible de 15 milles; au S. 31° O. du cap, à 2 milles 1/4, gisent des roches dangereuses.

Salvora (CD. 4) sur la pointe S. O. de l'île, par 42° 28′ 10″ N. et 11° 20′ 43″ O. Feu *fixe*, varié de 2 m. en 2 m. par des *éclats rouges*. Il est élevé de 25ᵐ et visible de 12 milles; on le tient à bâbord pour entrer.

Arosa (C. 4) sur l'île, à la pointe *del Caballo*, par 42° 34′ 8″ N. et 11° 12′ 45″ O; feu *fixe*, élevé de 11ᵐ et visible de 10 milles. On le laisse à tribord pour aller mouiller à *Villagarcia*, *Carril* et *Padron*.

Ile Rua (CD. 4) sur la pointe S. O. de l'île, feu *fixe*, élevé de 25ᵐ7, visible de 11 milles; il fait éviter les dangers de la baie. (42° 32′ 50″ N. et 11° 15′ 43″ O.)

Ile Ons (C. 4), dans le havre de *Pontevedra*, feu *fixe*, à *éclats* de 2 m. en 2 m. élevé de 128ᵐ, sur une tour de 18ᵐ6; il se voit de 12 milles. (42° 22′ 30″ N. et 11° 15′ 23″ O.)

OCÉAN ATLANTIQUE — COTE DE PORTUGAL.   181

Ciés (CD. 2), au sommet du mont *Faro*, à l'ext. S. de l'île *Bayona*, par 42° 12′ 30″ N. et 11° 14′ 3″ O. Feu *tournant*, à éclipses de 1 m. en 1 m., élevé de 184^m et visible de 20 milles environ. Des avaries récentes ne permettent plus la régularité des éclipses de 1 m. en 1 m.

Vigo (CD. 4), feu de port *fixe*, à *éclats*, de 3 m. en 3 m., dans la batterie de la *Guia*. Elevé de 31^m et visible de 10 milles. Les éclats se voient de 12 milles. (42° 15′ 16″ N. et 11° 1′ 19″ O.)

Banc Borneiro (flottant), au côté extérieur du banc (en *projet*).

Ilot Boiero. (En *projet*).

Silleiro (D. 4), sur ce cap, au côté S. du havre de *Vigo*, feu *fixe* de 22^m d'élévation et d'une portée de 17 milles. (42° 6′ 5″ N. et 11° 12′ 53″ O.)

Guardia. (En *projet*.)

PORTUGAL

Vianna de Castello, sur le rempart N. du château de la barre ; *fixe rouge*, élevé de 16^m visible de 7 milles, destiné à faciliter l'accès de la barre aux pêcheurs (41° 41′ 15″ N. — 11° 8′ 21″ O.)

Espozende (Riv.) (D. 4), feu *fixe rouge*, sur la plateforme du vieux fort, visible de 7 milles et élevé de 14^m. (41° 32′ 36″ N. et 11° 5′ 25″ O.)

Pavoa-de-Varzim, à 31^m du bord de la mer, feu *tournant* de 5 m. en 5 m. On l'allume quand les pêcheurs sont sortis. Portée 9 à 10 milles. (41° 22′ 0″ N. et 11° 4′ 9″ O.)

Oporto (D. 4), feu *fixe*, montrant un *éclat* chaque minute. Il est à l'entrée du *Douro*, sur la tour de *Nossa Senhora da Luz*. Elevé de 66^{m}5, il se voit de 15 à 20 milles. (41° 9′ 9″ N. et 10° 58′ 29″ O.)

Un mât de signaux indique si les navires peuvent être pilotés ou non, et fait connaître la position à prendre ainsi que la profondeur de l'eau sur la barre. Bateau de sauvetage.

Aveiro, sur la jetée S. (*Proposé*.)

Cap Mondego (C. 2), sur l'extrémité S. du cap. Feu

fixe, élevé de 91ᵐ au-dessus de la mer, visible de 20 milles sur 180° du N. au S. par l'E. Quand on prolonge la côte en allant du N. au S., il faut toujours garder le feu en vue lorsqu'on l'a aperçu. (40° 10′ 59″ N. et 11° 12′ 16″ O.) Bateau de sauvetage.

Berlinga (C. 1), sur l'île de ce nom, à 5 milles 1/2 N. 55° O. du cap *Corvoiero*, par 39° 25′ N. et 11° 48′ 25″ O. feu *tournant* de 3 m. en 3 m., dont 1 m. pour l'éclipse qui est absolue. Il est élevé de 111ᵐ et se voit de 25 milles. Indépendamment de ce feu, il existe sur la tour un système de signaux avec la côte.

Corvoiero (C. 3), sur le cap; feu *fixe*. Son élévation est de 55ᵐ,4 et sa portée de 13 milles. (39° 24′ 30″ N. et 11° 42′ 10″ O.)

Roca (C. 2). Ce cap est considérable, taillé à pic; il porte sur son sommet et à 181ᵐ au-dessus de la mer un phare à feu *tournant*, qui opère sa révolution en 105 s.; sa couleur est alternativement *rouge* durant 1 m. et *blanche* pendant 45 s. Il est visible de 21 milles. (38° 46′ 40″ N. et 11° 47′ 40″ O.)

Guia (C. 4), sur *Nossa Senhora da Guia*, à 1 mille N. O. de la baie de *Cascaes*, feu *fixe*, élevé de 52ᵐ,4 et visible de 15 milles. (38° 41′ 40″ N. et 11° 44′ 59″ O.)

Cascaes (D. 4), feu *fixe rouge* à l'angle du fort *Santa-Martha* et à 18ᵐ au-dessus de l'eau. Il se voit de 5 milles.

Saint-Julien (D. 4), presque au centre de la forteresse; le feu est fixe et élevé de 39ᵐ; sa portée est de 13 milles. (38° 40′ 15″ N. et 11° 37′ O.)

Bugio (C. 3), à 1 mille 1/2 S. 75° E. du château *Saint-Julien*; sur la tour Saint-Laurent, elle est formée de deux corps circulaires au milieu desquels s'élève une tourelle portant le phare à 33ᵐ de hauteur. Elle forme la limite S. O. du *Tage*. Ce feu est *tournant* de 105 s. en 105 s. (38° 39′ 40″ N. et 11° 34′ 35″ O.)

Belem (C. 4), feu *fixe* et *rouge*, visible de 6 milles et élevé de 9ᵐ,4, dans un fort, près du château. (38° 41′ 15″ N. et 11° 31′ 2″ O.)

Alto de Caxias, sur le *Mirante* ou belvédère de *Caxias*, fixe rouge, élevé de 96ᵐ,4; visible de 18 milles (38° 41′ 59″ N. — 11° 34′ 6″ O.)

Porto Covo, rive droite du fleuve, *fixe rouge*, à 130ᵐ au

N. E. du précédent. L'alignement de ces deux feux rouges indique la route à suivre pour franchir la barre.

Spichel (CD. 1), le cap de ce nom saillant, très-haut et presque taillé à pic, porte un phare à feu *fixe*, au S. de la petite église de *N. S. do Cabo*. Ce phare consiste en un édifice très-distinct et isolé, qui est à 190ᵐ au-dessus de la mer; le feu se voit de 12 milles. (38° 25′ N. et 11° 30′ 15″ O.)

Setuval (C. 4), sur la tour d'*Outao*, à l'entrée O. du port et à 149ᵐ de hauteur. Feu *fixe* de 15 milles de portée. (38° 29′ 15″ N. et 11° 14′ O.)

Saint-Vincent (C. 1), feu *tournant* de 2ᵉ en 2ᵉ *éclats* 2 s., *éclipses* 78 s. Il est sur l'ext. O. du cap, par 37° 1′ 20″ N. et 11° 17′ 41″ O.; élevé de 66ᵐ et visible de 20 milles.

Sainte-Marie (C. 3), sur le cap de ce nom; feu *fixe*, élevé de 33ᵐ et visible de 15 milles. (36° 58′ 24″ N. et 10° 9′ 50″ O.)

San Antonio, entrée de la *Guadiana*. (En *projet*.)

COTE SUD-OUEST D'ESPAGNE

Ayamonte, deux feux *fixes rouges* de 9 milles de portée, sont placés N. E. et S. O. à l'entrée de la rivière *Guadiana*, sur l'île *Cañela*; celui du Nord est élevé de 6ᵐ 9 et celui du Sud de 6ᵐ 4. (37° 11′ 24″ N. et 9° 44′ 36″ O.)

Ile Cañela, 2 feux *fixes verts* sont sur l'extrémité S. E. de l'île *Cañela*, à l'O. de la rivière *Guadiana*; leur élévation est de 40ᵐ avec une portée de 4 à 5 milles. Tenus l'un par l'autre, ils font franchir la barre. (37° 11′ 6″ N. et 9° 40′ 45″ O.)

Cartaya (CD. 3), sur la rive gauche de la rivière *las Piedras*, feu *fixe*, varié par des *éclats* de 4 m. en 4 m. On le voit de 14 milles; il est élevé de 25ᵐ. (37° 12′ 50″ N. et 9° 28′ 1″ O.)

— 2 feux *fixes*, à 300ᵐ N. et S., sont sur la barre de *Cartaya*; la passe se fait par leur alignement.

Huelva (C. 4), la barre de la rivière *Odiel* est signalée par 2 feux *fixes* d'une portée de 10 milles. Celui du Nord est élevé de 8ᵐ 4, celui du S. de 5ᵐ. En ligne, ils font franchir la barre; on les déplace en conséquence. (37° 8′ 9″ N. et 9° 10′ 33″ O.)

—— 3 feux *fixes* sont allumés sur le môle pendant les premières heures de nuit, quand il n'y a pas de lune.

—— Un feu *fixe*, *blanc* à la partie supérieure et *rouge* à la partie inférieure, signale le môle que l'on construit en face de *Huelva*; il est placé sur la pointe de la *Cruz*.

Chipiona (D. 1), sur les rochers *del Perro*, entrée du *Guadalquivir*, feu *tournant* chaque minute, sur une colonne jaune, à 68·6 au-dessus de la mer. Il se voit de 23 milles. (36° 44′ 0″ N. et 8° 47′ 3″ O.)

San-Lucar (D. 4), feu *fixe* sur la pointe de *Malandar*, côté N. rive gauche. Il a 6 milles de portée et 11·m de hauteur. (36° 47′ 40″ N. et 8° 41′ 41″ O.)

—— Feu *fixe*, sur l'édifice le plus N. de la *Bonanza*, à l'Est du port; portée 7 milles.

—— Feu *fixe rouge*, à 1 encâblure au S. du château *Espiritu Santo*, côté S. du port, rive droite.

Quand vous aurez doublé à l'O. le banc *Salmedina*, gouvernez 2 milles 3/4 au N. 36° 15′ E. jusqu'à voir l'un par l'autre les feux de *Bonanza* et *Maladar*; courez pendant 1 mille 1/4 dans cet alignement jusqu'à relever le feu d'*Espiritu Santo* au S. 5° O.; il s'éclipsera à l'endroit le plus étroit de la passe; gouvernez alors au N. 85° E. jusqu'à voir le feu de *Bonanza* au N. 52° E.; gouvernez ensuite au N. 38° E. jusqu'à relever le feu *Bonanza* S. 45° E.; et mouillez par 6·m7 à 11·m7 d'eau.

Puerto da Santa Maria (C. 4), sur la rive droite du *Guadelete*, 2 feux *fixes rouges*, visibles de 3 milles dans un secteur de 62° entre la pointe *Trocadero* et la partie saillante du château de *Santa Catalina* (36° 34′ 15″ N. et 8° 34′ 5″ O.) On les change de position quand la barre change.

Rota. Sur l'extrémité du môle, feu *fixe*. Douteux.

Cadix (CD. 1), sur la tour de *Saint-Sébastien*, par 36° 31′ 30″ N. et 8° 39′ 39″ O , feu *fixe*, varié par des *éclats* alternativement *blancs* et *rouges* de 2 m. en 2 m., et visible de 20 milles. Son élévation est de 45·m.

—— Feu *fixe rouge*, sur l'extrémité du môle. (*Douteux.*)

Tralalgar (CD. 2), feu *tournant*, dont les éclipses se

MÉDITERRANÉE — COTE SUD D'ESPAGNE.   185

succèdent de 30 s. en 30 s.; il est élevé de 51"7 sur la partie extérieure du cap, au S. 56° O. de la tour de *los Altos de Veca*, et visible de 19 milles. (36° 10' 50" N. et 8° 22' 21" O.)

Tarifa (CD. 1), feu *fixe rouge*. Son élévation est de 14" au-dessus de la mer; il se voit de 20 milles (35° 59' 53" N. et 7° 56' 51" O.); on y relève les bancs *Cabezos*, à 5 milles N. 77° O., et le rocher *Thisbé*, à 5 milles S. 74° O.

Carnero (D. 4), feu *fixe vert*, élevé de 42" et visible de 11 milles entre le S. 11° E. et le N. 42° 35' E. (36° 4' 30" N. et 7° 45' 44" O.)

Algesiras, feu *fixe*, sur l'extrémité S. du fort de l'île *Verte*. Son élévation est de 19" et sa portée de 9 milles. Il éclaire toute la baie et la partie extérieure de son ouverture entre les pointes *Carnero* et *Europe*. (36° 7' 19" N. et 7° 46' 25" O.)

MER MÉDITERRANÉE

COTE MÉRIDIONALE D'ESPAGNE

Gibraltar (D. 1) sur la pointe d'*Europe* feu *fixe*, élevé de 47"70 et d'une portée de 15 milles. (36° 6' 25" N. et 7° 41' 4" O.) Ce feu est visible dans la baie d'*Algésiras* depuis la baie de sable jusqu'à la rivière *Palmones*. Un secteur *rouge* de 23° entre le N. 45° E. et le N. 68° E., éclaire tous les dangers dans la direction du rocher la *Perle*.

Port de Gibraltar, *fixe vert*, sur *Ragged-Staff*, débarcadère.

—— (D. 4), *fixe, rouge*, sur l'extrémité du môle neuf élevé de 8"5, vis. de 8 milles. (36° 7' 20" N. — 7° 41' 14" O.)

Pointe Doncella (D. 4), feu *fixe*, à *éclats* de 4 m. en 4 m., sur la pointe de la *Doncella*. Il a 18" au-dessus de la mer et se voit de 12 milles. La tour est grise, et le dôme de la lanterne à bandes rouges et jaunes. (36° 24' 20" N. et 7° 29' 55" O.)

Marbella (D. 4), *fixe* à l'O. de la ville, élevé de 15"7, visible de 12 milles, sur une tour conique grise, avec lanterne verte et dôme jaune et rouge. (36° 31' N. et 7° 14' 35" O.)

— — *fixe rouge*, élevé de 9ᵐ, sur l'extrémité du môle en fer, se voit de 8 milles.

Pointe Calaburra (D. 3), *fixe*, à *éclats* de 3 m. en 3 m.; il est élevé de 35ᵐ et visible de 16 milles. La tour est une pyramide octogone, le dôme de la lanterne est à bandes verticales rouges et jaunes. (36° 30' 40" N. et 6° 58' 15" O.)

Malaga (CD. 3), *fixe à éclats rouges* chaque 2 m.; à 100ᵐ de l'extrémité du môle. Il est élevé de 38ᵐ et visible de 15 milles. La tour est ronde et blanche; sa base est rouge brique. (36° 42' 39" N. et 6° 45' 17" O.)

Velez-Malaga (D, 5), au côté E. de l'emb. de la rivière; feu *fixe*, de 12ᵐ6 d'élévation et de 11 milles de portée, tour conique, lanterne verte, dôme jaune et rouge. (36° 44' N. et 6° 29' 35" O.)

Pointe de Torrox (D. 3), sur cette pointe, feu *fixe*, de 28ᵐ6 d'élévation, qui se voit de 15 milles, tour conique grise, tourelle dessus, dôme à secteurs jaunes et rouges. (35° 45' 10" N. et 6° 19' 45" O.)

Nerja (D. 3), en construction (36° 45' N. — 6° 15' O.)

Cap Sacratif (D. 2), *fixe blanc*, montrant un *éclat* chaque minute. Il est sur l'extrémité du *Cerro de Chucho*, à 97ᵐ6 au-dessus de la mer et se voit de 24 milles; tour conique, rouge brique, lanterne prisme, dôme rond. (36° 41' 31" N. et 5° 48' 33" O.)

Cala Honda (D. 5), *fixe rouge*, sur la pointe *Llano de Carchuna*; il est élevé de 13ᵐ5 et se voit de 8 milles, tour conique blanche, lanterne blanche, dôme rond. (36° 41' N. et 5° 46' 15" O.)

Ile Alboran, sur la partie la plus élevée et au S. O. de l'île, *fixe blanc*, élevé de 35ᵐ et visible de 15 milles sur tout l'horizon, tour conique jaune clair sur le milieu d'une maison. (35° 58' 20" N. et 5° 22' O.)

Sentina, sur la pointe. (En *construction*.) (36° 41' 30" N. — 5° 9' O.)

Pointe Sabinal (D. 3), sur la pointe dans les *Llanos de Almería*, *fixe*, à *éclats* de 2 m. en 2 m. Il est élevé de 32ᵐ et visible de 18 milles, tour conique blanche, lanterne octogone verte, dôme rond. (36° 11' 20" N. et 5° 4' 10" O.)

OCÉAN ATLANTIQUE — CÔTE SUD D'ESPAGNE.

Roquetas (D. 5), *fixe*, sur la plage, côté O. de la baie d'*Alméria*. Il est élevé de 17°5, sur une tour conique de 9°4 et visible de 9 milles. (36° 45′ 10″ N. et 5° 2′ 5″ O.)

Port Alméria (D. 4) près de l'extrémité du môle, *fixe*, élevé de 8° et visible de 9 milles, sur une colonne en fer octogonale verte. Il éclaire un arc de 128° compris entre la pointe de la rivière et le château de *San Telmo*. (36° 50′ 40″ N. et 4° 53′ 35″ O.)

Cap de Gate (GD. 2), feu *tournant*, dont le plus vif *éclat* se montre chaque 30 s. Il est élevé de 51° sur une tour blanche de 18°2, et se voit de 19 milles. (36° 43′ 36″ N. et 4° 34′ 24″ O.)

A 1/2 mille S. 26° E. du phare gît un banc de 2°8 d'eau.

Mesa de Roldan (GD. 3), sur la partie la plus saillante du mont *Mesa*. Le feu est *fixe*, à *éclats* chaque 2 m.; son élévation au-dessus de la mer est de 224°, et sa portée de 22 milles, la lumière est cachée par un morne dans la direction de la plage *Carboneras*. (36° 54′ 40″ N. et 4° 18′ 35″ O.)

Villaricos (CD. 5), *fixe*, élevé de 19°3, et visible de 9 milles; il est au côté N. de la rivière *Almanzora*. (37° 11′ 20″ N. et 4° 13′ 5″ O.)

Port Aguilas (CD. 4), *fixe*, élevé de 12°8, sur la pointe *Negra*, à l'extrémité du port; il est visible de 5 milles, sur une tour gris clair, lanterne verte, dôme blanc. (37° 23′ 30″ N. et 3° 59′ 45″ O.)

Port Almazarron (CD. 5), sur le petit morne de la pointe S. du port; le feu est *fixe*, élevé de 42° et visible de 7 milles, tour grise, lanterne et dôme blancs. (37° 33′ 15″ N. et 3° 37′ 35″ O.)

Cap Tinoso (CD. 1), *fixe*; il est élevé de 149° et visible de 20 milles, tour cylindrique sur la bâtisse carrée rouge. (37° 31′ 17″ N. et 3° 29′ 7″ O.)

Carthagène (D. 4), *fixe*, sur la batterie de la pointe de la *Podadera*, côté O. de l'entrée du port. Il est élevé de 65° et visible de 10 milles, tour conique rouge, lanterne verte. Il éclaire 110° depuis le cap *Tinoso* jusqu'à l'îlot *Escombrera*. (37° 35′ 45″ N. et 3° 18′ 40″ O.)

—— Feu *fixe rouge*, visible de 4 milles, sur l'ext. du brise-lames, pointe Navidad. La tour est sur un chariot mobile; dans les mauvais temps de S. E. à l'Ouest on rentre le feu à 150°, il faut alors passer à 200° du feu. (3° 35' 28" N. et 3° 18' 50" O.)

Escombrera (D. 5), sur cet îlot, entrée du port de *Carthagène*; *fixe rouge*, élevé de 64° et visible de 4 milles. (37° 33' 30" N. et 3° 18' 15" O.)

Port de Porman (CD. 5), sur le sommet de la pointe *Chapa*, ext. S. E. de l'entrée; élevé de 49° 4, il se voit de 9 milles et éclaire un arc de 145°, tour conique, sur une maison carrée, jaune. (37° 34' 15" N. et 3° 9' 50" O.)

COTE ORIENTALE D'ESPAGNE

Cap de Palos (CD. 1), *tournant*, montrant son *éclat* le plus vif chaque minute. Il est élevé de 80° au-dessus de la mer et visible de 23 milles, tour conique gris bleu; sur maison carrée. (37° 37' 30" N. et 3° 0' 12" O.)

Ce feu et celui de la grande *Fourmi*, qui est à 2 milles 3/10 au N. 57° E., signalent le canal qui sépare les *Fourmis* du cap.

Grande-Fourmi (CD. 5), *fixe* sur la petite île de ce nom. Hauteur 25°, portée 10 milles; tour conique blanche, lanterne blanche et verte. (37° 38' 30" N. et 2° 58' 25" O.)

Rade de Estacio (CD. 4), *fixe rouge*, sur la pointe à l'E. de la plage de *Manga*; il est élevé de 21° et visible de 6 milles, tour conique grise, lanterne et dôme blancs. (37° 45' N. et 3° 2' 55" O.)

Torre-Vieja (D. 4), *fixe rouge*, élevé de 9° 4 et visible de 4 milles. (37° 58' 8" N. et 3° 0' 15" O.)

La colonne en fonte vert sombre avec lanterne dorée qui porte le feu, sera portée plus en mer au fur et à mesure que le môle avancera. Les grands navires doivent en passer à 1 encâblure 1/2.

Ile Plana (CD. 3), *fixe*, à *éclats rouges* de 2 m. en 2 m. par 38° 40' 13" N. et 2° 46' 57" O., à 560° de la p^te E. de l'île et 156° du bord de la mer. Son élévation est de 28° et sa portée de 15 milles; il sert à faire parer les dangers du voisinage; la tour est quadrangulaire, blanche au centre d'une maison.

Santa-Pola (D. 4), *fixe* sur la tour *Taloyola*, à 360° du

MÉDITERRANÉE — COTE EST D'ESAPGNE.   189

bord de la mer et à 9 milles dans le S. q. S. O. du port d'*Alicante*; il est élevé de 152ᵐ et visible de 7 milles du N. q. N. O. au S. S. O. par l'O. Pour aller au mouillage de *Santa-Pola*, en passant dans le canal, il faut tenir à égale distance les feux de *Santa-Pola* et de l'île *Plana*. (38° 12′ 30″ N. et 2° 50′ 27″ O.)

—— Sur le môle dans la baie; *fixe*, sur une colonne en fer.

Alicante (C.), feu de port *fixe*, *rouge*, sur la tête de la digue de l'Est, à 4 milles O. q. S. O. du cap *Huertas* et à 9 milles dans le N. q. N. E. du cap *Santa-Pola*; il est élevé de 8ᵐ, et se voit de 2 milles. Il sera porté au large au fur et à mesure que les travaux du môle avanceront. (38° 20′ 18″ N. et 2° 49′ 57″ O.)

—— (D. 4). Sur l'extrémité du môle O., *fixe vert*, élevé de 8ᵐ et visible de 2 milles dans un secteur de 270°. (38° 20′ 2″ N. et 2° 47′ 9″ O.)

Cap Las Huertas (CD. 4), *fixe*, sur ce cap; il est élevé de 37ᵐ et visible de 10 milles, on peut en passer à 1 encablure dans le S. et 3 encâblures dans l'E. (38°21′N. et 2°41′5″O.)

Villajoyosa (CD. 5), *fixe*, élevé de 15ᵐ 7 et visible de 5 milles, à l'Est du village, sur une tour rectangulaire blanche (38° 30′ N. et 2° 31′ 57″ O.)

Altea (CD. 5), sur la pointe d'*Albir*. Le feu est *fixe*, élevé de 112ᵐ et visible de 9 milles; la tour, de 8ᵐ 4 est ronde, blanche et à 10ᵐ du bord de la mer. (38° 33′ 30″ N. et 2° 24′ 17″ O.)

Cap San-Antonio (CD. 2), sur le cap, par 38° 48′ 30″ N. et 2° 7′ 48″ O. Son feu est *tournant*, avec des éclipses de 30 s. en 30 s. Il est élevé de 174ᵐ, et visible de 19 milles, mais on l'a vu de 25 milles. La tour ronde, blanche, dôme vert, est à 7ᵐ du bord de l'eau. On l'a vu au N. 2° E., puis il a été caché par la terre 2 fois et il n'est resté constamment visible qu'à partir du N. 10° O.

Denia. En *construction*; 2 *fixes* de direction.

Cap Cullera (CD. 3), *fixe*, sur l'extrémité E. du cap, par 39° 12′ 15″ N. et 2° 33′ 52″ O. La tour est ronde et jaune; son élévation est de 28ᵐ, et sa portée de 15 milles. Visible quand on le relève du N. 17° O. au S. 40° E. par l'Ouest.

Grao de Valence (C. 4), sur l'angle formé par le môle

de l'Est avec son prolongement; *fixe vert*, élevé de 8", vis. de 9 milles entre le S. 28° E. et le N. 63° O. par l'Est; le feu est placé sur un wagon blanc mobile, et caché, entre le N. N. O. et la côte située au Nord. Le feu restera dans cette position, tant que les travaux du port ne seront pas plus avancés.

—— Ext. du prolongement du môle de l'Est, *fixe rouge*, vis. de 2 milles 1/2 (39° 26′ 51″ N. — 2° 39′ 19″ O.) *Provisoire*.

Valence, deux *fixes bleus* sur la tête des môles; on ne les voit qu'après avoir contourné le brise-lames.

El Cabañal (D. 5), *fixe*, sur la tour de l'église de la ville, à 1,374" au N. 30° O. du fanal du *Grao de Valence*. Sa hauteur est de 20" 16 et sa portée de 7 à 8 milles. Il indique aux pêcheurs le point convenable de la plage pour atterrir. (39° 28′ 5″ N. et 2° 40′ 3″ O.)

Grao de Buriana (D. 4), *fixe rouge*, sur le *Grao* à 260" S. O. de l'embouchure du *Rio-Seco*. Il éclaire du N. 40° E. au S. 40° O. par l'E. et le S. Sa portée est de 9 milles. La tour a une lanterne verte, et est élevée sur une maison jaune. (39° 53′ 20″ N. et 2° 24′ 25″ O.)

Iles Columbrettes (CD. 1), sur la partie N. E. de la grande île, à 128" de la plage. Feu *fixe*, de 80" d'élévation, sur une tour blanche, légèrement conique; il est visible de 21 milles. (39° 53′ 58″ N. et 1° 36′ 4″ O.)

Grao de Castellon (D. 5), à 34" de la plage. Feu *fixe*, élevé de 8", visible de 9 milles, tour blanche sur maison jaune avec lanterne verte. (39° 58′ 45″ N. et 2° 20′ O.)

Cap Oropesa (CD. 3), *fixe*, à *éclats* de 3 m. en 3 m., élevé de 22" 7. Il est visible de 15 milles, tour blanche. (40° 4′ 53″ N. et 2° 41′ O.)

A 3 milles dans le S. 34° O. du cap, il y a un banc de 3" 3 à 3" 6 de fond et un autre banc à 1 mille dans le S.

Rade de Vinaroz (CD. 5), sur le rocher la *Galera*; feu *fixe rouge*, élevé de 8" sur un candélabre en fonte avec lanterne verte, visible de 6 milles (40° 29′ 20″ N. et 1° 52′ 5″ O.)

Pointe Senieta (D. 3), *fixe rouge*, sur cette pointe, à 8 encâblures, au S. 30° O. de la ville de *San-Carlos de la Rapita*; élevé de 9", il se voit de 6 milles. La tour est *gris-*

MÉDITERRANÉE — CÔTE EST D'ESPAGNE.   191

clair, avec lanterne en bronze. (40° 36' 45" N. et 1° 45' 35" O.)

Pointe de la Bana (D. 3), extr. S. de la pointe, à 3 milles au S. E. de l'entrée du port. Le feu est *fixe*, élevé de 19™ et visible de 13 milles. Il faut passer à 1/2 mille au moins de la pointe du phare. (40° 34' 30" N. et 1° 41' 15" O.)

Cap Tortosa (D. 2), près de l'ext. E. de l'île *Buda* (rivière *Ebre*); le feu est *tournant* chaque minute, élevé de 53™ et visible de 20 milles. La tour est gris-clair, avec lanterne verte et dôme blanc. Il faut passer à 1 mille au moins de la pointe du phare. (40° 43' 24" N. et 1° 23' 15" O.)

Port de Faugal (D. 5), sur la pointe *Fango*, la plus E. de l'entrée. Il est *fixe* et visible de 8 milles. Tour gris-clair, avec lanterne verte. (40° 47' N. 1° 33' 5" O.)

Cap Salou (CD. 3), *fixe*, à *éclats* de 4 m. en 4 m. Il est sur une roche à pic, auprès du cap, à 20™ du bord de la mer. Il est élevé de 42™,5 et d'une portée de 15 milles. (41° 4' 2" N. et 1° 10' 37" O.)

—— *fixe*, sur le môle, élevé de 8™,40. On ne l'allume pas pendant la pleine lune, 3 jours avant, et 3 jours après. Sa portée n'est que de 5 milles. (*Provisoire*.) (41° 4' 50" N. et 1° 13' 45" O.)

Tarragone, sur le môle, feu *fixe rouge*, de 10 milles de portée et éclairant tout l'horizon de la mer, sur laquelle il est élevé de 16™,4. (41° 7' 0" N. et 1° 4' 15" O.) Il est *provisoire*.

—— Ext. du môle transversal en construction ; *fixe*, *vert*, élevé de 5™; vis. de 3 milles, sur une plate-forme mobile ; invisible entre le S. 51° E. et le S. 68° E. Ce feu, *provisoire*, est à 20™ au N. 73° O. du feu définitif.

Port de Villanueva (D. 5), *fixe rouge*, élevé de 42™,6 et visible de 9 milles, du S. 72° O. à l'E. par le S. Tour ronde, bleue avec lanterne verte. (41° 14' N. et 8° 42' 35" O.)

Rivière Llobregat (CD. 2), *tournant*, sur l'ext. de la pointe, rive gauche de la rivière, à la *Torre de la Punta*, par 41° 19' 12" N. et 0° 11' 24" O. Les éclipses ont lieu de 30 s. en 30 s. Il est élevé de 32™,3 ; visible de 18 milles et placé dans une tour jaune.

Il y a un écueil à 1 mille 1/2 dans le S. S. E. du phare.

MÉDITERRANÉE — COTE EST D'ESPAGNE.

Barcelone (CD. 4), sur le milieu du môle de l'E. Feu *fixe blanc*, varié par un *éclat rouge* de 4 m. en 4 m. Son élévation est de 13ᵐ 2 et sa portée de 9 milles. (41° 22′ 10″ N. et 0° 9′ 15″ O.)

— *Fixe rouge*, sur l'ext. de la jetée de l'O., élevé de 10ᵐ et visible de 3 milles. Un pavillon *quatre couleurs* indique que l'entrée est impraticable, quand il est *blanc* elle est praticable en forçant de toile.

— *Fixe vert*, élevé de 10ᵐ, sur l'ext. de la jetée de l'Est; il se voit de 3 milles. Ces deux feux sont à 360ᵐ l'un de l'autre; il faut passer au milieu en les écartant de 60ᵐ.

Pour pénétrer dans le port, tenez le clocher E. de la cathédrale par la tour de l'église *Merced*.

Calella (CD. 3), sur le morne de la *Torreta*; feu *fixe*, varié par des *éclats* de 2 m. en 2 m.; il est élevé de 45ᵐ 7 et visible de 18 milles. (41° 36′ 40″ N. et 0° 19′ 6″ E.)

— *Fixe*, sur le bout de la jetée en construction.

Port de Palamos (D. 5), feu *fixe rouge*, sur la pointe *Molino*, à l'E. de l'entrée du port. Il est élevé de 22ᵐ 5 et visible de 10 milles. Il éclaire 170° de la pointe *Valentina* à la pointe *Castell*. Tour bleue, lanterne noire. (41° 50′ 4″ N. et 0° 48′ 16″ E.)

— (C.3) Feu *fixe blanc*, visible de 6 milles, sur le bout du môle de *Palamos*, à 10ᵐ au-dessus de la mer; il sert, avec le précédent, à signaler la position de la baie et du port.

San-Sébastien (CD. 1), sur le cap, auprès de l'*Ermitage*, par 41° 53′ 30″ N. et 0° 52′ 6″ E. Le feu est *tournant* de minute en minute. Il est élevé de 167ᵐ et visible de 23 milles. *Éclats*, 6 à 7 s.

Il sert à faire parer les *Fourmis*, dont la plus Sud est à 2 milles 4/10 dans le S. du feu, et la plus E. à 1 mille 3/10 à l'E. de la pointe *del Termino*.

Iles Mèdes (D. 3), *fixe*, sur le sommet de la plus grande des îles, à 86ᵐ 2 au-dessus de la mer. Il signale le golfe de *Rosas* et se voit de 15 milles. Tour rose avec lanterne rouge. (42° 2′ 55″ N. et 0° 53′ 0″ O.)

Port de Rosas (CD. 4), sur la pointe *Poncella*, côté E. du port; c'est un feu *fixe*, montrant des *éclats rouges* toutes les 2 m., visible de 12 milles. Son élévation est de 23ᵐ 7. Tour blanche à raies rouges, lanterne vert foncé, dôme rond. (42° 14′ 45″ N. et 0° 50′ 46″ E.)

Port de Cadaques (CD. 5), feu de port, *fixe*, sur la pointe *Cala-Naus*, au côté S. du port; on le voit de 10 milles et son élévation est de 33m.5. Tour blanche jaspée de bleu, lanterne rouge, dôme rond. (42° 16′ 15″ N. et 0° 56′ 55″ E.)

Cap de Creux (CD. 3), *fixe*, à *éclats rouges* de 3 m. en 3 m., d'une portée moyenne de 15 milles. Le feu est élevé de 85m, sur la tour blanche du cap. (42° 19′ 10″ N. et 0° 58′ 45″ E.)

ÎLES BALÉARES

Ile Conejera (CD. 2), sur le cap *Blanc*, à l'extrémité N. E. de l'île. Le feu est *tournant* de 1 m. en 1 m. avec des éclats de 3s à 4s, mais les éclipses ne sont totales qu'au-delà de 3 à 4 milles. Il est élevé de 87m et visible de 20 milles; il guide pour entrer dans le port *San-Antonio*. (38° 59′ 2″ N. et 1° 7′ 24″ O.)

Ahorcados (CD. 4), sur cette petite île, entre *Ivice* et *Formentera*. Le feu est *fixe* et visible de 16 milles, étant élevé de 27m sur une tour jaune, avec lanterne et dôme blancs. (38° 48′ 40″ N. et 0° 55′ 33″ O.)

Puercos (D. 4), sur l'île de *los Puercos*, au N. de l'île *Espalmador*. Le feu est *fixe blanc*, varié par des *éclats rouges* chaque 3 m.; il est élevé de 28m.5 et se voit de 15 milles. La tour est conique gris-cendré. Ce feu, avec celui de *Ahorcados*, signale le passage entre *Ivice* et *Formentera*. (38° 48′ 0″ N. et 0° 50′ 55″ O.)

Pointe Grosa (D. 3), feu *tournant* à éclipses de 4 en 4 minutes sur cette pointe, île *Ivice*; son élévation de 55m le fait apercevoir de 15 milles. Il éclaire un arc de 223°. Tour conique gris-cendré et lanterne blanche. (39° 4′ 35″ N. et 0° 44′ O.)

Formentera (CD. 2), sur la pointe S. E. de l'île; le feu est *fixe*, élevé de 204m, avec une portée de 18 milles. Tour conique gris-clair et lanterne blanche. (38° 39′ 45″ N. et 0° 45′ 14″ O.)

Botafoch (CD. 4), *fixe* sur la petite île de ce nom, au côté E. du port d'*Ivice*. Il se voit de 9 milles étant élevé de 31m. Tour rouge, lanterne blanche. (38° 54′ N. et 0° 49′ 14″ O.)

Ile Cabrera (D. 2), sur l'extrémité S. de l'île; le feu est *tournant* de 30 en 30 secondes; il est élevé de 123™ et visible de 20 milles. Il est dans une tour quadrangulaire, rouge-clair. (39° 6′ 30″ N. et 0° 34′ 55″ E.)

Salinas (CD, 5), *fixe*, sur cette pointe, extrémité S. de *Majorque*. Il est élevé de 16™ 3 et visible de 10 milles. La tour est gris-clair, avec lanterne blanche. (39° 15′ 57″ N. et 0° 43′ 30″ E.)

Cap Blanco (CD. 5), *fixe*, élevé de 89™ 5 et visible de 10 milles. La tour, de 11™ 5 de hauteur, est carrée, gris-clair à lanterne blanche et à 30™ du bord de l'eau. (39° 21′ 46″ N. et 0° 27′ 0″ E.)

Port Pi (C.), Pointe N. du golfe de *Palma*; feu *tournant*; sa révolution se fait en 2 m., dont 1 m. pour l'éclipse. Il est élevé de 44™ et visible sur tout l'horizon de 8 milles. (39° 33′ N. et 0° 20′ 5″ E.

Port Palma (CD. 4), *fixe rouge*, sur le môle, à 200™ de l'extrémité; visible de 2 milles entre le S. O. et le S. E. par le S., élevé de 11™. (39° 33′ 39″ N., 0° 17′ 57″ E.)

—— Prolongement en construction du port de *Palma*, à 270™ du feu rouge, un feu *fixe vert* est placé sur une perche, élevé de 5™ et visible de 1 mille 1/2.

Cap Cala-Figuera (CD. 4), sur le cap au côté Ouest de la baie de *Palma* (*Majorque*). Le feu est *fixe*, élevé de 35™2 et visible de 12 milles. La tour est conique jaune, avec lanterne blanche (39° 27′ 35″ N. et 0° 10′ 57″ E.)

Ile Dragonera (île *Majorque*) (CD.3), feu *varié par des éclats*, établi sur le pic central de l'île, par 39° 34′ 57″ N. et 0° 1′ 35″ O. Les éclats ont lieu de 2™ en 2™. Le feu est élevé de 363™ au-dessus de la mer et visible de 18 milles.

Port-Soller (CD. 4), sur la pointe *Grosa*; le feu est *fixe* et visible de 15 milles; sa hauteur est de 142™ 5. Il éclaire les 3/4 de l'horizon. La tour est cylindrique avec une bande et une corniche couleur de chair. (39° 48′ 5″ N. et 0° 20′ 50″ E.)

—— (CD. 5), *fixe*, sur la pointe *Cruz*, à l'E. de l'entrée, côte N. de *Majorque*. Sa portée est de 9 milles et son élévation de 23™. La tour est conique, gris foncé, avec lanterne blanche. Ce feu et le précédent signalent l'entrée du port. (39° 48′ N. et 0° 30′ 16″ E.)

MÉDITERRANÉE. — ESPAGNE, ILES BALÉARES.   195

Formento (CD. 2), sur le cap le plus N. E. de *Majorque*. C'est un feu *tournant* en 30 s. ; il est élevé de 180ᵐ sur une tour conique grise de 24ᵐ 5 et visible de 19 milles. (59° 57′ 45″ N. et 0° 53′ 1″ E.)

Ile de Aucanada (CD. 5), *fixe*, sur cette île, dans la baie *Alcudia*. Il est élevé de 22ᵐ 5 et visible de 9 milles. (39° 49′ 50″ N. et 0° 50′ 30″ E.)

Cap Pera (CD. 3), sur la pointe E. de *Majorque*. Feu *fixe*, varié par des *éclats rouges* de 2 m. en 2 m. Sa hauteur est de 66ᵐ et sa portée de 18 milles. La tour est conique grise avec lanterne blanche (39° 43′ N. et 1° 8′ 19″ E.).

Colom (CD. 5), *fixe*, sur la pointe N. E. de l'entrée de ce port (*Majorque*) ; élevé de 14ᵐ, on le voit de 10 milles. La tour est grise avec une lanterne blanche. (39° 25′ 0″ N. et 0° 56′ 7″ E.)

Cap Caballeria (CD. 2), sur l'extrémité N. de l'île *Minorque* ; le feu est *fixe* et visible de 18 milles. Sa hauteur est de 94ᵐ 3. Il sert à éclairer le canal au N. des îles *Baléares*. (40° 5′ 17″ N. et 1° 45′ 17″ E.)

Mahon (CD. 5), sur la pointe *San-Carlos*, à l'angle S. E. de l'entrée de *Mahon*, sur les ruines du vieux château, par 39° 51′ 53″ N. et 1° 58′ 10″ E. Ce feu est *fixe* et éclaire 270° de l'horizon. Il est élevé de 22ᵐ avec une portée de 10 milles. La tour est jaune clair avec dôme blanc.

Ile Ayre (CD. 2), ext. S. E. de l'île, feu *tournant* avec *éclipses* de 1 m. en 1 m. ; il est élevé de 49ᵐ et visible de 20 milles. La tour est conique jaune avec une lanterne blanche. (39° 47′ 56″ N. et 1° 57′ 19″ E.)

Cap Dartuch (D. 4), sur l'extr. S. O. de l'île *Minorque*, par 39° 55′ 19″ N. et 1° 29′ 11″ E. Son feu est *fixe*, varié par des *éclats* de 3 m. en 3 m. Sa hauteur est de 21ᵐ 25 et sa portée de 16 milles.

Ciudadela (CD. 5), feu de port, *fixe*, sur la pointe *Enderrocat*, au côté O. de l'entrée ; il est à 20ᵐ au-dessus de l'eau et visible de 7 milles. La tour est conique grise avec lanterne blanche. (39° 59′ 42″ N. et 1° 29′ E.)

COTE MÉRIDIONALE DE FRANCE

Cap Béarn (D. 1), *fixe*, sur le mont *Béarn*, à 800ᵐ S. E. de l'entrée de *Port-Vendres*. Il est élevé de 229ᵐ et visible de 36 milles. (42° 30′ 59″ N. et 0° 47′ 15″ E.)

Port-Vendres (D. 5), sur le fort du fanal, côté Ouest de l'entrée : feu *fixe*, élevé de 30ᵐ, s'aperçoit de 16 milles. (42° 31′ 18″ N. et 0° 46′ 35″ E.)

—— (C. 5), *fixe*, au pied de la redoute *Béarn*, sur la côte S. E. de l'avant-port de *Port-Vendres*. Sa hauteur est de 11ᵐ et sa portée de 11 milles. (42° 31′ 10″ N. et 0° 46′ 37″ E.)

—— (C. 5), 198ᵐ au S. 24° O. du précédent; feu *fixe rouge*, élevé de 20ᵐ50, et visible de 13 milles.

Ces feux font éviter le musoir du môle; leur ligne en passe à 60ᵐ. Le feu supérieur n'éclaire que dans un espace de 30°.

La Nouvelle (D. 5), *fixe*, sur la jetée O., à gauche de l'entrée du chenal. Élevé de 10ᵐ, il se voit de 10 milles. Des pavillons à l'entrée du port indiquent l'état de la mer et des ballons, la profondeur d'eau sur la barre. (43° 0′ 51″ N. et 0° 43′ 43″ E.)

—— A l'ext. des travaux en cours d'exécution ; *fixe*, élevé de 3ᵐ 5 sur une potence; (*provisoire*). Par mauvais temps on le remplace par un feu *rouge* à 6ᵐ 5 au-dessous du feu de port.

Agde (D. 5), feu de port *fixe*, au milieu du musoir de la jetée E., côté droit de l'entrée du chenal. Élevé de 12ᵐ 7, il se voit de 11 milles. Canot de sauvetage. (43° 16′ 48″ N. et 1° 6′ 24″ E.)

—— (D. 5), *fixe rouge* au centre du musoir de la jetée Ouest; élevé de 12ᵐ 6, on le voit de 11 milles. (43° 16′ 51″ N. et 1° 6′ 20″ E.)

Brescou (D. 4), feu *fixe*, sur le bastion S. E. du fort de l'îlot, à 3 milles E. 22° 30′ S. de l'emb. de l'*Hérault*. Ce feu est élevé de 18ᵐ et se voit de 13 milles. (43° 15′ 48″ N. et 1° 9′ 53″ E.)

Mont-Saint-Loup (D. 1), près d'*Agde* ; feu *tournant*, dont les *éclipses* se succèdent de 1 m. en 1. m.; 5200ᵐ N. 66° 30′ E. de l'emb. de l'*Hérault*, par 43° 17′ 55″ N. et 1° 9′ 57″ E. Élevé à 126ᵐ, il se voit de 27 milles. Les éclipses ne sont totales qu'au delà de 12 milles.

Cette (D.5), 2 feux de 12 et 11 milles de portée, sont placés : l'un, sur le musoir N. E. du brise-lames, *fixe rouge* ; l'autre, sur le bout de la jetée de *Frontignan*, *fixe vert*. Le 1er est par 43° 23' 47" N. et 1° 22' 15" E. Canot de sauvetage.

— — (D. 3), *fixe*, au centre du môle *Saint-Louis*, à gauche de l'entrée. Hauteur 32m et portée 16 milles. (43° 23' 50" N. et 1° 21' 53" E.)

Mèze, un feu *fixe rouge* sur le musoir Est et un feu *fixe* sur le musoir Ouest.

Etang de Thau, à la tourelle du marégraphe à l'entrée du canal de *Cette*, *fixe vert* ; élevé de 5m, vis. de 2 milles. (43° 24' 53" N. — 1° 21' 6" E.)

Balaruc, sur la pointe ; *fixe*. (43° 26' 7" N. — 1° 20' 8" E.) *(en projet).*

Grau de Palavas, 2 *fixes rouges*, contre une maison du quai de l'Est, et à 55m au S. 41° E., élevés de 5m 6 et 3m 2, vis. de 9 et 7 milles. (43° 31' 35" N. — 1° 35' 45" E. Canot de sauvetage.

Aigues-Mortes (D. 3), sur la pointe de l'*Espiguette*, feu *fixe*, à *éclats* de 4 m. en 4 m., précédés et suivis de courtes éclipses, qui ne paraissent totales qu'au-delà de 6 milles. La lumière est à 26m d'élévation et se voit de 15 milles. (43° 29' 17" N. et 1° 48' 17" E.)

— — (D. 5), au centre du musoir du môle N. O., à 170m du précédent ; le feu est *fixe rouge* avec 10 milles de portée, il guide pour donner entre les jetées. (43° 32' 8" N. et 1° 47' 41" E.)

— — *Fixe*, élevé de 10m et visible de 10 milles ; il est placé sur le musoir de la jetée de l'Est. (43° 32' 6" N. et 1° 47' 43" E.)

Faraman (D. 1), sur la rive gauche du *Vieux Rhône*, 2 milles S. 33° 45' E. de la tour *Saint-Genest*, près la douane de *Faraman*. Ce feu *fixe*, visible de 18 milles, est élevé de 38m. (43° 20' 42" N. et 2° 20' 37" E.)

— — (D. 5), *fixe rouge*, dans la même tour, à 2m 65 au-dessous ; il empêche qu'on ne confonde, par un temps de brume, le feu *Faraman* avec celui de *Planier*. On le voit de 10 milles.

Canal Saint-Louis (D. 5), sur l'extrémité E. de la jetée du S., feu *fixe*, élevé de 13m 20, visible de 11 milles dans un angle de 229°, limité d'un côté par le phare de *Faraman* et de l'autre par les profondeurs de 10ᵐ. Gardez toujours le feu en vue. (43° 23′ 26″ N. et 2° 32′ 5″ E.)

Bouc (D. 4), sur la tour du fort, à l'entrée de *Martigues*, feu *fixe blanc, rouge*, visible de 9 et 5 milles. *Rouge*, dans un angle de 49° compris entre une ligne allant du fort à l'embouchure du canal *Saint-Louis* et une ligne allant un peu en dehors des fonds de 10ᵐ, du N. 38° E. au N. 87° E. Restez dans la lumière *blanche* pour éviter les dangers des embouchures du *Rhône*. (43° 23′ 39″ N. et 2° 38′ 56″ E.)

—— (D. 5). Un second feu est sur la tête du môle, à gauche de l'entrée. Il peut se voir de 12 milles; son élévation est de 15ᵐ. (43° 23′ 48″ N. et 2° 38′ 52″ E.)

Cap Couronne (D. 4), *tournant*, dont la lumière *rouge* atteint son plus vif éclat chaque 20 s ; son élévation de 16ᵐ.8 lui donne une portée de 12 milles. Canot de sauvetage. (43° 19′ 31″ N. et 2° 42′ 58″ E.)

Le Frioul (D. 5), *fixe rouge*, élevé de 10ᵐ.5 et visible de 11 milles, dans un arc de 113° 40′ compris entre *Ratonneau et Pomègues*. Il y a dans le port des corps morts échelonnés, N. et S. Evitez de mouiller sur leurs chaines. (43° 16′ 42″ N. et 2° 58′ 28″ E.)

Rade de Marseille (D. 5), sur la pointe E. de l'îlot du château d'*If*; *fixe*, élevé de 21ᵐ, visible de 13 milles. Il signale la passe entre le château d'*If* et les îlots *Endoume*. (43° 16′ 50″ N. et 2° 59′ 27″ E.)

—— Sur la pointe du *Pharo*, *fixe vert*. (*Proposé*.)

Marseille (vieux port) (D. 5), deux feux de port. Le 1ᵉʳ est un feu *fixe*, au pied de la tour du fort *Saint-Jean*, à gauche de l'entrée; élevé de 9ᵐ, il se voit de 10 milles.

La 2ᵉ est un feu *varié* par des *éclats* de 3 m. en 3 m. qui sont précédés et suivis de courtes *éclipses*, sur la pointe *Tête-de-Maure*, à droite de l'entrée. Son élévation est de 19ᵐ et sa portée de 13 milles. Ces deux feux sont masqués dans le S. O. par la butte du *Pharo*. On passe entre les 2 feux quand on donne dans le vieux port de Marseille. (43° 17′ 43″ N. et 3° 1′ 15″ E.)

La Joliette (D. 4), *fixe rouge*, sur le musoir Sud de la jetée du port de la *Joliette*, il est élevé de 23ᵐ et visible de 14 milles. Il guide pour entrer dans le port de la *Joliette*, on le laisse à bâbord en entrant.

—— (C, 5). L'un sur la tête du môle O. à l'entrée du port, l'autre sur un échafaudage à 36ᵐ dans le Sud de la tête de la traverse de l'Est; 2 *fixes rouges* sur piliers en fer, visibles de 9 milles; on passe entre les deux pour donner dans le port; on ne les voit que lorsqu'on vient sur bâbord en rangeant de près la jetée qui porte un feu rouge.

Nouveaux ports de Marseille, sur le cap *Janet*, entrée Nord, *fixe blanc à éclats rouges* de 1ᵐ en 1ᵐ, élevé de 46ᵐ, vis. de 15 milles, du S. 59° E. au N. 39° E. En entrant, courir sur le feu jusqu'à ce qu'on découvre les 2 feux fixes rouges de la traverse de la *Pinède* et passer entre ces deux derniers. (43° 20′ 15″ N. — 3° 0′ 43″ E.)

—— (D, 5) sur les musoirs des traverses de la *Pinède* 2 *fixes rouges* élevés de 6ᵐ, visib. de 9 milles, et sur les musoirs des traverses de l'abattoir, 2 *fixes rouges* visibles aussi de 9 milles. Le feu rouge de l'Ouest est masqué du côté du large depuis son alignement avec le phare de la Joliette jusqu'à son relèvement au S. 36° 30′ E.

Deux feux *rouges* verticaux à 1ᵐ de distance, le plus élevé à 3ᵐ 7 au-dessus de la mer, signalent les ouvrages en construction dans l'angle N. E. du bassin, 2 feux semblables seront allumés aux angles du môle en construction dans le bassin de la gare maritime. En traversant le bassin national du N. au S., tenez les feux *rouges* verticaux par bâbord et restez à tribord de la ligne qui les joindrait au feu *rouge* du quai Est de l'*abattoir*, pour éviter les ouvrages en construction dans l'angle S. E. du bassin.

Planier (D, 1), sur le rocher, à 8 milles S. O. de l'entrée de *Marseille*; feu *tournant* qui se voit de 18 milles. Il est élevé de 40ᵐ; les *éclats* se succèdent de 30 s. en 30 s., et sont visibles de 31 milles. Les éclipses ne paraissent totales qu'au-delà de 6 milles. En deçà, on aperçoit, dans l'intervalle des éclats, une petite lumière fixe qui rend le phare constamment visible. Il doit être remplacé par un feu électrique, allumé dans une tour actuellement en construction. (43° 11′ 57″ N. et 2° 53′ 35″ E.)

Riou, sur l'île de ce nom, entrée Sud du golfe de Marseille (*Proposé*.)

Cassis (D, 5), feu de port, (*fixe*, sur le côté gauche de l'entrée du port, à 125ᵐ N. 29° O. de l'ext. du môle situé à droite de la même entrée. Son élévation est de 28ᵐ et sa portée de 15 milles. (43° 12′ 50″ N. et 3° 11′ 45″ E.)

La Ciotat (D. 5), feu de port *fixe*, sur la tête du môle *Bérouard*, à droite de l'entrée du port, par 43° 10′ 21″ N. et 3° 16′ 27″ E. Son élévation est de 12ᵐ et sa portée de 11 milles.

—— (D. 5), sur le musoir du môle *neuf*, à gauche de l'entrée. Le feu est *fixe rouge*; il est élevé de 15ᵐ et se voit de 11 milles. Pour entrer dans le port, tenir le feu rouge à bâbord et le blanc à tribord.

Bandol (C.), *fixe rouge*, élevé de 9ᵐ 6 et visible de 5 milles; il est sur l'extrémité du môle. (43° 7′ 57″ N. et 3° 25′ 9″ E.)

Grand-Rouveau (D. 3), sur le sommet de l'îlot. C'est un feu *fixe*, élevé de 46ᵐ, sur une tour carrée de 15ᵐ; sa portée est de 14 milles. (43° 4′ 49″ N. et 3° 25′ 51″ E.)

Cap Sepet (D. 3), feu *blanc* varié de 3 m. en 3 m. par des *éclats rouges*, précédés et suivis de courtes éclipses; il est sur le mamelon de la pointe *Rascas*; élevé de 59ᵐ et visible de 20 milles. (43° 4′ 5″ N. et 3° 36′ 29″ E.)

Toulon (D. 5), *fixe*, pour signaler la position de la *grosse tour*, à l'entrée de la petite rade de *Toulon*. Son élévation est de 16ᵐ et sa portée de 9 milles. (43° 6′ 2″ N. et 3° 35′ 19″ O.)

—— (C.) *(flottant)*. Extrémité de la jetée de *St-Mandrier*, *fixe rouge*, élevé ne 9ᵐ 5, visible de 3 milles. Le bateau-feu (*Frélon*) est peint en noir.

—— (C.) *(flottant)*. Extrémité de la grande jeté; *fixe*, *vert*, élevé de 10ᵐ, vis. de 3 milles. Le bateau-feu (*Diligente*) est peint en rouge.

—— *(flottant)* à 150ᵐ au N. 40° E. de la pointe de la *Vieille*; *fixe rouge*, d'une portée de 1 mille.

—— (flottant C. 4) à l'extrémité S. O. du banc de l'*Ane*, sur un bateau portant en tête du mât un feu *vert*. Il n'éclaire que l'intérieur de la rade et de la passe, et n'est visible de l'extérieur que dans le voisinage de l'ext. S. de la grande jetée.

—— *Port du commerce*. (C.), sur le musoir O. de la vieille darse; feu *fixe rouge*, visible de 2 milles.

MÉDITERRANÉE — CÔTE SUD DE FRANCE.

La Rode (C.), *fixe* élevé de 5ᵐ et visible de 2 milles sur le musoir N. du port à 460ᵐ S. 73° E. du précédent.

La Seyne (C.), feu *fixe blanc* et *rouge*, sur le bout de la jetée Ouest ; *rouge* au large, *blanc* vers la terre. (43° 6′ 12″ N. et 3° 32′ 45″ E.)

Grand-Ribaud (D. 5), *fixe*, sur l'îlot du *Grand-Ribaud*, au N. O. de la petite passe de la rade d'*Hyères* dont il sert à faire connaître la position. Son élévation est de 34ᵐ et sa portée de 10 milles. (43° 1′ 1″ N. et 3° 43′ 24″ E.)

Vieux-Salins-d'Hyères, sur le musoir de la jetée, feu *fixe vert*, élevé de 7ᵐ et visible de 3 milles dans un arc de 225 degrés. (43° 6′ 55″ N. et 3° 51′ 56″ E.)

Porquerolles (D. 1), feu *fixe à éclats* de 4 m. en 4 m., sur la pointe S. de l'île, entre le cap d'*Armes* et le cap *Roux*. Son élévation est de 80ᵐ, et sa portée de 20 milles ; par 42° 59′ N. et 3° 52′ 10″ E. Les courtes éclipses qui précèdent et suivent l'éclat ne paraissent totales qu'au delà de 12 milles.

Ile Titan (D. 3), *fixe*, sur la pointe E. de l'île *Titan* ou du *Levant*, élevé de 75ᵐ et visible de 22 milles (43° 2′ 47″ N. et 4° 10′ 24″ E.)

Cap Benat (D. 5), *fixe rouge*, élevé de 52ᵐ, sur un candélabre en fer de 6ᵐ. Le feu se voit de 5 milles. (43° 5′ 17″ N. et 4° 1′ 36″ E.)

Cap Camarat (D. 1), feu *tournant* dont les *éclipses* se succèdent de 1 m. en 1 m. ; élevé de 131ᵐ et visible de 27 milles. Les éclipses ne sont totales qu'au delà de 10 milles. Les éclipses de Planier se succédant de 1/2 en 1/2 minute, ces 2 feux ne peuvent être confondus. (43° 12′ 3″ N. et 4° 20′ 16″ E.)

Saint-Tropez (D. 5) *fixe* rouge, sur la jetée N. du port de *Saint-Tropez* ; élevé de 16ᵐ, il se voit de 12 milles. Il signale l'entrée du port. (43° 16′ 23″ N. et 4° 17′ 55″ E.)

Saint-Raphaël (D. 5), *fixe*, sur le musoir de la jetée, élevé de 10ᵐ et visible de 7 milles. (43° 25′ 20″ N. et 4° 25′ 42″ E.)

Cannes (D. 5), feu *fixe*, de port. Il est sur la tourelle construite à l'ext. du môle, à gauche de l'entrée. Son élévation est de 15ᵐ et sa portée de 10 milles. (43° 32′ 51″ N. 4° 40′ 39″ E.)

Pointe de l'Islette, *fixe blanc et rouge*, élevé de 10m 4 et paraissant *blanc* entre l'O. et le N. 70° E. par le Nord à 10 milles; *rouge* du N. 70° E. à l'E. à 6 milles. Les navires venant du golfe approchent des basses de la *Fourmigue* quand ils entrent dans la lumière *rouge*, dont la limite Sud passe à 1/4 de mille au S. du banc qui est au S. de la *Fourmigue*. (43° 32′ 37″ N. et 4° 47′ 3″ E.)

La Garouppe (D. 1), *fixe*, sur la presqu'île de ce nom, à 1 mille 1/2 au S. d'*Antibes*, près la chapelle *Notre-Dame de la Garde*. Il est élevé de 103m et se voit de 25 milles. (43° 33′ 51″ N. et 4° 47′ 47″ E.)

En venant de l'E. sur *Antibes*, on peut voir en même temps, en approchant de *Villefranche*, le feu tournant de la tour de ce dernier port, le feu à éclats de l'entrée d'*Antibes*, et le feu fixe de la *Garouppe*; mais ce dernier phare est seul aperçu par ceux qui viennent du S. et du S. O., tant qu'ils n'ont pas doublé la presqu'île.

Antibes (D. 5), feu de port *fixe*, varié par des *éclats*, à gauche de l'entrée et à l'ext. du môle E. Les éclats, de 4 s. à 5 s., se succèdent de 2 m. en 2 m. et sont précédés et suivis de courtes éclipses. Il est élevé de 45m et visible de 10 milles. (43° 35′ 9″ N. et 4° 47′ 31″ E.)

Nice (D. 5), *fixe blanc à éclats rouges* de 30 s. en 30 s., sur l'ext. du môle extérieur. Son élévation est de 23m et sa portée de 14 milles. (43° 41′ 30″ N. et 4° 56′ 55″ E.).

— Feu *fixe vert*, de 2 milles de portée, au commencement du môle, à bâbord, en entrant; gouvernez dessus lorsque vous l'apercevrez après avoir doublé le grand feu.

— Deux feux *fixes rouges* : le premier sur le môle vieux, le second sur le môle neuf, vis-à-vis la *Santé*. Maintenus provisoirement jusqu'à l'allumage du feu à éclats du môle extérieur.

Villefranche (D. 2), sur le cap *Ferrat*, par 43° 40′ 30″ N. et 4° 59′ 26″ E., à l'ext. E. du golfe, 5 milles de *Monaco*, il fait aisément reconnaître *Villefranche*, qui est presque à mi-chemin entre *Nice* et *Monaco*. Son feu est *fixe à éclats* de 30 s. en 30 s., pour qu'il puisse être distingué des phares de la *Garouppe* et d'*Antibes*. Le feu moins brillant, qui paraît dans les intervalles des éclats est précédé et suivi de courtes éclipses. Son élévation est de 70m et il peut être aperçu de 21 milles.

— — Deux feux *fixes*, l'un *rouge*, l'autre *vert*, signalant le port de *Villefranche*, sont placés ; le feu *rouge* sur la terrasse de la *Santé*, à 14m 5 au-dessus de l'eau ; le feu *vert*, de 8m d'élévation, sur le bout du môle de la darse du port. Tous les deux visibles de 5 milles. (43° 42′ 8″ N. et 4° 58′ 34″ E., le feu rouge.)

Port Saint-Jean (D. 5), sur le bout du môle E., pour signaler le port, situé dans le golfe *Saint-Ospizio*. Le feu *fixe rouge*, élevé de 9m 5, est visible de 4 milles. (43° 41′ 21″ N. et 5° E.)

Menton, angle S. E. de la plate-forme de la vieille tour, *vert*, *rouge*, *blanc*, élevé de 17m, visible de 5 et 10 milles. *Vert* au S. du S. O., *rouge* du S. O. au N. 89° O. et *blanc* sur le reste de l'horizon. N'entrer dans le secteur *rouge* qu'après avoir aperçu le feu *vert* de *Garavan* sur lequel on fera route après avoir dépassé le secteur *rouge*. (43° 46′ 30″ N. — 5° 10′ 20″ E.)

— — A Garavan, au bord de la route, *fixe vert*, élevé de 10m, vis. de 5 milles du N. 29° O. au N. 80° O.

CORSE

Ile Giraglia (cap *Corse*) (D. 1), *tournant*, par 43° 1′ 45″ N. et 7° 3′ 55″ E. Les éclipses sont de 30 s. en 30 s. ; son élévation est de 82m et sa portée de 22 milles. En temps ordinaire, les éclipses ne paraissent totales qu'au-delà d'une distance de 12 milles.

Pointe Mortella, *blanc scintillant* de 4 s. en 4 s., sur la pointe, à l'O. de l'entrée du golfe *Saint-Florent* ; il est élevé de 43m et visible de 14 milles. (42° 43′ 10″ N. et 6° 55′ 10″ E.)

Fornali, sur le cap, golfe de *Saint-Florent*, *fixe vert*, élevé de 14m et visible de 6 milles. (42° 41′ 33″ N. et 6° 56′ 32″).

Ile Rousse (D. 4), feu de port *fixe rouge*, sur le point culminant de la grande île de la *Pietra*, en avant et à droite de l'entrée du port de l'île *Rousse*, par 42° 38′ 50″ N. et 6°

35′ 35″ E.; son élévation est de 55ᵐ et sa portée de 7 milles.

— — (D. 5), sur le centre du musoir de la jetée du port. Le feu est *fixe* et se voit de 7 milles.

Calvi (D. 1), sur la *Punta-Revellata*, à l'entrée du golfe de *Calvi*, par 42° 35′ 10″ N. et 6° 23′ 10″ E. Son feu *fixe* est élevé de 88ᵐ, avec une portée de 23 milles.

— — (D. 5), *fixe*, au pied de la citadelle; sa hauteur, de 29ᵐ 5, le fait apercevoir de 6 milles. (42° 34′ 15″ N. et 6° 25′ 23″ E.)

Ile Sanguinaire (D. 1), sur la grande *Sanguinaire*, par 41° 52′ 50″ N. et 6° 15′ 30″ E. Son feu est *fixe*, à *éclats* de 4 m. en 4 m., précédés et suivis de courtes éclipses qui ne paraissent totales qu'au-delà de 12 milles. Le feu est dans une tour de 16ᵐ, à 98ᵐ au-dessus de la mer, et se voit de 20 milles.

Ajaccio (D. 4), *fixe*, sur l'angle saillant S. de la citadelle, par 41° 55′ 1″ N. et 6° 24′ 13″ E. Son élévation est de 19ᵐ et sa portée de 11 milles. L'écueil de la citadelle reste à 340ᵐ du feu; il y a 2ᵐ 5 d'eau dessus.

Il existe en outre, à *Ajaccio*, un petit fanal à feu *fixe rouge*, visible de 4 milles, installé sur l'extrémité de la jetée de *Margonajo*, et un feu *fixe vert* sur l'extrémité de la jetée.

Port de Propriano, à l'ext. de la jetée prolongée du *Scoglio-Longo*; *fixe rouge*, élevé de 10ᵐ, vis. de 10 milles entre le S. 65° O. et le N. 65° E. par le Sud. Visible en outre de tous les points du port situés à l'Est de la jetée de *Scoglio-Longo*, mais avec une faible intensité.

Cap Feno (D. 5), sur ce cap, près de *Bonifacio*. Feu *fixe*, élevé de 20ᵐ; il n'éclaire qu'un angle de 30 degrés environ; sa portée de 14 milles. On sera en dehors des dangers les *Moines*, tant que le feu sera ouvert au Nord du feu à éclipses de *Pertusato*. (41° 23′ 34″ N. et 6° 45′ 41″ E.)

Pertusato (D. 1), sur le mont *Pertusato*, par 41° 22′ 10″ N. et 6° 51′ E.; son feu *tournant* et à *éclipses* de 1 m. en 1 m., se voit de 25 milles; il est élevé de 99ᵐ, sur une tour de 16ᵐ; à moins de 12 milles, les éclipses ne paraissent pas totales. Il guide pour donner dans les bouches en venant de l'O.)

Bonifacio (D. 5), *fixe*, sur la pointe de la *Madonetta*, à gauche de l'entrée du port; son élévation est de 30" et sa portée de 15 milles. (41° 23' 18" N. et 6° 48' 30" E.)

Ile Lavezzi (D. 5), sur l'extrémité S. de l'île, feu *fixe blanc*, élevé de 27m 5, visible de 15 milles. Il montre un secteur *rouge* de 80°, dirigé sur l'écueil *Lavezzi*, lequel en reçoit déjà un du phare de *Razzoli*. On sera donc assuré de ne pas être près de ce danger tant que l'un des feux sera *blanc*; mais on devra changer de route quand ils paraîtront *rouges*. Dans le Nord, ce phare montre une lumière *verte* dans un angle de 105° pour couvrir tous les dangers, depuis l'écueil *Perduto*, à l'Est, jusqu'à celui de *Prete*, à l'Ouest. (41° 20' 5" N. et 6° 55' 25" E.)

Porto-Vecchio (D. 1), sur la pointe *Chiappa*, par 41° 35' 45" N. et 7° 1' 50" E. Son feu *fixe* est varié de 4 m. en 4 m. par des *éclats* précédés et suivis de courtes *éclipses*. L'appareil est élevé de 66m au-dessus de la mer et ses éclats se voient de 21 milles. Les éclipses ne sont totales qu'à plus de 12 milles de distance.

Alistro (D. 1), feu *fixe*, au N. de la pointe d'*Aléria*, élevé de 94m, sur une tour octogone de 25m et visible de 20 milles. (42° 15' 45" N. et 9° 11' 45" E.)

Port Saint-Nicolas, à 150m de l'extrémité de la jetée du port, feu *fixe rouge (provisoire)*, visible de 4 milles. On le porte au large à mesure que les travaux du môle avancent.

Bastia (D. 4), *fixe*, sur le bastion du *Dragon*, en face de l'entrée; son élévation est de 25m et sa portée de 10 milles. On le laisse à bâbord en entrant. (42° 41' 47" N. et 7° 6' 45" E.)

—— (D. 5), *fixe vert*, d'une portée de 4 milles, sur un candélabre en fer, sur le musoir du prolongement du vieux môle. On le laisse à tribord.

—— (D. 5), *fixe rouge*, visible de 5 milles, sur le musoir de la jetée du *Dragon*, à gauche de l'entrée.

—— Un *feu blanc* sur un mât à l'angle du mur d'abri, indique qu'un bateau peut entrer librement; un *feu rouge*, qu'il y a danger à aborder le port, un *feu vert*, que le port est engagé momentanément. Il faut attendre un des feux ci-dessus.

Un *feu vert* sur *feu rouge* prévient qu'il faut s'approcher le plus près possible pour communiquer avec un *canot* portant un fanal qui vient au milieu de la passe quand un vapeur arrive.

MÉDITÉRANÉE — ITALIE, ILE DE SARDAIGNE.

Quand un navire veut communiquer, il doit hisser un *feu blanc* sur un *feu rouge*.

Macinaggio, sur l'ext. de la jetée Est, *fixe rouge*, élevé de 8^m, visible de 5 milles. (42° 57' 40'' N. — 7° 6' 35'' E.)

ITALIE

ILE DE SARDAIGNE

Porto-Conte (D. 2), sur le cap *Caccia*, feu *fixe blanc*, à *éclats rouges* de 4 m. en 4 m. Il est élevé de 186^m, sur une tour blanche de 20^{m}6, et visible de 25 milles. (40° 33' 50'' N. et 5° 50' 45'' E.)

Alghero, sur le bastion N.O. de la ville; *fixe*, vis. de 1 mille et demi.

Ile Asinara (C. 1), sur la pointe *Caprara*, par 41° 7' 9'' N. et 5° 59' 5'' E. Le feu est *fixe* et élevé de 80^m avec une portée de 28 milles.

Porto-Torres (D. 4), à l'ext. de la jetée E., par 40° 50' 10'' N. et 6° 4' 15'' E., dans le golfe d'*Asinara*; c'est un feu *fixe*, élevé de 15^m et visible de 10 milles.

La Testa (D. 3), à l'entrée O. des bouches de *Bonifacio*, près la vieille tour du cap *della Testa*, pointe N. de *Sardaigne*; son feu est *blanc* varié par des *éclats rouges*, qui se succèdent de 3 m. en 3 m. et qui sont précédés et suivis par de courtes éclipses; il est élevé de 67^m et vis. de 16 milles entre l'île *Rossa* et *Sancta-Maria*. (41° 14' 31'' N. et 6° 48' 28'' E.)

Razzoli (D. 2), sur la pointe N.O. de l'île, à l'entrée E. des bouches de *Bonifacio*, par 41° 18' 18'' N. et 7° 0' 14'' E.; feu *fixe* dont la portée est de 18 milles et l'élévation de 80^m. Il montre un secteur *rouge* de 7° dirigé sur le rocher *Lavezzi*.

Ile Caprera, *proposé*, sur la pointe *Galera*, au N. de l'île.

Cap di Ferro (D. 4), *fixe*, à éclats de 30 s. en 30 s.; il

MÉDITERRANÉE — CÔTES SUD ET OUEST D'ITALIE. 207

se voit de 15 milles, étant élevé de 52*. (41° 9' 10" N. et 7° 11' 35" E.)

Cap Tavolara (D. 1), entre les pointes *Manico* et *Dell'arco*; *fixe*, varié par des *éclats* de 2 m. en 2 m.; visibles de 30 milles. Il a 164* d'élévation et est visible sur un arc de 225°. (40° 55' N. et 7° 24' 10" E.)

Cap Bellavista (D. 1), sur ce cap côte E. de l'île, *fixe* élevé de 160* et vis. de 30 milles. (39° 55' 45" N. et 7° 23' 10" E.)

Ile Cavoli (C. 1), extrémité du cap *Carbonara*; feu à éclats de 30 s. en 30 s.; il est élevé de 74* et visible de 22 milles. (39° 5' 15" N. et 7° 12' 20" E.)

Cap Saint-Élie (D. 4), sur ce cap, dans le golfe de *Cagliari*; feu *fixe blanc*, varié de 70^s en 70^s par des *éclats rouges*. Il est élevé de 73* et vis. de 14 milles, les éclats de 11 milles. (39° 11' 15" N. 6° 49' 16" E.)

Cagliari (C.), 2 feux de port *fixes*, *rouges* vers la rade, *blancs* vers le port, sur les extrémités des deux môles, à l'entrée de la *Darsena*, par 39° 12' 24" N. et 6° 57' 18" E.; leur portée est de 5 milles et leur hauteur de 8*. Un feu *vert* au fond du port.

Cap Spartivento (D. 2), *fixe*, élevé de 81*, visible de 20 milles. (38° 52' 34" N. et 6° 31' E.)

Cap Sandalo, île de **San Pietro** (D. 1), sur le cap *Sandalo*, extrémité O. de l'île. Feu à *éclats* de 1 m. en 1 m., élevé de 134* et visible de 30 milles. (39° 8' 43" N. et 5° 53' 43" E.) *Par suite d'avaries ce feu fonctionnera provisoirement comme un feu fixe, jusqu'à l'achèvement des réparations.*

CÔTES SUD ET OUEST D'ITALIE

Port San-Remo (C.), à 50* de l'ext. du môle Sud, *fixe blanc* et sur l'ext. du môle Nord, *fixe vert*, élevés de 9* et vis de 6 et 5 milles. (Feu blanc 43° 48' 42" N. — 5° 27' 10" E.)

Porto Maurizio (C.), 2 feux: le premier, *fixe blanc*, sur le bout du môle N., visible de 2 milles; le second *rouge*, sur le bout du môle S., n'a que 1 mille de portée. (Le feu *blanc*, 43° 52' 26" N. et 5° 41' 36" E.)

Oneglia (C.), feux de port, *fixe blanc*, sur le môle E.;

208 MÉDITERRANÉE — CÔTES SUD ET OUEST D'ITALIE.

fixe vert, sur le môle O., visibles de 4 milles. (Le feu *blanc*, 43° 53' 3" N. et 6° E.)

Cap de Mele (D. 1), sur un morne, à 93^m de hauteur. Le feu est *fixe* et d'une portée de 20 milles. 43° 57' 17" N. et 5° 50' 12" E.)

Port de Vado (C.) *fixe*, d'une portée de 3 milles, sur le fort *San-Lorenzo* ; sa hauteur est de 11^m. (44° 15' 58" N. et 6° 6' 30" E.)

Port de Savone (D.), feu de port *fixe*, sur l'ext. du môle de l'E. ; il se voit de 5 milles. (44° 18' 30" N. et 6° 9' 40" E.)

— — (D.), *fixe rouge*, de 4 milles de portée sur le môle du Nord.

Cap di Faro (D. 1), au sommet de la pointe rocheuse de *San-Benigno*, par 44° 24' 17" N. et 6° 34' 6" E., à 1 encâblure O. du môle neuf. C'est un feu *tournant*, élevé de 110^m, dont les *éclats* et les *éclipses* se succèdent de minute en minute à 30 s. d'intervalle ; il est visible de 30 milles, mais les éclipses ne sont totales qu'au delà de 15 milles. On fait des signaux de jour sur la tour.

Gênes (D. 4), à 30^m de l'extrémité du môle neuf, 2 feux *fixes verticaux* à 1^m 8 de distance ; le feu supérieur *blanc*, élevé de 19^m et le feu inférieur *rouge* sont visibles de 5 milles. Ils sont sujets à s'éteindre. Vu de loin le feu *rouge* est pâle. (44° 24' 27" N. et 6° 34' 53" E.)

— — (D. 4), feu *tournant*, à l'angle extérieur du môle *vieux*, les *éclats* ont lieu de 30 s. en 30 s., et sont visibles de 10 milles. Les éclipses ne sont totales qu'au-delà de 6 milles.

— — (flottant), *fixe rouge*, mouillé par 7^m 9 dans le port, sur l'alignement du phare du môle *vieux* et du milieu du palais *Doria*. Il indique la limite E. du passage.

Port de Camogli (C. 4), un petit feu *rouge* au large, *blanc* vers le port, placé sur l'extr. S. du môle de ce port, se voit de 4 milles. (44° 20' 55" N. et 6° 49' 30" E.)

Porto-Fino (C.), feux de port *fixes* sur l'angle S. E. de la *Santé* et sur le sommet de l'*Isoletto*, élevés de 8^m 6 et 4^m 7. On les voit de 4 et 3 milles. (44° 18' N. et 6° 53' 20" E.)

— — Sur le môle, *fixe* sur un candélabre en fer.

Santa-Margharita (D. 5), sur l'extr. E. du môle. Le

MÉDITERRANÉE — CÔTES SUD ET OUEST D'ITALIE. 209

feu *fixe* est élevé de 11ᵐ et visible de 8 milles. (44° 19' 50" N. et 6° 53' E.)

Porto-Venere (C.), *fixe*, sur la maison de santé du port, dans le golfe de la *Spezzia*; il a 6ᵐ.7 de hauteur et 3 milles de portée. (44° 3' 5" N. et 7° 30' 9" E.)

Tino (D. 3), sur cette île (golfe de la *Spezzia*); feu *fixe*, sur une tour ronde, blanche; son élévation est de 118ᵐ et sa portée de 22 milles. (44° 1' 35" N. et 7° 30' 45" E.)

La Spezzia (D.), *fixe* sur le fort *Santa-Maria*, élevé de 31ᵐ, visible de 7 milles. (44° 4' N., 7° 30' 34" E.) Il éclaire un angle de 240 degrés; la passe de l'Ouest est entre ce feu et le suivant.

—— Feu *flottant* à 450ᵐ au N. 70° E. du précédent; il porte 2 feux *fixes verticaux*: le supérieur *rouge*, l'inférieur *vert*, visibles de 6 milles. Le bateau porte les mots : *Limite Ouest Diga* sur les côtés. Il est peint avec une raie *rouge* en bas, *noire* au milieu, *blanche* en haut.

—— *Fixe* sur la pointe *Santa Teresa*, élevé de 25ᵐ et visible de 6 milles; il éclaire un angle de 240 degrés et signale avec le suivant la passe de l'E.

—— *Flottant* à 280ᵐ du précédent; il porte 2 feux *fixes verticaux*: le supérieur *vert*, l'inférieur *rouge*, visibles de 6 milles. Le bateau porte les mots : *Limite Est Diga*, sur les côtés. Il est peint avec 3 raies; *rouge* en bas, *blanche* en haut et *noire* au milieu.

(Ne pas passer entre les bateaux-feux, de jour ils portent un pavillon rouge en tête du mât).

—— 2 feux de port à l'entrée de la première darse de l'arsenal. Celui de droite *fixe rouge*, celui de gauche *fixe vert*; visibles de 1 mille.

—— (C.) (*flottant*) devant l'ext. S. E. du môle de *Lagora*, verticaux, 2 *fixes*, supérieur *blanc*, inférieur *rouge* sur un bateau à un mât, élevé de 11ᵐ, vis. de 3 milles.

—— (C. 4), sur l'ext. de la jetée Nord du petit port de commerce; 2 *fixes*, sup. *rouge*, inf. *blanc*.

Port Lérici (C.), petit feu *fixe rouge* de 1 mille 1/2 de portée, sur la tête du môle.

Viareggio (C. 4), feu *fixe blanc*, élevé de 14ᵐ, sur la jetée Nord, à 25ᵐ de son extrémité, près l'entrée du canal

12.

210   MÉDITERRANÉE — CÔTES SUD ET OUEST D'ITALIE.

Burlamacca, éclairant à 10 milles (43° 51′ 54″ N. et 7° 54′ 23″ E.)

—— (C.), *fixe rouge*, visible de 4 milles, signale l'embouchure du canal de *Burlamacca* ; il est sur l'extrémité du môle Sud.

—— *Fixe vert*, à l'extrémité de la jetée Nord.

Banc Meloria (D. 4), *fixe rouge*, sur l'extrémité S. du banc, à 200ᵐ au S. de la tour ; il a 18ᵐ 3 d'élévation sur une tour en fer à jour, et se voit de 10 milles. (43° 32′ 45″ N. et 7° 53′ E.)

Livourne (D. 2), feu *tournant* de 40 s. en 40 s., alternativement *rouge* et *blanc*, avec des *éclipses* pendant lesquelles on voit une faible lumière quand on n'en est qu'à 9 milles ; il est à l'angle de la digue, près de l'entrée S. du port neuf ; il a 46ᵐ 5 d'élévation et est visible de 18 milles. On allume un feu sur la tour *Manzocco* par mauvais temps. De jour, on hisse un pavillon bleu sur l'ext. des travaux du môle quand les navires ne doivent pas entrer. (43° 32′ 37″ N. et 7° 57′ 35″ E.)

—— (D. 4), *fixe*, à éclats de 40 s. en 40 s. ; il est élevé de 22ᵐ et visible de 12 milles. Il est placé sur l'ext. Sud du brise-lames courbe.

—— (C. 4), *fixe blanc*, sur l'extr. Nord du même brise-lames, au N. 23° O. du grand phare ; il se voit de 9 et 10 milles, étant élevé de 20ᵐ. Il est *vert* dans la direction du banc *Meloria* que l'on évite en se tenant dans la lumière *blanche* (43° 32′ 33″ N. et 7° 57′ 13″ E.)

(C. 6), *fixe* sur l'ext. de la jetée intérieure, à gauche en entrant, élevé de 11ᵐ, il est visible de 6 milles et masqué par la digue ext. du port. (43° 33′ 3″ N. — 7° 57′ 33″ E.)

Port de Vada (D. 6), sur le toit de la tour de *Vada*, *fixe rouge*, élevé de 39ᵐ 3, vis. de 8 milles et sur l'appontement dans le port, un feu *fixe* dans un fanal.

Banc de Vada (D. 4), Sur le banc à 4 milles dans l'Ouest du village ; *fixe* sur des montants en fer, élevé de 17ᵐ, vis. de 10 milles.

Ile Capraja (D), sur le cap *Ferrajone*, entrée du port

Capraja, *fixe* élevé de 35^m, vis. de 8 milles. (43° 2′ 57″ N. — 7° 30′ 53″ E.)

—— Sur la tête du môle du port, *fixe*, élevé de 6^m, vis. de 2 milles.

Palmajola (D. 2), sur le sommet de l'îlot, *tournant* avec des éclats de 30^s en 30^s, élevé de 105^m, vis. de 26 milles, les éclipses ne sont totales qu'au-delà de 7 milles. (32° 51′ 55″ N. 8° 8′ 4″ E.)

Port de Talamone (D. 4), sur l'ext. Sud des murs, *fixe*, élevé de 31^m, visible de 7 milles. Il signale le port et le mouillage. (42° 33′ 4″ N. et 8° 47′ 50″ E.)

San-Stephano (D. 5), *fixe*, sur la pointe *Madonnina*. Il se voit de 8 milles du N. 22° E. à l'O., par le N. étant élevé de 33^m. (42° 26′ 46″ N. et 8° 46′ 18″ E.)

Porto-Ercole (C. 4), *fixe*, sur le fort de la *Rocca*, au S. de l'entrée du port, par 42° 23′ 21″ N. 8° 52′ 36″ E. Il éclaire à 14 milles, du S. 10° E. au S. 80° E.

—— *fixe*, sur le bastion N. de la batterie *Santa-Barbara*. Il éclaire entre le N. et le S. 68° E. par l'E. à 6 milles.

Porto-Ferrajo (île d'*Elbe*) (D. 4) *fixe*, sur le fort *della Stella*, à droite de l'entrée du port. Son élévation est de 61^m 38 et sa portée de 15 milles. (42° 48′ 57″ N. et 7° 59′ 52″ E.)

Les filets placés pour la pêche du thon sont à 1/2 mille E. q. S. E. du fanal.

—— *fixe*, visible de 2 milles, sur le fort *Gallo*; il éclaire 112°, du fort de la *Linguetta* au côté opposé du golfe.

Porto-Longone (C. 4), *fixe*, sur le fort *Focardo*, au côté S. du port, par 42° 45′ 14″ N. et 8° 4′ 24″ E. Sa portée est de 14 milles, étant élevé de 32^m 8. On le laisse à bâbord.

—— *fixe*, sur la pointe *San Giovanni*, élevé de 12^m 5 et visible de 5 milles.

Rio (fanal) à l'ext. du petit môle *fixe*, élevé de 5^m, visible de 2 milles. (*en réparation*).

Vignéria (fanal) à l'ext. du pont; *fixe*, élevé de 10^m, vis. de 3 milles (*en réparation*.)

Péro (fanal) sur la jetée à droite du port; *fixe* élevé de 11^m, vis. de 6 milles.

La Pianosa (D. 4), *fixe* à éclats alternatifs *blancs*, *rouges* de 30 s. en 30 s.; il est placé sur le mur d'enceinte du pénitencier, à l'E. de l'île, par 42° 35′ 6″ N. et 7° 45′ 22″ E. Il est élevé de 43ᵐ et visible de 16 milles.

—— (D. 6), *fixe*, entre la *cala San Giovanni* et le petit port. Hauteur 24ᵐ, portée 6 milles.

Giglio (D. 2), feu *tournant* de 1 m. en 1 m., sur le morne *Vacchereccie*. Son élévation de 317ᵐ le fait apercevoir de 30 milles, excepté entre le N. 11° E. et le N. 43° O. par le N. On voit toujours un feu *fixe* entre les éclats, mais il est caché avec le moindre brouillard (42° 22′ 30″ N. et 8° 33′ 46″ E.)

—— (D. 4), sur le bout du môle, côté E. de l'île, *fixe*, visible de 5 milles quand on le relève entre le S. 42° O. et le N. 56° O.

Montecristo (D. 4), *fixe rouge*, sur l'*Africa*, fourmi de *Montecristo*, à 10 milles dans l'O. de l'île. Élevé de 17ᵐ, il se voit de 9 milles. (42° 21′ 28″ N. et 7° 73′ 30″ E.)

Ile Gianutri (D. 4), sur le morne, au Sud de l'île, le feu est *fixe blanc*, élevé de 92ᵐ et visible de 10 milles. (42° 14′ 33″ N. et 8° 46′ E.)

Civita-Vecchia (D. 2), *tournant* dont les *éclats* et les *éclipses* ont 40 s. de durée; visible de 16 milles et élevé de 37ᵐ sur une tour ronde placée sur l'extrémité S. E. de la digue. A moins de 10 milles on voit toujours une lumière faible entre les éclats (42° 5′ 25″ N. et 9° 27′ 2″ E.)

—— (D. 4), *fixe rouge* sur le bout de la jetée du *Lazaret*, il signale la passe du N. et éclaire à 2 milles.

—— (D. 4), *fixe vert* sur l'extrémité de la jetée *Bicchiere*, pour signaler la passe du S.; sa portée est de 2 milles.

Fiumicino (D. 4), 2 feux *fixes*, l'un *rouge* à 47ᵐ du bout de la jetée O. et l'autre *vert* à 27ᵐ du bout de la jetée E., sont élevés de 6ᵐ et visibles de 3 milles.

Fiumara-Grande ou **Ostie** (D. 3), *fixe* élevé de 27ᵐ sur la tour *San-Michele*, visible de 12 milles (41° 44′ 32″ N. — 9° 54′ 44″ E.)

Cap Anzio (D. 3), sur le cap, à l'O. du port. Le feu est *tournant*, atteignant son plus vif *éclat* chaque minute et éclipsé 10 s. Il est élevé de 28ᵐ et visible de 13 milles (41° 26′ 42″ N. et 10° 17′ 14″ E.)

Porto Anzio (D. 4), à 50ᵐ de l'extrémité du môle d'*Innocent XII*, *fixe rouge*, élevé de 9ᵐ,7, visible de 2 milles. On le laisse à bâbord en entrant.

MÉDITERRANÉE — COTES SUD ET OUEST D'ITALIE. 213

Monte Circello (D. 3), *fixe*, élevé de 38ᵐ sur une tour ronde de 17ᵐ. Il est visible du S. 80° E. au S. 74° O. par le N., à 17 milles de distance. Les baies voisines ne sont pas éclairées et l'on est trop près de terre quand on perd sa lumière de vue. (41° 13′ 22″ N. et 10° 43′ 16″ E.)

Port Badino (D. 4), 2 feux *fixes*, l'un à 40ᵐ du bout de la jetée O., l'autre à 30ᵐ du bout de la jetée E. du canal *Portatore*, sur deux poteaux. Leur portée est de 3 milles.

Port de Terracine (D. 6), feu de port, *fixe*, de 5 milles de portée, sur une colonne à l'extrémité du môle neuf; par 41° 16′ 55″ N. et 10° 55′ 25″ E.

Gaëte (D. 4), feu *fixe*, varié par des *éclats* de 3 m. en 3 m., sur la tour *Sainte-Catherine*, dans la partie S. E. de la haute ville. Il est élevé de 72ᵐ et visible de 18 milles. Les éclats sont précédés et suivis d'éclipses partielles de 20 secondes. (41° 12′ 27″ N. et 11° 15′ E.)

—— (D. 5), *fixe rouge et blanc*, sur la tour *Sainte-Marie*, à l'entrée du port. Sa hauteur est de 18ᵐ 8 et sa portée de 9 milles. Il fait donner dans le port. *Blanc* au large, *rouge* vers le port.

Ile Ponsa (D. 2), sur le sommet du *Monte della Guardia*, extrémité Sud de l'île. Le feu *fixe* est varié par un *éclat* toutes les 40 s. Son élévation de 226ᵐ le fait apercevoir de 30 milles. (40° 53′ 1″ N. et 10° 37′ 20″ E.)

—— (D. 5), *fixe*, sur une tour en pierre placée sur le mont la *Rotonda della Madona*, au N. O. de l'île. Il est élevé de 61ᵐ et visible de 12 milles.

—— (C. 4), *fixe rouge*, sur le bout du môle du port, au N. E. de l'entrée; sa portée est de 2 milles. On le laisse à bâbord en contournant la jetée pour aller mouiller dans le port. Il est *blanc* dans le port. (40° 53′ 4″ N. et 10° 37′ 37″ E.)

—— Sur la partie Nord de l'île, *fixe à éclats* de 30ˢ en 30ˢ (*proposé*).

Ile Vantotefe (C. 4), port *Nicolo*, *fixe* (40° 47′ 30″ N.— 11° 5′ 15″ E.) (*Proposé*).

Ischia (D. 4), *fixe*, varié par des *éclats blancs et rouges* de 3 m. en 3 m.; il est au N. E. de l'île, à l'extrémité de la digue qui défend l'entrée du port, par 40° 44′ 50″ N. et 11°

36′ 20″ E. Il sert pour traverser la passe entre *Ischia* et *Procida* et pour venir prendre le port de *Bagno*.

—— (D. 4), feu de port, *fixe vert*, à tribord en entrant dans le port de *Bagno*, par 40° 44′ 40″ N. et 11° 36′ 21″ E.)

—— (D. 4), feu de port, *fixe, rouge*, à babord en entrant dans le même port. Leur portée est de 2 milles.

San Angelo, sur la pointe de ce nom (40° 41′ 25″ N.— 11° 33′ 10″ E.) (*Proposé*).

Caruso sur la pointe; *fixe*, vis. de 24 milles. (40°-35′ 20″ N. — 11° 31′ 40″.))*Proposé*).

Procida (D. 5), *fixe*, à la pointe *Chiuppetto* par 40° 46′ 14″ N. et 11° 40′ 30″ E. Son élévation est de 23^m et sa portée de 11 milles.

Cap Misène (D. 3), *fixe*, à *éclats* chaque minute. Elevé de 91^m, visible de 20 milles. (40° 46′ 39″ N. et 11° 45′ 17″ E.)

Baja (D. 4), *fixe*, au pied du fort *Tenaglia*, près de la mer, par 40° 48′ 42″ N. et 11° 44′ 34″ E. Son élévation est de 14^m, sa portée de 7 milles.

Pouzzole (C. 4), *fixe rouge* et *blanc*, sur la dernière pile du pont de *Caligula*. Il est élevé de 9^m et visible de 3 milles. *Blanc* vers le port, *rouge* au large.

Nisida (D. 5). Les navires pour *Naples* y font quarantaine; sa tour, à l'extr. du môle O. du port, a 24^m d'altitude et un feu *fixe à éclats* de 2 m. en 2 m. Sa portée est de 10 milles (40° 47′ 56″ N. et 11° 49′ 26″ E.)

Naples (D. 3). La tour est à l'angle des môles *Angioino* et *San-Gennaro*, entrée N. du port militaire; on y entretient un feu *fixe*, varié par des *éclats* de 50 s. de durée, de 2 m. en 2 m. Ce feu est visible de 16 milles, étant élevé de 48^m. (40° 50′ 15″ N. et 11° 55′ 28″ E.)

—— (D. 4), sur le bout du môle *Saint-Vincent*, au S. de l'entrée du port militaire; feu *rouge*, varié par des *éclats* de 3 m. en 3 m.; il est élevé de 15^m au-dessus du niveau de la mer et se voit de 12 milles. Il est *blanc* dans l'intérieur du port.

—— (D. 6), à l'extr. du môle *San-Gennaro*, le feu est *vert*, sur tout l'horizon de la mer et *blanc* à l'intérieur du port; il

MÉDITERRANÉE. — CÔTES SUD ET OUEST D'ITALIE. 215

est élevé de 16" et se voit de 6 milles. On le laisse à bâbord en entrant.

Torre Annunciata (D. 4), *fixe rouge* sur le bout de la jetée O.; il est élevé de 11" sur un poteau. On le voit de 2 milles (40° 45′ 15″ N. et 12° 6′ 39″ E.) (*Provisoire*).

Castellamare (D. 5), *fixe*, varié par des *éclats* de 3 m. 1/2 en 3 m. 1/2; établi sur la batterie à l'entrée du port militaire, sur l'extr. du môle. Son élévation est de 31" 5 et sa portée de 11 milles. (40° 41′ 36″ N. et 12° 7′ 54″ E.)

—— *fixe*, élevé de 11" et visible de 2 milles, à 25" de l'extrémité du môle. On le confond aisément avec les feux à terre.

Campanella (D. 5), *fixe*, par 40° 34′ 8″ N. et 11° 59′ 11″ E. Son élévation est de 24" et sa portée de 10 milles. Il éclaire le détroit de *Capri* ou *Bocca Piccola*, et est caché par l'île *Capri* lorsqu'on le relève du N. 65° E. au N. 88° E.)

Capri (D. 1), *fixe*, à *éclats* chaque 2 minutes qui se voient de 18 milles. La tour est placée sur la pointe *Carena* au S. O. de l'île. Le feu est élevé de 73". (40° 32′ 8″ N. et 11° 59′ 26″ E.)

Cap Orso (D. 4), *fixe*, varié par un *éclat* chaque 3 m.; dans l'intervalle, on voit : un feu *fixe* 132 s., éclipse 21 s., éclat 6 s., éclipse 21 s., etc. Il est élevé de 25" et éclaire d 11 milles, du N. à l'E. par l'O. et le S. (40° 37′ 29″ N. et 12° 20′ 37″ E.) *Détruit*; remplacé *provisoirement* par un feu fixe *rouge* établi à 42" dans le N. E. et vis. de 9 milles.

Vietri (D. 6), *fixe*, sur la pointe *Citara*, élevé de 26" et visible de 9 milles. Il est à 2 milles 1/2 du cap *Orso*. (40° 38′ 40″ N. et 12° 22′ 40″ E.) Provisoirement remplacé par un fanal vis. de 2 milles.

Cap Palinuro (D. 1), *fixe*, sur ce cap, à 206" au-dessus de la mer. On le voit de 25 milles. (40° 1′ 26″ N. et 12° 56′ 3″ E.)

Pointe Infreschi, *fixe*, à *éclats* de 1 m. en 1 m. (*Proposé*.)

Cap Suvero (D. 4), sur ce cap; feu *fixe*, à *éclats* de 2 m. en 2 m. Son élévation est de 43" et sa portée de 16 milles. (38° 57′ 7″ N. et 13° 49′ 6″ E.)

Santa-Venere (flottant), *fixe rouge*, de 1 mille de portée, dans le golfe de *Sainte-Euphémie*; il signale l'endroit où l'on jette les blocs de la digue circulaire qui formera le port. (*Provisoire.*)

—— Sur la plate-forme de la digue en construction (*en projet.*)

Reggio (C. 4), *fixe*, sur le clocher de l'église de *Santa-Maria*, côté E. de l'entrée S. du détroit de *Messine*; il est haut de 22ᵐ 1 et visible de 3 milles. Il sert pour aller mouiller devant la ville la nuit et pour aller prendre le port. (38° 6′ 25″ N. et 14° 18′ 21″ E.)

—— A l'ext. du débarcadère; 2 *fixes rouges*.

Cap delle Armi (D. 4), *fixe*, sur la falaise à pic qui termine le cap. Il est à 93ᵐ au-dessus de la mer et se voit de de 15 milles. (37° 57′ 12″ N. et 13° 20′ 20″ E.)

ILES LIPARI ET SICILE

Stromboli. Le volcan, en perpétuelle activité, guide les pilotes par ses feux la nuit, et ses colonnes de fumée le jour.

Vulcano (D. 5), *fixe à éclats* de 3 m. en 3 m., vis. de 16 milles, élevé de 139ᵐ, sur la pointe *Rosario*. (38° 22′ 5″ N. et 12° 38′ 34″ E.)

Ile Lipari (D. 4), *fixe rouge*, sur le morne *San Ilario*, à 36ᵐ au-dessus de la mer; il éclaire à 3 milles de distance. (38° 28′ 43″ N. et 12° 37′ 26″ E.)

Torre di Faro (D. 4). Cette pointe (*Pelorus*) est basse et sablonneuse. Le feu élevé de 22ᵐ au-dessus de la mer est *fixe à éclats* de 3 m. en 3 m., visibles de 12 milles. (38° 16′ 2″ N. et 13° 18′ 44″ E.)

Santa-Agata (G.). près du village, 4 milles N. de *Messine*, feu *fixe rouge*, *vert* et *blanc*, visible de 3 milles. (38° 15′ 9″ N. et 13° 16′ E.)

La Pace (G.), près du village, 2 milles 1/2 N. de *Messine*, feu *fixe rouge*, *vert* et *blanc*, visible de 3 milles. (38° 14′ 6″ N. et 13° 14′ E.)

Ces deux feux signalent la position des deux câbles télégraphiques qui traversent le détroit de *Messine*.

Messine (D. 5), sur la tour de *San-Ranieri*. Le feu est *fixe blanc* et varié par des *éclats rouges* de 2 m. en 2 m.; il est élevé de 41ᵐ et visible de 12 milles. (38° 11′ 33″ N. et 13° 14′ 5″ E.)

— *fixe rouge*, sur la pointe *Secca*, au N. E. du port. Il est élevé de 7ᵐ et visible de 3 milles.

— *fixe vert*, de 1 mille de portée, sur l'angle extérieur du fort *Campana*. Il guide pour entrer et sortir du port.

Catane (D. 4) *fixe*, à *éclats* chaque 3 minutes, sur le *Sciara-Biscari*, au côté S. du port; élevé de 30ᵐ, il se voit de 12 milles. Les éclats de 5 s sont précédés et suivis d'éclipses de 20 s. (37° 29′ 35″ N. et 12° 45′ 5″ E.)

— *fixe rouge*, de 5 milles de portée, sur l'extrémité du môle extérieur; hauteur 10ᵐ 6. Ce feu rouge est masqué à l'Est dans un secteur qui comprend toute la jetée neuve en construction, c'est-à-dire depuis la pointe *Armisi* jusqu'à la bouée à cloche. En arrivant du N. ou de l'E. ne pas venir sur tribord avant d'avoir découvert la lumière rouge; en arrivant du Sud garder le feu rouge en vue.

— *fixe vert*, au bout du môle intérieur, servant aux petites barques qui entrent dans la darse; élevé de 6ᵐ 5 visible de 1 mille.

Santa-Croce (D. 4), *fixe* sur le cap, par 37° 14′ 30″ N. et 12° 55′ E. Il est élevé de 28ᵐ et visible de 13 milles.

Augusta (D. 4), sur l'île *Avola*. Le feu est *fixe*, varié par des *éclats* de 2 m. en 2 m. Il est *fixe* 90 s. montre ensuite un *éclat* de 30 s., et se voit de 13 milles. Sa hauteur est de 27ᵐ 5. (37° 12′ 39″ N. et 12° 53′ 6″ E.)

Magnisi (D. 4), sur la presqu'île de ce nom. Le feu est *fixe vert*; il est élevé de 15ᵐ et visible de 10 milles. Il sert pour entrer et sortir du port d'*Augusta*. (37° 9′ 25″ N. et 12° 53′ 38″ E.)

Syracuse (D. 5), *fixe rouge*, d'une portée de 11 milles, dans le château *Maniaci*, au N. de l'entrée du port. Il est élevé de 25ᵐ. (37° 3′ 4″ N. et 12° 57′ 23″ E.)

En venant du S. ne relevez jamais le feu au N. du N. 70° O. Si vous venez du N., courez au S. jusqu'à relever le feu à 1 mille dans l'O. S. O. Venez alors au S. 60° O. et arrondissez.

— *fixe*, sur la pointe *Massa*, à bâbord en entrant dans

le port; il signale le banc *Plemmyrium*; élévation de 31", et portée de 3 milles. (37° 2' 22" N. et 12° 57' 49" E.)

Murro di Porco (D. 3). *Tournant* dont les *éclipses* de 17 s. se succèdent de 25 s. en 25 s.: il est élevé de 35" et d'une portée de 18 milles. Durée de l'éclat 8 s. (37° 0' 8" N. et 12° 59' 45" E.)

Cozzo Spadaro (D. 1), sur le morne de ce nom, pointe S. E., de la *Sicile*. Le feu *fixe* à *éclats* de 6 à 7 s., *éclipse* 12 s. et lumière *fixe* 56 à 58 s., suivie d'une nouvelle *éclipse* de 12 s.; il est visible de 22 milles. (36° 41' 3" N. et 12° 47' 31" E.)

Cap Passaro (D. 5) *fixe blanc* durant 3 *minutes*, suivi d'une *éclipse* durant 1 *minute*, puis d'un éclat *rouge* et d'une *éclipse* de 1"; il est élevé de 40" et visible de 12 milles. (36° 41' 10" N. et 12° 48' 38" E.)

Ile Correnti (D. 5), *fixe blanc*, élevé de 18" et visible de 10 milles. (36° 38' 35" N. et 12° 44' 15" E.)

Pozallo, *fixe rouge* (en *construction*).

Scalambri (D. 3), sur ce cap, feu *fixe* d'une portée de 16 milles. Sa hauteur est de 37" 5. (36° 47' 10" N. et 12° 9' 16" E.)

Port de Licata, *fixe*, visible de plus de 5 milles, (*en projet*). Il doit remplacer le feu provisoire qui était allumé pendant les travaux.

Girgenti (D. 3), sur la pointe de *Monte-Rosello*; feu *fixe blanc*, varié par des *éclats rouges* de 2 m. en 2 m. Fixe 1"15s, éclipse 15 secondes, *éclat rouge* 5 à 10 secondes, éclipse 20 secondes, etc., il est élevé de 98" 3 et visible de 22 milles. (37° 17' 15" N. et 11° 7' E.)

Empedocle (D. 5), *fixe rouge*, sur l'extrémité E. du môle; il est élevé de 17" et visible de 10 milles. On tire un coup de canon sur le môle quand il y a du danger à entrer avec des vents d'O. S. O. ou du S. S. O. (37° 16' 58" N. et 11° 11' 30" E.)

—— (C.), *fixe vert* qui signale l'extrémité du môle en construction; il est élevé de 6" et visible de 2 milles. Il est transporté en dehors à mesure que les travaux avancent.

Cap Granitola (D. 2), *fixe*, élevé de 38" et visible de 18 milles. (37° 33' 48" N. et 10° 19' 20" E.)

Marsala (D. 6), sur l'extrémité E. du môle; feu *fixe* varié par des *éclats* de 3 m. en 3 m., et visible de 9 milles, étant élevé de 17°. (37° 47′ 10″ N. — 10° 5′ 45″ E.)

Ile Favignana (D. 3), sur la pointe *Ferro*; feu *tournant* de 1 m. en 1 m.; il est élevé de 43° et visible de 18 milles. (37° 55′ 57″ N. et 9° 55′ 51″ E.)

—— (D. 4), sur la pointe *Marsala*. Le feu est *fixe vert*, élevé de 18° 6 et visible de 9 milles. (37° 54′ 18″ N. et 10° 1′ 26″ E.)

Colombaja (D. 5), sur la pointe E. du fort *Colombaja* qui domine la rade de *Trapani*. Le feu est *fixe*, à *éclats* de 3 m. en 3 m., visibles de 14 milles, et son élévation est de 41^m. De nuit, un fanal *blanc* éclaire la bouée de la jetée en construction de la pointe *Ronciglio*. (38° 0′ 38″ N. et 10° 9′ 19″ E.)

Trapani (C.), *fixe rouge*, sur l'extrémité du môle, éclaire l'intérieur du port.

Les Fourmis de Trapani (D. 5), *fixe rouge* sur l'angle N. E. de la tour qui est sur la plus E. des *Fourmis*. Sa hauteur est de 25° et sa portée de 11 milles. Il guide pour aller à *Trapani*. Madragues à la pointe N. E. de l'île signalées par un feu flottant *fixe blanc*, quand elles sont à la mer. (37° 59′ 15″ N. et 10° 5′ 3″ E.)

Palumbo (D. 6), *fixe vert*, sur l'extrémité du brise-lames, à 650° du feu de *Colombaja*, visible de 8 milles et élevé de 13°. (38° 0′ 40″ N. et 10° 8′ 54″ E.)

Ile Marittimo (D. 4), sur la pointe S. O. de l'île; feu *fixe*, à *éclats* de 4 m. en 4 m., précédés et suivis de courtes éclipses; il éclaire à 20 milles, sa hauteur étant de 73°. (37° 57′ 13″ N. et 9° 42′ 40″ E.)

Ile Levanzo (D. 3), sur le cap *Grosso*, pointe N. E. Feu *fixe*, élevé de 86° et visible de 20 milles. (38° 1′ 8″ N. — 9° 59′ 36″ E.)

San-Vito (D. 3), sur le cap de ce nom. Le feu est *fixe blanc*, varié par des *éclats rouges* de 2 m. en 2 m. Son élévation au-dessus de la mer est de 43° 4, et il peut être vu de 18 milles. (38° 11′ 12″ N. et 10° 23′ 36″ E.)

Cap di Gallo (D. 4), *fixe*, élevé de 45° et visible de 15 milles. (38° 13′ 18″ N. et 10° 58′ 33″ E.)

Palerme (D. 4), à l'ext. du môle vieux du port. Son feu est *fixe*, varié par des *éclats* de 2 m. en 2 m.; élevé de 29ᵐ au-dessus de la mer et visible de 13 milles. (38° 7′ 53″ N. et 11° 1′ 50″ E.)

—— (D. 4), feu de port, *fixe rouge*, sur l'extrémité du môle vieux prolongé ; il est visible de 2 milles et élevé de 11ᵐ 5.

—— Feu de port, *fixe vert*, sur l'extrémité de la digue en construction, côté S. du port; il est visible de 2 milles (*Provisoire.*)

Termini (D.), *fixe rouge*, sur l'extrémité du môle en construction; élevé de 5ᵐ 5, il est visible de 4 milles. (37° 57′ 45″ et 11° 22′ 36″ E.)

Patti (C.), *fixe rouge*, élevé de 5ᵐ, il est à 61ᵐ de la plage pour indiquer le mouillage, et on le voit de 4 milles. (38° 9′ N. et 12° 37′ 36″ E.)

Milazzo (D. 4). Le promontoire de *Milazzo*, qui est accore, excepté au N. E. où il y a quelques rochers appelés *Porcelli*, a sur son ext. N. un fanal à feu *fixe*, visible de 16 milles, étant élevé de 88ᵐ; on peut approcher le côté E. en évitant le banc de *Trois-Brasses*, près de la pointe *Presso*. (38° 16′ 10″ N. et 12° 53′ 28″ E.)

—— (D. 5), *fixe blanc*, à *éclats rouges* de 3 m. en 3 m., à l'extrémité du môle du port; élevé de 13ᵐ 7, il est visible de 10 milles.

En passant devant ce fanal pour aller à *Messine*, il faut éviter de s'engager à l'intérieur du cap *Vaticano*, qui a plutôt l'aspect d'un détroit que l'entrée même du canal du *Faro*.

MALTE, GOZO, LAMPEDUZA

La Valette (*Malte*) *fixe*, sur la tour blanche du fort *Saint-Elme*. Ce feu, par 35° 54′ N. et 12′ 11′ 20″ E., est visible de 15 milles. En le tenant au S. 14° E., il fait éviter le banc *Saint-Georges* et entrer dans le port de la *Valette*.

On parera le banc *Saint-Georges*, dans le jour, en tenan la porte *Zabbar*, par l'angle E. du fort *Saint-Elme*, S. 20° Et

Manoel, sur un pilier en fer à 35ᵐ en dedans de l'ext.

Est de l'île *Jézirah*; *fixe blanc*, élevé de 6ᵐ 4, vis. de 2 milles, à l'entrée du port, entre le N. 87° O. et le S. 70° O. et en dedans du port, entre le N. 22° O. et le S. 22° E.

Port de Marsa Musceit, 2 *fixes* de port, sur la pointe *Tigné* et *verticaux* dans une seule tour; le supérieur est élevé de 21ᵐ 6 et l'inférieur de 13ᵐ 9. Ils éclairent à 4 milles du N. 15° E. par le S. jusqu'au parloir de *Marsa Musceit*. (35° 54′ 12″ N. et 12° 11′ 3″ E.)

Port la Valette, 2 *fixes rouges verticaux*, sur une tour blanche ronde, en dedans de l'angle N. O. du fort *Ricasoli*. visibles de 4 milles quand on les relève au Sud du S. 70° O. Quand on les tient au S. 18° 45′ E., ils font parer la bouée de la pointe *Saint-Elme*, et en les tenant en vue, lorsqu'on entre dans le port, ils font parer les pointes *San-Angelo* et *Senglea*. (35° 54′ 0″ N. et 12° 11′ 0″ E.)

Pointe Dellamara (D. 3), sur la pointe, baie *Marsa Scirocco*, côté S. E. de l'île, alt. *blanc* et *rouge* de 30 s. en 30 s. Elevé de 46ᵐ, vis. de 15 milles entre le S. 23° O. et le S. 67° E. par le Sud. (35° 49′ 10″ — 12° 13′ 50″).

Ile Gozo (D. 1), feu *tournant*, sur le cap *Guirdan*. La durée de sa révolution est de 1 m.; il est élevé de 122ᵐ et éclaire à 24 milles. Relevé au S. de l'E. S. E., il fait passer au N. du cap *Saint-Dimitri*. (36° 4′ 11″ N. et 11° 53′ 7″ E.)

Lampedusa, sur la pointe *del Cavallo Bianco*, au S. S. O. de l'île, feu *fixe*, élevé de 20ᵐ, visible de 3 milles. Le vent l'éteint quelquefois. (35° 29′ 40″ N. et 10° 15′ 25″ E.)

Pantellaria, sur la pointe *Curritia*, côté N. E. de l'île. (*Proposé*).

MER ADRIATIQUE — COTES SUD ET EST D'ITALIE.

Cap Spartivento (D. 1), sur le morne qui domine le cap; feu *fixe*, élevé de 65ᵐ, à *éclats* de 8 s. de durée de 1 m. en 1 m., visibles de 17 milles, éclipses de 52 s. (37° 55′ 29″ N. et 13° 43′ 20″ E.)

Cap Colonne (D. 1), *fixe*, élevé de 40ᵐ 5, sur une tour blanche de 19ᵐ 7; sa portée est de 18 milles. (39° 5′ 30″ N. et 14° 52′ 10″ E.)

Port de Cotrone (D.), sur le grand môle du port, par 39° 7′ 30″ N. et 14° 47′ 53″ E. ce feu, *fixe rouge*, élevé de 7ᵐ, se voit de 4 milles.

Cap San-Vito (D. 3), *fixe* varié par des *éclats* de 2 m. en 2 m.; il est élevé de 46ᵐ et visible de 16 milles. (40° 25' 12" N. 14° 48' 57" E.)

Tarente (D. 5), *fixe* sur l'île *San-Paolo*, à 21ᵐ au-dessus de l'eau, et visible de 10 milles. (40° 26' 16" N. et 14° 50' 35" E.)

Gallipoli (D. 3), sur la pointe S. O. de l'île *San-Andrea*. Le feu est *intermittent* de 50 s. en 50 s. et visible de 16 milles. Il a 45ᵐ de hauteur. (40° 2' 48" N. et 15° 36' 50" E.)

—— (D.), *fixe blanc*, sur la tête E. du môle du port, visible de 6 milles. (40° 3' 25" N. et 15° 38' 35" E.)

Cap Santa-Maria (C. 1), sur un morne, près de *Leuca*. Le feu est *intermittent* de 30 s. en 30 s.; sa hauteur de 106ᵐ lui donne une portée de 27 milles. (39° 47' 40" N. et 16° 2' 3" E.)

Otrante (D. 4), sur la pointe *Palascia*; feu *fixe* de 60ᵐ d'élévation et de 18 milles de portée. (40° 6' 23" N. et 16° 10' 23" E.

Pointe San-Cataldo, à 110ᵐ du bord de l'eau, près de *Lecce*. Le feu est *fixe*, élevé de 17ᵐ et visible de 7 milles. Il indique aux caboteurs le mouillage de la marine. (40° 23' 25" N. et 15° 58' 19" E.)

Petagne (D. 4), sur le plus N. O. des rochers; le feu est *fixe*, varié de 3 m. en 3 m. par un *éclat blanc* de 6 s., précédé et suivi d'une éclipse de 21 s. Sa hauteur est de 21ᵐ 6 et sa portée est de 12 milles. (40° 39' 26" N. et 15° 39' 23" E.)

Brindisi (D. 4), *fixe rouge*, à l'entrée du port, sur l'angle N. E. du cavalier du *Forte a Mare*. Sa portée est de 12 milles.

—— (D. 5), *fixe* sur l'extr. de la digue du *Forte a Mare*, élevé de 10ᵐ, il se voit de 9 milles.

—— (C. 6), *vert*, sur le bout du môle *Pigonati*. Il ne se voit que des navires qui entrent dans le port.

—— *Fixe rouge*, dans la ville de *Brindisi*. Il donne la direction du milieu du canal.

Monopoli (D. 4), sur l'ext. du môle. *Fixe*, vis. de 9 milles. 40° 57' 21" N. — 14° 58' 13" E.)

Cap Gallo (D. 3), sur *Torre di Penne*; c'est un feu *tour-*

MER ADRIATIQUE. — CÔTES SUD ET EST D'ITALIE. 223

nant de 30 s. en 30 s.; il est élevé de 36™ et visible de 15 milles. *Eclat* 6 s., *éclipse* 24 s. (40° 41′ 1″ N. 15° 36′ 10″ E.)

Bari (D. 4), sur une pile de roches élevées sur le prolongement du nouveau môle du port neuf, *fixe rouge*, élevé de 9™ et visible de 5 milles. (41° 8′ 7″ N. et 14° 32′ 30″ E.) Passer à 350™ au moins de la bouée de l'ext. du môle.

—— (D.), sur la plage de *Bari*, à 450™ à l'Ouest du château, *fixe vert*, élevé de 8™, vis. de 5 milles entre la bouée et la pointe de *San Cataldo*, lorsqu'on le relève entre le S. et le S. 44° E. (41° 7′ 35″ N.—14° 31′ 34″ E.) Les navires venant de l'Est après avoir aperçu le feu rouge de la digue, doivent faire route à l'Ouest jusqu'à ce qu'ils voient le nouveau feu vert. Aussitôt dans le secteur vert, ils peuvent venir au Sud pour entrer dans le port en laissant à gauche le feu rouge. Les navires venant du N. O. et du Nord, découvriront le feu vert aussitôt qu'ils auront doublé la pointe *San-Cataldo*; pour entrer dans le port, ils se maintiendront dans le secteur éclairé du même feu.

—— *Fixe vert*, à l'extrémité du môle N. du port vieux, visible de 3 milles.

Pointe San Cataldo (D. 1), sur ce cap, le feu est *fixe*, à *éclats blancs* de 2 m. en 2 m.; élevé de 66™,4, il se voit de 19 milles. (41° 8′ 19″ N. et 14° 30′ 30″ E.)

Molfetta (D. 5), sur l'extr. O. de la jetée isolée. Le feu est *fixe* varié par des *éclats* de 3 m. en 3 m.; il est élevé de 20™ et visible de 12 milles. (41° 12′ 45″ N. et 14° 16′ 30″ E.)

Barletta (D. 5), *fixe*, sur l'extr. E. du brise-lames; il est haut de 21™ et se voit de 12 milles. Il fait connaître la passe de l'E. entre les deux môles. (41° 19′ 55″ N. et 13° 57′ 34″ E.)

Ile Pelagossa (D. 1), sur la partie la plus élevée, feu *fixe à éclats* de 30 s. en 30 s., élevé de 109™ et visible de 26 milles. (42° 23′ 30″ N. — 13° 55′ 45″ E.)

Manfredonia (C. 4), sur le bout du môle, à 7™ au-dessus de l'eau; feu *fixe*, visible de 6 milles.

—— Un petit feu *rouge* est allumé sur la porte de *Mer*, lorsqu'on attend un vapeur.

—— (D. 4), *fixe*, à *éclats* de 1 m. en 1 m., qui s'aperçoivent à 14 milles. Il est à 150™ de l'extrémité du môle de l'E. et éclaire tout le golfe de *Manfredonia*; sa hauteur est de 20™ (41° 38′ 5″ N. et 13° 35′ 20″ E.)

Mattinata (D. 4) *fixe*, varié par des *éclats* de 3 m. en 3 m. ; il est élevé de 77ᵐ sur la pointe *Rossa* ; sa lumière se voit de 10 milles. (41° 40′ 50″ N. et 13° 42′ 20″ E.).

Viesti (D. 1), sur le rocher *Santa-Croce* ; *fixe*, haut de 40ᵐ, et visible de 18 milles quand on le relève entre le S. 53° E. et le N. 13° O. par le Sud et l'Ouest. (41° 53′ 20″ N. et 13° 51′ E.)

Tremiti (D. 4), sur le bastion du mur d'enceinte, pointe S. de l'île *Saint-Nicolas* ; *fixe*, visible de 6 milles. (42° 7′ 28″ N. et 13° 11′ E.)

—— (D. 4), sur la pointe N. E., île *Caprara* ; *fixe*, élevé de 36ᵐ et visible quand on le relève entre le S. 77° E. et le N. 1° E. par le S.; et l'O. portée, 12 milles. (42° 8′ 14″ N. et 13° 11′ 22″ E.)

Ortona (D.), sur le bout du môle ; *fixe*, élevé de 12ᵐ, visible de 8 milles. (42° 19′ 45″ N. et 12° 4′ 25″ E.)

Ancone (D. 2), sur le mont des *Capucins*, à l'E. du môle neuf, *Intermittent* avec des *éclats* de 45ˢ et des *éclipses* de 45ˢ. Il est élevé de 124ᵐ et visible de 23 milles excepté quand on le relève au Nord du N. 58° O. où il est masqué par le mont *Conero*. L'éclat est précédé de 4 secondes par un un éclat moins vif. On voit toujours une faible lumière dans l'intervalle des éclats. (43° 37′ 14″ N. et 11° 10′ 4″ E.)

—— (D. 6), *fixe rouge*, à 40ᵐ en dedans de la jetée du Nord. Il est visible de 9 milles et élevé de 11ᵐ ; passez-en à 85ᵐ. Par mauvais temps il est impossible de l'allumer.

—— (D. 6), *fixe vert*, à 60ᵐ de l'extrémité des enrochements du môle Sud, visible de 9 milles ; passez à 100ᵐ au moins.

Sinigallia (C. 6), *fixe*, éclairant à 2 milles ; sur le prolongement en bois du môle de l'E. On le remplace par un eu *vert* quand le canal n'est pas praticable.

—— (C. 4), *fixe* de 14ᵐ de hauteur, sur le môle en pierres de l'E. visible de 11 milles. (43° 43′ 2″ N. et 10° 53′ 28″ E.)

Ces deux feux donnent la direction du canal.

Fano (C. 4), à l'extr. du môle de l'E., *fixe* élevé de 18 m. Portée 7 milles. (43° 50′ 54″ N. et 10° 41′ 8″ E.)

Pesaro (C. 4), *fixe*, sur le bout du môle de l'Est ; il a 14ᵐ au-dessus de la mer et éclaire à 8 milles. (43° 55′ 19″ N. et 10° 34′ 37′ E.)

—— *fixe*, visible de 3 milles, à l'extrémité du môle Ouest·

MER ADRIATIQUE — CÔTES SUD ET EST D'ITALIE.

Cattolica (C. 4), sur le bout de la jetée E.; il est *rouge* et *blanc*: *rouge* de face vers la mer, *blanc* des deux côtés, et visible de 5 milles. (43° 58′ N. et 10° 25′ 17″ E.)

Rimini (D. 4), sur le bout de la jetée en pierres; *fixe*, visible de 12 milles. On gouverne dessus pour donner dans le port; on l'éteint quand la rivière déborde et qu'il y a danger à entrer. (44° 4′ 16″ N. et 10° 14′ 40″ E.)

—— (C. 4), *fixe* sur le bout de la jetée E.; il se voit à 4 milles et signale l'entrée du port, dont la direction est donnée par les deux feux.

Cesenatico (C. 4), 2 feux donnant la direction du canal. Le premier au côté E. à 500ᵐ du bout de la jetée E. du canal; se voit de 5 milles. Le second à 116ᵐ de l'extrémité de l'estacade de l'E., se voit de 7 milles. Tous deux sont *fixes*. (44° 12′ 30″ N. et 10° 4′ 5″ E., le 2ᵉ feu.)

Cervia, *fixe* à 213ᵐ du bout de l'estacade de droite. Portée 3 milles. (44° 16′ N. et 10° 1′ E.) En *construction*.

—— *fixe* à l'extrémité du môle du S. E.

Port-Corsini (D. 4), *fixe à éclats* chaque 30 s. Élevé de 26ᵐ, sur une tour isolée placée à 320ᵐ de la plage, près l'entrée S. du canal *Corsini*; il se voit de 13 milles. On le laisse ainsi que le suivant à gauche en entrant. (44° 29′ 17″ N. et 9° 56′ 50″ E.)

—— (C. 4), *fixe*, à 22ᵐ de l'ext. de l'estacade du S. E., à 800ᵐ du grand phare; élevé de 7ᵐ4 et visible de 6 milles.

Magnavacca (C. 4), *fixe*, près des môles, au N. de l'entrée du port. Il est visible de 4 milles. (44° 40′ 40″ N. et 9° 54′ 35″ E.)

Rade de Goro (D. 4), sur la pointe, côté O. du *Po di Goro*, *fixe*, élevé de 20ᵐ3, sur une tour rouge, et visible de 13 milles. (44° 47′ 34″ N. et 10° 2′ 50″ E.)

Pointe Maestra, *fixe* d'une portée de 20 milles. (44° 59′ N. et 10° 12′ E.) (En *projet*.)

Chioggia (D. 5), sur la tour du fort *San-Felice* à la pointe Sud de l'entrée du port. C'est un feu *fixe*, élevé de 15ᵐ8, visible de 9 milles. (45° 13′ 45″ N. et 9° 57′ 15″ E.)

Malamocco (GD. 4) feu de l'Est, *fixe à éclats* séparés par des *éclipses* de 30 secondes, sur le coude du môle intérieur de la *Rocchetta*, à 2,700ᵐ de l'extrémité de la digue du N.; il est élevé de 25ᵐ et visible de 16 milles entre le N. 77° E. et le S. 43° E. par le Nord et l'Ouest. (45° 20′ 30″ N. et 9° 59′ E.)

13.

—— (D. 4) feu de l'Ouest, sur la lagune et sur le côté S. de l'entrée du canal *Spignon*, à 1,270ᵐ du précédent. Son feu est *fixe vert* et visible de 7 milles.

Relevés en ligne au N. 72° O., ils font passer entre les 2 môles.

—— (D. 5), sur le bout de la digue Nord, le feu *fixe blanc* montre des *éclats rouges* chaque 15 *secondes*; il est élevé de 11ᵐ5 et visible de 9 milles. Gong de brume donnant un son toutes les 11 secondes. (45° 20′ N. et 10° 0′ 30″ E.)

Piave Vecchia (D. 3), *fixe*, sur la pointe E. de l'entrée du port, à 11 milles E. de *Venise*, élevé de 46ᵐ, par 45° 28′ 38″ N. et 10° 14′ 55″ E. Ce feu est visible de 16 milles.

AUTRICHE — CÔTE OUEST

Grado Dans le canal du port, 3 *fixes*, visibles de 3 milles.

Pointe Stobba, *fixe*, sur la pointe de droite, à l'embouchure de l'*Isonzo*. (En *projet*.)

Duino (C. 4), au côté gauche de l'entrée, *fixe*, élevé de 4ᵐ et visible de 3 milles. (45° 46′ 30″ N. et 11° 15′ 46″ E.)

Barcola (C.), sur la tête du môle, *fixe rouge*, visible de milles. (45° 40′ 54″ N., et 11° 24′ 28″ E.) Par les grands vents de N. E., on ne l'allume pas.

Trieste (D. 3), à l'ext. du môle *Santa Teresa*, feu *tournant* de 30 s. en 30 s., élevé de 33ᵐ, *éclat* de 8 s., visible de 16 milles. Trompette de brouillard à vapeur, sons de 6 secondes à intervalles de 15 s. (45° 38′ 54″ N. et 11° 25′ E.)

—— 3 feux de *port*, sur le môle *San-Carlo*, en triangle, le sup. *rouge*, les deux inférieurs *blancs*. Ils sont visibles de 4 milles. (45° 39′ 12″ N. et 11° 25′ 50″ E.)

—— Sur l'extrémité S. de la jetée du brise-lames du port neuf, 2 feux *fixes rouges*, l'un sur l'autre, à 1ᵐ6 de distance et visibles de 2 milles.

—— Sur l'extrémité N. de la jetée du port neuf, 2 feux *fixes verts verticaux*, à 1ᵐ6 de distance et visibles de 2 milles.

—— *fixe blanc* et *vert*, sur le môle *Giuseppino*, visible de 2 milles; *vert* au large, *blanc* vers la terre.

—— Sur la tête du bras latéral de la jetée; *fixe*, *rouge*.

Muggia (C.), *fixe rouge*, élevé de 6ᵐ, visibles de 2 milles. Le laisser à bâbord en entrant. (45° 36′ 18″ N. et 11° 25′ 42″ E.)

MER ADRIATIQUE. — AUTRICHE.   227

Pointe Sottile (D. 4), *fixe* de 11 milles de portée et élevé de 13·5, près le nouveau lazaret. (45° 36′ N. et 11° 23′ E.)

Capo d'Istria (D.) à l'ext. du môle de *Galere*, *fixe vert*, visible de 2 milles. (45° 33′ N. et 11° 23′ 4″ E.)

Port Pirano, 2 feux de port placés sur chacune des extrémités des môles du port intérieur; ils sont *fixés*, *rouges* vers la mer, *blancs* vers le port, élevés de 5·4 et visibles de 2 milles. (45° 31′ 42″ N. et 11° 13′ 52″ E.)

—— (D. 6), sur la pointe *della Madona*. Le feu *fixe, rouge*, est élevé de 10ᵐ et visible de 11 milles. (45° 31′ 54″ N. et 11° 13′ 34″ E.)

—— (C.), sur la tête du nouveau môle, feu de port, *fixe vert*, visible de 2 milles.

Porto Rose (D. 4), *fixe vert*, près de la pointe *San-Bernardino*, au bout d'un petit môle; il est élevé de 7·3 et visible de 6 milles. (45° 30′ 54″ N. et 11° 14′ 10″ E.)

Salvore (D. 3), sur la pointe *Bassania*, au S. O. du cap *Salvore*. Le feu *fixe*, varié par des *éclats blancs* de 6 s. chaque minute, est élevé de 36ᵐ et visible de 17 milles. Trompette de brouillard, sons de 10ˢ suivis de pauses de 30ˢ. (45° 29′ 24″ N. et 11° 9′ 16″ E.)

Port Umago (D. 4) sur la tête du brise-lames; *fixe vert* élevé de 9ᵐ, vis. de 6 milles du N. 69° O. au N. 11° E. par le Sud. (45° 26′ 12″ N. — 11° 10′ 40″ E.)

—— (D.), sur la pointe *Pegolotta*; *fixe*, *rouge*. (En projet.)

Port Quieto (D. 5), sur la pointe *del Dente*; C'est un feu *fixe blanc*, élevé de 11ᵐ et visible de 11 milles. Il est masqué dans la direction des *Sèches*, *Sivran*, *Erbe* et *Val*, c'est-à-dire lorsqu'on le relève au N. du N. q. N. E. et entre le S. 40° E. et le S. 56° E. (45° 17′ 54″ N. — 11° 14′ E.)

Port de Parenzo (C. 4), *fixe rouge*, sur la tête du môle intérieur, visible de 2 milles. (45° 13′ 36″ N. et 11° 15′ 22″ E.)

Osera, sur le banc *Dei Marmi*. (En projet.)

Saint-Jean-de-Pelago (D. 4), *fixe*, sur le rocher de *Saint-Jean-de-Pelago*, par 45° 2′ 36″ N. et 11° 16′ 40″ E. Le feu *fixe blanc*, varié de 2 m. en 2 m. par des *éclats* alternativement *rouges* et *blancs*, est élevé de 22ᵐ et visible de 14 milles. Éviter le rocher dans l'E. où il n'y a que 4ᵐ d'eau; on trouve 26ᵐ dans l'O.

Port de Rovigno (C. 6), *fixe*, *rouge* et *blanc*, de 2 milles de portée, sur la tête de la digue. Il est *rouge* du côté du large ; *blanc* vers le port ; de mauvais temps on ne l'allume pas. (45° 4' 50" N. et 11° 18' E.)

Cabula, sur le rocher de ce nom ; *fixe, rouge(en projet)*.

Port de Fasana (D. 4), *fixe* sur la digue du port ; il est élevé de 7^m. sur un candélabre en fer, et visible de 10 milles. (44° 55' 40" N. et 11° 27' 52" E.)

Pointe Peneda (D. 4), sur la pointe S. de la plus grande île *Brioni* ; *fixe à éclats* de 30 s. en 30., élevé de 20^m et visible de 14 milles au Sud du S. 60° E.

Pola (D. 4), sur le cap *Compare*, à l'entrée S. du port ; *fixe*, élevé de 17^m, visible de 10 milles. (44° 52' 30" N. et 11° 27' 28" E.)

—— (C.), 2 *fixes rouges*, visibles de 4 milles, sur le rocher *Olivi* et sur la plage de la ville, pour signaler la direction des conduits sous-marins de l'aqueduc. Évitez de mouiller dans l'angle éclairé par ces feux.

—— (flottant), mouillé à 284^m au N. 11° E. du rocher *Olivi*; le bateau montre 2 feux *fixes* superposés, visibles de 2 milles ; son nom, *Fanale-Gallegiante*, est sur ses côtés. (43° 52' 48" N. et 11° 30' 16" E.)

—— Feux de port : le premier, *fixe rouge*, sur l'ext. S. S. E. de l'île *Grande*; le second *fixe vert*, sur l'extr. N. du *Scoglio-San-Pietro*. Ces feux signalent le passage entre l'île *Grande* et l'île *San-Pietro*. Ballon d'heure. Chute à l'instant du midi moyen de *Pola* qui est à 0 h. 46 m. 1 s. à l'Est de Paris.

—— Sur le petit môle du fort *Frantz*, *fixe rouge*. Passez au Sud des 2 bateaux mouillés près de la pointe *Grossa* et de la batterie *Zouchi*. Ils indiquent un emplacement pour torpilles et montrent de jour un signal, de nuit un feu brillant.

Port Véruda, sur la pointe *Vérudella*, *fixe, rouge*; élevé de 12^m, vis. de 8 milles entre le S. 65° E. et le N. 29° O. par l'E. et le Nord ; à partir du N. 29° O. il est obscurci jusqu'à son relèvement à l'Ouest, au-delà duquel il est encore visible vers le port *Véruda*. Passez à plus de 200 mètres. (44° 50' N. — 11° 29' 42" E.)

Promontore (D. 3) sur le rocher *Porer*, à 1 mille au S. O. du cap ; *fixe*, élevé de 35^m, vis. de 17 milles quand on le relève entre le S. 33° E. et le S. 74° O. par le Nord. (44° 45′ 30″ N. — 11° 33′ 22″ E.)

—— (D. 4), feu *fixe rouge*, de 10 milles de portée, placé dans la même tour, à 27ᵐ au-dessous du précédent; il éclaire dans la direction de la *Secca-Pericolosa*, jusqu'à 200ᵐ de chaque côté.

Pointe Merlera. (En *projet*.)

Pointe Ubas. (En *projet*.)

Galiola (D. 4), sur ce rocher, golfe de *Quarnero* ; le feu est *tournant rouge* chaque 30 secondes, visible de 14 milles et élevé de 20ᵐ 7. (44° 43′ 36″ N. et 11° 50′ 22″ E.)

Pointe Nera (D. 6), *fixe*, élevé de 14ᵐ 8 et visible de 11 milles, placé sur cette pointe. (44° 57′ 24″ N. et 11° 48′ 28″ E.)

Pointe Pernata (D. 5), *fixe à éclats* de 60 s. en 60 s., sur le rocher *Zaglava* ; élevé de 15ᵐ et visible de 14 milles. (44° 55′ 18″ N. et 11° 57′ 4″ E.)

Port de Cherso (D. 6), feu de port, sur la pointe *Covacine*, à bâbord en entrant ; il est *fixe blanc*, élevé de 7ᵐ 3 et visible de 10 milles ; il est sur un candélabre, à l'extrémité d'un petit môle. (44° 57′ 36″ N. et 12° 3′ 16″ E.)

—— (C.), petit feu *fixe blanc*, sur la pointe *Molino*, la 2ᵉ à bâbord en entrant ; il est visible de 2 milles. Allumé quand on attend les vapeurs du Lloyd. (41° 57′ 25″ N. et 12° 4′ 4″ E.)

Port Rabaz (D. 4), *fixe vert*, sur la pointe *San-Andrea*, près du port. Il est élevé de 11ᵐ 5 et visible de 7 milles. (45° 4′ 24″ N. et 11° 49′ 40″ E.)

Prestenizze (D. 5), sur cette pointe, île *Cherso* ; le feu est *fixe blanc, à éclats rouges* chaque 2 minutes ; il est élevé de 17ᵐ et visible de 13 milles. (45° 7′ 15″ N. et 11° 56′ 23″ E.)

Pointe Glavina, île *Cherso*. (En *projet*.)

Port de Lovrana, sur la pointe. (En *projet*.)

Port Ika (C.), feu de *port fixe*, visible de 3 milles ; il est placé sur la pointe N. du port, à 12ᵐ de hauteur. (45° 18′ 18″ N. et 11° 56′ 58″ E.)

Port Voloska (C.) sur la tête de la jetée neuve ; *fixe*, *rouge* du N. 14° E. au N. 76° O., *blanc* sur les autres relèvements. Élevé de 5ᵐ 4, vis. de 2 milles. (45° 20′ 48″ N. — 11° 59′ 10″ E.)

Fiume (D.), sur la plage, au côté Nord du port; *fixe blanc* à *secteurs rouges verticaux*, élevé de 12ᵐ, vis. de 10 milles entre l'O. S. O. et le S. 5° E. (286°) (45° 19′ 48″ N. — 12° 5′ 34″ E.)

—— (*Flottant*) auprès de l'ext. de la digue par 35ᵐ d'eau; *fixe rouge* supérieur, *fixe blanc* inférieur, sur un bateau blanc et rouge à un mât, élevés de 6ᵐ et 4ᵐ 5, vis. de 2 milles. (45° 19′ 30″ N. — 12° 5′ 22″ E.)

—— Ext. de la jetée *Zichy*, *fixe vert*, vis. de 2 milles.

—— Sur la tête du môle *Adamich*; *fixe*, *rouge* vers l'Est et l'Ouest, *blanc* vers le Nord et le Sud. (45° 19′ 36″ N. — 12° 6′ 16″ E.)

Fiumara (D. 5), *fixe rouge*, sur la tête du môle neuf. (45° 19′ 10″ N. et 12° 6′ 28″ E.) (En *projet*.)

Portore (D. 5), sur la pointe Sud; feu à *éclats* de 3 m. en 3 m., précédés et suivis de courtes éclipses; son altitude, de 15ᵐ 4, le fait apercevoir de 12 milles. La tour est peinte en bandes horizontales *blanches* et *rouges*. (45° 16′ 18″ N. et 12° 13′ 28″ E.)

Pointe Dubno (D.), *fixe rouge*, élevé de 24ᵐ et visible de 2 milles. (45° 14′ 9″ N. et 12° 14′ 10″ E.)

Ile Veglia (D.), sur la pointe *Voos*, *fixe blanc*, visible de 8 milles. (45° 14′ 20″ N. et 12° 15′ 15″ E.)

Pointe Ertak (D.), *fixe vert*, sur cette pointe (canal de *Morlacca*); on le voit de 2 milles. (45° 13′ 10″ N. et 12° 16′ 28″ E.)

Port Malinska (D. 4), *fixe vert*, sur l'extr. du môle du port (île *Veglia*); il est élevé de 6ᵐ et se voit de 5 milles. (45° 7′ 36″ N. et 12° 11′ 28″ E.)

Cap Santa-Maria-di-Capo. (En *projet*)

Port de Veglia (C. D.), sur l'extr. de la digue, *fixe*, élevé de 7ᵐ et visible de 9 milles. (45° 1′ 30″ N. et 12° 14′ 22″ E.)

Pointe Negrito (D. 6), *fixe rouge*, sur cette pointe (île *Veglia*); il se voit de 9 milles. (44° 58′ 48″ N. et 12° 16′ 45″ E.)

Pointe Cricin (D.), *fixe vert*, élevé de 16ᵐ 4 et visible de 6 milles ; il guide au mouillage de *Bescanuova*. (44° 58' N. et 12° 25' 58" E.)

Parvicchio (D. 6), feu sur la pointe N. O. du rocher, il est *fixe blanc*, élevé de 20ᵐ 5 et visible de 11 milles. (44° 56' N. et 12° 26' E.)

Port Cerkvenizza, sur le bout du môle Sud, *fixe rouge*, visible de 2 milles. (45° 10' 18" N. et 12° 21' 15" E.)

Ile Terstenich (D. 4), sur le sommet, *fixe blanc* avec un *secteur rouge* de 11° dans la direction du passage navigable entre la pointe Sud de l'île *Cherso* et les hauts fonds de *Palazzoli*; élevé de 26ᵐ, vis. de 15 milles (44° 40' 6" N. — 12° 14' 28" E.)

Port de Selze, *fixe vert*, élevé de 4ᵐ 4 et visible de 2 milles; il est sur le môle du port par 45° 9' 25" N. et 12° 23' 4" E.

—— (D.), un autre feu *fixe*, élevé de 12ᵐ, visible de 12 milles est placé sur la pointe *Selze* à l'E. du port. (45° 7' 30" N. et 12° 27' 10" E.)

Port de Novi, à 4ᵐ de la tête du môle, *fixe rouge*, visible de 2 milles. (45° 7' 30" N. et 12° 27' 10" E.

Port de Segna (C. 4), feu de port, *fixe rouge*, sur le bout du môle *Maria-Art*, au côté S. du port. Il est élevé de 5ᵐ 2 et visible de 2 milles. Venant du S. E. il ne faut donner dans la passe que quand on voit la lumière du feu *rouge*. Par coup de vent de N. (*Bora*) on ne l'allume pas (44° 59' 25" N. et 12° 33' 34" E)

—— (D.), *fixe*, sur l'extr. du môle d'*Ambros*, au N. O. de la ville; on le voit de 12 milles. (44° 59' 30" N. et 12° 33' 40" E.)

Port Jablanaz (D.), deux *fixes* : l'un *blanc*, visible de 12 milles, au N. de l'entrée ; l'autre *rouge*, à gauche de l'entrée, visible de 2 milles. (44° 42' 30" N. et 12° 33' 22" E.)

Port Carlobago (D.), *fixe*, visible de 8 milles et élevé de 6ᵐ; il est sur le bout du môle neuf, par 44° 31' 30" N. et 12° 44' 10" E.

Feux en *projet* à *Lukovo*, sur le rocher *Dolin*, à *Gabovacatrida*, sur la pointe *Loni* et à *Sorigno*.

Port Pago, sur la tête du grand môle, *fixe rouge* du S. 34° E. au N. 34° O. par le Sud et l'Ouest, *blanc* sur le reste de l'horizon. On ne l'allume pas quand il fait un coup de vent du N. E. (44° 26' 42" N. et 12° 42' 58" E.)

Rocher Palazolli. (En *projet*.)

Pointe Mletak (D. 6), *fixe*, sur cette pointe (île *Unie*); son élévation, de 17ᵐ 1, lui donne 13 milles de portée. (44° 37′ 20″ N. et 11° 53′ 52″ E.)

Ile Sansego (D. 4), sur le sommet de l'île, *en construction*.

Lossini-Piccolo (D. 6), *fixe blanc* et *rouge*, sur l'extrémité O. du rocher *Mortar*. Il est *rouge* du N. 29° O. au N. 58° E.; *blanc* du N. 58° E. au S. 31° E.; son élévation est de 11ᵐ 7, sa portée de 11 et 9 milles. (44° 33′ N. et 12° 5′ E.)

— Sur le rocher *Coludarz*, pour indiquer l'entrée du port de *Lossini-Piccolo*, *fixe vert*, élevé de 40ᵐ et visible de 2 milles.

Il faut le laisser à 60ᵐ sur tribord en entrant.

— (C.), sur la place de la ville, *fixe rouge*, visible de 2 milles. Il guide pour entrer au mouillage.

Port Cigale (D. 4), *fixe vert*, sur la pointe *Annunziata*, la 2ᵉ à tribord en entrant dans le port *Cigale*, situé sur le côté O. de l'île *Lossini* (golfe de *Quarnero*). Il est élevé de 10ᵐ et visible de 6 milles. (44° 31′ 36″ N. et 12° 6′ 40″ E.)

Ile San Pietro dei Nembi. (En *construction*.)

Gruizza (D. 5), élevé de 17ᵐ sur ce rocher; le feu est *fixe blanc*, à *éclats rouges* de 60 s. en 60 s. et visible de 13 milles. (44° 24′ 42″ N. et 12° 13′ 52″ E.)

Pointe San-Antonio (D. 6), *fixe*, sur cette pointe (île de *Selve*); il est élevé de 8ᵐ 5 et visible de 10 milles. (44° 21′ 18″ N. et 12° 22′ 4″ E.)

Feux en *projet*, sur le rocher *Lutostrak*, sur l'île *Scardizza*, sur l'île *Punta Dura*, à *Idolo*, au port *San Gassano*, sur le rocher *Sdrelaz*.

Grossa (D. 3), sur la pointe *Bianche* de cette île, dans le voisinage des écueils *Bacili*, *fixe*, à éclats de 2 m. en 2 m., élevé de 41ᵐ, par 44° 9′ 6″ N. et 12° 29′ 10″ E. Il se voit de 17 milles. Les éclats sont précédés et suivis de courtes éclipses.

Port de Sale, sur le parapet du môle *Lorini*, *fixe rouge*, élevé de 6ᵐ et visible de 2 milles. (43° 56′ 18″ N. et 12° 49′ 40″ E.)

Pointe Amica (D. 6), sur cette pointe, près de *Zara*;

MER ADRIATIQUE — AUTRICHE.   233

fixe, élevé de 12™, visible de 11 milles. Cloche de brume quand on entend le sifflet d'un vapeur. (44° 7' 48" N. et 12° 52' 16" E.)

Zara (D.), 2 feux de port *fixes* sont placés sur chacune des pointes formant l'entrée de ce port. Ils sont *rouges*, visibles de 2 milles et élevés de 6™. Par coup de vent de N. O. on n'allume pas le feu qui est à bâbord de la passe. (44° 7' 10" N. et 12° 53' 26" E.)

Port Tajer (D. 4), sur l'extr. N. O. du plus grand des écueils *Sestrize*. Le feu est *fixe blanc*, à *éclats* alternativement *blancs et rouges* de 1 m. en 1 m.; il est élevé de 47™ et visible de 17 milles. (43° 51' 18" N. et 13° 51' 42" E.)

Ile Babac (D. 4), (détroit de *Pasman*), *fixe blanc*, élevé de 7™ sur la partie O. de l'île; il est visible de 10 milles quand on le relève entre le S. S. O. et le N. 50° O. par le Sud et l'Est. (43° 57' 30" N. et 13° 2' 40" E.)

Feux en *projet*, sur le rocher *Santa Caterina* (détroit de *Pasman*), sur les rochers *Prisnjak* et *Kuljar*.

Canal Stretto. Un petit feu *rouge* signale la position du pont tournant; il se voit de 2 milles. (43° 48' N. et 13° 18' 16" E.)

Rocher Lucietta (D. 4), près et à l'O. de l'île *Zuri*. Le feu est *fixe*, à *éclats* chaque 30 s., élevé de 39™ et visible de 17 milles. (43° 37' 36" N. et 13° 14' 10" E.)

Pointe Jadria (D. 4), *fixe rouge*, élevé de 9™ 2, visible de 4 milles de l'E. S. E. au N. N. O. par l'Est et le Nord. Il signale l'entrée du canal *San-Antonio*, près *Sebenico*. (43° 43' 24" N. et 13° 30' 46" E.)

Port Sebenico (D.). *fixe rouge*, sur la tête du môle; il se voit de 2 milles. (43° 44' N. et 13° 33' 10" E.)

Feux en *projet*, sur l'île *Smajan*, sur la pointe *Tavcica* (île *Bice*), sur le rocher *Duinka* et sur la pointe *Ketta* (île *Zirona Grande*.)

Port Rogosnizza (D. 4), sur le rocher *Mulo*, *fixe*, élevé de 22™ et visible de 13 milles. (43° 31' N. et 13° 35' E.)

Pointe Speo (D. 6), sur cette pointe, île *Brazza* (canal de *Spalato*); le feu est *fixe blanc*, élevé de 17™ et visible de 11 milles, dans un angle de 225°. (43° 19' 12" N. et 14° 4' 16" E.)

Port Spalato (D. 4), ext. de la digue de la pointe *Botlicella*; *fixe vert*, élevé de 7ᵐ 5, vis. de 5 milles du N. 34° O. au S. 30° O. par l'Est. (*Provisoire*) (*doit être remplacé par un feu fixe à éclats de 30 en 30 secondes.*) (43° 30′ 6″ N. — 14° 5′ 58″ E.)

—— (C.), à l'origine de l'appontement du chemin de fer; *fixe blanc, rouge*, élevé de 5ᵐ, vis. de 2 milles du N. 34° O. au S. 34° E. Le secteur rouge est dans la direction du pont (43° 30′ 18″ N. — 14° 6′ 10″ E.)

—— (*Gaz*), sur la pointe du môle extérieur; *fixe rouge* et *blanc* élevé de 8ᵐ 5, visible de 3 milles.

Milna (Port), à l'entrée du port; *fixe rouge*, (*en projet*).

Port d'Almissa, près du couvent des Franciscains, sur la plage; *fixe rouge*, élevé de 5ᵐ, vis. de 2 milles; n'est allumé qu'à l'arrivée des paquebots du *Lloyd*. (43° 26′ 25″ N. — 14° 21′ 46″ E.)

Port San Pietro della Brazza (D), sur l'ext. de la digue, *fixe vert*, élevé de 8ᵐ, vis. de 5 milles du S. 48° E. au N. 48° O. par le Sud.

Port Macarsca (D. 6), près de l'entrée du port. (*En projet*.)

—— Sur l'ext. du môle; *fixe, blanc* vers le port, *rouge* vers le large, élevé de 6ᵐ, vis. de 2 milles. On voit la lumière *rouge* par dessus l'isthme qui réunit *San Pietro* à la plage. (43° 17′ 42″ N. — 14° 40′ 58″ E.)

—— Feux en *projet* au port *San Martino della Brazza*, sur la pointe *Smogozza* (île *Lesina*), au port *Citta vechia* et sur le rocher *Vodnjak*.

Port de Gelsa (D.), *fixe blanc*, à l'extr. du môle N. du port. Elevé de 6ᵐ 5 et visible de 9 milles, n'est pas allumé par coup de vent de *Bora*. (43° 9′ 30″ N. et 14° 21′ 45″ E.)

Pocognidol (D. 6), sur ce rocher, près de *Lesina*; *fixe rouge*, élevé de 20ᵐ 4 et visible de 9 milles. (43° 9′ 24″ N. et 14° 7′ E.)

Pointe San-Giorgio (D.), *fixe*, élevé de 9ᵐ et visible de 9 milles, sur l'extr. de l'île *Lesina*. Pas allumé par mauvais temps. (43° 7′ 30″ N. et 14° 52′ E.) (*Provisoire*.)

Hosti (D. 4), *fixe rouge*, élevé de 21ᵐ, sur ce rocher, à l'entrée du port *San-Giorgio*; on le voit de 9 milles. (43° 4′ 30″ N. et 13° 52′ 14″ E.)

MER ADRIATIQUE — AUTRICHE. 235

Ile Lissa (D. 4), sur la pointe *Stoncica*, *fixe à éclats blancs* de 1 m. en 1 m., élevé de 38™ 2 et visible de 17 milles entre le S. 74° O. et le N. 9° O. par le S. et l'O. La limite du feu passe à 1/2 mille au Nord des petits îlots *Vacca* et *Vitelli*. (43° 4' 18" N. et 13° 55' 10" E.)

Port de Comisa *fixe*, *rouge* paraissant plus brillant vers la mer; il est sur l'enrochement du port et se voit de 5 milles. Pas allumé par coup de vent du S. O. (43° 2' 42" N. et 13° 45' 4" E.)

Pointe Stupiski (D. 3), sur la p^{te} de ce nom (*en projet*.)

Cap Gomena (D. 6), à 177™ de l'extrémité du cap, presqu'île de *Sabbioncello*, par 43° 2' 48" N. et 15° 40' 14" E. Le feu est *fixe*, élevé de 25™, et visible 11 milles dans les canaux de *Narenta* et de *Curzola* quand on le relève entre le S. 58° O. et le N. 3° O. par le S. l'E. et le N.

Ile Cazza (D. 5) sur la pointe *Gradisca*, ext. S. O. de l'île, *scintillant blanc*, élevé de 94™, vis. de 24 milles du S. 33° O. au S. 73° O. (42° 45' 5" N. — 14° 9' 15" E.)

Port Trappano, ext. S. O. de la digue; *fixe rouge* de l'O. S. O. à l'E. S. E. par le Sud, blanc de partout ailleurs. élevé de 7™ 4, vis. de 5 milles. (43° 0' 42" N. — 14° 55' 52" E.)

Feux en projet : sur le rocher *Bacili*, sur le rocher *Planchetta*, au *port Carbone*, sur la pointe *Visnizza* et sur le rocher *Knesa* (canal de *Curzola*).

Iles Sestrice (D. 6), sur l'îlot *Sestrice* du N. O., *fixe*, élevé de 18™ et visible de 11 milles. (42° 57' 42" N. et 14° 52' 30" E.)

Port de Curzola (D. 4), *fixe rouge*, sur l'extr. du môle neuf; élevé de 6™ et visible de 7 milles de l'Est et sur toute la longueur du canal, à l'Ouest. Station de signaux correspondant avec les navires au moyen du *code international*. (42° 57' 50" N. et 14° 48' E.)

—— *fixe, vert* du côté du port et du canal d'*Eurzola*, élevé de 5™, visible de 3 milles, sur l'angle de la maison sanitaire. (42° 57' 30" N. et 14° 47' 20" E.)

Port Orebic (D.), sur le bout du môle du port, *fixe vert* élevé de 6^m et visible de 5 milles. *Eteint provisoirement.* (42° 58' 30" N. et 14° 50' 4" E.)

Lagosta (D. 1), *fixe*, à *Porto-Rosso*, élevé de 104™ et visible de 25 milles quand on le relève entre l'E. 1/2 S. et l'O. S. O. par le Nord et l'Ouest. (42° 43' 30" N. et 14° 33' E.)

Feux en projet : au port *Terstenik*, sur les rochers *Lagostini*, à la pointe *Lenga*, au port *Palazzo* (île *Meleda*).

Palamota (D. 6), sur l'extr. E. du rocher *Olipa*, *fixe rouge*, élevé de 31ᵐ et visible de 9 milles du S. 74° E. au S. 62° O. par l'Est, le Nord et l'Ouest. (42° 45′ 30″ N. et 15° 26′ 25″ E.)

Port Slano (D.), sur la pointe *Dolnji*, *fixe vert*, élevé de 14ᵐ 2 et visible de 5 milles. (42° 46′ 36″ N. et 15° 32′ 14″ E.)

Rocher Donzella (D. 4), *fixe blanc*, *à éclats rouges* de 15 s. en 15 s., précédés et suivis de courtes éclipses; il est élevé de 69ᵐ et visible de 21 milles. (42° 38′ 45″ N. et 15° 37′ E.)

Rocher Pettini (D. 6), sur le plus extérieur de ces rochers, devant *Raguse*, *fixe*, élevé de 26ᵐ 6 et visible de 11 milles. (42° 39′ N. et 15° 42′ 54″ E.)

Ile Daxa (D. 6), à l'entrée du port *Gravosa*, *fixe rouge*, élevé de 16ᵐ et visible de 9 milles. (42° 40′ 12″ N. et 15° 43′ 10″ E.)

Port Gravosa (C.), sur le môle *Cantafico*, *fixe vert*, élevé de 5ᵐ 6 et visible de 2 milles. (42° 38′ 50″ N. et 15° 44′ 46″ E.)

Port de Raguse (D.), *fixe rouge*, *blanc* au bout de la nouvelle digue du *Porto-Molo*; élevé de 7ᵐ 4 et visible de 7 milles, excepté entre le N. 5° O. et le N. 34° O. où il est masqué par l'île *Lacroma*. (42° 38′ 24″ N. et 15° 46′ 40″ E.) Pas allumé par les gros temps quand la mer couvre la digue.

Vieux Raguse, sur l'île *Merkan*. (En *projet*.)

Baie de Cattaro (D. 3), sur la pointe d'*Ostro*, *fixe à éclats* de 6 secondes de 30 s. en 30 s., élevé de 80ᵐ et visible de 23 milles. (42° 23′ 36″ N. et 16° 11′ 46″ E.)

—— Sur le rocher *Rondoni*. (En *projet*). *Fixe vert*.

—— Sur la tête N. O. de la jetée de la plage de *Cattaro*, *fixe*, *rouge* vers l'entrée, *blanc* vers la ville, élevé de 4ᵐ et visible de 2 milles. (42° 25′ 38″ N. et 16° 26′ 6″ E.)

—— Sur le bout du môle neuf du port de *Castelnuovo*, *fixe rouge*, élevé de 7ᵐ et visible de 2 milles. (42° 27′ N. et 16° 12′ E.)

—— Au port de *Melinje*, 2 feux *fixes rouges verticaux*, visi-

MER ADRIATIQUE — AUTRICHE. 237

bles de 4 milles du N. 45° E. au N. 79° O. (42° 27′ 8″ N. et 16° 13′ 40″ E.)

— *Feu en projet :* sur la plage en face de *Combur.*

Bouches de Cattaro (D.), sur les pointes *Santa Domenica* à 14 mètres et *Stretto delle Catene* à 7ᵐ, *fixe rouge et fixe vert,* élevés de 6 et 8ᵐ et vis. de 4 milles. (Le *rouge* 42° 27′ 35″ N. — 16° 20′ 34″ E.)

— Sur le nouveau môle du port de *Risano, fixe rouge,* élevé de 4ᵐ, vis. de 2 milles ; allumé dans les nuits obscures et à l'arrivée des vapeurs. (42° 30′ 54″ N. — 16° 21′ 40″ E.)

Pointe Traste. (En *projet.*)

Port de Budua (C.), *fixe,* sur l'extr. de la jetée ; élevé de 6ᵐ 3 et visible de 2 milles. (42° 16′ 42″ N. et 16° 30′ 22″ E.)

Rocher Katic. (En *projet.*)

Antivari (D. 4), sur la pointe *Voloviza,* côté S. de l'entrée, *fixe,* élevé de 40ᵐ et visible de 10 milles. (42° 5′ 15″ N. et 16° 44′ 5″ E.)

Durazzo (G. 4), *fixe blanc, rouge,* près du mur du jardin de la *Santé,* à 10ᵐ du quai ; visible entre le N. 87° E. et la partie intérieur du port, secteur *rouge* entre le N. 59° E. et le N. 3° O., pour indiquer les bancs qui sont à gauche en entrant dans le golfe. Il est élevé de 16ᵐ et se voit ; la lumière rouge de 10 milles, et la blanche de 12 milles. (41° 18′ 40″ N. et 17° 7′ E.)

Pointe Samana, sur la pointe, 2 *fixes blancs verticaux,* vis. de 10 milles. *(en construction)*

Ile Saseno (D. 3), *tournant* chaque minute, éclat de 5ˢ toutes les 55ˢ, il est élevé de 100ᵐ et visible de 21 milles. Le phare est sur le cap le plus avancé au N. N. O. de l'île. (40° 30′ 18″ N. et 16° 55′ 45″.)

Aulona (C. 4), à 2 milles S. q. S. O. de l'office sanitaire ; *fixe rouge,* élevé de 25ᵐ et visible de 11 milles du S. 19° E. au N. 34° E. par l'Est. On le laisse à droite en allant au mouillage ; mais de mauvais temps, on le laisse à gauche pour prendre un mouillage plus sûr. (40° 25′ 30″ N. et 17° 7′ 40″ E.)

ILES IONIENNES ET GRÈCE

Port Palermo. (En *projet*.)

Fano (D. 2), à 550ᵐ à l'O. de la pointe *Kastri*, entrée de l'*Adriatique*, *fixe blanc*, à *éclats rouges* de 1 m. en 1 m., élevé de 105ᵐ et visible de 26 milles. (39° 51′ 30″ N. et 17° 6′ 50″ E.)

Tignoso (C.), sur le haut de ce rocher, *fixe*, élevé de 30ᵐ à l'entrée N. du chenal de *Corfou*, ayant la *Serpa* à 1 mille 1/2 dans le S. 11° E. et la *Barchetta* à 1/2 mille E. Ces roches doivent être évitées avec le plus grand soin. La portée du feu est de 14 milles. (39° 47′ N. et 17° 38′ 15″ E.)

Corfou (C.) sur la vieille citadelle ; *fixe*, à 74ᵐ d'élévation et une portée de 14 milles. (39° 37′ 5″ N. et 17° 36′ 15″ E. (*Mal éclairé*).

Lefchimo (flottant), *fixe* de 5 milles de portée, mouillé au N. du banc de la pointe *Lefchimo*, dans le chenal S. de *Corfou*, par 9ᵐ d'eau. (39° 27′ 30″ N. et 17° 45′ E.)

— (C.), feu de port, *fixe*, à l'entrée de la rivière ; visible de 3 milles et élevé de 7ᵐ 4. (39° 26′ N. et 17° 44′ 26″ E.)

Paxo (C. 3), *fixe*, à la pointe N. de l'île, sur une falaise, près de *Laka*. Il a 112ᵐ au-dessus de la mer et 15 milles de portée. Il est visible de l'O. au N. par l'E. ; quand on le relève au S. on se trouve dans la direction d'une roche de 1ᵐ5, qui est à environ 1/3 mille dans la partie N. O. de l'île. (39° 13′ N. et 17° 48′ 50″ E.)

Gajo (D. 4), *fixe*, sur une tour, au côté E. de l'île *Paxo*, sur l'îlot *Madona*, à l'entrée du port *Gajo*, par 39° 11′ 30″ N. et 17° 52′ 10″ E. Il est élevé de 32ᵐ 6 et visible de 10 milles.

Sainte-Maure (C.), *fixe*, élevé de 16ᵐ et visible de 9 milles, à l'ext. du môle. En se dirigeant sur ce feu il faut se garder de l'amener plus E. que le S. E. q. S., car il y a une pointe basse qui s'étend à distance. (38° 50′ 30″ N. et 18° 22′ 40″ E.)

— (C.), *fixe*, dans la rade de *Basiliquis*. (*Douteux*).

Itheque, *fixe*, sur la pointe *Andrea*, au côté E. de l'entrée

MÉDITERRANÉE — ILES IONIENNES — GRÈCE 239

du port *Vathy*, par 38° 22′ 20″ N. et 18° 22′ 15″ E. Ce feu est élevé de 9ᵐ et se voit de 6 milles.

—— Au lazaret, dans le port *Vathy*, *fixe, rouge, vert*, élevé de 4ᵐ 5 vis. de 2 milles.

Pointe Théodoros (C.), *fixe*, de 4 à 5 milles de portée, servant à éviter le banc qui part de cette pointe, à l'entrée de la baie d'*Argostoli*. Il faut le relever au N. 13° E. pour donner dans le port. (38° 11′ 36″ N. et 18° 9′ 15″ E.)

Céphalonie (C.) sur la pointe S. E. de la petite île basse de *Guardiana*, à l'entrée de la baie d'*Argostoli*. Le feu *fixe* est élevé de 37ᵐ 2 au-dessus de la mer; il indique l'écueil et l'entrée du principal port. Sa portée est de 12 milles. (38° 8′ 13″ N. et 18° 6′ 15″ E.)

Phiscardo (C.), *fixe*, sur ce cap, d'une portée de 8 milles. Il guide pour prendre le canal d'*Ithaque*. (38° 27′ 30″ N. et 18° 15′ 50″ E.)

Porto Limanie. (En *projet*).

Lixuri (C.) *fixe rouge*, visible de 2 milles, sur le môle du port, à 4ᵐ de l'extrémité. Passez au N. du môle pour entrer dans le port. (38° 12′ N. et 18° 7′ E.)

Cap Krionero (*Zante*) (C.). Ce feu *fixe*, visible de 8 à 9 milles, sur la pointe *Krionero*, s'élève à 28ᵐ au-dessus de la mer et sert à faire connaître l'ancrage et le banc qui part de cette pointe. Lorsqu'on tient le feu au S. 22° 30′ O., on passe à l'O. des roches *Montagne* ; et à l'O. 37° S., on en passe dans l'E. (37° 48′ 39″ N. et 18° 34′ 10″ E.)

Zante (C.), 2 *fixes rouges*, à l'extr. du môle, ayant 9ᵐ au-dessus de la mer. Leur portée est de 6 milles. (37° 47′ 10″ N. et 18° 35′ 12″ E.)

Glarenza (D. 4), *fixe*, de 2 milles de portée, sur le môle; élévation de 7ᵐ. (37° 56′ 30″ N. et 18° 49′ 10″ E.)

Cap Papa (D. 6), ext. de l'épi de sable, *fixe, rouge*, élevé de 9ᵐ et vis. de 8 milles ; en passer à 1 mille à l'Ouest. (38° 13′ N. — 19° 3′ E.)

—— Au sommet du cap ; *fixe à éclats* (en projet).

Stamphani (C.), sur la pointe N. E. de l'île, 38ᵐ 7 au-dessus de la mer. Le feu est *fixe* et se voit de 12 milles. Il fait reconnaître la position des iles *Strivali*, qui se trouvent sur la route du cap *Matapan* à *Zante*. (37° 15′ 12″ N. et 18° 41′ E.)

Missolonghi (C.), *fixe*, un peu dans l'O. du lac de *Missolonghi*, à 6 milles au N. 69° O. de la pointe *Bukari*; sa portée est de 10 milles; des balises en broussailles signalent les côtés du canal qui conduit à *Missolonghi*. (38° 19′ 30″ N. et 19° 3′ E.) (*Ne pas trop compter sur ce feu.*)

Patras (D. 5), *fixe* varié par un *éclat* chaque 90^s, sur le môle de la ville, à 16^m 7 au-dessus de la mer, et visible de 12 milles. (38° 14′ 25″ N. et 19° 26′ 6″ E.)

Anti-Rhium (D.), *fixe*, élevé de 11^m et visible de 6 milles, sur le mur de la forteresse. (38° 19′ 35″ N. et 19° 26′ 10″ E.)

Riv. Morno (D. 4), sur le cap *Morno*, golfe de *Corinthe*; *fixe rouge*, élevé de 14^m, visible de 7 ou 8 milles. (38° 22′ N. et 19° 33′ E.)

Cap Drepano, sur un échafaudage en bois, contigu à la maison des gardiens à 365^m dans le S. E. du cap; *fixe, blanc*, élevé de 8^m 5 et visible de 7 milles. (38° 18′ 50″ N. — 19° 31′ 5″ E.)

Port de Corinthe, sur le môle, *fixe, vert* (37° 56′ 24″ N. — 20° 36′ 40″ E.)

Port de Vostizza, *fixe, vert* (38° 15′ 5″ N. — 19° 45′ 15″ E.) Ce feu et le précédent ne sont allumés que quand on attend le paquebot.

Cap Katacolo (D. 4), *tournant* de 2 m. en 2 m.; lumière faible 1 m. 30 s., *éclipse* 10 s. 5, *éclat* 9 s., *éclipse* 10 s. 5, etc. Il est élevé de 45^m 4 et visible de 17 milles. (37° 38′ 20″ N. et 18° 58′ 41″ E.)

Pylos (D.), *fixe rouge*, sur cette île (baie de *Navarin*), par 36° 54′ 10″ N. et 19° 20′ 15″ E.; il est visible de 5 milles et élevé de 35^m.

Cranea (D. 3), sur cette île, à l'E. de *Marathonisi* (golfe de *Kalokythie*); le feu est *fixe* à *éclats blancs* et *rouges* chaque minute, qui se voient de 15 milles; il est élevé de 27^m. (36° 44′ 40″ N. et 20° 15′ 15″ E.)

ARCHIPEL

Cap Spathi (C. 1), *fixe* à *éclats* de 67^s en 67^s à 515^m dans le S. de la falaise la plus N. du cap; élevé de 110^m, il est visible de 23 milles du N. 62° E. au N. 40° O. par le S. Les

MÉDITERRANÉE — ARCHIPEL — GRÈCE

terres de *Cerigo* le masquent dans les 102 autres degrés. (36° 22′ 50″ N. et 20° 37′ 15″ E.)

Ile Cerigo (C.), *fixe*, sur la côte E. de la baie *Kapsali*. Il est élevé de 27ᵐ 6 et visible de 8 milles entre le N. 30° O. et le N. 30° E.; il conduit au mouillage du port *Saint-Nicolas* (36° 8′ 30″ N. et 20° 40′ 10″ E.)

Monemvasia, *fixe*, sur le cap. (36° 41′ 15″ N. et 20° 43′ 15″ E.) Il n'a qu'une faible portée et n'est pas toujours allumé.

Nauplie, *flottant*, près du fort *Bourgi*. (En *projet*.)

Spezzia, *fixe*, sur le côté E. de l'entrée du port; élevé à 28ᵐ 33, sa portée est de 10 milles. Il faut, en venant de l'E., dépasser le feu de 1/4 de mille, avant de mouiller. (37° 15′ 37″ N. et 20° 49′ 50″ E.)

Kalamaki, *fixe rouge*, allumé quand on attend le paquebot.

Hydra, au port de ce nom. (En *projet*.)

Poros (D. 4), *fixe*, élevé de 27ᵐ et visible de 13 milles, au côté E. de l'entrée du port *Pogon*. (37° 31′ 45″ N. et 21° 5′ 30″ E.)

Cap Plaka, pointe N. O. d'*Égine*. (En *construction*.)

Egine *fixe*, sur le coude S. E. du môle N.; élevé de 8ᵐ5, sa portée est de 5 milles. Il est *vert* de l'E. 1/4 N. E. au S. 59° O. par le Sud, *blanc* de l'E. q. N. E. au N. 55° O. par le Nord. (37° 44′ 30″ N. et 21° 5′ 15″ E.)

Psytalie (D.4), sur la pointe N. E. de cet îlot. Il est *fixe*, à *éclats* de 2 en 2 m. et visible de 17 milles. Il montre : lumière *fixe*, 1 m. 30 s., *éclipse* 10 s., *éclat* très-vif 10 s., puis *éclipse* 10 s., etc. (37° 56′ 23″ N. et 21° 15′ 30″ E.)

Cap Thémistocle (D.), sur la pᵗᵉ O., entrée du *Pirée*; feux *fixes*, l'inférieur *rouge* et le supérieur *blanc*, à une distance verticale de 4ᵐ 7 et horizontale de 1ᵐ 3; leur portée est de 6 milles. (37° 55′ 50″ N. et 21° 17′ 30″ E.)

Le Pirée (D.), sur la pile du Nord de l'entrée; *fixe rouge* élevé de 6ᵐ, vis. de 3 milles. (37° 56′ 14″ N. — 21° 17′ 56″ E.)

—— (C.), sur un ponton à la place de la pile S. E. de l'entrée du port détruite; *fixe, vert* élevé de 6ᵐ, vis. de 3 milles. 37° 56′ 13″ N. — 21° 17′ 59″ E.)

Ces 2 feux sont éloignés de 66 mètres, on passe entre les deux pour donner dans le port. Le feu *vert* doit être placé sur un rocher entre le cap *Miaulis* et la pile détruite.

Feux en *projet* à *Thérico* et à *Milo*.

Zéa (D. 4), à l'entrée Nord du port *San-Nikolo*, *fixe*, à *éclats* de 1" en 1", élevé de 33", vis. de 13 milles. (37° 39′ 28″ N. — 21° 59′ 30″ E.)

Syra (D. 4), sur le morne Ouest de l'île *Gaidaro*, à 1/2 mille du port de Syra; tournant de 1" en 1", élevé de 68", vis. de 16 à 20 milles. (37° 25′ 30″ N. — 22° 38′ 40″ E.)

—— A 3" de l'ext. du môle de l'Est; 2 *fixes rouges* verticaux, élevés de 10"5 et 9"5. visibles de 5 à 8 milles entre les relèvements du S. S. E. au N. 7° O. par le Sud et l'Ouest. (37° 26′ N. — 22° 36′ E.)

Port d'Ios, côté Est de l'île Nio, *fixe*, élevé de 9", vis. de 3 à 4 milles. (36° 43′ N. — 22° 56′ E.)

Ile Berdoun, au cap Aia Marina (*projeté*.)

Canal d'Euripo, à *Euripo*, du côté Ouest du canal, *fixe* sur un mât. (38° 28′ N. — 21° 16′ E.)

—— Détroit de *Bourgi*, auprès de l'ext. de la pointe, *fixe*, élevé de 12", vis. de 7 milles. (38° 24′ 10″ N. — 21° 18′ 20″ E.)

Canal de Talanta (D. 4), sur le sommet de l'île *Strongilo*, tournant de 3" en 3", élevé de 41", vis. de 16 milles. (38° 48′ 20″ N. — 20° 29′ 40″ E.)

Feux en *projet*: à Carababa, au port d'*Acrotiros*, à *Gaidaro*, sur le cap *Dréprano*, à *Oréos*, *Argiro*, *Skinos*, *Skopelos*, et *Skiathos*.

Ile Andros, canal de Doro (D. 1), sur le cap *Fassa*, pointe N. O. de l'île, entrée Nord du détroit, *fixe*, à *éclats* de 3" en 3", élevé de 212", vis. de 30 milles du Sud au N. 55° E. par l'Est. (37° 57′ 30″ N. — 22° 22′ 15″ E.)

—— **Port Gavrion**, sur la pointe du cap *Kastri*, au côté Ouest de l'entrée du port, *fixe*, *rouge* élevé de 68", vis. de 7 milles. (37° 52′ 26″ N. — 22° 29′ 56″ E.)

TURQUIE

Golfe de Volo, *fixe rouge*, sur le cap *Kavoulia*, 1 mille N. 62° O. du port de *Trikiri*. Élevé de 26", il se voit de 5 milles. (39° 6′ 15″ N. et 20° 43′ 20″ E.)

—— Sur le cap *Touzla-Bournou*, à bâbord en entrant; le

MÉDITERRANÉE. — ARCHIPEL — TURQUIE.   243

feu est *fixe rouge*, élevé de 25", et visible de 6 milles. (39° 22′ 30″ N. et 20° 36′ 15″ E.)

Golfe de Salonique (C. 4), sur le cap *Cassandrel*; le feu est *tournant* de minute en minute avec éclipses totales, élevé de 22" et visible de 15 milles. (39° 57′ 30″ N. et 21° 1′ 45″ E.)

—— (D. 4), sur la pointe *Panomi*, 2 feux *fixes* superposés, visibles de 8 milles et élevés de 16". (40° 21′ 40″ N. et 20° 34′ 10″ E.)

—— (C. 4), sur le cap *Kara*, côté E. de la baie de *Salonique*. Le feu est *fixe, blanc et rouge* : rouge du N. 16° O. au N. 30° E. En tenant la lumière blanche en vue on pare la pointe *Touzla*. Le feu *blanc* visible de 10 milles, le feu *rouge* de 6 milles. (40° 29′ 30″ N. et 20° 29′ 30″ E.)

—— 2 feux *verticaux fixes, rouges*, d'une portée de 8 milles, seront prochainement allumés sur un navire peint en *rouge*, mouillé à l'ext. de *Varda*.

—— Au fond de la baie. (En *projet*).

Baie Povola, sur le chateau, à 150" de la pointe de la ville : *fixe*, élevé de 45", visible de 8 milles. (40° 55′ 10″ N. et 22° 5′ 15″ E.)

Port-Lagos, sur la pointe *Fenar*; *fixe*, élevé de 22" et visible de 8 milles. (40° 56′ 20″ N. et 22° 48′ 15″ E.)

Port de Dédé Agh, *fixe rouge*, allumé quand on attend le paquebot. (40° 56′ 5″ N. et 22° 35′ 20″ E.)

—— Un feu *tournant* de 30 *en* 30 *secondes* sera prochainement allumé à *Dédé Agh*, sa portée sera de 18 milles.

Tenedos (D. 3), sur la pointe *Ponente*, partie O. de l'île; *fixe*, élevé de 29", visible de 14 milles. Il fait reconnaître l'île de *Tenedos* quand on vient de l'archipel, et donner dans les canaux au N. de cette île quand on va chercher le détroit des *Dardanelles*. (39° 50′ N. et 23° 38′ 20″ E.)

Gadaro (D. 4) sur l'îlot *Gadaro*, à 1 mille E. N. E. de la ville de *Tenedos*; *fixe blanc*, varié par des *éclats rouges* de 2 m. en 2 m., visible de 12 milles et élevé de 18". (39° 50′ 10″ N. et 23° 46′ 5″ E.)

Cap Baba, *fixe rouge*, sur le chateau *Baba*. (Proposé.)

Mitylèni (D. 1), sur l'îlot *Sigri*, à l'extr. O. de l'île; feu *tournant* de 30 s. en 30 s. dont les éclipses ne sont totales qu'au delà de 10 milles. Son élevat. de 55" le fait apercesevoir de 24 milles. (39° 13′ N. et 23° 31′ 30″ E.)

244   MÉDITERRANÉE — ARCHIPEL — TURQUIE.

—— Sur la pointe *Sivridji*, à l'E. de la baie de ce nom; *fixe*, visible de 8 milles. (39° 27′ 30″ N. et 23° 55′ 1″ E.)

—— Sur le cap *Skiamia*, pointe N. de l'île. Élevé de 20^m, il est *fixe rouge* et visible de 5 milles. (39° 23′ N. et 24° 1′ 15″ E.)

—— Au côté N. de l'entrée du port de *Mitylèni*; *fixe*, visible de 4 milles. (39° 6′ 0″ N. et 24° 14′ 35″ E.)

—— Au côté S., sur le môle: *fixe rouge*, visible de 4 milles.

—— Sur la pointe *Métélin*, extrémité S. E. de l'île; feu *fixe rouge*, visible de 5 milles. (39° 6′ 10″ N. et 24° 14′ 40″ E.)

Ile Eléos (D. 4), *fixe*, sur le sommet de cette île, à l'entrée du golfe d'*Adramyti*; il est élevé de 60^m et visible de 12 milles. (39° 19′ 10″ N. et 24° 13′ E.)

Macaronia, 50^m de l'ext. de la pointe, 2 *fixes blancs verticaux*, le sup. élevé de 16^m, vis. de 10 milles. (39° 8′ N. — 24° 30′ 40″ E.)

Cap Mermindji (D. 2), sur le sommet du cap, au N. de la baie d'*Aggria*; feu *fixe, blanc et rouge*: blanc du S. 30° E. jusqu'au S. 80° E. et *rouge* du S. 80° E. au N 24° O. Sa portée est de 20 et 12 milles. (38° 37′ N. et 24° 26′ E.)

—— (C. 4), un feu *fixe vert*, éclairant 33° 45′, est placé dans une embrasure de la tour au-dessous du grand appareil; il signale l'espace occupé par les rochers *Mermindji*. (38° 37′ N. — 24° 26′ E.)

—— Feux en *proiet*: sur les caps *Tomari*, *Molivo* et *Dava*.

Baie de Smyrne (flottant), mouillé par 18^m, à l'extrémité du banc *Pelican*; il porte 2 feux *fixes verts*, visibles de 8 milles. (38° 25′ 10″ N. — 24° 37′ 50″ E.)

—— 2 *fixes rouges*, à 20^m de la pointe basse de *Sandjak-Kalessi*; ils ont 5 milles de portée. (38° 25′ N. et 24° 41′ 40″ E.)

—— (flottant), sur l'extrémité du banc *Sandjak*. Il porte 2 feux *fixes verts* à l'aplomb, sur un navire mouillé par 11^m. Le feu supérieur est élevé de 15^m et ils sont visibles de 8 milles. (38° 25′ 15″ N. et 24° 42′ 46″ E.)

Port de Smyrne, 2 feux de port, l'un *fixe vert* sur l'ext. du brise-lames ext., l'autre *fixe rouge* sur la tête du môle int., ne sont allumée qu'à l'arrivée des paquebots.

MÉDITERRANÉE—RHODES—CANDIE—DARDANELLES. 245

Spalmadore (D. 4), sur l'île *Pasha*; il est *tournant* en 1 minute; élevé de 75ᵐ et visible de 15 milles du N. 7° E. au S. 40° E. par l'Ouest. (38° 30′ 20″ N. et 23° 58′ 30″ E.)

Chio. Il y a 2 feux *fixes rouges verticaux* sur la tête du môle N., à droite en entrant au port de *Kastro*; ils ont une portée de 5 milles. (38° 22′ 40″ N. et 23° 49′ E.)

Tchesmé, ext. du cap *Késil*, à droite en entrant dans le port, *fixe blanc*, élevé de 20ᵐ, vis. de 10 milles. (38° 19′ 55″ N. — 23° 57′ 30″ E.)

Ilot Paspargos (D. 4), *fixe*, sur le sommet de cet îlot au S. de *Chio*; il est élevé de 42ᵐ et se voit de 12 milles; signale le passage entre lui et la côte E. de *Chio*. (38° 17′ 55″ N. et 23° 52′ 10″ E.)

Scala-Nuova (C. 4), feu *fixe*, sur la pointe N. O. de l'îlot, contre le mur de la forteresse, à droite, en allant au mouillage. Hauteur 30ᵐ, portée 8 milles. (37° 51′ 30″ N. et 24° 56′ 20″ E.)

Golfe de Vathi (C. 4), feu de port *fixe*, sur la pointe *Cotzica*, à bâbord en entrant dans le golfe, côte N. de l'île de *Samos*. Il est élevé de 40ᵐ et visible de 8 milles. (37° 46′ 20″ N. et 24° 39′ E.)

Port Tigani (C. 4), feu de port *fixe*, sur la pointe *Fonia* côté S. de *Samos*, à tribord en entrant dans le port; il est élevé de 22ᵐ et visible de 8 milles. (37° 41′ 0″ N. et 24° 36′ 36″ E.)

Ilôt Kalolimno (C. 4), feu *tournant* de 1 m. en 1 m., sur la partie E. de l'îlot; le feu est élevé de 55ᵐ et visible de 12 milles. (37° 3′ 30″ N. et 24° 47′ 15″ E.)

Pointe Hussein, *fixe vert*, élevé de 25ᵐ et visible de 5 milles. (36° 57′ 30″ N. et 24° 57′ 6″ E.)

Cos (C. 4), *fixe rouge*, à 150ᵐ de la pointe *Koum*, extr. N. de l'île, visible de 5 milles. (36° 55′ N. et 24° 58′ 11″ E.)

Boudroum (canal de *Cos*), 2 *verticaux fixes blancs*, vis. de 10 milles, *seront allumés prochainement*.

RHODES — CANDIE

Rhodes (D. 4), *tournant* de 1 m. en 1 m., sur la tour *Saint-Elme*, au côté E. de l'entrée du port, à 25ᵐ au-dessus de la mer, et visible de 14 milles. (36° 26′ N. et 25° 56′ 10″ E.)

—— *Fixe rouge*, sur la pointe *Koumbournou*, par 36° 27′ 15″ N. et 25° 56′ 30″ E. Son élévation est de 16ᵐ et sa portée de 5 milles.

Paleo-Kastron, *fixe*, à l'extrémité E. de l'île. (Proposé.)

Sidero, *tournant*, vis. de 16 milles. (En construction.)

Cap Aghios-Joannis, 2 feux *fixes blancs verticaux*, vis. de 16 milles. (En *construction*.)

Port de Candie, *fixe*, sur la jetée de *Megalo-Kastron*, à 16ᵐ au-dessus de la mer. Sa portée est de 8 milles. (35° 20′ 30″ N. et 22° 49′ 30″ E.)

Rhethymo (C.), *fixe*, élevé de 15ᵐ, sur le bout de la jetée, visible de 10 milles. (35° 21′ 55″ N. et 22° 8′ E.)

Cap Drepano (C.), à 300ᵐ de l'extr. du cap; il est *fixe*, à *éclats* de minute en minute. Il est visible de 15 milles, étant élevé de 60ᵐ. (35° 27′ 20″ N. et 21° 54′ 40″ E.)

La Sude (G. 4), *fixe* sur cet îlot; il est visible de 10 milles et élevé de 25ᵐ. (35° 28′ 55″ N. et 21° 49′ 24″ E.)

La Canée (G. 4), sur le bout du môle Est; *fixe* de 10 milles de portée et de 23ᵐ d'élévation. (35° 30′ 10″ N. et 21° 39′ 30″ E.)

Îlot Gavdo, 23 milles dans le Sud de la partie occidentale de l'île de *Crète*, *tournant*, vis. de 23 milles. (En *construction*.)

DETROIT DES DARDANELLES

Koum-Kaleh (C.), deux *fixes rouges*, sur la batterie O. de *Koum-Kaleh*, premier château d'*Asie*, côté S. du détroit;

ils sont *verticaux* et se confondent ensemble à 1 mille 3/4; ce sont deux feux de port qui servent à faire reconnaître la passe, visibles de 5 milles. (40° 0' 9" N. et 23° 52' 20" E.)

Cap Hellespont (D. 2), *tournant* de 1 m. en 1 m., côté N. de l'entrée S. du détroit; il est élevé de 30" et visible de 18 milles. (40° 2' 30" N. et 23° 50' 40" E.) Il fait reconnaître le détroit quand on vient de l'*Archipel*.

Seddhul-Bahr, 2 *fixes verts, verticaux,* sur *Seddhul-Bahr*, premier château d'*Europe ;* élevés de 16", ils se voient de 5 milles. (40° 2' 18" N. et 23° 51' 50" E.)

Pointe-Kefis (D. 4), *tournant à éclats rouges* de 30 s. en 30 s., près de la batterie en ruine, à 1 mille dans le S. O. de la pointe des *Barbiers;* ce feu a une portée de 12 milles, étant élevé de 17". (40° 5' 40" N. et 24° 2' E.)

Namasieh, 2 *fixes verts, verticaux,* sur la batterie qui est auprès de *Kilid-Bahr;* ce sont 2 feux de port, visibles de 4 milles, étant élevés de 15" et 6". (40° 8' 50" N. et 24° 2' 40" E.)

Chanak-Kaleh-si, deux feux *fixes rouges, verticaux*, d'une portée de 4 milles, sur la batterie basse du 2ᵉ château d'*Asie*, côté O. de la ville de *Chanak;* ce sont deux feux de port qui signalent la position du château et guident au mouillage de la baie des *Dardanelles*. Ils sont élevés de 17 et 14". (40° 8' 39" N. et 24° 4' 10" E.)

Nagara-Kaleh-si (D. 4), *tournant à éclats rouges* de 10 s. en 10 s., précédés et suivis de courtes éclipses qui ne sont totales qu'au-delà de 5 milles. Il est sur la tour ronde du château de *Nagara-Kaleh-si*, et a une portée de 10 milles. (40° 11' 30" N. et 24° 4' 10" E.)

Boyali-Kaleh-si, sur la batterie côté Nord du détroit; les 2 feux sont *fixes verts, verticaux*, on les voit de 5 milles. 40° 12' 45" N. et 24° 3' E.

Pointe Bourgas (ou des *Pesquiers*), deux feux *fixes rouges*, sur cette pointe au N. 25° O. du village de *Bourgas;* ce sont deux feux de port *verticaux*, de 8 milles de portée. 40° 16' 40" N. et 24° 14' 25" E.)

Pointe Galata, deux *fixes verts, verticaux,* sur cette pointe, au S. de *Bakir-Keui*, près d'un petit cours d'eau, devant lequel est un banc qui s'étend à 1/4 de mille de la plage. Ils sont élevés de 15™ et de 13™, et visibles de 5 milles. (40° 19' 40'' N. et 24° 15' E.)

Pointe Tcherdakh, deux feux de port, *fixes rouges, verticaux*, sur cette pointe, côté S. de l'entrée N. des *Dardanelles*. Ils font reconnaître la pointe avancée et dangereuse qu'il faut écarter lorsqu'on donne dans le détroit; élevés de 20 et 11™ 8, ils se voient de 8 milles. (40° 23' N. et 24° 20' 45'' E.)

Gallipoli (C. 2), sur la tour la plus rapprochée de *Gallipoli*, au coté O. de l'entrée N. du détroit; feu *tournant* de 30 s. en 30 s.; il guide pour donner dans le détroit quand on vient de la mer de *Marmara* et se voit de 18 milles; il est élevé de 36™. (40° 24' 27'' N. et 24' 21' 10'' E.)

Navire Firman Stationnaire. Mouillé devant la pointe *Nagara*; il porte 3 feux *fixes* en triangle : *rouge* en tête du mât; *blanc* à chaque extrémité de la vergue; pavillon turc dans le jour. Les bâtiments venant de Constantinople doivent y montrer leur firman, l'acquit des droits de phare et celui des droits sanitaires.

MER DE MARMARA

Khoraz (D. 2), sur le cap, *fixe à éclats* de 30 s. en 30 s., par 40° 42' 10'' N. et 24° 58' 50'' E.; il est élevé de 55™ et se voit de 22 milles. Fixe 15 s., éclat 5 s. entre 2 éclipses de 5 s.

Héraclée (D. 4), *fixe* d'une portée de 18 milles, sur la pointe E. de la côte S. de la rade; il fait connaître la position du port d'*Héraclée* dans lequel on mouille par 6 et 8™. (40° 58' 28'' N. 25° 38' 30'' E.)

San-Stephano (D. 3), sur la pointe située à 660™ dans le N. E. de *San-Stephano*; *fixe*, varié par des *éclats* de 2 m. en 2 m., précédés et suivis de courtes éclipses. Il est visible quand on le relève entre le N. 68° E. et le S. 82° O. par le Nord, et guide pour atterrir sur *Constantinople*; élevé de 24™, il se voit de 15 milles. Passez à 3/4 de mille de la pointe. (40° 57' 17'' N. et 26° 30' 30'' E.)

Dil-Bournou (C. 4), *fixe vert*, d'une portée de 5 milles, à 250™ de l'extr. de cette pointe et à droite en entrant dans le golfe de *Nicomédie*. (40° 43' N. et 27° 12' 30'' E.)

MER NOIRE — BOSPHORE.

Zeitin-Bournou (C. 4), *fixe rouge*, à l'ext. la plus avancée de ce cap et à gauche dans le golfe de *Nicomédie*; il est élevé de 10ᵐ et visible de 5 milles. (40° 44′ 30″ N. et 27° 32′ 6″ E.)

Pointe Palaio, deux *fixes rouges*, de 5 milles de portée, sont sur cette pointe, la plus Ouest de la presqu'île *Cizique*, dans le canal de *Tarrodia*, qui n'a que 1 mille 1/2 de largeur et dont ils indiquent la position. Si on donne dans ce canal pour aller mouiller à la côte O. de la presqu'île, il faut écarter l'île *Liman-Pacha* à tribord. (40° 29′ 40″ N. et 25° 20′ 25″ E.)

Fener (C. 4), *fixe à éclats rouges*, de 2 m. en 2 m., sur l'îlot *Fener-Adasi* ou îlot du *Fanal*; ce feu, élevé de 40ᵐ, guide pour aller aux différents mouillages qui sont dans le Sud de l'île *Marmara* en venant de l'E.; sa portée est de 12 milles. (40° 38′ 10″ N. et 25° 25′ 55″ E.)

Koutaly (D. 4), *fixe*, de 10 milles de portée, sur cet îlot, situé à la passe O. entre *Koutaly* et *Rabby*; il guide pour aller prendre le port de *Koutaly*, où l'on mouille par 11 à 13ᵐ, gravier, à 5 ou 6 encâblures de terre. (40° 31′ 10″ N. et 25° 9′ 5″ E.)

BOSPHORE

Constantinople, côté Ouest (C. 3), ext. de la pointe du *sérail*, *fixe à éclats chaque* 1ᵐ, précédés et suivis de courtes éclipses; élevé de 45ᵐ, vis. de 15 milles. (41° 0′ 35″ N. — 36° 39′ 40″ E.)

Fener Bakché, côté Est (D. 4), ext. du cap, *fixe*, élevé de 25ᵐ 5, vis. de 12 milles.

Skutari, côté Est sur la tour *Léandre*, feu de port verticaux, *fixes rouges*, élevés de 24 et 18ᵐ, vis. de 5 milles. (41° 1′ 2″ N. — 26° 40′ 15″ E.)

Kuru Tchesmé, côté Ouest sur le banc *Duimi*, en face *Sultan Sérail*, deux feux de port *verticaux fixes verts*, élevés de 12ᵐ, vis. de 5 milles. (41° 3′ 30″ N.— 26° 42′ 35″ E)

Bebek côté Ouest, ext. du banc de l'anse *Bebek*, *fixe*, élevé de 3ᵐ, vis. de 2 milles. (41° 4′ 28″ N.— 26° 42′ 41″ E.)

Pointe Kandili, côté Est, sur cette pointe 2 feux de

port *verticaux fixes rouges*, élevés de 34ᵐ ; vis. de 4 milles. (41° 4′ 13″ N. — 26° 43′ 15″ E.)

Roumili Hissar, côté Ouest, sur cette pointe, deux feux de port *verticaux, fixes verts*, élevés de 14ᵐ, vis. de 5 milles. (41° 4′ 50″ N. — 26° 41′ 45″ E.)

Pointe Kandlidja, côté Est, sur cette pointe, deux feux de port, *verticaux, fixes rouges*, élevés de 28ᵐ, vis. de 4 milles. (41° 5′ 56″ N. — 26° 43′ 49″ E.)

Jeni Keui, côté Ouest, *flottant*, par 12ᵐ 8 d'eau, à l'ext. du banc ; 3 *fixes verts*, en *triangle*, élevés de 14ᵐ, vis. de 4 milles. (41° 7′ 12″ N. — 26° 44′ 15″ E.)

Banc Oumour, côté Est, *flottant*, par 14ᵐ d'eau, extr. Ouest du banc ; 3 *fixes rouges*, en *triangle*, élevés de 14ᵐ, vis. de 4 milles. (41° 9′ 15″ N. — 26° 43′ 45″ E.)

Pointe Thérapia Kirech, côté Ouest, extr. S. E. de la batterie de *Kirech Burnou*, 2 feux de port *verticaux, fixes verts*, élevés de 14ᵐ, vis. de 4 milles. (41° 8′ 36″ N. — 26° 42′ 48″ E.)

Pointe-Jéron, côté Est, sur le fort *Kavah*, 2 feux de port, *verticaux, fixes, rouges*, élevés de 14ᵐ, vis. de 4 milles. (41° 10′ 30″ N. — 26° 43′ 56″ E.)

Roumili-Fener (D. 3) sur le promontoire *Panium*, côté occidental de l'entrée N. du *Bosphore*; feu *fixe*, élevé de 58ᵐ et visible de 18 milles ; il fait reconnaître l'entrée du *Bosphore*, quand on vient de la mer *Noire*. Coups de canon par brume chaque 20ᵐ. (41° 14′ 10″ N. et 26° 46′ 31″ E.)

Anatoli-Fener (D. 3), sur le promontoire *Hereun*, au côté E. de l'entrée N. du *Bosphore* ; feu *fixe*, varié par des éclats de 2 m. en 2 m. dont un *rouge* et deux *blancs*, qui sont précédés et suivis d'un affaiblissement de lumière ; il est élevé de 76ᵐ et visible de 20 milles. (41° 13′ 50″ N. et 26° 40′ 51″ E.) Il fait reconnaître l'entrée du *Bosphore* en venant de la mer *Noire*.

MER NOIRE

TURQUIE

Bosphore (flottant), mouillé par 100ᵐ, à 15 milles au N. 25° E. de l'entrée. Il porte 2 feux *fixes*, élevés de 8ᵐ 9 sur deux mâts et visibles de 9 milles. (41° 27′ 30″ N. et 26° 56′ 21″ E.)

Kara-Bournou (D. 1), sur le cap, à 22 milles O. 11° 15′ N. du *Bosphore*; feu *fixe* à *éclats* de 10 s. en 10 s. dont les éclipses ne paraissent totales qu'au delà de 8 milles; élevé de 92ᵐ, sa portée est de 22 à 27 milles. Il fait reconnaître la position de l'entrée du *Bosphore* en venant de la mer *Noire*. (41° 21′ 15″ N. et 26° 22′ E.)

Les quatre feux suivants seront prochainement allumés :

Bafira Bournou; 2 *fixes verticaux* d'une portée de 10 milles.

Tchiva Bournou; 2 *fixes rouges verticaux* d'une portée de 10 milles.

Vona Bournou; 2 *fixes verticaux* d'une portée de 10 milles.

Emoneh Bournou; *scintillant à éclats* de 10ˢ en 10ˢ, d'une portée de 20 milles.

Cap Kouri, *fixe à éclats* de 2 m. en 2 m., visible de 15 milles. Hauteur 53ᵐ. (41° 52′ 30″ N. et 25° 44′ E.)

Bourgas (C. 4), 2 *fixes verticaux*, de 6 milles de portée, sur la partie N. E. de l'île *Anastasia*; le sup. élevé de 40ᵐ. (42° 27′ 52″ N. et 25° 15′ 40″ E.)

Varna (D. 4), sur le sommet du cap *Galata*. Le feu est *fixe*, élevé de 50ᵐ et visible de 10 milles. (43° 10′ N. et 25° 38′ 20″ E.)

—— Feu de port, *fixe rouge*, à tribord en entrant au mouillage, et à 30ᵐ O. de la batterie; il se voit de 4 milles; élevé de 15ᵐ. (43° 11′ 40″ N. et 25° 38′ 5″ E.)

Cap Kalacria, *tournant* de 1 m. en 1 m. et visible de

16 milles. Il est à 18ᵐ de l'ext. du cap, et élevé de 50ᵐ. (43° 21′ 30″ N. et 26° 10′ E.)

Cap Chablah (D. 4), sur un morne du cap *Chablah* (côté de *Bulgarie*), le feu, élevé de 35ᵐ, est *fixe* et visible de 10 milles. (43° 33′ 20″ N. et 26° 18′ 31″ E.)

Kustenjeh (D. 4), sur ce cap, par 44° 10′ 20″ N. et 26° 19′ E. Ce feu est *fixe*, élevé de 20ᵐ 6 et visible de 10 milles.

—— *fixe rouge* de 3 à 4 milles de portée, sur le bout de la jetée, qui a 150ᵐ; on en passe à petite distance.

Saint-Georges (D. 4), au coté O. de la bouche *Saint-Georges* (*Danube*); feu *tournant*, montrant chaque minute des éclats alternativement *rouges* et *blancs* suivis d'éclipses totales; il se voit de 10 milles, étant élevé de 20ᵐ. (44° 51′ 5″ N. et 27° 16′ 40″ E.)

Sulina (D. 2), *fixe*, par 45° 9′ N. et 27° 20′ 26″ E. un peu en arrière de la digue du S.; il sert, avec celui de l'île des *Serpents*, à reconnaître et donner dans le *Danube*; sa portée est de 10 milles et sa hauteur de 19ᵐ7. La profondeur de l'eau sur la barre est indiqué par des figures sur l'ancien phare.

L'ext. E. de la digue du N. porte un feu *fixe rouge* de 6 milles de portée, allumé le 20 mars, éteint l'hiver. On allume un feu *rouge*, visible à partir des nouvelles maisons de la compagnie Européenne, sur le phare de la digue du Nord aussi longtemps que le feu rouge de ce phare est allumé

—— Feu en *projet* sur le musoir de la digue du S.

Fidonisi ou **île des Serpents** (D. 2), feu *tournant* de 30 s. en 30 s., sur le sommet le plus élevé de l'île, à moins de 8 milles, on voit toujours une lueur entre les éclats; son élévation est de 60ᵐ et sa portée de 18 milles. (45° 16′ N. et 27° 54′ E.)

RUSSIE

Dniester (entrée du Liman) (C. 4), *fixe blanc*, sur la balise Ouest, élevé de 14ᵐ sur un mât avec vergue et visible de 8 milles. (46° 4′ 45″ N. et 28° 8′ 56″ E.)

—— (C.), *fixe rouge*, sur la balise Est, élevé de 7ᵐ et visible de 5 milles. Cette seconde balise est mobile et donne avec la première la direction des plus grands fonds de la barre.

MER NOIRE — RUSSIE.   253

Elle est composée de 2 mâts blancs avec un écusson blanc carré au sommet. Celui-ci porte un cercle noir quand la barre est praticable. (Ne sont pas allumés quand le canal est impraticable.)

Cap Fontaine (D. 1). *Electrique* à 6 milles 1/4 S. du port de quarantaine d'*Odessa*. Son feu est *fixe*. (46° 22' 49" N. et 28° 25' 30" E.) La hauteur du feu est de 61 ^{m} 3 et la lumière est visible de 16 milles et cachée au S. 13° O. par les terres.

Odessa (D. 4), *fixe*, à *éclats rouges* et *blancs* de 1 m. en 1 m. Il est élevé de 13 ^{m} 4, sur le môle de *Voronzov*, et se voit de 8 milles du S. 48° O. au N. 41° O. par le Sud et l'Ouest. (46° 29' 23" N. et 28° 24' 42" E.)

—— Extr. des travaux du prolongement du môle de la quarantaine, au N. N. E. de ce môle; *fixe, rouge*, élevé de 7 ^{m}, vis. de 5 milles 1/2. N'est pas allumé par mauvais temps.

—— 3 *verticaux, fixes rouges*, sur la tête du môle de la quarantaine, élevés de 7 ^{m} et vis. de 5 milles. Par très-mauvais temps ne pourront pas être allumés.

—— (D. 4), *fixe*, visible de 6 milles du N. 57° O. au N. 33° O. par le S. Il est placé sur le môle *Richelieu*, entrée du port de pratique. (46° 29' 37" N. et 28° 23' 12" E.)

—— *Fixe*, dans la même tour que le précédent, éclairant l'ext. du môle *Potapov*.

—— Ext. du môle de *Potapov*, *fixe*, avec réflecteur métallique qui réfléchit la lumière du feu de *Richelieu*.

—— Extrémités du brise-lames en construction, en rade d'Odessa, entre les ports de la Quarantaine et du Commerce; 2 *verticaux, fixes verts* à l'Est, 2 *verticaux, fixes blancs* à l'Ouest, ne pas compter sur la régularité de cet éclairage par mauvais temps.

Souvorof (C. 1), *fixe*, élevé de 45 ^{m}, sur le tertre *Souvorov*, au N. de la passe. Il est visible du N. 11° E. au N. 48° E., (37°) de 14 milles et indique la partie navigable et sans danger du canal. (46° 37' 27" N. et 29° 9' 45" E.)

Berezan (C. 4), deux feux *fixes* : le premier *blanc*, sur la côte O. du *Liman de Berezan*; le second *rouge*, à 760 ^{m} au S. 55° E. du précédent. Ils sont visibles de 11 et 6 milles, entre le N. 47° O. et le N. 63° O. Tenus en ligne, ils donnent la direction du canal, jusqu'à l'alignement des feux d'*Adjigiol*. (46° 38' 23" N. et 29° 2' 45" E., le feu du N. O.)

Adjigiol (C.), sur la côte N. du *Liman*, près du télégraphe; *fixe*, élevé de 52ᵐ et visible de 15 milles. (46° 37′ 37″ N. et 29° 25′ 26″ E.)

— (C.), à 1240ᵐ au S. 69° O. du précédent; *fixe rouge*, élevé de 34ᵐ et visible de 12 milles. Leur alignement donne la direction du canal à partir de celui des feux de *Bérézan*.

Banc Adjigiol (flottant C. 4), mouillé par 7ᵐ 1, au coude Sud du banc. Feu *fixe* au grand mât, élevé de 11ᵐ 5 et visible de 5 milles; il porte le pavillon des phares au mât de misaine pendant le jour. Si il n'est pas à sa place on n'allume pas le feu, on ne hisse pas le pavillon. Par brume, tintements de cloche de 10ˢ à intervalles de 5ˢ. (46° 36′ 30″ N. et 29° 27′ E.)

Liman du Dnieper, sur l'angle N. O. de l'établissement hydro-technique; *fixe*, élevé de 7ᵐ 6, vis. de 6 milles quand on le relève entre le S. 65° E. et le N. 25° E.

Sviato Troizki (D. 7), *fixe rouge*, élevé de 10ᵐ, sur la rive E. de la rivière *Bug*; il est visible du large de 9 milles entre le N. 5° O. et le N. 6° E. par le N. (46° 45′ 30″ N. et 29° 34′ 45″ E.)

Voloschki (D. 4), au N. de l'épi de ce nom; le feu est *fixe*, élevé de 39ᵐ, et est visible de 12 milles quand on le relève entre le N. 67° et le N. 71° O. et entre le S. 9° E. et le S. 2° O. (46° 44′ 30″ N. et 29° 33′ 36″ E.)

Didova-Kata (G.), dans la rivière *Bug*, 2 feux *fixes*. Le phare porte son nom en lettres noires. (46° 50′ 30″ N. et 29° 39′ E.)

Sivers (C. 4), *inférieur*, extr. de l'épi, rive gauche; *fixe*; élevé de 9ᵐ, vis. de 6 milles du N. 36° E. au N. 25° E. par le Sud. (46° 54′ N. — 29° 39′ 18″ E.)

— (D. 4), *supérieur*, sur un morne à 2,625ᵐ N. 44° E. du précédent, rive gauche, *fixe*, *rouge* élevé de 57ᵐ, vis. de 15 milles du N. 36° E. au N. 52° E. (16°). Ce feu avec le précédent fait parer tous les bancs depuis le *petit Dérécleia*, jusqu'à l'épi *Sivers*.

Port Constantin, ext. du débarcadère du vallon de *Shirok*, *fixe*, élevé de 3ᵐ 66, vis. de 4 milles. (46° 55′ 30″ N. — 29° 40′ E.)

Spasski, dans le port à *Nicolaiev*, à 45ᵐ N. 67° E. et S. 67° O. l'un de l'autre, 2 *fixes*, *blanc* et *rouge*, élevés de 7 et 4ᵐ. Leur alignement fait passer à 40ᵐ en dehors du banc.

Rivière Boug (D. 4), port de *Nicolaiev*, près du débarcadère au Sud de la ville, *fixe rouge* élevé de 11ᵐ, vis. de 7 milles. (46° 57′ N. — 29° 39′ 16″ E.)

Tendra (D. 2), *tournant* de 1 m. en 1 m., à 2 milles 1/2 de l'ext. N. de la presqu'île ; il est élevé de 29ᵐ et visible de 11 milles. On mouille dans l'E. par 9ᵐ. (46° 19′ 19″ N. et 29° 10′ 35″ E.)

Tarkhan (D. 1), *fixe* ; ce cap forme la pointe O. de la *Crimée* ; on le nomme aussi *Eski-Foros*. Le feu éclaire entre les caps *Karamroum* et *Ouret*, à 12 milles ; son élévation est de 35ᵐ 8. (45° 20′ 42″ N. et 30° 2′ 54″ E.)

Eupatoria (D. 4), *fixe*, varié par des *éclats* alternativement *rouges* et *blancs* de minute en minute, son élévation est de 16ᵐ 2, et il est visible de 8 milles du S. S. E. à l'O. S. O. par l'est, le Nord et l'Ouest. (54° 9′ N. et 30° 55′ E.)

Cap Chersonèse (D. 1), *tournant* dont la lumière atteint son *éclat* le plus vif toutes les minutes ; il est élevé de 33ᵐ et visible de 12 milles du S. 65° O. au N. 35° O. par le S., l'E. et le N. (44° 34′ 43″ N. et 31° 2′ 52″ E.)

Sévastopol (C.), il y a deux feux *fixes* au fond de la baie : celui de l'O., sur un morne au bord de la mer, est élevé de 92ᵐ 7 et se voit de 20 milles ; celui de l'E., près du mont *Mekenzieff*, à 1 mille 3/4 S. 85° 20′ E. du premier, est élevé de 192ᵐ et visible de 29 milles. Leur alignement conduit dans la rade de *Sévastopol*. (Feu O. 44° 37′ 4″ N. et 31° 13′ 45″ E.)

Yalta, *fixe rouge*, visible de 8 milles quand on le relève entre le N. 34° E. et l'O. par le Nord, il est élevé de 13ᵐ7 et placé sur le cap *Kilisé Bournou* (44° 29′ 17″ N. et 31° 50′ 48″ E.)

Aïtodor (D. 1), sur le cap, à 4 milles 1/2 S. 26° O. du bourg *Yalta* ; son feu est *fixe*, élevé de 97ᵐ et visible de 20 milles quand on le relève entre le S. 43° O. et le N. 87° E., en passant par l'O. et le N. (44° 25′ 16″ N. et 31° 47′ 44″ E.)

Kouiz-Aoul (D.1), sur ce cap, *fixe blanc*, secteurs verts ; élevé de 62ᵐ, vis. de 18 milles, *vert* du N. 70° E. au N. 60° E. sur les roches *Eli-Tchan*, *blanc* du N. 60° E. au S. 88° O. par le Nord, *vert* du S. 88° O. au S. 69° O. sur les récifs du cap *Kishla* et un banc de 4ᵐ 2, situé à 3 milles au S. O. de ce cap. En approchant du cap *Kouiz-Aoul* de l'Ouest, se tenir en dedans des limites du feu blanc. En entrant dans le détroit de *Kertch* ou en en sortant il faut garder en vue le feu de *Paul* lorsqu'on traverse le secteur *vert* du feu de *Kouiz-Aoul* afin de parer les dangers qui sont devant le cap *Takli* et la pointe *Kishla*. (45° 3′ 41″ N. — 34° 2′ 16″ E.)

Penai (D. 3), sur ce cap, dans la baie de *Novoros : fixe*, *rouge*, élevé de 19ᵐ, vis. de 9 milles du N. 7° O. au N. 10° E., du N. 41° E. au N. 58° E. et du S. 66° E. au S. 54° E. Se tenir en dedans des secteurs éclairés.

Cap Dob (D. 1), sur ce cap, à l'entrée de la baie de *Novoros*; *fixe*, élevé de 102ᵐ, vis. de 21 milles du N. 35° O. à l'E. par le Nord et du S. 36° E. au S. 28° E., secteur de 8° conduisant dans la rade de Novorossïskaïa entre le banc de Pénaï et le récif de terre de Penaï (44° 37' 59" N. — 35° 34' 22" E.) — Se tenir en dedans des secteurs éclairés d'une lumière brillante, sur les limites des angles d'éclairage on aperçoit une faible clarté dans laquelle il ne faut pas pénétrer.

Cap Chardak ou **Kodosch** (C.), *fixe*, élevé de 62ᵐ et visible de 18 milles entre le S. 52° E. et le N. 40° O. par l'Est et le Nord. (44° 6' N. et 36° 39' 26" E.)

Soukhoum (D. 2), *tournant* de 1 m. en 1 m., élevé de 37ᵐ, sur la pointe *Soukhoum-Kaleh*, et visible de 13 milles, entre le S. 56° O. et le S. 64° E. par l'Ouest, le Nord et l'Est. (42° 58' N. et 38° 35' E.)

Potii (D. 2), à l'embouchure de la rivière *Rion*; *tournant*, à *éclats* alternatifs *rouges* et *blancs* chaque minute. Il est élevé de 36ᵐ et visible de 13 milles quand on le relève entre le N. 19° O. et le S. 18° E. par le N. (42° 7' 58" N. et 39° 19' 33" E.)

—— (C.), deux feux *fixes*, à l'entrée de la branche S. de la *Rion* : le feu intérieur *rouge*, visible de 4 milles 1/2, l'autre *blanc*, visible de 3 milles 1/3. Leur alignement conduit sur la barre par 2ᵐ d'eau. On ne les allume pas quand la rivière est impraticable. Station de sauvetage au Sud de la rivière.

On signale le jour la profondeur de la barre sur le mât du phare de Potii.

TURQUIE

Batoum (C. 4), 2 feux de port *fixes*, à l'aplomb l'un de l'autre, sur la pointe basse à tribord en entrant dans la rade. Ils se voient de 6 milles; le feu supérieur élevé de 15ᵐ. (41° 39' N. et 39° 16' E.)

Trébizonde (C. 4), *tournant* à *éclats* de 1ᵐ en 1ᵐ entre deux embrasures de la batterie du cap *Kalmek*; élevé de 32ᵐ et visible de 16 milles. (41° 1' N. et 37° 26' 10" E.)

MÉDITERRANÉE — MER D'AZOF. 257

Kérassounda (C. 4), deux feux *fixes verticaux*, sur la partie N. E. de cette pointe ; le feu supérieur élevé de 59ᵐ ; on peut les voir de 6 milles. Quand on les verra au S. 27° O., la roche *Palamidi* sera doublée. (40° 56' 20" N. et 36° 3' 21" E.)

Samsoun (C. 4), *fixe*, sur la pointe *Kalion*. Sa portée est de 10 milles et sa hauteur de 17ᵐ. (41° 18' 55" N.—34° 1' E.)

Sinope (D. 4), *fixe rouge*, de 105ᵐ d'élévation et de 8 milles de portée. Il est à mi-hauteur du cap *Boztepe*. (42° 1' 20" N. et 32° 53' 16" E.)

Cap Indjeh ou **Inieh** (D. 4), feu *tournant* en 1 m., à 50ᵐ de l'ext. du cap ; il est élevé de 28ᵐ et visible de 13 milles. (42° 6' N. et 32° 37' 30" E.)

Ineboli ou **Niopoli** (C. 4), deux feux *fixes verticaux*, sur ce cap. On les voit de 6 milles, le feu supérieur étant élevé de 26ᵐ. (41° 58' 30" N. et 31° 25' E.)

Amastra (C. 4), *scintillant à éclats*, de 10^s en 10^s, sur le sommet du cap, à l'extr. de la presqu'île de ce nom ; hauteur 95ᵐ, portée 16 milles. (41° 45' 20" N. et 30° 4' 30" E.)

Bender-Erekli (C. 4), *fixe*, sur un morne, à 1/2 mille environ au N. du cap *Baba* ; élevé de 200ᵐ, il se voit de 8 milles. Dans le jour, la tour est très-remarquable. (41° 18' N. et 29° 5' 35" E.) On dit qu'il n'est allumé qu'accidentellement.

Cap Keiken, 60ᵐ de l'ext. Ouest de l'îlot, 2 feux *fixes verticaux*, le sup. élevé de 30ᵐ, vis. de 10 milles. Ont dû être allumés le 30 novembre 1879. (41° 13' 56" N. — 27° 57' 30" E.)

Cap Kili (D. 1), *tournant* de 1 m. en 1 m., par 41° 10' N. et 27° 18' E. Il est élevé de 67ᵐ et visible de 27 milles.

Stations de sauvetage à *Kili*, à *Karabournou*, à *Riva* et à *Youm Bournou*.

MER D'AZOF

Baie de Kertch (flottant C.), navire à 2 mâts mouillé par 5 mètres au S. 19° E. du phare de *Paul* ; il porte au mât de misaine un feu *fixe*, élevé de 4ᵐ 6 qui est visible de 6 milles 1/2. Le mot *Toulinski* en jaune dans une raie rouge sur les côtés. (45° 15' 43" N. et 34° 8' 38" E.) Cloche de brouillard, tintée 1ᵐ à intervalles d'1ᵐ.

Détroit de Kertch (C.), *fixe rouge*, à 2 encâblures 1/2 au S. du lazaret, élevé de 32ᵐ et visible de 11 milles (45° 16′ 49″ N. et 34° 3′ 14″ E.)

—— (C.), *fixe*, à 5 milles S. 67° O. du précédent, élevé de 108ᵐ et visible de 28 milles. (45° 14′ 48″ N. et 33° 56′ 38″ E.) Leur alignement conduit entre les bancs *Touzla* et *Akbournou*. Il est défendu de mouiller dans l'alignement des feux.

Paul (D. 3), à l'ouest de la forteresse; deux *fixes verticaux*, élevés de 59ᵐ, visibles de 17,5 milles quand on les relève entre le N. 5° O. et le N. 27° O., entre les récifs des caps *Takli* et *Panagha*. Station de sauvetage. (45° 18′ 20″ N. et 34° 5′ 50″ E.

Kertch (D. 4), *fixe rouge*, près du môle, pour éclairer la rade. Il est élevé de 10ᵐ et visible du N. 47° O. au N. 77° O. de 7 milles. (45° 21′ 3″ N. et 34° 8′ 16″ E.)

Yenikaleh (D. 1), au sommet du cap *Fonar*, à 2 milles 1/4 du fort de *Yenikaleh*. Son feu est *tournant* de 30 s. en 30 s.; il est élevé à 124ᵐ et visible de 23 milles sur la mer d'*Azof*, éclairant l'horizon depuis le S. 22° E. jusqu'au N. 39° E. par le S. l'O. et le N. (45° 23′ 10″ N. et 34° 17′ E.)

Feux en construction à *Ghenitches* et *Birioutch*.

Berdian (C. 3), près de l'extr. S. de la langue de terre; feu *tournant* avec éclipses de 1 m. en 1 m., qui a une portée de 10 milles. (46° 38′ 32″ N. et 34° 27′ 30″ E.)

—— (C.), 2 feux sur les extr. du brise-lames, *fixes*, celui du N. O. *vert*, celui du S. E. *rouge*. Hauteur 9ᵐ 5, portée 2 m.

Bielosarai (C. 2), 2 *fixes*, à 2,478ᵐ au N. 59° E. de l'ext. de la pointe qui se prolonge en mer de près de 5 milles: ils sont élevés de 22ᵐ et visibles de 10 milles, du S. 17° E. au S. 39° O. par l'E., le N. et l'O. (46°52′55″N. et 34°59′15″E.)

Pestchani (flottant C. 4), au côté S. du canal, 5 milles 1/4 S. 51° E. de la pointe *Krivaia*; 2 *fixes* au grand mât, élevés de 8ᵐ 5, visibles de 6 milles. Son nom en lettres jaunes sur les côtés. Laisser toujours le feu au Sud. Cloche de brouillard tintée 10 minutes à intervalles de 5ᵐ; n'est allumé que de l'ouverture de la navigation au 1ᵉʳ novembre. (46° 59′ 45″ N. et 36° 51′ 3″ E.)

Bieglit (flottant C. 4), à 5 milles 1/2 S. E. de la pointe *Bieglitskaia*, il montre un feu *fixe rouge* au grand mât; élevé de 11ᵐ, il se voit de 7 milles. On le laisse à babord en allant à *Taganrog*. Cloche de brouillard tintée à 10ᵐ à intervalles de 5ᵐ, allumé comme le précédent. (47°1′23″N. et 36°17′40″E.)

Taganrog (flottant), à l'entrée du *Don*. (En *projet*.)

CHYPRE — CARAMANIE — SYRIE

Cap de Gata, sur le sommet de ce cap, baie de *Limassol*; *fixe*, à *éclats* de 2 m. en 2 m., qui sont visibles de 15 milles. Hauteur 58ᵐ. (34° 33′ 45″ N. et 30° 42′ 16″ E.)

Pointe Kiti (C. 4), *fixe*, sur cette pointe, à 6 milles 1/2 S. 11° O. de *Larnaca*; il est élevé de 28ᵐ avec une portée de 8 milles. (34° 48′ N. et 31° 17′ E.)

Larnaca (C. 4), *fixe rouge*, à 150ᵐ de l'office de la *Quarantaine*. Il est élevé de 14ᵐ et visible de 5 milles. (34° 54′ N. et 31° 18′ 45″ E.)

Castellorizo, 2 *fixes, blancs, verticaux*, seront allumés prochainement. Portée 10 milles.

Port Adalia, *fixe*, élevé de 40ᵐ et visible de 8 milles. Il est placé à 1,200ᵐ environ de l'entrée du port. (36° 52′ 0″ N. et 28° 25′ 20″ E.)

Alaya, *fixe*, à *éclats* de 1ᵐ en 1ᵐ, vis. de 15 milles, sera allumé prochainement.

Lissan-el-Kahpé (C. 4), deux *fixes, verticaux*, à 150ᵐ de l'extr. de la pointe de *Bagasse*; le sup., élevé de 15ᵐ, vis. de 8 milles. (36° 14′ N. et 31° 41′ 35″ E.)

Mersina (D. 4), sur la plage à gauche, en entrant au mouillage. Il est *fixe*, à *éclats* de 2 m. en 2 m., élevé de 15ᵐ et visible de 14 milles. (36° 45′ 50″ N. et 32° 20′ 30″ E.)

Pointe Karadasch (C.), *fixe*, par 36° 32′ 40″ N. et 33° 1′ 16″ E. Son élévation est de 40ᵐ et sa portée de 8 milles.

Alexandrette. Deux *fixes, verticaux*, sur la pointe O. de la rade; le sup. élevé de 15ᵐ; portée 8 milles. (36° 35′ 30″ N. et 33° 50′ 5′ E.)

Latakié, *fixe rouge*, au côté N. du château, à gauche en entrant; il est élevé de 15ᵐ et se voit de 5 milles. (35° 30′ 30″ N. 33° 26′ 15″ E.)

—— Sur la pointe *Raz-ibn-Hani*, à 5 milles N. O. de *Latakié*; *fixe*, à *éclats* chaque minute. Il est élevé de 14ᵐ et visible de 13 milles. (35° 35′ N. et 33° 23′ 30″ E.)

Tripoli (C. 4), *fixe*, sur l'îlot *El Ram-Khin*. Il a 17ᵐ d'élévation et se voit de 10 milles. (34°29′25″ N. et 33°24′15″E.)

—— *fixe rouge*, élevé de 12ᵐ et visible de 5 milles, placé sur le sommet de l'agence des phares. (34° 27′ 28″ N. et 33° 28′ E.)

Beyrouth (D. 4), à 400ᵐ de l'extr. du cap. Le feu est

tournant en une minute et visible de 13 milles, étant élevé de 38". (33° 54' 10" N. et 33° 8' 10" E.)

—— Feu de port *fixe rouge*, sur le fort en ruines, près de la douane, élevé de 18", il se voit de 10 milles. (33° 54' 10" N. et 33° 9' 20" E.)

Saïda, deux *fixes rouges, verticaux*. Le feu sup. est élevé de 19" et leur portée est de 5 milles. (33° 34' 25" N. et 33° 1' 16" E.)

Sour, deux *fixes*, placés l'un sur l'autre. Le sup. est élevé de 17"; ils sont visibles de 8 milles. (33° 16' 30" N. et 32° 54' 35" E.)

Saint-Jean-d'Acre, *fixe rouge*, sur les remparts, dans l'O. de la ville. Elevé de 14" et vis. de 10 milles. (32° 55' 28" N. et 32° 43' 56" E.)

Caïfa (C. 4), deux *fixes, verticaux*, sur le château de la ville; ils se voient de 8 milles; le sup. élevé de 20". (32° 47' 40" N. et 32° 44' 45" E.)

Mont-Carmel (D. 3), au-dessous du monastère du *Mont-Carmel, fixe*, à *éclats* de 2 m. en 2 m. Il est élevé de 125" et visible de 30 milles. (32° 48' N. et 32° 37' 45" E.)

Jaffa (C. 4), au S. O. de la ville; feu *tournant* de 1 m. en 1 m., alternativement *blanc* et *rouge*, à 21" au-dessus de la mer et visible de 14 milles. (32° 3' 15" N. et 32° 24' 20" E.)

ÉGYPTE — TUNIS

Port Saïd (électrique), sur la plage, près du comm. de la jetée de l'Ouest, feu *scintillant* de 3 en 3 *secondes*, élevé de 53" et visible de 25 milles. (31° 16' 47" N. et 29° 58' 42" E.) En outre, près du bout de la jetée de l'Ouest, il y a un feu flottant, *fixe rouge*, et sur l'extr. de celle de l'Est un feu *vert*.

Le premier tenu ouvert de la tête de la jetée de l'Est, au S. 62° O. fait parer le banc des *porteurs*.

Le chenal est éclairé par 2 lignes de 3 feux *flottants, rouges* à l'O., *verts* à l'E. Deux feux *fixes blancs*, au commencement de chacune des jetées E. et O., indiquent l'entrée du canal de *Suez*. Enfin au S. 31° O. à 1900" du grand feu, dans le lac *Menzaleh*, un feu *blanc* tenu au S. 37° O. donne la direction du canal.

Lac Timsah, 2 *fixes rouges* placés l'un sur la plage au Sud devant *Ismaïla*, l'autre sur une île dans la partie Ouest du lac donnent la direction du canal, le 1er en le tenant au N. 37° O. pour le N. E. du lac, et le 2me au S. 54° O. pour le S. E. du lac. Il n'est pas toujours allumé (le 1er 30° 35′ 46″ N. — 29° 56′ 44″ E.)

Gare de Timsah, 3 feux flottants portant le 1er 2 *fixes rouges*, le second 2 *fixes*, et le 3me 2 *fixes verts*, élevés de 5m et vis. de 1 mille, sont mouillés au côté Est du canal. Ils ne sont pas toujours allumés. On les laisse à babord en venant de *Port Saïd*.

Feux projetés; 2 dans les parties N. et S. E. des *Lacs amers*; 4 dans le *canal de Suez*; et 2 dans le *port de Suez* sur la jetée Est du port et sur la jetée Ouest du bassin.

Baie de Suez, *flottant*, devant la roche *Newport*; *fixe*, élevé de 16m, vis. de 12 milles. Les mots *roche Newport* sur les côtés. (29° 53′ 30″ N. — 30° 12′ 44″ E.

Damiette (D. 2), *tournant* de 1 m. en 1 m., élevé de 54m et visible de 20 milles. Ne pas approcher le feu à moins de 3 milles, à cause des bancs et veiller aux courants. (31° 31′ 30″ N. et 29° 29′ 40″ E.)

Brulos (D. 1), sur cette pointe, par 31° 35′ 48″ N. et 28° 49′ 45″ E.; le feu est *fixe*, élevé de 54m et vis. de 20 milles.

Rosette (D. 2), *tournant*, alternativement *blanc* et *rouge* de 5 s. en 5 s.; il est élevé de 54m et se voit de 20 milles. Ecartez la terre à 3 milles à cause des sables. (31° 29′ 30″ N. et 27° 59′ E.)

Alexandrie (D. 1), *tournant* en 20 s., sur la pointe *Eunostos*, par 31° 11′ 40″ N. et 27° 31′ 30″ E. Ce feu a 55m au-dessus de la mer, et sa portée est de 20 milles.

—— Auprès de l'ext. du môle de l'Est en cours de construction; *fixe, rouge*.

—— (C.), sur l'ext. du brise-lames du S. O., *fixe rouge*, vis. de 3 milles.

Almaïd (D. 1), golfe des *Arabes* (*Egypte*); *fixe*, élevé de 57m et visible de 22 milles. (30° 51′ N. et 26° 51′ E.)

Des feux sont en construction à *Derna*, *Benghazi* et *Tripoli*.

Cap Bon (D. 1), *tournant rouge* chaque 90 *secondes*, *éclat* 5ˢ, obscurité 1ᵐ 25ˢ; il est élevé de 125ᵐ et visible de 25 milles, dans un arc de 246 degrés entre le N. 45° O. et le N. 68° E. par l'Ouest et le Sud. Il est à 3/4 de mille de l'ext. du cap, par 37° 4′ 45″ N. et 8° 43′ E.

Cap Carthage, *tournant* de 20 s. en 20 s., dont l'*éclat* a lieu de 18ˢ en 18ˢ et dure 2 s. Placé au sommet du cap *Carthage*, il indique l'entrée de la baie de *Tunis*. Portée 15 à 26 milles, hauteur 146ᵐ. (36° 51′ 55″ N. et 7° 48′ 31″ E.)

La Goulette (D. 4), pour indiquer plus sûrement le mouillage de la *Goulette*, on a installé un fanal à feu *fixe rouge* à 80ᵐ de l'ext. S. de la jetée de l'E.; il est élevé de 12ᵐ, mais il n'a qu'une portée de 6 milles. (36° 48′ 40″ N. et 7° 58′ 26″ E.) (*Mal entretenu*.)

Ile Cani (D. 2), sur l'île *Cani-Khelb* ou *Roche-du-Chien*, à 11 milles E. du cap *Blanc*; feu *fixe*, élevé de 39ᵐ et visible de 18 milles. (37° 21′ 10″ N. et 7° 48′ E.)

ALGÉRIE

La Calle (D. 4), *fixe rouge*, vis. de 10 milles; il est installé dans une tourelle sur la presqu'île à gauche de l'entrée du port. (36° 54′ 9″ N. et 6° 7′ 47″ E.)

Cap Rosa (D. 5), sur la pointe du cap, à 127ᵐ au-dessus de la mer; *fixe*, vis. de 12 milles. (36° 56′ 57″ N. et 5° 55′ 34″ E.)

Bône (D. 5), *fixe*, sur la pointe du *Lion*, 1,400ᵐ N. E. du port; son élévation est de 43ᵐ et sa portée de 10 milles. (36° 54′ 38″ N. et 5° 27′ 48″ E.)

—— (C. 5), *fixe* de port, sur le fort *Génois*.
Le port de *Bône* est éclairé par quatre feux: un *fixe rouge*, sur le musoir de la jetée *Bab-Ayaud*; un *fixe vert*, sur le musoir de la jetée du Sud; deux feux *fixes, rouge, vert*, sur les traverses de la darse.

Cap de Garde (C. 4), à l'entrée du golfe de *Bône* par 36° 58′ 12″ N. et 5° 28′ 20″ E. Son feu à *éclipses*, qui se succèdent de 30 s. en 30 s., est élevé de 132ᵐ et se voit de 28 milles. Les éclipses ne sont totales qu'au-delà de 8 milles.

Cap de Fer (D. 3), à 16 milles E. 32° N. du feu de *Sri-*

gina, *fixe blanc*, à *éclats* alternativement *blancs*, *rouges*, de 30 s. en 30 s. Il est élevé de 69™ et vis. de 20 milles (37° 4' 58" N. et 4° 51' 36" E.)

Ile Srigina (D. 5), sur l'île, *fixe*, élevé de 56™ et vis. de 10 milles. (36° 56' 26" N. et 4° 34' 30" E.)

Stora (C. 5), *fixe*, sur l'île des *Singes*, élevé de 15™, 8 milles de portée. (36° 54' 29" N. et 4° 34' 19" E.)

Philippeville (C. 5), feux *fixes rouges* : 1° sur le *Château-Vert*, élevé de 38™5 et vis. de 7 milles dans un angle de 47° 30', limité à l'Est par le musoir de la jetée et à l'Ouest par les dangers de l'îlot *Macaque* (36° 53' 7" N. et 4° 35' 26" E.) ; 2° sur le versant Nord du mamelon *Skikda* à 78™5 de hauteur, vis. de 7 milles dans un angle de 15° 50', limité par le musoir de la jetée et les fonds de 8™. (36° 52' 53" N. et 4° 36' 22" E.).

Cap el Djerda (D. 5), *fixe*, varié par des *éclats verts* de 2 m. en 2 m.; il est élevé de 28™ sur une tour octogone blanche de 11™ 4, et vis. de 12 milles. (37° 1' 5" N. et 4° 16' 16" E.)

Collo (C. 4), *fixe rouge*, de 4 milles de portée, placé sur la pointe S. de la baie; il est élevé de 10™. (37° 0' 22" N. et 4° 15' 31" E.)

Cap Bougaroni (D. 1), sur la pointe Nord du cap; *fixe*, élevé de 160™ et vis. de 34 milles. Il éclaire 194° 30' en mer. (37° 5' 17" N. et 4° 9' 46" E.)

Djidjelli (D. 5), *fixe*, sur la deuxième roche des brisants. Sa portée est de 8 milles et son élévation de 18™. Ce feu est au N. du mouillage. (36° 49' 48" N. et 3° 28' 7" E.)

Cap Afia (D. 2), *scintillant* de 4 s. en 4 s., élevé de 42™; il se voit de 19 milles. (36° 49' 13" N. et 3° 22' 40" E.)

Bougie (C. 5) *fixe rouge*, sur le fort *Abd-el-Kader*, élevé de 28™ 2 et vis. de 4 milles. (36° 45' 19" N. et 2° 46' 45" E.)

Cap Bouac (C. 5), *fixe*, sur ce cap, élevé à 147™ et de 15 milles de portée, à l'entrée de l'anse de *Sidi-Yaya*, (36° 45' 46" N. et 2° 47' 31" E.)

Cap Carbon (D. 1), *tournant* en 1 m., élevé de 220™ et vis. de 30 milles en temps ordinaire; mais, en temps clair, cette portée ira jusqu'à 40 milles; les éclipses ne sont totales qu'au delà de 12 milles. (36° 46' 41" N. et 2° 47' 30" E.)

264   MÉDITERRANÉE — ALGÉRIE.

Dellys (C. 5), *fixe*, près du débarcadère, au N. E. de la ville, par 36° 55′ 28″ N, et 1° 36′ 30″ E. Sa portée est de 10 milles.

Cap Bengut (D. 1), sur la pointe des *Jardins*; *fixe*, élevé de 60ᵐ, sur une tour blanche, et vis. de 20 milles. (36° 48′ 15″ N. et 1° 54′ 48″ E.) (*En construction*.)

Cap Matifou (D. 5), *fixe*, sur ce cap, à l'extrémité E. de la baie d'*Alger*; élevé de 74ᵐ, il se voit de 10 milles. (36° 48′ 49″ N. et 0° 56′ 2″ E.)

Alger (D. 5), *fixe*, sur l'îlot de la *Marine*, 35ᵐ d'élévation et 10 milles de portée. (36° 47′ 23″ N. et 0° 45′ 22″ E.)

—— (D. 5), *rouge*, sur le musoir de la jetée Nord, à 13ᵐ d'élévation; sa portée est de 6 milles. Une bouée à cloche est mouillée à l'extr. de travaux en cours d'exécution. La laisser à tribord en entrant. (36° 46′ 57″ N. et 0° 45′ 36″ E.)

—— (D. 5), *vert*, sur le musoir de la jetée Sud. Il est élevé de 13ᵐ et vis. de 6 milles. Masqué pendant 36° entre le feu rouge et la bouée à cloche, passez à 1/4 de mille au moins dans l'Est du feu rouge. (36° 46′ 47″ N. et 0° 45′ 26″ E.)

Cap Caxine (D. 1), sur le cap, à l'O. 17° N. du phare d'*Alger*; *tournant* de 30 s. en 30 s. Il est à 64ᵐ au-dessus de la mer et vis. de 25 milles. (36° 48′ 54″ N. et 0° 38′ 31″ E.)

Tipaza (D. 4), *fixe vert*, à l'entrée du port, sur la pointe *Ras-el-Kalia*, à 31ᵐ au-dessus de la mer; sa portée de 15 milles. (36° 35′ 58″ N. et 0° 8′ 6″ E.)

Cherchell (D. 3), au centre du fort *Joinville*; *fixe*, élevé de 37ᵐ et vis. de 15 milles. (36° 36′ 50″ N. et 0° 7′ 27″ O.)

—— (C. 5), à l'extr. de la jetée *Joinville*; élevé de 7ᵐ 6, il se voit de 10 milles.

—— (C. 5), *fixe rouge*, éclairant la passe; il est placé à 3ᵐ en dedans de l'extr. E. du quai du N. et à 92ᵐ au S 10° O. du feu de *Joinville*; il a 4ᵐ 6 d'élévation, et se voit de 4 milles. (*Détruit en 1877; doit être rétabli.*)

Ténès (C. 5), *fixe*, au pied du bâtiment de la direction du port; élévation 46ᵐ, portée 8 milles. (36° 30′ 58″ N. et 1° 0′ 20″ O.)

Cap Ténès (D. 1), *tournant* de 1 m. en 1 m., sur une tour carrée située à 2 milles 2/3 au N. 35° E. de *Ténès*. Le feu est élevé de 89ᵐ et vis. de 27ᵐ milles mais les éclipses ne sont totales qu'au delà de 12 milles. (36° 33′ 7″ N. et 0° 58′ 16″ O.)

Cap Jvi (D. 1), *scintillant*, à *éclipses* de 4 s. en 4 s., sur le cap, près l'embouchure du *Cheliff*; il est élevé de 118ᵐ et vis. de 26 milles. (36° 6′ 55″ N. et 2° 5′ 11″ O.)

Mostaganem (D. 5), *fixe*, sur le plateau à l'O. de la caserne de la marine; il est élevé de 35ᵐ et vis. de 10 milles (35° 56′ 20″ N. et 2° 13′ 54″ O.)

Arzew (D. 5), *fixe rouge*, sur la jetée du port. Sa portée est de 8 milles. (35° 51′ 31″ N. et 2° 37′ 25″ O.)

— — (D. 4), *fixe*, sur l'îlot d'*Arzew*. Son élévation est de 20ᵐ et sa portée de 13 milles. (35° 52′ 34″ N. et 2° 36′ 10″ O.)

Oran (C. 4), *fixe rouge*, sur l'ext. du môle Nord, élevé de 16ᵐ, vis. de 8 milles. (35° 42′ 56″ N. et 2° 57′ 30″ O.)

— — (C. 5), *fixe vert*, à l'ext. de la jetée de *Sainte-Thérèse*.

— — (D. 5), sur l'ancienne jetée, *fixe, rouge*, élevé de 7ᵐ 5, vis. de 9 milles.

Mers-el-Kebir (D. 5), à droite de l'entrée du port, sur le fort *Mers-el-Kebir*; *fixe*, élevé de 37ᵐ, vis. de 8 milles. (35° 44′ 21″ N. et 3° 0′ 29″ O.)

Iles Habibas (D. 4), sur le sommet de l'île principale, *fixe, blanc*, élevé de 112ᵐ, vis. de 9 milles, on l'aperçoit de 25 milles (35° 43′ 22″ N. — 3° 26′ 48″ O.)

Cap Falcon (D. 1), *tournant* de 30 s. en 30 s., élevé de 106ᵐ 6 et vis. de 25 milles. (35° 46′ 24″ N. et 3° 6′ 52″ O.)

Ile Raschgoun (D. 2), à *éclats* alternatifs, *rouges et blancs*, chaque 10 secondes ; il est élevé de 82ᵐ et vis. de 24 milles (35° 19′ 34″ et 3° 47′ 35″ O.)

Nemours (D. 5), *fixe*, sur la pointe O. de la baie, à 93ᵐ au-dessus de l'eau, vis. de 10 milles. (35° 6′ N. et 4° 11′ 12″ O.)

Ile Alboran, sur la partie S. O. de l'île, *fixe* élevé de 35ᵐ et vis. de 15 milles. (35° 58′ N. et 5° 22′ 20″ O.)

En projet sur les îles *Zafarines*.

MÉDITERRANÉE — MAROC.

MAROC

Melilla (D. 3), *fixe*, dans une tourelle, sur le bastion N. E. de la ville ; sa portée sera de 5 à 6 milles. (35° 17' 50" N. et 5° 19' 15" O.)

Alhucemas (C. 4), *fixe*, sur la tour-vigie, au point le plus élevé de la forteresse. Sa hauteur est de 37^m et sa portée d'environ 7 milles. (35° 14' 40" N. et 6° 12' 54" O.)

Penon de la Gomera (D. 4), *fixe rouge* au N. O. de la ville ; il est élevé de 80^m et vis. de 8 à 9 milles. (35° 10' 30" N. et 6° 38' 44" O.)

Ceuta (D. 1). *tournant* de 1 m. en 1 m., sur la pointe Almina. Il est élevé de 180^m et sa portée est de 23 milles. (35° 53' 45" N. et 7° 37' O.)

Cap Spartel (D. 1), à $^1/_2$ mille dans l'E. du cap. sur un rocher ; il est *fixe*, élevé de 95^m sur une tour de 24^m, et vis. de 20 milles. (35° 47' 14" N. et 8° 45' 54" O.)

Tanger, *fixe rouge*, vis. de 4 milles à l'extr. du nouveau débarcadère en bois. (35° 47' N. et 8° 8' 43" O.)

—— Feu tournant. (En *projet*.)

COTE OCCIDENTALE D'AFRIQUE

Sénégal, feu *fixe*, sur l'hôtel du *Gouvernement*, à *Saint-Louis*, par 16° 0' 48" N. et 18° 51' 10" O. Portée 6 milles. On le voit quand on arrive par 22^m de fond. Par un temps fait, il n'y a aucun danger à venir le reconnaître en longeant la côte sur la ligne de 16 à 19^m, jusqu'à le relever au S. 64° E. où on mouille par 22^m, fond vasard, à 1 mille $^1/_2$ de *Saint-Louis*.

Almadies (D. 4), sur cette pointe, presqu'île du cap Vert, feu *fixe rouge*, élevé de 26^m et visible de 8 milles. (14° 44' 45" N. et 19° 52' 39" O.)

Cap Vert (D. 1), feu *tournant* de 30 s. en 30 s., sur la mamelle O. du cap ; il est élevé de 113^m sur une tour blanche de 20^m et visible de 27 milles. (14° 43' 19" O. et 19° 51' 9" O.)

OCÉAN ATLANTIQUE — CÔTE OUEST D'AFRIQUE.   267.

Cap Manuel (D. 4). feu *fixe rouge*, sur la falaise de ce cap, à 52ᵐ au-dessus de la mer. On le voit de 8 milles. (14° 38′ 56″ N. et 19° 47′ 1″ O.)

Dakar (C.) feu *fixe vert*, élevé de 4ᵐ 5 et visible de 3 à 4 milles ; il est placé sur l'extrémité Nord de la jetée E. du port, par 14° 40′ 30″ N. et 19° 46′ 22″ O.

Rufisque, dans une tour à l'O. q. S. O. de la ville, *fixe rouge* élevé de 16 mètres, visible de 3 milles. (14° 42′ 39″ N. — 19° 38′ 6″ O.)

Rivière Casamance, au-dessus du port de *Carabane*, feu *fixe*.

Porto Praya. (Iles du cap vert, île *Santiago*) (D.), feu *fixe*, de 5 à 6 milles de portée, placé sur la pointe Nord de l'*île aux Cailles*. (14° 53′ 40″ N. et 25° 51′ 54″ O.)

Il y a en outre 2 petits feux *fixes rouges*, l'un sur la pointe S. de l'*île aux Cailles*, l'autre sur le débarcadère.

Sierra-Leone, feu *fixe rouge*, sur le cap, par 8° 30′ N. et 15° 38′ 39″ O. Il est élevé de 29ᵐ 2 et visible de 15 milles. En venant de l'Ouest, éviter la roche *Charpentier* qui est à 1,600ᵐ dans l'E. 14° 30′ S. du cap. Bateau pilote.

—— feu *fixe vert*, sur le quai, sous l'arbre *Cotton*.

Mesurado, sur le cap à *Monrovia*, par 6° 19′ 15″ N. et 13° 10′ 9″ O. Feu *fixe*, élevé sur un mât de pavillon et visible de 5 à 6 milles. (*Mal entretenu*.)

Cap Palmas, feu *fixe*, élevé de 30ᵐ, par 4° 22′ 9″ N. et 10° 4′ 25″ O. Sa portée est très-faible, 2 à 3 milles. C'est un établissement très-utile pour trouver *Monrovia*.

Trois-Pointes (D. 4). sur le cap, feu *fixe*, visible de 6 milles. (4° 45′ N. et 4° 25′ 54″ O.)

Cape-Coast, sur le fort *William*. Il est élevé de 58ᵐ au-dessus de la mer. Son feu *fixe* est visible de 12 milles. (5° 6′ 18″ N. et 3° 34′ 3″ O.)

Accra (D. 3), sur le bastion Ouest du fort *James*. Le feu est *fixe*, élevé de 15ᵐ 2 et visible de 10 milles. (5° 31′ 48″ N. et 2° 31′ 40″ O.)

Lagos, feu provisoire *fixe rouge*, élevé de 13ᵐ, vis. de 7 milles, sur un mât à l'Est de *Lagos* (6° 26′ N. — 1° 6′ 50″ E.)

Fernando-Po (C.), feu *fixe*, sur la pointe *Fernanda*,

268   OCÉAN ATLANTIQUE — CÔTE OUEST D'AFRIQUE.

extrémité N. E. de la baie *Isabel*; il est visible de 5 milles. (3° 46′ 30″ N. et 6° 27′ 0″ E.) On le dit éteint.

—— *fixe vert* à l'extrémité de la jetée, allumé jusqu'à minuit.

Gabon (D.), feu *fixe vert*, sur l'extrémité de la jetée de *Libreville*. (0° 23′ 15″ N. et 7° 6′ 10″ E.) Visible de 2 milles.

San-Thomé, feu *fixe*, visible de 4 milles, sur le fort *San-Sébastian*. (0° 20′ 30″ N. et 4° 22′ 31″ E.)

Ascension, feu *fixe rouge*, sur l'extrémité de la jetée, baie *Clarence*. (7° 55′ 20″ S. et 42° 5′ 20″ O.)

Loanda (flottant), feu *fixe*, mouillé par 41ᵐ d'eau, à ¹/₂ mille environ de l'extrémité N. du banc qui termine l'île au N., au point où l'on relève la pointe E. de l'île par le morne de *San-Miguel*. On devra toujours en passer au N., et on pourra le ranger de très-près dans l'E. (8° 44′ 38″ S. et 10° 50′ 9″ E.) Élevé de 17ᵐ 5, visible de 8 milles. Les mots *Portão Pharol* sur les flancs du bateau ; bateau rouge.

Benguela, sur le fort, feu *fixe blanc*, visible de 5 milles.

Table Bay (D. 1), sur le mont *Minto*, partie S. de l'île *Robben* ; feu *fixe*, élevé de 46ᵐ, sur une tour blanche de 23ᵐ, et visible de 20 milles. (33° 48′ 52″ S. et 16° 2′ 24″ E.)

—— (D. 3), sur la pointe *Green*, feu à *éclats* de 10 s. en 10 s. ; il est élevé de 19ᵐ 8, sur une tour carrée, et visible de 13 milles. (33° 54′ 4″ S. et 16° 3′ 54″ E.)

—— (D. 4), sur la pointe *Mouillé*, à 1.087ᵐ N. 77° E. du feu de la pointe *Green* ; feu *fixe rouge* de 13ᵐ d'élévation qui se voit de 10 milles. (33° 53′ 56″ S. et 16° 4′ 37″ E.)

—— Feu *fixe vert*, sur l'ext. du brise-lame, visible quand on le relève entre le S. 20° E. et le N. 31° O. par l'O.

Pour les côtes S. et E. d'Afrique, voir océan Indien.

ILES ÉPARSES DE L'OCÉAN ATLANTIQUE

Bermudes (D. 1), au sommet de la colline *Gibbs*, par 32° 15′ 0″ N. et 67° 11′ 50″ O., feu *tournant* de 1 m. en 1 m., au sommet d'une tour en fer, à 118ᵐ au-dessus de la mer. La portée du feu est de 24 milles. Le feu se voit sur

OCÉAN ATLANTIQUE. — ILES ÉPARSES — CANARIES. 269

tout l'horizon, excepté entre le S. 47° O. et le S. 40° O., et entre le S. 48° O., et le S. 7° E. où les terres le masquent.

Sommet Mount, auprès du cap *St-David*; *fixe*, élevé de 64", visible de 20 milles, quand on le relève entre le N. 44° E. et le S. 46° E; masqué par la terre aux environs du fort *Victoria* sur le relèvement au N. 40° E. (32° 21' 40" N. = 67° 0' 40" O.)

Ile Saint-Michel (Açores), feu à *Ponta Delgada*, à 180" du bout du brise-lames; *fixe rouge*; se voit de 9 milles, il signale l'entrée du port. (37° 44' N. et 28° 0' 50" O.) (*Détruit en décembre 1879, doit être rétabli.*)

—— (D. 2), sur la *pointe Arnel*, pointe N. E. de l'île. Le feu est *fixe blanc*, à *éclats* de 2 m. en 2 m., élevé de 67" et visible sur un arc de 240 degrés, d'une distance de 18 milles. Les éclats peuvent se voir de 25 milles. (37° 49' 20" N et 27° 28' 39" O.)

Madère (D. 2), sur la pointe *San Lourenço*; feu *tournant* chaque 30 secondes; il est élevé de 104"6 et visible de 25 milles. (32° 43' 14" N. et 18° 59' 39" O.)

Nota. Éviter un banc qui se trouve à 1/2 milles au S. du phare.

Funchal (D.), sur le roc *Loo* (fort *Itheu*); feu *fixe rouge*, élevé de 34" et visible de 8 milles. (32° 37' 42" N. et 19° 15' 30" O.)

CANARIES

Allegranza (D. 4), sur la pointe *Delgada*, pointe Est de l'île; feu *tournant* de 30 s. en 30 s. Élévation 17"5, visible de 13 milles, du S. E. au N. E. par l'Ouest. La tour conique, grise avec lanterne verte, est à 220" des bancs extérieurs de la pointe. (29° 23' 48" N. et 15° 49' 45" O.)

Naos (D. 4), feux de port, *fixes rouges* qu'il faut mettre en ligne pour entrer dans le port de *Naos* (île *Lanzarote*). Le feu inférieur, haut de 10"7 visible du S. 60° O. au N. 60° E. par l'O. et le N. de 6 milles. Le feu supérieur élevé de 14"3, se voit de 7 milles entre les mêmes relèvements. (28° 57' 24" N. 15° 53' 20" O.)

Pechiguera (D. 4), sur cette pointe (*Lanzarote*). Il est élevé de 15"6 et visible de 12 milles, de la pointe *Papagayo* jusqu'à son relèvement au S. 34° E. par le N. et l'E. (28° 50′ 56″ N. et 16° 12′ 19″ O.)

Lobos (D. 4), sur cette île, au Nord de *Fuerteventura* sur le sommet du mont *Martino*; feu *fixe rouge*, élevé de 29" et visible de 9 milles, entre le N. 84° E. et le N. 6° O. par le S. (28° 45′ 25″ N. et 16° 9′ 27″ O.)

Jandia (CD. 3), sur cette pointe, la plus O. de l'île *Fuerteventura*; le feu est *tournant* chaque minute, élevé de 33" et visible de 15 milles, du S. 10° O. au N. 84° O. par l'E. et le N. (28° 3′ 0″ N. et 16° 51′ 49″ O.)

Islète (D. 3), au sommet du mont le plus au N. de la presqu'île *Islèta* (*Grande-Canarie*); feu *fixe*, à *éclats rouges*, de 2 m. en 2 m.; il est élevé de 249" et visible entre le N. 87° E. et le N. 16° O. par le S., à la distance de 18 milles. (28° 10′ 42″ N. et 17° 45′ 39″ O.)

Palmas (C.), sur la tête du môle; feu *fixe rouge* de 5 milles de portée. (28° 7′ 6″ N. et 17° 45′ 0″ O.) *Mal entretenu.*

Ténériffe (D. 1), sur la pointe *Roque de Bermejo*, à l'extrémité N. E. de l'île; feu *fixe à éclats* de 3 m. en 3 m., élevé de 247", sur une tour grise, et visible de 35 milles. (28° 35′ 25″ N. et 18° 28′ 29″ O.)

Santa-Cruz (CD. 4), feu *fixe* à 50" de l'extrémité extérieure du môle de *Santa-Cruz*, situé sur la côte E. de l'île de *Ténériffe*. Il est élevé de 11"5 et visible de 9 milles. (28° 28′ 30″ N. et 18° 35′ 19″ O.)

Feu *fixe rouge*, à 51" du précédent; il est élevé de 10" sur un chariot mobile et se voit de 4 à 5 milles.

Ile de Palma (D. 2), sur la pointe *Cumplida* ou pointe N. E.; feu *tournant* chaque minute, élevé de 63" et visible de 25 milles. (28° 50′ 6″ N. et 20° 7′ 18″ O.)

Voir ci-dessus les îles du *cap vert.*

AMÉRIQUE

LABRADOR

Les relèvements sont vrais et donnés de la mer.

Belle-Ile (D. 1), sur la partie S. O. de l'île, à l'entrée du détroit de ce nom, feu *fixe* élevé de 143ᵐ et visible de 28 milles du N. 72° O. au S. 78° E. par le N. On fait des signaux ; on tire le canon par la brume toutes les heures. Dépôt de provisions pour les naufragés. (51° 53′ 0″ N. et 57° 42′ 24″ O.)

— — Sur la pointe la plus Sud ; *fixe*, élevé de 39ᵐ, visible de 17 milles. Est masqué par la haute terre de l'île au Nord.

Pointe Amour (D. 2), feu *fixe*, sur la pointe S. E. de la baie *Forteau*, élevé de 47ᵐ, visible, sur les 2/3 de l'horizon de 18 milles. En temps de brume ou de neige, on tire le canon toutes les heures et un sifflet de brume résonne 10ˢ par minute. (51° 27′ 35″ N. 59° 11′ 7″ O.)

Ile Greenly, sur la pointe S. O. ; *tournant* de 3ᵐ en 3ᵐ, *rouge* et *blanc*, élevé de 30ᵐ 5, visible de 15 milles, blanc 1/2 minute, *rouge* 1/2 minute, blanc 1/2 minute, éclipse 1 minute 1/2. (51° 22′ 35″ N. — 59° 31′ 4″ O.)

Nota. Ces 4 feux ne sont allumés que du 1ᵉʳ avril au 20 décembre.

TERRE-NEUVE

Norman (C.), sur ce cap, le plus Nord de *Terre-Neuve*. Le feu *tournant* chaque 2 minutes, est élevé de 42ᵐ et visible de 20 milles. (51° 38′ N. et 58° 13′ 49″ O.)

Riche (C.), feu *fixe*, à éclats chaque 15 s., sur la pointe *Riche*, côté Ouest de *Terre-Neuve*, élevé de 39ᵐ, il se voit de 18 milles. (50° 41′ 50″ N. et 59° 45′ 37″ O.)

Ile Toulinguet (C), sur la pointe *Long* ; feu *tournant* blanc de 30 s. en 30 s., élevé de 102ᵐ et visible de 27 milles. (49° 44′ 30″ N. et 57° 9′ 0″ O.)

Offer-Wadham (D), sur une tour ronde, rouge, placée sur la plus E. des îles du groupe, à l'entrée du sound de *Sir-Charles-Hamilton*. Feu *fixe*, élevé de 30ᵐ 3 et d'une portée de 12 milles. (49° 35′ 40″ N. et 56° 5′ 10″ O.)

Cann (D. 4), sur cet îlot, au côté Sud de l'île *Fogo*; feu *fixe* élevé de 25ᵐ 8, visible de 12 milles. (49° 35′ N. et 56° 30′ 39″ O.)

Ile Stinking, intermittent, éclat 11ˢ, éclipse 9ˢ; élevé de 23ᵐ, visible de 10 milles (49° 10′ 25″ N. — 55° 41′ 35″ O.) *Doit être allumé le 1ᵉʳ mars 1880.*

Ile Puffin (D. 4), sur cette île, du groupe des *Greenspond*, *fixe rouge*, élevé de 17ᵐ, et visible de 12 milles. (49° 3′ 37″ N. et 55° 52′ 40″ O.) Caché vers la terre entre l'île *Big Pools* au Nord et l'île *Fox*, dans la baie *Fox*.

Bonavista (D. 1), sur le cap de ce nom; feu *tournant* à intervalles de 45 s., montrant alternativement pendant 15 s. un feu *rouge* et un feu *blanc*; son élévation est de 45ᵐ 7 au-dessus de la mer, et sa portée de 16 milles. (48° 42′ 0″ N. et 55° 25′ 20″ O.)

En le tenant ouvert de la pointe *Spiller*, il fait parer les roches noyées appelées *Flawers*, qui sont entre la pointe N. de *Catalina* et l'anse de l'île *Bird*.

Havre Catalina (C. 4), sur l'île *Green*, côté S.; *fixe*, visible de 15 milles, entre le S. 35° O. et le N. 12° E; son élévation est de 28ᵐ. (48° 30′ 15″ N. et 55° 22′ 49″ O.)

Pointe Ford (D. 3), au côté O. de l'entrée du havre de la *Trinité*; feu *fixe*, élevé de 22ᵐ 5 et visible de 11 milles. (48° 22′ N. et 55° 41′ O.)

Ile Bocalieu ou **Bacalhao** (C. 1), feu à *éclats* de 20 s. en 20 s.; il est placé sur l'extrémité N. de l'île, entre les baies *Trinité* et *Conception*. Sa hauteur est de 115ᵐ et sa portée de 28 milles. (48° 8′ 51″ N. et 55° 8′ O.)

Ile Carbonnière, sur l'île, baie *Conception*, *fixe*, élevé de 39ᵐ, visible de 16 milles. (47° 44′ 24″ N. — 55° 29′ 31″ O.)

Cap Saint-Francis, feu *fixe rouge*, élevé de 38ᵐ, visible de 12 milles. (47° 48′ 30″ N. et 55° 7′ 0″ E.) Sirène de brume, 2 sons par minute.

Havre-de-Grace, feu *tournant*, montrant deux *éclats blancs* suivis d'un *éclat rouge*, de 30 s. en 30 s., sur l'île extérieure de l'entrée; élevé de 46ᵐ, visible du N. 11° O. au S. 11° E, à 18 milles de distance. (47° 42′ 45″ N. et 55° 28′ 20″ O.) On doit l'arrondir par le N. pour entrer, et on peut l'approcher de ¼ de mille.

— — (Gaz), sur la pointe de la plage, au côté N. du port. Ce sont deux feux *fixes verticaux*, à 10ᵐ l'un de l'autre; ils sont élevés de 15 et 5ᵐ et visible de 3 et 11 milles.

Saint-John (C. 4), feu *fixe* sur le fort *Amherst*, au Sud de l'entrée; visible du S. 35° O. au N. 10° O. à 16 milles. Canon par temps de brume. (47° 33′ 54″ N. et 55° 0′ 27″ O.)

——— Feu inférieur *fixe rouge*, élevé de 15ᵐ 2 et placé sur le toit de la maison de la douane. (47° 34′ 2″ N. et 55° 1′ 56″ O.)

——— Feu supérieur *fixe rouge*, à 2 encâblures du précédent, près d'une chapelle en face de la cathédrale, à 68ᵐ d'élévation.

Ces deux feux en ligne guident dans la passe du port *Saint-Jean*.

Cap Spear, sur le cap, feu *tournant*. Son élévation est de 80ᵐ 5 au-dessus de la mer; sa portée est de 22 milles et ses *éclats* ont lieu de 1 m. en 1 m. Ce cap est accore et presque à pic. (47° 31′ 11″ N. et 54° 57′ 8″ O.) Corne de brume au N. du phare, 3 sons de 7 s. par min.

Cap Ferryland, sur ce cap, côté Est de *Terre-Neuve*. Feu *fixe* élevé de 64ᵐ et visible de 16 milles. (47° 0′ N. et 55° 11′ 10″ O.)

Cap Race (C. 1), feu *tournant* de 30 s. en 30 s., sur ce cap, pointe S. E. de l'île de *Terre-Neuve*; élévation 54ᵐ 6; portée 19 milles. Visible du N. 37° E. au S. 37° O. par l'O. Une balise à bandes rouges et blanches, de 7ᵐ 3 de hauteur, est à 45ᵐ dans le S. du phare. (46° 39′ 24″ N. et 55° 24′ 30″ O.) Sifflet de brouillard, coups de 10ˢ chaque 50ˢ.

Cap Pine, sur le cap, côte S. de *Terre-Neuve*, par 46° 37′ 4″ N. et 55° 51′ 54″ O. Feu *fixe*, élevé de 96ᵐ au-dessus de la mer, visible du S. 48° O. au S. 75° E. à 24 milles. La tour de 17ᵐ 4 est à bandes circulaires rouges et blanches.

Cap Sainte-Marie (D. 1), feu *tournant* de 1 m. en 1 m. et montrant alternativement une lumière *rouge* et une *blanche* qui se voit de 26 milles, la tour étant élevée du 118ᵐ 8. (46° 49′ 30″ N. et 56° 31′ 43″ O.)

Grande Plaisance, sur la pointe *Verde*, *fixe blanc* élevé de 29ᵐ 9 et visible de 11 milles (47° 14′ 11″ N. — 56° 20′ 33″ O.)

Dodding-Head (D. 1), sur la pointe S. de l'île *Grand-Burin* (baie de *Plaisance*). Feu *tournant*, à *éclats* de 1 m. en

274   AMÉRIQUE DU NORD — TERRE-NEUVE.

1 m.; élevé de 131ᵐ et visible de 27 milles. En venant du S., on le laisse à tribord en entrant. (47° 0′ 26″ N. et 57° 28′ 12″ O.)

Allan, sur l'île de ce nom, port *Lamaline*, *fixe blanc*, élevé de 19ᵐ 5, visible de 11 milles. (46° 51′ N. — 58° 7′ O.)

Boar (D. 4), feu *fixe rouge*, élevé de 48ᵐ 7 et visible de 17 milles; il est placé sur cette île à l'extrémité Est des îles *Burgeo* (47° 36′ 10″ N. et 59° 55′ 20″ O.)

Saint-Pierre (D. 2), sur la *Tête-de-Galantry*, partie S. de l'île. Feu *fixe*, à *éclats blancs* et *rouges* de 20 s. en 20 s.; on verra alternativement deux éclats blancs et un éclat rouge. Il est élevé de 64ᵐ et visible de 20 milles, mais caché dans le N. par les hautes terres de l'île. (46° 45′ 30″ N. et 58° 29′ 39″ O.) Sifflet de brouillard, 6ˢ par min. Coups de canon quand le sifflet ne fonctionne pas.

—— Feu *fixe rouge* et *blanc* sur la *pointe Leconte* (Ile aux Chiens). Le feu est élevé de 19ᵐ et visible de 7 milles; il est *blanc* dans un angle de 40 degrés entre le N. 64° O. et le N. 24° O.; *rouge* du N. 24° O. au S. 81° E., sur les dangers dans la passe du Sud-Est et le *Barachois*. (46° 47′ N. et 58° 29′ 30″ O.)

—— (C. 4), sur la *Pointe-au-Canon*; feu de port *fixe*, élevé de 11ᵐ et visible de 6 milles. (46° 47′ 2″ N. et 58° 29′ 47″ O.)

—— (C. 4), feu *fixe rouge*, au nord de la ville, de 19ᵐ de hauteur et 3 milles de portée.

Ces deux feux, vus l'un par l'autre au N. 73° O., conduisent dans le milieu de la passe, entre les roches *Bertrand* et l'*Ile-aux-Chiens*.

Garnish, feu *fixe rouge*, élevé de 6ᵐ 1 au côté S. de la baie *Fortune* (Terre-Neuve.) (47° 14′ N. et 57° 44′ O.)

Cap Mercer (D. 3), sur ce cap (baie *Fortune*, île *Brunet*), feu à *éclats* chaque 10 s.; élevé de 124ᵐ et visible sur tout l'horizon, de 25 milles, excepté du N. 85° E. au S. 28° E. où la terre le cache. (47° 15′ 32″ N. et 58° 12′ 0″ O.)

Bande-à-l'Arier (D. 4), feu *fixe*, élevé de 10ᵐ 5 et visible de 7 milles; il est placé sur la pointe de la plage, port *Belloram*. (47° 29′ N. et 57° 47′ 30″ O.)

Havre Breton, feu *fixe blanc*, secteur *rouge*, élevé de 20ᵐ 7, sur la pointe *Rocky*, à l'entrée du havre. *Rouge*, dans la direction du rocher *Harbour*; conserver le feu à bonne distance par bâbord jusqu'à ce qu'on ait passé le feu rouge. 47° 27′ 30″ N. et 58° 7′ 4″ O.)

AMÉRIQUE DU NORD — GOLFE SAINT-LAURENT. 275

Ile de la Passe, baie de l'*Ermitage*, *fixe blanc*, élevé de 85° 6 et visible de 19 milles.

—— A 4 mètres au-dessous du précédent, *fixe rouge*, dans la même tour, visible entre le N. 75° E. et le N. 61° 30′ O. ou des rochers *Wolf* à la pointe *Basse-terre*. (47° 29′ N. — 56° 12′ O.)

Rose Blanche (D. 4), feu *fixe*, visible du S. 73° O. au N. 62° E. par le Nord ; son altitude de 29°, et sa portée de 13 milles. (47° 35′ 50″ N, et 61° 1′ 45″ O.)

Port Basque (D. 6), sur le cap *Channel*, feu *fixe rouge* visible de 12 milles. (47° 33′ 47″ N. et 61° 27′ 19″ O.)

Cap Ray (C.), sur le côté Ouest de ce cap (*Terre-Neuve*). Feu à *éclats* chaque 10 *secondes* et visible de 20 milles. A grande distance, il a l'apparence d'un feu fixe. Sifflet de brouillard, 10s par minute. (47° 37′ N. et 61° 38′ 9″ O.)

GOLFE ET FLEUVE SAINT-LAURENT

Ile Saint-Paul (D. 3). Deux feux sont sur les pointes extrêmes N. E. et S. O. Le premier est *fixe*, très brillant, élevé de 42° 67, sur un îlot séparé. Il est vis. sur tout l'horizon, excepté quand on le relève entre le N. 9° O. et le N. 44° E., où il est caché par les terres. Sa tour est blanche. Allumé du 1er avril au 20 décembre.

Le feu Sud peut se voir sur tout l'horizon, excepté quand il est relevé entre le S. 48° E. et le S. 73° O., où il est caché par les collines. Ce feu est *tournant* de 1 m. en 1 m. et sa tour blanche ; il est muni d'un sifflet de brouillard qu'on entend de très-loin ; 5s chaque minute. Ces feux ont une portée de 20 milles (Feu du N. 47° 13′ 50″ N. et 62° 28′ 29″ O. 15″ Feu du S. 47° 11′ 20″ N. et 62° 29′ 49″ O.) Allumé toute l'année.

Ile Entry (C.), sur la côte Sud-Est (îles *Madeleine*) ; feu *fixe rouge*, élevé de 27° 4 et visible de 12 milles. (47° 16′ 30″ N. et 64° 1′ 10″ O.) Allumé du 1er avril au 20 décembre.

Ile Amherst (C.), sur le cap Sud de l'île ; feu *tournant* montrant alternativement un *éclat rouge* de 30 s. et un *éclat blanc* de 30 s., visibles de 20 milles. (47° 13′ N. et 64° 18′ O.) Allumé du 1er avril au 20 décembre.

Grindstone (C.), au côté Ouest des îles *Madeleine* ; feu *tournant* de 90 s. en 90 s. et élevé de 60ᵐ 8, sur une tour carrée de 8ᵐ 5; il se voit de 20 milles. (47° 23′ 20″ N. et 64° 17′ 20″ O.) Sifflet de brouillard, 2 coups de 8ˢ par minute. Le feu est allumé du 1ᵉʳ avril au 20 décembre.

Great-Bird (D. 2), feu *fixe*, élevé de 42ᵐ 7, sur ce rocher (îles *Madeleine*) Sa portée est de 21 milles. Canon de brouillard toutes les demi-heures. (47° 50′ 40″ N. et 63° 28′ 29″ O.) du 1ᵉʳ avril au 31 décembre.

Cap Rozier (D. 1), feu *fixe*, sur la pointe extrême du cap, au côté E. de la baie de *Gaspé*, par 48° 51′ 40″ N. et 66° 32′ 15″ O. Son élévation est de 41ᵐ 3 et sa portée de 16 milles. Il est allumé du 1ᵉʳ avril au 20 décembre, et éclaire les deux tiers de l'horizon. Canon par temps de brume toutes les heures.

Cap Gaspé (C.), feu *fixe rouge*, élevé de 106ᵐ sur une tour carrée de 9ᵐ et visible de 12 milles. Sifflet de brouillard 10ˢ par minute. (48° 45′ 15″ N. et 66° 29′ 24″ O.) Allumé du 1ᵉʳ avril au 20 décembre.

Gaspé (flottant), mouillé devant la pointe *Sandy-Beach*; deux feux *fixes* sur le même mât, à 10ᵐ 6 et 8ᵐ 9 de hauteur, le supérieur *blanc*, l'inférieur *rouge*. Le bateau porte sur ses côtés les mots *Light-Ship*. (48° 50′ 45″ N. et 66° 44′ 39″ O.) Allumé du 1ᵉʳ av. au 20 déc.

Baie Gaspé, feu *fixe rouge* sur la pointe *O'Hara*, allumé seulement quand on attend le paquebot; il se voit de 7 milles. (48° 49′ 53″ N. et 66° 51′ 50″ O.)

Whitehead ou **Cap Blanc** (C.), baie *Percée*, feu *fixe*, élevé de 42ᵐ et visible de 13 milles. (48° 30′ 30″ N. et 66° 33′ 15″ O.) Cornet de brume. Du 1ᵉʳ avril au 20 décembre.

Ile Anticosti (C.), feu *fixe*, vers l'extr. E., sur *Heath-Point*. On doit toujours l'ouvrir au S. de la pointe *Cormoran*. Sa portée est de 15 milles et son élévation de 33ᵐ. (49° 5′ 20″ N. et 64° 2′ 40″ O.) Allumé du 1ᵉʳ avril au 20 décembre.

—— (C.), sur *Bagots-Bluff*; feu à *éclats* chaque 20 secondes; élévation 22ᵐ 8; portée 14 milles. Sifflet de brouillard, 10ˢ par minute. (49° 4′ N. et 64° 36′ O.)

—— Sur la pointe S. O. de l'île; feu *tournant* de 1 m. en 1 m., élevé de 30ᵐ 5; visible du S. 82° E., par l'E. et le N., jusqu'au N. 48° O., à 15 milles. (49° 23′ 45″ N. et 65° 55′ 55″ O.)

AMÉRIQUE DU NORD. — RIVIÈRE SAINT-LAURENT.   277

— (D. 2), sur l'extrême pointe O. de l'île, par 49° 52′ 30″ N. et 66° 51′ 49″ O. Feu *fixe*, élevé de 34″ et visible de 15 milles sur les deux tiers de l'horizon. Canon par temps de brume. Dépôt de provisions pour les naufragés.

Cap Madeleine (C.), au côté Sud de la rivière *Saint-Laurent*; feu *tournant*, montrant alternativement un *éclat blanc* et un *éclat rouge* chaque 2 minutes; il est élevé de 44″ 8 et visible, le feu *blanc* de 20 milles, le feu *rouge* de 15 milles. (49° 15′ 40″ N. et 67° 39′ 39″ O.) Allumé du 1er avril au 20 décembre.

Rivière Martin (C.), feu *fixe blanc*, élevé de 38″, visible de 17 milles. (49° 13′ 25″ N. et 68° 29′ O.) Allumé du 1er avril au 20 décembre.

Carousal (C.), sur cette île, la plus Sud des *Sept-Iles*, feu *fixe blanc*, élevé de 60″ et visible de 20 milles. (50° 5′ 40″ N. et 68° 42′ 50″ O.) Allumé du 1er avril au 10 décembre.

Cap Chatte (C.), sur le côté Sud de la rivière *Saint-Laurent*; feu *fixe*, varié par des *éclats* chaque 30 secondes. Il est élevé de 36″ 5 et visible de 18 milles. (49° 5′ 50″ N. et 69° 5′ 39″ O.)

Ile Egg (C.), feu *tournant*, chaque 90 secondes; il est élevé de 21″ 3 et visible de 15 milles. (49° 38′ N. et 69° 30′ O.)

Pointe-de-Monts (C.), au côté N. de la rivière, vis-à-vis du cap *Chatte*; élevé de 30″ 5 au-dessus de la mer. Ce feu *fixe* se voit de 15 milles. Passez à 3/4 de mille de la pointe. Canon par temps de brume. (49° 19′ 35″ N. et 69° 42′ 4″ O.) Dépôt de provisions pour les naufragés.

Little Metis (C.), feu alternativement *rouge* et *blanc*, sur la pointe de ce nom; élevé de 17″, visible de 13 milles. (48° 41′ N. et 70° 22′ 24″ O.) Il atteint son plus vif éclat une fois par minute.

Matane (C.), à l'entrée du fleuve *Saint-Laurent*; feu *fixe* élevé de 20″ et d'une portée de 10 milles. (48° 52′ N. et 69° 53′ O.)

Manicouagan, flottant, par 46″, à 1 mille 3/4 S. S. E. du banc, 2 feux *fixes*, élevés de 8 et 7″, visibles de 12 milles. Sifflet de brouillard, 2 sons de 8s séparés de 8s et 20s. (49° 2′ 40″ N. et 70° 34′ 29″ O.)

Pointe Father (C.), feu *fixe* sur cette pointe; élevé de

13°, visible de 10 milles. (48° 31′ 25″ N. et 70° 47′ 49″ O). Pilotes.

Port-Neuf (C.), sur une jetée ; feu *fixe*, élevé de 12°, visible de 11 milles. (48° 38′ N. et 71° 26′ O.)

Biquette (C.), feu *tournant* de 2 m. en 2 m., sur la pointe O. de l'île *Biquette*, par 48° 25′ 18″ N. et 71° 13′ 27″ O. Son élévation est de 34° et sa portée de 17 milles. Lorsqu'il y a de la brume ou des tempêtes de neige, on tire le canon toutes les demi-heures.

Red-Islet (C.), feu *fixe rouge*, sur l'île de ce nom, par 48° 4′ 20″ N. et 71° 53′ 5″ O. Il a 23° de hauteur et se voit de 12 milles.

— (flottant), mouillé par 18° au N. E. de l'îlot. Le bateau à deux mâts portant chacun, à 15° de hauteur, un feu *fixe* qui se voit de 12 milles. Le bateau porte les mots *Red-Island-Light-Ship* sur ses côtés. Sifflet de brouillard 10° par minute (48° 6′ 30″ N. et 71° 51′ 0″ O.)

Ile Lark (C.), feu *fixe*, à l'entrée Sud de la rivière *Saguenay*; il est élevé de 10° et visible de 10 milles. (48° 5′ 30″ N. et 72° O.)

Green Island (C.), sur la pointe N.; feu *fixe*, élevé de 18° et de 13 milles de portée. (48° 3′ 15″ N. et 71° 45′ 15″ O.) Canon par temps de brume, un coup chaque demi-heure.

On ne doit pas approcher, car un banc s'étend à 1/4 de mille N: 7° E.

Brandy-Pots (D. 4), feu *fixe*, à 77° de l'ext. S. E. de l'îlot; élevé de 23° 7, on le voit de 10 milles. (47° 52′ 30″ N. et 72° 0′ 44″ O.)

Long-Pilgrims (D. 4), à 37° à l'O. du centre de l'île. C'est un feu *fixe*, haut de 55°, qui se voit de 12 milles. (47° 43′ 15″ N. et 72° 4′ 29″ O.)

Grande Ile Kamouraska, feu *tournant blanc* de 1 m. en 1 m., à 219° de l'extrémité N. E. de l'île; élevé de 50°, il se voit de 18 milles. (47° 38′ N. et 72° 12′ O.)

Pointe Origneaux, sur le môle *Saint-Denis*; feu *fixe rouge*, élevé de 10°, visible de 8 milles. (47° 29′ 40″ N., 72° 22′ 0″ O.)

Cap Goose (C.), feu *fixe blanc*, élevé de 14° et visible de 8 milles. (47° 29′ 30″ N. et 72° 33′ 55″ O.)

Baie Saint-Paul (C.), feu *fixe blanc* sur la jetée de la baie *Saint-Paul*, élevé de 11" et visible de 10 milles. (47° 24' 45" N. et 72° 49' 9" O.)

Saint-Roque (flottant), mouillé par 6" à la partie N. E. des bancs; il montre deux feux *fixes*, visibles de 9 milles. Le feu du grand mât est de 1" 2 plus haut que l'autre. Sifflet de brouillard, sons de 12s par minute. Bateau rouge avec les mots *Traverse Light Ship* en blanc sur les côtés. (47° 22' 10" N. et 72° 34' 59" O.)

—— (flottant), par 5" 9 à l'accore N O. des bancs. Le bateau à 2 mâts portant chacun un feu *fixe* de 6 milles de portée. Cloche de brouillard. (47° 19' 50" N. et 72° 36' 10" O.)

Stone-Pillar (C.), feu *tournant à éclats* de 90 s. en 90 s., à 90" environ de la pointe S. de l'île du même nom, par 47° 12' 25" N. et 72° 41' 45" O. Son élévation est de 20" et sa portée de 13 milles.

Algernon rock, auprès de *Stone-Pillar*, *fixe*, éteint provisoirement.

Ile Crane (C.), feu *fixe* sur une balise; élevé de 13" et visible de 10 milles. (47° 3' N. et 72° 53' 9" O.)

Cap-rouge (C.), feu *fixe*, élevé de 53" et visible de 19 milles. (47° 7' 20" N. et 73° 2' 54" O.)

—— (C.), deux feux *fixes blancs*, à 90" de distance pour conduire entre l'*Épi-Traverse* et le banc *Brûlé*. (47° 7' 45" N. et 73° 0' 37" O.)

Saint Francis (C.), deux feux *fixes blancs*, à 7/10 de mille de distance, à l'extrémité E. de l'île *Orléans*, pour conduire entre les *West-Sands* et l'*Épi-Traverse*. (47° 0' 12" N. et 73° 5' 29" O.) Ces feux sont visibles de 10 milles.

Belle-chasse (C.), feu *fixe*, élevé de 21" et visible de 13 milles, sur l'extr. E. de l'île *Belle-Chasse*. (46° 56' N. et 73° 6' 9" O.)

St-John sur l'île *Orléans* (C.), feu *tournant* chaque 30 secondes. Il est visible de 10 milles. (46° 55' 10" N., 73° 13' 39" O.)

St-Lawrence feu *fixe* et **St-Antoine** feu *fixe*.

Sainte-Croix (C.), feu *fixe*, visible de 6 milles, installé dans une tourelle blanche, à 1/4 de mille N. de l'église de *Québec*, pour faciliter le passage de la ville à quelques milles en amont et en aval. (46° 37' 45" N. et 74° 4' 19" O.)

Les 26 *feux* précédents sont allumés du 1er avril au 10 décembre.

Nota. Au-dessus de *Québec* sont plusieurs feux à l'usage des pilotes, qu'il serait peu utile d'indiquer ici.

NOUVEAU-BRUNSWICK

Les feux du Nouveau-Brunswick sont allumés du 1er avril au 20 décembre.

Cap Despair (C.), sur ce cap (baie *Chaleur*), feu tournant montrant des *éclats* chaque 30 *secondes*; il est élevé de 27m 4 et visible de 15 milles. (48° 25′ 41″ N. et 66° 38′ 30″ O.)

Pointe Maquereau (C.), sur cette pointe; feu alternativement *rouge* et *blanc* chaque *minute*; on le voit de 12 milles et il est élevé de 17m. (48° 12′ 30″ N. et 67° 6′ 19″ O.)

Pointe Paspebiac (C.), feu *fixe*, élevé de 16m 7, visible de 13 milles. La tour blanche, élevée de 14m. est près de l'extrémité de la pointe (baie *Chaleur*). (48° 0′ 50″ N. et 67° 34′ 30″ O.)

Carleton (C.), sur cette pointe (baie *Chaleur*); feu *fixe rouge*, élevé de 9m 8, sur une tour blanche, et visible de 12 milles. (48° 5′ 15″ N. et 68° 27′ 10″ O.)

Pointe Bonami (C.), feu *fixe*, élevé de 15m, visible de 13 milles. Il est à l'entrée Sud du port de *Dalhousie* (baie *Chaleur*). (48° 3′ 45″ N. et 68° 41′ 0″ O.)

Dalhousie, 2 fixes, feux de direction, l'un sur le Wharf, l'autre sur l'île *Montgomery*; élevés de 7m 3 et 8m 2 (48° 4′ 40″ N. — 68° 42′ 44″ O.)

Pointe Oak feux de direction, 2 *fixes* sur la tour avant, l'un à l'E. l'autre à l'Ouest; élevés de 12m; *fixe* sur la tour arrière; son alignement avec les précédents sert pour le chenal de la *traverse*. (48° 2′ 40″ N. — 68° 56′ 44″ O.)

Campbeltown, feux de direction; *fixes blancs*, extérieur, sur une jetée auprès du Wharf du chemin de fer, élevé de 7m3, intérieur sur un wharf particulier. (48° 0′ 50″ N. — 68° 59′ 51″ O.)

Ile Héron (C.), sur cette île, baie *Chaleur*, feu *fixe* élevé de 20 mètres et visible de 12 milles. (48° 0′ N., 68° 28′ 10″ O.)

Elm Tree, *fixe blanc*, sur ce *petit rocher*, élevé de 11 mètres; visible de 12 milles du N. au S. 35° E. par l'E. (47° 48′ 39″ N. — 68° 3′ 27″ O.)

AMÉRIQUE DU NORD — NOUVEAU-BRUNSWICK. 281

Havre Bathurst (C.). Deux balises éclairées sont placées sur la pointe *Alston*, à 110" l'une de l'autre. Le feu extérieur, *blanc*, élevé de 8" 2 ; le feu intérieur *rouge*, élevé de 9" 5. On les voit de 10 milles. (47° 39' 20" N. et 67° 56' 50" O. le phare du N.)

Ile Caraquette (C.), feu *fixe*, sur cette île (baie *Chaleur*) ; il est élevé de 15" 8 et visible de 14 milles. (47° 49' 40" N. et 67° 15' O.)

Ile Miscou (C.), sur la pointe *Birch* ; le feu est *fixe rouge*. Son élévation est de 23" 7, sur une tour blanche octogone, et sa portée de 12 milles. Sifflet de brouillard à vapeur, coups de 5ˢ par 1/2 minute. (48° 1' 0" N. et 66° 49' 37" O.)

—— (C. 4), au côté O. de l'île *Miscou*. Le feu est *tournant* chaque minute, élevé de 12" 2 et visible de 10 milles. (47° 55' 40" N. et 66° 55' 50" O.)

Port Shippigan (C.), sur l'*Islet*, dans le port ; feu *fixe*, élevé de 9" 7, visible de 11 milles. (47° 43' N. 66° 59' 39" O.)

Pokemouche (C.), feu *fixe vert*, élevé de 8" et visible de 8 milles. (47° 40' N. et 67° 6' 49" O.)

Tracadie (C.), au côté Nord du goulet ; le feu intérieur *fixe rouge* est élevé de 7" 9 et visible de 8 milles. Il sert pour atterrir et guider dans le port.

—— Feu extérieur *fixe blanc*, élevé de 6" et visible de 8 milles. En ligne avec le précédent, il marque le chenal qui conduit dans le port. (47° 30' 10" N. et 67° 12' 9" O.)

Tabisintac (C.), sur l'île *Crab*, 2 feux : l'un *fixe rouge*, l'autre *fixe blanc*, visibles de 7 milles. (47° 17' 35" N., 67° 16' 59" O.)

Neguac, feu *fixe* d'une portée de 11 milles. (47° 14' 50" N., 67° 20' 30" O.) Un 2ᵉ feu *fixe blanc* donne, avec le feu principal, la direction du chenal des petits navires.

Ile Portage (C.), feu *fixe* sur l'extr. S. de l'île, visible de 12 milles. (47° 9' 50" N. et 67° 22' 49" O.)

Horse-Shoe (flottant C.), entre les îles *Fox* et *Portage* (baie *Miramichi*). Feu *fixe rouge*, élevé de 10" 6, visible de 8 milles. (47° 8' N. et 67° 23' O.)

Pointe Oak (C.), 2 feux *fixes* à 1/2 mille N. 33° E. et S. 33° O. l'un de l'autre, visibles de 10 milles. (47° 8' 0" N. et 67° 35' 15" O.) Ils guident dans le *Swashway*.

Ile Sheldrake (C.), deux balises éclairées ; feux *fixes*,

16.

à 457ᵐ l'un de l'autre, visibles de 9 milles. (47° 6′ 50″ N. et 67° 38′ 9″ O.)

Baltiboque (C.), 2 feux *fixes*; à 1 mille dans l'O. de la pointe *Malcom*, visibles de 10 milles. (47° 5′ 0″ N. et 67° 44′ 9″ O). Ils guident dans le *Swashway*.

Middle (C.), au côté Nord de l'île *Middle*, riv. *Miramichi*. Le feu *fixe* élevé de 13ᵐ 7 se voit de 7 milles. (47° 3′ 30″ N. et 67° 47′ 9″ O.)

Ile Fox, 2 feux à 1/2 mille l'un de l'autre, pointe N.O. 2 feux, E. et O. pointe E., visibles de 10 milles. (47° 8′ 45″ N., 67° 22′ 9″ O. et 47° 6′ 50″ N., 67° 20′ 49″ O.)

Plage Preston, 2 feux *fixes* N. 50° O. et S. 50° E. l'un de l'autre à 1 mille à l'Est du goulet *Huckleberry*, visibles de 10 milles. (47° 4′ 50″ N. et 67° 14′ 50″ O.)

Escumenac (D. 3), sur la pointe de ce nom, au côté Sud de la baie de *Miramichi*; feu *fixe*, élevé de 21ᵐ, par 47° 4′ 32″ N. et 67° 7′ 40″ O. Sa portée est de 14 milles ; on le laisse à tribord en entrant dans le détroit de *Northumberland*. Sifflet de brouillard 10ˢ chaque min., à 100ᵐ à l'O. du phare.

Cap Richibucto (D. 4), sur ce cap. Le feu *fixe* est élevé de 21ᵐ et se voit de 14 milles. (46° 39′ 40″ N. et 67° 2′ 39″ O.)

Rivière Richibucto; feux de direction : l'un *fixe blanc*, élevé de 12ᵐ, visible de 12 milles, l'autre à 93ᵐ au S. 55° O. du premier, *fixe rouge*, élevé de 13ᵐ 4 visible de 12 milles ; leur alignement conduit sur la barre. (46° 42′ 45″ N.— 67° 6′ 25″ O. Position du premier).

Pointe Cassie (C.), feu *tournant blanc*, montrant son plus vif éclat chaque 30 s. Il est élevé de 12ᵐ et visible de 14 milles ; il guide dans le port de *Shediac*. (46° 10′ 15″ N. et 66° 50′ 29″ O.)

Shediac (C.), 2 feux *fixes blancs* de direction, sur des balises, visibles de 10 milles. (46° 15′ 20″ N. et 66° 52′ 0″ O.)

—— 2 feux de direction *fixes*, sont établis sur l'ext. des *Wharfs* de la pointe *Duchêne*.

Hillsborough-Wharf, feu *fixe blanc*, visible de 5 milles, dans la rivière *Petit-Gadiac*. (45° 55′ 15″ N. et 66° 58′ 15″ O.)

AMÉRIQUE DU NORD — NOUVEAU-BRUNSWICK 283

Cap Jourimain (C.), sur ce cap (détroit de *Northumberland*); feu à *éclats*, le plus grand éclat chaque 10 s. élevé de 22", visible de 14 milles. (46° 10′ N. et 66° 8′ 39″ O.)

Ile du Prince-Edouard (C.) feu *tournant* chaque minute, sur la pointe N. de l'île, à 24" 4 de hauteur; il se voit de 12 milles. (47° 3′ 46″ N. et 66° 19′ 30″ O.)

—— **Pointe Ouest**, feu *tournant*, montrant un *éclat rouge* et trois *éclats blancs* de 90 s. en 90 s., élevé de 20" et visible de 13 milles. Les éclats atteignent leur plus grande intensité toutes les 22 s. et demie. (46° 37′ 30″ N. et 66° 43′ 20″ O.)

—— **Big Tignish**, 2 feux *fixes*, à 315" E. et O., l'un sur la côte au S. de l'entrée, l'autre sur l'extrémité extérieure du brise-lames, visibles de 6 milles. (46° 57′ 26″ N. et 66° 19′ 29″ O.)

Cascumpèque (C.), sur l'île *Sandy*, à 295" N. 78° E. et S. 78° O. l'un de l'autre, 2 *fixes*, *blanc* et *rouge*, élevés de 14 et 5"5, visibles de 12 et 6 milles. (46° 48′ 22″ N. et 66° 22′ 24″ O.)

Sea-Cow, au côté S. E. de la baie de *Bédèque*; le feu est *fixe*, élevé de 27" et visible de 15 milles. (46° 19′ 0″ N. et 66° 8′ 39″ O.)

Port Bédèque, feu *fixe*, d'une portée de 10 milles, sur le quai *Green*, par 46° 23′ 32″ N. et 66° 7′ 20″ O. Il est élevé de 4"5.

Richmond, sur l'île *Bill-Hook*, à 360" N. 78° E. et S. 78° O. l'un de l'autre, 2 fixes élevés de 15" et 5"5, visibles de 12 et 6 milles. (46° 34′ 44″ N. et 66° 2′ 39″ O.)

Conway Inlet (C.) côté N. de l'entrée, à 60" l'un de l'autre, 2 *fixes* de direction, élevés de 8 et 5", visibles de 10 et 8 milles. (46° 40′ N. — 66° 13′ O.)

Little Channel (passe *Conway*), 2 feux *fixes*, visibles de 9 milles. Balise blanche. (46° 40′ N. et 66° 13′ 9″ O.)

Port Grenville, 2 feux *fixes*, *blanc* et *rouge*. (46° 31′ 20″ N. et 65° 48′ 34″ O.)

Grand Rustico, côté Ouest de l'entrée, 2 feux *fixes*, *blanc* et *rouge*. (46° 27′ 40″ N. et 65° 37′ O.)

Petit Rustico, côté Ouest de l'entrée, à 60" l'un de l'autre, 2 *fixes*, élevés de 8" et 5" visibles de 6 milles. (46° 26′ N. — 65° 34′ O.)

Pointe Est, à 182" en dedans du côté Sud de la pointe Est; *tournant* de 3" en 3", élevé de 39" et visible de 17 milles. (46° 27′ 9″ N. et 64° 18′ 24″ O.)

284   AMÉRIQUE DU NORD — NOUVELLE-ÉCOSSE.

Saint Peter (D. 4) coté O. du chenal N. 11° E. et S. 11° O. à 110ᵐ, 2 *fixes*, élevés de 6ᵐ, visibles de 6 milles. (46° 26′ N. — 65° 4′ O.)

Port Tracadie (C.), côté O. du chenal; N. 11° E. et S. 11° O. à 220ᵐ l'un de l'autre, 2 *fixes*, *blanc* et *rouge* élevés de 9ᵐ et 8ᵐ, visibles de 10 et 3 milles.

Saint-Andrew (C.), sur cette pointe, au S. de *Georgetown*, feu *fixe*, *rouge* du côté du large, *blanc* du côté du port, élevé de 11ᵐ, visible de 8 milles. (46° 10′ N., 64° 51′ 34″ O.)

Baie Cardigan (C.), feu *fixe*, sur le cap *Panmure*, entrée S. de *Georgetown*; élévation 27ᵐ, portée 14 milles. (46° 8′ 47″ N. et 64° 47′ 49″ O.)

On pare le récif du cap *Bear* en tenant le feu ouvert de la pointe *Terras*.

Little Sands, feu *fixe rouge*, sur une fenêtre d'une maison, élevé de 15ᵐ et visible à 5 milles. (45° 57′ 53″ N. et 64° 59′ 9″ O.)

Port Murray (C.), à 1 mille l'un de l'autre S. 56° O. et N. 56° E., 2 *fixes* élevés de 9ᵐ et 13ᵐ, visibles de 5 milles. (46° 1′ 0″ N. — 64° 48′ 15″ O.)

Ile Wood (D, 4), feu *fixe rouge*, élevé de 42ᵐ, visible de 15 milles sur tout l'horizon. (45° 57′ N. et 65° 4′ 39″ O.)

Baie Hillsborough (C.), sur la pointe *Prim*, au S. E. de la baie, par 46° 3′ 10″ N. et 65° 22′ 16″ O.; feu *fixe* élevé de 20ᵐ7 et visible de 12 milles. Plusieurs bouées signalent les dangers de la baie.

Blockhouse, au port de *Charlotte*, sur cette pointe, côté O. de l'entrée; feu *fixe* élevé de 17ᵐ et visible de 12 milles. (46° 11′ 36″ N. et 65° 27′ 37″ O.)

—— (C.), un second feu *fixe rouge* est dans la même tour, visible de 3 milles seulement, dans la direction de la bouée à cloche.

NOUVELLE-ÉCOSSE

Pugwash (C.), sur la pointe *Fishing*; feu *fixe*, *blanc* vers le port, et *rouge* au large. Il a 11ᵐ d'élévation et se voit de 8 milles. (45° 52′ 30″ N. et 66° 0′ 39″ O.)

Ile Amet (C.), feu *fixe*, visible sur tout l'horizon; il est élevé de 13ᵐ4, sur une tour carrée blanche, et visible de 10 milles. (45° 50′ 15″ N. et 65° 30′ 10″ O.)

Mullin (C.), sur cette pointe (port *Wallace*); feu *fixe*, élevé de 12ᵐ, visible de 11 milles. (45° 49′ 45″ N. et 65° 45′ 25″ O.)

AMÉRIQUE DU NORD — NOUVELLE-ÉCOSSE. 285

Havre Pictou (C.), au S. de l'entrée, détroit de *Cumberland*; tour octogonale à bandes verticales rouges et blanches. Feu *fixe*, élevé de 19^m 8, se voit de 11 milles; un petit feu *rouge* est allumé à 7^m 6 sous la lanterne. Allumés quand il n'y a pas de glace. (45° 41′ 25″ N. et 64° 59′ 36″ O.)

—— Dans une tour de la nouvelle douane; *fixe blanc* élevé de 18^m, visible de 8 milles; tenu par le précédent il indique le chenal de la terre. (45° 41′ N. — 65° 2′ O.)

Ile Pictou (C.), feu *fixe*, sur la pointe S. E. de l'Ile; élévation 15^m 7, portée 12 milles. (45° 49′ 10″ N. et 64° 50′ 45″ O.) on dit qu'il n'est pas visible au S. du S. S. O. 1/2 S.

Cap Saint-Georges (D. 2), feu *tournant* de 30 s. en 30 s.; son élévation est de 106^m 6 et sa portée de 25 milles. (45° 52′ 35″ N. et 64° 14′ 49″ O.) On dit qu'on ne le voit pas à l'Est de l'E. S. E.

Pomquet, feu *fixe rouge*, sur l'extrémité N. E. de l'île; il est élevé de 15^m et visible de 9 milles, masqué sur les relèvements de l'Est. (45° 39′ 40″ N. et 64° 4′ 39″ O.)

Caribou (C.), feu *tournant* chaque minute; il est élevé de 10^m 6, sur une tour blanche placée sur l'extr. N. E. de l'île; portée 10 milles. (45° 46′ N. et 65° 0′ 29″ O.)

Port Hood (C.), feu *fixe rouge* et *blanc*, à l'entrée S. Il paraît *rouge* quand on le voit du N., et *blanc* quand on le voit du S. Son élévation est de 16^m 7 et sa portée de 10 milles. (Ile du *Cap Breton*.) (46° 0′ 0″ N. et 63° 51′ 50″ O.)

Margarie ou **Sea-Wolf** (C.), sur le centre de cette île, à 2 milles 1/2 de l'île du *Cap Breton*; feu *fixe*, élevé de 88^m 4 et visible de 21 milles. (45° 21′ 30″ N. et 63° 35′ 42″ O.)

Cheticamp (C.), sur la pointe S. O. de cette île, au côté Est de l'île du *Cap Breton*; feu *tournant*, montrant un *éclat* de 5 s. chaque 45 s.; son élévation de 45^m 4, lui donne une portée de 20 milles. (46° 36′ 32″ N. et 63° 23′ 9″ O.)

Cap Nord (C.), sur *Money* P^t (île du *Cap Breton*), feu *tournant* paraissant alternativement *rouge* et *blanc* chaque 45 *secondes*; il est élevé de 22^m 3 et visible de 15 milles. (47° 2′ 10″ N. et 62° 43′ 39″ O.)

Ingonish (D. 4); sur cette île, côté N. E. de l'île du *Cap Breton*; feu *fixe*, élevé de 72^m et visible de 15 milles. (46° 41′ 22″ N. et 62° 40′ 9″ O.)

Ile Ciboux ou **Bird** (C.), feu *tournant rouge* de 1 m.) en 1 m., visible de 14 milles. (46° 23′ 10″ N., 62° 42′ 39″ O.

Port Sainte-Anne, feu *fixe*, élevé de 7^m 3, visible de

8 milles. Il est placé sur le côté Nord de la pointe *Beach*. (46° 17' 30" N. et 62° 52' 24" O.)

Black Rock ou **Grand Bras d'Or** (C.), sur la pointe *Blackrock* (île du *Cap Breton*); feu *fixe*, élevé de 13· 7 et visible de 10 milles. (46° 18' 30" N. et 62° 43' 39" O.)

Mac Kenzie (C.), feu *fixe*, visible de 12 milles et élevé de 29·; il guide les navires dans le lac *Grand Bras-d'Or* (île du *Cap Breton*). (46° 7' 18" N. et 62° 59' 9" O.)

Port Baddeck (C.), à la pointe N. E. de l'île *Kidston* feu *fixe rouge*, élevé de 9· 5 et visible de 7 milles. (46° 6' N. 63° 4' 29" O.)

Pointe Aconi (C.); feu *fixe rouge*, élevé de 27· 7 sur cette pointe côté Nord de l'entrée du *petit Bras-d'Or*; on le voit de 11 milles. (46° 19' 30" N. et 62° 37' 20" O.)

Uniacke (C.), feu *fixe*, élevé de 8· 7 et visible de 10 milles; la tour *blanche* est placée au côté Nord du détroit de *Barra, petit Bras-d'Or.*) (45° 57' 58" N. et 63° 8' 9" O.)

Cap George (C.), sur le lac *grand Bras-d'Or*, au côté Ouest de l'entrée du havre *Saint-Pierre*; feu *fixe* élevé de 15· 2, visible de 12 milles. (45° 44' 30" N. et 63° 8' 29" O.)

Sydney (C.), installé sur *Flat-Point*, à l'E. de l'entrée, feu *fixe* élevé de 21· 3, visible de 14 milles. Tour octogonale à bandes verticales rouges et blanches. On ne doit pas l'approcher à moins de 3/4 de mille. (46° 16' 10" N. et 62° 27' 30" O.)

—— (C.), sur l'extrémité Ouest de la barre Sud du port; feu *fixe rouge*, élevé de 9· 6 et visible de 10 milles. (46° 12' 40" N. et 62° 32' 39" O.)

Pointe Lingan (C.), au côté Nord du port *Bridgeport* (île du *Cap Breton*). Feu *fixe rouge* qui se voit de 10 milles; élevé de 15· 24 (46° 14' 12" N. et 62° 22' 29" O.)

Ile Flint (C.), feu *tournant* de 15 s. en 15 s.; élevé de 19· 7, sur l'extr. N. E. de l'île, et visible de 12 milles. (46° 11' 5" N. 62° 6' 0" O.)

Ile Scatari (C.), extr. N. E. de l'île, sur le rocher *Trap*, élevé de 27· 4; feu *tournant*, très-brillant pendant 10 s., visible pendant 1 m. de 15 milles de distance et éclipsé pendant 30 s. On ne doit jamais l'amener à l'E. du N. ou à l'E. du S., ni l'approcher à moins de 1 mille 1/2. (46° 2' 13" N. et 62° 27' O.)

—— (C.), à *Menadou*, sur la pointe Ouest de l'île *Scatari*; feu *fixe rouge*, élevé de 27· 5, se voit de 9 milles. (46° 0' 30" N. et 62° 7' 39" O.)

AMÉRIQUE DU NORD — NOUVELLE-ÉCOSSE. 287

Port Louisbourg (C.), au côté N. de l'entrée, à 110° de la pointe, feu *fixe*, élevé de 26°, portée 16 milles. (45° 54′ 34″ N. et 62° 17′ 24″ O.)

Ile Guyon (C.), à 207° de l'extr. O. de l'île, feu *tournant rouge* de 30 s. en 30 s., élevé de 22°,5 et visible de 12 milles. (45° 46′ 10″ N. et 62° 26′ 30″ O.)

Ile Ouetique, sur la pointe S. de l'île, feu *fixe rouge* qui guide dans le passage *Lennox*; il est élevé de 23°,8 et se voit de 9 milles. (45° 36′ 42″ N. et 63° 17′ 24″ O.)

Cap Round (C.), feu *fixe*, élevé de 28° et visible de 14 milles; il guide les navires dans la baie de *Saint-Pierre* (île du *Cap Breton*). (45° 34′ 15″ N. et 63° 13′ 9″ O.)

Ile Big-Arrow (C.), feu *fixe rouge*, sur cette île au S. E. de l'île *Madame*; il est élevé de 11°,5, visible de 10 milles et guide dans le port de *Petit-Degrat-Inlet*. (45° 29′ 25″ N. et 63° 17′ 55″ O.)

Ile Verte (C.), feu *tournant*, alternativement *rouge* et *blanc* de 45 s. en 45 s., élevé de 21°,3, visible de 14 milles. (45° 28′ 51″ N. et 63° 13′ 49″ O.)

Port Arichat (C.), feu *fixe*, sur la pointe *Marache*, pointe S. E. de l'île *Jerseyman*, au côté S. de l'entrée N. du port (île *Madame*). La tour est carrée et blanche; le feu est élevé de 10°,3 et visible de 8 milles. (45° 29′ 2″ N. et 63° 22′ 1″ O.)

Jerseyman (C.), sur l'extrémité Nord de l'île; feu *fixe rouge*, élevé de 11°,8, visible de 11 milles. Il guide dans le passage *Crid* et fait entrer et sortir du port *Arichat* de l'Ouest. (45° 30′ 20″ N. et 63° 23′ 13″ O.)

Pointe Creighton (C.), à l'entrée d'*Arichat*; feu *tournant* montrant un *éclat* chaque 40 *secondes*; on le voit de 10 milles. (45° 30′ 40″ N. et 63° 26′ 9″ O.)

Détroit de Canso (C.), sur la pointe *Eddy*, côté O. de l'entrée S. du détroit de *Canso*; il est composé de deux feux horizontaux, *fixes*, à 7°,25 l'un de l'autre; leur élévation est de 7°,5 et leur portée de 8 milles. Le bâtiment est carré, blanc, avec un losange noir du côté de la mer. (45° 31′ 29″ N. et 63° 34′ 50″ O.)

Cette pointe étend ses dangers à 360° à l'E., mais sur son côté N. O. il y a un excellent ancrage.

Port Ship (C.), feu *fixe rouge*, sur la pointe *Stapleton*; il est élevé de 13°,4 et visible de 7 milles de l'entrée Nord du détroit, et à 3 milles seulement de l'entrée Sud. (45° 36' 40" N. et 63° 42' 9" O.)

Cap Jack (C.), feu *fixe*, sur le cap *Jack*, côté O. de l'entrée N. du détroit, à environ 110" dans les terres. Il est élevé de 35" 5 et visible de 18 milles. La tour est carrée et blanche. Des dangers dont il faut se défier bordent les côtes des deux côtés de ce détroit. Mais il y a un bon mouillage sous le feu. (45° 41' 42" N. et 63° 49' 17" O.)

Havre Bouche, 2 feux de direction, l'un *fixe blanc* élevé de 11 mètres, visible de 9 milles. (45° 41' N. — 63° 51' 30" O.) L'autre à 433" au S. 13° O. du premier, *fixe rouge*, élevé de 33" visible de 9 milles.

Guysboro (C.), au côté O. de l'entrée, pointe *Peart*, baie *Chedabucto*, feu *fixe*, dont la portée est de 8 milles. C'est une balise carrée, blanche, de 9" au-dessus de la mer. (45° 22' 47" N. et 63° 49' 20" O.)

Port Canso (C.), sur la partie N. E. de l'île *Hart*; feu *fixe rouge*, élevé de 12" 8 et visible de 12 milles; il guide dans le port et dans le détroit de *Canso* par le Nord et le Sud. (45° 21' N. et 63° 19' 19" O.)

Cap Canso ou **Granberry** (C.), 2 feux *fixes verticaux*, à 10" l'un de l'autre, dont la portée est de 15 et 9 milles, sur cette île, près le cap *Canso*; le feu supérieur à 22" 7 au-dessus de la mer; la tour est à bandes horizontales rouges et blanches. (45° 19' 49" N. et 63° 15' 38" O.) Le brisant *Bass*, avec 1" d'eau, est à 2 milles E. 34° N. du fanal. D'autres dangers s'étendent à 4 milles, et il faut des soins pour les éviter. Sifflet de brume, 8 secondes par minute.

White-Head (C.), *tournant* de 20 s. en 20 s., sur l'îlot de ce nom; élévation 16" 5; portée 11 milles. Éclats 10 s., éclipses 10 s., mais la lumière ne disparaît jamais totalement. (45° 12' 0" N. et 63° 28' 9" O.)

Thre Top, sur la pointe S. E. de l'île, à *Whitchaven*, *fixe blanc*, élevé de 14" 6; vis. de 11 milles, le feu est masqué à l'E. du N. 32° E. (45° 12' 40" N. — 63° 29' 54" O.)

Cap Berry (C.), à la pointe E., côté O. de l'entrée de *Tor-Bay*, feu *fixe*, *rouge* du côté du large; *blanc* au N. du côté de la baie et vers le port *Molasses*. Élevé de 15" et visible de 10 milles. (45° 11' 37" N. et 63° 38' 49" O.)

Port Isaac, sur la pointe *Holly*, deux feux *fixes blancs* *verticaux*, écartés de 6ᵐ 1, visibles de 9 milles. (45° 10′ 12″ N. et 63° 59′ 29″ O.)

Ile Green (C.), feu *fixe*, élevé de 15ᵐ 5 et visible de 15 milles. La tour carrée, blanche, est placée sur la pointe S. de l'île. (45° 6′ 15″ N. et 63° 52′ 39″ O.)

Ile Wedge, sur l'île, *fixe rouge*, visible 1 minute, caché 2 minutes; élevé de 21ᵐ 6, visible de 12 milles. (45° 0′ 35″ N. — 64° 12′ 49″ O.)

Ile Liscomb (C.), sur le côté Ouest de cette île. Feu *tournant*, montrant alternativement des *éclats rouges et blancs* de 2 m. en 2 m. Il est élevé de 19ᵐ 5, sur une tour carrée blanche, et visible de 15 milles. (44° 59′ 20″ N. et 64° 18′ O.)

Iles Beaver (C.), feu *tournant*, sur la partie S. E. de l'îlot extérieur. Ce feu fait sa révolution de 2 m. en 2 m.; il est visible pendant 1 m. 30 s. et invisible pendant 30 s. Son altitude est de 21ᵐ 3, et il peut se voir de 12 milles. Ce phare est blanc avec deux disques noirs sur la face tournée vers la mer. (44° 49′ 40″ N. et 64° 40′ 24″ O.)

Quand on entre dans le port *Beaver*, on doit se tenir à 3/4 de mille de ce feu pour éviter un rocher qui s'en détache à l'E.

Havre Pope (C.), sur la pointe O. de l'île *Harbour*, feu *fixe rouge*, élevé de 14ᵐ et visible de 9 milles (44° 47′ 40″ N. et 64° 59′ 0″ O.)

Sheet Harbour, à l'O. de *Sheet Rock*, *tournant* de 40ˢ en 40ˢ, élevé de 23ᵐ, visible de 10 milles quand on le relève entre le N. 75° O. et le N. 43° E. par le N. La roche gît presque dans le milieu du chenal de l'entrée du port, à 320ᵐ du phare. (44° 59′ N. — 62° 30′ O.)

Ile Egg (C.), sur cet îlot, feu *tournant*, alternativement *rouge* et *blanc*, dont l'*éclat* le plus brillant se montre chaque minute; il est élevé de 24ᵐ et visible de 15 milles. (44° 39′ 50″ N. et 65° 11′ 44″ O.)

Ile de Sable (C.), sur la pointe Ouest; feu *tournant*, montrant 3 *éclats* à intervalles de 30 s., suivis d'une *éclipse* de 90 s., élevé de 37ᵐ 8, visible de 17 milles. (45° 37′ N. et 62° 28′ 0″ O.)

—— Feu *fixe*, sur la pointe Est de l'île de *Sable*. Elevé de 39ᵐ et visible de 17 milles. (43° 58′ 30″ N. et 62° 6′ 9″ O.)

AMÉRIQUE DU NORD — NOUVELLE-ÉCOSSE.

Ile Devil (C. 2), 2 feux *fixes*, à l'E de l'entrée d'*Halifax*, à 167° N. 61° E. et S. 61° O.; leur portée est de 13 milles. Le feu de l'E. ouvert de celui de l'O. fait passer au Sud du *Thrum Cap*. (44° 34′ 50″ N. et 65° 47′ 24″ O. Feu O.)

Ile George (C.), sur le côté O., 2 feux *fixes blancs* verticaux, dans un phare élevé de 15°. Ils guident pour entrer dans le port. Le feu supérieur visible de 12 milles, est seul vu de l'O. (44° 38′ 30″ N. et 65° 53′ 29″ O.)

Sherbrook (C.), sur la côte de *Maugher* (port d'*Halifax*); feu *fixe*, élevé de 17° 6 et visible dans toutes les directions de 12 milles. Lorsqu'on est par le travers de *Chedabucto-Head*, ou lorsque le phare *Sambro* reste au S. 48° O., le feu de la côte de *Maugher* ne doit jamais être amené à l'O. du N. 20° O. pour parer l'écueil du cap *Thram*. Il y a une cloche d'alarme sur le *Rock-Head*, une des bouées d'*Halifax*. (44° 36′ 5″ N. et 65° 52′ 4″ O.) Cloche de brume, 7 fois par minute.

Il y a à l'entrée de *Halifax* 2 bouées à sifflet, l'une par 38°, par 44° 31′ 42″ N. — et 65° 49′ 37″ O.; l'autre à 6 milles au S. 60° E., par 44° 28′ 25″ N. — 65° 42′ 24″ O.

Cap Chébucto (C.), sur ce cap, entrée Ouest d'*Halifax*; feu *tournant*, montrant son *éclat* chaque *minute*; élévation 40°,2, portée 18 milles. Il signale les dangers du récif *Duncan*, le rocher *Bell*, et guide sur *Halifax*. (44° 30′ 20″ N. et 65° 51′ 0″ O.)

Ile Betty (C.), feu *tournant rouge* de 2 m. en 2 m., élevé de 23° et visible de 14 milles. (44° 26′ 20″ N. et 66° 6′ O.)

Sambro (C.), feu *fixe*, à 35° au-dessus de l'eau, dont la portée est de 20 milles : ce phare est blanc et au côté S. O. de l'entrée d'*Halifax*. Sifflet à vapeur de grande puissance pour les temps de brume, 10s par minute. (44° 26′ 10″ N. et 65° 53′ 49″ O.)

Baie Saint-Margaret (C.), feu *fixe rouge*, élevé de 20° et visible de 14 milles, sur la pointe *Peggy* ; au côté Est de la baie *Saint-Margaret*, dont il signale l'entrée. (44° 29′ 0″ N. et 66° 15′ 9″ O.)

Ile Green (C.), sur la pointe Sud, à l'entrée des baies *Mahone* et *Margaret*; feu *tournant*, montrant alternativement des *éclats rouges* et *blancs* chaque 90 *secondes*; il se voit de 13 milles et est élevé de 18°. (44° 23′ N. et 66° 22′ 54″ O.)

Baie Chester (D.), sur la partie S. E. de l'île *Ironbound*

AMÉRIQUE DU NORD — NOUVELLE-ÉCOSSE.

de l'E.; feu *fixe*, à 54" au-dessus de la mer, visible de 16 milles. (44° 26′ 15″ N. et 66° 24′ 39″ O.)

Hopson's Nose (C.), feu *fixe rouge*, élevé de 20"7 et visible de 11 milles ; il sert pour entrer et sortir de la baie *Mahone*. (44° 24′ 56″ N. et 66° 33′ 55″ O.)

Lunenburgh (C.), à la pointe S. E. de l'île *Cross*, par 44° 18′ 43″ N. et 66° 30′ 5″ O.; il y a deux feux *verticaux* à 13"7 d'intervalle. L'inférieur est *fixe*, visible de 6 milles du côté du large et le supérieur à *éclats* de 1 m. en 1 m., qui se voient de 14 milles sur tout l'horizon. Ses *éclipses* sont de 15 s. On peut l'approcher à 1/4 de mille. Sifflet de brume à vapeur près du phare; 10ˢ chaque minute 1/2.

—— Feu *fixe*, visible de 11 milles, sur la pointe *Batterie*, à l'entrée du port.

Rivière la Have (C.), feu *tournant* à éclats de 30 s. en 30 s., sur l'île *Ironbound* de l'O. à 21"2 d'élévation ; se voit de 13 milles ; il guide pour donner dans la rivière *Have*. (44° 13′ 45″ N. et 66° 36′ 28″ O.)

Pointe Fort (C.), au côté O. de la rivière *la Have*, feu *fixe rouge*, élevé de 14"6 et visible de 8 milles. (44° 17′ 20″ N. et 66° 41′ 10″ O.)

Ile Mosher (C.), feu *fixe rouge*, visible de 8 milles, sur la falaise de l'île, pour signaler l'entrée de la rivière *Have*. (44° 14′ 15″ N. et 66° 39′ O.)

Metway (C.), feu de port, sur le cap, au côté O. de l'entrée. Le bâtiment est carré, blanchi, avec un carré noir au centre. Feu *fixe*, élevé de 13", se voit de 10 milles. (44° 6′ 10″ N. et 66° 52′ 23″ O.).

Ile Coffin (C.), à l'entrée de *Liverpool*, par 44° 1′ 58" N. et 66° 57′ 43″ O. Feu *tournant* de 2 m. en 2 m., élevé de 20" et visible de 16 mille. On peut l'approcher à 1/4 mille en usant de très grandes précautions. *Éclat* 30ˢ, *éclipse* 90 s.

Liverpool (C.) feu *fixe rouge*, sur la pointe *Fort*, à 10" de hauteur et 7 milles de portée. (44° 2′ 30″ s. N. et 67° 2′ 19″ O.)

Brooklin, sur le brise-lames, *fixe blanc* du côté de la mer et *fixe vert* du côté du port, élevé de 9" 8 et visible de 10 milles. (44° 3′ 0″ N. — 67° 1′ 0″ O.)

Port Mouton (C.), feu *fixe rouge* sur la pointe N. E. de

292   AMÉRIQUE DU NORD — NOUVELLE-ÉCOSSE.

l'île *Spectacle*, par 43° 55′ 3″ N. et 67° 8′ 17″ O.; visible de 11 milles et élevé de 14°3.

Ile Little Hope (C.), feu *tournant rouge* de 1 m. en 1 m., sur cet îlot; élevé de 12° au-dessus de la mer et visible de 12 milles. (43° 48′ 31″ N. et 67° 7′ 24″ O.)

Port Hebert (C.), sur la plage *Shingle*, au côté Est du port; feu, *fixe rouge*, élevé de 10°, se voit de 10 milles. (43° 48′ 40″ N. et 67° 15′ 33″ O.)

Ile Carter (C.), sur cette île, havre de l'île *Rugged* (Nouvelle-Écosse). Le feu est élevé de 20° et visible de 11 milles; il est *fixe rouge*. (43° 42′ 15″ N. et 67° 26′ 9″ O.)

Gull (C.), feu *fixe*, sur ce rocher, à l'entrée du port *Rugged*. Il est élevé de 16°1 et visible de 10 milles. (43° 39′ 14″ N. et 67° 26′ 0″ O.)

Shelburne (C.) au cap *Roseway*, auprès de l'extrémité S. de l'île *Macnutt* par 43° 37′ 17″ N. et 67° 36′ 0″ O., à l'entrée d'un port excellent. On y allume deux feux *fixes* : le premier à 36°4 au-dessus de la mer avec une portée de 18 milles; le second à 18° au-dessous du premier se voit de 10 milles.

— (C.), feu *fixe rouge*, sur la p^{te} *Sand*, au côté E. du port de *Shelburne*; élévation de 20°4; portée 11 milles. (43° 41′ 15″ N. et 67° 39′ 29″ O.)

Ile Negro (C.), feu *tournant*, alternativement *rouge* et *blanc* de minute en minute. Élevé de 14°6, se voit de 12 milles; il guide au port *Negro*. (43° 30′ 54″ N. et 67° 41′ 7″ O.)

Port Latour (C.), sur le cap *Latour* ou pointe *Baccaro*, par 43° 26′ 54″ N. et 67° 48′ 20″ O. La tour est carrée, blanche avec un disque noir du côté de la mer. Ce cap forme le côté O. de l'entrée du port *Barrington*. Le feu est *fixe rouge*, visible de 10 milles.

Baie Barrington (feu flottant C.), par 11° à 2/3 de mille au N. E. du banc *Wauses*. Il est *fixe blanc*. (43° 31′ 5″ N. et 67° 54′ 34″ O.) Barington écrit sur les côtés.

Cap Sable (C.) sur l'extrémité S. O. de la *Nouvelle-Écosse*; feu *tournant* chaque 40 secondes; *éclat* 15 s., *éclipse* 25 s. Élevé de 16°, il se voit de 12 milles. (43° 23′ 19″ N. et 67° 57′ 20″ O.) Sifflet de brume, à vapeur; 10 s. par minute en temps de brume.

AMÉRIQUE DU NORD — BAIE DE FUNDY.

Brasil, au S. 76° 30′ E. 8 milles ; le rocher de 2" 1 du *Horse-Race*, au S. 36° 30′ E. 1 mille 3/10.

Ile Stoddart (C.), feu *fixe rouge*, élevé de 6" 7 et visible de 9 milles, sur la pointe N. O. de l'île ; il guide aux mouillages du port *Stoddart* et du *Shag Harbour sound*. (43° 28′ 27″ N. et 68° 3′ 17″ O.)

Ile Bon Portage (C.), sur la pointe S. de l'île ; le feu est *tournant rouge* montrant un éclat toutes les minutes ; élévation 14", portée 12 milles (43° 27′ 16″ N. et 68° 4′ 48″ O.)

Havre Pubnico (C.), sur la *Beach*, côté E. de l'entrée du port *Pubnico* ; feu *fixe* de 8" 5 d'élévation et de 8 milles de portée. (43° 35′ 45″ N. 68° 7′ 3″ O.)

Relevé au N. 18° E., ouvert à l'O. de l'île *Saint-Jean*, il fait parer le banc.

White Head (C.), feu *fixe rouge*, visible de 12 milles et élevé de 35"; la tour *blanche* est placée sur la pointe Sud de l'île, près du port *Argyle*. (43° 39′ 40″ N. et 68° 12′ 13″ O.)

Riv. Tusket (C.), sur l'île *Big Fish*, par 43° 42′ 5″ N. et 68° 17′ 24″ O. 2 feux *fixes, horizontaux*, à 7" d'intervalle, élevés de 15" et visibles de 12 milles. (43° 42′ 5″ N. — 68° 17′ 24″ O.)

BAIE DE FUNDY

Ile Seal (C.), feu *fixe*, sur la pointe S. de l'île *South Seal*, élevé de 29"7 et visible de 18 milles sur tout l'horizon. ifflet de brouillard. (43° 23′ 34″ N. et 68° 21′ 1″ O.
La *Blonde*, qui découvre, est à 3 milles 1/2 S.6° E. du phare. Tout autour on a 11 et 16" d'eau.

Ile Pease, sur la pointe S. (Ile *Tusket*) 2 feux ; le feu pricipal *intermittent à éclats alternatifs rouges et blancs* de 15s, à intervalles de 54s; élevé de 17", vis. de 12 milles. Le second, à 5" au-dessous, *fixe rouge*, visible de 4 milles quand on le relève entre le N. 51° O. et l'O. entre les roches *Old Man* et *Old Woman*. (43° 37′ 35″ N. — 68° 21′ 54″ O.)

Yarmouth (C.), feu *tournant* en 1 m. 45 s., élevé de 35" 6, sur le cap *Fourchu* ou *Yarmouth*, côté O. de l'entrée. Sa portée est de 18 milles ; visible 1 m. 15 s., éclipsé 30 s.

Il peut être approché à 1/4 de mille dans l'E., où il y a un bon mouillage par 6ᵐ, sable. Sifflet de brume, 10ˢ chaque minute (43° 47′ 28″ N. et 68° 29′ 30″ O.)

Ile Bunker (C.), feu *fixe rouge*, élevé 8ᵐ 2, sur une bâtisse au côté Est de l'entrée du port. Visible du S. de 10 milles, entre le N. 16°O. et le N. 9°O. et entre le S. S. E. et le S. 68° E. par dessus la plage de *Stanwood*. (43° 48′ 30″ N. et 68° 28′ 54″ O.)

Cap Saint-Mary (C.), feu *tournant*, alternativement *blanc* et *rouge* chaque 30 s. Il est placé sur ce cap, au côté Est de la baie *Saint-Mary*, à 31ᵐ au-dessus de la mer, sur une tour blanche ; sa portée est de 17 milles. (44° 5′ 10″ N. et 68° 32′ 39″ O.)

Riv. Meteghan (C.), à l'extrémité du brise-lames de cette rivière, feu *fixe vert*, élevé de 6ᵐ, visible de 6 milles. (44° 13′ 10″ N., 68° 28′ 49″ O.) Le laisser très-près par tribord en entrant.

Pointe Church (C.) feu *fixe rouge* ; la tour *blanche* est placée au côté N. E. de la baie *Saint-Mary* (*Nouvelle-Écosse*), à 11ᵐ au-dessus de la mer ; sa portée est de 10 milles. (44° 19′ 55″ N. et 68° 27′ 39″ O.)

Riv. Sissibou (C.), feu *fixe*, à l'entrée de cette rivière ; élevé de 11ᵐ, il se voit de 8 milles. (44° 26′ 30″ N. et 68° 21′ 24″ O.)

Ile Bryer (C.), sur la pointe N. O. de l'île, qui gît au S. S. O. de la baie *Saint-Mary* ; feu *fixe*, élevé de 28ᵐ et visible de 13 milles. Il faut passer à grande distance dans le S. de l'île. Sifflet de brouillard. Séries à intervalles de 40ˢ de 3 sons de 4ˢ séparés de 4ˢ (44° 14′ 57″ N. et 68° 43′ 39″ O.)

Ile Peter (C.), sur l'île à l'entrée S. du *Grand Passage* de *Westport* (côté E. de la baie de *Fundy*). Deux feux *fixes horizontaux*, espacés de 7ᵐ 2, élevés de 12ᵐ 2 et visibles de 10 milles, du N. quand on les relève entre le S. 6° E. et le S. 5° O., du S. quand on les relève entre le N. 38° E. et le N. 43° O. Ces feux guident à *Wesport* et dans le *Grand Passage*. On peut en passer des deux côtés, mais la côte E. est plus sûr ; le mouillage est sous l'île *Bryer*, côté O. de la baie. (44° 15′ 30″ N. et 68° 40′ 29″ O.)

Petit Passage ou **Cap Boar** (C.), extr. N. E. de l'île *Long* ; feu à *éclats* alternatifs *rouges* et *blancs*, chaque minute, visible de 14 milles. (44° 24′ 16″ N. et 68° 33′ 9″ O.)

AMÉRIQUE DU NORD — BAIE DE FUNDY.

Annapolis (C.), à l'entrée du bassin, sur la pointe *Prim* ou *Digby*, feu *fixe*, d'une portée moyenne de 13 milles. On peut l'approcher à 100ᵐ. Sifflet de brume, 8 s. chaque minute. (44° 41′ 34″ N., 68° 7′ 19″ O.)

Crique Marshall (C.), 2 feux *fixes*, sur la jetée à 6ᵐ 3 l'un de l'autre, élevés de 18ᵐ2 et de 17ᵐ3, visibles de 10 milles quand on les relève entre le N. 49° O. et le S. 49° O. par le N. (44° 56′ 52″ N. et 67° 36′ 10″ O.)

Margaretville (C.), 2 feux *fixes, rouges*, sur une pointe, à 4 milles 3/4 E. du port *George*. Les feux sont *verticaux*, élevés de 9 et 8ᵐ et sont visibles de 8 milles entre le N. 49° E. et le S. 49° O. par le Nord. (45° 2′ 57″ N. et 67° 24′ 15″ O.)

Black-Rock (C.), feu *fixe* de 12 milles de portée. La bâtisse est carrée et blanche, à 3/4 de mille à l'E. du brise-lames de *Kennedy*, et à 2 milles 1/2 à l'E. du brise-lames de *Giran*. Ce feu est très-utile pour aller à ces deux ports; il guide sur la rade de l'île *Spencer* et dans le bassin des *Mines*. (45° 10′ 10″ N. et 67° 6′ 9″ O.)

Cap d'Or *fixe*, sifflet de brouillard à l'entrée du bassin des *mines*, un coup de 6 s. par 1/2 minute.

Isle Haute, baie de *Fundy*; *intermittent blanc*, visib. 40ˢ par minute; élevé de 111ᵐ; visible de 20 milles. (45° 14′ 55″ N. — 67° 20′ 59″ O.)

Horton (C.), près de la falaise, dans le bassin des *Mines*. Son élévation est de 27ᵐ 9. Le bâtiment est carré, blanc. Son feu *fixe* se voit de tous les points du bassin des Mines de 20 milles au-delà du cap *Bormidon*. (45° 6′ 15″ N. et 66° 33′ 19″ O.)

Walton (C.), au côté Nord de l'entrée; *fixe rouge*, élevé de 18ᵐ et visible de 10 milles. (45° 14′ N. et 66° 20′ 54″ O.)

Kingsport, sur la pointe *Dak*, bassin des *Mines*; *fixe blanc*, élevé de 9ᵐ; visible de 8 milles quand on le relève entre le S. 30° O. et le N. 85° O. (45° 9′ 30″ N. — 66° 42′ O.) La roche *Half Tide*, gît au S. 44° O. à 4/5 de mille du phare.

Burnt-Coat (C.), feu *fixe*, élevé de 22ᵐ 7 et visible de 13 milles. (45° 18′ 40″ N. et 66° 8′ 39″ O.)

Baie Cobequid (C.), feu *fixe*, sur la pointe *Spencer*, côté N., élevé de 10ᵐ 6, visible de 6 milles. (45° 23′ 30″ N. et 65° 57′ 9″ O.)

Partridge ou **Parsborough** (C.), feu *fixe*, visible de 9 milles, élevé de 11ᵐ, sur le côté O. de la rivière. (45° 23′ N. et 66° 39′ 9″ O.)

Aple-River (C.), feu *fixe*, sur la pointe *Helly* ou *Capstan*, au côté N. de la rivière *Apple*, dans la baie *Cumberland* 9 milles E. du cap *Chignecto*, par 45° 28′ 20″ N. et 67° 11′ 39″ O. Il est visible en venant de l'O. de 12 milles; élevé de 19ᵐ.

NOUVEAU-BRUNSWICK

Hillsborough, *fixe*, portée 5 milles (45° 55′ 15″ N. — 66° 58′ 15″ O.)

Ile Grindstone (C.), sur la pointe O. de l'île. Feu *fixe* élevé de 18ᵐ et visible de 12 milles du N. 38° E. au N. 83° E. par le N. On relève le phare du cap *Enragé* au S. 42° O. à 10 milles. (45° 43′ 13″ N. et 66° 57′ 34″ O.) Trompette de brume, 4 sons par minute.

Cap Enragé (D. 4), feu *fixe*, sur le sommet du cap, à 36ᵐ 4 au-dessus de la mer; visible de 15 milles, du N. 63° O. au N. 27° E. par le Sud. Sifflet de brume, 8ˢ par minute. (45° 35′ 34″ N. et 67° 7′ 9″ O.)

Quaco (C.), feu *tournant*, sur un rocher au large du cap *Quaco*; les révolutions se font en 20 s. et sa portée est de 15 milles. (45° 19′ 20″ N. et 67° 52′ 10″ O.) Le phare est peint en bandes horizontales blanches et rouges, il est élevé de 18ᵐ. On peut l'approcher à 1/2 mille. Cloche de brouillard, entendue par gros temps à 1 mille.

Cap Spencer (C.), feu *tournant alternatif, rouge* 45 s. et *blanc* 45 s., avec 45 *secondes* d'obscurité entre chaque lumière. Son élévation est de 63ᵐ et sa portée de 20 milles. (45° 42′ 30″ N. et 68° 14′ 9″ O.)

Ile Partridge (C.), à l'entrée de *Saint-John*, par 45° 14′ 40″ N. et 68° 23′ 29″ O. Feu *fixe* à 36ᵐ 3 au-dessus de la mer, portée 20 milles. La tour est à bandes verticales rouges et blanches. Sifflet à vapeur, 10ˢ par minute, bouée à cloche au côté E. du récif *Partridge*.

Havre Saint-John (D. 4), feu *fixe rouge*, élevé de 10ᵐ6 et visible de 10 milles, dans une tour-balise à l'extrémité S. du *Sand-Spit*. (45° 15′ 10″ N. et 68° 23′ 50″ O.)

—— Sur la pointe *Negro*; *fixe provisoire*, en attendant le rétablissement du phare détruit. Ne pas compter dessus. (45° 14' 25" N. — 68° 24' 10" O.)

Newcastle (C.), sur la pointe *Mac-Manus* (*Grand Lac*), feu *fixe*, élevé de 8ᵐ 5 et visible de 10 milles. (46° 4' N. et 68° 22' 9" O.)

Port Musquah, sur le côté E. de l'entrée; *fixe vert et blanc*, *vert* du côté du large et *blanc* dans le port; élevé de 34ᵐ, visib. de 10 milles. (45° 8' 35" N. — 68° 34' 44" O.)

Lac Washademoak, deux feux *fixes*, l'un sur l'île *Musquash*, l'autre sur la ferme *Hendry*. On doit les mettre en ligne en face de la nouvelle extrémité de l'île *Hogg*, jusqu'à ce qu'on soit à 1/2 mille du second feu. (45° 42' N. et 68° 27' 0" O.)

Le Préau (C.), 2 feux *fixes*, 8ᵐ 5 l'un au-dessus de l'autre. Visibles de 15 milles entre le N. 85° O. et le N. 60° E. La tour est à bandes horizontales *rouges et blanches*. Il faut s'en tenir à 1/2 mille au large. Sifflet de brouillard à vapeur 2 sons de 5ˢ, séparés de 5ˢ par minute. (45° 3' 35" N. et 68° 47' 48" O.)

Port Beaver (C.), sur la pointe *Drew*, feu *fixe blanc*, élevé de 13ᵐ, visible de 10 milles. (45° 3' 45" N. et 69° 4' 9" O.)

Campo-Bello (C.), à l'extr. N. de l'île. Elevé de 19ᵐ au-dessus de la mer; feu *fixe* de 15 milles de portée; guide à l'entrée du grand chenal des *West-Iles*, de *Moose-Island* et de la baie *Passama-Quoddy*, ainsi qu'à *Harbour-Head*. Trompette de brume, sons de 8ˢ à intervalles de 35ˢ. (44° 57' 40" N. et 69° 14' 19" O.)

Port l'Etang ou **Ile Bliss** (C.), feu *fixe rouge* sur cette île, entrée du port *l'Etang*; il est élevé de 13ᵐ 7 et visible de 12 milles. (45° 1' 15" N. et 69° 11' 9" O.)

Pointe Pea, au côté E. de l'entrée du port *l'Etang*; *fixe vert*, élevé de 16ᵐ et visib. de 10 milles entre l'E. et le N. par le S. (45° 1' 30" N. — 69° 8' 45" O.)

Port Saint-Andrew (C.), sur la pointe *Indian*; feu *fixe*, près la jetée de la *Corderie*. Il est élevé de 12ᵐ 6 et visible de 10 milles entre les relèvements du N. 50° O. au S. 50° E. par le S. Le chenal du port intérieur est entre ce feu et une bouée blanche. Plusieurs balises signalent les dangers du port. (45° 4' 10" N. et 69° 22' 59" O.)

—— Sur le banc *Tongue*, à l'entrée E. du port *Saint-An-*

drew, feu *fixe blanc* élevé de 12ᵐ, visible de 10 milles. (45° 3′ 45″ N. et 69° 20′ 59″ O.)

Midjic (C.), sur le morne *Midjic* (baie de *Passamaquoddy*), feu *fixe blanc*, élevé de 39ᵐ et visible de 15 milles. (45° 7′ N., 69° 14′ 45″ O.) A basse mer, passer à 300ᵐ de la côte pour parer la barre qui se trouve au N. E. 1/2 E. du phare.

Wolf (C.), sur la pointe S. E. de l'île (baie de *Fundy*). Le feu *tournant* montre son *éclat* le plus brillant chaque 90 s. Il est élevé de 33ᵐ 7 et visible de 18 milles. (44° 56′ 30″ N. et 69° 4′ 19″ O.)

Grand-Manan ou **Swallow-Tail** (C.), feu *fixe*, sur cette pointe (île *Grand-Manan*). Il est élevé de 45ᵐ, sur une tour de 16ᵐ, et visible de 17 milles. (44° 45′ 52″ N. et 69° 4′ 10″ O.) Sur la pointe N. O. Sifflet de brouillard, résonnant 4ˢ chaque 20ˢ.

Grand-Harbour, sur la pointe *Fish-Fluke*. *Fixe blanc*, élevé de 12ᵐ, vis. de 11 milles quand on le relève entre le N. 18° O. et le N. 27° E. par le S. (44° 40′ 0″ N. — 69° 8′ 19″ O.)

Grand-Manan, sur la pointe S. O. *tournant* de 2ᵐ en 2ᵐ, TROIS éclats *blancs*, TROIS éclats *rouges*, séparés par une éclipse de 20 secondes, élevé de 61ᵐ, visible de 24 milles. (44° 36′ N. — 69° 14′ 30″ O.)

Iles Machias-Seal (D. 3). Deux phares sont sur la plus E. de ces îles, pour la navigation de la passe du *Grand-Manan*; feux *fixes*, à 52ᵐ N. 63° O. et S. 63° E. l'un de l'autre, et 17ᵐ 6 au-dessus des hautes eaux. Leur portée est de 15 milles. Sifflet de brouillard, 5ˢ par 1/2 minute. (44° 30′ 7″ N. et 69° 26′ 27″ O.)

Gannet (D. 4), feu *fixe*, à *éclats* de 1 m. en 1 m., éclat 4 s. 1/2, entre deux éclipses de 5 s. 1/4 chaque, élevé de 20ᵐ et visible de 12 milles, sur un rocher de 22ᵐ, par 44° 30′ 38″ N. et 69° 7′ 10″ O., à 6 milles 1/4 S. S. E. de la pointe S. O. du *Grand-Manan*. Il signale l'approche de la chaîne des roches qui s'étend du *Old-Proprietor* à l'île *West-Seal*. La tour est à bandes verticales noires et blanches. En temps de brume, on tire le canon pour répondre aux signaux. Pilotes pour les ports de *Saint-Jean*, *Saint-André* et *Saint-Stevens*.

Il y a en outre 9 feux fixes dans la rivière *St-Jean*.

ÉTATS-UNIS

(Les relèvements sont vrais et donnés de la mer).

MAINE

Rivière Sainte-Croix (D. 4), sur l'île *Dochet*; feu *fixe*, à *éclats* chaque 30 s. Elevé de 21ᵐ6, visible de 12 milles. (45° 7′ 43″ N. et 69° 28′ 9″ O.)

Cap West-Quoddy (D. 3), près d'*Eastport*, côté S. de l'entrée de la baie de *Passamaquoddy*; feu *fixe*, visible de 18 milles, entre le S. 79° E. et et le N. 40° E. par le Sud., élevé de 40ᵐ 4 au-dessus de la mer. Sifflet de brouillard résonnant 8ˢ par minute. (44° 48′ 54″ N. et 69° 17′ 15″ O.)

Little-River (D. 4), feu *fixe*, varié par des *éclats* de 90 s. en 90 s., élevé de 12ᵐ et visible de 11 milles, sur une île à l'entrée du port de *Little-River*, à l'O. du *Grand-Manan*, par 44° 39′ 45″ N. et 69° 32′ 19″ O. Cloche de brouillard, sonnant 2 coups par minute.

Avery (D. 4), sur l'ext. S. de ce rocher, feu *fixe rouge*, visible de 14 milles. Cloche de brouillard donnant 2 coups précipités alternant avec un coup simple à intervalles de 30ˢ (44° 39′ N., 69° 41′ 14″ O.)

Libby (D. 4), sur l'île, par 44° 34′ 5″ N. et 69° 42′ 16″ O., à l'entrée de la baie *Machias*, feu *fixe*, à 15ᵐ 8 au-dessus de la mer et visible de 12 milles. Cloche de brouillard sonnée par un appareil mécanique.

Moose-Peak (D. 2), sur l'île *Mistake*; feu *tournant*, de 30 s. en 30 s., à 19ᵐ 7 au-dessus de la mer, par 44° 28′ 27″ N. et 69° 52′ 9″ O., et visible de 13 milles entre le S. 45° O. et le S. 31° E. par l'O. Bouée à sifflet automatique à 2 milles S. S. E. du phare.

Ile Nash (D. 4), feu *fixe rouge*, sur l'île, au côté E. de l'entrée de la rivière *Pleasant*. Son altitude est de 14ᵐ 4 et sa portée de 12 milles. (44° 27′ 51″ N. et 70° 5′ 4″ O.)

Narraguagus (D. 4), feu *fixe*, élevé de 13ᵐ 6 et visible de 12 milles, du S. 12° E. au N. 18° E. par l'O. La tour, de 8ᵐ 8, est sur la pointe S. E. de l'île *Pond*; il guide pour entrer dans la baie *Narraguagus*. Cloche de brouillard. (44° 27' 20" N. et 70° 10' 6" O.)

Petit-Menan (D. 2), sur l'extr. S. de l'île de ce nom, feu *fixe à éclats* de 2 m. en 2 m., à 38° au-dessus de la mer, par 44° 22' N. et 70° 12' 5" O. Sa portée est de 17 milles. Sifflet de brouillard. 2 sons de 5 s. à intervalles de 8 s. et de 42 s. par minute. Récifs dangereux entre 2 et 5 milles dans différentes directions.

Havre Prospect (D. 4), au côté Est de l'entrée par 44° 24' 11" N. et 70° 20' 55" O. ; feu à *éclats* de 30 s. en 30 s., montrant alternativement des *éclats rouges et blancs*; élévation 13° 7, visible de 11 milles. Relevez le feu au N. 10° O. pour faire route vers le port.

Port Winter (D. 4), feu *fixe*, visible de 11 milles du S. 2° E. au S. 30° E. par l'Ouest, sur la pointe S. de l'île *Mark*, à l'O. de l'entrée ; la tour, de 5° 7, est blanche et adossée à une maison grise. (44° 21' 40" N. et 70° 25' 30" O.)

Mount-Desert-Rock (D. 3), près de l'île de ce nom, feu *fixe*, élevé de 22° au-dessus de la mer, visible de 14 milles. La tour grise a 18° de hauteur et est à 24 milles de celle du *Petit-Menan*. Cloche de brouillard. (43° 58' 7" N. et 70° 27' 56" O.)

Roche Egg (baie *Frenchman*) (D. 4), feu *fixe rouge*, élevé de 21°, visible de 14 milles. Cloche de brouillard. (44° 21' 15" N. et 70° 28' 15" O.)

Ile Baker (D. 4), feu *fixe*, à *éclats* de 90 s. en 90 s., élevé de 32° et visible de 15 milles; devant *Mount-Desert*, et au S. de la baie *Frenchman*. Visible du S. 16° E. au S. 50° E. par l'O. il guide pour aller dans le port de l'île *Cranberry*. (44° 14' 27" N. et 70° 32' 10" O.)

Bear (D. 4), feu *fixe*, sur l'île, par 44° 17' N. et 70° 36' 26" O. ; élevé de 29° et visible de 15 milles ; l'île est une des *Cranberry*; à environ 5 milles N. O. du feu de *Baker*. La tour est rouge et de 6° 7 d'élévation ; il guide au port du N. E. Cloche de brume.

Port-Bass (D. 4), feu *fixe rouge*, au côté Est de l'entrée du havre de *Bass*, sur une tour blanche ; il est élevé de 17° 3 et visible de de 13 milles du N. 50° O. au S. 15° E. par le Nord. Cloche de brouillard. (44° 13' 18" N. et 70° 40' 28" O.)

Ile Swan (D. 4), feux de direction dans l'entrée du havre de *Burn-Coat*. Le feu extérieur, élevé de 12° 8, près de la plage de l'île; l'intérieur, élevé de 23°, est à 30° 5 N. 21°

E. du précédent. Le premier, visible de 11 milles, le second de 14 milles quand on les relève entre le S. 63° O. et le S. 4° E. par le N. On les tient en ligne jusqu'à ce qu'on en soit tout près; l'on vient alors pendant 1/4 mille au N. 64° E. pour mouiller par 11°. (44° 8′ N. et 70° 47′ O.)

Blue Hill (D. 4), entrée de la baie *Blue Hill*, sur la pointe S. E. de l'île *Green*; feu *fixe*, se voit de 9 milles; élevé de 7° 9; il guide les navires qui entrent à *Ellsworth* et à *Blue-Hille, Bay*, il est visible entre le S. 38° E. et le S. 83° E. par l'O. (44° 14′ 54″ N. et 70° 50. 6″ O.)

Saddleback (D. 4), feu *fixe*, élevé de 15°5 et visible de 12 milles, près la pointe S. O. de l'*Isle-au-Haut*, côté E. de la baie. (44° 0′ 51″ N. et 71° 3′ 50″ O.)

Entre le feu et le port *Carver* il y a des dangers.

Ile Mark (D. 4), feu *fixe*, à l'entrée O. du passage de l'île *Deer*; élevé de 15° 8 sur une tour blanche, visible de 12 milles entre le N. 15° E. et le S. 60° O. par l'E. (44° 8′ 3″ N. et 71° 2′ 26″ O.)

Heron-Neck (D. 4), feu *fixe* et *rouge*, élevé de 27°, sur la pointe S. de l'île *Green*, la plus S. des îles *Fox*; visible de 14 milles du S. 86° O. au S. 15° E. par le N. (44° 1′ 30″ N. et 71° 11′ 57″ O.)

Ile Eagle (D. 4), feu *fixe*, par 44° 13′ 3″ N. et 71° 6′ 18″ O. Elevé de 32°, visible de 15 milles du N. 76° E. au N. par le S.. au fond de la baie d'*Isle-au-Haut*, il guide vers l'entrée N. E. de la baie *Penobscot*.

Pumpkin (D. 4), sur l'île de ce nom; la tour en briques est blanche, de 6° 1, portant le feu *fixe* à 8° 2 au-dessus de la mer. Sert à la navigation de *Butch's-Harbour* et guide sur l'entrée de *Eggemoggin-Reach* quand on vient de l'O.; visible de 9 milles entre le N. 5° E. et le N. 65° O. par l'E. (44° 18′ 32″ N. et 71° 4′ 49″ O.)

Roche Matinicus (D. 3), 2 feux *fixes*, sur la roche devant l'entrée S. de la baie *Penobscot*; les tours sont grises et à 55° N. 38° O. et S. 38° E. l'une de l'autre; élevés de 25° 9 et 27° 3 au-dessus de la mer, on les voit de 14 milles. Sifflet de brouillard résonnant 5s par 1/2 heure (43° 47′ 0″ N. et 71° 11′ 27″ O.)

White-Head (D. 3), à l'entrée O. de la baie *Penobscot*; feu *fixe*, à 21° au-dessus de la mer et visible de 14 milles. du S. 15° E. au N. 70° E. (43° 58′ 42″ N. et 71° 27′ 43″ O.) Sifflet à vapeur 8s chaque heure.

Owl's-Head (D. 4), à l'O. de l'entrée de la baie *Penobs-*

…cot, devant le port *Rockland*, où il guide les bâtiments; feu *fixe*, élevé de 30ᵐ4, visible de 15 milles du N. 89° E. au N. 7° E. par le S. Cloche de brume, résonnant 4 fois par minute. (44° 5′ 31″ N. et 71° 22′ 54″ O.)

Browns-Head (D. 4), à l'entrée O. de la passe des *Fox*, sur la plus S. des îles; feu *fixe*, élevé de 11ᵐ 8 et visible de 11 milles (baie *Penobscot*). (44° 6′ 44″ N. et 71° 14′ 48″ O.)

Ile Indian (D. 4), au côté Est du havre de *Rockport*; le feu *fixe rouge* est élevé de 14ᵐ 3 et visible de 12 milles. (44° 9′ 54″ N. et 71° 23′ 36″ O.)

Camden (D. 4), au côté S. de l'entrée, sur l'île *Negro*; feu *fixe*, élevé de 15ᵐ 8 et visible de 12 milles. (44° 12′ 4″ N. et 71° 23′ 10″ O.)

Grindel-Point (D. 4), feu *fixe*, marquant le port de *Gilkey*, dans la baie *Penobscot*; son élévation est de 11ᵐ 8, sur une tour rouge de 8ᵐ 5, et sa portée de 11 milles. (44° 16′ 53″ N. et 71° 16′ 49″ O.)

Castine (D. 4), sur le *Dice's-Head*; feu *fixe*, dans la baie *Penobscot*, à 39ᵐ au-dessus de la mer et visible de 17 milles. (44° 22′ 57″ N. et 71° 9′ 24″ O.)

Old-Fort-Point (D. 4), au-dessus de *Castine*, feu *fixe*, servant à indiquer la direction de l'entrée de la rivière *Penobscot*. Son altitude est de 31ᵐ et sa portée de 15 milles. (44° 28′ 1″ N. et 71° 8′ 56″ O.)

Port Tennant (D. 5), au S.O. de l'entrée, au côté N. E. de l'île du *Sud*; le feu est *fixe rouge* à éclats de 4ᵐ en 4ᵐ; élevé de 20ᵐ au-dessus de l'eau; sa portée est de 13 milles. (43° 57′ 39″ N. et 71° 31′ 20″ O.)

Pointe Marshall (D. 4), sur cette pointe à l'entrée du port *St-George* ou *Herring-Gut*; feu *fixe* élevé de 9ᵐ 4 et visible de 10 milles du S. 68° O. au S. 14° E. par l'O. On ne doit tenter ce passage qu'avec une grande connaissance locale. Cloche de brume. (43° 55′ 2″ N. et 71° 35′ 55″ O.)

Monhegan (D. 2), à l'entrée de *Penobscot*; feu à *éclats* de 1 m. en 1 m., visible de 19 milles; élevé de 53ᵐ au-dessus de la mer. (43° 45′ 52″ N. et 71° 39′ 11″ O.) Tompette de brume sur l'île *Mananas*, son de 15ˢ à intervalles de 40ˢ.

Franklin (D. 4), sur l'ext. N. E. de l'île, à l'O. de l'entrée de la riv. *Saint-Georges*, 16ᵐ au-dessus de la mer; feu *fixe* à *éclats* de 90 s. en 90 s., visible de 12 milles. Il guide vers *Thomaston*. (43° 53′ 31″ N. et 71° 42′ 44″ O.)

ÉTATS-UNIS — MAINE.   303

Pointe Pemaquid (D. 4), feu *fixe*, visible de 14 milles et à 22ᵐ de hauteur sur la mer. Il est à l'entrée S. O. de la baie *Bristol*, à l'E de l'entrée de la baie *Saint-John*. Visible du S. 28° O. au S. 14° E. par le Nord. (43° 50′ 12″ N. et 71° 50′ 36″ O.)

Burnt-Island (D. 4), feu *fixe*, à l'entrée de *Booth Bay*, à 2 milles N. de la pointe O. de l'île *Squirrel*. Élevé de 18ᵐ, il est visible de 13 milles du S. 14° E. au N. 11° E. par l'O. le récif *Bantum-Ledge* est au S. q. S. E. de l'île *Burnt*. (43° 49′ 30″ N. et 71° 58′ 39″ O.)

Hendrick's-Head (D. 4), feu à éclats de 30 s. en 30 s., élevé de 12ᵐ20 et visible de 12 milles du N. 28° O. au S. 6° O. par le N.; à l'entrée de la rivière *Sheepscot*, côté E. Cloche de brume. (43° 49′ 20″ N. et 72° 1′ 38″ O.)

Ile Pond (D. 5), au côté O. de l'entrée de la rivière *Kennebec*; feu *fixe*, élevé de 16ᵐ, visible de 13 milles du S. 65° E. au N. 48° E. par le S.; cloche de brouillard. (43° 44′ 23″ N. et 72° 6′ 29″ O.)

Seguin (D. 1), sur l'île; devant l'embouchure de la rivière *Kennebec*; feu *fixe*, à 54ᵐ7 au-dessus de la mer et visible de 20 milles. Sifflet de brouillard à vapeur résonnant 8ˢ par heure. (43° 42′ 25″ N. et 72° 5′ 45″ O.)

Half-Way-Rock (D. 3) feu *fixe blanc à éclats rouges* de 1 m. en 1 m., élevé de 24ᵐ et visible de 15 milles, sur ce rocher, baie *Casco*. (43° 39′ 21″ N. et 72° 22′ 27″ O.)

Cap Elisabeth (D. 3), 2 phares sont sur ce cap, par 43° 33′ 50″ N. et 72° 32′ 25″ O., S. 41° O. et N. 41° E. et séparés de 280ᵐ. Élevés de 43ᵐ au-dessus de la mer. Le feu de l'O. est à *éclats* de 1 m. en 1 m., visible de 18 milles ; celui de l'E. *fixe*, visible aussi de 18 milles quand on le relève entre le S. 14° E. et le N. 51° E. par l'O. Sirène de brume, deux coups de 5 secondes séparés par 8 secondes et suivis d'une pause de 42 secondes par minute.

Cap Portland (D. 2), sur la pointe à l'O. du Port ; feu *fixe*, élevé de 30ᵐ 7 et visible de 15 milles entre le S. 39° O. et le N. 17° O , par le S. Trompette de Daboll. 8ˢ avec intervalles de 40ˢ (43° 37′ 22′ N. et 72° 32′ 43″ O.)

Brise-lames de *Portland* (D. 4), feu à *éclats rouges* de 15 s. en 15 s.; sur son extrémité N. E.; visible de 8 milles. (43° 39′ 18″ N. et 72° 34′ 17″ O.)

Ile Wood (D. 4), près de l'entrée du port *Saco*, au côté

E. de l'île. Élevé de 18° au-dessus de la mer ; feu à *éclats rouges*, de 1 m. en 1 m., visible de 13 milles. Guide sur *Winther-Harbour*. Cloche de brouillard, 2 coups successifs, repos 25ˢ, 1 coup, 2 coups successifs. (43° 27′ 24″ N. et 72° 39′ 59″ O.)

Cap Porpoise (D. 6), sur l'île *Goat*, à l'entrée du port ; feu *fixe* élevé de 11° 5 au-dessus de la mer et visible de 11 milles du S. 41° O. au S. 13° E. par l'O. Port de refuge (43° 21′ 27″ N. et 72° 45′ 45″ O.) Laisser le feu à tribord en entrant.

Nubble Head. Cap *Neddick*; *fixe rouge* élevé de 28°, visible de 15 milles du S. 35° E. au N. 82°E.(43° 9′ 45″ N. — 2° 55′ 45″ O.) Cloche de brume. (Variation 12° N. O.)

Ile Boon (D. 2), devant le port de *York*, par 43° 7′ 16′ N. et 72° 48′ 50″ O. Feu *fixe*, à 40° 4 au-dessus de la asin visible de 18 milles. Une maison habitée et un mag sont tout près.

NEW HAMPSHIRE

Whale's-Back (D. 4), au côté N. E. de *Portsmouth*, par 43° 3′ 30″ N. et et 73° 2′ 12″ O. Feu *fixe*, à *éclats* de 90 s. en 90ˢ, élevé de 19°6 et vis. de 13 milles entre le N.86° O. et le S. 38° O. par le N. En entrant, on peut venir jusqu'à une encâblure du feu en le laissant à tribord. Trompette de brume 10ˢ à intervalles de 30ˢ

Portsmouth (D. 4), feu *fixe*, élevé de 21° 7 et visible de 14 milles entre le S. 82° E. et le N. 33° E. par le S. Il est sur la pointe *Constitution* (île *New-Castle*), côté S. O. du port. *Gun-Boat-Shoal* est à 4 milles S. 4° O. (43° 4′ 15″ N. et 73° 2′ 46″ O.)

Ile White (D. 2), sur la plus S. O. des îles *Shoals*; feu à *éclats* de 15 s. en 15 s., à 26° 5 au-dessus de la mer. Les *éclats* sont alternativement *rouges* et *blancs*. Ce feu se voit de 15 milles. (42° 58′ N. 72° 57′ 39″ O.)

MASSACHUSETS

Newburyport (D. 4), au côté S. de l'entrée de la rivière *Merrimack* ; le feu est *fixe*, élevé de 15°3 et visible de

12 milles du N. 22° O. au N. 68° E. par l'O. (42° 48' 53" N. et 92° 8' 25" O.)

—— **Balise** (C.) feu *fixe* en dehors et à 150ᵐ du feu ci-dessus sur une petite balise carrée, visible de 8 milles.

Tenus l'un par l'autre, ils font passer sur la barre. On déplacera la balise si la barre change de position.

—— **Port Supérieur**, 2 feux de direction, *fixes*, l'un *rouge*, l'autre *vert*, sont placés près de l'angle Est du nouveau *Wharf de Bayley*, à 100ᵐ S. 73° O. et N. 73° E. l'un de l'autre; on les amène en ligne quand on entre dans le port. Le feu extérieur *rouge* et visible de 10 milles, le feu intérieur *vert* de 12 milles. (42° 48' 40" N. et 73° 12' 13" O.)

Ipswich (D. 4) sur *Castle Neck*, côté S. de ce Port; deux feux séparés de 188ᵐ N. 38° E. et S. 38° O., dont l'un, dans une tour, est *fixe* à *éclats* de 90 s. en 90 s. et l'autre, sur une balise, *fixe*. Leur élévation est de 13ᵐ7 et 6ᵐ1 et on les voit de 11 et 8 milles; le phare Est par 42° 41' 5" N. et 73° 6' 13" O. Tenus l'un par l'autre, ils guident sur la barre. Le chenal change souvent de position.

Annisquam (D. 5); sur la pointe *Wigwam*; feu *fixe*, à 15ᵐ2 d'élévation, avec une portée de 13 milles. au côté E. de l'entrée. C'est un port de refuge pour les petits bâtiments; il y a 2ᵐ d'eau sur la barre à marée base. (42° 39' 41" N. et 73° 1' 8" O.)

Straitsmouth (D. 4), feu *fixe*, élevé de 10ᵐ5 et visible de 11 milles; sur une petite île, en dedans des *Salvages* (Cap *Ann*). On le laisse à bâbord en allant à *Rockport*. (42° 39' 43" N. et 72° 55' 32" O.)

Cap Ann (D. 1), sur l'île *Thatcher*, deux tours, à 272ᵐ S. 11° O. et N. 11° E. l'une de l'autre; les lumières sont *fixes*, élevées de 50ᵐ3 et visibles de 20 milles. La tour Nord, par 42° 38' 20" N. et 72° 54' 44" O. Sifflet à vapeur.

Le rocher *Londoner* reste à 1/2 mille dans le S. 68° E. de l'île *Thatcher*; il y a un bon canal entre cette île et le cap *Ann*.

Gloucester (D. 4). au côté E. du cap *Ann* ou port *Gloucester*, feu *fixe rouge*, élevé de 18ᵐ2, sur une tour blanche, et visible de 13 milles du S. 73° O. au S. 17° E. par l'O. Il guide dans le port du cap *Ann* et aussi dans le *Broad-Sound*. Cloche de brouillard. (42° 34' 47" N. et 73° 0' 7" O.)

Ile Ten Pound (D. 4), feu *fixe*, dans le port du cap

Ann ou *Gloucester*; il est élevé de 15" 2 et visible de 11 milles du N. 17° O. au S. 45° O. par l'Est. Il guide pour aller au port *Gloucester*. (42° 36′ 5″ N. et 73° 0′ 7″ O.)

Ile Baker (D. 4), au côté Sud de l'entrée du port *Salem*; feux *fixes*, à 12" N. 56° O. et S. 56° E. l'un de l'autre. Le premier est élevé de 26" 5 et visible de 15 milles. En tenant le feu inférieur ouvert un peu à l'E. du feu supérieur, on pare les brisants du S. E. Cloche de brouillard. (42° 32′ 10″ N. et 73° 7′ 24″ O.) *Le deuxième feu placé sur une balise a été détruit en 1879.*

Pointe de l'Hopital (D. 3), feu *fixe*, au côté Nord de *Salem*; visible de 13 milles et paraissant plus brillant au milieu du canal entre l'île *Baker* et l'île *Little Misery*. (42° 32′ 46″ N. et 73° 11′ 36″ O.)

Fort Pickering (D. 4), feu *fixe*, élevé de 9" 6, à l'entrée du port *Salem*, sur l'île *Winter*, visible de 10 milles du S. 9° O. au S. 81° E. par l'O. (42° 32′ N. et 73°11′ 34″ O.)

Derby-Wharf (D. 4), feu *fixe* rouge, élevé de 6" 5 (port *Salem*), visible de 9 milles. Tenu par le précédent, il fait parer le banc *Hate*. (42° 31′ N. et 73° 13′ 16″ O.)

Marble-Head (D. 4), feu *fixe*, vis. de 11 milles du S. 25° E. au N. 65° E. par l'O. par 42° 30′ 48″ N. et 73° 10′ 11″ O. Il est élevé de 13" à l'entrée du port, côté S.

Roche-Egg (D. 4), devant *Nahant*; feu *fixe rouge*, élevé de 26" 5 et visible de 12 milles. Il guide au port *Swampscott* et dans le *Broad-Sound*. (42° 25′ 59″ N. et 73° 14′ 7″ O.)

Minot-Extérieur (D. 2), sur une des roches *Cohasset*, entrée de la baie de *Boston*; il est *fixe*, élevé de 28" et visible de 16 milles. Cloche de brouillard. (42° 16′ 9″ N. et 73° 5′ 48″ O.)

Boston (D. 2), feu à *éclats blancs* de 30 s. en 30 s.; il est élevé de 33" 6, sur le *Little-Brewster*, et visible de 17 milles. La tour est blanche et située par 42° 19′ 39″ N. et 73° 13′ 39″ O. Trompette de brouillard, 7ˢ chaque 50ˢ.

Narrows (D. 4), feu *fixe rouge*, sur le côté O. de la pᵗᵉ, au large de l'île *Great-Brewster*; visible de 12 milles. En ligne avec le feu de *Long-Island*, il fait parer le banc de *Harding*. (42° 19′ 21″ N. et 73° 15′ 24″ O.)

Long-Island (D. 4), feu *fixe*, par 42° 19′ 46″ N. et 73° 17′ 37″ O., visible de 10 milles, élevé de 37". On le laisse à bâbord en entrant par le *Broad-Sound*.

ÉTATS-UNIS — MASSACHUSETS.

Plymouth (D. 4), 2 feux *fixes*, sur la pointe *Gurnet*, à 10" l'un de l'autre N. 56° O. en S. 56° E.; ils sont visibles de 11 et 6 milles et font parer le banc *Brown* quand on vient du S. et de l'E.: ils guident dans les ports *Plymouth*, *Kingston* et *Duxbury*. (42° 0' 10" N. et 72° 56' 17" O.)

Duxbury Feu *fixe*, sur la jetée; il est élevé de 12" et se voit de 11 milles. (41° 59' 13" N. et 72° 59' 10" O.)

Pointe Race (D. 4), feu *fixe* à *éclats* de 90 s. en 90 s. Visible de 12 milles. Hauteur 15" 6. Sifflet de brouillard donnant des sons de 4 s. à intervalles alternatifs de 8 et 44s. (43° 3' 42" N. et 72° 34' 45" O.)

Wood End (D. 4), sur cette pointe; le feu est à *éclats rouges* de 15 s. en 15 s.; il est élevé de 13" 7 et se voit de 12 milles. La tour, brune, est par 42° 1' 15" N. et 72° 31' 50" O.

Province-Town (D. 4), feu *fixe*, sur le banc de la pointe *Longue*, élevé de 11" 5 et visible de 11 milles. Cloche de brouillard. (42° 1' 57" N. et 72° 30' 22" O.)

Mayo's-Beach (D. 4), feu *fixe*, au fond de la baie *Wellfleet*; sa portée est de 11 milles et son élévation de 11", dans une tour de 7" 6. (41° 55' 48" N. et 72° 22' 18" O.)

Billingsgate (D. 4), sur l'île, côté N. de l'entrée de la baie *Wellfleet*, feu *fixe*. Sa portée est de 13 milles; il est élevé de 16". (41° 52' 16" N. et 72° 24' 23" O.)

Sandy-Neck (D. 5), feu *fixe*, au côté Ouest de l'entrée du port *Barnstable*, dans les murs d'une maison, et élevé de 18" au-dessus de la mer. Sa portée est de 13 milles. (41° 43' 20" N. et 72° 37' 6" O.)

Cap Cod (D. 1), près des *Clay-Pounds*, sur les hauteurs de *Truro*, par 45° 2' 21" N. et 72° 23' 53" O.; il a 59" 2 au-dessus de la haute mer. Son feu *fixe* se voit de 20 milles entre le N. 34° E. et le N. 22° O. par l'O. Du cap *Cod* à la pointe *Malabar* sont plusieurs signaux et des baraques pour les naufragés qui y trouvent tous les secours. Trompette de brouillard, sons de 8 s. à intervalles de 30 s.

Nauset (D. 4), au côté E. du cap *Cod*; 3 feux *fixes*, à 45" l'un et l'autre, N. q. N. O. et S. q. S. E., dont la portée est de 11 milles. (41° 51' 37" N. et 72° 17' 18" O.)

Chatham (D. 4). Il y a deux fanaux à l'entrée de ce port, sur *James-Head*, à 30" de distance N. q. N. O et S. q. S. E.; feux *fixes* que l'on voit de 14 milles. Ils servent pour se mettre en position par rapport au banc de *Nantucket*. Ils sont à 18 milles N. 11° O. du feu flottant de *Pollock-Rip*. On les change de place suivant les altérations de la barre. (41° 40′ 15″ N. et 72° 17′ 15″ O.)

Pollock-Rip (flottant C.), 2 feux *fixes rouges* devant *Chatham*, à 4 milles E. 1/2 N. du phare *Monomoy*. Il a un sifflet de brouillard et une cloche. (41° 31′ 37″ N. et 72° 15′ 22″ O.) visible de 12 milles. *Pollock-Rip* en lettres blanches sur les côtés.

Pointe Monomoy (D. 4), sur cette plage; feu *fixe*, à 12" au-dessus de la mer, visible de 12 milles. Ce feu avec celui de *Chatham* conduit dans le canal du *Nord* qui passe au S. du cap; il fait passer au N. des bancs *Handkerchief*. Relevé au N. 72° O., il fait parer le *Pollock-Rip*. (41° 33′ 32″ N. et 72° 19′ 52″ O.)

Shovelful (flottant C.), feu *fixe rouge*, par 36" d'eau, près la pointe *Monomoy*. Cloche de brouillard et cornet; bateau vert, cercle *rouge* au grand mât; 12 milles de portée. (41° 31′ 58″ N. et 72° 20′ 3″ O.)
Bouée rouge auprès sur la pointe du banc.

Handkerchief (flottant C. 4), mouillé par 9" 6, à la partie S. du banc; goëlette jaune avec le mot *Handkerchief* écrit en noir sur ses côtés; le feu est *fixe*, visible de 12 milles. (41°29′ 36″ N. et 72° 23′ 54″ O.)

Nantucket (D. 3), sur la pointe *Sandy*, par 41° 23′ 22″ N. et 72° 22′ 59″ O. Feu *fixe*, élevé de 21" et visible de 14 milles. Il y a un bon mouillage à l'abri de la pointe.

Cap Sankaty (D. 2), à l'extr. S. E. de *Nantucket*, feu à *éclats*. Un éclat brillant de 10 s. se montre une fois par 1 m. et un feu *fixe* pendant 50 s. La portée est de 19 milles et l'élévation de 45" 5 au-dessus de la mer. La tour de 19" est peinte en blanc avec une bande rouge au milieu. (41° 16′ 59″ N. et 72° 18′ 9″ O.)

Nantucket-Shoals (flottant C. 4), sur l'extr. S. de ce banc, par 25" de fond. Le bateau est rouge et a 2 mâts surmontés de cercles rouges. La nuit, deux feux *fixes* y sont élevés à 13" 2 et ont une portée de 12 milles. Cloche et canon de brouillard; son nom sur ses côtés. (40° 56′ N. et 72° 12′ 4″ O.) Bouée rouge entre le bateau et le banc.

Gay-Head (D. 1), à la pointe O. de l'île *Martha's-Vineyard*, entrée du détroit; feu à éclats, à 51" 6 au-dessus de la mer et visible de 20 milles; il montre 3 *éclats blancs* de

10 s. en 10 s. et un *éclat rouge*. (41° 20′ 52″ N. et 73° 10′ 21″ O.)

Pointe Brant (D. 4), sur cette pointe, feu *fixe*, à tribord en entrant dans le port *Nantucket*; il est élevé de 13ᵐ9 visible du N. E. au N. O. par l'O. de 12 milles; sert, avec le feu de la balise de *Nantucket*, à franchir la barre. (41° 17′ 21″ N. et 72° 25′ 47″ O.)

Balise de Nantucket (C. 4), à 1 mille derrière le précédent, feu *fixe*, élevé de 3ᵐ et visible de 8 milles. Tenu par le feu de la pointe *Brant*, il fait parer la *Basse-Noire*. (41° 16′ 22″ N. et 72° 24′ 56″ O.)

Balises de la Falaise (C. 4), un feu *fixe blanc*, et un feu *fixe rouge*; à 91ᵐ l'un de l'autre, visibles de 7 milles et donnant un alignement pour entrer dans le port de *Nantucket*. (41° 17′ 36″ N. et 72° 26′ 37″ O.)

Bass-River (D. 5), à l'E. de la pointe *Gammon*, entre les villes *Dennis* et *Yarmouth*, feu *fixe*, élevé de 12ᵐ au-dessus de la mer et visible de 12 milles. Il guide pour aller en dedans du brise-lames. (41° 39′ 4″ N. et 72° 30′ 24″ O.)

Bishop's-and-Clerk's (D. 4), sur la pointe N. du banc de ce nom; feu à *éclats* de 30 s. en 30 s.; il est élevé de 14ᵐ et visible de 13 milles. Cloche de brouillard, sons de 15 s. en 15 s. (41° 34′ 25″ N. et 72° 35′ 15″ O.)

Hyannis (C.), feu *fixe*, *rouge* sur la côte, E. en dedans du brise-lames; il se voit de 12 milles et guide pour prendre le port. (41° 38′ 9″ N. 72° 37′ 33″ O.)

Cross-Rip (flottant D. 4), devant le banc, mouillé par 14ᵐ 8, au N. O. de *Nantucket*. Il a une cloche de brouillard. A 540ᵐ est une bouée *rouge* par 5ᵐ 5 d'eau. Il est élevé de 12ᵐ et visible de 12 milles. (41° 26′ 44″ N. et 72° 37′ 34″ O.)

Cap Poge (D. 4) feu *fixe* sur la pointe N. E. du sound de *Martha-Vineyard*, à 17ᵐ 6 au-dessus de la mer avec une portée de 13 milles. (41° 25′ 14″ N. et 72° 47′ 19″ O.)

Succonnesset (flottant C.), mouillé par 11ᵐ à mi-canal entre le banc de ce nom et le banc *Eldridge*; il est *fixe* et vis. de 12 milles. Il est muni d'une cloche de brouillard, et porte deux ballons rouges dans le jour. (41° 32′ N. et 72° 46′ 54″ O.)

Edgartown (D. 4), sur la jetée, feu *fixe* élevé de 11ᵐ 1 visible de 11 milles du N. 47° E. au N. par l'O. (41° 23' 24'' N. et 72° 50' 21" O.)

East Chop (C.). à l'entrée de *Vineyard-Haven*, feu *fixe rouge*, élevé de 24", visible de 14 1/2 milles. Il guide dans le Sound. (41° 28' 11'' N. et 72° 54' 18'' O.)

Holme's-Hole (D. 4), sur *West-Chop*, à l'entrée Ouest ; feu *fixe*, de 13 milles de portée ; ayant 21" au-dessus de la mer. (41° 28' 49'' N. et 72° 56' 14'' O.)

Pointe Nobsque (D. 5), à l'E. q. S. E. de l'entrée du port *Wood's-Hole*, feu *fixe*, de 27" d'élévation et visible de 13 milles ; sert au passage sur les bancs par le chenal N. dans *Vineyard-Sound*. Cloche de brouillard. (41° 30' 55'' N. et 72° 59' 33'' O.)

Tarpaulin-Cove (D. 4). au côté O. de la crique, bâbord en entrant ; feu *fixe* à *éclats* chaque 30 secondes, élevé de 24" au-dessus de la mer ; il a 15 milles de portée. (41° 28' 6'' N. et 73° 5' 42'' O.)

Sow-and-Pigs (flottant C.4), 2 feux *fixes*; à l'extrémité S.O. des roches *Sow-and-Pigs*, près de l'entrée du *Vineyard-Sound*. Il sont élevés de 10 et 8" et visibles de 11 milles. Sirène de brouillard. *Vineyard Sound* écrit sur les côtés. (41° 23' N. et 73° 19' 14'' O.)

Hen-and-Chickens (flottant C.), à 1/2 mille au S. E. du récif, par 18" d'eau, feu *fixe*, visible de 11 milles. Cloche et cornet de brouillard. (41° 27' N. et 73° 21' 19'' O.)

Cutty-Hunk (D. 5), à l'extr. S. O. de l'île ; feu *fixe*, visible de 12 milles. (41° 24' 50'' N. et 73° 17' 13'' O.)

Dumpling (D. 5), devant *Round-Hill*, dans *Buzzard's-Bay* ; feu *fixe*, à 12" 7 au-dessus de la mer et d'une portée de 12 milles. (41° 32' 16'' N. et 73° 15' 32'' O.)

Pointe Clark (D. 4), sur cette pointe, entré de *New-Bedford* ; *fixe*, élevé de 20" 6 et visible de 13 milles. (41° 35' 32''' N. et 73° 14' 17'' O.)

Ile Palmer (D. 4), feu *fixe*, à l'extr. N. E. de l'ile Il est élevé de 11" 7 et visible de 12 milles. (41° 37'' 35'' N. et 73° 14' 47'' O.)

Ned's-Point (D. 4), *Matapoisett*, dans l'E. de *New-Bedford* ; feu *fixe*, élevé de 13", visible de 11 milles. (41° 39' 1' N. et 73° 7' 59'' O.)

Ile Bird (D. 4), feu à *éclats* de 90 s. en 90 s., au coté O.

de *Buzzard's-Bay*, à l'entrée du port de *Sippican*, par 41° 40' 8" N. et 73° 3' 17" O. Le feu a 11ᵐ 6 au-dessus de la mer et une portée de 11 milles. Il guide pour aller à *Wareham*.

Wing's-Neck (D. 5), feu *fixe*, élevé de 13ᵐ3, au fond de *Buzzard's-Bay*, sur la maison du gardien, et guidant vers *Sandwich*. (41° 40' 47" N. et 72° 59' 55" O.) Visible de 12 milles quand on le relève entre le N. 60° O. et le S. 30° O. par l'E.

RHODE-ISLAND

Récif-Brenton (flottant C. 4) mouillé par 27ᵐ, à l'entrée E. de *Newport*. Il a 2 feux *fixes*, élevés de 15ᵐ 5 et de 12ᵐ 2, visibles de 12 milles, du S. 81° O. au S. 9° E. par le N. Il est muni d'une cloche. Son nom est écrit sur ses côtés. (41° 25' 50" N. et 73° 42' 49" O.)

Beaver-Tail (D. 3), à l'extr. S. de l'île *Conanicut*, entrée de *Newport*, par 41° 26' 56" N. et 73° 44' 13" O.; le feu est *fixe*, élevé de 20ᵐ et visible de 13 milles.

Ce phare est muni d'une trompette de brouillard de *Daboll*.

Lime-Rock (D. 4), feu *fixe rouge* élevé de 9ᵐ et visible de 11 milles, au côté S. de *Newport*, dans le golfe, entre le fort *Adams* et l'île *Goat*. Il sert à éviter les roches. (41° 28' 37" N. 73° 39' 48" O.)

Ile Goat (D. 4), à l'extr. N. de cette île sur le brise-lames, par 41° 29' 34" N. et 73° 39' 52" O.; feu *fixe* vis-à-vis *Newport*, élevé de 10ᵐ et visible de 11 milles. On peut l'approcher très-près et le doubler par le N. pour arriver au port. Cloche de brouillard sonnée à intervalles de 15 s.

Ile Rose (D. 6), feu *fixe rouge*, sur cette île (baie *Narraganset*). Il est élevé de 15ᵐ et visible de 11 milles. (41° 29' 42" N. 73° 40' 58" O.)

Ile Dutch (D. 4) feu *fixe*, élevé de 17ᵐ, visible de 13 milles, sur la côte S. de cette île, dans le chenal qui sépare la terre *Washington* de l'île *Connecticut*. (41° 29' 46" N. et 73° 44' 30" O.) Cornet de brouillard sonnant à intervalles de 15 s.

Poplar (D. 4), sur cette pointe; feu *fixe*, près de l'entrée du port *Wickford*, visible de 13 milles; élevé de 15ᵐ 5. 1° 34' 14" N. et 73° 46' 36" O.)

Muscles-Beds (D. 4), feu *fixe rouge*, baie *Narraganset*; le feu élevé de 10ᵐ 6 se voit de 11 milles. Cloche de brouillard à interv. de 20ˢ. (41° 38′ 9″ N. et 73° 36′ 10″ O.)

Ile Prudence (D. 4), sur *Sandy-Point*, au côté E. de l'île; feu *fixe*, élevé de 9ᵐ et visible de 11 milles du S. 20° E. au N, 14° E. par l'O. Il guide dans le canal de l'E. et dans la rivière *Fall*. (41° 36′ 27″ N. et 73° 38′ 44″ O.)

Bristol-Ferry (D. 4), feu *fixe*, au côté Nord de l'entrée de la baie *Mount-Hope*; élevé de 10ᵐ6, il se voit de 11 milles. (41° 38′ 33″ N. et 73° 35′ 52″ O.)

Warwick-Neck (D. 4). au S. de la péninsule; feu *fixe*, on le laisse à tribord pour aller à *Warwick* et à *Greenwich*. Élevé de 16ᵐ, porté 13 milles. (41° 40′ N. et 73° 42′ 56″ O.)

Conimicut (D. 4), sur cette pointe; feu *fixe*, élevé de 15ᵐ 2 au-dessus de la mer et visisble de 13 milles. Cloche de brouillard. (41° 43′ 0″ N. et 73° 40′ 59″ O.)

Pointe Bullock (D. 4), sur le haut-fond près de cette pointe au côté E. du passage, sur une maison; le feu *fixe rouge* est élevé de 15ᵐ et visible sur 270° de l'horizon, de 11 milles de distance. (41° 44′ 14″ N. et 73° 42′ 26″ O.)

Pointe Sabine (D. 4), sur le haut-fond près de cette pointe. Le feu *fixe*, élevé de 15ᵐ6 au-dessus de la mer, est visible de 11 milles. (41° 45′ 42″ N. et 73° 42′ 45″ O.)

Rocher Pumham (D. 4), feu *fixe rouge*, sur ce rocher (rivière *Providence*). Il est élevé de 21ᵐ et visible sur un arc de 180°, de 11 milles de distance. (41° 46′ 37″ N. et 73° 42′ 26″ O.)

Rocher Fuller (D. 4), feu *fixe*, élevé de 8ᵐ6, sur le rocher *Fuller* (rivière *Providence*), visible sur un arc de 180°, de 10 milles de distance. (41° 47′ 36″ N. et 73° 43′ 0″ O.)

Pointe Sassafras (D. 4), feu *fixe rouge*, élevé de 7ᵐ6 et visible de 10 milles. (41° 48′ 58″ N. et 73° 43′ 43″ O.)

Pointe Judith (D. 4), sur l'extrémité S. de la côte de *Narragansett*, par 41° 21′ 38″ N. et 73° 49′ 8″ O. Le feu est à *éclats* de 15 s. en 15 s ; portée 14 milles; élevé de 20ᵐ. Sifflet de brouillard pendant 6ˢ chaque 40ˢ.

Block-Island (D. 4), feu *fixe*, au N. de l'île, à l'entrée du Sound de *Long-Island*; il est élevé de 19ᵐ et visible de 14 milles sur tout l'horizon, excepté entre le S. 35° E. et le

ÉTATS-UNIS. — CONNECTICUT.   313

S. 21° O. Passez à 2 milles pour parer la pointe qui s'étend au N. (41° 13′ 38″ N. et 73° 54′ 48″ O.)

—— (D. 1), sur l'ext. S. E. de cette île; le feu *fixe* est élevé de 62ᵐ17 au-dessus de la mer et se voit de 21 milles. (41° 9′ 8″ N. et 73° 53′ 22″ O.). Sifflet de brume.

—— 2 feux de direction sur le brise-lames. (*Provisoires*.)

Watch-Hill (D. 4), sur la colline à l'entrée de la passe de l'île *Fisher*, 3 milles S. E. de *Stonington*. Elevé de 18ᵐ 8 au-dessus de la mer; son feu est *fixe* et visible de 13 milles de l'E. au S. 72° O. par le N. (41° 18′ 12″ N. et 74° 11′ 46″ O.)

CONNECTICUT

Montauk (D. 1), à l'extr. E. de *Long-Island*, feu *fixe*, varié par des *éclats* de 2 m. en 2 m., élevé de 52ᵐ et visible de 20 milles entre le S. 68° E. et le N. 36° E. par le S. (41° 4′ 13″ N. et 74° 11′ 41″ O.) Trompette de Daboll.

Stonington (D. 6), feu *fixe*, sur la pointe; élevé de 15ᵐ 5; portée 11 milles. (41° 19′ 41″ N. et 74° 14′ 35″ O.)

Eel Grass (flottant C. 4), sur ce banc dangereux, dans le *Sound* de *Fisher*. Feu *fixe*, élevé de 9ᵐ 4 et visible de 11 milles. Il porte son nom sur ses côtés. Cloche de brouillard et cornet. (41° 18′ 20″ N. et 74° 16′ 59″ O.)

Pointe Morgan (D. 4), feu *fixe*, sur cette pointe, élevé de 18ᵐ 4 et visible de 11 milles, au côté Nord du *Sound* de *Fisher*, près de *Mystic*. (41° 19′ N. et 74° 19′ 34″ O.)

North Dumpling (D. 4), feu *fixe rouge* sur l'île, dans le *Sound* de *Fisher*; élevé de 21ᵐ et visible de 11 milles. Cloche de brouillard. (41° 17′ 14″ N. et 74° 21′ 25″ O.)

New-London (D. 4), au côté O. de l'entrée de la rivière *Thames*; feu *fixe*, élevé de 27ᵐ au-dessus de la mer et visible de 15 milles entre le S. 15° E. et le N. 75° E par l'O. Trompette de brouillard, sons de 6 s. à intervalles de 14 s. (41° 18′ 58″ N. et 74° 25′ 39″ O.)

Récif de Bartlett (flottant C. 4), sur le récif, devant *New-London*, 2 feux *fixes*, élevés de 10ᵐ 6 et 8ᵐ 5, visibles de 10 milles. Son nom est écrit sur ses côtés. Cornet et cloche de brouillard. (46° 16′ 15″ N. et 74° 27′ 59″ O.)

Race-Rock (D. 4), sur ce rocher devant la pointe de l'île *Fisher*, à *éclats rouges et blancs* de 30ˢ en 30ˢ, avec

18

ÉTATS-UNIS — CONNECTICUT

de courtes *éclipses*; élevé de 21° 8; visible de 14 milles. (41° 14' 35" N. — 74° 23' 5" O.) Cloche de brume; 2 sons chaque 20 s.

Little-Gull (D. 2), sur la petite île, à l'entrée du *Long-Island-Sound*; feu *fixe*, à 28° 4 au-dessus de la mer et visible de 11 milles. Sifflet à vapeur résonnant 5 s. à intervalles de 40 s. (41° 12' 21" N. et 74° 26' 40" O.)

Ile Gardiner (D. 4), sur la pointe N. de cette île; feu *fixe* de 11 milles de portée. Il fait parer l'extrémité N. de l'île *Gardinier* (41° 8' 29" N. et 74° 28' 58" O.)

Ile Plum (D. 4), sur l'extr. O. de l'île; feu à *éclats* de 30 s. en 30 s., à 23° au-dessus de la mer et visible de 14 milles. Il guide pour donner dans le goulet, entre la pointe *Oyster-Bond* et l'île *Plum*. Cloche de brouillard. (41° 10° 24" N. et 74° 32' 57" O.)

Long Beach (D. 4), sur pilotis, à l'entrée du havre *Orient*; feu *fixe rouge*, élevé de 17° et visible de 13 milles. Cloche de brouillard. (41° 6' 31" N. et 76° 38' 37" O.)

Ile Cedar (D. 4), feu *fixe*, sur cette île, près de la pointe E. de *Long-Island* et à l'entrée du *Port-Sag*. Son élévation est de 13° 6 et sa portée de 11 milles. (41° 2' 26" N. et 74° 35' 55" O.)

Saybrook (D. 4), sur la pointe *Lynde*, côté O. de l'entrée de la rivière *Connecticut*; élevé de 22° sur la mer, son feu est *fixe* et visible de 14 milles du S. 20° E. au N. 70° E. par l'O. Cloche de brouillard (41° 16' 13" N. et 74° 40' 51" O.)

Rivière Connecticut (D. 6), 3 feux *fixes*, de 5 milles de portée, sont à l'intérieur de cette rivière : 1° sur l'île *Calves*, au côté E. (41° 19' 24" N. et 74° 41' 15" O.); 2° dans le passage de *Brock-Way*, 4 milles en amont du précédent; ils font parer la jetée des pêcheries; 3° quai de *Devil*, côté O., à 4 milles en amont d'*Essex*; il fait parer un banc de roches.

Pointe Cornfield (flottant C. 4), mouillé par 14°, au centre de la partie S. du banc *Long-Sand*; feu *fixe*, *rouge*, élevé de 12° et visible de 12 milles. Son nom est écrit sur ses côtés. Cage carrée rouge en tête du mât. Cloche de brouillard. (41° 13' 30" N. et 74° 43' 19" O.)

Pointe Horton (D. 3), sur cette pointe, à 33° au-dessus de la mer. Le feu est *fixe* et sa portée est de 16 milles. (41° 5' 5" N. et 74° 46' 59" O.)

ÉTATS-UNIS — CONNECTICUT. 315

Ile Falkner (D. 4), sur l'ile, devant *Guilfort*, par 41° 12' 42" N. et 74° 59' 29" O.; son feu *fixe*, varié par des *éclats* de 90 s. en 90 s., est élevé de 30ᵐ et se voit à 15 milles. Sifflet à vapeur, sons de 8ˢ à intervalles de 52ˢ.

New-Haven, Long-Wharf (D. 4), feu *fixe rouge* de 7ᵐ de hauteur, sur la jetée, à *New-Haven*, visible de 9 milles. (41° 17' 33" N. et 75° 15' 16" O.)

South-West-Ledge (D. 4), sur ce banc, entrée de *New-Haven*, feu *fixe*, élevé de 18ᵐ et visible de 13 milles. On peut l'approcher de près de tous les côtés, excepté dans l'E. N. E. Cloche de brouillard sonnée à intervalles de 15 s. (41° 14' 2" N. et 75° 14' 54" O.)

Pointe Stratford (D. 3), feu à *éclats*, de 90 s. en 90 s. visibles de 12 milles. Il guide pour traverser le sound. Cloche de brouillard. (41° 9' 6" N. et 75° 26' 27" O.)

—— Sur le *Middle-Ground, Stradfort-Shoals;* feu à *éclats blancs* de 15ˢ en 15ˢ; élevé de 19ᵐ, visible de 14 milles. (41° 3' 32" N. et 75° 25' 59" O.) Trompette de brume, sons de 6 s. par 1/2 m.

Old-Field-Point (D. 4), feu *fixe*, sur *Long-Island*, au S. du feu flottant de *Stratford*, à 24ᵐ 1 au-dessus de la mer. Il est visible de 14 milles. (40° 58' 34" N. et 75° 27' 17" O.)

Bridge-Port (D. 4), feu *fixe*, élevé de 16ᵐ et visible de 13 milles. Ce feu est à 2 milles S. S. E. de la ville. Avec de la brume, on tinte une cloche chaque 15 secondes. (41° 9' 24" N. et 75° 30' 57" O.)

Black-Rock (D. 4), à l'entrée du port, sur l'ile *Fair-Weather*, par 41° 8' 30" N. et 75° 33' 17" O.; feu *fixe* de 15ᵐ 8 d'élévation et 12 milles de portée.
On mouille par 4ᵐ 6 et 7ᵐ 3 au S. O., entre *Bridgeport* et le feu.

Penfield (D. 4), à *éclats rouges* de 5 s. en 5 s.; il est élevé de 16ᵐ, sur le récif de *Penfield* (*Long-Island-Sound*). Sa portée est de 13 milles. Cloche de brouillard, 2 coups rapprochés chaque 20 s. (41° 7' 3" et 75° 33' 20" O.)

Iles Norwalk (D. 4), sur la pointe O. de l'ile *Sheffield;* son feu est *fixe*, varié par des *éclats rouges* de 1 m. en 1 m., et visible de 12 milles. A 1/2 mille S. 15° O., il y a un banc de roches. (41° 2' 53" N. et 75° 45' 20" O.)

Eaton's Neck (D. 3), au côté E. de l'entrée de *Huntington-Bay;* feu *fixe*, élevé de 42ᵐ 9, se voit de 18 milles.

ÉTATS-UNIS. — NEW-JERSEY.

Sifflet de brouillard résonnant 9s à intervalles de 35s. (40° 57′ 12″ N. et 75° 43′ 59″ O.)

Lloyd's-Neck (D. 4), sur la pointe S. E. de *Lloyd's-Neck*, port *Huntington*, feu *fixe*, visible de 12 milles, élevé de 12ᵐ 5. (40° 54′ 55″ N. et 75° 46′ 18″ O.)

Cold Spring Harbour; en *construction.*

Ile Great Captain (D. 4), sur cette île, près la pointe *Greenwich*; feu *fixe*, élevé de 22ᵐ 4, vis. de 14 milles du S. 71° O. au S. 53° E. par le N. (40° 58′ 55″ N. et 75° 57′ 40″ O.)

Exécution Rocks (D. 4), feu *fixe*, visible à 13 milles, étant élevé de 17ᵐ 6, par 40° 52′ 38″ N. et 76° 4′ 26″ O., devant *Sand's-Point*. Trompette de brouillard, sons de 7 s. à intervalles de 43 s.

Sand's-Point (D. 4), au côté E. de *Cow-Bay*; feu à *éclats* de 30 s. en 30 s., à 20ᵐ au-desssus de la mer et visible de 13 milles. (40° 51′ 55″ N. et 76° 4′ 2″ O.)

Stepping-Stones (D. 4), sur le bord extérieur du récif, à environ 1 mille S. q. S. O. de l'île *Hart*, feu *fixe rouge*, visible de 10 milles. Cloche de brouillard, coups rapides à intervalles de 20s. (40° 49′ 25″ N. et 76° 6′ 26″ O.)

Throggs-Neck (D. 4), feu *fixe* sur la partie S. E. de la presqu'île, à l'E. du *Hell-Gate*. La tour a 18ᵐ 6 de hauteur; le feu, à 20ᵐ au-dessus de la mer, se voit de 11 milles. Cloche de brouillard. (40° 48′ 17″ N. et 76° 7′ 44″ O.

North Brother (D. 4), feu *fixe*, élevé de 15ᵐ 2, sur l'extrémité Sud de cette île, dans *East-River*; il est visible de 11 milles. (40° 47′ 58″ N. et 76° 14′ 7″ O.)

Ile Blackwell (D. 4), sur l'extrémité N. de cette île, dans le *Hell Gate*, feu *fixe rouge*, élevé de 16ᵐ 5 et visible de 13 milles. (40° 46′ 15″ N. et 76° 16′ 42″ O.)

NEW-YORK ET NEW-JERSEY

Great West Bay ou **Pondquogue** (E. 1), sur cette pointe, au côté N. de la baie *Shinnecock* et au S. de *Long-Island*; feu *fixe*, élevé de 48ᵐ 7 et visible de 19 milles. (40° 51′ N. et 74° 50′ 30″ O.)

Fire island (D. 1), sur le côté E. de la passe, par 40°

37′ 55″ N. et 75° 33′ 22″ O. Feu à *éclats*, à 31 milles du feu flottant de *Sandy-Hook*. Il est élevé de 50ᵐ 9 et visible de 20 milles entre le S. 60° O. au N. 70° E. par le N. Ses éclipses sont de minute en minute.

Sandy-Hook (flottant C. 4). Ce bâtiment est à 6 milles au large du feu de *Sandy-Hook*, par 25ᵐ 6 d'eau. Il porte deux feux *fixes rouges* visibles de 12 milles. Cloche de brouillard. Son nom est écrit sur ses côtés. (40° 26′ 51″ N. et 76° 12′ 12″ O.)

Épave du Scotland (flottant C.), par 12ᵐ 8, au S. 86° O. du précédent et à 3 milles 1/2 des feux de *Navesink*; 2 feux *fixes* visibles de 12 milles; le bateau porte les mots *Vreck of Scotland* en grandes lettres noires. Cloche de brouillard. (40° 26′ 38″ N. et 76° 16′ 40″ O.)

Sandy-Hook (D. 3), au côté S. O. de l'entrée de *New-York*; feu *fixe*, élevé de 27ᵐ 3, qu'on voit de 15 milles. Il indique les passes et il guide vers les feux de direction qui signalent les passes de *New-York*. (40° 27′ 40″ N. et 76° 20′ 23″ O.)

— **Balise de l'Est** (D. 4), sur la pointe Nord de *Sandy-Hook*; feu *fixe*, élevé de 14ᵐ, visible de 11 milles. Ce feu remplace la balise de l'Est. Sifflet de brouillard. 6 s. à intervalles de 40 s. (40° 28′ 15″ N. et 76° 20′ 36″ O.)

— **Balise de l'Ouest** (D. 4), feu *fixe*, élevé de 13ᵐ, visible de 11 milles du N. 71° E. au S. 37° O. par le Sud; placé dans la baie qui est au côté de *Sandy-Hook* à 1/4 de mille N. O. du feu principal. Masqué par l'écran il signale l'accore extérieur de la barre, et quand il se découvre juste au Nord du phare de Sandy-Hook, il signale l'endroit où il faut changer de route en contournant l'épi S. O. dans le canal principal.

Navesink (D. 1). À l'entrée de la baie de *New-York* sont deux feux, à 69ᵐ l'un de l'autre. Ils sont *fixes* et élevés de 75ᵐ 6 au-dessus de la mer; on les voit de 22 milles du S. 53° E. au N. 19° O. par l'O. Ce promontoire est souvent la première terre qu'on découvre en mer; le *Mont-Michel* ayant 78ᵐ d'élévation. (40° 23′ 43″ N. et 76° 19′ 24″ O. Feu du Sud.)

Balise Conover (D. 3), feu *fixe*, auprès de la plage, hauteur 18ᵐ, portée 13 milles. (40°25′14″ N. et 76°23′36″ O.)

Balise du Mont-Chapel (D. 2), au côté N. du *Mont-Chapel* et à 1/2 mille du précédent; feu *fixe*, de 68ᵐ d'élévation et de 21 milles de portée. (40°23′51″ N. et 76°23′48″ O.)

Leur alignement guide dans le canal depuis la pointe du S. O.)

ÉTATS-UNIS — BAIE DELAWARE.

Pointe Comfort (D.3), auprès de la plage, à 1 mille E. S. E. de la pointe; feu *fixe* de 14ᵐ au-dessus de l'eau, visible de 12 milles. (40° 26′ 51″ N. et 76° 27′ 32″ O.)

—— (D. 2) *fixe*, à 3/4 de mille du précédent; élevé de 23ᵐ, se voit de 14 milles. Tenus en ligne, ils font franchir la barre et conduisent jusqu'à la pointe S. O.

Elm Tree ou **Ile Staten** (D. 3), sur la plage à l'E. de *Staten*; feu *fixe*, sur une tour à raies horizontales : 2 blanches, 1 rouge; élevé de 18ᵐ 2 il se voit de 12 milles (40° 33′ 46″ N. et 76° 26′ 55″ O.)

—— (D. 2), auprès de *New-Dorp*, à 1 mille 3/4 du précédent. Son élévation est de 58ᵐ, 20 milles de portée (40° 34′ 48″ N, et 76° 27′ 28″ O.)

Leur alignement, depuis l'extérieur de la barre, conduit jusqu'au canal principal.

Prince's Bay, dans la baie Raritan. (*en construction*).

Great-Beds (D. 3), feu *fixe*, élevé de 32ᵐ 2, près la pointe S. E. de l'Ile *Staten* et visible de 16 milles du S. 71° au N. 46° E. par le N.; il est varié par des *éclats* de 2 m. en 2 m. (40° 30′ 25″ N. et 76° 33′ 4″ O.)

Fort Tompkins (D. 4), sur l'ile *Staten*, côté O. des passes; feu *fixe*, à 8 milles 3/4 N. 12° O. de *Sandy-Hook*, par 40° 36′ 5″ N. et 76° 23′ 30″ O. Il est élevé de 27ᵐ et visible de 15 milles. Il guide pour donner dans les passes. Cloche de brume au fort *Lafayette*.

Robbin's Reef (D. 4), feu *fixe*, élevé de 17ᵐ, dans la partie S. O. de la baie de *New-York*, par 40° 39′ 24″ N. et 76° 24′ 10″ O. Sa portée est de 13 milles. Il empêche de tomber sur ce récif; on y sonne une cloche de brouillard à intervalles de 15ˢ. Cloche au fort *Columbus*, 2 coups successifs à intervalles de 20ˢ.

Bergen-Point (D. 6), feu *fixe*, élevé de 15ᵐ, sur les roches au large de cette pointe, entrée de *Newark* par le *Kill-van-Kuhl*; il est élevé de 15ᵐ et visible de 11 milles, une cloche de brouillard. (40° 38′ 32″ N. et 76° 29′ 10″ O.)

Corner-Stake (D. 4), feu *fixe rouge*, en face du port *Elisabeth*, par 40° 38′ 44″ N. et 76° 30′ 20″ O.

Rivière Passaic (D. 6), feu *fixe*, dans la baie de *Newark*, auprès de l'entrée de la rivière; portée 11 milles, élévation 15ᵐ. Cloche de brouillard 1 coup toutes les 20ˢ (40° 41′ 44″ N. et 76°27′ 54″ O.)

Elbow (D. 6), balise éclairée, feu *fixe*, visible de 6 mil-

ÉTATS-UNIS — BAIE DELAWARE.

les, à 1/2 mille N. du feu de *Passaic*. Il fait parer les bancs de vase. (40° 42' 6" N. et 76° 27' 43" O.)

Fleuve Hudson. On n'a pas cru nécessaire de décrire les phares du fleuve *Hudson*, où l'on ne va jamais sans pilote.

NEW-JERSEY — DELAWARE

Barnegat (D. 1), feu à *éclats* de 10 s. en 10 s., élevé de 50^m au-dessus de la mer, au côté S. de la passe, sur l'extrémité N. de *Long-Beach*; il est visible de 19 milles du S. 4° O. au N. 15° E. par l'O. Tour blanche en bas, rouge en haut, lanterne noire. (39° 45' 49" N. et 76° 26' 39" O.)

Tucker's Beach (D. 4), sur la plage *Tucker*, entrée du port de *Little-Egg*; feu *fixe blanc à éclats rouges* chaque minute : *fixe, blanc,* 1 minute, puis 6 *éclats rouges* consécutifs dans la minute suivante. Visible du N. 26° E. au S. 26° O. par l'O. de 12 milles. (39° 30' 19" N. et 76° 37' 23" O.)

Absecum (D. 1), au côté S. du passage; feu *fixe*, élevé de 50^m 7 et visible de 19 milles. (39° 21' 56" N. et 76° 45' 7" O.) Il guide pour aller prendre la passe, située à 5 milles 1/2 dans le S. O. de celle de *Little-Egg*. Un banc de 5^m lui reste au S. 65° E. à 2 milles.

Banc de Cinq-Brasses (flottant. D. 4), mouillé par 22^m, à 2 milles 1/2 dans le S. E. de la partie la plus élevée du banc; bateau jaune portant 2 feux *fixes*, un à chaque mât, visibles de 11 milles. Les mots *Five-Fathoms-Bank*, sont sur ses côtés. Sifflet de brouillard à vapeur, un coup de 4 s. chaque minute. (38° 48' 20" N. et 76° 56' 19" O.)

Passage Hereford (D. 4), feu *fixe rouge*, élevé de 17^{m}3 et visible de 13 milles, à 9 milles au N. du phare du cap May. (39° 0' 0" N. et 77° 7' 45" O.)

Cap May (D. 1). Ce cap, au N. E. de la *Delaware*, est sablonneux et élevé de 3^m. On y voit un phare élevé de 46^m 6; le feu est à *éclats* de 30 s. en 30 s. et sa portée est de 19 milles. (38° 55' 56" N. et 77° 17' 54" O.)

Cap Henlopen (D. 1), au côté S. O. de la *Delaware*, sur une tour octogone; la lumière est à 38^m 8 au-dessus de la mer; elle est *fixe*, et visible de 17 milles. (38° 46' 39" N. et 77° 25' 18" O.)

ÉTATS-UNIS — BAIE DELAWARE.

—— A 7/8 de mille N. O. du grand phare et près de l'eau est un petit feu *fixe*, (D. 4), visible de 12 milles et élevé de 14ᵐ. Sirène à vapeur : son de 6 secondes à intervalles de 39 secondes par temps de brume.

Quand on se dirige sur la rade *Old-Kiln*, après avoir amené ces deux feux en ligne, on approche le plus petit à une encâblure, puis on gouverne O. N. O. jusqu'à relever le grand phare au S. E.; on mouille par 7ᵐ.

Delaware Break-Water (D. 4), feu *fixe* à *éclats* de 45ˢ en 45ˢ, sur le brise-lames *Delaware*. (38° 47′ 54″ N. et 77° 26′ 45″ O.); sa portée est de 12 milles. Cloche de brouillard sonnée à intervalles de 10 s.

Mispillon (D. 4), feu *fixe*, élevé de 14ᵐ 6, visible de 11 milles, placé près de l'entrée de la rivière, par 38° 56′ 49″ N. et 77° 39′ 11″ O.)

Banc Brandywine (D. 3), tour en fer installée sur le banc, par 12ᵐ 8 d'eau; feu *fixe*, élevé de 14ᵐ et visible de 12 milles. Cloche de brouillard. (38° 59′ 7″ N. et 77° 27′ 13″ O.)
A 5 milles S. est la bouée de *Brown-Shoal*.

Fourteen-Foot (flottant C.), le bateau montre 2 feux *fixes blancs*, visibles de 10 milles. Il est mouillé à 650ᵐ dans l'E. du banc par 10ᵐ de fond. On doit passer dans l'Est du bateau. (39° 3′ N. et 77° 22′ O.)

Rivière Maurice (D. 4), feu *fixe*, au côté S. O. de l'île *Haystack*; il est élevé de 14ᵐ 6 et visible de 11 milles. (39° 11′ 42″ N. et 77° 22′ O.)

Ile Egg (D. 4), à la côte N. de la baie *Delaware*; feu *fixe*, élevé de 15ᵐ 6 et visible de 12 milles. (39° 10′ 32″ N. et 77° 28′ 31″ O.)

Banc Cross (D. 4), sur l'extrémité inférieure du banc, feu *blanc* à *éclats* chaque 15 s., visible de 13 milles. (39° 9′ 44″ N. et 77° 34′ 28″ O.) Cloche de brouillard sonnée à int. de 10 s.

Mahon's Ditch (D. 4), feu *fixe* blanc, au côté O. de la baie; élevé de 17ᵐ et visible de 13 milles. (39° 10′ 34″ N., 77° 44′ 30″ O.)

Banc Ship-John (D. 4) dans la baie par 2ᵐ d'eau, feu *fixe rouge*, visible de 13 milles. (39° 18′ 16″ N. et 77° 42′ 53″ O.) Cloche de brouillard, 3 coups rapides et pause de 45 s.

Cohansey (D. 4), feu *fixe*, au côté O. de la crique, élevé de 13· 9 et visible de 12 milles, sur la maison du gardien (39° 20′ 19″ N. et 77° 41′ 52″ O.)

Bombay-Hook (D. 4), feu *fixe*, élevé de 14· et visible 12 milles. (39° 21′ 47″ N. et 77° 50′ 54″ O.)

Pointe Finn (C.) deux feux de direction pour faire passer entre le banc *Baker* et l'île *Reedy*. Feu d'aval *fixe blanc*, élevé de 9·. (39° 35′ 33″ N. et 77° 52′ 34· O.) Feu d'amont *fixe blanc*, élevé de 32·(39° 36′ 57″ N. et 77° 52′ 18″ O.)

Port Penn (C.), deux feux de direction, à 2,800· l'un de l'autre, pour indiquer le chenal qui fait passer *Bombay-Hook* et la pointe *Liston*. Feu d'aval *fixe, blanc*, élevé de 12· 2. (39° 29′ 30″ N. et 77° 55′ 36″ O.) Feu d'amont, *fixe, blanc*, élevé de 43·. (39° 30′ 40″ N. et 77° 56′ 50″ O.)

Ile Reedy, rivière *Delaware*, à éclats de 30s en 30s, élevé de 11 mètres, visible de 11 milles ; cloche de brouillard.

New-Castle (D.), sur le côté de *Delaware* de la rivière, à 1 mille 1/2 en aval de *New-Castle*, 2 feux *fixes blancs*, donnant la direction du chenal depuis l'île *Pea-Patch* jusqu'à la pointe *Deen-Water*. Position de la balise extérieure : 39° 38′ 35″ N. et 77° 56′ 15″ O.

Pointe Deep-Water (D.), 2 feux de direction pour marquer le chenal de la partie supérieure du banc *Bulkhead*. Ils sont *fixes, blancs*, situé sur le côté de *New-Jersey* de la rivière, à environ 3/4 de mille au-dessous de la pointe *Deep-Water*. Position du premier feu (en aval) : 39° 41′ 4″ N. et 77° 51′ 4″ O. Position du second feu (en amont) : 39° 41′ 56″ N. et 77° 50′ 7″ O.

Christiana (D. 4), feu *fixe*, à tribord de la crique, 4 milles de *New-Castle*, et conduisant à *Wilmington*, élevé de 14· 5 et visible de 12 milles. (39° 43′ 15″ N. et 77° 51′ 30″ O.)

Ile Chery (C.) à 1/2 mille au-dessus des usines d'*Edgemoor*, à 3/4 de mille N. 17° E. S. 17° O. l'un de l'autre, 2 *fixes* élevés de 10· 3 et 39· 5.

Fort Mifflin (D. 4), feu *fixe*, élevé de 8 mètres et visible de 10 milles, sur une jetée, dans la rivière *Delaware*. Cloche de brouillard. (39° 52′ 12″ N. et 77° 32′ 42″ O.)

Schuylkill (D. 4), à l'entrée de cette rivière, 2 feux *fixes blancs*, visibles de 9 et 11 milles. (39° 53′ 18″ N. et 77° 32′ O.) Ils sont sur des jetées en bois et donnent la direction pour franchir la barre.

Ile Fenwick (D. 3), sur l'île, à 20 milles S. du cap *Hen-*

lopen; feu fixe, varié par des éclats de 2 m. en 2 m., à 26°,2 au-dessus de la mer et visible de 15 milles. (38° 27' 4" N. et 77° 23' 33" O.)

Winter-Quarter (flottant par 20° C.), feu fixe blanc, à 2 milles au S. 65° E du centre du banc; il est visible de 11 milles. Le bateau a deux mâts, est rouge et porte son nom en lettres blanches. (37° 57' N. et 77° 25' 44" O.)

Assateague (D. 1), à 2 milles de l'extrémité S. O. de l'île, feu fixe, élevé de 45°. Visible de 18 milles du S. 30° O. au N. 41° E. par l'O. Le centre du banc Winter-Quarter gît à 11 milles 1/2 N. 74° E. Les bancs Chincoteague et Black-Fish à 5 milles, entre le S. et le S. 72° E. (37° 54' 37" N. et 77° 41' 38" O.)

VIRGINIE — MARYLAND — BAIE CHESAPEAKE.

Ile Hog (D. 4) feu fixe, sur la pointe S de l'île Hog, grande baie Matchepungo. Il est élevé de 18° au-dessus de la mer et visible de 13 milles du S. 21° E. au N. 69° E. par l'O. Il fait reconnaître la passe. (37° 23' 16" N. et 78° 2' 0" O.)

Cap Charles (D. 1), feu à éclats de 45s en 45s; il est élevé de 49° sur une tour ronde, blanche, et visible de 19 milles. (37° 7' 9" N. et 78° 13' 47" O.)

Cap Henry (D. 2), au côté S. de l'entrée principale de la Chesapeake; feu fixe, élevé de 39° et visible de 17 milles. Le cap Henry est à 12 milles S. q. S. O. du cap Charles. Une maison de pilotes est près du phare. Cloche de brouillard. (36° 55' 29" N. et 78° 20' 46" O.)

Thimble Shoal (D. 4), à l'entrée des rades de Hampton (barre Horse-Shoe); feu fixe blanc, varié par des éclats rouges et blancs chaque 15 s.; son élévation est de 13°7, et sa portée de 12 milles. Il est construit sur pilotis par 3°3 à marée basse. Les côtés S. et N. du phare sont munis de cloches sonnées de 5 s. en 5 s. pendant la brume ou les tempêtes de neige. (37° 0' 49" N. et 78° 34' 40" O.) Laissez le phare par tribord en allant aux rades de Hampton.

Old-Point-Comfort (D. 4), à tribord en entrant dans Hampton-Roads; le feu est fixe, élevé de 14°5 et visible de 12 milles. (37° 0' 3" N. et 78° 38' 40" O.) Cloche de brouillard, sonnée toutes les 10°.

Ile Craney (D. 4), feu fixe, à l'extr. du banc de l'île, dans la rivière *Elisabeth* ; il est élevé de 12™ et visible de 11 milles. Cloche de brouillard. (36° 53′ 29″ N. et 78° 40′ 34″ O.)

Pointe Lambert (D. 5), sur pilotis, près la pointe Lambert. (rivière *Elisabeth*). Le feu est *fixe rouge*, élevé de 11™ 5 et visible de 11 milles. Le phare de *Craney* lui reste à 1 mille 1/4 dans le N. N. O.; *Norfolk* à 2 milles. Cloche de brouillard. (36° 52′ 30″ N. et 78° 40′ 10″ O.)

Naval-Hopital (D. 6), feu *fixe rouge*, sur le quai, sur un mât de 14 mètres de hauteur, portée 11 milles. (36° 50′ 52″ N. et 78° 38′ 22″ O.)

Rivière Nansemond, sur pilotis, sur le banc, au côté E. de la rivière, *fixe rouge*, élevé de 11™ 6; visible de 11 milles (36° 54′ 52″ N. et 78° 46′ 46″ O.) Cloche de brume à intervalles de 7s.

White-Shoal (D. 6). feu *fixe*, de 11 milles de portée, en aval de la pointe *Sandy*, au S du banc et à tribord du canal en remontant la rivière. Cloche de brouillard à intervalles de 10 s. (37° 1′ 16″ N. et 78° 51′ 56″ O.

Point-of-Shoals (D. 6), feu *fixe*, élevé de 10™ 6, à tribord en entrant; sa portée est de 11 milles. (37° 4′ 3″ N. et 78° 59′ 28″ O.) Cloche de brouillard à intervalles de 5 et 20s.

Deep-Water-Shoals (D. 6), feu *fixe*, sur le banc, en amont de la pointe de l'île *Mulberry* et en aval de la crique *Lyon*; portée 11 milles. (37° 8′ 53″ N. et 78° 58′ 29″ O.) Cloche de brouillard à intervalles de 15 s.

Pointe Jordan (D. 6), feu *fixe*, de 11 milles de portée, à bâbord en remontant la rivière. (37° 18′ 43″ N. et 79° 33′ 40″ O.) Cloche de brouillard à intervalles de 10 s.

Dutch Gap, 2 feux *fixes rouges* à bâbord en remontant la rivière.

Cherrystone-Inlet (D. 4), feu *fixe*, par 1™5 de fond au côté O. de l'entrée de la baie. Tour blanche sur pilotis : sa portée est de 11 milles. (37° 15′ 36″ N. et 78° 22′ 20″ O). Cloche de brouillard, 2 coups successifs à intervalles de 30s.

Back-River-Point (D. 4), feu *fixe*, à *éclats* de 90 s. en 90 s., élevé de 10™ et visible de 11 milles. On y relève le feu de *Old-Point-Comfort* à 5 milles au S. O. (37° 5′ 10″ N. et 78° 36′ 28″ O.)

York-spit (D. 4), feu *fixe rouge*, élevé de 11™2, visible de

ÉTATS-UNIS. — BAIE CHESAPEAKE.

11 milles. Cloche de brouillard, sonnée de 10 en 10 secondes (47° 12' 31" N. et 78° 35' 32" O.)

Too's Marshes (D. 5), sur le banc, par 1ᵐ5 d'eau de basse mer, à 1/2 mille N. E. de la pointe *Too*, feu *fixe blanc* élevé de 12ᵐ et visible de 11 milles. Cloche de brouillard. (37° 14' 12" N. et 78° 43' 27" O.)

New-Point-Comfort (D. 4), au côté N. de la baie *Mob-Jack* ; feu *fixe*, élevé de 18 mètres, visible de 13 milles. (37° 18' N. et 78° 36' 57" O.)

Wolf-Trap (D. 4), au côté E. du banc, feu *fixe*, varié par des *éclats* de 30 en 30 secondes ; son élévation de 11ᵐ 6 et sa portée de 11 milles. Cloche de brouillard à intervalles de 15ˢ ou cornet. (37° 23' 13" N. et 78° 31' 49" O.)

Pointe Stingray (D. 4), feu *fixe rouge*, par 1ᵐ 8, à 1 mille environ à l'E. de la pointe S. de l'entrée de la rivière *Rappahannock* et à 4 milles E. N. E. de la pointe *Windmill* ; portée 11 milles. Cloche de brouillard à intervalles de 5ˢ et 30ˢ alternativement (37° 33' 37" N. et 78° 36' 29" O.)

Pointe Windmill (D.), feu *fixe*, visible de 11 milles ; la tour, sur pilotis, est placée par 3ᵐ 6, au côté N. de la rivière *Rappahannock*. Il a une cloche à son côté Est, sonnée à intervalles de 10ˢ (37° 35' 52" N. et 78° 34' 29" O.)

Ile de Watt (D. 5), feu *fixe*, à *éclats* de 2 m. en 2 m., au côté E. de l'entrée du *Tangier-Sound* ; élevé de 15ᵐ et visible de 12 milles. (37° 46' 53" N. et 78° 13' 52" O.)

Ile Jane, à l'entrée de la rivière *Annamessex* ; feu *fixe blanc*, élevé de 12 mètres, visible de 11 milles. (37° 57' 51" N. et 78° 15' 13" O.) Cloche de brume à intervalles de 15ˢ.

Crique Somer (D. 6), feu *fixe* de 11 milles de portée, à l'entrée de la rivière *Little-Annamessex*. Il indique le canal et le point où il change de direction pour aller au port *Crisfield*. Cloche de brouillard. (37° 58' N. et 78° 12' 49" O.)

Pointe Smith (D. 4), un banc de sable s'étend de la pᵗᵉ *Smith* dans la baie ; on a placé à son extrémité une tour blanche sur pilotis rouges portant un feu *blanc* à *éclats*, de 30 s. en 30 s. ; il est élevé de 11ᵐ, visible de 11 milles. Cloche de brouillard à intervalles de 15ˢ (37° 53' 38" N. et 78° 31' 57" O.)

Ile Clay (D. 6) feu *fixe*, élevé de 11ᵐ et visible de 11 milles du S. 8° E. au N. 37° O. par l'est, sur la maison du gardien, à l'entrée de la rivière *Nanticoke*, ext. N. du *Tangier-Sound*. (33° 13' 53" N. et 78° 18' 43" O.)

ÉTATS-UNIS — BAIE CHESAPEAKE.

Solomon's Lump (D. 4), côté S. du chenal, détroit de *Kedge*, côté E. de la baie *Chesapeake*, feu *fixe*, élevé de 13ᵐ, visible de 11 milles. Cloche de brouillard. (38° 2′ 49″ N et 78° 21′ 8″ O.)

Pointe Lookout (D. 4), sur la pointe, feu *fixe*, au côté N. de l'entrée de la rivière *Potomac*. Il est visible de 11 milles du S. 13° E. au S. 58° E. par l'O. et élevé de 11ᵐ,2. Cloche de brouillard de 10s en 10s. (38° 2′ 16″ N. et 78° 39′ 36″ O.)

Hooper's-Straits, sur pilotis, sur le haut fond entre la terre-ferme et l'île *Bloodsworth*, *fixe blanc*, élevé de 12ᵐ,8, visible de 11 milles. (38° 13′ 32″ N. — 78° 24′ 30″ O.) Cloche de brume sonnée à intervalles de 12s.

Pointe Cove (D. 4), feu *fixe*, à *éclats* de 90 s. en 90 s.; élevé de 14ᵐ et visible de 12 milles; à l'entrée de la rivière *Patuxent*, par 38° 23′ 7″ N. et 78° 43′ 11″ O. Il ne faut point l'approcher de trop près. Cloche de brouillard à intervalles de 12s.

Ile Sharp (D. 5), feu *fixe*, élevé de 11ᵐ et visible de 11 milles du N. 9° E. au N. 81° O. par l'Est, à 1/3 de mille au N. de cette île, devant l'entrée de la rivière *Choptank*. (38° 37′ 54″ N. et 78° 42′ 54″ O.)

Rivière Choptank (D. 6), feu *fixe*, élevé de 10ᵐ,6 et visible de 11 milles. Il est placé près de la pointe *Benoni* et sert de guide pour remonter et descendre la rivière *Tread-Haven*. Cloche de brouillard chaque 10s. (38° 39′ 19″ N. et 78° 31′ 12″ O.)

Pointe Thomas (D. 4), feu à *éclats rouges* chaque 30 secondes, visible de 12 milles. (38° 54′ 6″ N. et 78° 46′ 11″ O.) Cloche de brouillard, 3 coups successifs à intervalles de 30s.

Greenbury (D. 6), feu *fixe*, sur la pointe, côté N. de l'entrée d'*Annapolis*, élevé de 15ᵐ,2 et visible de 11 milles. (38° 58′ 21″ N. et 78° 47′ 36″ O.)

Sandy-Point (D. 5), sur cette pointe, au côté O. de la baie; feu *fixe*, varié par des *éclats* de 90 s. en 90 s.; portée 12 milles, élevé de 15ᵐ,2. (39° 1′ 8″ N. et 78° 44′ 33″ O.) Cloche de brouillard, sonnée chaque 10s.

Pointe Love (D. 5), sur un haut-fond à 1 mille 1/4 de cette pointe (rivière *Chester*); feu *fixe blanc* visible de 11 milles. Le phare est sur pilotis par 3ᵐ d'eau à marée basse.

19

Cloche de brouillard sonnée à intervalles de 8s. (39° 3′ 12″ N. et 78° 37′ 24″ O.)

Canal Graighill (D. 2 et 5), 3 feux *fixes*. Le feu intérieur élevé de 32ᵐ 2 se voit de 16 milles dans la direction du chenal; il est placé sur un banc à 1/2 encâblure à l'E. de de l'extrémité Sud de l'île *Hart*. (39° 13′ 38″ N. et 78° 43′ 53″ O.) Le feu extérieur est à 2 milles 1/2 au S. du précédent à l'entrée de la rivière *Patapsco*; il est élevé de 12ᵐ visible de 11 milles. (39°11′17″ N. et 78°43′58″ O.). Cloche de brouillard à intervalles alternatifs de 3s et 30s. Outre le feu extérieur, on montre dans la même tour un feu *fixe blanc*, visible seulement dans la direction du chenal. On le voit de 10 milles; élévation de 6ᵐ 7.

Seven-Foot-Knoll (D. 5), feu *fixe rouge*, dans la rivière *Patapsco*. Son élévation est de 13ᵐ et sa portée de 12 milles. Cloche de brouillard de 12s en 12s. (39° 9′ 16″ N. et 78° 44′ 49″ O.)

Fort Carroll (D. 5), dans la rivière *Patapsco*; son feu *fixe*, qu'on voit de 14 milles, avertit des roches au pied du fort. Cloche de brouillard de 10s en 10s. (39° 12′ 50″ N. et 78° 51′ 25″ O.)

Pointe Hawkins (D. 2), feu *fixe*, élevé de 8ᵐ5 au-dessus de la mer. La tour blanche sur pilotis rouges par 1ᵐ8 d'eau. On le voit de 10 milles. (39° 12′ 26″ N. et 78° 52′ 14″ O.)

Pointe Leading (D. 2), sur un morne, à 21ᵐ 3 au-dessus de l'eau. Feu *fixe*, visible de 14 milles. Il est à 1 mille du précédent. Il faut les tenir l'un par l'autre pour donner dans le canal *Breverlen*. (39° 12′ 47″ N. et 78° 53′ 24″ O.) Mât avec ballon derrière le phare.

Pointe Lazaretto (D. 4), sur la pointe; feu *fixe rouge* élevé de 10ᵐ 6 et visible de 11 milles, près de *Baltimore*, sur la rivière *Patapsco*, côté N. Cloche de brouillard sonnée chaque 10 s. (39° 15′ 43″ N. et 78° 54′ 35″ O.)

Ile Pool (D. 4), feu *fixe*, à l'entrée de la riv. *Gunpowder*, élevé de 10ᵐ et visible de 11 milles. Cloche de brume sonnée à intervalles de 12 s. (39°17′ 23″ N. et 78° 36′ 16″ O.)

Pointe Turkey (D. 4), sur la pointe; feu *fixe*, élevé de 19ᵐ7 et visible de 13 milles, à l'entrée de la riv. *Elk*, côté O. (39° 26′ 57″ N. et 78° 20′ 45″ O.)

Batterie Donoho (D. 6), feu *fixe*, sur la batterie de ce nom, à l'entrée de la *Susquehanna*. Elevé de 11ᵐ sur la maison du gardien, on le voit de 11 milles. (39° 29′ 35″ N. et 78° 25′ 16″ O.)

Havre-de-Grâce, sur la pointe *Concord* (D. 6), feu *fixe rouge* près du *Havre-de-Grâce*, à l'entrée de la *Susquehanna*; il est visible de 11 milles et élevé de 12ᵐ. (39° 32′ 24″ N. et 78° 25′ 22″ O.)

Pointe Piney (D. 5), feu *fixe*, élevé de 10ᵐ 6, sur la rive E. de la rivière *Potomac*, 14 milles N. O. de son entrée. Portée 11 milles. Cloche de brouillard à intervalles de 20 s. (38° 8′ 4″ N. et 78° 52′ 4″ O.)

Blakistone (D. 4), feu *fixe*, sur cette île, à l'entrée de la baie *Clément*. Il est élevé de 14ᵐ et visible de 12 milles (38° 12′ 23″ N. et 79° 4′ 58″ O.)

Pointe Lower-Cedar (D. 5), entre les pointes *Cedar* et *Yates*, en amont de *Kettle-Bottoms*; feu *fixe*, élevé de 10ᵐ, 11 milles de portée. (38° 20′ 20″ N. et 79° 19′ 53″ O.) Cloche de brouillard chaque 12 s.

Pointe Mathias, sur le bout du banc, devant cette pointe, feu *fixe*, élevé de 14ᵐ et visible de 12 milles du N. 42° E. au N. 48° O. par l'E. (38° 24′ 13″ N. et 79° 22′ 33″ O.) Cloche de brouillard, 2 coups brefs et successifs alternant avec un coup simple chaque 30 s.

Fort Washington (D. 6), feu *fixe*, sur le quai; portée 9 milles.

Pointe Jones (D. 5), feu *fixe*, auprès d'*Alexandria*, de 18ᵐ d'élévation et de 11 milles de portée. (38° 47′ 22″ N. et 79° 22′ 33″ O.)

Bowlers's-Rock (D. 5), feu *fixe*, élevé de 10ᵐ et visible de 11 milles. Il est à 135ᵐ des bancs, et le canal principal passe entre le feu et ces dangers. (37° 49′ 15″ N. et 79° 4′ 4″ O.) Cloche de brouillard à intervalles de 10 s.

Rivière North Landing, 4 balises à *feu fixe*.
Il y a également 4 balises-feux dans le *Currituck-Sound* et 2 autres dans *North-river*. (*Caroline du Nord*)

CAROLINE DU NORD

Currituck-Beach (D. 1), sur cette plage, à mi-distance environ entre le cap *Henry* et l'île *Body*; feu *fixe blanc*, éclats *rouges* de 90 secondes en 90 secondes; altitude 48ᵐ, portée 18 milles, entre le S. 25° E. et le N. 8° O. par le S. et l'O. (36° 22′

32" N. et 78° 10' 7" O.) Hautes dunes blanches au N. et au S. du phare.

Ile Body (D. 1), sur cette île, à 1 mille 1/2 au N. de l'*Oregon-Inlet*. Feu *fixe*, élevé de 47ᵐ6 sur une tour conique, peinte en bandes horizontales noires et blanches; portée 18 milles. (35° 49' 3" N. et 77° 54' 4" O.)

Cap Hatteras (D. 1), feu *tournant* de 10 s. en 10 s., 6 éclats et 6 éclipses par minute; son élévation est de 58ᵐ5 et sa portée de 20 milles, au large des dangers. Les bancs qui l'entourent s'étendent de 9 à 10 milles entre le S. 15° E. et le S. 40° E., avec 2ᵐ7 d'eau aux extrémités. Le plus dangereux est à 4 milles du cap; on l'appelle le *Diamant*. Il y a passage entre la côte et ce banc pour les petits bâtiments; cependant le plus sûr est de se tenir en dehors par 18, 22 et 27ᵐ. (35° 15' 14" N. et 77° 51' 30" O.)

Havre Hatteras (D. 4), feu à *éclats rouges* de 30 s. en 30 s.; sur le récif *Oliver*, côté N. de l'entrée du havre en venant du sound de *Pamplico*. Il est élevé de 11ᵐ6 et visible de 11 milles. Cloche de brouillard chaque 8ˢ. (35° 15' 44" N. et 78° 5' 54" O.)

Ocracoke (D. 4), feu *fixe*, sur la partie Nord d'*Ocracoke-Inlet*; élevé de 22ᵐ5, il se voit de 14 milles du S. 55° O. au N. 35° O. par l'E. Du milieu de la barre, par 4' d'eau, le feu est à 1/2 mille N. 68° O. (35° 6' 28" N. et 78° 19' 26" O.)

L'entrée des sounds *Albemarle* et *Pamplico* a plusieurs feux, mais qui ne sont d'aucun usage pour la navigation extérieure.

Cap Look-out (D. 1) feu *fixe*, de 47ᵐ au-dessus de la mer, sur l'extrémité du cap; tour à damiers noirs et blancs, lanterne noire. La maison des gardiens est peinte à bandes horizontales rouges et blanches. Le feu se voit de 19 milles du S. 23° O. au S. 66° E. par l'O. (34° 37' 16" N. et 78° 51' 42" O.)

Frying-Pan (flottant C.), mouillé par 18ᵐ à l'extrémité S. de ce dangereux écueil. Il porte deux feux *fixes* visibles de 11 milles (un sur chaque mât), à 12ᵐ au-dessus de la mer. La coque jaune porte son nom. Le phare du cap *Fear* lui reste à 19 milles N. 28° O. Cloche de brouillard et cornet. (33° 35' 0" N. et 80° 10' 15" O.)

Cap Fear, sur *Bal Head*, *fixe blanc* élevé de 31ᵐ, visible de 10 milles (33° 52' 19" N. — 80° 20' 3" O.)

— Sur une balise, à 1/2 mille en avant du précédent, S.

60° O. et N. 60° E. l'un de l'autre; leur alignement conduit dans la rivière par un chenal dragué.

Ile Oak (D. 4), 2 feux *fixes rouges* de 11 et 12 milles de portée chacun, servent pour franchir la barre de la rivière du cap *Fear*, en les tenant en ligne. Leur élévation est de 10 et 14" sur des tours à 240° N. 9° E. et S. 9° O. l'une de l'autre. Cette île a une cloche de brouillard. (33° 53′ 24″ N. et 80° 21′ 55″ O.; le feu intérieur.)

CAROLINE DU SUD

Georgetown (D. 4), tour blanche, sur l'île *North*, par 33° 13′ 21″ N. et 81° 31′ 15″ O.; feu *fixe*, à 26" au-dessus de la mer et visible de 15 milles.

Cap Romain (D. 1), sur la caye *Raccoon*, feu à *éclats* de 1 m. en 1 m., élevé de 46" 9; il est peint en rouge sombre, lanterne noire; portée 18 milles. (33° 1′ 8″ N. et 81° 42′ 37″ O.)

Baie Bull (D. 4), sur l'île de ce nom, à 25 milles N. E. de *Charleston*; feu *fixe*, placé sur la maison du gardien, et visible de 12 milles. (32° 55′ 20″ N. et 81° 54′ 9″ O.)

Rattlesnake (flottant C. 4), sur ces bancs, à 4 milles de la côte. Le bateau est à deux mâts ayant chacun un feu *fixe*, élevé de 13" 3 et visible de 12 milles. Deux ballons les remplacent le jour. Cloche de brouillard et cornet (32° 44′ 0″ N. et 82° 3′ 59″ O.)

Ile Morris (D. 1), feu *fixe*, élevé de 47", visible de 18 milles, sur l'extrémité Sud de l'île, à 8 milles 1/4 O. S. O. 1/2 O. du précédent. (32° 41′ 44″ N. et 82° 13′ 12″ O.)

—— (D. 5), feu *fixe rouge*, élevé de 6", visible de 9 milles, à 1 encâblure 1/2 de la pointe du *Light-House-Inlet*. (32° 41′ 24″ N. et 82° 12′ 42″ O.)

—— Feu *fixe rouge*, élevé de 12", visible de 11 milles, à 330° du précédent avec lequel il donne la direction pour franchir la barre et entrer dans le canal de *Charleston*. (32° 41′ 32″ N. et 82° 13′ 27″ O.)

Ile Sullivan (D. 4), deux feux *fixes rouges*, visibles de 11 milles. Le feu extérieur, élevé de 10" 3, est placé sur le bastion N. E. du fort *Moultrie*. Le feu intérieur, élevé de 17" 3, est à 400" en arrière. Ce sont des pyramides en bois,

ÉTATS-UNIS — GÉORGIE.

à jour et blanches. (32° 45′ 33″ N. et 82° 11′ 34″ O. — 32° 45′ 41″ N. et 82° 11′ 35″ O.)

Fort Sumter (D. 5), feu *fixe*, à l'angle Nord du mur extérieur, élevé de 17ᵐ 5, il est visible de 12 milles du N. à l'E. par l'O. Il guide les pilotes pour donner dans le canal. (32° 45′ 8″ N. et 82° 12′ 38″ O.)

Fort Ripley Shoal, ou **Middle-Ground**, sur ce banc entre le canal du S. et le canal de l'île *Folly*; fixe, rouge, élevé de 15ᵐ, visib. de 12 milles. (32° 45′ 50″ N. — 82° 14′ 34″ O.)

Ile Hunting (D. 2), feu à *éclats* de 30 s. en 30 s., sur la pointe N. de l'île, côté S. de l'entrée du sound de *Sainte-Hélène*; élevé de 40ᵐ, il se voit de 17 milles. (32° 23′ 20″ N. et 82° 45′ 30″ O.)

Martin's-Industry (flottant C. 4), deux feux *fixes*, à 15 milles E. du phare de *Tybee*, visibles de 12 milles et élevés de 13ᵐ5. Cloche de brouillard et cornet. Le nom en lettres blanches sur les côtés (32° 5′ 31″ N. et 82° 55′ 27″ O.)

Cap Hilton, deux feux, donnant la direction de l'entrée de *Port Royal*, sur l'île *Hilton Road*. (*En construction.*)

Ile Paris, 2 feux sur la pointe S. de cette île. (*En construction.*)

Ile Daufuskie (D. 4), 2 feux de direction sont placés sur la pointe Nord-Est de l'île *Daufuskie*, à 680ᵐ N. et S. l'un de l'autre, pour signaler le canal qui conduit de la rade de *Tybee* au *Calibogue-Sound*; ils sont *fixes* et élevés de 6ᵐ 7 et 19ᵐ 5. Portée 9 et 14 milles. (32° 8′ 42″ N. et 83° 10′ 12″ O. le feu du N.)

GÉORGIE

Tybee (D. 1), sur la pointe N. E. de l'île *Tybee*, au côté S. de la rivière *Savannah*; feu *fixe*, élevé de 45ᵐ, sur une tour blanche; il se voit de 18 milles. (32° 1′ 20″ N. et 83° 10′ 57″ O.)

— (D. 4), un 2ᵉ feu est à 3/8 de mille en avant du précédent. Quand on passe la barre, on les tient en ligne. Feu *fixe*, élevé de 8ᵐ 5 et visible de 10 milles. Il ne faut jamais entrer sans pilote. (32° 1′ 17″ N. et 83° 10′ 39″ O.)

Ile Cockspur (D. 6); feu *fixe*, élevé de 7· 6 et visible de 10 milles (rivière de *Savannah*). Sur un banc qui se relie à la pointe E. de l'île. (32° 1′ 21″ N. et 83° 13′ O.)

Oyster-Beds (D. 6); feu *fixe rouge*, élevé de 10· 6, visible de 10 milles; il signale le canal du S. (32° 2′ 20″ N. et 83° 13′ 53″ O.)

Long Island; 2 feux *fixes* sur l'extr. S. de cette île; servent d'alignement pour traverser le chenal dragué conduisant de la rade *Tybée* dans la rivière Savannah. (32° 1′ 57″ N. — 83° 14′ 40″ O. et 32° 1′ 57″ N. 83° 15′ 4″ O.)

Ile Fig (D. 6); à l'extr. E. de l'île, dans la riv. de *Savannah*; feu *fixe*, visible de 10 milles. (32° 4′ 57″ N. et 83° 23′ 58″ O.)

Ile Sapelo (D. 4), sur l'extr. S. de l'île (côte N. de *Doboy-Inlet*) à 24· 20 au-dessus de la mer; feu *fixe*, varié par des *éclats* de 45 s. en 45 s. dont la portée est de 14 milles. (31° 23′ 28″ N. et 83° 37′ 21″ O.)

—— (D. 6); feu *fixe* de direction, à 200· en dehors et en face du phare, visible de 10 milles et élevé de 8·. Relevez ce feu par le précédent pour faire le canal en parant le *North-Breaker* et les *Knuckles*. (31° 23′ 24″ N. — 83° 37′ 15″ O.) N'entrez pas la nuit sans pilote.

Wolf (D. 6), 2 feux *fixes*, à l'extr. N. de l'île au S. S. E. du phare *Sapelo*; on les voit de 11 milles; l'un sur une maison, l'autre sur une balise. On les amènera en ligne pour passer sur la barre de l'entrée Sud. (31° 21′ 3″ N. et 83° 36′ 53″ O.)

Ile Saint-Simon (D. 3); sur la pointe S. de l'île; feu *fixe*, à *éclats* alternatifs *blancs* et *rouges* de 1 m. en 1 m.; il est élevé de 32· 4 et visible de 16 milles entre le S. 36° O. et le S. 37° E. par l'O. (31° 8′ 2″ N. et 83° 43′ 49″ O.)

Little-Cumberland (D. 3), sur la pointe S. de l'île *Cumberland*, feu *fixe*, à l'entrée du sound *Saint-André*, par 30° 58′ 34″ N. et 83° 44′ 59″ O. On le voit de 14 milles, son élévation étant de 23·. Il guide pour l'entrée.

FLORIDE

Ile Amélia (D. 3), feu à *éclats* de 90 s. en 90 s., élevé de 34· et visible de 16 milles; il est sur la côte S. de la rivière *Sainte-Marie* et sur la pointe N. de l'île *Amélia*. (30° 40′ 23″ N. et 83° 46′ 45″ O.)

—— (C.), 2 feux *fixes rouges*, près la pointe N. de l'île *Amélia*, leur alignement conduit dans la partie la plus profonde de la barre du port *Fernandina* jusqu'à ce qu'on ait le feu de l'île *Amélia* au S. 26° O.

Rivière Saint-John (D. 3), feu *fixe*, près de l'embouchure de la rivière, au côté Sud de l'entrée de *Jacksonville*, par 30° 23′ 37″ N. et 83° 45′ 46″ O. Son altitude est 25°,6, sa portée 15 milles.

Pointe-Dame (D. 5), sur pilotis, par 2°,4 d'eau et à 450° dans le S. O. du feu précédent. Feu *fixe blanc*, élevé de 10°,5, visible de 11 milles, entre les pointes *Reddie* et *Mill-Cove*. Il y a un chenal de chaque côté. (30° 23′ 0″ N. et 83° 53′ 35″ O.)

St-Augustine ou **Ile Anastasia** (D. 1), sur l'extrémité Nord de l'île, au côté Sud de l'entrée de *Saint-Augustine* ; le feu *fixe blanc* varié par des *éclats* chaque 3 *minutes* ; il est élevé de 49°, et visible de 19 milles ; la tour est peinte en bandes spirales blanches et noires. (29° 53′ 13″ N. et 83° 37′ 22″ O.)

Cap Canaveral (D. 1), feu à *éclats* de 1 m. en 1 m. sur une tour à bandes horizontales noires et blanches ; il est élevé de 43° au-dessus de la mer, et visible de 18 milles. (28° 27′ 37″ N. et 82° 51′ 50″ O.)

Jupiter-Inlet (D. 1), feu *fixe*, varié chaque 90 secondes par un *éclat* brillant de 7 s. 1/2 de durée, précédé et suivi d'*éclipses partielles*. Au delà de 12 milles on ne peut pas le voir entre les éclipses ; il est élevé de 44°,3 et visible de 19 milles. (26° 55′ 26″ N. et 82° 25′ 19″ O.)

Roches Fowey, sur l'extrémité N. des récifs de la *Floride* ; Feu *fixe*, élevé de 33°, visible de 16 milles. (25° 35′ 23″ N. — 82° 26′ 5″ O.)

Récif Carysfort (D. 1), feu à *éclats* de 30 s. en 30 s. sur le récif à l'E. de la *Caye Largo* et auprès du bord du *Gulf-Stream*. Élévation au-dessus de l'eau 32°,2, portée 47 milles. (25° 13′ 15″ N. et 82° 32′ 51″ O.)

Récif Alligator (D. 1), sur l'extrémité N. E. du récif, le feu est *scintillant*, à *éclats blancs* et *rouges* de 5 s. ; on voit 2 éclats *blancs* successifs et un *rouge*. Il est élevé de 43° et visible de 18 milles. (24° 51′ 2″ N. et 82° 57′ 22″ O.)

Caye Sombrero (D. 1), feu *fixe*, visible de 19 milles, sur le banc *Sombrero*, au S. de la *Caye Duck*, élevé de 43ᵐ8, sur une tour rouge au-dessus de la maison du gardien. (24° 37′ 36″ N. et 83° 26′ 53″ O.)

Américan Shol; sur ce récif. (C. D. 1) à *éclats* de 5ˢ en 5ˢ, élevé de 33ᵐ 5 et visible de 15 milles. (24° 31′ 25″ N. et 83° 51′ 35″ O.)

Caye Sand (D. 1), feu *fixe* à *éclats* de 5ˢ en 5ˢ, par 24° 27′ 10″ N. et 84° 12′ 53″ O., et à 7 milles 1/4 du feu de *Caye Ouest*. Pendant une *minute* on voit une vive lumière constante, et pendant la *minute* suivante, un *éclat* brillant de 5 s. précédé et suivi d'éclipses partielles de 25 s.; visible de 17 milles.

Caye Ouest (D. 3), feu *fixe*, par 24° 32′ 58″ N. et 84° 8′ 18″ O.), qui se voit de 14 milles. Élévation 22ᵐ; il est sur la pointe S. O. de l'île, au S. E. de la ville.

Passage N. O (D. 4), dans le passage du N. O., à 7 milles 1/4 du feu de la *Caye Ouest*. Le feu est *fixe*, élevé de 14ᵐ et visible de 12 milles. Il est bâti sur pilotis. (24° 32′ 58″ N. et 81° 14′ 24″ O.)

Port Dry Tortugas, dans le port *Jefferson*, sur la caye *Garden*; feu fixe élevé de 21ᵐ, visible de 14 milles. (24° 37″ 46′ N. — 85° 13′ 4″ O.)

Loggerhead (D. 1), sur le milieu de la *Caye*, 2 milles 1/2 O. du précédent; feu *fixe*, élevé de 46ᵐ5. Sa portée est de 19 milles. (24° 38′ 4″ N. et 85° 15′ 57″ O.)

GOLFE DU MEXIQUE

ALABAMA

Egmont ou **Tampa** (D. 4), sur la *Caye Egmont*, à l'entrée de la baie *Tampa*, feu *fixe*, élevé de 26ᵐ 2 au-dessus de la mer, et visible de 15 milles. (27° 36′ 4″ N. et 85° 6′ 43″ O.)

Cayes-Cedar (D. 4), feu *fixe*, varié par des *éclats* de 1 m. en 1 m., sur l'extrémité E. du monticule de la *Caye Sea-*

Horse. Il est élevé de 23ᵐ et visible de 14 milles. Eviter un récif à 12 milles S. O. (29° 5' 49" N. et 85° 24' 50" O.)

Saint-Mark's (D. 4), feu *fixe*, à l'E. de l'entrée du port ouvrant dans la baie d'*Apalache*; il est élevé de 25ᵐ et visible de 14 milles. (30° 4' 26" N. et 86° 30' 52" O.)

Ile Dog. (*En construction*).

Cap Saint-Georges (D. 3), feu *fixe*, sur le cap de l'île *Saint-Georges*, à 3 milles 1/2 de la passe O., qui n'a que 180ᵐ d'ouverture et 4ᵐ2 d'eau de haute mer. Sa portée de 14 milles et son élévation de 23ᵐ. (29° 35' 15" N. et 87° 22' 54" O.) Des bancs s'étendent à 7 milles au S. du phare avec 5ᵐ d'eau.

Cap San-Blas (D. 3). Feu à *éclats* de 90 s. en 90 s., élevé de 31ᵐ et visible de 16 milles. (29° 39' 46" N. et 87° 41' 52" O.) Un récif dangereux s'étend dans le Sud à 5 ou 6 milles de la pointe du cap.

Pensacola (D. 1); à l'entrée du port; feu à *éclats* de 1 m. en 1 m., sur une tour, *blanche* à sa partie inférieure et *noire* à sa partie supérieure. Elevé de 63ᵐ8 au-dessus de la mer, il se voit de 21 milles. (30° 20' 47" N. et 89° 38' 46" O.)

—— Feu *fixe* de 6 milles de portée, à 143ᵐ du phare sur une balise. On franchit la barre en tenant le phare en ligne avec la balise.

Ile de Sable (D. 2), feu *fixe*, sur l'île, 3 milles S. 29° O. de la pointe *Mobile*. Elévation 40ᵐ2; tour noire. Visible de 17 milles. (30° 11' 19" N. et 90° 23' 9" O.)

Pointe Mobile (D. 4), feu de port *fixe rouge*, élevé de 15ᵐ2, il s'aperçoit de 12 milles. (30° 13' 45" N. et 90° 21' 36" O.)

Au S. 12° O. du feu, on trouve 6ᵐ d'eau sur la barre; l'ext. E. de l'île *Dauphine* reste alors au N. 24° O., et l'île de *Sable*, à fleur d'eau, paraît au centre de l'île *Dauphine*. On ne doit sous aucun prétexte entrer sans pilote.

Barre Choctaw (C.), deux feux *fixes*, sur la barre au côté S. du canal. Ils guident depuis le n° 4 jusqu'à l'embouchure de la rivière *mobile*.

Rivière Dog, 2 feux *fixes*, sur la barre à 540ᵐ l'un de l'autre, au côté O. du canal creusé.

—— Un feu *fixe rouge*, au côté E. de la coupée du canal.

—— Un feu *fixe* au côté E. du canal.

Ces feux et ceux de la baie *Choctaw* sont *provisoires*.

Batterie Gladden (D. 4), sur les ruines de la batterie

GOLFE DU MEXIQUE — LOUISIANE. 335

1200ᵐ E. de la pointe *Choctaw*, feu *fixe*, élevé de 14ᵐ et visible de 12 milles. (30° 40′ 6″ N. et 50° 20′ 25″ O.)

MISSISSIPI ET LOUISIANE

Passe de l'île Horn (D. 4), à 450ᵐ de la pointe E. de l'île *Horn*, feu *fixe blanc*, à *éclats rouges* de 1 m. en 1 m., élevé de 13ᵐ et visible de 12 milles. (30° 13′ 24″ N. et 90° 51′ 12″ O.) Cloche de brume sonnant de 15ˢ en 15ˢ.

Ile Ronde (D. 4), feu *fixe*, élevé de 15ᵐ5 et visible de 12 milles. Il ne sert qu'à l'intérieur du sound du *Mississipi*. (30° 17′ 30″ N. et 90° 55′ 22″ O.)

Est Pascagoula (D. 4), au côté O. de l'entrée de cette rivière, visible de 11 milles. (30° 21′ 3″ N. et 90° 54′ 20″ O.)

Ship-Island (D. 4), feu *fixe rouge*, au côté O. de cette île, élevé de 17ᵐ et visible de 13 milles. (30° 12′ 54″ N. et 91° 18′ 5″ O.)

Biloxi (D. 5), feu *fixe*, visible de 13 milles, à l'O. de l'entrée de la baie de ce nom. (30° 23′ 45″ N. et 91° 14′ 18″ O.)

Ile Cat (D. 5), sur l'extr. O. de l'île; feu *fixe* varié par des *éclats* chaque 90 *secondes*; élevé de 13ᵐ8, à l'entrée des lacs *Borgne* et *Pontchartrain*, et visible de 12 milles. (30° 13′ 57″ N. et 91° 29′ 50″ O.)

Passe Christian (D. 5), feu *fixe*, élevé de 12ᵐ6 sur le lac *Borgne*, à 6 milles 1/2 N. O. du précédent. Ces deux feux indiquent les passes *Christian* et *Mary-Ann*. Le feu *Christian* est visible de 12 milles. (30° 18′ 55″ N. et 91° 35′ 14″ O.)

Merrill's-Shell (D. 4), sur le banc; feu *fixe*, élevé de 13ᵐ7 et visible de 12 milles. (30° 14′ 18″ N. et 91° 35′ 37″ O.) Cloche de brume, 1 coup chaque 20ˢ.

Ile Saint-Joseph (D. 5), feu *fixe* sur cette île; élevé de 10ᵐ 6, il se voit de 11 milles. (30° 41′ 9″ N. et 91° 45′ 48″ O.)

Pointe aux Herbes (D. 5), feu *fixe rouge*, à 7 milles dans l'O. S. O. du phare de *Rigolet-Ouest*. Il est visible de 11 milles. (30° 9′ 30″ N. et 92° 11′ 39″ O.)

Rigolet-Ouest (D. 5), feu *fixe*, de 11 milles de portée, à l'entrée E. du lac *Pontchartrain*, par 30° 10' 34" N. et 92° 4' 49" O.

Port Ponchartrain (D. 5), feu *fixe*, à *éclats* de 90 s. en 90 s.; élevé de 10ᵐ et visible de 11 milles. Il est à l'extr. E. du chemin de fer. (30° 2' 1" N. et 92° 23' 58" O.)

Bayou-Saint-Jean (D. 6), feu *fixe*, élevé de 11ᵐ 8 et visible de 12 milles; sert à l'entrée du lac *Pontchartrain*, à 5 milles N. de la *Nouvelle-Orléans*. (30° 1' 52" O. et 92° 25' 17" O.)

New-Canal (D. 5), feu *fixe* élevé de 10ᵐ 1 et visible de 11 milles à l'entrée du canal *Neuf* (lac *Ponchartrain*). (30° 1' 43" N. et 92° 26' 57" O.)

Rivière Tchéfuncti (D. 4), feu *fixe*, près de *Madisonville*. Il est élevé de 14ᵐ 5 et visible de 12 milles. (30° 23' 0" N. et 92° 26' 15" O.)

Passe Manchac (D. 5), feu *fixe*, élevé de 9ᵐ 7 et visible de 11 milles, entre les lacs *Pontchartrain* et *Maurepas*. (30° 17' 50" N. et 92° 32' 49" O.)

Ile Chandeleur (D. 4), sur l'extr. N. de l'île; feu *fixe*, élevé de 17ᵐ 6 et visible de 13 milles. (30° 3' 8" N. et 91° 12' 50" O.)

Dans un coup de vent d'E., on trouvera un bon abri en mouillant par 7ᵐ 3 de fond, sous le vent du feu. Du mouillage, on aperçoit le feu de l'île *Ship*, à 7 milles N. 37° O. environ.

Mississipi (D. 3), sur l'île *Gordon*, près de la pointe S. de la passe S.; son feu est à éclats de 1 m. 30 s. en 1 m. 30 s., visible de 13 milles. On le laisse à bâbord en entrant. La tour est grise et placée au centre de la maison du gardien. (29° 1' 0" N. et 91° 30' 16" O.)

—— (D. 4), feu *fixe*, à la jonction des passes S.O. et S. pour guider les remorqueurs dans le fleuve; sur l'île *Deer*, visible de 11 milles. Cloche de brouillard sonnée 2 coups, puis un coup à intervalles alternatifs de 10 et 20ˢ. (29° 8' 36" N. et 91° 35' 15" O.)

Passe S. O. (D. 1), à côté O., sur l'île basse et près l'entrée de la passe; feu *fixe* élevé de 39ᵐ et visible de 17 milles. Sifflet à vapeur. (28° 58' 24" N. et 91° 43' 45" O.)

Passe à Loutre (D. 3), sur l'île *Middle-Ground*, au côté N. de l'entrée de cette passe; feu *fixe*, à *éclats* de 45 s. en

45 s., élevé de 21m3 et visible de 14 milles. Sifflet de brouillard, résonnant 15 s. à intervalles de 45 s. (29° 11′ 32″ N. et 91° 22′ 43″ O.)

Il y a en outre 2 feux *fixes rouge* à l'entrée de la passe du Sud, l'un à l'Est l'autre à l'Ouest et 2 *fixes temporaires* à la jetée de la tête des passes côtés Est et Ouest.

Baie Barrataria (D. 4), sur l'extrémité O. de l'île *Grande-Terre*, à l'entrée de la baie ; feu *fixe*, élevé de 18m 7 et visible de 13 milles. (29° 16′ 33″ N. et 92° 13′ 45″ O.)

Baie Timbalier (D. 2), par 2m1 d'eau, près de la pointe E. de l'île *Timbalier*, feu *fixe blanc*, varié par des *éclats rouges* chaque minute ; il est élevé de 33m8 et visible de 16 milles. (29° 1′ 30″ N. et 92° 38′ 26″ O.)

Ship-Shoal (D. 2), feu à *éclats* de 30 s. en 30 s. ; il est élevé de 35m et visible de 17 milles. (28° 54′ 58″ N. et 93° 24′ 53″ O.)

Atchafalaya (D. 4), à l'entrée de la baie d'*Atchafalaya*, sur le récif S. O. ; feu *fixe*, élevé de 17m au-dessus de la mer et visible de 13 milles. (29° 23′ 30″ N. et 93° 50′ 22″ O.) Sifflet de brume à vapeur, 10 s. à intervalles de 30 s.

Banc Trinity, feu *fixe*, à *éclats* de 90 s. en 90 s. (En construction.)

Calcasieu (D. 4), feu *fixe*, au côté E. de l'entrée de la rivière. Il est élevé de 16m et visible de 13 milles. (29° 46′ N. et 95° 37′ 44″ O.)

Passe Sabine (D. 3), sur la pointe *Brant*, côté E. de la passe *Sabine* ; feu *fixe*, varié par des *éclats* de 90 s. en 90 s. ; il est élevé de 25m4 et visible de 15 milles. (29° 43′ 55″ N. et 96° 10′ 28″ O.)

TEXAS

Galveston (flottant G.), par 8m 4, à 2 milles en dedans de la barre ; feu *fixe*, élevé de 14m ; visible de 12 milles. Il porte son nom sur ses côtés. Cloche et cornet de brume tintés alternativement. (29° 20′ 50″ N. et 97° 3′ 44″ O.)

Bolivar (D. 3), feu *fixe*, au côté N. de l'entrée de *Galveston*. Il reste dans le N. 41° O. de la barre, 4 milles 1/2 de distance. Élevé de 35ᵐ 6, visible de 17 milles. (29° 22' 3" N. et 97° 6' 15" O.)

En se rendant à *Galveston*, on ne doit pas aller par des fonds au-dessous de 12ᵐ. En attendant le pilote, on peut mouiller par cette profondeur, en relevant le phare *Bolivar* au N. 26° O., avec le soin de ne pas se porter à l'O. de ce relèvement en courant des bordées.

Point Fort. (*En construction.*)

Half-Moon-Shoal (D. 5), feu *fixe*, visible de 11 milles en dedans de la baie, entre l'île *Pélican* et la pointe *Dollar*. Sert à éviter le banc. (29° 24' 2" N. et 97° 11' 14" O.) Cloche de brume.

Red-Fish-Bar (D. 6), feu *fixe*, servant à marquer le canal sur la barre ; il fait parer des bancs *Red-Fish-Bar*; visible de 11 milles. (29° 30' 48" N. et 97° 12' 23" O.) Cloche de brume 2 coups successifs chaque 30ˢ.

Matagorda (D. 3), feu à *éclats* chaque 90 s. près de la pointe Est de l'île, à l'entrée de la baie, par 28° 20' 18" N. et 96° 45' 43" O. Élévation 27ᵐ, visible de 15 milles.

Récif Half-Moon, feu *fixe rouge*, sur l'extrémité S. du récif. Élevé de 10ᵐ 6 et visible de 11 milles. Cornet de brouillard de 5ᵐ en 5ᵐ. (28° 33' N. et 96° 35' 43" O.)

Passe Aransas (D. 4), sur l'île *Low*; feu *fixe* élevé de 18ᵐ 2 et visible de 13 milles. (27° 51' 51" N. et 99° 23' 39" O.)

Pour donner dans la passe, relevez le feu au N. 41° O.; mais il faut observer que la barre change souvent et qu'il est nécessaire d'avoir un pilote.

Ile Brazos (D. 3), feu *fixe*, à *éclats* de 1 m. en 1 m., sur la pointe *Isabel*, par 26° 4' 38" N. et 99° 31' 58" O. La tour est blanche, dôme et lanterne noirs; il est visible de 15 milles.

Ile Padre, à l'extrémité S. de l'île; feu *fixe* élevé de 18ᵐ 2, visible de 13 milles. (26° 4' 38" N. et 99° 29' O.)

CÔTE FERME

Tampico, sur la pointe N. de l'entrée; feu *fixe*, visible de 7 à 8 milles. Il signale la barre de *Tampico*. (22° 15' 50" N. et 100° 9' 40" O.)

Vera-Cruz feu *tournant* de 45 s. en 45 s., à l'angle N. O. du château *Saint-Jean-d'Ulloa*. Elevé de 24ᵐ au-dessus de la mer. On le voit de 15 milles. Ce phare est peint en blanc. (19° 12′ N. et 98° 29′ O.)

—— (D. 4), sur le vieux couvent de *San-Francisco*, dans la ville; le feu est *fixe*, à *éclats* chaque *minute*, et se voit de 5 milles. La tour bleue, à bandes blanches à sa partie supérieure, est à 1/2 mille S. 20° O. du phare de *Saint-Jean-d'Ulloa*. (19° 11′ 32″ N. et 98° 29′ 3″ O.)

Coatzacoalcos, feu *fixe*, sur la vieille tour de veille, au côté Ouest de l'entrée; il est visible de 12 milles. (18° 18′ 10″ N. et 96° 45′ 49″ O.)

Terminos ou **Jicalanga** (D. 2), au village indien, en face de la pointe O. de l'île *Carmen*; feu *tournant* de 30 s. en 30 s.: il a 30ᵐ d'élévation et se voit de 14 milles. (18° 37′ 47″ N. et 94° 15′ 0″ O.)

Campêche, sur la tour de l'église *San-José*. Le feu est *fixe* à 29ᵐ au-dessus de l'eau, et visible de 14 milles. (19° 50′ 45″ N. et 92° 54′ 0″ O.)

Sisal, feu *fixe*, élevé de 18ᵐ sur le fort, et visible de 10 milles. (21° 10′ 6″ N. et 92° 23′ 20″ O.)

Progresso, feu *fixe*, sur la maison de la douane; il se voit de 6 milles. On mouille par 7ᵐ3 ou 9ᵐ en le relevant au S. 37° E. (21° 18′ 40″ N. et 91° 53′ 37″ O.)

Cayes Turneff (D. 4), à la pointe N. O. de la *Caye Mauger*, par 17° 37′ 15″ N. et 90° 6′ O. Il a trois feux *fixes* : le supérieur à 16ᵐ 5 et les deux autres à 15ᵐ au-dessus de la mer; tous trois visibles de 13 milles.

Canal de Belize, sur la Caye English (D. 6), feu *fixe*, élevé de 13ᵐ 7, visible de 7 milles par 17° 19′ 30″ N. et 90° 24′ 4″ O.

—— Feu *fixe* sur un mât de pavillon, à la *Douane*; visible de 6 milles.

Caye Bokel (D. 4). par 17° 8′ 50″ N. et 90° 16′ 34″ O. Les deux feux de cette *caye* facilitent la navigation du canal *Half Moon*. Ils sont *fixes*, l'un *blanc*, l'autre *rouge*, horizontaux, sur un mât; élevés de 18ᵐ et visibles de 8 à 5 milles.

Caye Half-Moon (C. 2), feu *fixe*, à 21ᵐ au-dessus de la mer, visible de 12 milles (17° 12′ 15″ N. et 89° 52′ 45″ O.)

340   GOLFE DU MEXIQUE — COTE FERME.

Ile Utilla, devant *East Reef*, *fixe blanc*, visible de 4 à 5 milles. Ne pas compter dessus.

Ile Roatan, feu *fixe blanc*, dans la rade *Coxen*, visible de 4 milles. En tenant ce feu au N. E. q. N., on pare le banc situé au S. (16° 18′ N. et 88° 55′ 14″ O.)

Ile Bonacca, sur la caye XII, *fixe, blanc* vers le large, *rouge* en dedans du mouillage, visible de 6 milles. Il doit être changé en feu *blanc* dans toutes les directions. (16° 26′ 30″ N. — 88° 14′ 15″ O.)

Cap Honduras, feu *fixe* sur ce cap, baie de *Truxillo*; sa hauteur est de 12^m et sa portée de 11 milles. (16° 1′ N. et 88° 23′ 39″ O.) Détruit en 1875, *feu provisoire* visible de 4 milles.

Port Limon sur la caye *grape*, élevé de 18^m, visible de 8 milles. (10° 0′ 5″ N. — 84° 22′ 44″ O.)

Manzanilla (D. 5), sur la pointe N. de l'île, baie *Navy*, *Colon* ou *Aspinwal*; feu *fixe*, élevé de 20^m, visible de 10 milles, par 9° 22′ 50″ N. et 82° 14′ 15″ O. Les navires qui entrent dans le port doivent donner à cette pointe 1/2 mille de tour, en gouvernant au S. 29° O.

Savanilla (D. 5), élevé de 29^m 8 sur la pointe *Nisperal* au fond de la baie; le feu est *tournant* chaque 2 m. et visible de 15 milles au S. du S. 30° O. seulement. (11° 0′ 15″ N. et 77° 17′ 55″ O.)

Maracaibo. Phare *en construction*.

Santa-Marta, sur le sommet du *Morro*; le feu est *fixe*, élevé de 100^m et visible de 24 milles. (11° 15′ 30″ N. et 76° 35′ 54″ O.) On dit qu'il n'est visible que de 7 à 8 milles.

Deux bouées sont mouillées sur le sommet de *Pobea* : la première pour les paquebots français, la seconde pour les paquebots anglais. On peut s'amarrer sur les bouées.

Port Caballos (Ile *Oruba*), feu de port *fixe blanc* visible de 5 milles et élevé de 18^m 3. (12° 30′ N. et 72° 27′ O.)

Grand-Curaçao, feu *fixe*, sur le port *Rif*, baie de *Santa-Anna*. (12° 6′ 10″ N. et 71° 15′ 24″ O.)

Petit-Curaçao (D. 4), feu *fixe blanc*, à éclats, sur le *Petit-Curaçao*, côté E., par 11° 58′ 16″ N. et 70° 58′ 32″ O. Ce feu *fixe à éclats*, de 1 m. en 1 m., est élevé de 23^m au-dessus de la mer et visible de 14 milles; *fixe* pendant 40^s; éclipse 7^s, éclat 6^s.

Buen-Ayre (C. 2), feu *fixe*, sur la pointe *Lacre* ou pointe

19.

S. de l'île, par 12° 2' 10" N. et 70° 42' 34" O. On le voit de 12 milles. La tour de *Buen-Ayre* est à bandes verticales rouges; le feu a 25ᵐ d'élévation au-dessus de la mer.

Cumarebo, à 5 milles au S. 62° O. de la pointe *Manzanilla* par 11° 30' N. et 71° 45' 14" O. Le feu, visible de 6 à 8 milles, est élevé de 15ᵐ. (*Ne pas compter dessus*)

Puerto Cabello, sur la pointe *Brava*, feu *tournant alternatif*, montrant des *éclats rouges et blancs* de 40 s. en 40 s., visibles de 14 milles. Il est élevé de 24ᵐ sur une tour carrée. (10° 30' N. et 70° 20' 14" O.)

El Roque (D. 3), feu *tournant blanc* chaque minute, visible de 15 milles. Il est sur la colline N. E. de la caye *El Roque*. (11° 58' 15" N. et 68° 58' 44" O.)

Cumana, feu *fixe*, proposé en 1877 (10° 28' N. et 66° 33' O.)

Tobago, à l'entrée de la baie *Scarborough*, sur la pointe *Bacolet*, par 11° 10' 0" N. et 63° 4' 14" O. Feu *fixe*, élevé de 35ᵐ et visible de 12 milles, entre le S. 58° O. et le N. 70° E. par le S.; la roche *Minster* reste à 1 mille dans l'E. 17° N. du phare.

—— près et dans l'O. de la ville basse, baie *Scarboroug*, 2 feux *fixes rouges* sur 2 balises, à l'arrivée des paquebots; leur alignement conduit au mouillage.

Ile de la Trinité (D. 4), sur la jetée du *Port-d'Espagne*, par 10° 38' 40" N. et 63° 51' 14" O., visible de 10 milles, élevé de 15ᵐ sur une tour hexagonale, entre le N. 36° E. et le S. 43° E. par l'O.

Icacos (C.), feu *fixe*, sur un mât blanc planté sur cette pointe, île *Trinité*, élevé de 11ᵐ 8, il se voit de 5 milles. (10° 3' N. et 64° 16' O.)

Orénoque, à l'entrée de la rivière, près de la pointe *Barima*. Feu *flottant*, par 4ᵐ 3, visible de 9 milles. (8° 39' N. et 62° 50' O.) Pilotes.

ILES ANTILLES

(Relèvements vrais, donnés de la mer.)

ILES BAHAMA

Ile Crooked (D. 2), sur l'île *Castle*, à l'entrée S. E. du passage *Crooked*. Le feu *fixe*, élevé de 37ᵐ, se voit de 17 milles. (22° 6' 40" N. et 76° 40' 54" O.)

—— Sur l'îlot *Bird* (C. 2), à 1 mille de la pointe N. O. de l'île *Crooked*, feu *tournant blanc* de 90 secondes en 90 secondes. Il est élevé de 36ᵐ et visible de 17 milles. (22° 50' 40" N. et 76° 42' 44" O.)

La partie N. de l'île *Crooked* est entourée par un récif qui se termine à peu près à 1 mille au N. 15° O. du phare. Veiller les courants au N. de l'île *Crooked*.

Grande-Inague (D. 2), sur la pointe S. O. par 20° 56' N. et 76° 0' 59" O. Le feu est *tournant blanc*, atteignant son plus vif éclat chaque *minute*; élévation 36ᵐ,6, visible de 17 milles.

Iles Turques (C.), feu *tournant* de 30 s. en 30 s., à 360ᵐ de l'extrémité N. de l'île, par 21° 31' N. et 73° 27' 54" O. La tour est en fer et blanche, haute de 18ᵐ. Le feu est élevé de 32ᵐ,8 au-dessus de la mer; les éclats sont visibles de 15 milles. En approchant l'île par le S., le feu est caché par les terres entre le S. 2° E. et le S. 8° O.; par la *Caye de Sel*, entre le S. 14° O. et le S. 28° 30' O.; et par un autre groupe de cayes à l'E., entre le S. 23° E. et le S. 11° E.

Ile d'Abaco (C. 1), feu *tournant*, à un tiers de mille de la roche percée (pointe S. E. de l'île *Abaco*), par 25° 51' 30" N. et 79° 34' 23" O. Il est à 48ᵐ,6 au-dessus de la mer, et la tour a 24ᵐ,38 de hauteur. Sa révolution se fait de 1 m. en 1 m.; il est visible du S. 47° O. au S. 65° E. par l'O. de 16 milles. Il y a bon fond par 16 et 18ᵐ, en amenant le feu à l'E. 10° N. 1/2 mille de la côte.

—— (D. 1), feu *fixe*, sur la caye *Petite-Guana*, à 3/4 de

MER DES ANTILLES — ÎLES BAHAMA. 843

mille dans l'intérieur. Élévation 37ᵐ, portée 15 milles. (26° 31' 10" N. et 79° 18' 14" O.)

Ile Athol (port de *Nassau*), feu *fixe*, sur le dôme de la maison du chef de la Santé. Il est élevé de 15ᵐ et visible de 9 milles, entre le N. 23° O. et le N. 68° O. (25° 5' 0" N. et 79° 37' 34" O.)

Port de Nassau (île de la *Providence*) (C. 1), feu *fixe*, par 25° 5' 40" N. et 79° 42' 34" O., sur l'extr. O. de l'île *Hog*. Il est élevé de 20ᵐ et visible de 10 milles entre le N. 25° E. et le N. 26° O. par l'Est et le Sud. On rencontre le pilote dans son voisinage.

—— Feu *fixe rouge*, sur la pointe, près du phare. Allumé lorsqu'on ne peut entrer.

Grand-Stirrup (C. 3), à 540ᵐ de l'extr. E. de la caye, partie N.E. du grand banc de *Bahama*, feu *fixe* de 12 milles de portée, visible entre le N. 54° O. et le N. 45° E. par l'O. et le S. Élevé de 24ᵐ.7. (25° 49' 40" N. et 80° 14' 9" O.)

Grand-Isaac (C. 1), sur la pointe N. O., feu *tournant* de 30 s. en 30 s., sur une tour peinte en bandes rouges et blanches horizontales. Élevé de 48ᵐ au-dessus de la mer et visible de 16 milles. (26° 2' 15" N. et 81° 26' 29" O.) A moins de 6 milles on voit une lumière *fixe* entre les éclats.

Caye Gun (C. 2), feu *tournant rouge* de 90ˢ en 90ˢ près de l'extrémité S. de la caye (banc de corail très-étroit au bord du grand banc de *Bahama*), par 25° 34' 30" N. et 81° 39' 4" O. Le feu a 24ᵐ.20 de hauteur. Visible sur tout l'horizon de 12 milles, excepté du S. 17° O. au S. 5° E., où il est intercepté par les îles *Bemini*, lorsqu'on en est à 8 milles.

Caye Palanqueta (D. 2), feu *fixe* sur la *Caye North Elbow*, banc de la *caye de Sel*, par 23° 56' 30" N. et 82° 48' 14" O. La tour a 17ᵐ et le feu est à 29ᵐ au-dessus de la mer. Visible sur tout l'horizon, excepté quand on le relève au S. 48° O., où à la distance de 8 milles, il est intercepté par la *Caye à l'Eau*. Ce feu est visible de 15 milles.

Caye Lobos (D. 1), sur la caye, feu *fixe*, sur une tour en fer. La lumière est à 45ᵐ au-dessus de la mer et visible sur tout l'horizon, de 16 milles. (22° 22' 30" N. et 79° 55' 19" O.)

ILE DE CUBA

Cap San-Antonio (D. 2), sur le cap ou pointe O. de Cuba, par 21° 52′ 50″ N. et 87° 18′ 14″ O. C'est un feu *tournant* à *éclats* qui se succèdent de 30 s. en 30 s. Le foyer de l'appareil à 35ᵐ au-dessus de l'eau, et sa portée est de 20 milles. Les *éclats* seraient de 25 s., d'après le C.-A. Didelot.

Jutias (D. 2), feu *fixe* à *éclats*, sur la caye. (22° 43′ 20″ N. et 86° 26′ 44″ O.) (*Proposé.*)

Gobernadora (D. 2), feu *tournant*, sur cette pointe. (23° 0′ 0″ N. et 85° 33′ 23″ O.) (*Proposé.*)

La Havane (CD. 1), dans le fort du château *Morro*, au côté Est de l'entrée; feu *tournant* à *éclats* de 30 s. en 30 s. qu'on voit de 21 milles. Il a 52ᵐ d'élévation (23° 9′ 30″ N. et 84° 41′ 30″ O. (On l'éteint 10 minutes après minuit pour nettoyer les lampes.)

Guanos (D. 3), sur la pointe; feu *tournant* de 1 m. en 1 m. par 23° 9′ 0″ N. et 84° 2′ 14″ O.) (*Proposé.*)

Santa Cruz; à l'entrée, feu *fixe* (*proposé.*)

Caye Piedras (C. D. 4), au côté N., sur le point le plus élevé de la caye, à l'entrée de la baie de *Cardenas*; feu *fixe blanc* varié de 2 m. en 2 m. par des *éclats rouges*. Son élévation est de 23ᵐ et sa portée de 15 milles. (23° 14′ 20″ N. et 83° 27′ 30″ O.)

Caye Diana; sur la caye; feu *fixe, blanc*, élevé de 13ᵐ, avec une portée de 7 milles. (23° 10′ N. et 83° 27′ 14″ O.)

Caye Cruz del Padre (D. 4), sur les récifs, à 2/3 de mille de la caye; c'est un feu *fixe*, de 14ᵐ 9 de haut, sur une tour blanche et d'une portée de 10 milles. (23° 17′ 10″ N. et 83° 14′ 25″ O.) *Ne pas compter sur ce feu.*

Bahia de Cadix (D. 1), feu *tournant* à *éclats* chaque minute. Il est élevé de 53ᵐ20, sur une tour conique blanche et visible de 24 milles. (23° 12′ 30″ N. et 82° 49′ 34″ O.)

Sagua-la-Grande (D.), sur la pointe *Rancheria Hicacal* (caye), le feu est *fixe*, élevé de 17ᵐ2 et visible de 8 milles 1/2. (23° 4′ 0″ N. et 82° 24′ 14″ O.)

Caye Paredon (D. 1), sur la pointe N. O.; feu *fixe*,

varié par des *éclats* de 1 m. en 1 m., précédés et suivis de courtes éclipses non totales. Elevé de 48ᵐ7 et visible de 14 à 20 milles. (22° 29′ 0″ N. et 80° 30′ 4″ O.)

Port Nuevitas (D. 1), sur la pointe *Maternillos*, par 21° 40′ 0″ N. et 79° 20′ 14″ O.; feu *fixe blanc* à *éclats* de 1 m. en 1 m., élevé de 53ᵐ au-dessus de la mer et visible de 23 milles. Eclat 15 s.; éclipse 45 s.

—— (D. 6), feu de port *fixe*, élevé de 15ᵐ, visible de 9 milles; il est sur la pointe des *Pilotes*, à l'entrée du port de *Nuevitas*. (21° 37′ 30″ N. et 79° 25′ 34″ O.)

Pointe Lucrecia (D. 2), feu *tournant rouge*, dont le plus vif *éclat* se montre chaque minute. Il est élevé de 39ᵐ6 et visible de 17 milles. (21° 4′ 40″ N. et 77° 58′ 0″ O.)

Baracoa (D.), feu *fixe*, élevé de 15ᵐ3, vis. de 12 milles. Il fait reconnaître la passe de cette entrée dangereuse. (20° 21′ 40″ N. et 76° 50′ 34″ O.)

Maysi (D. 2), sur l'extr. E. de l'île *Cuba*; feu *fixe* qui se voit de 17 milles, sur une tour ronde, à 39ᵐ au-dessus de la mer. (20° 15′ 10″ N. et 76° 30′ 35″ O.)

Santiago-de-Cuba (D. 4), feu à *éclats* de 2 m. en 2 m., à 1/4 de mille dans l'E. du château *Morro*, élevé de 69ᵐ, sa portée est de 15 milles. C'est un point de reconnaissance important. (19° 57′ 40″ N. et 78° 12′ 15″ O.)

Cap de Cruz (D. 2), sur le cap; feu *fixe blanc*, à *éclats rouges* chaque 3 *minutes*; il est élevé de 37ᵐ 4 et visible de 16 milles. (19° 50′ O. et 80° 4′ 45″ O.)

Cienfuegos ou *Xagua* (D. 3), côte S. de *Cuba*. Ce phare est sur la pointe *Colorados*, à la tour *Villanueva*. Cette pointe forme la partie E. de l'entrée de la baie *Cienfuegos* ou *Xagua*, par 22° 1′ 0″ N. et 82° 50′ 14″ O. Son feu est *fixe* varié par des *éclats* de 2 m. en 2 m. élevé de 24ᵐ 8 au-dessus de la mer et visible de 14 milles. *Villanueva* est peint sur la tour.

Caye Piedras du Sud (D 4), feu *fixe*, visible de 7 milles, élevé de 9ᵐ. Il sert à éviter les roches qui gisent à une bonne distance dans le Sud et guide dans le canal qui passe au N. de la caye. (21° 58′ 0″ N. et 83° 23′ 14″ O.)

Batabano (D. 4), feu *fixe*, de 3 milles de portée, sur la pointe du môle. C'est une lanterne sur un mât. (22° 41′ 25″ N. et 84° 38′ 34″ O.)

346   MER DES ANTILLES. — ILES ÉPARSES.

Pepe, feu *tournant*, sur ce cap au S. O. de l'île *Pinos*. (21° 26′ N. et 85° 26′ 14″ O.) (*Proposé*.)

ILES ÉPARSES

La Jamaïque, feu *tournant* dont la révolution est de 1 minute, sur la pointe *Morant*. La tour est blanche et atteint 35ᵐ. Le feu se voit de 15 milles. (17° 55′ 5″ N. et 78° 31′ 54″ O.)

En naviguant le long de la côte jusqu'à *Plum-Point*, il faut s'en tenir au moins à 9 milles.

—— Sur la pointe *Plum*, feu *fixe*, dans le voisinage de l'entrée du *Port-Royal*. La tour est peinte en blanc et placée à 60ᵐ N. de l'extr. S. de la pointe. Le feu est élevé de 21ᵐ au-dessus de la mer et se voit de 12 milles. Relevée entre le N. 60° O. et le N. 10° E., la lumière paraît *rouge*; mais entre le N. 10° E. et le S. 40° E. par l'E., elle paraît *blanche*. (17° 55′ 45″ N. et 79° 7′ 34″ O.)

—— Feu *fixe rouge et blanc*, sur le fort *Augusta*, par 17° 58′ N. et 79° 12′ 34″ O., c'est une simple lampe qu'on doit relever dans le N. 16° E. pour donner dans le canal du S., pour parer la bouée portugaise dans l'O. et le banc de 5ᵐ 5 dans l'E. Le feu paraît *blanc* des côtés S. et O.; *rouge* du côté Est.

Saint-Domingue (G.), sur le fort *San-José*, feu *tournant* alternativement *rouge* et *blanc* de 1 m. en 1 m., élevé de 34ᵐ et visible de 15 milles. (18° 28′ 5″ N. et 72° 42′ 45″ O.)

—— à *Port Plata*, sur le fort, feu *tournant* de 20ˢ en 20ˢ, élevé de 18ᵐ,3 visible de 14 milles. (19° 49′ 30″ N. — 73° 1′ 54″ O.)

—— *Port-au-Prince*, sur l'un des *Arcadins*, feu *fixe*. Projeté.

—— Sur la pointe *Lamentin*, à *Port-au-Prince*, feu *tournant rouge* de 1 m. en 1 m. *Projeté*.

Puerto-Rico (D. 3), sur le *Morro-San-Juan*, feu *fixe blanc*, montrant chaque minute un *éclat* de 5 secondes environ. Il est élevé de 52ᵐ et visible de 18 milles. (18° 28′ 40″ N. et 68° 26′ 54″ O.)

Mayaguez, 2 feux *rouges*, sur les jetées, pour signaler l'entrée du port.

Ile Sainte-Croix, feu *fixe* de 4 milles de portée, sur le fort *Frederichstad*. (17° 42' 40" N. et 67° 12' 54" O.)

—— Feu *fixe*, sur le fort de *Christianstad*. (17° 45' 25" N. et 67° 1' 44" O.)

Ile Saint-Thomas (D. 5), feu *fixe*, à la batt. *Mühlenfels*, sur la pointe S. E. du port, à 13™ de la mer; l'élévation du feu est de 36™ et sa portée de 12 milles. (18° 19' 20" N. et 67° 15' 24" O.)

—— Feu *fixe rouge*, sur le débarcadère qui est à l'O. du fort de *Christiania*.

Ile Sombrero (D. 2), feu *tournant* montrant son plus vif éclat chaque *minute*; il est placé sur l'île, au 1/3 à partir de la pointe S., à 55™ de la falaise S. E. Il est élevé de 46™ et se voit de 20 milles. (18° 35' 35" N. et 65° 48' 4" O.)

Ile de Saint-Martin (C.), dans le vieux fort *Amsterdam*, sur le côté O. de la *Grande Baie*. Feu *fixe blanc*, visible de 8 milles.

Ile Saint-Christophe, feu *fixe* et *rouge*, élevé de 11™ et visible de 4 milles, sur la plage, rade de la *Basse-Terre*. (17° 18' N. et 65° 3' 4" O.)

Ile Montserrat, feu *fixe*, sur la plage de *Plymouth*, par 16° 42' 10" N. et 64° 33' 14" O. N'est allumé que lorsqu'on attend les vapeurs et ne se voit que d'une faible distance.

Ile de la Grenade, feu *fixe*, visible de 3 à 4 milles, sur le fort *Saint-Jean*, port *Saint-Georges*. (12° 0' N. et 64° 5' 14" O.)

Marie Galante, feu *fixe*, à 50™ dans l'E. du pavillon du fort du *Grand-Bourg*, élevé de 15™ et visible de 7 milles. (15° 54' N. et 63° 38' 47" O.)

Ile Antigoa, 3 feux *fixes* en triangle, au mât de pavillon du fort *Berkeley* du port Anglais, par 16° 59' 50" N. et 64° 5' 49" O. Le feu supérieur est *rouge*, les autres *blancs*. Sont temporaires et pour les besoins des vapeurs ou des navires qu'on attend.

—— Sur l'île *Sandy* (port *Saint-Jean*), feu *fixe blanc*, élevé de 18™ et visible de 13 milles. (17° 6' 54" N., 64° 14' 44" O.)

La Guadeloupe (D. 3), feu *fixe*, à 184" de l'extr. E. de la *Terre-de-Bas*, l'un des îlots de la *Petite-Terre*, par 16° 10' 17" N. et 63° 26' 17" O. Le feu, à 33" au-dessus de la mer, se voit de 15 milles. La roche *Baleine du Sud* gît au S. 19° O., à 1/2 mille du phare.

Basse-Terre, sur le quai entre deux pavillons, feu *fixe blanc* vers le large, *rouge* de chaque côté; visible de 5 milles. (15° 59' 50" N. et 64° 3' 41" O.)

—— Feu *fixe rouge*, au bout de l'appontement; éviter de le confondre avec le précédent.

Pointe-à-Pitre, sur l'îlot du *Gozier*, au côté E. de l'entrée de la baie de *Pointe-à-Pitre*, par 16° 11' 57" N. et 63° 49' 12" O. C'est un feu *fixe*, visible entre le S. 30° O. et le S. 30° E. par le N. Il est élevé de 17" et visible de 7 milles. Il sert à se diriger le long des côtes de *Saint-François* et de *Saint-Anne*, lorsqu'on a reconnu le feu de la *Terre-de-Bas*.

—— Feu *fixe* élevé de 16" et visible de 7 milles, sur l'île *Monroux*, à 1/2 mille N. N. O. 1/2 N. de la bouée n° 1. (16° 13' 14" N. et 63° 51' 37" O.)

—— Feux *verts* sur les bouées de tribord en entrant; feu *rouge* et *vert* sur la première bouée du large; feu *blanc* sur la bouée en tête des brisants de l'*Ilet-à-Cassan*. En outre la Compagnie générale transatlantique fait allumer, quand elle attend ses paquebots, un feu *blanc* sur la balise du banc en face de *Fouillole* et un feu *vert* sur la bouée d'amarrage du paquebot. (16° 19' 59" N. et 64° 40' 20" O.)

Port du Moule (C.), feu *fixe*, éclairant tout l'horizon. Sa portée est de 7 milles. Ce fanal est à 10" environ de distance du mât de signaux du port du *Moule*. En venant du large, on devra le relever au S. S. O. et se tenir sous petites voiles dans cette direction, pour être prêt à recevoir le pilote au point du jour. 16° 19' 59" N. et 63° 40' 20" O.)

La Dominique, feu *fixe rouge*, sur la falaise en face du fort *Young*, baie du *Roseau*. (15° 17' 30" N. et 63° 48' 49" O.)

La Martinique (D. 2), sur la pointe *Caracoli*, presqu'île de *Caravelle*, extr. E. de l'île, le feu est *fixe*, élevé de 125" et visible de 12 milles. (14° 46' 22" N. et 63° 13' 2" O.)

—— Sur la pointe S. O. du fort *Saint Louis*, par 14° 36' 7" N. et 63° 24' 21" O. Le feu est *fixe*, élevé de 40" et visible de 4 à 5 milles; il est *rouge* vu entre l'E. S. E. et le S. O. par le N., *blanc* dans les autres directions.

—— Que les navires venant du Sud ne prennent pas pour ce feu la lumière électrique qui éclaire les chantiers de

MER DES ANTILLES — ILES ÉPARSES. 349

la Compagnie Transatlantique aux époques des passages des paquebots.

Baie de Saint-Pierre, feu *fixe*, sur la batterie au sommet de la pointe *Sainte-Marthe*; visible de 5 milles. (14° 44′ 3″ N. et 63° 31′ 9″ O.)

—— Au N. 80° O. et à 9ᵐ50 en dessous du précédent, feu *fixe*, visible de 5 milles, *rouge* au N. du feu, *bleu* à l'O., *vert* au S. Tenir le feu *bleu* par celui de *Sainte Marthe* pour aller au mouillage.

—— Feu *fixe rouge* sur le 3ᵉ coffre du plateau des sondes; allumé quand on attend le paquebot.

Pointe des Nègres, dans le fort, feu *fixe*, élevé de 19ᵐ au-dessus de la mer, par 14° 35′ 58″ N. et 63° 25′ 39″ O. Sa portée est de 8 milles. Il sert avec le feu du fort *Saint-Louis* à faire parer le *Gros-Ilet*.

Fort-de-France, sur des coffres, 3 feux qui sont allumés du 25 au 30 de chaque mois, pour guider les paquebots qui peuvent entrer de nuit au carénage.

1ᵉʳ Feu *fixe*, sur le coffre rouge, à l'extrémité S. O. du banc du fort *Saint-Louis*, mouillé sur l'accore extérieur du banc par 6ᵐ.

2ᵐᵉ Feu *fixe rouge*, sur le coffre mouillé sur l'accore extérieur de l'extrémité S. E. du banc du fort *Saint-Louis*, par 8ᵐ.

3ᵐᵉ Feu *fixe*, sur le coffre d'amarrage des paquebots, dans le carénage; il est *blanc* et mouillé par 6ᵐ à 70ᵐ du quai *Bouillé*.

Ile Sainte-Lucie, feu *fixe rouge*, visible de 3 milles, sur la batterie *Tapion*, au port *Castries*. (14° 1′ 30″ N. et 63° 21′ 4″ O.)

—— Feu *fixe rouge* sur le banc *Vieille Ville*, et *fixe vert* sur le banc *Cocoanut*; allumés quand on attend les paquebots.

Barbade (C. 3), sur la pointe S., par 13° 2′ 55″ N. et 61° 51′ 34″ O. Son élévation est de 44ᵐ au-dessus de la mer, dans une tour de 27ᵐ à bandes rouges et blanches. Le feu est *tournant rouge* de 1 m. en 1 m.; éclat 48ˢ, éclipse 12ˢ; visible de 18 milles, seulement à l'O. du S. 58° O. Garder le feu bien en vue dès qu'on le découvre par la pointe *Scawell*, pour parer les récifs *Cobblers*.

—— (D.) sur la pointe *Needham*, feu *fixe*, *rouge*, quand on le voit au N. de l'E. et visible de 3 milles, et *blanc* dans le S. de l'E. avec 8 milles de portée. On le dit *blanc* dans toutes les directions.

20

Pointe Ragged (D. 2), près l'ext. Est. de la *Barbade*, feu *tournant* chaque 2 *minutes*; il est élevé de 65° et visible de 21 milles. La tour est ronde, blanche, et par 13° 9′ 55″ N. et 61° 45′ 49″ O. En approchant la terre se tenir bien au N. E. du feu à cause des courants.

Saint-Vincent, sur le fort *Charlotte*, feu *fixe*, élevé de 19° et visible de 6 milles. Allumé pour le courrier. (13° 9′ 10″ N. et 63° 34′ 39″ O.)

(Voir page 341 les feux de *Tabago* et de la *Trinité*.)

AMÉRIQUE DU SUD

GUYANES

Demerari (D. 4), feu *tournant* de 1 m. en 1 m. sur une tour peinte en bandes verticales blanches et rouges, sur la pointe *Cocobano*, par 6° 49′ 20″ N. et 60° 31′ 44″ O. Son élévation est de 31° et sa portée de 16 milles. La même tour est surmontée d'un sémaphore.

Dans la même tour *fixe*, *rouge*, visible de 3 à 4 milles entre le S. 10° E. et le S. 44° E. dans la direction du brise-lames, de d'angle N. O. du fort.

— (flottant), ancré près la barre, par 5° 50 d'eau, à 10 milles au N. 27° E. du précédent. Sa lumière est *blanche*. On y trouve toujours des pilotes. Sa portée est de 10 milles. Le jour on hisse une *flamme bleue*. Le mot *Guiana* est sur ses flancs. Évitez de passer au S. de ce feu. (6° 59′ 30″ N. et 60° 25′ 44″ O.)

Rivière Berbice (flottant), mouillé à 9 milles au N. 35° E. de la pointe *Saint-Andrew*, par 6°7. Le feu est *fixe* et se voit de 10 milles. Bateau rouge à un mât, avec rouffle sur le pont; il porte le nom *Berbice* sur ses côtés. (6° 29′ 10″ N. et 59° 43′ 59″ O.)

Surinam (flottant) mouillé par 4° 2 d'eau sur l'accore extérieur de la barre au N. 53° O., à 5 milles 1/2 N. 34° O. de la pointe *Bram*; feu *fixe*, *blanc* visible de 14 milles. Un ballon rouge est en tête du mât; le mot *Surinam* est peint en blanc sur ses côtés qui sont rouges. (6° 1′ 12″ N. et 57° 34′ 15″ O.)

— 3 bouées en fer, munies de mâts, de pavillons et de globes en cuivre, indiquent l'entrée de la rivière de ce nom.

AMÉRIQUE DU SUD — BRÉSIL.   351

Hattes (D. 4), sur la pointe, côté Est de l'embouchure du *Maroni* ; feu *fixe*, élevé de 23ᵐ et visible de 10 milles. (5° 42′ 30″ N. et 56° 16′ 30″ O.)

Galibi (D. 4), sur la pointe, côté Ouest du *Maroni* ; feu *fixe*, élevé de 23ᵐ et visible de 12 milles. (5° 44′ 38″ N. et 56° 20′ 17″ O.)

Cayenne (C.), à 60ᵐ dans le S. q. S. O. du fort *Ceperou*, *fixe* élevé de 39ᵐ et visible de 17 milles. (4° 56′ 20″ N. et 54° 40′ 20″ O.)

Ce feu et le suivant, relevés au S. 33° E., font passer sur la roche l'*Aimable* ; se tenir à l'O. de cet alignement.

— (C.), feu *fixe vert*, placé à l'angle N. O. de la caserne d'infanterie, au N. 33° O. du précédent et ayant 21ᵐ au-dessus du niveau des hautes mers. Sa portée est de 4 milles.

Le feu est caché quand on dépasse vers l'O. le relèvement au S. 43° O. (4° 56′ 15″ N. et 54° 40′ 15″ O.)

— Feu *fixe rouge*, sur l'extrémité de la jetée du port, dont il signale l'entrée.

Iles du Salut (C.), près de l'extr. O. de l'île *Royale* ; feu *fixe*, visible de 13 milles et élevé de 61ᵐ, sur le toit de l'hôpital. (5° 16′ 50″ N. et 54° 55′ 10″ O.)

Une roche avec 3ᵐ 50 d'eau gît au N. 20° O., à 1,900ᵐ.

Enfant-Perdu (C.), feu *fixe* de 7 milles de portée sur ce rocher, à 6 milles 1/2 N. 10° O. de *Cayenne*. (5° 2′ 40″ N. et 54° 41′ 25″ O.) Visible dans le Sud entre le S. 35° O. et le S. 75° E. et du N. 35° E. au N. 75° O.

BRÉSIL

Banc Bragança (flottant) — coulé en 1879. Feu provisoire en attendant le rétablissement du bateau. Ne pas compter dessus par gros temps.

Chapeo Virado (Amazone), feu *fixe* ; portée 8 milles. (1° 8′ S. 50° 46′ O.)

Da Barra, sur le fort, feu *fixe*, portée 7 milles. (4° 22′ 45″ S — 50° 47′ 10″ O.)

Capim (sur l'île) feu *fixe*, portée 7 milles. (1° 33' 0'' S. — 51° 11' O.)

Il y a en outre des feux *fixes* à *Panacuera*, Goiabal, et Jntery et en *projet* à *Los Gavoitas*, à la pointe de *Canno* et à *Coroa Secca*.

Salinas, sur la pointe *Atalaia*; feu *tournant* de 2 m. en 2 m. On voit d'abord une lumière *fixe* pendant 70 s., ensuite une éclipse de 16 s., puis un éclat de 12 s. de durée, qui augmente et diminue graduellement; et finalement une éclipse de 22 s. Sa portée est de 17 milles. (0° 35' 3'' S. et 49° 40' 35'' O.)

Itacolomi (C.), sur la partie la plus élevée de la falaise, à 550ᵐ E. du mont *Itacolomi*. Le feu a 45ᵐ au-dessus de la mer; il est *tournant*, présentant alternativement, à des intervalles de 2 m., un *éclat blanc* et un *rouge*, de 48 s. de durée. La portée est de 12 milles. (2° 10' 10'' S. et 46° 44' 54'' O.)

A 2 milles E. N. E. est un rocher dangereux qui couvre dans les hautes mers, laissant un passage pour les petits bâtiments.

Alcantara (C.), feu *fixe*, portée 5 milles, à 2 milles de la pointe *Talinga* (baie de *San-Marcos*). Il guide pour aller mouiller devant la ville. (2° 24' 45'' S. et 46° 44' 10'' O.)

Maranham (C.), feu *fixe*, établi sur le fort *Saint-Marcos*, pour signaler le banc dangereux de *Do-Medo*. Sa portée est de 10 milles. (2° 29' 16'' S. et 46° 37' 3'' O.)

—— (D. 4), feu *fixe*, visible de 7 milles, contre la muraille du fort *San-Antonio*, de telle sorte que quand il se découvre par l'angle du fort, on se trouve dans l'alignement de la passe.

Santa-Anna (C.), par 2° 16' 22'' S. et 45° 55' 30'' O., sur l'île *Santa-Anna*. C'est une tour carrée à trois étages et avec les angles dans la direction des points cardinaux; son feu est *tournant*. Les éclipses ont lieu de 32 s. en 32 s., et durant 10 s. On l'aperçoit de 14 milles; hauteur 26ᵐ4.

Pedro-do-Sal (D. 4), sur la pointe, feu *fixe*, visible de 10 milles. (2° 48' 55'' S. et 44° 3' 48'' O.)

Ceara ou **Mocuripe** (D. 4), sur cette pᵗᵉ, près de *Ceara*; le feu est *tournant* et atteint son plus vif *éclat* de 30 s. en 30 s. Il est élevé de 26ᵐ et visible de 14 milles. (3° 42' 5'' S. et 40° 47' 40'' O.) *Le feu est fixe jusqu'à l'achèvement des réparations du mécanisme (juin 1880).*

AMÉRIQUE DU SUD — BRÉSIL. 353

Jaguaribe (D. 4), sur la pointe sous le vent de la barre de cette rivière, feu *fixe* élevé de 34ᵐ et visible de 10 milles. (4° 25′ 35″ S. et 40° 4′ 15″ O.)

Rio-Grande-do-Norte (D. 4), feu *fixe*, élevé de 14ᵐ et visible de 10 milles. La tour est ronde et placée sur le fort *Santos-Reis-Magos*, construit sur le récif du S. (5° 45′ 5″ S. 37° 31′ 30″ O.)

Parahiba (D. 4), feu *tournant* chaque *minute* sur les rochers de *Pedra-Secca*, à l'entrée de la rivière; il est élevé de 16ᵐ et visible de 12 milles. (6° 56′ 30″ S. 37° 9′ 20″ O.)

Olinda (D. 4), sur le fort *Montenegro* (pointe *Olinda*); feu *intermittent* de 2 m. en 2 m., visible de 10 milles. (8° 0′ 50″ S. et 37° 10′ 39″ O.)

Pernambuco (C.), feu *fixe*, à *éclats* de 1 m. en 1 m., sur le récif formant la pointe de l'entrée du port, à 46ᵐ du fort *Picao*, par 8° 3′ 31″ S. et 37° 11′ 52″ O. Ce phare montre alternativement à 1 m. d'intervalle 2 éclats *blancs* et un *rouge* séparés par 1 éclipse de 5 s. Portée 15 milles.

Maceio, auprès de *Ponta-Verde*, côté O. du mont, à 1 mille du mouillage; feu *fixe*, à *éclats* de 2 m. en 2 m., montrant un feu naturel 70 s., éclipses 16 s.; feu très-brillant 12 s., éclipse 22 s. Il est élevé de 60ᵐ et visible de 20 milles. La tour qui est au N. 8° E. de la pointe la plus avancée du récif guide pour aller mouiller au port *Jaragua*. (9° 39′ 35″ S. et 38° 4′ 45″ O.)

San-Francisco (D. 4), sur la pointe N. de l'entrée de la rivière; feu *fixe*, élevé de 89ᵐ et visible de 10 milles. (10° 29′ 0″ S. et 38° 41′ 39″ O.)

Cotinguiba (C.), sur la barre de la rivière; feu *fixe blanc, rouge, vert*, visible de 8 milles : *rouge* vers l'E., *blanc* au S. E., et *vert* au S. (10° 58′ S. et 39° 24′ 30″ O.)

On ne devra pas laisser courir par moins de 9ᵐ de fond tant qu'on verra le feu *blanc* ou le feu *vert*, et on pourra mouiller ayant le feu *rouge* en vue par 7ᵐ3, sable fin et vase.

Itapoa (D. 3), sur la roche *Piraboca*, près de la pointe *Itapoa*; le feu *fixe*, élevé de 20ᵐ 8, se voit de 14 milles. (12° 57′ 10″ S. et 40° 41′ 30″ O.)

Bahia (C.), à l'entrée de *Bahia* dans le fort *San-Antonio*; feu *tournant*; ses éclats sont produits par deux faces *blanches* et une *rouge* qui se succèdent de 80 s. en 80 s. La tour

20.

est ronde et élevée de 37ᵐ1 ; le feu se voit de 15 milles. (13° 0′ 47″ S. et 40° 51′ 44″ O.)

A 2 milles 1/2 E. 7° S. du fanal, est une pointe de terre surmontée d'un mât de signaux.

—— Feu *fixe* visible de 6 milles sur le fort *Santa-Maria*.

—— Feu de port, *fixe rouge*, visible de 4 milles sur le fort *San-Marcello*.

San-Paolo (D. 1), feu *tournant* de 1 m. en 1 m. La durée de l'éclat est de 15 s., visible de 20 milles, et l'éclipse est de 45 s., mais à moins de 8 milles elle n'est plus totale, l'on aperçoit une faible lumière dans les intervalles ; sur le promontoire, par 13° 22′ 37″ S. et 41° 14′ 23″ O. La tour du phare est blanche et le feu est élevé de 83ᵐ. Cette tour se voit de 30 milles le jour. Le phare de *Bahia* lui reste à 30 milles N. 46° E.

Santa-Barbara (îles *Abrolhos*) (D. 1), feu *tournant* de 1 m. en 1 m. Il est élevé de 51ᵐ et visible de 17 milles. (17° 57′ 31″ S. et 41° 1′ 31″ O.)

Espiritu-Santo (D. 4), sur le mont *Santa-Lucia*; le feu est *fixe*, élevé de 23ᵐ et visible de 12 milles. (20° 19′ 23″ S. et 42° 36′ 50″ O.)

Iles des Français, sur l'île, *fixe (en construction)*

Cap San-Thomé, sur ce cap, proposé en 1873.

Frio (D. 1), sur l'extr. Sud de l'île *Focinho do Cabo* ; feu *tournant* de 90 s. en 90 s. avec éclipse de 45 s. Il est élevé de 143ᵐ et visible du S. O. à l E. par le N. de 25 milles. (23° 0′ 42″ S. et 44° 19′ 45″ O.)

Rio-Janeiro (C.), feu *fixe*, sur le fort *Santa-Cruz* qui défend l'entrée ; il est élevé de 15ᵐ au-dessus de la mer et visible de 6 milles. (22° 56′ 36″ S. et 45° 27′ 55″ O.)

Raza (C.), par 23° 3′ 40″ S. et 45° 28′ 30″ O. On peut l'apercevoir de 12 milles ; le feu est *tournant* et achève sa révolution en 2 m. 15 s., présentant alnativement 2 éclats *blancs* et un éclat *rouge*. Quand on est parvenu au N.-E. de l'île *Raza*, à 2 milles environ on aperçoit le petit feu fixe du fort *Santa-Cruz*, sur lequel on peut gouverner, pour aller chercher l'entrée de la rade de *Rio*.

Cafofo, dans l'arsenal militaire, *fixe, rouge*, vis. de 2 milles.

Santos (D. 1), feu *fixe*, sur l'île *Moela*. Sa hauteur est de 117ᵐ et sa portée de 20 milles. (24°3′6″S. et 48°35′43″ O.)

Ile do Mel (C.), sur le sommet du *Morro-das-Conxas* (baie de *Paranagua*); feu *fixe*, élevé de 60ᵐ, sur une tour en

AMÉRIQUE DU SUD — LA PLATA. 355

fer, et visible de 20 milles. (25° 32′ 38″ S. et 50° 38′ 25″ O.)

—— C.), sur le fort près de la barre de *Paranagua*, feu *fixe blanc* élevé de 14ᵐ, et visible de 6 milles entre le N. 27° O. et le S. 26° E. par l'O. (25° 30′ 57″ S. et 50° 39′ 37″ O.)

Ile Anhatomirim (D. 4), sur le fort *Santa-Cruz*, à l'entrée N. de *Sainte-Catherine* ; feu *fixe*, visible de 8 à 9 milles. 27° 25′ 32″ S. et 50° 54′ 25″ O.)

Naufragados (C. 3), sur la pointe, barre sud de *Sainte-Catherine* ; c'est un feu *tournant* de 45 s. en 45 s. ; éclats 5 à 6 s. ; son élévation est de 43ᵐ, et sa portée de 18 milles. Au S. 1° 30″ E., à 1 mille 1/8, est une roche dangereuse avec 2ᵐ7 d'eau. (27° 50′ 27″ S. et 60° 55′ 2″ O.)

Rio-Grande du Sud (C. 2), feu *tournant* à *éclats* de 50 s. en 50 s. ; visible de 15 milles, sur une tour ronde et rouge, à l'entrée du port, par 32° 6′ 40″ S. et 54° 27′ 30″ O.

De *Rio-Grande* à *Porto-Alègre*, il y a 6 petits feux *fixes* ; 1 à *Surengonéa*, 1 sur la pointe *Do Estreito*, visible de 6 milles ; 1 sur la pointe *Bonjuru*, visible de 12 milles ; 1 à *Capão-da-Marca*, visible de 6 milles ; 1 pointe de *Christovão-Pereira*, visible de 12 milles ; 1 *Itapoã*, visible de 12 milles.

LA PLATA

Sainte-Marie (D. 1), sur ce cap ; feu *tournant* chaque *minute*, élevé de 40ᵐ3, sur une tour ronde ; il se voit de 18 milles. (34° 40′ 1″ S. et 56° 29′ 0″ O.)

Pointe-Jose-Ignacio, feu *fixe*, au côté N. de la rivière, à 16 milles N. E. de l'île *Lobos* ; élevé de 31ᵐ 5 et visible de 15 milles. (34° 50′ 51″ S. et 56° 58′ 20″ O.) Ce feu doit être prochainement changé en feu *rouge*.

Maldonado (D. 1), sur la pointe E., par 34° 58′ 15″ S. et 57° 16′ 56″ O. Le feu est *fixe*, élevé de 46ᵐ au-dessus de la mer et visible de 16 milles. (34° 53′ 15″ S. et 57° 16′ 56″ O.)

Ile Lobos. On doit rétablir le phare.

Flores (C.), feu *tournant* et à *éclats* de 15 s. chaque minute, sur la partie la plus élevée de l'île, à 31ᵐ 6 au-dessus de la mer, et par 34° 56′ 55″ S. et 58° 14′ 50″ O. Cette partie est à 11 milles N. 6° O. de la pointe N. du banc *Anglais*. Le feu se voit de 12 milles.

AMÉRIQUE DU SUD — LA PLATA.

Banc Anglais (flottant), mouillé par 12ᵐ8, à l'extrémité Nord du banc, par 35° 8′ 0″ S. et 58° 13′ 0″ O.; feu *fixe*, visible de 6 à 8 milles. Une cloche de brouillard, mouillée à l'E. du banc, est mise en mouvement par la lame. Ne pas trop compter sur la position de ce feu, il doit être remplacé par une tour avec un feu de 20 milles de portée.

Punta Brava (D. 3), feu *fixe blanc*, à 1 encâblure au N. du récif de cette pointe, visible de 10 milles. (34° 56′ S. et 58° 30′ 30″ O.)

Montevideo (C. 1), feu *tournant*, sur le *Cerro*, 148ᵐ au-dessus de la mer; l'éclat est de 15 s., avec des intervalles de 3 m. La portée est d'environ 25 milles. A plus de 3 ou 4 milles, il n'est plus visible que pendant les éclats. (34° 53′ 3″ S. et 58° 35′ 22″ O.)

—— Le cadran de la cathédrale, tour du Sud, est éclairé au gaz et sert de phare. (34° 54′ 20″ S. et 58° 34′ 50″ O.)

La Panela (flottant), feu *fixe*, visible de 5 milles; il est mouillé à 200ᵐ au N. N. O. de la roche. (34° 54′ 36″ S. et 58° 46′ 13″ O.) On doit construire une tour sur la roche.

Banc Indio (flottant), mouillé par 6ᵐ7, à 9 milles au N. 50° E. de la pointe *Indio* par 35° 10′ 40″ S. et 59° 28′ 10″ O. La lanterne est hissée au mât de l'avant, et son feu est visible de 10 milles. Un *pavillon* à bandes *rouges* et *blanches* en diagonale est hissé lorsqu'il y a des pilotes à bord.

Banc Chico (flottant), mouillé par 8ᵐ, à 11 milles 1/2 N. 45° E. de la pointe *Atalaya*; feu *fixe* de 10 milles de portée. Il guide pour traverser les bancs et pour aller au mouillage. Ne pas trop compter sur lui après un coup de vent. (34° 46′ 55″ S. et 59° 53′ O.)

Martin-Garcia, sur l'île feu *fixe*, visible de 10 à 12 milles. (34° 11′ S. et 60° 35′ 26″ O.)

Colonia (C.), feu *tournant* de 3 m. en 3 m., à l'angle S. O. de la place, dans la ville, par 34° 28′ 20″ S. et 60° 12′ 10″ O.; visible de 10 à 12 milles.

Ile Farallon (D. 2), feu *fixe blanc*, élevé de 39ᵐ et visible de 13 milles. (34° 29′ S. et 60° 17′ 10″ O.)

Buenos-Ayres (flottant), mouillé par 4ᵐ6, à 3 milles 1/2 E. q. N. E. de la ville; feu *fixe rouge*, élevé de 6ᵐ. Il est visible de 6 milles. Gouverner dessus pour atteindre le mouillage. (34° 35′ 30″ S. et 60° 37′ 54″ O.)

—— Feu *fixe*, sur le sommet de la *Douane*, par 34° 36′ 28″ S. et 60° 42′ 2″ O. On le voit de 4 milles.

Falkland (Iles Malouines) (C. 1), feu *fixe*, sur le cap *Pembroke*, élevé de 33° 4 et visible de 14 milles ; caché dans l'E. par un écran vers les ports *William* et *Stanley*, entre le S. 24° E. et le N. 66° E. (51° 40′ 40″ S. et 60° 2′ 4″ O.)

DÉTROIT DE MAGELLAN

Cap des Vierges (D. 1), feu *fixe blanc* et *rouge*, à l'entrée E. du détroit de *Magellan*. En *projet*.

Pointe Dungeness (D. 1), à l'entrée Est du détroit de *Magellan*. (En *construction*).

Pointe Delgada; *projeté*.

Punta Arena (D. 4), feu *fixe*, visible de 10 milles et placé au sommet d'un édifice en bois (détroit de *Magellan*). (53° 9′ 40″ S. et 73° 13′ 46″ O.)

—— Feu *fixe rouge*, visible de 2 milles, sur la tête du môle. Son alignement avec le précédent indique le meilleur mouillage.

COTE OCCIDENTALE D'AMÉRIQUE

CHILI, PÉROU, ÉQUATEUR

Puerto-Mont, feu *fixe rouge*, de 3 milles de portée, au centre de la ville. On mouille à 3 ou 4 encâblures du feu. (41° 20′ 30″ S. et 75° 14′ 40″ O.) (*Douteux*.)

San-Carlos-de-Ancud-Us-Chiloé (D. 4), sur la pointe *Corona*; feu *fixe*, varié par un *éclat* de 2 m. en 2 m.;

il est élevé de 62ᵐ et visible de 12 milles. (44° 46′ 40″ S. et 76° 13′ 0″ O.)

Agui, feu *fixe*, visible de 2 milles, sur la pointe Est de la presqu'île *Lacuy*. Il guide dans la rade de *San-Carlos*. (41° 49′ 25″ S. et 76° 11′ O.)

Valdivia (D. 4), sur la pointe du château de la *Niebla*, au côté E. de l'entrée du port; feu *fixe*, élevé de 37ᵐ, visible de 8 milles. (39° 53′ 7″ S. et 75° 44′ 0″ O.) *Très-mal entretenu*.

Pointe Galera (D. 2), feu *fixe blanc*, à *éclats* de *minute en minute*, élevé de 55ᵐ et visible de 20 milles. (40° 1′ 30″ S. et 76° 4′ 20″ O.)

Baie Conception (D. 4), sur l'île *Quiriquina*. Le feu est *tournant* chaque 30 s. Il est élevé de 65ᵐ sur une tour blanche de 8ᵐ et visible de 15 milles. (36° 36′ 45″ S. et 75° 23′ 4″ O.)

Valparaiso (D. 4), sur le morne *Playa-Ancha*, pointe N. O. de la baie de *Valparaiso*, par 33° 1′ 10″ S. et 73° 58′ 15″ O.; *fixe* à *éclats* de 2 m. en 2 m. précédés et suivis de courtes éclipses. Élevé de 55ᵐ et visible de 16 milles. Venant du S. on ne le voit que lorsqu'il reste à l'E. du N. E.

— (D. 4), feu à *éclats*, *blancs*, *bleus* et *rouges*, alternatifs, avec éclipses chaque 16 *secondes*, sur une colonne en fer, placée sur l'esplanade devant la Bourse. Il sert pour l'intérieur de la rade et indique le débarcadère. Il se voit de 4 à 5 milles.

Coquimbo (D. 4), sur la pointe *Tortuga*, côté S. de la baie; feu *fixe*, varié de 20 s. en 20 s. par un *éclat* précédé et suivi d'une éclipse partielle. Élévation 30ᵐ, portée 12 milles; mais il est mal placé et invisible pour un navire venant du Sud. (29° 56′ 15″ S. et 73° 41′ 14″ O.)

Il y a en outre un feu *tournant rouge* et *jaune* sur le môle de la douane.

Huasco, quand on attend le paquebot.

Caldera (D. 4), sur cette pointe, côté O. de l'entrée du port; feu *fixe* à *éclats* chaque 80 s. Il est à 37ᵐ au-dessus de la haute mer et visible de 15 milles; tour blanche. (27° 3′ 15″ S. et 73° 13′ 9″ O.)

Antofagasta, à la capitainerie de port, *fixe*, *rouge* élevé de 9ᵐ 7 et visible de 3 milles 1/2 entre le S. q. S. O. et l'E. q. N. E. Allumé jusqu'à minuit.

Iquique, sur l'Ile, feu à éclats de 30 s. en 30 s. élevé de 43ᵐ, visible de 18 milles. (20° 12′ 30″ S. et 72° 31′ 35″ O.)

—— *Feux en projet*, à l'île *Arica*, à la pointe de *Coles*, à *Islay*, à port *San Juan*, à l'île *San Gallon*, à Tamba de mora, et à l'île *Palominos*.

Callao (C.), sur la pointe N. de l'île *San-Lorenzo*; feu *fixe*, élevé de 298^m, visible de 12 milles. (12° 4' S. et 79° 36' 30" O.) On ne le voit pas quand on le relève du N. 26° O. au N. 59° O. On donne dans le canal du *Boqueron* en le tenant visible en dehors de ce dernier relèvement. A cause de son élévation il est souvent dans les nuages.

—— Sur le mur du dock; feu *fixe*.

—— Sur les approches du débarcadère, 3 *fixes rouges*, dont 2 sur le côté droit et un sur le côté gauche.

Guayaquil (D. 3), sur l'île *Santa-Clara*; feu à *éclats* chaque 30 s.; éclat 4 s., éclipse 26 s. Élévation 78^m; portée 15 à 22 milles. (3° 10' 15" S. et 82° 44' 39" O.)

—— (D. 4), sur *Punta-Arenas*, pointe S. E. de l'île *Puna*; feu à *éclats rouges*; éclat 16 s., éclipse totale 44 s. Il est élevé de 20^m et visible de 14 milles. (3° 4' 55" S. et 82° 26' 4" O.)

—— (D. 4), sur la pointe *Española*; feu *fixe*, élevé de 40^m, visible de 9 milles. (2° 47' 30" S. et 82° 14' 39" O.)

—— Feu *fixe*, sur la pointe *Mandinga*, à 1/2 mille dans l'Est de *Puña*; il est élevé de 38^m et visible de 10 milles entre l'E. et le N. 5° O. par le S. (2° 44' 30" S. et 82° 44' O.)

—— Feu *fixe*, sur la pointe E. de l'île *Verte*. (*Douteux*).

Manta (D. 4), feu *fixe*, visible de 9 milles dans un arc de 270°; il est à l'entrée du port au N. du village, par 0° 56' 46" S. et 82° 2' 56" O.) (*Douteux*).

Esmeralda, feu *fixe*.

ÉTATS-UNIS DE COLOMBIE — COSTA-RICA

Panama, feu *fixe rouge*, sur l'extrémité du *Wharf*, au Nord de la ville; élevé de 9^m, il se voit de 3 milles. Il guide pour aller au débarcadère.

Il y a un feu sur la douane à St-José.

Punta-Arenas (Costa-Rica) (D. 3), feu *fixe*, sur une pointe basse dans le golfe de *Nicoya*, par 9° 58' 45" N. et

87° 5' 59" O. Il est élevé de 20" et visible de 10 milles. On mouille par 10" en le relevant au N. 28° O. ou au N. N. O. Ne jamais l'amener aux N. du N. q. N. O. Mauvais feu ; on voit toujours les feux de la ville avant lui.

AMÉRIQUE CENTRALE — MEXIQUE

Cardon, feu *fixe blanc*, sur la pointe N. E. de cette île (port de *Realejo*), élevé de 19" et visible de 13 milles du S. E. au N. O. par l'E. (12° 27' 55" N. et 89° 27' 56" O.)

Acajutla, feu *fixe*, sur le débarcadère : *rouge* au S., *blanc* au milieu, *vert* au N. ; il se voit de 7 à 8 milles. Le secteur blanc donne la direction du mouillage. (13° 36' 45" N. — 92° 3' 50" O.)

Libertad, feu *fixe*, visible de 6 à 7 milles, il est à l'angle Ouest du balcon de la *Douane*. Môle en fer avec toit blanc qui cache le feu entre le N. 7° O. et le N. 20° O. (13° 29' 24" N. et 91° 32' 20" O.). Ce n'est qu'un fanal, allumé quand on attend le paquebot.

La Union, feu *fixe blanc*, de 6 à 8 milles de portée sur le balcon de la *Commandancia*, en dedans du débarcadère.

San-José de Guatemala, feu *fixe* sur la *Douane*. Le meilleur mouillage se trouve sur la ligne où ce feu est masqué par le hangar du bout du môle. (13° 55' 0" N. et 93° 5' 0" O.) Visible de 10 milles. *Douteux*.

Acapulco. sur l'île *Roqueta*, feu *fixe* de 4 à 5 milles de portée, par 16° 49' N. et 102° 12' 0" O. Allumé lorsqu'un bâtiment est en vue.

Mazatlan, sur l'île *Creston*, à l'entrée de la baie, Feu fixe blanc, visible de 20 milles. (23° 10' 36" O. — 108° 47' O.)

CALIFORNIE

Loma ou **San-Diego** (D. 3), sur la pointe *Loma* ; feu *fixe*, élevé de 150" et visible de 24 milles. (32° 40' 14" N. et 119° 34' 52" O.)

Passez à 3/4 de mille de la pointe *Loma* en l'arrondissant, puis tenez la *Playa* un peu ouverte à l'E. de la pointe

OCÉAN PACIFIQUE. — CALIFORNIE. 361

Ballast, passez à 20" de celle-ci et gouvernez sur la *Playa*, devant laquelle on mouille.

Pointe Fermin (D. 4), sur cette pointe, près *San-Pedro*. Le feu est à *éclats* alternatifs *rouges* et *blancs* à intervalles de 10 *secondes*, précédés et suivis de courtes éclipses; il est élevé de 47" 5 et visible de 19 milles. (33° 42′ 19″ N. et 120° 37′ 46″ O.)

Hueneme (D. 4), sur cette pointe, canal de *Santa-Barbara*, feu *fixe blanc* pendant 1 *minute*, suivi de 6 *éclats* de 10 *secondes* chacun; il est élevé de 16" 46 et visible de 13 milles. (34° 8′ 40″ N. et 121° 32′ 44″ O.)

Santa-Barbara (D. 4), sur un morne, à 2 milles dans le S. 58° O. du débarcadère; feu *fixe*, élevé de 54" et visible de 17 milles, du N. 87° O. au S. 78° E. par le N. (34° 23′ 42″ N. et 122° 3′ 24″ O.)

Pointe Conception (D. 1), sur cette pointe; feu *tournant* de 30 s. en 30 s., élevé de 78" et visible de 23 milles de l'O. q. N. O. au S. E. q. S. par le N. Sifflet de brouillard. (34° 26′ 50″ N. et 122° 48′ 15″ O.)

Piedras Blancas (D. 1), sur la pointe N. O. de l'entrée de la baie *San-Siméon*, feu *fixe blanc*, varié par des *éclats* de 15 en 15 *secondes*. Il est élevé de 51" 8, sur une tour *blanche* et visible de 19 milles. (35° 39′ 46″ N. et 123° 36′ 5″ O.)

Monterey (D. 3), feu *fixe*, sur la pointe *Pinos*, par 36° 37′ 52″ N. et 124° 16′ 9″ O. C'est un bâtiment en granit surmonté d'une tour; le feu est élevé de 27" 6 et visible de 15 milles du N. 14° E. au S. 59° O. par l'E. Il est muni d'une cloche de brouillard.

Santa-Cruz (D. 4), sur la pointe *Santa-Cruz*; feu *fixe*, élevé de 21" et visible de 14 milles, du S. 26° O. au N. 70° E. par le N. (36° 56′ 56″ N. et 124° 21′ 47″ O.)

Año-Nuevo, au côté S. O. de l'île par 37° 6′ 42″ N. et 124° 40′ O.) (*En projet.*) Sifflet à vapeur près de la pointe.

Pointe Pigeon (D. 1), sur cette pointe; feu à *éclats* chaque 10 s. avec éclipses interposées; il est élevé de 45"6 et visible de 18 milles. Tour blanche, par 37° 10′ 46″ N. et 124° 43′ 49″ O. Sifflet à vapeur, 4s à intervalles alternatifs de 7 et 45 secondes.

Farallon du Sud (D. 1), feu *tournant* de 1 m. en 1 m. élevé de 109", il se voit de 26 milles. On voit la lumière en-

21

OCÉAN PACIFIQUE — CALIFORNIE.

tre les éclats, lorsqu'on s'en rapproche. (37° 41' 49" N. et 125° 20' 18" O.) Il est sur le pic le plus élevé de l'îlot S., à 30 milles S. 75° O. de la pointe du *Fort*. Sifflet de brouillard.

San-Francisco (D. 4) feu *fixe*, blanc pendant 1^m, 4 *éclats rouges* la minute suivante, sur la pointe du *Fort*, au côté S. de l'entrée du port *San-Francisco*. Il est élevé de 25^{m}3 et visible de 15 milles. Cloche de brouillard sonnant chaque 10 s. (37° 48' 31" N. et 124° 48' 50" O.)

—— (D. 2), feu *fixe*, sur la pointe *Bonita*, au côté N. de la même entrée. Son élévation est de 43^m et sa portée de 18 milles. Sifflet de brouillard à vapeur. Visible du S. 75° O. au S. 46° E. par le S. (37° 48' 54" N. et 124° 56' 54" O.)

—— Sur la pointe *Lobos*, feu *fixe*, varié par des *éclats*. Cornet de brouillard (En *projet*.)

Alcatraz (D. 3), feu *fixe*, sur l'île, à l'intérieur du port. Il est élevé de 50^m et vis. de 19 milles ; vu par celui de la pointe du *Fort*, il conduit dans le port. Cloche de brume, 4 coups à int. de 9 s. chaque minute. (37° 49' 27" N. et 124° 45' 32" O.)

Yerba Buena (C. 4), à la pointe S. E. de cette île, feu *fixe blanc* visible de 15 milles du S. 30° O. au S. 77° E. par le N. (37° 48' 17" N. et 124° 41' 56" O.) Sifflet résonnant 4 s. à int. de 16 s. ou cloche de brouillard.

San-Pablo (D. 4), sur l'île Est des *Frères*, devant la pointe de *San-Pablo*. Le feu est à *éclats* chaque 30 s. ; élevé de 19^m, il se voit de 14 milles, (37° 57' 40" N. et 124° 46' 13" O.) Sifflet à vapeur, sons alternat. de 4 s. et 8^s à int. de 24^s.

Pointe Reyes (D. 1), sur cette pointe, à 27 milles N. 66° O. du phare de la pointe *Bonita* ; feu *scintillant* de 5 s. en 5 s., élevé de 90^m et visible de 24 milles du S. 26° O. au N. 81° O. par l'Est. Sifflet à vapeur, 8 s. chaque minute. (37° 59' 37" N. et 125° 21' 30" O.)

Ile Mare (D. 4), à l'entrée du détroit de *Karquines*, par 38° 4' 17" N. et 124° 35' 30" O. Le feu *fixe* est élevé de 23^m et visible de 14 milles entre le S. 70° O. et le S. 8° E. par le N. Cloche de brouillard sonnée chaque 10 s.

Pointe Arena (D. 1) sur ce cap ; feu *fixe*, élevé de 47^m 5, sur une tour blanche ; visible de 19 milles dans un arc de 240°. Sifflet à vapeur. (38° 57' 10" N. et 126° 5' O.)

Cap Mendocino (D. 1), sur cette pointe ; feu *tournant* à éclats de 15 s. et éclipses de 15 s. Il est élevé de 129^m au-dessus de la mer et se voit de 27 milles. (40° 26' 21" N. et 126° 44' 28" O.)

OCÉAN PACIFIQUE — CALIFORNIE. 363

Humboldt (D. 4), sur les *North-Sands*, au côté N. de l'entrée; feu *fixe*, élevé de 16ᵐ et visible de 13 milles. Sifflet à vapeur, sons de 4ᵉ et 8ˢ à int. de 24ˢ. (40° 46' 4" N. et 126° 53' 15" O.) ne pas entrer sans pilote.

Cap Trinidad (D. 1), feu *fixe blanc*, à *éclats rouges* chaque minute. Il est élevé de 60ᵐ 3 et visible de 17 milles (41° 3' 4" N. et 126° 29' 10" O.)

Crescent-City (D. 4), sur la petite île qui forme la pointe S. O. du port; feu *fixe*, varié par des *éclats* de 90 s. en 90 s.; il est élevé de 24ᵐ sur la maison du gardien et se voit de 15 milles du S. 68° O. au S. 60° E. par le N. (41° 44' 34" N. et 126° 32' 37" O.)

Cap Blanco (D. 1), feu *fixe*, visible de 23 milles du N. 18° O. au S. 18° O. par l'E. et élevé de 78ᵐ. (42° 46' 0" N. et 126° 53' 14" O.) le rocher *Klooqueh* à 6 milles au S. 19° E. du phare.

Cap Gregory (D. 4), feu *fixe*, varié de 2 m. en 2 m. par de courts *éclats* de 3 s. suivis d'éclipses de 3 s. Il est élevé de 23ᵐ et visible de 14 milles du N. 15° E. au S. 36° O. par l'E. (43° 16' 30" N. et 126° 42' 20" O.)

Cap Foulweather (D. 1), feu *fixe*, sur la pointe *Yaquina*, élevé de 49ᵐ, sur une tour blanche, et visible de 19 milles. (44° 39' N. et 126° 24' 44" O.)

Pointe Adams (D. 4), feu à *éclats* alternatifs *rouges* et *blancs* chaque 10 *secondes*, il est à 30ᵐ au-dessus de la mer et visible de 16 milles sur tout l'horizon. (46° 7' N., 126° 17' 49" O.) Sifflet de brouillard, un coup de 7 *secondes* suivi d'un silence de 14 *secondes*, puis un coup de 4 *secondes* et un silence de 35.

Rivière Colombia, à terre, près de *Saint Helen*, 2 feux *fixes rouges* guident dans le chenal dragué de la barre.

Cap Hancok (D. 1), feu *fixe*, à l'embouchure de la rivière *Columbia*, sur le cap *Hancock* ou *Désappointement*; il est élevé de 70ᵐ et visible du S. 88° O. au S. 42° E. par le N. de 24 milles; cloche de brouillard. Il conduit au mouillage d'*Astoria* et dans la baie *Baker*. (46° 12' 20" N. et 126° 22' 34" O.)

Baie Shoalwater (D. 4), sur la pointe *Toke*, au N. de la baie; feu *fixe*, à *éclats* chaque 2 m. Il est élevé de 26ᵐ, sur une tour blanche, et se voit de 15 milles. (46° 38' 15" N. et 126° 23' 44" O.)

OCÉAN PACIFIQUE — CALIFORNIE.

Cap Flattery (D. 1), feu *fixe*, sur l'île *Tatoosh*, à 1/2 mille N. 23° O. du cap, entrée du détroit de *Juan-de-Fuca*. Le feu est élevé de 49ᵐ et visible de 19 milles. Sifflet de brouillard à vapeur. (48° 19' 15" N. et 127° 4' 44" O.) roche à 1/2 mille en dehors de la tour.

Ediz-Hook (D. 4), feu *fixe*, à 24ᵐ de l'extrémité du coude *Ediz*, côté N. de la baie du port *Angeles*. Il est sur une maison, élevé de 13ᵐ et visible de 12 milles. (48° 3' 45" N. et 125° 44' 44" O.)

New-Dungeness (D. 3), sur l'ext. N. de l'épi de sable; feu *fixe*, élevé de 30ᵐ et visible de 16 milles. (48° 6' 15" N. et 125° 26' O.)

Pointe Wilson, sound de *Puget*, sur la maison établie sur la pointe, côté S. de la passe de l'*amirauté*, feu *fixe blanc* (40° 8' 40" N. — et 125° 5' O.)

Ile Blunt ou **Smith** (D. 4), feu *tournant* de 30 s. en 30 s. et visible de 15 milles. La tour est blanche et élevée de 28ᵐ, sur le sommet de l'île, partie Est du détroit, (48° 14' 30" N. et 125° 9' 30" O.)

Whidby (D. 4), sur *Red-Bluff* (cap *Admiralty*); le feu est *fixe* et visible de 16 milles; son élévation est de 33ᵐ; sur la maison des gardiens. (48° 5' N. et 125° 0' 14" O.)

Point-no-Point, sound de *Puget*; feu *fixe blanc*, élevé de 8ᵐ2, visible de 10 milles. (47° 54' 41" N. et 124° 51' 20" O.) Cloche de brouillard à intervalles de 10ˢ.

Race (D. 2), sur ces rochers, extrémité S. E. de l'île *Vancouver*; c'est un feu à *éclats* ds 10 s, en 10 s., visible de 18 milles; sa hauteur est de 36ᵐ. La tour est à bandes blanches et noires horizontales. (48° 17' 30" N. et 125° 52' 29" O.)

Port Victoria, sur l'îlot *Berens*, feu *fixe bleu* visible de 7 milles. (48° 25' 20" N. et 125° 44' 14" O.)

Fisgard (D. 4), feu *fixe blanc* et *rouge* sur le sommet de l'île; il est élevé de 21ᵐ 2 et visible de 10 milles. Il paraît *blanc* du N. 19° E. au N. 38° O., *rouge* du N. 38° O. au S. 14° O. par l'O., *blanc* du S. 14° O. au S. 28° E., masqué du S. 28° E. au N. 19° E. (48° 25' 38" N. et 125° 47' 26" O.)

Sand-Heads (flottant C. 4), à l'entrée de la rivière *Fraser*; le feu est *fixe* et se voit de 11 milles. Le bateau est rouge et porte les mots *South-Sand-Heads* en lettres blan-

OCÉAN PACIFIQUE. — ILES ÉPARSES. 365

ches sur ses côtés. Cloche de brouillard. (49° 3' 30" N. et 125° 37' 25" O.)

Cap Beale, feu *tournant* de 30 s. en 30 s., à la pointe S. E. de l'entrée du *Barclay Sound*; il est élevé de 50ᵐ et visible de 19 milles. (48° 47' 30" N. et 127° 33' 4" O.) Ne pas entrer de nuit sans pilote.

Havre Nanaino, feu *fixe*, sur l'île *Entrance*; il est élevé de 19ᵐ et visible de 14 milles. (49° 12' 50" N. et 126° 8' 59" O.)

Burrard Inlet, sur la pointe *Atkinson*; feu *tournant* de 1 m. en 1 m., élevé de 36ᵐ et visible de 14 milles dans la direction de l'entrée du havre. (49° 19' 40" N. et 125° 36' 14" O.) Pour parer le banc *Sturgeon*, qui est devant la rivière *Fraser*, ne pas relever le feu au N. N. E.

ILES ET GROUPES DE L'OCÉAN PACIFIQUE

Taïti (D. 3), sur la pointe *Vénus*; feu *fixe*, visible du N. 78° O. au N. 66° E. par le S. de 15 milles de distance. (17° 29' 48" S. et 151° 49' 20" O.)

Papeete feu *fixe rouge*, sur le coin de la batterie de l'*Embuscade*, visible de 5 milles, élevé de 8 mètres.

— Feu *fixe rouge*, à 200ᵐ au S. 31° E. du précédent, sur le flanc de la colline, au croisement de la route et de la rivière, sur l'alignement des balises de direction; visible de 5 milles. Ces deux feux en ligne font traverser la passe du port de *Papeete*.

Apia (archipel des *Navigateurs*), feu *fixe* dans une lanterne sur un mât.

Hilo, sur la pointe *Paukaa*, île *Hawaii* (*Sandwich*); feu *fixe*, élevé de 15ᵐ et visible de 10 milles. (19° 45' 40" N. et 157° 25' 24" O.) Ne pas compter dessus.

Honolulu (D. 4), sur le bord intérieur du récif de l'Ouest (îles *Sandwich*); feu *fixe*, élevé de 15ᵐ, visible de 9 milles. (21° 18' 8" N. et 160° 11' 15" O.)

— Feu *fixe vert*, élevé de 8ᵐ 5 et visible de 2 à 3 milles, près de l'angle E. de la maison de la *Douane*. Pour entrer tenez les 2 feux l'un par l'autre.

Kawaihae. Un feu *fixe*, élevé de 15^m 2 et visible de 10 milles, a été placé dans cette baie (île *Hawaï*), sur une pointe située au N. 37° 15′ E. de l'angle N. E. du récif. On a un bon mouillage par 15^m en le tenant au N. q. N. E. (20° 3′ N. et 158° 5′ O.)

Port-Lahaina (île *Maui*) ; 2 feux *fixes* horizontaux visibles de 6 milles. (20° 52′ N. et 158° 55′ 8″ O.) on ne les voit séparés qu'à moins de 1 mille.

Baie Kanakakoa (Ile Hawaï) sur la pointe *Cook*, *fixe*.

Levuka, sur la colline derrière la ville (îles *Viti*) ; feu *fixe blanc*, de 5 à 10 milles de portée, par 17° 40′ 45″ et 176° 29′ 20″ O.)

— Feu *fixe rouge*, visible de 3 à 5 milles, à 69° à l'O. 1/2 N. du premier.

Ile Kandavu (*Viti*), feu de port de N'*Galoa*.

Port de Noumea (D. 1), sur l'îlot *Amédée*, passes de *Bulari*, à 2 milles dans l'intérieur du récif. Il est élevé de 50^m sur une tour en fer, ronde, blanche, et visible de 20 milles. (22° 28′ 44″ N. et 164° 8′ 36″ E.)

— Feu de port *fixe rouge*, devant la capitainerie du port, portée 5 milles — allumé lorsqu'il n'y a pas de lune. (22° 16′ 20″ N. et 164° 6′ 36″ O.)

MER DES INDES

(Les relèvements sont vrais et donnés de la mer)

COTE SUD D'AFRIQUE

Cap de Bonne-Espérance (C. 1), feu *tournant*, il montre toutes les minutes un *éclat* de 12 s., son élévation est de 245^m, et sa portée de 36 milles. Un pic qui gît à un mille environ de la tour, le cache quand on le voit du large entre le S. 9° E. et le S. 37° E. et du S. 54° E. au S. 61° E. (34° 21′ 10″ S. et 16° 9′ 20″ E.) Canot de sauvetage et station de signaux.

MER DES INDES — COTE SUD D'AFRIQUE.

Simon's bay (Roman-Rock) (C.3), feu *tournant*, sur une tour à bandes horizontales blanches et rouges; il montre un *éclat* de 12 s. chaque 30 s. Son élévation est de 16ᵐ 4 et sa portée de 12 milles. Il est à 3/4 de mille N. 26° 30′ E. du rocher *Arche-de-Noé*. (34° 10′ 45″ S. et 16° 7′ 16″ E.)

Le rocher *Castor*, avec 4ᵐ 5 d'eau, gît à 1 encâblure 3/4 dans le N. du phare.

Cap des Aiguilles (D. 1), feu *fixe*, portée de 18 milles; élevé de 39ᵐ. (34° 49′ 50″ S. et 17° 40′ 28″ E.) Visible entre le S. 59° O. et le S. 87° E., par l'E. et le N. La pointe extrême du récif *Northumberland* lui reste au N. 72° 30′ E. à 4 milles 1/2. La tour, de 30ᵐ, est à zones rouges et blanches. En venant de l'E., si l'on voit le feu dans le S. du S. 70° O., on doit se diriger au S. de manière à le relever dans ce dernier relèvement avant de l'approcher à moins de 6 ou 7 milles.

Cap Saint-Blaise (D. 2), sur la falaise (baie *Mossel*); il est élevé de 72ᵐ, *fixe rouge*, visible de 15 milles entre le N. 52° E. et le S. 52° E. par le N. et l'O. (34° 11′ 10″ S. et 19° 49′ 22″ E.)

Cap Saint-Francis (D. 2), feu *tournant* de 20 s. en 20 s., à 230ᵐ en dedans de la pointe *Seal*, 1 mille 3/4 O. du cap *Saint-Francis*; élevé de 36ᵐ et visible de 16 milles. Masqué à partir du S. 53° O. par le cap *Saint-Francis*. (34° 12′ 30″ S. et 22° 30′ 6″ E.)

Cap Récif (D. 1), sur le cap de ce nom, feu *tournant* à *éclats* de 1 m. en 1 m. Ce phare est peint en quatre bandes ou zones horizontales alternativement rouges et blanches; par 34° 1′ 44″ S. et 23° 22′ 3″ E. Le feu est élevé de 28ᵐ au-dessus de la mer et visible de 15 milles. Il montre un secteur *rouge* entre le S. 10° O. et le S. 18° 45′ E. pour guider les navires qui approchent du rocher *Roman*.

En passant devant le cap *Récif*, on ne doit pas l'approcher à moins de 4 milles en venant de l'O. et à moins de 2 milles en venant du S., afin d'éviter les roches sur lesquelles les courants portent.

Port-Elisabeth (D. 6), feu *fixe blanc et rouge*, élevé de 68ᵐ 40 et visible de 12 milles. *Blanc* entre le N. 86° O. et le S. 26° O.; *rouge* entre le N. 75° O. et le N. 86° O. Se tenir en vue du feu blanc. (33° 57′ 45″ S. et 23° 16′ 51″ E.)

—— Feu *fixe vert*, à l'extrémité de la nouvelle jetée, et feu *fixe* à l'extrémité du brise-lames.

Iles Bird (D. 3), sur la plus E. des îles, au large de la pointe *Woody* (baie d'*Algoa*). La tour carrée et couleur de pierre porte, à 24m 4 au-dessus de la mer, un feu *fixe rouge* dont la portée est de 13 milles. (33° 50′ 30″ S. et 23° 57′ 0″ E.)

Port Alfred, près de l'extrémité du môle de l'Ouest. (Rivière *Kowie*, *fixe vert* visible de 6 milles.)

Rivière Buffalo (D. 4), sur la pointe *Castle*, au côté S. de la rivière. Le feu est *fixe*, élevé de 13m 2, sur une tour peinte en bandes rouges et blanches, et visible de 12 milles. (33° 1′ 45″ S. et 25° 34′ 50″ E.) Pavillon rouge à carré blanc hissé au mât de pavillon, inférieur quand la barre est praticable, à mi-mât quand il y a danger, rien quand elle est impraticable.

Natal (D. 2), feu *tournant* de 1 m. en 1 m., sur le morne, côté S. de l'entrée, à 85m d'altitude; sa portée est de 24 milles. Venant du S. O., ne pas approcher par moins de 73m de fond jusqu'à ce qu'on voie le feu du pont; courez dessus alors en le tenant au N. 29° E. tant que vous serez au S. de la rivière *Umlazi* (environ 9 milles du phare). Quand le feu est à l'O. 5° S., on vient par le N. pour mouiller par 15 à 18m en le tenant à 1 mille au S. 18° O. (29° 52′ 40″ S. et 28° 43′ 41″ E.)

— Feu de port proposé.

Pointe Reuben (D.), feu *fixe*, au havre *Lorenzo-Marquès*, baie de *Delagoa*; élevé de 43m, il est visible de 14 milles. (25° 58′ 40″ S. et 30° 18′ 10″ E.)

Banc Cockburn, flottant, à l'entrée de la passe, baie *Delagoa*; feu fixe visible de 5 à 7 milles. Par mauvais temps le bateau-feu est rentré à *Port-Melville*. Ne pas compter dessus dans ces circonstances. (25° 55′ 15″ S. 30° 34′ 20″ E.) *a été coulé dernièrement*, une bouée rouge est mouillée près de l'épave.

Inhambane (D.), feu *fixe*, élevé de 24m 4, visible entre le N. 61° O. et le N. 83° E. de 14 milles. Sur un mât de pavillon planté sur la pointe *Barrow-Hill*. (23° 45′ 30″ N. et 33° 13′ 1″ E.)

Chiluane, feu *fixe*, élevé de 11m, visible de 10 milles, entre le S. 42° 30′ E. et le S. 87° 30′ O. par le Sud. En tenant le feu au S. S. O., on est conduit dans la partie de la barre où il y a le plus d'eau, mais comme elle est très variable il est bon de prendre un pilote. (20° 38′ 11″ S. et 82° 33′ 24″ E.)

MER DES INDES. — LA RÉUNION-MAURICE. 369

Quillimane (D.), sur la pointe *Tangalane*; le feu est *fixe*, élevé de 15ᵐ 8 et visible de 12 milles du S. 44° O. au N. 44° E. par l'O. et le N. (18° 1′ 20″ S. et 34° 41′ 20″ E.)

Port de Mozambique, feu *fixe*, sur l'île *Saint-George*, un peu au S. du mât de pavillon qui est sur la partie N. E. de l'île. Il est élevé de 20ᵐ et visible de 15 milles. (15° 2′ 12″ S. et 38° 28′ 30″ E.)

—— Feu *fixe rouge*, sur le fort *Saint-Sébastien*; élevé de 22ᵐ 6, visible de 12 milles entre le S. 28° O. et le N. 28° E.

—— Feu *fixe*, sur la *Grande Cabeceira*, élevé de 11ᵐ et visible de 12 milles dans le port, et dans la direction de la passe du Sud. (14° 58′ 20″ S. et 38° 25′ E.)

—— Deux feux *fixes verts*, élevé de 5ᵐ 8, sur la jetée de la douane.

Ibo (D.), feu *fixe blanc*, élevé de 15ᵐ 4, visible de 12 milles du N. 10° O. au S. 45° E. (12° 19′ 30″ S. et 38° 19′ 55″ E.)

Mayotte, trois réverbères à pétrole : 1° sur la jetée de *Dzaoudzi*; 2° sur celle de *Pamanzi*; 3° sur celle de *Mamoutzou*.

Hell-Ville (*Nossi-Bé*), feu *fixe rouge*, sur la jetée. Portée, 3 milles. (*Douteux*.)

Sainte-Marie-de-Madagascar. (Feux sur l'îlot *Madame* et sur la tour des *Baleiniers*. (*En projet*.)

LA RÉUNION, MAURICE ET SEYCHELLES

Saint-Denis. Deux feux *fixes* : le supér. *rouge*, l'inf. *blanc*, sont sur un mât de pavillon, au bord intérieur du *Barachois*, avec un intervalle de 3ᵐ 6, mais à 5 milles de distance, ils se confondent ; l'élévation moyenne est de 26ᵐ et la portée de 7 milles. La position des réflecteurs tendant à projeter la lumière dans une direction perpendiculaire à la côte, elle est moins vive lorsqu'elle est en vue de l'E. ou de l'O. (20° 51′ 38″ S. et 53° 6′ 45″ E.)

Lorsqu'on montre un pavillon blanc à carré bleu au mât du *Barachois*, c'est pour défendre d'envoyer des embarcations à terre, la mer y étant trop mauvaise. Le même pavillon, hissé au mât de pavillon de la place et appuyé de coups de canon, est un ordre aux navires de mettre sous voiles. La nuit, un coup de canon et 3 feux à la corne du mât de pavillon, appareillez ; quatre feux et un coup de canon, appareillez sur le champ.

21.

Bel-Air (D. 2), sur la pointe, quartier *Sainte-Suzanne*; son feu est *fixe* et sa portée de 18 milles, étant élevé de 46°. (20° 53′ 11″ S. et 53° 19′ 12″ E.)

Saint-Paul, feu *fixe rouge* élevé de 22° et de 4 milles de portée, placé sur le mât du débarcadère. (20° 59′ 45″ S. et 52° 59′ 10″ E.)

Dans la mousson du S. E., on prend le mouillage dans la rade de *Saint-Paul*, en tenant ce feu O. q. N. O., par 25° de fond; et pendant l'hivernage, on mouille par 30° dans le N. O. 1/2 N.

Baie de Saint-Pierre, devant la direction du port, feu *fixe rouge*, portée 4 milles. (21° 19′ 50″ S.—53° 8′ 30″ E.)

Maurice (D. 1), feu *tournant*, sur l'île *Flat*; élevé de 111° et visible de 25 milles; les éclats sont de 1 m. en 1 m., et ont une durée de 20 s. avec 40 s. d'éclipse; caché entre le S. 80° O. et le S. 74° O. (19° 52′ 36″ S. et 55° 19′ 0″ E.)

—— Feu *fixe*, *blanc*, *rouge* sur la pointe *Canonnier*; élevé de 11° 5 et visible de 10 milles au N. du N. 40° E., le feu devient *rouge*, ce qui avertit qu'on est trop rapproché de la terre. (19° 59′ 45″ S. et 55° 12′ 21″ E.)

Port-Louis (flottant C.), mouillé par 27°, au N. 59° O. du mât de pavillon du fort *George* et au N. O. q. O. de la bouée à cloche; il est *fixe à éclats* de 30 s. en 30 s. et se voit à 9 milles. (20° 8′ 0″ S. et 55° 9′ 6″ E.)

Ile aux Fouquets (D. 1), sur cette île, à 1/2 mille au N. de l'entrée Sud du *Grand-Port*. Le feu est *fixe*, visible de 16 milles, et élevé de 32° 8 (20° 24′ 20″ S. et 55° 27′ 0″ E.)

On peut approcher à 2 milles du phare en le relevant entre le N. 2° E. et le S. 69° O. par le N., et attendre le pilote lorsqu'on l'aura demandé.

Port Victoria, feu *fixe rouge*, sur la pointe S. O. du récif du S. (île *Mahé*, *Seychelles*), élevé de 11°3 et visible de 9 milles, entre le N. 5° O. et le S. 45° E. (4° 36′ 45″ S. et 53° 10′ 50″ E.)

—— Feu *fixe rouge*, dans la même tour, pour éclairer le mouillage du port *Victoria*.

CÔTE SUD D'ARABIE — MER ROUGE

Aden (D. 1), feu *fixe*, sur *Ras-Marshigh*, à l'extrémité E. de la presqu'île, son élévation de 74ᵐ et sa portée de 20 milles. Il sert pour atterrir sur *Aden* en venant de l'E.; dans l'O. d'*Aden* on le perd de vue. (12° 45′ 23″ N. et 42° 44′ 0″ E.)

——(flottant) mouillé par 5ᵐ4 d'eau au côté S. du canal du port intérieur, à l'O. de la presqu'île par 12° 47′ 0″ N. et 42° 41′ 6″ E. Sa portée est de 7 milles. Le bateau est rouge et porte une boule rouge à son grand mât. Il tire le canon et brûle un feu bleu toutes les fois qu'il entre un navire dans la baie. De jour on signale la profondeur de l'eau.

Ile Périm (D. 1), feu *tournant* de 1 m. en 1 m., à 990ᵐ au S. O. de la pointe N. E. de l'île, entrée de la mer *Rouge*. Élévation 73ᵐ 2 et portée 22 milles. (12° 39′ N. et 41° 4′ 56″ E.)

Djeddah. Deux feux flottants. (*Proposés.*)

Berbereh (D. 4), feu *fixe blanc*, élevé de 23ᵐ et visible de 14 milles, au côté S. de l'entrée du port de *Berbereh*. (10° 25′ N. et 42° 39′ 20″ E.)

Banc Dædalus (D. 2), Un feu *fixe* de 14 milles de portée et de 18ᵐ30 d'élévation, sur une tour en fer et à jour, est placé à 180ᵐ de l'extrémité S. E. de ce banc. (24° 55′ 30″ N. et 33° 31′ 51″ E.)

Souakin, sur la pointe N. de l'entrée, dans la même tour, verticaux, 2 *fixes*, *blanc, rouge*. (*En construction.*)

Les Frères, sur l'ilot du N. (*Proposé.*)

Ashraffi (D. 1), feu *tournant* de 1 m. en 1 m., sur le récif au N. E. de cette île (détroit de *Jubal*); son élévation est de 38ᵐ et sa portée de 18 milles. (27° 47′ 21″ N. et 31° 22′ 16″ E.)

Ras-Gharib (D. 1), feu *fixe*, côté Ouest du détroit de *Jubal*; il est élevé de 49ᵐ et visible de 20 milles. (28° 20′ 52″ N. et 30° 46′ 21″ E.)

Zafarana (D. 1), sur cette pointe (golfe de *Suez*), à 25 milles au S. de la ville. Le feu est *fixe* et visible de 14 milles, sa hauteur de 25ᵐ. (29° 6′ 29″ N. et 30° 19′ 33″ E.)

Suez (flottant), mouillé devant la pointe *Gad-ul-Murkub*, au côté E. de la baie, par 29° 53′ 30″ N. et 30° 12′ 46″ E. Le feu est *fixe* et visible de 12 milles. Le bateau est rouge avec les mots *New-Port-Roch* peints sur ces côtés. Passer à l'O. du bateau.

—— Sur la rive Nord de la baie, *fixe*, élevé de 12ᵐ, visible de 10 milles entre le N. 5° E. et N. 9° O. (14°). En venant du Sud, tenir ce feu dans l'Ouest du feu flottant et laisser ce dernier à 2 encâblures.

COTE DU MALABAR

Kurrachi (D. 1), feu *tournant* de 2ᵐ en 2ᵐ, de 20 mil. de portée, élevé de 45ᵐ7, près du fort de la pointe *Manoora*, à l'entr. O. de l'*Indus*. A 2 milles 1/2 E. du fanal sont sept îles; l'entrée du port, en franchissant la barre qui n'a que 6ᵐ 4 d'eau aux sysygies, est entre ces îles et le fanal. (24° 47′ 51″ N. et 64° 33′ 6″ E.)

—— Feu *fixe rouge* à l'extrémité extérieure du brise-lames de la pointe *Manoora*. Allumé seulement dans la belle saison.

Mandvee (D. 4), sur le bastion S. O. du fort, entrée du golfe de *Kutch*; feu *fixe* de 18 milles de portée et élevé de 33ᵐ. (22° 49′ 40″ N. et 67° 0′ 0″ E.)

Crique Toona, à 3/4 de mille au S. de l'île *Tekra*, côté N. du golfe de *Cutch*; feu *fixe*, élevé de 5ᵐ2, visible de 6 milles. (22° 55′ 30″ N. — 67° 46′ 56″ E.)

Ile Roji, sur la pointe N. E., côté Sud du golfe de *Cutch*; feu *fixe*, élevé de 15ᵐ, visible de 7 milles entre le S. 58° E. et le S. 50° O. par le Sud (118°). (22° 32′ 50″ N. — 67° 41′ 16″ E.)

Ile Saimia (D. 4), feu *fixe blanc* à *Bate* ou *Beyt*, à l'ext. N. E. de l'île. Il est élevé de 11ᵐ et visible de 12 milles dans un secteur de 180°. (22° 29′ N. et 66° 44′ 20″ E.)

Pointe Dwarka (C.), feu *fixe blanc*, sur la pointe *Dwarka*, élevé de 21ᵐ et visible de 10 milles. (22° 14′ N. et 66° 36′ 51″ E.)

Porebandar (D. 4), feu *fixe blanc*, sur le mur d'enceinte de la ville, élevé de 26ᵐ et visible de 15 milles. (21° 37′ 10″ N. et 67° 15′ E.)

Mungarol, sur une maison à 360ᵐ du débarcadère, feu *fixe* élevé de 18 mètres, visible de 8 à 9 milles. (21° 6′ N. — 67° 46′ 16″ E.) *Douteux*.

Verawal (D. 4) feu *fixe* blanc, sur le bout de la jetée, côté N. O. du port, élevé de 17° et visible de 13 milles sur un arc de 180°. (20° 53′ 30″ N. et 68° 1′ 51″ E.)

Jafarabad (C.) feu *fixe*, visible de 10 milles et placé sur un poteau. (20° 51′ 30″ S. et 69° 3′ 20″ E.)

Mowa (C. 3), feu *fixe*, sur une falaise près de l'entrée de la crique de ce nom; élevé de 30°, il est visible à 13 milles. (21° 2′ 21″ N. et 69° 29′ 20″ E.)

Goapnath, sur un monticule, à 218° à terre de la pointe; feu *fixe*, élevé de 21°, visible de 6 milles. (21° 11′ 35″ N. — 69° 45′ 46″ E.)

Ile Perim (D. 4), sur l'île de ce nom; feu *fixe*, élevé de 39° et visible de 20 milles du N. 34° E. au S. 74° E. par le N. et l'O. (21° 35′ 54″ N. et 70° 0′ 28″ E.)

Goyah, feu *fixe* de 5 milles de portée, à l'angle N. E. de la ville, par 21° 40′ 30″ N. et 69° 56′ 0″ E. (golfe de *Gambay*).

Bhaunaggar, à la crique de ce nom; feu *fixe*, visib. de 8 à 9 milles (21° 47′ 30″ N. — 69° 52′ 5″ E.)

Khunbandar (C.), sur la rive O. de la rivière *Sabermatty*; le feu est *fixe*, élevé de 15°1, et visible de 10 milles. Allumé du 1er septembre au 15 juin. (22° 3′ 20″ N. et 69° 57′ 21″ E.)

Deojugan ou *Tankari* (C.), feu *fixe*, sur la rive N. de la rivière *Dhadhar*, élevé de 15°2 et visible de 10 milles, (21° 55′ 0″ N. et 70° 10′ 20″ E.)

Dandi ou *Bagwa* (D. 4), feu *fixe*, visible de 5 milles, sur une pointe basse. (21° 19′ 42″ N. et 70° 14′ 51″ E.) allumé seulement quand on attend les malles.

Tapti (D. 4), sur la pointe *Swallow*, embouchure N. de la rivière, auprès de *Vaux-Tomb*; feu *fixe*, élevé de 30° 2 et visible de 15 milles. (21° 5′ 20″ N. et 70° 17′ 20″ E.) On mouille dans la rade de *Surate*, par 13 à 14°, en relevant *Vaux-Tomb* entre le N. 3° E. et le N 5° E., et l'entrée de la *Fausse-Rivière*, entre l'E. q. S. E. et l'E. S. E.

Bulsar (C.), feu *fixe*, élevé de 15° et visible à 15 milles, à l'embouchure de la rivière *Oranga*. (20° 37′ 30″ N. et 70° 33′ E.) Allumé du 1er septembre au 31 mai.

Bombay, feu flottant par 11°, à 4 milles 1/2 S. S. O. de la pointe *Colaba*; feu *tournant rouge* de 20 s. en 20 s. et visible de 10 milles. (18° 49′ 20″ N. et 70° 26′ 40″ E.)

—— Feu flottant des *Shannon*, à 1/4 de mille E. S. E. de la roche *sous l'eau*, à l'entrée du port. Feu *fixe* d'une portée de 10 milles. (18° 53′ 12″ N. et 70° 29′ 31″ E.)

—— (D. 5), feu *fixe blanc et vert*, visible de 2 milles, sur la roche *Dolphin*, à près de 2 milles, N. 4° E. de *Shannon*; *vert* quand on le relève entre le S. 30° E. et le S. 60° O. ainsi qu'entre le N. et l'ouest; *blanc* entre le S. 60° O. et l'O. vers le mouillage, masqué entre le N. et le Sud 30° E. Étant à 200" du feu de *Shannon*, gouvernez N. 5° E.; passez à même distance du feu de *Dolphin* pour donner dans le port. (18° 54′ 46″ N. et 70° 29′ 30″ E.)

—— Feu *fixe blanc*, visible de 5 milles, sur la jetée de la douane à *Tourbah*.

—— (D. 1), Sur les *Prongs*, feu *tournant* de 10 s. en 10 s., visible de 20 milles, à 1 mille 1/4 S. 34° O. de l'ancien phare de *Colaba*. (18° 52′ 40″ N. et 70° 27′ 21″ E.)

Ile Khundari (D. 1), feu *fixe*, sur la pointe S. de l'entrée du port de *Bombay*. Il est élevé de 49" et se voit sur tout l'horizon de 20 milles. (18° 42′ 20″ N. et 70° 28′ 15″ E.) Mât de signaux au N. E. du phare.

Ratnagiri (D. 3), feu *fixe rouge*, sur le bastion S. O. d'un vieux fort placé sur le cap, élevé de 91" et visible de 8 milles. (16° 59′ 30″ N. et 70° 55′ 41″ O.) On mouille par 14"6 dans la rade extérieure, le phare au N. 59° E., le *Adawlut* au N. 82° E., la *Tombe blanche* au S. 76° E.

Port Rajapour (D. 4), sur le mont *Keeva*, près la pointe Sud de la rivière, par 16° 36′ 10″ N. et 70° 58′ 21″ E. Le feu est *fixe*, élevé de 22"8 et visible de 9 milles. Allumé pendant la mousson de N. E.

Malwan, sur la plage, *fixe vert*, portée 4 milles. Feu de port.

—— Flottant au S. E. du rocher de l'entrée du port, *fixe rouge*.

Récif Vingorla (D. 4), feu *fixe*, sur le rocher extérieur ou ile *Burnt*, élevé de 33" et visible de 12 milles. (15° 53′ 16″ N. et 71° 6′ 36″ E.)

Port Vingorla (D. 6), sur le morne qui domine la rade, les 2 feux *fixes*, à 6" l'un de l'autre, élevés de 76", se voient de 9 milles. Allumés pendant la mousson de N. E. (15° 51′ 14″ N. et 71° 16′ 12″ E.)

Goa, feu *tournant* chaque minute, sur la tour *Facho* de la forteresse *Algoada*, à 1 mille de la plage, par 15° 29′ 26″ N. et 71° 25′ 46″ E. Sa portée est de 20 milles et sa hauteur de 85″. En venant du large, on peut se diriger sur le feu, mais sans diminuer le fond à moins de 14″; sur ce fond, on porte au S. jusqu'à relever le feu à l'E. N. E., et à ce moment on fait l'E. q N. E. pour entrer. On mouille à 1/2 mille du feu, en le relevant au N. 22° 30′ O., par 7″3.

Oyster (D. 1), sur ce rocher, baie *Sedashigur*, feu *fixe*, élevé de 63″8, sur une tour de 22″ et visible de 25 milles. (14° 49′ 25″ N. et 71° 42′ 41″ E.)

—— Feu *fixe rouge*, sur la côte de la baie, près du mont *Koney*. De nuit, en approchant du feu *Oyster*, on verra le feu rouge à l'E. S. E., courir dessus et mouiller par 9″ de fond. (14° 48′ 20″ N. et 71° 46′ 31″ E.)

Coompta, feu *fixe* sur une colonne placée sur un morne à l'entrée de la crique. Il est visible de 12 milles et élevé de 55″. (14° 25′ 10″ N. et 72° 2′ 46″ E.)

Mangalore (D. 4) feu *fixe* dont la portée est de 14 milles; il est élevé de 70″ au-dessus de la mer et visible sur tout l'horizon. (12° 52′ 17″ N. et 72° 29′ 59″ E.)

Cannamore (D. 6), feu *fixe rouge*, sur les remparts près du mât de pavillon du fort; sa portée est de 6 milles. (11° 51′ 10″ N. et 73° 1′ 36″ E.)

Tellichery (D. 6), feu *fixe*, sur un mât de pavillon sur le mur du fort près de la plage, à 28″ au-dessus de la mer; il se voit de 8 milles. (11° 44′ 50″ N. et 73° 8′ 21″ E.)

Calicut (D. 4) feu *fixe*, sur une colonne blanche, à 32″ au-dessus de la mer; visible de 12 milles du N. O. au S. O. par l'O. Eteint dans la mousson de S. O. (du 16 mai au 10 août). (11° 15′ 5″ N. et 73° 25′ 26″ E.)

Cochin (C. 4), près de la plage, un peu au S. de l'entrée du port. Le feu *fixe*, élevé de 29″ est visible de 15 milles. (9° 57′ 47″ N. et 73° 53′ 30″ E.)

Narrakel, à 5 milles au N. de *Cochin*, petit feu *fixe*, allumé en mousson de S. O. seulement.

Alipee (D. 2), feu *tournant* de minute en minute, dont

les *éclats* se voient de 20 milles; son élévation est de 34ᵐ; tour blanche. (9° 30′ 0″ N. et 73° 58′ 51″ E.)

On mouille en rade par 11ᵐ à 8ᵐ2, fond de vase molle, en relevant le feu entre le N. E. et l'E. N. E.

Cadiapatan (D. 1), sur la pointe *Mutum*, feu *fixe blanc*, visible de 12 milles par 8° 7′ 30″ N. et 74° 58′ E. Le récif *Crocodile* est à 2 milles 3/4 au S O. q. O.

Cap Comorin, feu *tournant proposé*.

Ile Minikoy, feu en *projet*.

CEYLAN

Colombo (D. 2), dans la tour de l'*Horloge*; son feu *fixe* est très-utile pour approcher. Il est à 41ᵐ au-dessus de la mer et se voit de 18 milles. (6° 55′ 40″ N. et 77° 30′ 31″ E.)

Pointe de Galles (C. 2), feu *fixe* sur le bastion S. O.; dans une tour circulaire blanche, à 30ᵐ de hauteur. Sa portée est de 12 milles. (6° 1′ 25″ N. et 77° 52′ 23″ E.)

Grandes-Basses (D. 1), sur la roche N. E.; feu *tournant rouge*, montrant son plus vif *éclat* toutes les 45 s.; il est élevé de 33ᵐ5 et visible de 16 milles. En temps de brume on sonne une cloche chaque 15 sec. (6° 10′ 10″ N. et 79° 8′ 0″ E.)

Petites-Basses sur les *Petites-Basses*. Le feu est *tournant*; 2 éclats de 60 s. en 60 s., élevé de 12ᵐ et visible de 16 milles. Cloche de brume, 2 coups par minute. (6° 22′ 55″ N. et 79° 23′ E.)

Batticaloa, sur un mât à l'embouchure du lac, feu fixe, élevé de 15ᵐ, visible de 8 à 10 milles. (7° 43′ 50″ N. — 79° 21′ 5″ E.)

Pointe Foul (D. 2), sur cette pointe; feu a *éclats* de 30 s. en 30 s., visible de 17 milles et élevé de 31ᵐ. A plus de 10 milles, les éclipses sont totales et le feu a l'apparence d'un feu tournant, mais à moins de 10 milles on voit toujours une lumière fixe. (8° 32′ 10″ N. et 78° 58′ 21″ E.)

Ile Ronde (D. 4), sur cette ile; feu *fixe blanc* de 10 milles de portée, servant à faire parer le rocher *Chapel* et les récifs de la pointe *Foul*. (8° 31′ 40″ N. et 78° 53′ 6″ E.)

GOLFE DU BENGALE (CÔTE DE COROMANDEL)

Tuticorin (D. 4), feu *fixe*, sur l'obélisque de l'île *Hare*, devant la ville, par 8° 47′ 57″ N. et 75° 51′ 11″ E. Il est visible de 14 milles. On peut mouiller en le relevant du O. N. O. au O. q. S. O., 1 à 2 milles de la côte, sur des fonds de 10 à 12^m.

Pass Paumbem (D. 4), à 1 mille E. de la passe, sur l'île *Ramisseram*; son feu *fixe* a une portée de 12 milles. Il sert à la navigation du détroit qui communique entre les golfes de *Manaar* et de *Palk*. (9° 17′ 20″ N. et 76° 52′ 36″ E.)

Negapatam (D. 4), feu *fixe* de 14 milles de portée, sur le bastion. Il est élevé de 25^m. (10° 45′ 30″ N. et 77° 30′ 11″ E.)

Karikal (C.), feu *fixe*, sur le mât de pavillon de la place, à 200^m de l'emb. de la rivière *Arselar*; élevé de 19^m 7 au-dessus de la mer et visible de 8 milles. (10° 55′ 0″ N. et 77° 30′ 26″ E.) Mouillez par 10 et 12^m en relevant le feu à l'O. 1/2 N. dans la mousson N. E., et à l'O. 1/2 S. dans celle du S. O.

Pondichéry, sur la place; feu *fixe*, élevé de 29^m, qui se voit de 15 milles. (11° 55′ 40″ N. et 77° 31′ 30″ E.) Pendant la mousson du N. E., depuis le mois d'octobre jusqu'à celui de mars, on doit mouiller par 14 et 17^m, le feu restant de l'O. q. N. O. à l'O. N. O. Pendant la mousson de S. O., on peut approcher et mouiller par 12 et 14^m, ayant le feu entre l'O. et l'O. q. N. O.

Madras (C.D.), sur l'esplanade, au N. du fort *Saint-Georges*; feu *tournant*, à éclats de 48 s. qui ont lieu de 2 m, en 2 m. Il est élevé de 40^m et visible de 20 à 30 mil. Il ne faut jamais le relever au S. du S. 29° O. pour parer les bancs *Pulicat*. (13° 5′ 10″ N. et 77° 56′ 42″ E.)

— 2 *fixes rouges*, sur l'extrémité des travaux du port (verticaux)

Pulicat (D. 4), feu *fixe rouge*, élevé de 21^m, sur un mât de pavillon, avec 10 milles de portée. (13° 25′ 15″ N. et 77° 58′ 57″ E.)

Ce feu fait parer les bancs *Pulicat* avant que l'on aperçoive le feu de *Madras*. Le feu de *Madras* ne doit pas être relevé dans le S. du S. 29° O.; et quand on verra le feu de *Pulicat* au N. 83° O. on sera au N. des bancs.

Banc Armegon (D. 4), feu *fixe*, placé dans le village de *Moona*; sa portée est de 14 milles. (13° 53′ 8″ N. et 77° 51′ 38″ E.)

Pointe Divi (D. 4), à 2 milles N. O. de cette pointe, feu *fixe*, par 15° 58′ 55″ N. et 78° 49′ 16″ E. Il est à 11 milles 1/2 S. 6° E. du mât du pavillon de *Masulipatam*. Sa portée est de 14 milles; il est visible du N. au S. O. par l'O.

En contournant cette pointe, le jour, on ne doit point diminuer l'eau au-dessous de 11", jusqu'à ce qu'on en soit parvenu au N. Entre la pointe *Divy* et la fausse *Divy*, on ne doit approcher la nuit qu'avec beaucoup de précaution.

Masulipatam (D. 6), dans le fort, sur le mât de pavillon; feu *fixe*, visible de 6 milles. (16° 9′ 15″ N. et 78° 49′ 16″ E.)

Coringa, sur la partie Sud de *Hope*, feu *fixe*, élevé de 25" visible de 12 à 15 milles (16° 49′ 5″ N. — 76° 58′ 49″ E.) Le feu à pour but de faire parer les bancs de la pointe *Godavery*, mais il ne remplit pas le but, on doit le changer.

Vakalapudi (C.), feu *tournant* à éclats de 20s. en 20s. en avant des cocotiers, à 2 encablures du rivage (17° 0′ 40″ N. et 79° 50′ 16″ E.)

Dolphin Nose (C. 4), sur cette pointe, à *Vizigapatam*. Le feu *fixe rouge* peut être vu à 7 milles. (17° 41′ 10″ N. et 80° 57′ 9″ E.) Éteint momentanément.

Santipilly (D. 4), feu *fixe*, sur une colline du *Conada*, vis-à-vis les roches *Santipilly*. Son élévation est de 51" au-dessus du niveau de la mer. En temps ordinaire, on le voit de 14 milles. (18° 4′ 56″ N. et 81° 17′ 26″ E.)

Le passage entre la côte peut être pratiqué par tous les navires; sa largeur est de 4 milles et sa profondeur de 9 à 16".

Calingapatam (D.), sur la pointe, feu *fixe*, élevé de 20" et visible de 8 milles; il sert à faire éviter un petit récif qui se projette de la pointe (18° 19′ N. et 81° 47′ 20″ E.)

Gopaulpore (C, 3), sur un mât de pavillon, à 27" au-dessus de la mer; le feu est *fixe*, visible de 10 milles, (19° 13′ N. et 82° 31′ 51″ E.)

Port Pooree, sur le toit du *circuit house*, feu *fixe* élevé de 13ᵐ4, visible de 10 milles. (19° 47′55″ N. et 83° 28′ 52″ E.)

False Point (G.), à 2 milles dans le S. O. de cette pointe; feu *fixe* élevé de 38ᵐ et visible de 18 milles (20° 20′ 20″ N. et 84° 23′ 51″ E.)

Pilot's-Ridge (flottant), feu *fixe* visible de 10 à 12 milles, mouillé par 39ᵐ, à l'embouchure de l'*Hoogly*, et à petite distance N. E. de la bouée de *Pilot's-Ridge*. Pendant la mousson du S. O. (15 mars au 15 septembre), on brûle un feu de Bengale *bleu* toutes les heures et un marron chaque demi-heure. On tire un coup de canon quand un navire court sur un danger. Les pilotes stationnent auprès de la bouée du banc. (20° 50′ N. et 85° 20′ E.)

Rivière Hoogly (feux flottants). Celui du *Canal de l'Est* est mouillé à l'entrée du chenal E. de l'*Hoogly*, par 19ᵐ de fond et à 32 milles 1/2 au N. 63° 26′ E. de la bouée *Pilot's-Ridge*. Il montre à la tête de son mât un feu *blanc*, visible de 10 à 12 milles, et il brûle un feu *bleu* chaque demi-heure, et un marron à chaque quart d'heure intermédiaire, pendant la mousson de S. O. Pendant la mousson du N. E. il brûle un feu de Bengale toutes les heures et le marron à chaque demi-heure intermédiaire. (21° 3′ 45″ N. et 85° 52′ 59″ E.)

—— (C. D.), feu intermédiaire, *fixe*, élevé de 8ᵐ5 et visible de 10 milles. Le bateau, peint en marron foncé avec le mot *Intermédiate* en noir sur les côtés, est mouillé par 11ᵐ d'eau entre le précédent et le suivant. Allumé du 1ᵉʳ février au 30 novembre. (21° 14′ 30″ N. et 85° 51′ E.)

—— Feu inférieur du canal *Gaspar*, mouillé par 6ᵐ4 d'eau à 12 milles N. 15° O. du feu flottant précédent. Le bateau jaune porte un feu *fixe*, élevé de 8ᵐ5 et visible de 10 à 12 milles. On y brûle un marron toutes les heures et un feu de Bengale *bleu* à chaque demi-heure intermédiaire. (21° 26′ 15″ N. et 85° 46′ 30″ E.)

—— Feu supérieur du canal *Gaspar*, mouillé par 6ᵐ8 au N. 31° O. du précédent. Le bateau jaune porte un feu *fixe* élevé de de 7ᵐ3 et visible de 9 milles. (21° 31′ N. et 85° 42′ 40″ E.)

Mutlah (flottant), mouillé par 20ᵐ, à l'E. du canal de l'Est; feu *fixe* de 10 à 12 milles de portée. Pendant le jour, le bateau rouge porte un *pavillon rouge* au grand mât. La nuit, on brûle une fusée à 8h. à minuit et à 4 h. du matin. (21° 4′ N. et 86° 26′ 21″ E.)

MER DES INDES — GOLFE DE BENGALE.

Ile Saugor (C.), sur la pointe *Middleton*, à 180° de la laisse de basse-mer; la tour a 22° au-dessus de la haute mer. Le feu *fixe*, à *éclats* de 20 s. en 20 s., se voit de 15 milles, éclairant 225° de l'horizon. (21° 38' 43" N. et 85° 41' 46" E.)
Un télégraphe électrique communique avec *Calcutta*.

Cowcally, Pointe Kedgeree (C.) feu *fixe*, au côté O. de l'entrée de l'*Hoogly*, par 21° 50' N. et 85° 33' 56" E.; il est sous la pointe *Kedgeree* et indique le canal *Lloyd*. Il est élevé de 18°8 et visible de 12 à 14 milles.

GOLFE DE BENGALE (COTE EST)

Rivière Chittagong (C.), deux feux *fixes*, sur la pointe *Norman*, près de l'entrée de la rivière *Chittagong*. Le feu inférieur à 9°7 au-dessus de la H. M. et le supérieur à 2° 4 plus haut. Ils sont vis. du large de 7 milles. (22° 12' N. et 89° 29' E.)

Kootubdea (C.), au côté O. de l'ile de ce nom, par 21° 52' 30" N. et 89° 29' 49" E. Son feu est *fixe*, élevé de 38° et visible de 18 milles.

Rivière Arracan (D. 3) sur le rocher *Great-Savage* à l'entrée de la rivière, par 20° 5' 7" N. et 90° 33' 28" E. Le feu est *fixe* à *éclats* chaque minute; il est élevé de 20° et visible de 14 milles.

Récif Oyster (D. 2), feu *fixe*, élevé de 23° et visible de 15 milles, sur pilotis par 7°3 d'eau. (20° 5' N. et 90° 19' E.)

Cap Negrais (D. 1), sur le récif *Alguada*; feu *tournant* chaque minute, élévation 44°, portée 20 milles. Il sert de point de départ pendant la mousson du N. E. (15° 42' 0" N. et 91° 51' 0" E.)

Grand-Coco (D. 1), sur le sommet de l'ile *Table*, pointe S. O. feu *fixe* de 59° d'altitude, sur une tour en fer à bandes rouges et blanches. Il se voit de 22 milles et sert de point de départ pendant la mousson de S. O. (14° 12' 30" N. et 91° 2' 6" E.)

Banc Krishna (D. 2), flottant, au S. E. du banc par 9° de fond. Il est élevé de 9° et montre un feu *fixe*, visible de

MER DES INDES — GRAND ARCHIPEL D'ASIE. 381

8 milles. Il fait éviter les basses *Baragua* et le banc. (15° 36′ 16″ N. et 93° 13′ 40″ E.) on brûle un feu de Bengale *bleu* toutes les demi-heures.

Rangoon (D. 3), sur pilotis, près du *Eastern-Grove*, au côté Est de la rivière *Rangoon* ; feu *fixe*, visible de 12 milles du N. au N. 60° E. (16° 29′ N. et 94° 2′ 33″ E.)

China-Backeer (D. 1), à 3 milles N. E. de l'entrée de cette rivière. La tour est sur pilotis et porte un feu *fixe* à *éclats* chaque minute visible de 15 milles. (16° 16′ N. et 93° 50′ 50″ E.)

Ile Double (D. 1), sur la pointe N. de l'île située sur la côte de *Tenasserim* (golfe de *Martaban*). Le feu est *fixe* visible de 19 milles entre le N. 6° O. et le S. 20° E. par l'E. (15° 52′ 30″ N. et 95° 14′ 20″ E.)

SUMATRA, DÉTROITS DE MALACCA ET DE LA SONDE.

Poulo Bras (D. 1), feu *tournant* de 1 m. en 1 m. avec des *éclats* de 9 s., élevé de 16 m. et visible de 30 milles entre le N. 82° E. et le N. 51° O. (5° 44′ 55″ N., et 92° 44′ 6″ E.)

—— Un second feu *fixe rouge*, dans la même tour nommée *Willemstoren*, élevé de 131 m. et visible de 8 milles, sert à faire éviter l'îlot N. O. et les récifs qui l'entourent.

Poulo Lumaut, au côté N. O. du détroit, feu *fixe blanc* élevé de 9 m., et visible de 10 milles quand on le relève entre le N. 55° E. et le N. 35° O.

Banc de Une-Brasse, feu *tournant* de 1 m. en 1 m., éclat 7 s., éclipse 53 s., sur pilotis par 7 m 3 d'eau, à la partie O. du banc, visible de 10 à 11 milles. (2° 52″ 8″ N. et 98° 38′ 30″ E.) Cloche de brume.

Cap Rachada (D. 2), sur le cap ; feu *fixe*, élevé de 136 m sur une tour blanche de 24 m 7 et visible du S. 57° E. au N. 57° O. par l'E. et le N. de 20 et 25 milles de distance. (2°24′ 50″ N. et 99° 31′ 1″ E.)

Malacca, feu *fixe*, sur le mont *Saint-Paul*, visible de 12 milles. (2° 11′ 37″ N. et 99° 55′ 21″ E.)

—— Sur la tête du môle, feu *fixe rouge* visible de 6 milles.

Poulo Pisang feu fixe *en construction*.

Raffles, feu *fixe*, visible de 12 milles, sur l'île *Coney*, entrée O. du détroit de *Singapour*. Visible sur 236° de l'horizon, depuis le S. 55° E. jusqu'au S. 69° O. par le N. (1° 9' 51" N. et 101° 24' 40" E.)

Singapour, feu *fixe*, sur la colline du gouvernement, son élévation est de 68ᵐ et sa portée de 20 milles; visible de l'île *Saint-Jean* au banc *Johore*. (1° 17' 40" N. et 101° 30' 48" E.)

Bancoolen, 2 feux; l'un, *fixe*, à *Poulo Tikoes*, côte O. de *Sumatra*, visible de 8 milles (3° 51' 18" S., 99° 49' E.); l'autre, *fixe rouge*, sur *Tapa-Padrie*, visible de 3 milles.

Padang (D. 2), un feu *fixe*, sur *Poulo Padang*, *blanc* du côté de la mer, *rouge* du côté de la terre, visible de 20 milles. (0° 57' 45" S. et 97° 47' 24" E.)

—— D. 6), feu de port, *fixe blanc*, sur la pointe S. O. de *Poulo Pisang Besar*, visible de 10 milles au large. (0° 59' 56" S. et 97° 59' 14" E.)

—— Feu de position, *fixe blanc*, sur la côte N. O., au pied de l'*Apenberg*, près de l'entrée de la rivière *Padang*, visible de 6 milles. (0° 57' 53" S. et 98° 0' 5" E.)

Telok-Betong (D. 6), dans la baie *Lampong*, feu de port *fixe rouge*, visible de 9 milles. (5° 28' S. et 102° 55' 51" E.)

Vlakkehoek, sur la pointe S. O. de *Sumatra*, feu à *éclats* toutes les 30 s., montrant 3 éclats rapides et successifs précédés et suivis de courtes éclipses. (*projeté*).

Détroit de la Sonde (D. 1). feu *tournant* de 30 s. en 30 s., sur la première pointe de *Java*, entrée S. du détroit, visible de 25 milles. (6° 43' 52" S. et 102° 51' 26" E.)

—— (D. 2), sur la 4ᵉ pointe, à 2 milles 1/4 S. O. q. O. du port d'*Anjer*, feu *fixe*, élevé de 45ᵐ et visible de 20 milles (6° 4' 18" S. et 103° 32' 15" E.)

—— (D. 4), sur la jetée O. du port d'*Anjer*, feu *fixe rouge*, visible de 4 milles. (6° 3' 14" S. et 103° 34' 20" E.)

Baie Tjilatiap (D. 3), sur l'île *Nousa Kambangang*, côte S. de *Java*, feu *tournant* de 1 m. en 1 m., élevé de 196ᵐ et visible de 20 milles. Les éclipses de 52 s. ne sont totales qu'au d-là de 12 milles. (7° 46' 30" S. et 106° 41' 40" E.)

MER DE JAVA ET ILES ADJACENTES

Houtman ou **Northwatcher** (D. 2), sur cette île, feu *tournant* de 1 m. en 1 m., élevé de 48° et visible de 20 milles. Les éclipses de 52 s. ne sont totales qu'au-delà de 16 milles. (5° 13′ 30″ S. et 104° 6′ 5″ E.)

Menscheneter, sur l'île. (5° 57′ 20″ S. et 104° 10′ 30″ E.) En *construction*.

Middelburg, sur la pointe S. de l'île. (5° 58′ 30″ S. et 104° 20′ 30″ E.) *Proposé*.

Ile Rotten, sur la jetée. *Proposé*.

Edam, feu *fixe*, sur l'île. (5° 57′ 35″ S. et 104° 29′ 50″ E.) En *projet*.

Batavia (D. 4), en dedans de la tête de la jetée O.; feu *fixe*, visible de 13 milles et élevé de 16°. (6° 6′ 58″ S. et 104° 27′ 20″ E.)

Tenez le feu entre le S. 8° E. et le S. 9° O., si vous venez du N. pour aller au mouillage. Si vous venez de l'O., après avoir passé *Karang-Kuiper*, gouv. au S. E. sur le mouillage jusqu'à ce que le feu reste au S.

—— Sur l'extrémité du môle Ouest, *fixe*, visible de 5 milles. (6° 6′ S. et 104° 27′ 36″ E.)

—— Sur l'extrémité S. de l'île Alkmaar, *fixe rouge*, élevé de 17°, visible de 9 milles (5° 59′ 10″ S. — 104° 30′ E.)

—— Sur la pointe N. O. de l'île *Groot-Kombuis*, feu fixe, élevé de 17° 5; visible de 9 milles. (5° 55′ 25″ S. 104° 44′ 20″ E.)

Poulo-Rakit (D. 1), sur les *Boompjes*; feu *intermittent*; lumière *fixe* 24 s., éclipse 36 s; il est à 53° au-dessus de la mer et visible de 23 milles. (6° 54′ 40″ S. et 106° 2′ 35″ E.)

Cheribon (D. 4), feu *fixe*, sur l'extrémité du môle N. du port, élevé de 8° et visible de 8 milles. (6° 42′ 0″ S. et 106° 13′ 50″ E.)

Tagal, côté N. de *Java*, feu de port, *fixe rouge*. (6° 51′ 0″ S. et 106° 48′ E.)

Pekalongan (D. 6), sur la rive O., à l'entrée de la rivière, côté N. de *Java*; feu *fixe* de 8 milles de portée. (6° 50′ 10″ N. et 107° 19′ 54″ E.)

Ile Katang ou ile *Ouest* du groupe de *Carimon-Java*. (*Proposé*.)

Samarang, feu *fixe* de port, par 6° 58′ 2″ S. et 108° 4′ 52″ E. Sera allumé quand le port sera terminé.

Djapara sur la pointe *Jalie*, par 6° 31′ 35″ S. et 108° 18′ 55″ E. Feu *fixe rouge*.

Djoana, feu de port, *fixe blanc*. *En projet*.

Sourabaya (flottant D. 4), au Nord du détroit; feu *fixe*, élevé de 6ᵐ 5, visible de 8 milles; le bateau est mouillé par 9ᵐ auprès de la 3ᵉ tonne blanche. Il porte le mot *Sourabaya* sur ses côtés. (6° 57′ S. et 110° 29′ E.)

Grissee (D. 4), au côté Nord du môle (détroit de *Sourabaya*); feu *fixe*, élevé de 12ᵐ, visible de 8 milles. (7° 9′ S. et 110° 19′ E.)

Ile Madura, 2 feux fixes, (*proposés*.)

Passaruang, côte N. de *Java*, feu de port, *fixe blanc*. (7° 37′ 28″ S. et 110° 34′ 50″ E.)

Meinderts-Droogte, sur le récif, détroit de *Madura*, feu *fixe*, visible de 12 milles. (7° 40′ 10″ S. et 112° 5′ E.)

Détroit de Madura, feu *fixe rouge*, à *Probolingo*. (*En construction*

—— Feu *fixe*, blanc à *Bezouki*, à l'ouest près de l'entrée de la rivière, visible de 8 milles.

—— Feu *fixe*, blanc, près du débarcadère à *Panar-Kan*, élevé de de 15ᵐ, visible de 8 milles.

Koro (D. 4), sur le récif *Koro* ou *Zwaantjes-Droogte* (détroit de *Madura*); feu *tournant*, à *éclats* chaque 2 minutes : on voit, feu *fixe* 90 s., éclipse 10 s. 1/2, éclat 9 s., éclipse 10 s. 1/2. Il est élevé de 16ᵐ 5 et se voit : le feu *fixe* de 12 milles, les éclats de 14 milles. (7° 29′ 15″ S. et 110° 46′ 25″ E.

Ile Duiven (D. 4), feu *fixe*, sur cette ile (détroit de *Bali*); il est élevé de 16ᵐ 7, sur une tour en fer et visible de 12 milles. (8° 1′ 30″ S. et 112° 6′ 54″ E.)

Sangsit (Détroit de *Bali*), feu de port *fixe rouge*. (*Proposé*)

Banjoewangie (D. 4), par 8° 12′ 30″ S. et 112° 2′ 45″ E.) Feu de port *fixe*, élevé de 12ᵐ 5 et visible de 8 milles. En gouvernant sur le feu avec le cap à l'O., on évite tous les dangers.

Delli, île *Timor*, feu *fixe*, visible de 8 milles sur le récif au côté S. de l'entrée O. (8° 33′ S. et 123° 16′ 45″ E.)

Koupang (D. 6), feu *fixe rouge*, sur le fort, hauteur, 13"; portée, 8 milles. (10° 10′ S. et 121° 16′ 45″ E.) (*En construction.*)

Poulo Kera, feu *fixe* (*projeté*)

DÉTROITS DE GASPAR, DE BANGA ET DE RHIO

Feux projetés : sur l'îlot *Ondiep-Water*, sur la pointe *Bérikat* (*Banca*), sur l'extrémité N. O. de l'île *Billiton*.

Pulo Lepar (D. 6), feu *fixe*, sur la pointe E. de l'île, élevé de 12" et visible de 8 milles du S. E. au N. par le Sud et l'Ouest. (2° 56′ 14″ S. et 104° 35′ E.)

Pulo Tjilaca (D. 6), feu *fixe*, sur l'extrémité O. de l'îlot *Leat*, élevé de 12" et visible de 8 milles. (2° 51′ 48″ S. et 104° 40′ 40″ E.)

Lucipara, sur l'île. (*En projet.*)

——(Flottant), au S. du canal, feu *fixe*, élevé de 8",5, visible de 10 milles; bateau noir avec les mots *Lucipara* sur les côtés. (3° 7′ 45″ S. et 103° 46′ 6″ E.)

Toboe Ali, feu *fixe*, dans le fort. (3° 1′ N. et 101° 7′ 30″ E.) (*En projet.*)

Pulo Dahan (flottant), au milieu du canal *Stanton*. (*En projet.*)

Tandjong Oulear feu *fixe* (*projeté.*)

Tandjong-Kalean (D. 2), sur la pointe O. de *Banca*, entrée N. du détroit, feu *fixe*, élevé de 53", visible de 20 milles. (2° 5′ 0″ N. et 102° 47′ 4″ E.)

Mintok (D. 6), feu *fixe*, sur le bout de la jetée du port, élevé de 9" et visible de 8 milles. (2° 4′ 18″ N. et 102° 49′ E.)

Ile Saoe (D. 6), feu *fixe*, sur la pointe E. de cette île, côté O. du détroit de *Rhio*. Visible de 8 milles du S. 30° E. au N. 30° E. par l'O. (1° 3′ 13″ N. et 101° 49′ 55″ E.)

Ile Tekoelei (D. 6), feu *fixe*, sur cette île, côté E. du détroit de *Rhio*. On le voit de 8 milles. (0° 57′ 21″ N. et 101° 59′ 10″ E.)

Ilot Karas-Kotchil (D. 4), feu *fixe*, côté O. du détroit de *Rhio*, à 36" au-dessus de la mer, et visible de 8 milles du S. 57° E. au N. 34° E. par l'O. (0° 44' 30" N. et 102° 1' 5" E.)

Pedra-Branca ou *Horsburg*, sur le rocher, entrée E. du détroit, feu *tournant* de 1 m. en 1 m., *éclats* de 15 s., visible de 15 milles. Il est élevé de 29ᵐ. (1° 20' N. et 102° 4' 16" E.)

CÉLÈBES, BORNÉO, PHILIPPINES

Makassar (D. 4), feu *fixe*, de 14ᵐ 7 d'élévation et de 11 milles de portée; il est placé sur le glacis devant le fort *Rotterdam*. Il guide pour aller mouiller en rade. (5° 8' 10" S. 117° 3' 23" E.)

Losari (D. 4), à 900ᵐ de la tombe de *Losari* (rade de *Macassar*); le feu est *fixe blanc* et *rouge*, él. de 27ᵐ; vis. de 8 mil. dans un secteur de 180°, dont 75° de chaque côté sont *blancs*, un secteur *rouge* de 30° au milieu du S. 73° 30' E. au N. 73° 43' E. se voit de 3 milles. (5° 9' 26" N. et 117° 3' 45" E.)

Bril. 6° 5' 50" S. — 11° 36' 35" E. (*proposé*.)

Gorontala 0° 59' 40" N. — 120° 42' 35" (*proposé*.)

Tanjong-Po, sur cette pointe, entrée de la rivière *Sarawak*, côté O. de *Bornéo*. Le feu est *fixe*, élevé de 150ᵐ et visible de 14 milles. (1° 43' N. et 108° 11' 15" E.)

Baie Kidurong, sur une pointe, côté N. de *Bornéo*. (En *projet*.)

Port du Prince-Alphonse (C. 4), dans la baie *Calandorang* (île *Balabac*); feu *fixe*, élevé de 80ᵐ, visible de 10 milles dans un secteur de 140°, du canal Nord de *Balabac* à la pointe extrême visible de l'île au Sud (7° 59' 55" N. et 114° 44' 5" E.)

Canal Zébu, feu *fixe*, sur la pointe *Bagacay*; pour guider vers le canal. Il est élevé de 15ᵐ et visible de 4 milles. (10° 22' 0" N. et 121° 41' 0" E.)

Port Romblon (D. 4), sur la pointe *Sabang*, entrée N. du port; feu *fixe*, par 12° 36' 0" N. et 119° 57' E.) *Douteux*.

On allume en outre 4 feux sur des balises, à l'extrémité des récifs, dans le port; balises *Sabang*, *Agbatan*, *Binagon* et *Rosas*.

Corrégidor (D. 2). sur le sommet de l'île; feu à *éclipses* de 15 s. en 15 s., élevé de 195ᵐ au-dessus de la mer, et ayant une portée de 20 milles. Les éclipses ne sont jamais totales. (14° 23′ 15′. N. et 118° 15′ 50″ E.)

Poulo-Caballo (D. 4), feu *fixe* qui marque les écueils sous le *Corrégidor*; élévation 8ᵐ, portée 6 milles; caché entre le N. 22° E. et le N. 79° E. par l'île *Caballo*. (14° 22′ 30″ N. et 118° 16′ E.)

Banc Saint Nicolas, sur le banc, feu *fixe vert*, élevé de 14ᵐ, visible de 3 milles, sur pilotis. (14° 26′ 48″ N. —118° 24′ 11″ E.)

Pointe Sangley, sur cette pointe, au Nord de *Cavite*; feu *fixe*, élevé de 9ᵐ et visible de 7 milles. (14° 29′ 43″ N. et 118° 34′ 15″ E.)

Manille (D. 4), feu *fixe rouge*, à l'extrémité de la jetée et à bâbord en entrant, par 14° 36′ 7″ N. et 118° 37′ 5″ E. Ce feu sur lequel on se dirige pour entrer, est visible de 8 milles. La tour ronde et jaune clair est une bonne marque de jour.

Pasig (D. 6), sur le musoir du quai Sud de la rivière (baie de Manille), feu *vert* visible de 2 milles du N. O. au S. E.

Porti Busin (C.), feu *fixe*, à la pointe *Colorada*, sur un récif, par 13° 9′ 40″ N. et 120° 43′ 50″ E.

—— Feu *fixe*, sur un morne de la pointe N. O. du canal, entrée O. du port; il est élevé de 8ᵐ4.

—— Feu *fixe*, sur le bout du môle, au N. E. du canal. Il éclaire les deux passes, et avec les précédents sert de guide pour entrer. (13° 8′ 0″ N. et 120° 40′ 51″ E.)

Port Busainga (C.), feu *fixe bleu*, au côté N. O. du canal, côte N. E. de l'île *Burias*; il indique l'entrée du port. (13° 7′ 30″ N. et 120° 44′ 45″ E.)

Malaguing-Gilog (C.), feu *fixe bleu*, au N. E. de l'entrée du port; et au N. E. de l'île *Sibuyan*.

Boca-Engano, feu *fixe*, sur une pointe à l'O. S. O. du canal qui passe au S. de la pointe *Macoto*. Il indique l'entrée du port.

Ilo-Ilo (île *Panay*), 2 feux en projet : l'un sur la pointe *Dumanyas*, l'autre sur les *Siettes Pecados*.

Samboangan, feu *fixe rouge*, élevé de 10° 5, sur l'extrémité saillante du quai du port de *Samboangan* (île *Mindanao*, détroit de *Bassilan*); visible de 5 milles. (6° 54' 0" N. et 119° 44' E.)

Soulou, sur le côté N. O. de l'île; à 30 mètres du bout du môle en bois; *fixe rouge*, élevé de 11·4 visible de 6 milles 1/2. (6° 3' 40" N. — 118° 38' 30" E.)

SIAM, COCHINCHINE ET CHINE

Bangkok (D. 3), sur pilotis, en dedans de la barre ; il est *fixe*, élevé de 13° et visible de 10 milles. (13° 29' 25" N. et 98° 15' 11" E.)

Cap Saint-Jacques (D. 1), sur le mamelon le plus S. du cap, à 700° de la pointe S. Le feu est *fixe*, élevé de 147°, sur une tour blanche de 8° et visible de 30 milles. (10° 19' 40" N. et 104° 44' 43" E.)

Can-Giou (flottant D.), mouillé par 10° à 4 milles 1/2 au N. 48° O. de la pointe *Can-Giou*, sur le récif; il est élevé de 10° et visible de 10 milles. (10° 36' 49" N. et 104° 31' 5" E.)

Hon-Dau, feu *fixe blanc*, sur l'île, embouchure du *Cua-Cam* ; visible sur les deux tiers de l'horizon du S. 14° 30' E. relèvement de la pointe *Dô-Son*, jusqu'au N. 45° 30' E. Élévation 50°, portée 8 milles. (20° 40' 3" N. et 104° 26' 55" E.)

Macao (D. 1), sur la forteresse *Nossa-Senhora da Guia*; feu *tournant*, montrant son éclat le plus vif de 1 m. en 1 m. Il est élevé de 101° 5 et visible de 20 milles. A moins de 12 milles, on voit toujours une faible lumière. (22° 12' N. et 111° 14' 20" E.)

Cap Aguilard (D. 1), à l'ext. S. E. de l'île de *Hong-Kong*. Le feu est *fixe blanc*, élevé de 60° et visible de 23 milles. (22° 12' 14" N., 111° 55' 30" E.) Quand on le relève dans le N., souvent les îles Soon-Gong, Lochou, Pooty et Lema le rendent invisible.

Ile Green (D. 4), extr. N. O. de *Hong-Kong*, feu *fixe rouge et vert*; élevé de 28° et visible de 14 milles ; *rouge* entre le

S. 16° E. et le N. 16° E. (148°) et *vert*, entre le N. 16° E. et le N. 44° O. (60°), et entre le S. 18° E. et le S. 23° O. (13°), partout ailleurs il est caché par l'île. (22° 16' 45" N. et 111° 46' 33" E.)

Cap Collinson (D. 4), feu *fixe rouge et blanc*, visible de 8 milles, côté E. de l'île *Hong-Kong*. *Rouge* entre le N. 22° O. et le S. 22° E. par l'Est, *blanc* entre le S. 22° E. et le N. 22° O., le secteur blanc couvrant le chenal *Tathong*. (22° 15' 27" N. et 111° 55' E.)

Canton, 3 feux *fixes*, dont 2 *rouges* à tribord et 1 *vert* à bâbord en entrant, sur les rochers qui sont au-dessous de *Dutch-Folly*.

—— Deux feux *fixes rouges* indiquent le passage de la barre de *Ti-Shek*.

—— Feu *fixe blanc* dans le canal *Bleinheim*, sur l'épi devant la 49e pointe, île *Marines*.

Iles Pratas, sur la partie O. de ces iles; très-utile pour la navigation de *Hong-Kong*, par 20° 42' 3" N. et 114° 23' 20" E. (*Proposé*.)

Ile Formose, à la partie Sud de l'île, (*en construction*.)

Ile Lamock (D. 1), sur cette île par 23° 14' 50" N. et 114° 57' 16" E.; le feu est *fixe*, élevé de 73" et visible de 22 milles. La tour est blanche.

—— Feu *fixe rouge*, sur le versant S. de l'île, visible de 7 milles. Il sert à faire parer les rochers *Blanc* et *Boat*.

Pescadores (D. 4), feu *fixe*, visible de 15 milles, sur l'extrémité S. O. de l'île *Fisher*. (23° 32' 53" N. et 117° 7' 53" E.)

Ile Chapel (D. 1), feu *fixe* à *éclats* chaque 30 secondes. Il est élevé de 69"2 et visible de 22 milles. (24° 10' 20" N. et 115° 53' 15" E.)

Ile Tsing Seu (D. 4), à l'entrée du port d'*Amoy*, feu *fixe, blanc et rouge*; *blanc* du N. 56° O. au S. 50° E. en passant par l'O.; *rouge* du N. au N. 56° O. et du Sud. 50° E. à l'Est. Il est élevé de 39"; le feu *blanc* pourra être vu de 15 milles, le *rouge* de 8 milles. (24° 22' 15" N. et 115° 46' 56" E.)

Ile Taitan, sur l'île du N. O. (*Amoy*), par 24° 23' 30" N. et 115° 49' 34" E. Feu *fixe* visible de 10 milles.

Ile Ockseu (D. 1), feu *tournant blanc* de 1 m. en 1 m., élevé de 87™ et visible de 24 milles. (24° 59' N. et 117° 7' 46" E.)

Ilot Turnabout (D. 1), à 4 milles 1/2 S. 67° E. du cap *Hai* (ile *Haitan*); le feu *fixe*, élevé de 78™, se voit de 22 milles. (25° 26' N. et 117° 38' 28" E.)

Middle-Dog (D. 1), sur cette ile à l'entrée de la rivière *Min*; le feu est *fixe blanc*, varié par des *éclats* de 30 s. en 30 s. Il est élevé de 78™ au-dessus de la mer, et visible de 23 milles entre le S. 70° E. et le N. 38° E. par le Sud et l'O.; à l'Ouest de ces relèvements, il est caché par les iles *Tonysha* et *Middle-Dog*, excepté entre l'E. et le N. 80° E. et entre le N. 57° E. et le N. 61° E. où il est visible entre les iles. (25° 58' 20" N. et 177° 42' 21" E.)

Ile Square (D. 5), sur cette ile, à 3 milles 1/2 N. E. de l'entrée de la rivière *Yung*. Le feu est *fixe*, élevé de 37™ et visible de 9 milles sur tout l'horizon. Cloche de brouillard sonnée de 15 s. en 15 s. (29° 59' 22" N. et 119° 24' 52" E.)

Ile du Tigre (D. 4), feu *fixe rouge*, à l'entrée de la rivière *Yung*; il est élevé de 45™ sur une tour à bandes rouges et blanches, et visible sur tout l'horizon de 5 milles. (29° 57' 43" N. et 119° 23' 37" E.)

—— Feu *fixe rouge*, visible de 1 mille, sur le rocher *Pagoda*, au mouillage de ce nom.

Ile Volcano (D. 4), sur l'île de l'Ouest; le feu est *fixe*, élevé de 28™3 et visible de 15 milles. (30° 20' 25" N. et 119° 31' 30" E.)

Gutzlaff (D. 3), sur cette ile, le feu *fixe*, élevé de 83™, se voit de 20 milles sur tout l'horizon. Avec la brume, si un navire sonne la cloche, on répond du phare par trois coups de canon, 2 m. entre le 1er et le 2e coup, 2 m. entre le 2e et le 3e. (30° 47' 38" N. et 119° 49' 46" E.)

Saddle Nord (D. 1), feu *tournant* chaque minute; il est élevé de 83™, sur la pointe N. E. de l'île, et visible de 24 milles entre le N. 52° O. et le N. 73° E. 3 coups de canon tirés quand on entend le signal de brume d'un navire 1 m. entre le 1er et le 2e coup, 5™ entre le 2e et le 3e. (36° 50' 20" N. et 120° 19' 46" E.)

Shaweishan (D. 1), sur cette ile, à l'entrée du *Yang-tse-Kiang*; feu *fixe* élevé de 69™ 8 et visible de 22 milles. (31° 24' 30" N. et 119° 54' 0" E.) Par temps de brume, 3 coups de canon quand on entend le signal de brume d'un navire: 5 m. entre le 1er et le 2e coup et 1 m. entre le 2e et le 3e.

Yang-Tsé-Kiang (flottant), mouillé par 6ᵐ7, sur la partie S. O. du banc de *Tung-Sha*, à l'entrée de la rivière, à 24 milles N. 21° O. de l'île *Gutzlaff*. Feu *tournant* de 30 s. en 30 s., visible de 11 milles, élevé de 12ᵐ2. Le bateau rouge porte sur ses côtés le mot *Tung-Sha*. Trompette de brouillard à vapeur. (31° 7′ 20″ N. et 119° 41′ 6″ E.)

On tire un coup de canon si un navire court un danger.

Kiu-T'Oan (flottant) (C) au milieu du canal, *fixe*; bateau rouge, KIU TOAN en lettres blanches sur les côtés. Feu d'évitage blanc à l'étai de misaine. Lorsque le bateau n'est pas à sa station, le feu n'est pas allumé, et on montre un feu *fixe rouge* à chaque extrémité. Le jour le ballon du mât serait remplacé par un pavillon rouge. Cloche de brume, séries de 3 coups doubles séparés de 5 s. à intervalles de 15 s.

—— Feu *fixe rouge*, visible de 5 milles, sur une balise, à 5 milles N. O. de la tour de *Kiu T'Oan* (31° 18′ 5″ N. et 119° 19′ 5″ E.)

Épave du Lismore, flottant, à bâbord du chenal à l'entrée de la rivière de Woosung : 2 feux *fixes* verticaux, supér. *rouge*, inférieur *blanc*, visibles de 2 milles.

Woosung (D. 4), à l'entrée de la rivière, le feu est *fixe*, *blanc*, *vert* et *rouge* ; blanc entre la rive Ouest du *Yang Tsé* et le Sud; *vert* du S. au S. 57° O.; *blanc* du S. 57° O. au S. 70° O. et *rouge* du S. 70° à la rive opposée de la rivière, il est visible de 12 milles. (31° 23′ 22″ N. et 119° 9′ 20″ E.)

—— 2 feux *fixes*, le supérieur *blanc*, l'inférieur *rouge*, visibles de 2 milles, donnant la direction pour passer la barre intérieure ; ils sont sur la rive droite.

Chinkiang, sur la rive, au Nord *North Tree*, *fixe*, élevé de 19ᵐ, visible de 7 milles. (32° 0′ 7″ N. et 118° 3′ 32″ E.)

Ile Cooper, sur l'ext. sup. de l'île ; *fixe*, visible de 7 m. Il n'est pas utile d'indiquer l'éclairage intérieur du *Yang-tsé-Kiang*, les navires ne pouvant remonter qu'avec un pilote.

Shantung (D. 1) feu *fixe blanc* et *rouge*, élevé de 66ᵐ au-dessus de la mer, visible de 22 milles ; il paraît *blanc* du S. 65° E. au S. 33° E., *rouge* du S. 33° E. au S. 20° E., *blanc* du S. 20° E. au N. 18° E. par l'O. et *rouge* de ce dernier relèvement au N. 46° E. (37° 24′ N. et 120° 21′ 45″ E.)

Port Chefou (C. 1), sur la grande île *Kung-Tung*, à 73ᵐ au-dessus de la mer. Ce feu *fixe* se voit de 22 milles. (37° 34′ 10″ N. et 119° 11′ 16″ E.)

Pei-Ho, près de la barre de *Takou* feu flottant *éteint* provisoirement.

Rivière Newchang ou **Liau**, feu flottant *fixe*, visible de 11 milles, par 10ᵐ 3 d'eau, à 3 milles 1/2 de la barre. (40° 35′ N. et 119° 39′ 45″ E.) Allumé, du 1ᵉʳ avril au 15 novembre environ. Cornet de brouillard à vapeur sonné de 10ˢ en 10ˢ.

JAPON — KAMTSCHATKA

(Relèvements vrais, donnés de la mer).

Kacosima (C.) Ext. Nord du brise-lames devant le fort *Bentem*; *fixe, rouge*, élevé de 13ᵐ 7, visible de 6 milles. (31° 32′ 5″ et 128° 10′ 7″.)

Satano Misaki (D.1), sur ce cap (*Tchichakoff*); feu *fixe*, élevé de 61ᵐ, visible de 21 milles. Il est masqué entre le S. 30° E. et le S. 62° O. par le Sud. (30° 58′ 30″ N. et 128° 20′ E.)

Simabara, sur un îlot au côté N. de l'entrée du golfe. *Fixe*, élevé de 11ᵐ visible de 6 milles (32° 46′ N. — 128° 5′ 16″ E.)

— Sur la pointe Est de l'entrée du port de *Kutchinotsu*, *fixe*, visible de 8 milles, sur une tour blanche. (32° 36′ 5″ N. et 127° 53′ 25″ N.)

Yebosi (D. 2), sur cette île, à l'entrée N. du canal, entre les îles *Iki* et *Kiusiu*. Feu *fixe blanc* élevé de 55ᵐ et visible de 19 milles. (33° 41′ 30″ N. et 127° 38′ 36″ E.)

Osé Saki (îles *Goto*) sur la pointe S. O. de l'île *Fukuyé*, feu *tournant* de 30 s. en 30 s.; élevé de 81ᵐ, visible de 22 milles. (32° 36′ 45″ N. — 126° 15′ 53″ E.)

Nagasaki (D.1), sur la pointe N. de *Iwo-Sima*, à l'entrée du port. Le feu est *fixe*, élevé de 61ᵐ5 et visible de 21 milles. (32° 43′ N. et 127° 26′ E.)

Shirazu (D. 5), sur l'extrémité S. du récif de ce nom, à 1 mille 1/2 S. O. d'*Aino-Sima*; feu *fixe rouge*, élevé de 13ᵐ et visible de 10 milles. (33° 59′ 30″ N. et 128° 29′ 20″ E.)

Rokuren (D. 4), sur cette île, entrée O. du détroit de *Simonoseki*; le feu est *fixe*, élevé de 27ᵐ; visible du S. 40° E. au N. 12° E. par le S. et l'O., à la distance de 12 milles. (33° 59′ 15″ N. et 128° 33′ 45″ E.)

Isaki (D.3), feu *fixe blanc* et *rouge*, sur cette pointe, entrée E. du détroit de *Simonoseki*, élevé de 37ᵐ et visible de 16 milles. Il est *rouge* du S. 82° E. au N. 58° O. par le S. et

JAPON — KAMTSCHATKA. 393

l'O. secteur qui couvre l'épi *Matoyama* et *blanc* du N. 58° O. au N. (33° 58′ 7″ N et 128° 43′ 5″ E.)

Tsuru-Sima (D. 3), dans l'*Iyo-Nada*, près de la côte N. O. de *Sikok*. Le feu *fixe* s'élève à 56" et est vis. de 20 milles, entre le N. 7° E. et le S. 70° O. par l'E. (33° 53′ 7″ N et 130° 19′ 20″ E.)

Nabae-Sima (E. 4), sur cette petite île ; il est élevé de de 25"6 et visible du S. 11° O. au S. 89° E. par le Nord de 12 milles. (34° 23′ 15″ N. et 131° 29′ 41″ E.)

Awadji (D. 1,) sur la pointe Nord de l'île (détroit d'*Akashi*). Le feu est *fixe*, élevé de 48" et visible de 18 milles, entre le S. 86° O. et le N. 60° E. par le Sud. (34° 37′ 0″ N. et 132° 39′ 56″ E.)

Wada-no-Misaki (D. 4), feu *fixe rouge*, élevé de 15"8 et visible de 12 milles entre le N. 68° E. et le S. 27° E. par l'Ouest. (34° 40′ 0″ N. et 132° 52′ 56″ E.)

Kobé, feu *fixe vert*, visible de 6 milles, sur le fort, baie *Osaka*. (33° 41′ 10″ N. et 132° 53′ 35″ E.)

Osaka (D. 4), feu *fixe*, sur le fort *Temposan*, à l'entrée de la riv. *Aji*. Il est élevé de 16"1 et se voit de 12 milles; du S. 63° O. au N. 57° O. par le S. et l'E. (34° 40′ N. et 133° 7′ 56″ E.)

Kishu Gawa, feu *fixe rouge*, au S. de l'entrée de la rivière. (34° 37′ 50″, N. et 133° 7′ 30″ E.) (*Ne pas compter dessus.*)

Sakai, feu *fixe vert*, sur le fort de l'entrée de la rivière; il se voit de 10 milles. (34° 34′ 45″ N. et 133° 9′ 10″ E.) (*Ne pas compter dessus.*)

Tomangai (D. 3), sur cette île (détroit d'*Isumi*). Le feu est *fixe*, élevé de 63" au-dessus de la mer, et visible de 19 milles dans un secteur de 242°, du N. 10° O. au S. 52° O. par l'E. et le Sud. (34° 16′ 40″ N. et 132° 41′ 26″ E.)

Siwo-Misaki (D. 1), feu *fixe*, élevé de 50" au-dessus de la mer; visible de 20 milles du S. 44° E. au N. 72° O. par le Nord (208°). (33° 26′ 18″ N. et 133° 26′ 5″ E.)

Oo Sima (D. 2), feu *tournant* de 30 s. en 30 s.; il est élevé de 39"6 et visible du S. 71° E. au N. 33° E. par le S. et l'Ouest de 18 milles. (33° 28′ N. et 133° 32′ E.)

Cap Sima feu *fixe*, en *construction*. (34° 15′ N. et 134° 32′ E.)

Matoya (D. 4), feu *tournant* dont les éclats et les éclipses d'égale durée, se succèdent de 30 s. en 30 s.; altitude 31" visible de 15 milles entre le N. 33° E. et le S. 87° E. par l'O. et le S. Tour blanche placée sur le cap *Anori*, (34° 21' 55" N. et 134° 34' 30" E.)

Suga-Sima (D. 4), sur cette île, à l'entrée de *Toba*. Le feu est *fixe*, élevé de 52·6. Visible du S. 24° E. au N. 8° E. de 15 milles. (34° 30' 40" N. et 134° 34' 0" E.)

Omai-Saki (D. 1), feu *tournant blanc* de 30 en 30 secondes; il est à 52· au-dessus de la mer et visible de 19 milles entre le S. 41° 30' O. et le S. 76° 15' E. (34° 35' 46" N. et 135° 53' 15" E.)

Cap Idzu ou **Iro-o-Saki** (D. 5), feu *fixe rouge*, sur ce cap; il est élevé de 55·4 et visible de 10 milles. (34° 36' 0" N. et 136° 31' 0" E.)

Rock Island (D. 1), sur cette île, devant *Simoda*; le feu est *fixe*, *blanc* au large, mais *rouge* à terre entre le S. 49° E. et le S. 6° O. Il est élevé de 50· et visible de 17 milles. (34° 34' 20" N. et 136° 37' E.)

Joka-Sima (D. 4), sur cette île, à l'Ouest de l'entrée du golfe de *Yedo*. Le feu est *fixe vert*, élevé de 32· et visible de 9 milles du N. 55° O. au S. 74° O. par l'Est. (35° 7' 40" N. et 137° 16' 30" E.)

Sagami (D. 2), feu à *éclats blancs* de 10 s. en 10 s., visible entre le N. 75° E. et le S. 27° O. Un secteur *rouge* de 16° couvre les rochers *Plymouth* entre le S. 43° O. et le S. 27° O. Le feu est élevé de 33·5 et visible de 16 milles. La tour de 7·5 est placée sur *Tsuruga-Saki* (entrée de la baie de *Yedo*). (35° 8' N. et 137° 22' E.)

Kanon-Saki (D. 3), au côté Ouest de la baie de *Yedo*, feu *fixe*, élevé de 53·, visible de 14 milles entre le N. 31° E. et le S. 28° E. par l'O. (35° 15' 10" N. et 137° 24' 50" E.) Un secteur *rouge*, entre le N. 2° O. le N. 13° E., couvre les rochers *Ashica-Sima* ou *Plymouth*.

— Dans la même tour à 9·7 au-dessous, mais un peu à l'Ouest du précédent, *fixe*, *rouge*, élevé de 44·5, visible de 7 mil. du S. 8° E. au S. 18° O. Sect. *rouge* sur l'épi *Saratoga*.

No-Sima (D. 1), à l'Est de l'entrée de la baie de *Yedo*, le feu est *fixe*, élevé de 41· et visible de 17 milles du S. 70° O. au S. 85° E. (34° 53' 20" N. et 137° 33' 43" E.)

Yokohama (flottant), feu *fixe rouge*, élevé de 10·9, visible de 10 milles. Le bateau a 2 mâts; il porte un ballon *rouge* à la tête du mât de misaine.

Sur la pointe du bras oriental de l'*Hotoba* anglais, feu *fixe rouge*, visible de 6 milles. (35° 26' 50" N. et 137° 18' 50" E.)

Haneda (D. 4), près de *Kawasaki*, feu *fixe vert*, élevé de 12ᵐ2 et visible de 8 milles entre le S. 30° E. et le N. 60° E. par le Nord et l'O. (35° 31′ 40″ N. et 137° 27′ 22″ E.)

Yedo (D. 4), feu *fixe rouge*, sur le fort n° 2 de la rade, vis. de 9 milles entre le N. 68° O. et le S. 18° O. par l'O. (35° 36′ 30″ N. et 137° 25′ 25″ E.)

Inu-Boye-Saki (D. 1), feu *tournant* de 30 s. en 30 secondes; il est élevé de 50ᵐ4 et visible de 19 milles sur un espace de 256°, entre le S. 11° E. et le N. 65° E. (35° 43′ 30″ N. et 138° 33′ 46″ E.)

Ile Kingwasan (D. 1), près de la pointe S. E. de la baie de *Sendai*, feu *fixe* élevé de 54ᵐ et visible de 19 milles du S. 9° O. au N. 45° E. par le S. (38° 19′ N. et 139° 11′ E.)

Ischinomaki, sur un mât, à 15ᵐ8 au-dessus de la mer; le feu, *fixe blanc*, est visible de 6 milles. Il est placé à l'entrée de la rivière *Kita-Kami* (baie *Sendai*). (38° 26′ N. et 138° 55′ E.)

Cap Siriyasaki, à l'entrée E. du détroit de *Tsugar*, feu *fixe*, élevé de 46ᵐ et visible de 18 milles du N. 52° E. au N. 3° E. par le S. (41° 26′ 10″ N. et 139° 9′ 10″ E.)

Awomori, feu *fixe rouge*, élevé de 13ᵐ, visible de 6 milles : il est hissé en tête du mât *blanc* qui est à 90ᵐ du rivage devant la ville. (40° 51′ 45″ N. et 138° 25′ 6″ E.)

Ile Sado, feu *fixe*, dans la baie *Minato-Mats*. (38° 4′ N. et 136° 8′ E.) Éteint ordinairement à 1 heure du matin.

Niegata, feu *fixe*, à 713ᵐ S. 20° O. du milieu de l'embou-re du *Shinono-Cawa*, visible de 9 milles. (37° 57′ 22″ N. et 136° 44′ 28″ E.)

Fushiki ou **Honotsu**, sur la rive N. O. de la rivière *Minato*, *fixe*, élevé de 12ᵐ, visible de 10 milles entre le S. 37° E. et le N. 49° E. par l'O. (36° 47′ N. 134° 45′ E.)

Kado-Sima (D. 1), à la pointe N. O. de cette île. Feu *fixe blanc*, à éclats chaque 10 secondes, élevé de 43ᵐ et visible de 18 milles entre le N. 8° O. et le S. 52° O. par l'E. (240°) (34° 21′ 30″ N. et 128° 30′ E.)

Hakodadi (flottant G.), (*Yéso*) feu *fixe*, élevé de 11ᵐ et vis. de 10 milles. Il est mouillé par 13ᵐ7 et guide les navires qui entrent dans le port. (41° 47′ 30″ N. et 138° 24′ 30″ E.)

Noshiaf-Saki (D. 4), (*Yéso*) feu *fixe* élevé de 22ᵐ5, sur la pointe Est de *Yeso*; la tour, en bois, est surmontée d'une cage sphérique; le feu se voit de 6 milles. (43° 23′ 0″ N. et 143° 28′ E.)

Nemero (D. 4) (*Yeso*) feu *fixe rouge*, élevé de 22°6, sur l'extr. N. E. de *Benten-Sima*, pour signaler le port de *Nemero*; il se voit de 6 milles. (43° 20′ 0″ N. et 143° 11′ 51″ E.)

Kloster-Camp (C. 3), sur cette pointe, baie de *Castries*; feu *fixe*, élevé de 80", et visible de 8 milles entre le S. E. et le N. E. par l'O. (51° 26′ N. et 138° 35′ E.)

Ile Saghalien (C. 3), entre les caps *Duè* et *Khòibje*; feu *fixe*, élevé de 113°5, visible entre le N. 48° E. et le S. 14° O, par l'E. à la distance de 22 milles. (50° 50′ 0″ N. et 139° 49′ 15″ E.)

Dalni ou **Petropaulovski** (C. 2), sur le cap E. et près de l'entrée du golfe de d'*Avatcha Kamschatka*, feu *fixe* élevé de 136", sur une tour blanche en bois et visible de 24 milles de l'E. N. E à l'O. q. N. O. (52° 52′ 30″ N. et 156° 27′ 0″ E.)

Nikolaev (C. 4) (rivière *Amour*), feu *fixe* Eteint. (53° 7′ 15″ N. et 138° 21′ 38″ E.)

Nowgorod, sur le cap *Gamow* (baie *Expédition*). (42° 33′ 40″ N. et 128° 50′ 0″ E.) *projeté*.

Galdobin sur le cap à l'entrée Sud du port de la *Corne d'Or*, 2 feux *fixes*, élevés de 16 et 14", visibles de 8 milles. (43° 5′ 15″ N. et 129° 33′ 30″ E.) Cloche de brume.

Vladivostok, sur l'île *Skriplev* (*Bosphore* oriental.) (43° 1′ 50″ N. et 129° 38′ E.) feu *fixe*, élevé de 46" visible de 15 milles. Cloche de brume.

Ile Askold En *construction*.

Nakhodka, sur le cap *Povorotny* (golfe *America*). (42° 38′ 0″ N. et 130° 40′ 21″ E.) En *projet*.

Baie Olga, sur l'île *Chickatchef*, à l'entrée. (43° 22′ 0′ N. et 132° 55′ 0″ E.) En *construction*.)

Port Impérial, à l'entrée, sur l'île *Mouravie*. (49° 0′ 0″ N. et 138° 7′ 0″ En *construction*.

AUSTRALIE

Les relèvements sont vrais et donnés de la mer.

COTE ORIENTALE

Iles Claremont (D. 4), feu flottant, *fixe blanc*, élevé de 11ᵐ, visible de 10 milles, par 22ᵐ d'eau à l'ouest du récif n° VI, et à 2 milles 1/2 dans le S. 70° E. de la balise du centre des roches *Heath*. (13° 28′ 40″ S. et 141° 24′ 6″ E.)

Iles Piper (flottant. 4), par 24ᵐ d'eau à 1 mille 3/4 au S. 15° O. de l'île *Piper* du N.; feu *fixe* élevé de 11ᵐ et visible de 10 milles (12° 14′ S. et 140° 55′ 50″ E.)

Cap Melville, *flottant* auprès de *channel Roch*, élevé de 11ᵐ, visible de 10 milles (14° 7′ 30″ S. 142° 11′ 16″ E.)

Cooktown sur les Wharfs 1 et 2; 2 feux *fixes rouges*.

Baie Trinity, sur la plus ouest des îles *Low*; feu *tournant* de 1 m. en 1 m., élevé de 20ᵐ visible de 14 milles. (16° 23′ S. — 143° 15′ E.)

Pointe Island (*Port Douglas*) extrémité Nord de la pointe *Island*, feu *fixe rouge*, élevé de 25ᵐ et visible de 8 milles entre le N. 62° O. et le S. 27° E. (16° 28′ 25″ S. et 143° 9′ 5″ E.)

En venant du Sud, avec ce feu en vue, les navires pareront les récifs de *Whitworth* et *Alexandra*, et en approchant du mouillage de Douglas, ils pareront le récif *Morey*.

Crique Ross, sur le bout du brise-lames, côté O. de l'entrée de la crique, baie *Cleveland*, feu *fixe rouge*. (19° 15′ 0″ S. et 114° 30′ 0″ E.) Un autre feu *rouge* à l'extrémité des travaux.

Bowling Green (D. 3) sur la dune à l'E. du cap, feu *tournant* chaque *minute*; il est élevé de 23ᵐ et visible de 14 milles. (19° 19′ 20″ S. et 145° 7′ 26″ E.)

Cap Cleveland (D. 4), près de l'ext. du cap, côté Est

de la baie, feu *tournant*, avec son plus vif éclat chaque 20^s, élevé de 65", visible de 20 milles. Il paraît *rouge* dans un secteur de 16° au-dessus du récif *Salamander*. (19° 11' 25" S. 144° 40' 55" E.)

Port Denison (D. 4), sur l'îlot *North-Head*; feu *fixe blanc et rouge*, visible de 11 milles; *rouge* du S. 12° E. au S. 10° O. On évite les dangers du cap *Edgecumbe*, quand, venant du N., on est dans l'E. du feu *rouge*. (19° 59' 52" S. et 145° 57' 26" E.)

—— Feu *fixe rouge*, sur le bout de la jetée *Bowen*.

Ile Dent, passage *Whitsunday*, sur le côté N. O. de l'île, feu *tournant* de 30 s. en 30 s. élevé de 37" et visible de 16 milles (20° 22' 20" S. — 146° 38' 6" E.)

Flat-Top, feu *fixe*, élevé de 67", à l'entrée de la rivière *Pioneer*, station de signaux de l'île *Flat-Top*, on peut le voir de 12 milles. (21° 10' 20" S. et 146° 57' 16" E.)

Baie Keppel (flottant D. 6) mouillé en dedans de la riv. *Fitz-Roy* devant le coude N. E. des *Basses Supérieures*, feu *fixe rouge*, qui se voit de 5 milles. (23° 26' 12" S. et 148° 20' 6" E.)

——(flottant D.), mouillé par 12"8, à l'entrée de la rivière *Fitz-Roy*; c'est un feu *fixe*, visible de 8 milles. (23° 32' 9" S. et 148° 37' 0" E.)

—— 2 feux *fixes* de 7 milles de portée, sont placés entre le *Sea-Hill* et le cap *Keppel*, N. 34° O. et S. 34° E., à 182" l'un de l'autre. (23° 27' 7" S. et 148° 42' 45" E.)

Little-Sea, deux feux *fixes* de direction, sur ce mont, pour guider vers le mouillage sous la pointe *Sea-Hill*.

Cap Capricorne (D. 3), feu *tournant* chaque minute, élevé de 94", visible de 23 milles. Ne pas l'amener au N. du N. 59° O. (23° 24' 10" S. et 148° 55' 25" E.)

Chenal Capricorn, sur *North Reef*, feu *fixe à éclats* élevé de 22"; visib. de 13 milles. (23° 10' 50" S.—149° 35' 56" E.)

Crique Saint-Lawrence, à la station des pilotes, *fixe* (22° 10' 30" S. et 147° 14' E.)

Port Curtis (D. 4), feu *fixe blanc* et *rouge*, sur le cap *Gatcombe*, au N. de la passe, par 23° 53' 4" S. et 149° 3' 30" E. Il est élevé de 21" et visible de 10 milles; *blanc* au

AUSTRALIE. 399

large; *rouge* entre le S. 82° O. et le S. 51° O. et entre le N. 31° E. et le N. 53° 30′ E.)

—— Feu *fixe*, par réverbération du précédent, sur le rocher *Oyster*, et sur une balise en fer.

—— Au côté O. de la maison des pilotes, cap N. de l'entrée; feu *fixe* (23° 53′ 5″ S. et 149° 3′ 16″ E.)

Cap Bustard (D. 2), sur la partie S. E. du cap; feu *fixe*, à *éclats* chaque 2 minutes. Secteurs *rouges* du S. 59° E. jusqu'à terre et du S. 13° O. au S. 18° O. Il est à 100™ au-dessus de l'eau, sur une tour blanche de 17™ et se voit de 24 milles. (24° 1′ 20″ S. et 149° 21′ 45″ E.)

—— (D. 4), feu de direction *fixe*, placé à 450™ au S. 25° E. du phare. En passant le cap *Bustard*, on doit, pour parer la roche extérieure, conserver ce feu en vue jusqu'à ce qu'on ait dépassé le secteur rouge du feu principal.

Lady-Elliot (D. 4), feu à *éclats* chaque 30 s., visibles de 12 milles. Il est placé sur l'île, chenal *Curtis*. (24° 7′ 0″ S. et 150° 25′ 0″ E.)

Rivière Burnett (C.5), feu *fixe*, visible de 10 milles, sur le cap Sud de l'entrée de la rivière. (24° 45′ S. et 150° 5′ E.)

—— Feux de direction pour traverser la barre.

Rivière Mary (C.) près des *White Cliffs*, deux feux de direction, au N. 71° E. et S. 71° O. à 540™ l'un de l'autre *fixes blancs* élevés de 9™ et 24™, visibles de 8 et 9 milles. Leur alignement conduit au Nord de la bouée du *Middle Bank* et à l'entrée de la rivière *Mary* (Inf. 25° 24′ 20″ S. et 150° 41′ 50″ E.)

Baie Hervey (D.4), sur le morne du N. de l'île *Woody*; feu *fixe rouge* qui se voit de 16 milles entre le S. 62° 30′ O. et le N. 87° 30′ O. (25° 15′ S. et 150° 38′ E.)

—— Feu *fixe rouge* à 2 milles S. 31° 30′ E. du précédent, visible de 19 milles du S. 34° 20′ O. au S. 6° E.; caché du N. 15° O. au N. 5° O. (25° 16′ 20″ S. et 150° 39′ 16″ E.)

Baie Wide 2 feux *fixes* de direction pour la barre de l'entrée S. du détroit.

Cap Sandy (D. 1), feu *tournant*, montrant son plus vif *éclat* chaque 2 m.; il est placé sur le morne le plus haut de l'île *Great-Sandy*, à 120™ au-dessus de la mer et se voit de 27 milles. (24° 43′ 20″ S. et 150° 53′ 26″ E.)

400   AUSTRALIE.

Moreton (C. 1), sur l'extrémité N. E. de l'île *Moreton*; feu *tournant*, montrant chaque minute un *éclat* de 15 s. suivi d'une *éclipse* de 45 s. Son élévation au-dessus de la mer est de 116°,9 et sa portée de 26 milles. (27° 2′ 17″ S. et 151° 8′ 45″ E.)

Yellow Patch, à l'O. q. N. O. du phare de *Moreton*, *fixe blanc, rouge* élevé de 15"; visible de 11 milles. *Blanc* entre le S. 15° O. et le S. 48° E. *Rouge* du S. 48° E. au S. 53° E. et *blanc* de là au S. 85° E. (27° 2′ S. et 151° 7′ 26″ E.)

Cowan-Cowan (D. 4), sur cette pointe, côté Ouest de l'île *Moreton*; feu *fixe blanc et rouge*, élevé de 17" et visible de 12 milles. Il est *blanc* entre le S. 7° E. et le S. 89° E.; caché du S. 89° E. au N. 50° E., dans la direction des bancs S. O.; *blanc* du N. 50° E. au N. 32° E. entre les bancs S. O. et *Middle*; caché de nouveau entre le N. 32° E. et le N. 27° E., direction des bancs *Middle*; *rouge* du N. 27° E. au N. 10° E.; caché à l'Est de ce dernier relèvement. (27° 8′ 5″ S. et 151° 2′ 41″ E.)

—— Feu *fixe blanc et rouge*, sur la pointe *Combuoyro*, à 5 milles 1/2 de la pointe N.; il paraît *rouge* à l'E. jusqu'au S. 24° O.; il est masqué entre le S. 24° O. et le S. 13° E. Il est *blanc* depuis le S. 13° E. jusqu'au N. 77° E. masqué du 77° E. au N. 15° E. et *blanc* de là jusqu'au N. On est à l'E. des bancs de l'Est tant qu'on voit la lumière *rouge*.

Brisbane (flottant D. 4), feu *fixe*, mouillé au N. de la barre, à 1 mille 1/2 N. 15° E. de la pointe *Luggage*. Le feu, élevé de 10", se voit de 10 milles. La profondeur de l'eau sur la barre est signalée avec des ballons et des pavillons le jour, et avec des feux *vert, rouge* et *blanc* la nuit. (27° 21′ 0″ S. et 150° 49′ 45″ E.)

—— Balise de l'E., portant un feu *rouge*, à 505" N. 34° E. du bateau-feu. Portée 7 milles.

—— Balise de l'O., à 1,300" S. q. S. O. du bateau-feu. Le feu est *fixe* et visible à 7 milles.

—— Feu *fixe vert*, sur pilotis, canal de l'Ouest, 2 encâblures 1/2 S. 55° O. du bateau-feu.

—— (D. 4), feu *fixe* sur la pointe *Cleveland*; 11" d'élévation, 10 milles de portée. (27° 30′ 30″ S. et 150° 58′ 31″ E.)

—— A la station télégraphique de Lytton, 2 *fixes*, *blanc*, *rouge*.

—— 2 feux *fixes*, *blanc, rouge*, à la ville de *Lytton*.

AUSTRALIE. 401

Pointe Inskip, (C) côté Sud de l'entrée Sud du détroit de *Great Sandy*, deux feux de direction au S. 39° E. et N. 39° O. à 380ᵐ l'un de l'autre, *fixes blancs*, élevés de 3ᵐ et 13ᵐ, visibles de 6 et 9 milles. Leur alignement conduit à travers le port de Wide Bay, jusqu'à la baie du chenal. (lat. 25° 48′ 30″ S. et 150° 43′ 50″ E.)

Cap Fingal, feu *fixe*, visible de 7 milles, sur ce cap, rivière *Tweed*. (28° 11′ 10″ S. et 151° 15′ 15″ E.)

Rivière Richmond, feu *fixe rouge*, visible de 10 milles, à l'entrée de la rivière. (28° 51′ 30″ N. et 151° 15′ 46″ E.) Ce feu est placé près des stations des pilotes.

Rivière Clarence, feu *fixe*, visible de 10 à 12 milles, à l'entrée de la rivière. (29° 25′ 30″ N. et 151° 3′ 0″ E.)

Ile solitaire du Sud (D. 1), sur le sommet de l'île, feu *tournant blanc* à interv. de 30s élevé de 58ᵐ et visible de 19 milles. (30° 11′ 55″ S. et 150° 57′ E.)

Cap Crowdy (D. 4), feu *fixe blanc*, visible de 10 à 12 milles, montrant un secteur *rouge* au-dessus du récif *mermaid*.

Pointe Sugar-Loaf (D. 1), sur la pointe, feu *tournant blanc* chaque 30 secondes, élevé de 78ᵐ et visible de 22 milles (32° 26′ 10″ S. et 150° 13′ 6″ E.)

Il y a, dans le même phare et au-dessous du feu tournant, un feu *fixe vert*, visible de 3 milles du N. 8° E. au N. 52° O. pour faire éviter les roches *Seal* et les dangers voisins, mais non le brisant *Edith*. (Se tenir en dehors de la lumière verte).

Port Stephens (C. 2), feu *tournant*, dont la lumière alternativement *rouge* et *blanche* atteint son éclat le plus vif chaque minute. Il est élevé de 37ᵐ30 et visible de 17 milles. En passer à 1 mille. (32° 45′ 10″ S. et 149° 53′ 6″ E.)

Cap Nelson, feu *fixe blanc* et *rouge*, sur ce cap, port *Stephens*. Il est *blanc* au large, masqué dans la direction des bancs de l'entrée du port; *rouge* après qu'on a passé les bancs; *blanc* de nouveau dans le S. O. du cap *Nelson*, pour servir à prendre le mouillage. Il est visible de 9 milles.

Newcastle ou port *Hunder* (G. 2), sur *Nobby-Head*, à l'entrée du port; feu *fixe* de 17 milles de portée visible entre le N. 22° E. et le S. 66° O. (32° 55′ 15″ S. et 149° 29′ 0″ E.)

AUSTRALIE.

—— Deux feux de direction, *fixes*, l'un *rouge* et l'autre *blanc*, sont placés sur un morne, entre deux églises, à 69° N. 50° E. et S. 50° O. l'un de l'autre.

Les feux du canal N., placés sur le brise-lames, près des balises, sont également *fixes*, l'un *rouge* et l'autre *blanc*, à 30° N. 69° O. et S. 69° E.

Baie Broken, sur la pointe *Baranjo*, à l'entrée de cette baie; deux *fixes*, élevés l'un de 105°, l'autre de 95°, visibles de 8 milles. Ils gisent à 354° S. E. q. E. et N. O. q. O. l'un de l'autre. (33° 35′ S. et 148° 59′ 45″ E.) (*Provisoires*.)

Port-Jackson (C. 1), sur la tour *Macquarie*; feu *tournant*, de 90 s. en 90 s., mais à la distance de 5 à 8 milles la lumière ne disparaît jamais entièrement; il est élevé de 104° au-dessus de la mer, et par un beau temps, on peut l'apercevoir de 21 milles; il fait reconnaître l'entrée du havre, toujours difficile à apercevoir du large. (33° 51′ 34″ S. et 148° 58′ 0″ E.)

—— Sur la pointe *Tacking*, port *Macquarie* feu *fixe* visible de 10 à 12 milles.

Bramble, feu *flottant*, sur le banc *Sow-and-Pigs* (la *Truie* et les *Pourceaux*), par 6^m7 de basse mer, et à 3/4 d'encâblure de l'extr. N. O. du banc. Il montre deux lumières *fixes*, à 1^m8 l'une au-dessus de l'autre; elles sont visibles de 6 milles. Ce feu sert à faire reconnaître les canaux et à parer le banc du milieu de la baie. (33° 50′ 5″ S. et 148° 58′ 45″ E.) Signaux de mauvais temps.

Hornby (C. 1), sur le *South-Head* intérieur, à l'entrée du port; feu *fixe*, sur une tour à bandes verticales rouges et blanches, élevé de 27^m2 au-dessus de la mer; il est visible de 14 milles. (33° 51′ 34″ S. et 148° 58′ 30″ E.)

Feu de port, *fixe rouge*, sur la tour du fort *Denison* (île *Pinchgut*.)

Wollongong (C.), feu *fixe rouge* à l'extrémité du brise-lames; il est élevé de 17^m et visible de 3 milles, du S. 32° O. au N. 64° O. (34° 25′ 40″ S. et 148° 35′ 51″ E.)

Port Kiama, sur le bout du brise-lames, feu *fixe vert*.

Ulladulla, feu *fixe vert* sur la jetée du port; visible de 7 milles du S. 58° O. au N. 66° O. élevé de 13^m.

Baie Jervis (C. 3), à 1 mille, dans le N. du cap *Saint-Georges* et 2 milles 1/2 dans le S. de la pointe S. de la baie *Jervis*. Le feu est alternatif *rouge*, *vert* et *blanc* de 80 s. en

30 s. Il est élevé de 68" sur une tour blanche et visible, le feu *blanc* de 18 milles, et les feux *rouge* et *vert* de 14 milles. (35° 9′ 16″ S. et 148° 27′ 6″ E.)

Twofold-Bay (C. 4), sur la pointe *Look-out*, au port *Eden*; le feu est *fixe rouge*, élevé de 38" et visible de 7 milles. Donnez un tour de 5 encâblures à cause de quelques roches isolées. (37° 4′ 30″ S. et 147° 35′ 16″ E.)

Ile Gabo (D. 1), à 5 milles 1/2 S. O. du cap *Howe*; sur l'île *Gabo*, par 37° 35′ S. et 147° 35′ 0″ E. Feu *fixe*; sa portée est de 20 milles et son élévation de 55"3, visible du S. 85° E. au S. 44° O. par le N.

COTE SUD D'AUSTRALIE ET TASMANIE

Port Albert (D. 4), sur l'île *La Trobe*, à droite de l'entrée de *Corner Inlet*; feu *fixe*, varié par des *éclats blancs* de 3 m. en 3 m. Son élévation est de 12" et sa portée de 11 milles. Mais, à 3 milles, les éclipses sont à peine sensibles. On voit : feu *fixe* 1 m. 40 s., éclipse 12 s., puis un court éclat, une nouvelle éclipse de 34 s. (38° 30′ S. et 144° 25′ 0″ E.)

Promontoire Wilson (C. 1), sur la pointe S. de la presqu'île, par 39° 7′ 55″ S. et 144° 5′ 26″ E. Le feu est *fixe*, élevé de 102" et visible de 24 milles du S. 32° O. au N. 57° E. caché dans plusieurs relèvements par des îles.

Groupe Kent (C. 1), sur l'île *Deal*, par 39° 28′ 58″ S. et 145° 1′ 16″ E. Son élévation est de 288". Le feu est *tournant* de 100 s. en 100 s., offrant 50 s. de lumière et de 50 s. d'obscurité. La portée est de 36 milles sur tout l'horizon. Il est souvent dans les nuages et caché par les brouillards.

Ile Goose *Tasmanie* (D. 1), feu *fixe*, visible de 14 milles, sur la pointe S. de l'île; le feu a 41" au-dessus de la mer. Le mouillage compris entre les îles *Badger* et *Goose* est protégé contre les vents d'E. et d'O., et l'appareillage en est toujours facile.

La colonne de ce phare a sa partie inférieure blanche et la supérieure rouge (40° 18′ 41″ S. et 145° 27′ 45″ E.)

Iles Swan (D. 1), à l'extr. N. E. de la plus grande,

guidant dans le détroit de *Banks*. Son feu est *tournant* et de 14 milles de portée; on voit constamment un feu faible, puis un *éclat* de 2 s. 1/2 toutes les minutes. Il y a bon mouillage sur la côte E. de l'île *Swan*, par les vents d'O. (40° 44′ S. et 145° 47′ 31″ E.)

Pointe Eddystone. (En *projet*.)

Port Dalrymple (C.), sur *Low-Head*, à l'entrée E. de la rivière *Tamar*; ce feu est *tournant* et ses *éclats* de 1 m. 40 s. en 1 m. 40 s. sont visibles de 15 milles. La lanterne a 43" au-dessus de la mer. (41° 3′ 25″ S. et 144° 28′ 0″ E.)

Hobartown (C.), sur l'île *Iron-Pot*, à l'entrée de la *Derwent* (côté droit). C'est un feu *fixe*, élevé de 20", visible de 10 milles et placé à l'extr. d'une longue ligne de récifs, au N. 56° O. du cap *Raoul*, et N. 5° O. du cap *Frédéric-Henry*, (43° 3′ 45″ S. et 145° 5′ 50″ E.)

—— Feu *fixe rouge*, sur l'extrémité du môle de la cale *Sullivan*; il sert pour les vapeurs.

—— Feu *fixe rouge*, sur le wharf d'*Argile Street*.

—— Feu *fixe vert*, sur le wharf de *Franklin*.

—— Feu *fixe blanc*, sur l'esplanade de *Castray*.

Cap Bruny (C. 1). Son sommet a 103" au-dessus de la mer, et sa tour blanche de 13"35 est une bonne marque de jour. Son feu est *tournant* en 100 s. et les éclipses ont lieu de 50 s. en 50 s. Portée 22 milles. Il sert à donner dans le canal l'*Entrecasteaux* et pour parer les récifs qui sont au S. et à l'O. de la partie S. de l'île. (43° 29′ 0″ S. et 144° 47′ 45″ E.)

Port Western (C.), feu *fixe*, *blanc* du N. 34° O. au N. 85° O., *rouge* au N. de ce dernier relèvement; visible de 4 milles sur le bout de la jetée *Flinders*. (38° 28′ 35″ S. et 142° 41′ 21″ E.)

Cap Schanck (D. 1), sur le cap, entre les ports *Phillip Western*. Le feu est *fixe*, varié par des éclats de 2 m. en 2 m. lumière fixe 1 m., éclipses 25 s., éclat 10 s.; éclipse, lumière fixe, etc. Son élévation est de 99·7 au-dessus de la mer, et sa portée de 23 milles. (38° 29′ 42″ S. et 142° 32′ 53″ E.)

Pointe Lonsdale (C.), sur la pointe au côté O. de l'entrée du port *Phillip*. Il est *fixe vert* et *rouge*; *vert* entre le N. 3° O. et le N. 42° O., on est en dehors des dangers; *rouge* du N. 42° 10′ O. au S. 87° O. on est en dedans des mêmes dangers. On le voit de 10 milles. (38° 17′ 40″ S. et 142° 17′ 0″ E.)

Port-Phillip (D. 2), sur la pointe *Shortland-Bluff*, 2 milles à l'intérieur de la passe. Le supérieur ou intérieur est *fixe* et sa portée est de 17 milles ; élevé de 39 m visible entre le N. 87° O. et le N. 8° E., mais près la pointe *Lonsdale*, on ne le voit qu'entre le N. 64° 35′ E. et le N. 8° 20′ E. En dedans des caps du *Port-Phillip*, du N. 63° E. au N. 64° 35′ O. par le N. (38° 16′ 27″ S. et 142° 19′ 26″ E.)

Le feu inférieur *fixe rouge et blanc*, à 320° S. 42° O. du précédent, élevé de 27 m 4 et visible, le *blanc* de 14 milles, le *rouge* de 10 milles. Il paraît *blanc* entre le N. 64° 35′ E. et le N. 53° 20′ E. ; *rouge* du N. 53° 20′ E. au N. 30° 50′ E. ; et *blanc* depuis le N. 30° 50′ E. jusqu'au N. 70° 25′ O. par le N.

—— Sur pilotis, par 4 m 5 d'eau, à l'entrée S. du canal de l'O., extrémité S. E. de *Swan-Spit*; feu *fixe blanc*, et *rouge* visible de 8 milles. *Blanc* entre le N. 75° E. et le N. 58° 50′ E., *rouge* du N. 58° 50′ E. au N. 44° 50′ E. direction de l'entrée S. du canal de l'O. entre la bouée noire n° 1 à bâbord et la bouée blanche avec perche du banc *Royal-George* à tribord ; puis *blanc* du N. 44° 50′ E. au N. 8° 25′ O., *rouge* du N. 8° 25′ O. au N. 12° O. par l'O. Gong de brouillard.

—— Sur la jetée *Dromana*, *fixe vert* visible de 4 milles. (38° 20′ S. et 142° 37′ 40″ E.)

—— 2 feux de direction sont dans le chenal du Sud : celui de l'Est, sous le mont *Arthur*, est élevé de 24 m, *rouge* du S. 25° O. au S. 39° E., *blanc* de S. 40° E. au N. 81° E. ; la lumière blanche est visible de 14 milles. L'autre, sur pilotis, est à l'extrémité E. du canal ; il est *fixe rouge*, du N. 87° O. au N. 53° E., *blanc* du N. 53° E. au S. 14° E. et masqué de là jusqu'au N. 87° O. ; la lumière blanche est visible de 10 milles.

Il y a en outre dans la tour du mont *Arthur*, un feu *fixe blanc* visible de 8 à 10 milles du S. 25° O. au S. 39° E. par le S.

—— Sur l'ext. de la jetée de *Queensfflic* feu *fixe vert*, visible de 4 milles, au bout de la jetée. (38° 15′ 4″ S. et 142° 19′ 42″ E.)

—— Sur la jetée de *Sorrento*, *fixe vert*, visible de 2 milles.

Port Arlington, feu *fixe vert* sur la jetée, visible de 5 milles.

—— Feu *fixe rouge*, visible de 7 milles entre le S. 76° O. et le S. 48° E. par le Sud.

23.

Canal de l'Ouest (flottant C.), par 5ᵐ5 à l'extr. N. E. du canal de l'O.; bateau rouge portant deux feux *fixes*, élevés de 15ᵐ et visibles de 8 milles. A bord on signale la profondeur de l'eau, et avec brume on frappe un gong. (38° 11′ 52″ S. et 142° 25′ 12″ E.)

Môle Saint Léonard, feu fixe vert, visible de 3 milles. (38° 10′ 17″ S. et 142° 23′ 10″ E.)

Geelong (flottant), mouillé par 3ᵐ6 en face de la roche *Bird*, à tribord du canal du *Port-Corio*. La lumière est *fixe*, élevé de 8ᵐ2 et visible de 7 milles. Bateau rouge à 1 mât avec ballon rouge. Des ballons et des pavillons signalent le tirant d'eau sur la barre. Gong de brouillard. (38° 5′ 50″ S. et 142° 6′ E.)

—— Feu *fixe*, sur l'extr. de la jetée des bateaux à vapeur, 3 milles de portée.

—— Sur l'extr. de la tête du môle, feu *fixe* de 3 milles de portée.

Melbourne (flottant), par 9ᵐ1, à 1/2 mille au S. 50° E. de la tour qui est sur la pointe *Gellibrand*. C'est un feu *tournant* de 30 s. en 30 s., sur un bateau rouge, portant un ballon rouge; son élévation est de 12ᵐ. Sa portée de 10 milles. (37° 52′ 42″ S. et 142° 31′ 46″ E.) Gong de brouillard.

—— Sur le brise-lames, *fixe rouge*, 3 milles.

Sandridge, feu *fixe vert*, sur l'extr. de la jetée du chemin de fer, visible de 2 milles. (37° 50′ 50″ S. et 142° 36′ E.)

Feu *fixe rouge*, sur l'extr. de la vieille jetée, vis. de 2 milles.

Williams-Town, feu *fixe rouge*, sur l'extr. du brise-lame, 3 milles de portée.

Pointe Schnapper (D.), sur cette pointe; *fixe* élevé de 15ᵐ2, on le voit de 10 milles. (38° 13′ S. et 145° 2′ E.)

—— Feu *fixe rouge*, feu de port, sur l'extr. de la jetée, visible de 3 milles.

Il y a dans la baie d'autres petits feux que nous ne croyons pas utile d'indiquer ici.

Cap Otway (C. 1), feu *tournant* et à *éclats*, sur ce cap, par 38° 50′ S. et 141° 14′ 0″ E. Sa révolution s'accomplit à peu près en 1 m. de temps, et dans cet intervalle le feu n'est visible que pendant quelques secondes, la période d'obscurité durant 50 s. Son élévation est de 90ᵐ et sa portée de 24 milles par un temps clair. On doit se défier d'un récif à 3/4 mille S. 17° E.

Cap Wickham (D. 1), sur ce cap, à l'extrémité N. de l'île *King*. Le feu est *fixe*, de 85ᵐ d'élévation et visible de 24 milles entre le N. 30° E et le N. 67° O. par l'E. (39° 36′ S. et 141° 37′ 0″ E.)

Port Currie, *à éclats*, 5 éclats et éclipses alternatifs dans 1 minute; élevé de 46ᵐ et visible de 17 milles. (39° 56′ S. et 144° 31′ E.)

Baie Warnambool (D. 4), dans *Lady-Bay*, sur l'île *Middle*; il est élevé de 33ᵐ et visible de 14 milles entre le N. 39° O. et le S. 83° E. par le N. (38° 26′ S. et 140° 12′ 0″ E.)

—— Feu *fixe rouge*, visible de 5 milles du N. 9° E. au N. 38° O.

—— Feu *fixe vert*, de 3 milles de portée, sur l'extrémité de la jetée de *Warnambool*, qui s'étend à 208ᵐ de la côte.

Port-Fairy (D. 4), sur la pointe S. E. de l'île *Griffith*; feu *fixe rouge*, sur une tour rouge; il est varié par des *éclats rouges* de 3 m. en 3 m. Son élévation est de 12ᵐ 4 et sa portée de 9 milles; au-delà de 3 milles, on voit toujours un feu fixe pendant l'intervalle des éclats. (38′ 24″ S. et 140° 0′ 0″ E.)

—— Dans la même tour, sur une fenêtre inférieure, feu *fixe*, visible dans la direction de la bouée noire et indiquant le meilleur mouillage.

—— Feu *fixe vert*, sur le mont *Look-Out*, près de la jetée, visible d'environ 3 milles quand on le relève entre le S. 8° O. et la S. 75° O.

Baie Portland (D. 4), sur le bout de la vieille jetée; le feu est *fixe vert*, de 2 milles de portée. (38° 3′ S. et 139° 19′ 0″ E.)

—— (D. 4), sur le mont *Observatoire*; feu *fixe blanc*, élevé de 35ᵐ2 et visible de 13 milles, entre le N. 48° O. et le S. 5° E., *blanc* à terre de ce relèvement. (38° 13′ 25″ et 139° 19′ E.)

Macdonnel (C. 1), sur le cap *Northumberland*; feu *tournant* de 1 m. en 1 m., *rouge, blanc et vert*, élevé de 37ᵐ et visible entre le S. 79° O. et le S. 61° E. par le N., le *blanc* de 18 milles, le *rouge* de 15 milles et le *vert* de 8 milles. (38° 3′ S. et 138° 17′ 30″ E.)

Cap Jaffa (D. 1), sur le récif; feu *tournant* de 30 en 30 secondes. Il est élevé de 30ᵐ et visible de 16 milles. (36° 57′ 30″ S. et 137° 20′ 6″ E.)

Baie Lacépède sur le môle de *Kingston*, *fixe*; élevé de 8ᵐ et visible de 9 milles.

Baie de Rivoli, sur l'île *Pingouin*; *tournant* de 10ˢ en 10ˢ, élevé de 24 mètres; visible de 12 milles. (37° 30′ 35″ S. et 137° 41′). (doit être allumé à l'achèvement du môle.)

Lac Alexandrina, sur la pointe *Malcolm*, *tournant* de 30ˢ en 30ˢ; elevé de 21ᵐ; visib. de 10 milles. (35° 31′ S. et 136° 51′ E.)

Willoughby (C. 1), sur ce cap, au côté Est de l'île *Kanguroo* et à l'entrée du canal *Backstairs*. (35° 51′ 9″ S. et 135° 49′ 26″ E.) Son feu est *tournant* de 1 m. 30 s. en 1 m. 30 s., élevé de 74ᵐ au-dessus de la mer et visible de 24 milles depuis le S. 8° E. jusqu'au N. 51° E. par l'O. et le N.

Cap Jervis, feu *fixe*, à l'entrée du passage *Backstairs*, golfe *Saint-Vincent*, visible de 13 milles de distance, entre le S. 30° O. et le N. (35° 37′ S. et 135° 47′ 16″ E.)

Glenelg, feu *fixe rouge*, d'une portée de 6 milles, avec 8ᵐ8 d'élévation sur le bout de la jetée. (34° 59′ 30″ S. et 136° 10′ 16″ E.) on mouille par 9ᵐ en le relevant à l'Est 5° N., à 1 mille 1/4.

―――― (Flottant), mouillé par 11ᵐ à 1 mille 3/4 à l'Ouest de la jetée; on y allume 2 feux *blancs* verticaux à 90 centimètres l'un l'autre.

Adélaïde (D. 1), au côté S. de la barre extérieure; feu *tournant* de 30 s. en 30 s., élevé de 15ᵐ2, visible de 17 milles. (34° 48′ 3″ S. et 136° 9′ 36″ E.)

―――― Sur la jetée du sémaphore, presqu'îls *Lefèvre*; il est *vert* et visible de 6 milles entre le N. 60° E. et le S. 28° E. par l'E.

Wakefield, feu *fixe*, visible de 4 milles; il est dans le hangar du chemin de fer.

Edithburgh sur l'extrémité de la jetée, feu *fixe* visible de 5 milles.

Banc Troubridge (D. 2), feu *tournant* de 30 s. en 30 s., par 35° 7′ 30″ S. et 135° 31′ 6″ E. Son élévation est de 24ᵐ et sa portée de 14 milles; à moins de 7 milles les éclipses laissent apercevoir une faible lumière entre les éclats.

Iles Althorpe, sur l'île Sud du groupe, *blanc tournant* à éclipses de 15ˢ en 15ˢ, visible de 25 milles, secteur *rouge* entre le S. 57° E. et le S. 21° E. (35° 22′ 50″ S. et 135° 31′ 16″ E.)

Cap Borda (C. 1), sur la pointe N. O. de l'île *Kanguroo*. Feu *alternatif, rouge et blanc*, de 30 s. en 30 s. Il est élevé de 155ᵐ et visible de 30 milles du S. 61° O. au N. 40° E. par l'E. Le feu *rouge* ne se voit que de 15 milles; au delà de cette distance, on ne voit plus qu'un éclat blanc de 1 m. en 1 m., d'une portée de 30 milles. (35° 45′ 20″ S. et 134° 18′ 0″ O.)

Banc Tipara (D. 1), feu *tournant* de 30 s. en 30 s., près de l'extr. S. O. du récif. Sur pilotis, élevé de 30ᵐ4 et visible de 16 milles. Bouée par 7ᵐ3 au S. 59° E. à 3,086ᵐ du plateau de roches. (34° 3′ 0″ S. et 135° 4′ 0″ E.)

Port Augusta flottant, à 2 milles au N. O. de l'extrémité N. du banc de l'Est, visible de 8 milles. (33° 3′ 15″ S. et 135° 26′ 16″ E.)

Pointe King (D. 4), feu *fixe*, à l'entrée N. du *Sound du Roi-George*, port de la *Princesse-Royale*; élevé de 11ᵐ2, sur une tour carrée; il se voit de 10 milles; il reste à 7 milles 3/4 dans le N. 66° O. du feu de *Breaksea*. (35° 2′ 35″ S. et 115° 35″ E.)

Ile Breaksea (D. 3), à 1,100ᵐ de l'ext. E. de l'île, entrée du *Sound du Roi-Georges*; feu *fixe*, élevé de 116ᵐ et visible de 24 milles n'est complètement ouvert que quand on le relève au N. 46° E. et on ne doit gouverner dessus que lorsqu'on l'amène au N. 35° E. Au N. de l'île *Mikaelmas*, il est caché. (35° 4′ 18″ S. et 115° 43′ 11″ E.)

Busselton, sur le môle, *fixe*, élevé de 19ᵐ visible de 10 milles. (33° 38′ 20″ S. et 113° 1′ 20″ E.)

Baie Koombanah, sur la pointe *Casuarina*, élevé de 36ᵐ, visib. de 10 milles. (33° 18′ 50″ S. et 113° 1′ 15″ E.)

Rivière des Cygnes (D. 3), feu *fixe*, sur la pointe *Arthur* ou pointe S. de la rivière des *Cygnes* ou *Swan*. Il est élevé de 28ᵐ, sa tour est blanche et sa portée est de 14 milles. Il est à 12 milles S. 71° E. du phare de *Rotsnest*. (32° 3′ 13″ S. et 113° 25′ E.)

Ile Rotmest, feu *tournant* au centre de l'île, par 32° 0′ 19″ S. et 113° 10′ 46″ E. Il est élevé de 64ᵐ. Il montre chaque minute un éclat de 5 s., précédé d'une éclipse de 55 s. Il est visible de 21 milles. Sa tour blanche, de 19", est une excellente remarque.

Pointe Leander, à 4 encâblures au N. 60° E. de la pointe; feu *fixe*, élevé de 16 mètres, visible de 5 à 7 milles. (29° 18' S. et 112° 42' E.

Baie Champion (D. 4), deux feux de direction *fixes rouges*, à 176" N. 80° E. et S. 80° O. l'un de l'autre. Ils sont visibles de 8 à 9 milles et leur alignement fait passer entre les récifs de la pointe *Moore* et le banc de *Quatre-Brassées*. (28° 45' 30" S. et 112° 17' 6" E.)

—— Sur la pointe *Moore* 2 feux dans la même tour, supérieur *tournant* de 40ˢ en 40ˢ élevé de 34", visib. de 18 milles; inférieur *fixe rouge*. (28° 47' 30" S. et 112° 15' E.)

Iles Lacépède feu *fixe* élevé de 15", visible de 9 milles; allumé seulement quand il y a un navire en vue avant la tombée de la nuit.

NOUVELLE ZÉLANDE

Maria de Van Diémen, sur l'ilot situé à 1/2 milles au N. O. de ce cap (D. 1), feu *tournant* de 1" en 1"; élevé de 100"; visible de 24 milles.

De la partie inférieure du phare, un faisceau de lumière *rouge* est dirigée sur le récif *Columbia*. (34° 28' 30" S. et 170° 18' 26" E.)

Port Russel ou *Kororareka* (baie des iles), feu *fixe rouge*, élevé de 6" visible de 6 milles. (35° 16' S. et 171° 48' E.)

Tiri-Tiri-Matangi (D. 2), sur l'ile de ce nom, dans le golfe *Hauraki*; feu *fixe*, élevé de 91" et visible de 13 milles. (36° 36' 30" S. et 172° 35' 0" E.)

Auckland (D. 4), sur les rochers *Bean*. Le feu est *fixe blanc, rouge, vert*. Il est *rouge* quand on le relève entre le N. 80° O. et le S. 79° O.; *blanc* du S. 79° O. au S. 63° O.; *vert* du S. 63° O. au S. 14° E.; *blanc* du S. 14° E. au S. 23° E.; *rouge* du S. 23° E. au N. 85° E. *blanc* du N. 85° E. au N. 64° E. et masqué de là au N. 81° O. Le feu est élevé de 15"2 et visible, *blanc* de 10 milles, *vert* et *rouge* de 7 milles. (36° 50' 6" S. et 172° 31' E.)

NOUVELLE ZÉLANDE.   411

—— 2 feux *fixes rouges verticaux* à l'angle N. E. du wharf du chemin de fer, pointe *Britomart*.

—— Feu *fixe blanc* à l'extrémité O. du même wharf.

—— 3 feux *fixes* en triangle sur l'extrémité E. du wharf de *Queen's Street*; il sont visibles de 6 milles. (36° 50′ S. et 172° 29′ E.)

—— 2 feux *fixes horizontaux* sur l'extrémité O. du wharf de *Queen's Street*; visibles de 6 milles.

Canal Ponui, sur l'épi N. E. de l'île *Pahiki*; *fixe*, élevé de 15ᵐ visib. de 9 milles. (36° 54′ S. et 172° 51′ 45″ E.)

Rivière Thames, feu *fixe vert*, visible de 2 milles sur l'extrémité du wharf *Graham's Town*. (37° 10′ S. et 173° 12′ E.)

Ile Portland, sur la pointe Sud, *feu tournant* de 30ˢ en 30ˢ, élevé de 91ᵐ visib. de 24 milles (39° 18′ S. et 175° 33′ E.) Dans la même tour, au-dessous du précédent, feu *fixe rouge*, secteur de 6° sur le rocher *Bull*.

Port Napier (D. 4), feu *fixe blanc* et *rouge*, au côté E. de l'entrée, élevé de 48ᵐ et visible de 8 milles. *Rouge* du S. 19° E. au S. 4° E.; *blanc* du S. 4° E. au S. 46° O., *rouge* du S. 46° O. au S. 55° O.

Le secteur blanc indique les limites du mouillage. (39° 28′ 35″ S. et 174° 35′ 0″ E.)

—— Feu *fixe vert*, sur l'ext. N. de la jetée O.

—— Feu *fixe vert*, sur l'ext. du môle (*Eastern Spit*).

Morne Napier, feu fixe blanc, élevé de 48ᵐ, visible de 18 milles quand on le relève entre le N. 8° O. et le S. 25° O. par l'O. (39° 28′ 45″ S. et 174° 36′ 16″.)

Wellington (D. 2), dans la baie *Nicholson*, sur le cap *Pencarow*; feu *fixe* élevé de 126ᵐ et visible de 30 milles (41° 22′ 0″ S. et 172° 31′ 0″ E.)

—— 3 feux *fixes rouges*, en triangle à l'extr. inférieure du *Queen's Warf*. On va au mouillage en les tenant au S. 83° O.

Iles Somes, au N. 9° E. du cap *Pencarow*, feu *fixe*, *blanc* vers le milieu du chenal, *rouge* sur la côte O., *vert* sur la côte E. de l'entrée principale du port. *Wellington*, élevé de 22ᵐ et visible de 10 milles. (41° 15′ 45″ S. et 172° 32′ 30″ E.)

Manavatu, pour signaler l'embouchure de cette rivière, feu *fixe blanc*, élevé de 13", visible de 9 milles. (40° 27′ 10″ S. et 172° 54′ 25″ E.)

— — Sur la rive N. 2 balises de direction montrant 2 feux *vert* et *rouge*, allumé seulement quand il y a assez d'eau sur la barre.

Wanganui, sur le cap Nord de l'entrée, par 39° 57′ 15″ S. et 172° 40′ 45″ E.; côté Ouest de l'île du Nord; feu *fixe*, élevé de 19"3, visible de 13 milles. 2 balises mobiles, montrant des feux rouges, indiquant la direction de la barre, avec l'adddition d'un feu conducteur, mobile, *vert*, pour entrer, tenir l'alignement des feux *rouges* en veillant le feu *vert* et en venant du bord où on le voit se déplacer.

Rivière Patea sur le côté Est de la rivière, feu *fixe rouge*, élevé de 40" 5; visible de 6 milles.

New-Plymouth, sur le mât de pavillon du mont *Elliot*, feu *fixe blanc*. (39° 6′ 0″ S. et 171° 50′ 0″ E.)

Cap Manakau (D. 3), feu *fixe blanc*, sur le morne du cap Sud à 117" au-dessus de la mer, visible de 26 milles milles entre le N. et le S. 59° E. par l'Est (37° 3′ 30″ S. et 172° 13′ 16″ E.)

Farewell (D. 2), à l'entrée Ouest du détroit de *Cook*; le feu est *tournant* de 1 m. en 1 m., mais il montre un secteur *rouge* vers l'extrémité de l'épi pour prévenir les marins qu'ils approchent de ce danger; élévation 36" 6; portée 17 milles. (40° 33′ 0″ S. et 170° 41′ 36″ E.)

Port Nelson (D. 4), sur la partie S. O. du banc *Boulder*, côte N. de l'île *Middle*, le feu est *fixe*, élevé de 18"3 et visible de 12 milles, entre le S. 35° O. et le S. 86° E. par le S. (41° 16″ S. et 170° 57′ 15″ E.) Passez à 1 mille du feu, ne le cachez pas du côté de la terre, et mouillez par 11", en le relevant au S. 52° E. Ce feu montre un secteur *rouge* du S. 86° E. au N. 49° E.

— — Deux feux *fixes* sur des balises, le supérieur *blanc*, l'inférieur *rouge*, à l'entrée du port *Nelson*.

Port Picton, au bout du warf, feu *fixe rouge*, élevé de 6" et visible de 6 milles. (41° 17′ 20″ S. et 171° 44′ 30″ E.)

Brothers (D. 2), feu *fixe*, à *éclats* toutes les 10 s., sur la plus N. de ces îles. (41° 6′ 30″ S. et 172° 7′ 0″ E.) Élevé de 78" 6; visible de 22 milles.

NOUVELLE ZÉLANDE. 413

— Feu *fixe rouge*, dans le bas de la même tour, visible dans la direction du rocher *Cook*.

Cap Campbell (D. 2), sur le morne du cap, au côté S. de l'entrée Est du détroit de *Cook*; feu *tournant* chaque minute; il est élevé de 47ᵐ et visible de 19 milles. (41° 43′ 45″ S. et 171° 58′ 16″ E.)

Port Litelton ou *Victoria* (D. 2), sur la pointe *Cachalot*, au côté N. du port; feu *fixe*, élevé de 134ᵐ et visible de 29 milles entre le N. 71° O. et le S. 9° E. par le S. et l'O. (43° 35′ 32″ S. et 170° 29′ 16″ E.)

Akaroa, sur la pointe, côté E. de l'entrée du port: feu *fixe blanc à éclats* de 10 s. en 10 s.; élevé de 82ᵐ et visible de 23 milles. (43° 54′ S. et 170° 40′ 6″ E.)

Port Timaru, feu *fixe*, élevé de 18ᵐ 6, qui se voit de 3 à 4 milles entre le N. 4° O. et le S. 4° E. par l'O. (41° 23′ 45″ S. et 168° 58′ 36″ E.)

Oamaru, à l'extrémité N. du brise-lames, feu *fixe vert*, visible de 3 ou 4 milles du N. 29° O. au S. 38° O. (45° 14′ S. et 168° 44′ E.)

Cap Wanbron, feu *fixe rouge* visible de 15 milles du N. 6° O. au S. 27° O. par l'O. (45° 7′ S. et 168° 41′ E.)

Port Otago, sur le cap *Tairoa*, côté E. de l'entrée, feu *fixe rouge*, élevé de 60ᵐ et visible de 20 milles du N. 83° O. au S. 29° E. par le S.; et, dans le port, du S. 79° E. au N. 64° E. Gong de brouillard. (45° 47′ S. et 168° 24′ 51″ E.)

Dunedin, 2 feux de direction sur le *Sandspit*. Le feu intérieur est *fixe vert*; le feu extérieur est *fixe blanc*. Ils sont visibles quand on les relève entre le S. 25° E. et le S. 50° O. de 6 à 7 milles. Ils gisent N. 39° E. et S. 39° O. à 275ᵐ l'un de l'autre.

Un petit feu *fixe rouge* qu'on ne peut voir de la mer, est allumé sur la balise rouge et blanche de la station des pilotes.

— Feu flottant *fixe*, mouillé par 3ᵐ 7 à basse mer des Sizygies, sur l'accore Sud de la basse de sable qui s'étend du *Sand-spit*. Il est à 1 encâblure 1/2 environ au S. 51° O. de la première balise rouge.

Moerangi, sur la pointe S. de la presqu'île, *fixe* élevé de 52ᵐ; visible de 19 milles. (45° 24′ 20″ S. et 168° 35′ 16″ E.)

Cap Saunders, feu *tournant* de 1ᵐ en 1ᵐ sur le cap élevé de 64ᵐ et visible de 20 milles du N. 57° E. au S. 73° O. (45° 35′ 15″ S. et 168° 25′ 25″ E.)

Pointe Nugget (D. 1), pointe S. de la baie *Molyneux*, feu *fixe*, élevé de 75·, visible de 23 milles. (46° 27′ S. et 167° 30′ 50″ E.)

Rivière Waikava (île du *Milieu*): sur la pointe S. de l'entrée, par 46° 39′ 40″ S. et 166° 49′ 16″ E.) *en construction*.

Ile Dog (D. 1), au S. E. du port *Bluff*, détroit de *Foveaux*, feu *tournant* de 30 s. en 30 s., élevé de 45·6 sur une tour grise de 36· et visible de 18 milles. (46° 39′ 35″ S. et 166° 5′ 51″ E.)

Port Bluff, *flottant* sur le côté O. de la partie la plus étroite de l'entrée feu *fixe blanc*. (46° 36′ 15″ S. et 166° 2′ 6″.)

—— (flottant) sur le côté O. de la partie la plus étroite de l'entrée du port *Bluff* ; *fixe, blanc*. Haut fond de 4· près du feu flottant. Les navires calant plus de 3·5 ne doivent pas venir à mer base au Sud de la ligne qui joint le bateau à la face N. E. de la jetée. (46° 36′ 15″ S. et 166° 2′ 6″ E.)

—— Sur le bout de la jetée, à 3 encâblures à l'O. du feu flottant ; feu *fixe rouge*.

Ile du Centre, feu *fixe blanc*, secteurs *rouges* ; élevé de 81 mètres, visible de 22 milles. *Blanc*, quand on le relève entre le S. 65° E. et le N. 62° O. *Rouge*, entre le N. 62° O. et le S. 12° O. aussi entre le S. 37° E. es le S. 66° E. ; masqué entre le S. 12° O. et le S. 38° E. (46° 28′ 30″ et 165° 32′ 16″ E.)

Havre Préservation, sur la pointe *Puysegur*, feu scintillant de 10 s. en 10 s. élevé de 18· ; visible de 18 milles. (46° 10″ S. et 164° 18′ E.)

Rivière Hokitika, feu *fixe*, au côté N. de l'entrée. (42° 42′ 20″ S. et 168° 39′ 16″ E.)

Rivière Crey, feu *fixe* au côté Nord. (42° 30′ S. et 168° 50′ 51″ E.)

—— 2 feux *fixes rouges*, au côté Sud de la rivière. Feu *fixe vert* à l'extrémité des travaux.

Cap Foulwind (C. 2), feu *tournant* de 30 s. en 30 s., élevé de 58· et visible de 19 milles. (51° 45′ 55″ S. et 169° 21′ 55″ E.)

Rivière Buller, feu *fixe*, visible de 6 milles, sur un mât de pavillon, à l'entrée de la rivière.

—— Feu *fixe rouge*, sur une balise qui porte de jour un pavillon rouge.

Leur alignement donne la direction de la barre.

Baie Hawaki, sur l'île *Makohinau*. En *construction*.

SIGNAUX
FAITS AU
VIEUX PHARE DE SKAGEN
POUR INDIQUER
L'ABSENCE DES BATEAUX-FEUX DE LEUR STATION

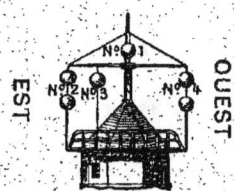

Signaux de jour

N° 1. — Le bateau-feu de *Trindelen* n'est pas à sa station.

N° 2. — Le bateau-feu de *Kobbergrunden* n'est pas à sa station.

N° 3. — Le bateau-feu de *Anholt's Knob* n'est pas à sa station.

N° 4. — Le bateau-feu de *Læso Rende* n'est pas à sa station.

Signaux de nuit.

Les signaux de nuit sont faits au côté Nord du nouveau phare de Skagen au moyen d'un feu élevé de 18 m. 8.

N° 1. — Un feu *rouge*. — Le bateau-feu de *Læso Rende* n'est pas à sa station.

N° 2. — Un feu *vert*. — Le bateau-feu de *Trindelen* n'est pas à sa station.

N° 3. — Un feu *blanc*. — Les bateaux-feux de *Læso Rende* et de *Trindelen* ne sont pas à leur station.

SIGNAUX
FAITS A LA
BALISE WINGA
POUR INDIQUER QU'UN OU PLUSIEURS BATEAUX-FEUX DU
KATTEGAT ONT QUITTÉ LEUR STATION

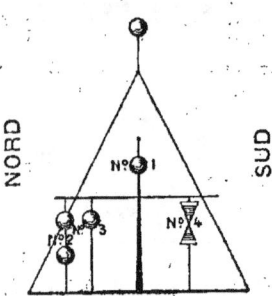

Balise *Winga* vue de l'Ouest.

Ces signaux sont faits sur un mât avec vergue, au moyen de ballons *blancs* et de cônes *noirs* avec une raie *blanche*.

N° 1. — Le bateau-feu de *Trindelen*, n'est pas à sa station.
N° 2. — Le bateau-feu de *Kobbergrunden* n'est pas à sa station.
N° 3. — Le bateau-feu de *Anholts Knob* n'est pas à sa station.
N° 4. — Le bateau-feu de *Svinbadan*, n'est pas à sa station.

BATEAU INDIQUANT UN NAVIRE COULÉ
OU UNE ÉPAVE QUI EST UN DANGER POUR LA NAVIGATION

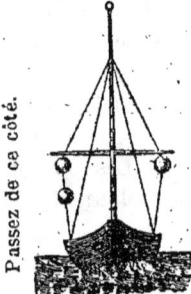

Il faut toujours passer du côté des 2 ballons qui indiquent la mer libre.

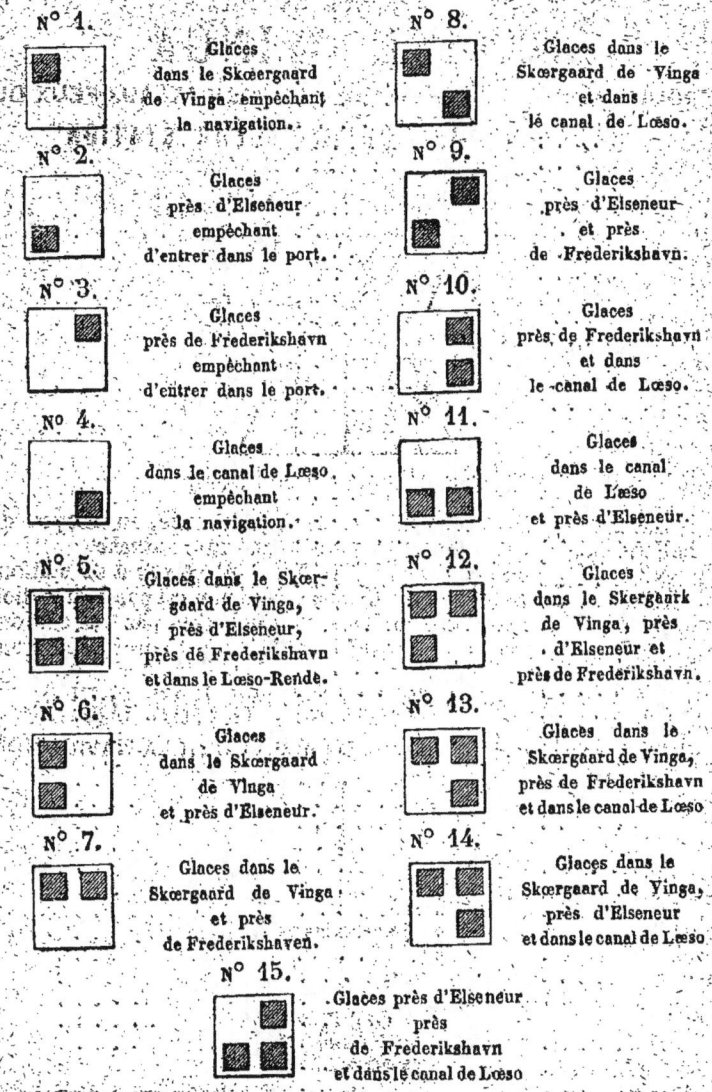

NOTA. — Comparer ces signaux à ceux du vieux phare.

TABLE ALPHABÉTIQUE

A

Aalbæk	24	Aix (Ile d')	170	Amherst (ile)	275
Aalesund	70	Ajaccio	204	Amica (pointe)	232
Aarhuus	29	Akaroa	413	Amour (pointe)	274
Aarösund	30	Alabama	333	Amrum (Ile)	21
Aaswœr	73	Alaya	259	Amrum (port d')	21
Abaco (Ile d')	342	Albert (port)	403	Amrum (récif)	22
Aberdeen	81	Alboran (ile)	265	Anastasia (Ile)	332
Abertay	82	Alboran (ile)	186	Anatoli Fener	350
Abervrac'h (L')	159	Alcantara	152	Ancône	224
Aberystwith	114	Alcatraz	362	Andenæs	75
Absecum	319	Alexandrette	259	Andersbakken	73
Acajutla	360	Alexandrie	261	Andros (Ile)	242
Acapulco	360	Alexandrina (lac)	407	Anglais (banc)	356
Acera	267	Alfred (port)	368	Angleterre (cote méridionale)	98
Aconi (pointe)	286	Alger	264		
Acrotiros (port d')	242	Algérie	262	Angleterre (côtes occidentales d')	408
Adalia (Port)	259	Algernon Rock	279		
Adams (Pointe)	363	Algésiras	185	Angleterre (côte orientale d')	85
Adélaïde	408	Alghero	206		
Aden	371	Alhucemas	266	Anhatomirim (Ile)	355
Adjigiol (banc)	254	Alicante	189	Anholt (Ile)	25
Adjigiol	253	Alipee	375	Anholt (Knob)	26
Adour	174	Alistro	205	Ann (cap)	305
Adriatique (mer)	221	Allan	274	Annan	122
Ærkna	71	Allegranza	269	Annapolis	295
Æröskjöbing	30	Allemagne	15—40	Annisquam	305
Æstergarn	58	Alligator (récif)	332	Año (Nuevo)	361
Aña (cap)	263	Almadies	266	Anstruther (Est)	83
Afrique côte occid. d')	266	Almaïd	261	Antibes	202
Afrique (côte sud d')	268	Almazarron (port)	187	Anticosti (Ile)	276
Agdanœs	72	Alméria (port)	187	Antigoa	347
Agde	196	Almissa (port d')	234	Antilles (iles)	342
Agersö	34	Almwch	115	Anti-Rhium	240
Aghios-Joannis (cap)	246	Alnæs	71	Antivari	237
		Alpreck	145	Antofagasta	358
Agö	55	Altea	189	Anzio (cap)	212
Agui	358	Altenbruch	19	Anzio (port)	212
Aguilard (cap)	388	Alte Liebe	19	Apenrade	30
Aguilas (port)	187	Althorpe	408	Apia	365
Ahorcados	193	Alto de Caxias	182	Aple (river)	296
Aigues-Mortes	197	Alsen (ile)	31	Aranmore	142
Aiguilles (cap des)	367	Amastra	257	Aransas (passe)	338
Aiguillon	169	Ameland	15	Arbroath	81
Aiguillon (Loire)	166	Amélia (ile)	331	Archipel	240
Ailly	146	American Shol	333	Ardglass	131
Aïtodor	255	Amérique	271	Ardnamurchan	127
Air (po bour inte)	123 116	Amérique centrale	360	Ardrishaig	125
		Amérique du sud	358	Ardrossan	123
		Amérique (côte oc. d')	357	Arena (pointe)	357
		Amet (ile)	284	Arena (pointe)	362

TABLE DES MATIÈRES. 419

Argiro	242	Bahia	353	Bath	5
Arichat (port)	287	Bahia de Cadix	344	Bathurst (havre)	281
Arklow	134	Bailey	133	Batoum	256
Arkona	41	Baja	214	Batticaloa	376
Arlington (port)	405	Baker (Ile)	300	Bayou Saint Jean	336
Armegon (banc)	378	Baker (Ile)	306	Beachy Head	99
Arosa	180	Bak-licht	19	Bear Haven	138
Arracan (rivière)	380	Balarxue	197	Beale (cap)	365
Arzew	265	Balbriggan	133	Bear	300
Arabie (côte sud d')	371	Baléares (Iles)	193	Béarn (cap)	196
Ascension	268	Baleines	169	Beaver (Iles)	289
Ashraffi	371	Ballarst Rock	139	Beaver (port)	297
Asinara (ile)	206	Ballycottin	136	Beaver-Tail	311
Askold	396	Baltiboque	282	Beaumaris	116
Assateague	322	Baltique (port)	47	Bebek	249
Assens	30	Bana (pointe de la)	191	Becquet	152
Atchafalaya	337	Banc de Vada	210	Bedeque (Port)	283
Athol (Ile)	343	Bancoolen	382	Beeves	140
Avery	299	Bande à l'Arier	274	Bel air	370
Aviles	178	Bandol	200	Belem	182
Avon	111	Banff	80	Belfast	130
Aucanada (ile de)	195	Banga (détroit)	385	Belgique	1
Auckland	409	Bagenkop	35	Belize (canal de)	339
Audierne	161	Bangkok	388	Bellavista (cap)	207
Augusta (port)	408	Banjœwangie	384	Belle-Chasse	279
Aulona	237	Baracoa	345	Belle-Ile	165
Aurigny	104	Barbade	349	Belle-Ile	271
Auskerry	78	Barcelone	192	Bell-Rock	82
Australie (côte sud)	403	Barcola	226	Benat (cap)	201
Autriche (côte ouest)	226	Bardsey	114	Bender Erekli	257
Aveiro	181	Barfleur	152	Bengale (golfe du)	377
Awadji	393	Barges d'Olonne	169	Bengale (Golfe, côte Est)	380
Awomori	395	Bari	223		
Ayamonte	183	Barletta	223	Benguela	268
Ayre	122	Bar Light Shie	117	Bengut (cap)	264
Ayre (Ile)	195	Barnegat	319	Berberch	371
Azof (mer d')	257	Barösund	58	Berbice (rivière)	350
		Barra Head	128	Berck	145
B		Barratoria (baie)	337	Berdian	258
		Barrington (baie)	292	Berdoun (ile)	242
Baagö (Ile)	30	Barrington Quai	139	Berezan	253
Baarland	4	Barrow (canal)	119	Bergen	69
Baba (Cap)	243	Bartlett (récif de)	313	Bergen-op-Zoom	6
Babac (Ile)	233	Bas (ile de)	158	Bergen Point	318
Babicombe	103	Basque (port)	275	Berlinga	182
Bacalhao (Ile)	272	Bass (Port)	300	Bermudes	268
Backhofen	44	Bas Sablons	155	Berry (cap)	288
Back River Point	323	Basse Terre	348	Berville	149
Baddeck (Port)	286	Bass-River	309	Berwick	85
Badino (Port)	213	Bastia	205	Berwick (North)	84
Baffra Bournon	251	Bastö	62	Beskens	4
Bahama	121	Batabano	345	Betty (Ile)	290
Bahama Iles	342	Batavia	383	Beyrouth	239

Biarritz	174	Bogense	29	Bowling Bay		123
Bideford	109	Bognor	100	Bowling Green		397
Bidston	116	Boiero (Ilôt)	181	Braemar (point)		130
Bieglit	258	Bois (Ile de)	167	Bragança (banc)		351
Bielosarai	258	Bokel Gaye	339	Bramble		402
Bjerneborg	52	Bokkengat	7	Brandy Pots		278
Biezelingsche-Ham	4	Bokö	57	Brandywine (banc)		320
Big Arrow (ile)	287	Bolivar	337	Brant (pointe)		309
Big Tignish	283	Bombay	373	Bras-d'Or (Grand)		286
Bilbao	176	Bombay Hook	321	Brazos (ile)		338
Billingsgate	307	Bonacca (Ile)	340	Breaksea		110
Biloxi	335	Bonami (pointe)	280	Breaksea (ile)		409
Binic	155	Bonan	55	Bredskär		54
Biquette	278	Bonavista	272	Bréhat		156
Bird (Ile)	285	Bon (cap)	262	Bréhat (Héaux de)		156
Bird (Ile)	310	Bône	262	Bremen		17
Bird (Ile)	368	Bonifacio	204	Bremerhaven		17
Birkendhead	118	Bonne-Espérance		Bremö		55
Bishop's and Clerks	309	(cap de)	366	Brenton (récif)		311
Bishop Rock	108	Bon Portage (Ile)	293	Brescou		195
Biurö	53	Boon (Ile)	304	Brésil		351
Björn	55	Boontjes	15	Breshiens		4
Björnsund	71	Borda (cap)	409	Brenskens		77
Blackpool	118	Borgholm	60	Brest		160
Black Rock	141	Bornéo	386	Brest (port de)		
Black Rock	286	Bornholm (Ile)	39	Commerce)		160
Black Rook	295	Borkum (Ile)	15	Breton (havre)		274
Black Rook	315	Borkum (récif)	15	Bridlington		88
Blacksod	141	Borneiro (banc)	181	Brielle		9
Blackwater Bank	134	Böröholm (Ile)	72	Bridge Port		315
Blackwell	316	Borselen	4	Bridgewater		110
Blakistone	327	Bösch	19	Brighton		100
Blanche (mer)	75	Bosphore	249	Bril		386
Blanco (cap)	194	Bosphore	251	Brindisi		222
Blanco (cap)	363	Boston	91	Brinkamahoff. Il-		17
Blankenberg	2	Boston	306	Brisbane		400
Bhaunaggar	373	Botafoch	193	Bristol-Ferry		312
Blaye	174	Bothnie (golfe de)	52	Britaniques-Iles		77
Bliss (Ile)	297	Suède côte est	53	Briton Ferry		112
Block-Island	312	Böttö	27	Brivet		167
Blockhouse	284	Bouac (cap)	263	Brixham		103
Blokzijl	14	Bouc	198	Broadhaven		141
Blue Hill	301	Bouche (havre)	288	Broekerhaven		13
Bluff (port)	414	Boudroum	245	Broken (baie)		402
Blunt (Ile)	364	Boug (rivière)	254	Brooklin		291
Blyth	86	Bougaroni (cap)	263	Broomielaw		12
Boar	274	Bougie	263	Brothers		412
Boar (cap)	294	Boulogne	144	Brough		80
Boca-Engano	387	Bourgas (pointe)	247	Browns Head		302
Bocalieu (Ile)	272	Bourgas	251	Bruinisse		6
Boddom	80	Bovali Kaleli-si	247	Brulos		261
Bodö	73	Bovbjerg	23	Brunsbüttel		19
Body (Ile)	328	Bowlers's Rock	327	Brunshausen		20

TABLE DES MATIÈRES 421

Bruny (cap)	404	Caiffa	260	Capri	215
Bruster Ort	43	Caïn (île)	138	Capraja (île)	210
Bryer (île)	294	Callaburra (pointe)	186	Capricorne (cap)	398
Buchanness	81	Cala Figuera (cap)	194	Capricorne (chenal)	398
Buckaven	83	Cala Honda	186		
Buckie	80	Calais	144	Caramanic	259
Buddonness	82	Calcasieu	337	Caraquette	281
Budua (port de)	237	Caldera	358	Carbon (cap)	263
Buen-Ayre	340	Caldy	113	Carbonnière (île)	272
Buenos-Ayres	356	Calella	192	Cardiff	111
Buffalo (rivière)	368	Calf	138	Cardigan	114
Bugio	182	Calicut	375	Cardigan (baie)	284
Buholm	73	Californie	360	Cardon	360
Buk	41	Calingapatam	378	Cardross	124
Bukne Sund	67	Callao	359	Carentan	151
Bälk	31	Callonge	174	Caribou	285
Bull	133	Calshot	101	Carleton	280
Bull (baie)	329	Calvi	204	Carlingford Lough	131
Buller (rivière)	414	Camarat (cap)	201	Carobago (port)	231
Bullock (pointe)	312	Camarinas	180	Carlshamn	61
Bull Point	109	Camden	302	Carlskrona	60
Bull-Sand	89	Camiers	145	Carmel (Mont-)	260
Bulsar	378	Camogli (port de)	208	Carnarvon	114
Buncrana	129	Campanella	215	Carnay (île)	167
Bunker (île)	294	Campbell (cap)	413	Carnero	185
Burnett (rivière)	399	Campbellton	125	Caroline du Nord	327
Burnham	110	Campbeltown	280	Caroline du Sud	329
Burnmouth	85	Campêche	339	Carousal	277
Burnt Coat	295	Campo Bello	297	Carrikfergus	131
Burnt Island	83	Cann	272	Carroll (fort)	326
Burnt Island	303	Canaries	269	Cartaya	183
Burrard Inlet	365	Canaveral (cap)	332	Carter (île)	292
Burry (port)	112	Cancale	154	Carteret	153
Busainga (port)	387	Candie	246	Carthage (cap)	262
Buskar	27	Candie (port de)	246	Carthagène	187
Busselton	409	Cañela (île)	183	Caruso	214
Bustard (cap)	399	Can-Gion	388	Carysfort (récif)	332
Busto	178	Cani (île)	262	Cassamance (riv)	267
Büsum	21	Cannamore	375	Cascaes	182
Butt of Lewis	128	Cannes	201	Cascumpèque	283
By	173	Canso (cap)	288	Casquets	104
		Canso (détroit de)	287	Cassie (pointe)	282
C		Canso (Port)	288	Cassis	199
		Cantick (cap)	78	Castellamare	215
Caballeria (cap)	195	Canton	389	Castellorizo	259
Caballos (port)	340	Cap Breton	174	Castine	302
Cabrera (île)	194	Cap delle Armi	216	Castletown	121
Cabula	228	Cap Coast	267	Castro-Urdiales	176
Cadaques (port de)	193	Cap di Ferro	206	Cat (île)	335
Cadiapatan	376	Cap di Faro	208	Catalina (havre)	272
Cadix	184	Capo d'Istria	227	Catane	217
Cafofo	354	Capim	352	Cattaro (baie de)	236
Cagliari	207	Caprera (île)	206	Cattaro (bches de)	237

TABLE DES MATIÈRES

Cattolica	225	Chester (baie) 290	Cokle Gat 92
Cavala (b. Povola)	243	Cheticamp 285	Colbergmünde 42
Cavoli (île)	207	Cheviré (Île de) 167	Cold Spring Harbour 316
Candebecquet	148	Chicken 121	
Caxine (cap)	264	Chico (banc) 356	Collinson (cap) 389
Cayenne	351	Chili 357	Collo 263
Cazza (île)	235	Chiluane 368	Colom 195
Ceara	352	China Backeer 381	Colombaja 219
Cedar (Cayes)	333	Chine 388	Colombia (rivière) 363
Cedar (île)	314	Chinkiang 391	Colombie États-Unis de 359
Cedeira	179	Chio 245	Colombo 376
Cée (cap de)	180	Chioggia 225	Colonia 356
Célèbes	386	Chipiona 184	Colonne (cap) 221
Cellardyke	83	Chittagong (riv.) 380	Columbrettes (îles) 190
Centre (île du)	413	Choctaw (barre) 334	Comfort (pointe) 318
Céphalonie	239	Choptank (riv.) 325	Comillas 177
Cerigo (Île)	241	Christiana 321	Comisa (port de) 235
Cerkvenizza (port)	231	Christian (passe) 335	Commerce (Loire) 166
Cervia	225	Christiansoe 39	Comorin (cap) 376
Cesenatico	225	Church (pointe) 294	Concarneau 162
Cette	197	Chypre 259	Conception (baie) 358
Ceuta	266	Ciboux (île) 285	Conception (p.te) 361
Ceylan	376	Cienfuegos 345	Conejera 178
Chablah (cap)	252	Ciès 181	Conejera (Île) 193
Chalderness	90	Cinq Brasses (banc de) 319	Conimicut 312
Champion (baie)	410		Connecticut 313
Chanak-Kalé-si	247	Citta-Vechia (port) 234	Connecticut (riv.) 314
Chandeleur (Île)	336	Cigale (port) 232	Conover (balise) 317
Chanonry	79	Civita Vecchia 212	Conquet 160
Chapel (Île)	389	Ciudadela 195	Constantinople 249
Chapeo Virado	351	Clare 140	Constantin (port) 254
Chardak (cap)	256	Claremont (Îles) 397	Contis 174
Charente	170	Clarence (rivière) 401	Conway Inlet 283
Charles (cap)	322	Clark (pointe) 310	Cookton 397
Charleston	84	Clark-Wharf-Spit 118	Coompta 375
Charpness docks	111	Claye (île) 324	Coonaght Point 139
Charstone	111	Clevedon 110	Cooper (île) 391
Chassiron	171	Cleveland (cap) 397	Copeland 131
Chateau	174	Cloch 124	Copenhague 36
Chatham	307	Clonmacken Point 139	Coquet 86
Chatte (cap)	277	Coatham 88	Coquimbo 358
Chausey	154	Coatzacoalcos 339	Corbeaux 168
Cauveau	170	Cobequid (baie) 295	Corda 177
Chebucto (cap)	290	Cochin 375	Cordouan 172
Chefou (port)	391	Cochinchine 388	Corfou 238
Cherbourg	152	Cockburn (banc) 368	Coringa 378
Cherchell	264	Cockenzie 84	Corinthe (port de) 240
Cheribon	383	Cockspur (île) 331	Cork 91
Chery (Île)	321	Cod (cap) 307	Cork 136
Cherrystone Inlet	323	Godling 134	Corner Stake 318
Chersonèse (Cap)	255	Cœlieira 178	Cornfied (pointe) 313
Cherso (port de)	224	Coffin (Île) 291	Corran (pointe) 126
Chesapeake	322	Cohansey 320	Corregidor 387

Correnti (Ile)	218	Curaçao (Petit)	340	Deprano (cap)	246
Corrubedo	180	Currie (port)	407	Derby Haven	121
Corse	203	Currituck Beach	327	Derby-Warf.	306
Corsewall	122	Curzola (port de)	235	Despair (cap)	280
Corsini (port)	225	Curtis (port)	398	Devil (Ile)	290
Corton	92	Cutty-Hunk	310	Diana (Caye)	344
Corvolero	182	Cuxhaven	19	Didova Kata	254
Cos	245	Cygnes (rivière des)	409	Dielette	153
Costa-Rica	359			Dieppe	146
Cotinguiba	353	**D**		Diger	62
Cotrone (port de)	221			Digue du Nord	148
Couronne (cap)	198	Da Barra	351	Dil Bournou	248
Courseulles	150	Dœdalus	371	Dives	150
Courval	148	Dagebüll	22	Divi (pointe)	378
Cove (pointe)	325	Dager Ort	46	Djapara	384
Covesea Skerries	79	Dahmerhöft	32	Djeddah	371
Cowan Cowan	400	Dakar	267	Djerda (cap el)	263
Cowcally	380	Dalhousie	230	Djidjelli	263
Cozzo Spadaro	218	Dalmuir	123	Djoana	384
Cayeux	145	Dalni	396	Djursten	56
Crac'h	165	Dalrymple (port)	403	Dnieper (Liman du)	254
Craigmore	124	Dame (pointe)	332		
Crail	82	Damiette	261	Dniester	252
Cranea	240	Damman	60	Dock Head	139
Crane (Ile)	279	Dandi	373	Dodding Head	273
Craney (Ile)	322	Danemark (coté Ouest)	24	Doel	5
Crawford Rock	139	Danzig	43	Dog (Ile)	334
Crescent City	363	Dardanelles (détroit des)	246	Dog (Ile)	13
Creux (cap de)	193	Darmouth	104	Dog (rivière)	334
Crey (rivière)	413	Darser Ort	41	Dolin (rocher)	231
Cricin (pointe)	231	Dartuch (cap)	195	Dolphin nose	378
Crinan Canal	126	Daufuskie (ile)	330	Domes-Næss	45
Crooked (Ilé)	342	Davar	125	Dominique (La)	348
Crook Haven	137	Daxa (ile)	236	Donaghadee	131
Crowdy (cap)	401	Deal	97	Doncella (pointe)	185
Cruz (cap de)	345	Deauville	150	Donges	167
Cruz del Padre (Caye)	344	Dedé Agh (port de)	243	Donoho (batterie)	326
		Deep Water (pte)	321	Donzella (rocher)	236
Cuba (ile de)	344	Deep Water Shoals	323	Dob (cap)	256
Cudillero	178	Delaware	319	Doro (canal de)	242
Cullen	80	Delaware (Break) Water	320	Dorsché-Kil	8
Cullera (cap)	189			Douarnenez	160
Cumana	341	Delfshaven	9	Double (Ile)	381
Cumarebo	341	Delfzyl	16	Douelan	163
Croisic	165	Delgada (pointe)	357	Douglas bay	124
Cromarty	79	Dellamara (pointe)	221	Douvres	98
Cromer	91	Delli	385	Douvres (roches)	156
Crosby	117	Dellys	264	Dowsing	90
Cross (banc)	320	Demerari	350	Draghailan	54
Cross rip	309	Denia	189	Dragonera (ile)	194
Crotoy	145	Denison	298	Dragor	37
Cumbrae	125	Dent (Ile)	398	Drepano (cap)	210
Curaçao (Grand)	340	Deojugan	373	Drepano (cap)	246

TABLE DES MATIÈRES.

Drobach	62	Eddystone (pointe)	403	Enkhuyzen	12
Drogden	36	Edgartown	309	Enragé (cap)	296
Drogheda	132	Edithburgh	408	En-Sker	52
Dry Tortougas (port)	333	Ediz-Hook	364	Entry (Ile)	275
		Eel Grass	313	Éparses (îles)	346
Dubh Artach	127	Eem	13	Équateur	357
Dubno (pointe)	230	Eendragt	4	Erin (port)	121
Dudgeon	91	Eeragh	140	Ertak (pointe)	230
Due Odde	39	Egense Kloster	25	Esbjerg	22
Duino	226	Egerö	66	Escombrera	188
Duiven (île)	384	Egg (Ile)	277	Escumenac	282
Dumbarton	124	Egg (Ile)	289	Esmeralda	359
Dumbuck	124	Egg (Ile)	320	Espagne (côte mérid.)	185
Dunbar	84	Egg (Roche)	300	Espagne (côte nord d')	175
Duncannon	135	Egg (Roche)	306	Espagne (côte occid. d')	180
Dundalk	132	Eggegrund	55	Espagne (côte orientale d')	188
Dundee (port)	82	Egine	241		
Dundrum (Bay)	131	Egmont	10	Espagne (côte s -ouest)	183
Dundrum (port)	131	Egmont	333	Espavær	68
Dunedin	413	Égypte	260	Espiritu Santo	354
Dungarvan	136	Eider	21	Espozende	181
Dungeness	99	Eider (Galiote des pilotes)	21	Estaca de Vares	179
Dungeness (pointe)	357			Estacio (rade de)	188
Dunkerque	142	Ekholm	48	États-Unis	299
Dunmor	136	Ekkerœ	52	Etel	164
Dunnet	78	Elbe	18	Eupatoria	255
Durazzo	237	Elbe (feu flottant extérieur n° I)	18	Euripo (canal d')	242
Dusevig	66			Eye (pointe de l')	166
Düstenbrook	31	Elbe (feu flottant du milieu n° II)	18	Exécution (Rocks)	316
Dutch Gap	323			Eyemouth	85
Dutch (île)	311	Elbe (feu flottant intérieur n° III)	18		
Duxbury	307				
Dwarka (pointe)	372	Elbe (feu flottant intérieur n° IV)	19	**F**	
Dyck	143			Fœö	67
Dynen	62	Elbe (Galiote des pilotes)	18	Fakkebjerg	32
Dysart	83			Fairy (Port)	407
		Elbow	318	Falaise (balises de la)	309
E		Elburg	14		
		El Cabañal	190	Falcon (cap)	265
Eagle	41	Eléos	244	Falkland	357
Eagle (île)	301	Elgin	79	Falkner (Ile)	315
Eastbourne	99	Elisabeth (cap)	303	Falmouth	107
East Chop	310	Elisabeth (port)	367	False Point	379
East Oaze	95	Elisborg	27	Falsterbo	39
Eaton's Neck	315	Ellen (port)	125	Falluden	58
Eckernförde	31	Elm Tree	280	Fangal (port de)	191
Ecosse (cote occidentale)	122	Elm Tree	318	Fanö	23
Ecosse (cote orientale)	80	El Roque	341	Fano	221
Ecosse (cote septentrionale d')	78	Elseneur	35	Fano	238
		Elsfleth	20	Farallon (Ile)	358
Edam	13	Empedocle	218	Farallon du Sud	361
Edam	383	Emoneh-Bournou	251	Faraman	197
Eddystone	106	Enfant Perdu	351	Farewell	412

TABLE DES MATIÈRES.

Farn	85	Flensburg	31	Fuller (Rocher)	312
Faro	58	Flessingue	3	Funchal	269
Fasana (port de)	228	Flint (île)	286	Fundy (Baie de)	293
Fastnet	137	Flores	355	Funkenhagen	42
Father (pointe)	277	Floride	331	Furo	59
Fatouville	149	Folgerö	68	Fushiki	395
Favignana (Ile)	219	Folkestone	98		
Faxfleet	89	Fontaine (cap)	253	**G**	
Faxö	37	Ford (pointe)	272		
Fear (Cap)	328	Foteland (North)	96	Gaabense	35
Fécamp	147	Foreland (South)	98	Gabo (ile)	403
Fehmarn (Sound)		Formby	117	Gabon	268
de	32	Formento	165	Gabovacatrida	231
Femörö	58	Formentera	103	Gadaro	243
Fener	249	Formose (Ile)	389	Gaët	173
Fener Bakché	249	Fornaes	26	Gaëte	213
Feno (cap)	204	Fornali	203	Gaidaro	242
Fenwik (île)	321	Fort de France	349	Gajo	238
Fer (Cap de)	262	Fort (pointe)	291	Galata (pointe)	247
Fermin (pointe)	361	Fort (Point)	338	Galdobin	396
Fernando Pol	267	Foul (pointe)	376	Galia (pointe)	176
Ferret	174	Foulweather (cap)	363	Galera (pointe)	358
Ferryland (Cap)	273	Foulwind (cap)	414	Galibi	351
Fidonisi	252	Fouquets (Ile aux)	370	Galiola	229
Fier d'Ars	170	Four (le)	159	Galles (pointe de)	376
Fig (île)	331	Four	165	Galley (cap)	137
Figuier	175	Fouras	170	Gallipoli	222
Fildyedt	62	Fourteen Foot	320	Gallipoli	248
Filsand	45	Fowey	107	Gallo (cap di)	219
Fingal (cap)	401	Fowey (roches)	332	Gallo (cap)	222
Finistère	180	Fox (Ile)	282	Galloper	94
Finkenwarder	20	Foyle	129	Galveston	337
Finlande (golfe de)	46	Fraenbourg	43	Gannet	298
Finn Grund	55	Français (Ile des)	354	Ganzediep	14
Finn (pointe)	321	France (côte méridio-		Garde (cap de)	262
Fire Island	316	nale	196	Gardenstown (port)	80
Firman (navire		France (côte Nord)	142	Gardiner (Ile)	314
stationnaire)	248	France côte occiden		Garmoyle	124
Fisgard	364	tale de)	159	Garnish	274
Fisherrow	84	Franklin	302	Garvel (pointe)	124
Fiumara	230	Fraserburgh	80	Gasören	53
Fiumara Grande	212	Frédéric Nord	5	Gaspé (baie)	276
Fiume	230	Frédéric Sud	5	Gaspé	276
Fiumicino	212	Fredericia	29	Gaspé (cap)	276
Fjeldö	67	Fredericksort	31	Gaspar (détroit de)	385
Flaavar	70	Frederjkshaven	24	Gata (cap de)	259
Fladholm	66	Fréhel (cap)	155	Gate (cap de)	187
Flagstaff Rock	139	Frères (les)	371	Gatteville	152
Flamborough	88	Frio	354	Gavdo (Ile)	246
Flatholm	110	Frying-Pan	328	Gavrion (port)	242
Flattery (cap)	364	Fruholm	75	Gay-Head	308
Flat-Top	398	Fuglenœs	75	Geelong	406
Fleetwood	118	Fulehuk	63	Geestemünde	18

24.

426 — TABLE DES MATIÈRES.

Gefweskär	27	
Gelsa (port de)	234	
Gênes	208	
Génius (banc)	17	
George (cap)	286	
George (Ile)	290	
Georgetown	329	
Géorgie	330	
Gianutri (Ile)	212	
Gibraltar	185	
Gibraltar (port de)	185	
Giedser	38	
Giedser (récif)	38	
Giglio	212	
Gijon	178	
Giraglia (Ile)	203	
Girdlenefs	81	
Girdler-Sand	96	
Girgenti	218	
Gitterö	68	
Gjœslingerne	73	
Gladden (batterie)	334	
Glarenza	239	
Glascow	124	
Glavina (pointe)	229	
Glenelg	408	
Glopen	74	
Gloucester	305	
Gluckstadt	20	
Goa	375	
Goamnath	373	
Goat (Ile)	311	
Gobernadora	344	
Godö	70	
Gordrevy	108	
Goeree	7	
Gœrishoek	6	
Goes	6	
Gogah	373	
Gomena (cap)	235	
Goodwin-Sands	97	
Goose (cap)	278	
Goose (Ile)	403	
Gopaulpore	378	
Gordon (port)	80	
Goro (rade de)	225	
Gorontala	388	
Gottska	58	
Goudzee	13	
Gozo	220	
Gozo (Ile)	221	
Graadyb	22	
Grado	226	
Graighill (canal)	326	
Granberry	288	
Grand Banc	171	
Grand Belt	33	
Grandcamp	151	
Grand-Coco	380	
Grandes Basses	376	
Grande-Fourmi	188	
Grand-Harbour	298	
Grand-Isaac	343	
Grand-Jardin	154	
Grand-Orme	116	
Grand-Pinaud (Ile)	167	
Grande-Plaisance	273	
Grand-Ribaud	201	
Grand-Rouveau	200	
Grands Cardinaux	165	
Grand Stirrup	343	
Grangemouth	84	
Granitola (Cap)	218	
Granton	84	
Granville	154	
Grao de Buriana	190	
Grao de Castellon	190	
Grao de Valence	189	
Gravelines	143	
Grave	172	
Gravosa (port)	236	
Great-Beds	318	
Great-Bird	276	
Great-Captain (Ile)	316	
Great-Castle	113	
Great-West Bay	316	
Grèce	238	
Green (Ile)	289	
Green (Ile)	290	
Green (Ile)	388	
Greenbury	325	
Green-Island	278	
Greenly (Ile)	271	
Greenock	124	
Gregory (cap)	363	
Greighton (pointe)	287	
Grenade (Ile de la)	347	
Grennville (port)	283	
Griefswalde	41	
Grimsby	89	
Grimskär	60	
Grindel-Point	302	
Grindstone	275	
Grindstone (Ile)	296	
Gris-nez	144	
Grissee	384	
Grisslehamn	50	
Grœnendik	5	
Groix	164	
Grön Skär	57	
Grosa (pointe)	193	
Gros-Heurt	148	
Grossa	232	
Gross Horst	42	
Grouin-du-Cou	169	
Ground (English and Welsh)	110	
Grundkalle-Grund	56	
Grund'sholmen	66	
Grytä	74	
Guadeloupe	348	
Guanos	344	
Guardia	181	
Guayaquil	359	
Guernesey	104	
Guetaria	176	
Guia	182	
Guilvinec	162	
Gull	292	
Gun (Caye)	343	
Gunfleet-Sand	95	
Gutz-Jaff	390	
Guyanes	350	
Guyon (Ile)	287	
Guysboro	288	

H.

Haamsteede	7
Habibas (Iles)	265
Häefringe (Ile)	58
Hakodadi	395
Half-Moon (Caye)	339
Half-Moon (récif)	338
Half-Moon Shoal	333
Half-Way-Roch	303
Hällö	28
Halmstad	27
Hals	25
Halskov	33
Halten	73
Hambourg	18
Hambourg	20
Hammeren	39
Hammerfest	75
Hancok (Cap)	363
Handkerchief	308
Haneda	395
Hangœ	51

Hangœ (port de).	51	Héron (île).	280	den	8
Hangœ Udd.	51	Heron Neck	301	Hôpital (pte de l')	306
Hawkins (pointe).	326	Hervey (baie)	399	Hopson's Nose.	291
Hanö.	61	Hesselö	26	Horn (passe de	
Hanois.	105	Hestkjaer.	72	l'île)	335
Hanstholm.	23	Hewelsch-Hoofd.	9	Hornby	402
Hansweert.	4	Hewet (canal).	92	Horns (récif)	23
Haparanda.	53	Heyst.	2	Horsens.	29
Häradskär.	58	Higuero.	175	Horse-Rock	138
Harderwijk	13	Hilo.	365	Horse-Shoe	281
Harlingen.	15	Hillsborough.	296	Horton.	295
Harrington.	120	Hillsborough (b.).	284	Horton (pointe).	314
Hartland.	109	Hillsborough-		Hosti.	234
Hartlepool	87	Wharf.	282	Howth.	133
Harwich.	94	Hilton (cap)	330	Hourdel.	145
Hasborough.	91	Hindeloopen.	15	Hourtin.	174
Hastings.	99	Hinder (Nord).	2	Houtman.	383
Hatholm	65	Hinder (Ouest)	2	Hoyer.	22
Hatteras (Cap).	328	Hirshals.	23	Hoyrake.	116
Hatteras (havre).	328	Hirsholm.	24	Hoy-Sound.	78
Hattes	351	Hjelm (île).	26	Huasco.	358
Haugsholm.	70	Hjertnesstrand.	70	Huelva.	183
Haut Banc du Nord	169	Hjertholm.	75	Hueneme	361
Have (rivière la).	291	Hobartown.	403	Hudson (fleuve).	319
Havre-de-Grâce	272	Hoborg	59	Huizen.	13
Havre-de-Grâce	327	Hoc.	148	Humboldt.	363
Hawaki (baie)	414	Hock-van't-Ij	13	Humlungen	63
Hayle.	108	Hog (île)	322	Hunstanton	91
Hébert (port).	292	Hogland.	48	Hunting (Île).	330
Hegholm	62	Hogsten.	70	Hurst.	102
Heisternest.	43	Hohe Weg (banc)	17	Hussein (pointe).	245
Hekhingen.	75	Höjevarde.	67	Hven (île).	36
Hela.	42	Hokitika (rivière)	413	Hvidingsö	66
Helenborough	124	Holburn.	78	Hyères (V. salins d')	204
Helgoland (île).	18	Hollande.	2	Hydra.	241
Helbolm	34	Hollstein	43	Hyannis.	309
Hellespont (cap)	247	Holme's Hole.	310		
Hellevœtsluis	8	Holmo-Gadd.	54	**I**	
Hellisö	69	Holstein	21		
Hell-Ville.	369	Holy-Head	115	Ibo.	369
Helman	52	Homborgund	65	Icacos	341
Helsingborg.	38	Hon-Dau	388	Idzu (Cap).	394
Helsingör,	35	Honduras (cap).	340	Ielagkin	50
Helwick Sands.	112	Honfleur	149	IJminden.	10
Hen-and-Chickens	310	Honolulu	365	IJzeren-Baak.	7
Hendrick's Head.	303	Honotsu.	395	Ika (port).	229
Henlopen (cap).	319	Hood (port)	285	Ile (La belle).	167
Henningsvœr	74	Hoogly (rivière)	379	Ile au loup	167
Henry (cap)	322	Hook	135	Ilfracombe.	109
Heraclée.	248	Hooksiel	16	Ilo-Ilo.	388
Herbes (pointe		Hooper's Straits	325	Impérial (port).	396
aux).	335	Hoorn.	13	Inague (Grande)	342
Herefort (passage)	319	Hoornsche Hoof-		Inchkeith	84

TABLE DES MATIÈRES.

Indes (mer des)	366	Jaffa	260	Karadasch(pointe)	259
Indian (Ile)	302	Jaffa (cap)	407	Karas-Kotchii	385
Indio (banc)	356	Jaguaribe	353	Karikal	377
Indjeh (cap)	257	Janc (île)	324	Kaskœ	52
Ineboli	257	Jandla	270	Katacolo (cap)	240
Infreschi (pointe)	215	Japon	392	Katang (ile)	384
Ingonish	285	Java (mer de)	383	Katendrecht	9
Inhambane	368	Jeni Keui	250	Katerinental	47
Inhauserseil	16	Jéron (pointe)	250	Katic (rocher)	237
Inieh (cap)	257	Jersey	105	Kattégat	24
Inisheer	140	Jerseyman	287	Kattègat (c. est Snède)	27
Inishgort	141	Jershöft	42	Katwijk	10
Inishowen	129	Jervis (baie)	402	Kawaihae	356
Inistrahul	129	Jorvis (cap)	407	Kedgeree (pointe)	380
Inskip (pointe)	401	Jicalanga	339	Kéfis (pointe)	247
Inu-Boye-Saki	395	Jijghin	76	Kefken (cap)	257
Inverkeithing	84	Joka-Sima	394	Kent (groupe)	403
Ioniennes (Iles)	233	Jomfruland	64	Kentish-Knock	94
Ior (port d')	242	Jones (pointe)	327	Koppel (baie)	398
Ipse (pointe)	60	Jordan (pointe)	323	Kerassounda	257
Ipswich	305	Jose Ignacio (p.)	355	Kerdonis	165
Iquique	385	Joujmoui	76	Kernevel	164
Irlande (côte est)	130	Jourimain (cap)	283	Keroman	164
Irlande (cote ouest)	137	Jablanaz (port)	231	Kertch	258
Irlande (côte septrion.)	129	Judith (pointe)	312	Kertch (baie de)	257
Irlande (côte sud)	135	Juel's Sand	20	Kertch (détroit de)	257
Iro o-Saki	394	Jupiter Inlet	332	Kessingland	93
Irvine	123	Jutias	344	Ketel	14
Isaac (port)	288	Jutland	21	Khoraz	248
Isaki	392	Jvi (cap)	265	Khunbandar	373
Ischia	213			Khundari (ile)	371
Ischinomaki	395	**K**		Kiama (port)	402
Isigny	151			Kiddrong (baie)	386
Islande	75	Kaapduinen	3	Kiel	31
Islande (pointe)	397	Kacosima	392	Kijkduin	10
Islay Sound	126	Kado-Sima	395	Kilcradan	139
Isle Haute	295	Kalacria (cap)	251	Kili (cap)	257
Islète	270	Kalamaki	241	Killala (baie)	141
Islette (port)	202	Kalkgrund	37	Killingholm	90
Itacolomi	352	Kalkgrund(banc)	31	Killybegs	141
Italie	266	Kalboden(Grund)	51	King(pointe)	409
Italie (côte sud et est)	221	Kallundborg	33	Kingsport	295
Italie (côte s. et o. d')	207	Kamouraska(g.ile)	278	Kings town	133
Itapóa	353	**Kamtschatka**	392	Kingwasan (Ile)	395
Itheque	238	Kanakakoa	366	Kinnaird Head	80
		Kandavu (ile)	366	Kinn (Ile)	60
J		Kandlidja	250	Kinsale	137
		Kandili (pointe)	249	Kiöge	37
Jade	19	Kanholmen	57	Kiounô	46
Jadria (pointe)	233	Kanon Saki	394	Kirkbacken	36
Jack (cap)	288	Kappel (west)	3	Kirkcaldy	83
Jackson (port)	401	Kappeludden	59	Kirkendbright	122
Jafarabad	373	Kara Bournou	251	Kirkwall	78

TABLE DES MATIÈRES. 429

Kish	134	La Calle	262	Las Huertas (cap)	189
Kishu Garya	393	La Canée	246	La Spezzia	209
Kili (pointe)	259	Lacépède (baie)	408	La Sude	246
Kiu-T'oan	391	Lacépède (Iles)	410	Latakié	259
Kleverske	6	La Chaume	169	La Testa	206
Klinte	59	La Ciotat	200	Latheronwheel	79
Klöster-Camp	396	La Corbière	106	Latour (port)	292
Knocke	2	La Corne	157	La Valette	220
Knock	16	La Corogne	179	La Valette (port)	221
Knuds-Hoved	34	La Coubre	171	La Vaquerie	148
Kobbergrund	25	Lady Elliot	399	Lavezzi (Ile)	205
Kobbervig	67	Læsö (canal)	25	La Union	260
Kodoch (cap)	256	Læsö (Iles)	25	Lazaretto (pointe)	326
Köksker	48	La Falaise	172	Leading (pointe)	326
Kolhorn	12	La flotte	170	Leander (pointe)	410
Kalolimno (îlot)	245	La Garouppe	202	Leasowe	116
Koombanah (baie)	409	Lagos (port)	243	Le Chay	172
Kootubdea	380	Lagos	267	Ledskär	58
Kobé	393	Lagosta	235	Leekerhock	13
Koro	384	Lagostini (rochers)	236	Leerö	69
Korsö	57	La Goulette	262	Leervig	72
Korsör	33	La Hague	153	Lee Scar	120
Koster (nord)	29	Lahaina (port)	366	Lefchimo	238
Koniz-Aoul	255	La Havane	344	Le Ferrol	179
Koum Kaleh	246	La Hève	147	Le Frioul	198
Koupang	385	La Hougue	151	Légué (port du)	155
Kouri (Cap)	251	La Joliette	198	Le Havre	147
Koutaly	249	La Jamaïque	346	Leith	84
Krab	9	Lambert (pointe)	323	Leman	91
Kraggenburg	14	Lamlash	125	Le Mesnil	148
Krautsand	20	Lamock (Ile)	389	Lemmer	14
Krionero (cap)	239	Lampeduza	221	Lenga (pointe)	236
Krishna (banc)	380	Lampedusa	221	Le Préau	297
Kronslott	49	Landguard	94	Lepsörer	71
Kronstadt	49	Landskrona	38	Lequeitio	176
Kruishoofd	3	Landsort	57	Lerici (port)	209
Kruisschans	5	Langeland	35	Lervig	63
Kuinre	14	Langlütjensand II	17	Levanzo (île)	219
Kullen	38	Langö-Tangen	64	Lévi (cap)	152
Kurrachi	372	La Nouvelle	196	Levuka	366
Kuru-tchesmé	249	Lanriec	163	Liau	392
Kustenjeh	252	La Pace	216	Libau	14
Kutchinotsu	392	La Panela	356	Libby	299
Kyle Akin	127	La Herrotine	171	Libertad	360
Kvitholm	71	LaPianosa	211	Liberté (Ile de la)	167
Kvitnœss	72	La Rille	149	Licata (port de)	218
Kwak-Hoek	8	Lark (Ile)	278	Liefkenshok	5
		Larnaca	259	Lilla Leskär	53
L		Larne Lough	130	Lille Blegen	68
		La Rochelle	170	Lille Feysteen	63
La Balue	155	La Rode	201	Lille Fœrder	63
La Banche	166	La Roque	148	Limanie (Porto)	239
Labrador	271	La Seyne	201	Lime Rock	311

TABLE DES MATIÈRES.

Limon (port)	340	Long Pilgrims	278	Macinaggio	206
Lindesnœs	65	Longships	407	Mac Kenzie	286
Lingan (pointe)	286	Longstone	85	Madeleine (cap)	277
Liouser Ort	44	Loni (pointe)	231	Madère	362
Lipari (île)	216	Lonsdale (pointe)	404	Madras	377
Lipari (île)	216	Look-Out (cap)	328	Madura (détr. de)	384
Liscomb (île)	289	Look-Out (pointe)	325	Madura (île)	384
Lismore	127	Lorient	163	Maestra (pointe)	225
Lismore (épave du)	391	Losari	386	Magellan (détroit de)	357
Lissa (île)	235	Lossiemout	79	Magerre-Mertie	4
Lissan-el-Kahpé	259	Lossini Piccolo	232	Magnavacca	225
Lister	66	Lough Swilly	129	Magnisi	217
Litelton (port)	413	Louisbourg (port)	287	Mahon	195
Little Channel	283	Louisiane	335	Mahon's Ditch	320
		Loutre (passe à)	336	Maidens	130
Little Cumberland	331	Love (pointe)	325	Maine	299
Little Ferry	79	Lovrana (port de)	229	Nakassar	386
Little Gull	314	Lower Cedar		Marken	13
Littlehampton	100	(pointe)	327	Malabar (cote du)	372
Little Hope (île)	292	Lowestoft	92	Malacca (détroit de)	384
Little Metis	277	Luarca	178	Malacca	381
Little River	299	Lucietta (rocher)	233	Malaga	186
Little Ross	122	Lucifer (banc)	134	Malaguing-Gilog	387
Little Sands	234	Lucipara	385	Malamocco	225
Little Sea	398	Lucrecia (pointe)	343	Maldonado	355
Liverpool	117	Lühe	20	Malinska (Port)	230
Liverpool	291	Lukovo	231	Malmö	38
Livourne	210	Lundeborg	34	Malte	220
Lixuri	239	Lundy	109	Malwan	374
Lizard	107	Lune	118	Manakau (cap)	412
Llanelly	113	Lunenburgh	291	Manan (Grand)	298
Lanès	177	Lungö	54	Manavatu	412
Llobregat (rivière)	191	Lutostrak	232	Manchac (passe)	336
Lloyd's Neck	319	Lyme Régis	103	Mandals	65
Loanda	268	Lyngor	64	Mandvee	372
Loop Head	139	Lynn	91	Manfredonia	223
Lobos	270	Lynnel-Well	90	Mangarol	372
Lobos (Caye)	343	Lynnus	116	Mangalore	375
Lobos (île)	355	Lyon (chenal de)	91	Manicouagan	277
Loch In Dail	126	Lytham	118	Manille	387
Loch Leodamis	125			Manoel	220
Loche Ryan	122	**M**		Manta	359
Loch Tarbet	128			Manuel (cap)	267
Loctudy	162	Maasluis Scheur	9	Manzanilla	340
Loggerhead	333	Macao	388	Maplin	95
Logheen	138	Macaronia	244	Mapon	173
Logsher	52	Macarsca (port)	234	Maquereau (pointe)	280
Log-Sker	52	Mac Arthur	126	Maracaïbo	340
Loma	360	Macdonniel	407	Maranham	352
London	49	Macduff	80	Marbella	185
Long Beach	314	Maceio	353	Marble Head	306
Long Island	306	Machichaco	176	Mare (île)	367
Long Island	331	Machias Seal (îles)	298	Margaretville	295

Margarie	285	Meinders Droogte	384	Mintok	385
Margate	96	Mel (île do)	354	Miscou (île)	281
Maria de Van Diémen	409	Melbourne	406	Misène (cap)	214
		Mele (cap de)	208	Mispillon	320
Marie Galante	347	Melilla	266	Mississipi	335
Marienleuchte	32	Melville (cap)	397	Mississipi	336
Marittimo (île)	219	Meloria (banc)	210	Mississipi (passe S. O.)	336
Mark (Île)	301	Meinel	44		
Marmara (mer de)	248	Menai	116	Missolonghi	240
Maroc	266	Menan (petit)	300	Mitylène	243
Marsala	219	Mendocino (cap)	362	Mletak (pointe)	232
Mersa Musceit (port de)	221	Menscheneter	383	Mobile (pointe)	334
		Menton	203	Mocuripe	352
Marseille	198	Mercer (cap)	274	Modiough	76
Marseille (Nouveaux ports de)	197	Merlera (pointe)	229	Moën	37
Marseille (rade de)	198	Mermindji (cap)	244	Mœrangi	413
Marshall (crique)	295	Merrill's Shell	335	Mœrdjik	8
Marshall (pointe)	302	Mers-el-Kébir	265	Molfetta	223
Marsten	69	Mersina	259	Monach	123
Marstrand	28	Mesa de Roldan	187	Mondego (cap)	181
Martin (rivière)	277	Messaragotsen	45	Monemvasia	241
Martin Garcia	356	Messine	216	Monkholm	72
Martinique (la)	348	Mesurado	267	Monhegan	302
Martin's Industry	330	Meteghan (riv.)	294	Monomoy (pointe)	308
Mary (rivière)	399	Meitway	291	Monpoli	222
Maryland	322	Mexique	360	Montauk	319
Maryport	120	Mexique (golfe du)	333	Mont Chapel (balise du)	317
Massachussets	304	Mexique (golfe côte ferme)	338	Monte Circello	213
Maseskar	28	Mèze	197	Montecristo	212
Masknuff	57	Michael Scar	119	Monterey	361
Masulipatam	378	Middelbourg	5	Montévidéo	356
Matagorda	338	Middelburg	383	Montrose	81
Matane	277	Middelfart	30	Mont-Saint-Loup	196
Mathias (pointe)	327	Middelharnis	8	Mont-St-Michel	154
Matifou	264	Middle	282	Montserrat (île)	347
Matinicus (roche)	301	Middle-dog	390	Moose-Peak	299
Matoya	393	Middle Ground	330	Morecambe	119
Mattinata	223	Middle-Shoals	90	Moreton	409
Maurice	369	Midjie	298	Morgan (pointe)	313
Maurice	370	Midtholm	68	Morjovets	76
Maurice (rivière)	320	Mielstaks	20	Morlaix	158
May	82	Mifflin (fort)	321	Morno (Rivière)	240
May (cap)	319	Milazzo	220	Morris (Île)	329
Mayaguez	347	Milford Haven	113	Morsalines	151
Mayo's Beach	307	Milna	234	Mortella (pointe)	203
Mayotte	369	Mindin	167	Morups-Tänge	27
Maysi	345	Mine Head	136	Mosher (Île)	291
Mazatlan	350	Minikoy	376	Moss Hoven	63
Means	167	Minot Extérieur	306	Mostaganem	265
Medemblick	12	Minquiers	154	Moster Haven	68
Médes (Îles)	192	Minquiers	106	Moule (port du)	348
Méditerranée (mer)	195	Minsemer Sand	16	Mount Desert Rock	300

TABLE DES MATIÈRES.

Mouro (Ile)	177	Natal	368	Nidden	44
Mouse	95	Naufragados	355	Nidingen	27
Mousset	173	Nauplie	241	Niegala	395
Montons (Ile aux)	162	Nauset	307	Nieuwe Diep	11
Mouton (port)	291	Naval Hopital	323	Nieuport	1
Mowa	373	Navesink	317	Nieuw-Sluis	9
Mozambique (port de)	369	Naze (cap de)	65	Nieuwe Neuzen	4
		Nera (pointe)	229	Nikolaev	396
Muggia	226	Ned's Point	310	Niopoli	257
Muiden	13	Needles	102	Nioustadt	52
Mullin	284	Negapatam	377	Nisida	214
Mull of Cantyre	125	Negrais (cap)	380	Nobsque (pointe)	310
Mull of Galloway	122	Nègres (pte des)	349	Noirmoutiers	168
Mull Sound	127	Négrito (pointe)	230	Noordschouwen	7
Mumbles	112	Negro (île)	292	Nord (cap)	285
Munkmarsh	22	Neguac	281	Nord (mer du)	62
Muro di Porco	218	Nelson (cap)	401	Nordby	23
Muros	180	Nelson (port)	412	Norderney	16
Murray (port)	284	Nemero	396	Nordnœs	69
Muscles Bed	312	Nemours	265	Nordre Ron	25
Musquah (port)	297	Nerja	186	Nordre Röse	37
Mutlah	379	Nerva	49	Nordwijk	10
Mutton	140	Netley	101	Nore	96
		Neustadt	32	Norman	271
N		Neuwerk	19	Norr Sker	52
		Neva	50	North Brother	316
Nab	101	Newarp	92	North Dock Wall	117
Nabae Sima	393	Newbiggin	86	North Dumpling	313
Nagasaki	392	Newburyport	304	Northfleet	95
Nakkehoved	35	Newburyport (balise)	305	North Landing (rivière)	327
Nakhodka	396				
Namasieh	247	Newburyport (port supérieur)	305	North-Unst	77
Nanaino (havre)	365			Northwatcher	383
Nansemond (riv.)	323	New Canal	336	Norvège (côte O.)	66
Nantucket	308	Newcastle	297	Norvège (côte S.)	62
Nantucket (balise de)	309	New-Castle	321	Norwalk (îles)	315
		Newcastle	401	No-Sima	394
Nantucket Shoals	308	New Dungeness	364	Noshiaf-Saki	393
Naos	269	New Jersey	316	Noss Head	79
Napier (morne)	410	Newchang (riv.)	392	Nouméa	366
Napier (port	410	New Hampshire	304	Nouveau-Brunswick	280
Naples	214	Newhaven	100	Nouveau Brunswick	296
Nargen	47	Newhaven (Long Wharf)	315	Nouvelle-Ecosse	284
Narraguagus	299			Novi (Port de)	231
Narrakel	375	Newhaven	84	Nowgorod	396
Narrows	306	New-London	313	Nubble Head	304
Närsholm	58	New-Plymouth	412	Nuevitas (port)	345
Narva	49	Newport	82	Nugget (pointe)	414
Nagara Kaleh-si	247	New Quay (baie)	114	Nyborg	34
Nash (Ile)	299	New-York	316	Nyholm	73
Nash Point	111	Neyland (pointe)	113	Nijkerk	13
Näskubben	56	Nice	202		
Nassan (port de)	343	Nicholas-Gat	92		

… TABLE DES MATIÈRES. 433

Oak (île)	329	Ortona	224	Palmajola	211
Oak (pointe)	280	Osaka	393	Palmas	270
Oak (pointe)	281	Osera	227	Palmas (cap)	267
Oamaru	413	Osé-Saki	392	Palmer (île)	310
Oban	126	Oskargrund	37	Palmerort	41
Obrestad	66	Ossenhock	7	Palmyre	171
Océan atlantique (îles		Ostende	1	Palos (cap de)	188
éparses de l')	268	Ostié	212	Palumbo	219
Océan Pacifique (îles)	355	Otago (port)	413	Pampus (nord)	8
Ockseu	389	Otrante	222	Panama	359
Ocracoke	328	Otway (cap)	407	Pancha	178
Oddero	65	Ouddorp	7	Paddang	382
Odense	33	Oude Child	11	Pantellaria	221
Odensholm	46	Ouessant	159	Papa (cap)	239
Odessa	253	Ouest (canal de l')	406	Papeete	365
Odet	162	Ouest (Caye)	333	Parahiba	353
Offer Wadham	271	Ouétique (île)	287	Paredon (caye)	344
Ohna	74	Oumour (banc)	250	Parenzo (port de)	227
Oland	59	Outœ	51	Paris (île)	330
Old field Point	335	Ower	91	Parsborough	296
Old-fort-Point	302	Owers	100	Partridge	296
Old-Head	137	Owl's Head	301	Partridge (île)	296
Old Point Comfort	322	Oxhammer	68	Parvicchio	231
Olga (baie)	396	Oxhöft	43	Pascagoula (est)	335
Olinda	353	Oxö	65	Pasig	387
Omai Saki	394	Oyster	141	Paspargos	245
Oneglia	207	Oyster	375	Paspebiac (pointe)	280
Ons (Île)	180	Oyster Beds	331	Passages	175
Ooltgensplaat	8	Oyster (récif)	380	Passage N. O.	
Oo-Sima	393			(floride)	333
Oosterhoofd	5	**P**		Passaic (rivière)	318
Oostgat	3			Passaro (cap)	218
Oporto	181	Padre (île)	338	Passaruang	384
Or (cap d')	295	Padstow	108	Passe (île de la)	275
Oran	265	Pagensand	20	Pass Paumbem	377
Oropesa (cap)	190	Pago (port)	231	Patea (rivière)	412
Ore	38	Paimbœuf	167	Patiras	173
Orebic (port)	235	Pakefield Gat	93	Patras	240
Oregrund	56	Paker-Ort	46	Patrick (port)	122
Orclioved	34	Palaio (pointe)	249	Patti	220
Orénoque	341	Palais (Belle-île)	165	Pauillac	173
Oreos	242	Palamos (port de)	192	Paul	258
Orfordness	93	Palamota	236	Pavoa-de-Varzim	181
Orianenbaum	50	Palanquetat (Caye)	343	Poxo	238
Origeaux (pointe)	278	Palavas (Grau de)	197	Pea (pointe)	297
Orloy	76	Palazolli	232	Pease (île)	293
Orne	150	Palazzo (port)	236	Péchiguera	269
Ornsay	127	Palerme	220	Pedra Branca	386
Orskor	56	Palermo	238	Pedro-do-Sal	352
Orso (cap)	215	Palco Kastron	246	Peel (port)	120
Orsyaag	75	Palinuro (cap)	215	Pei-Ho	392
		Palma (île de)	270	Pekalongan	383
		Palma (port)	194	Pelagossa (île)	223

25

TABLE DES MATIÈRES.

Pelzerhaken	32	Pictou (île)	285	Pooree (port)	378
Pemaquid (pointe)	303	Piedras Blancas	361	Poor Head	137
Peñas	178	Piedras (Caye)	344	Pope (havre)	289
Penai	255	Piedras (Caye)	345	Poplar	311
Peneda (pointe)	228	Piel (port)	119	Porebandar	372
Penfield	315	Pierre à l'œil	167	Porkala-Oudd	51
Penfret	163	Pierre de Herpin	154	Porman (port de)	188
Penlan	165	Pierres Noires	160	Pornic	167
Penmarc'h	162	Pierre Rouge	167	Poros	241
Pannes	1	Pigeon (pointe)	361	Porpoise (cap)	304
Penn (port)	321	Pijrholm	68	Porquerolles	201
Penon de la Go-		Pilier	168	Portage (île)	281
mera	266	Pillau	43	Portbail	153
Pentland Skerries	78	Pilots's Ridge	379	Port Breton	168
Penrhyn	116	Pine (cap)	273	Port en Bessin	151
Pensacola	334	Piney (pointe)	327	Port Haliguen	164
Penzance	107	Piper (île)	397	Porthcawl	111
Pepe	346	Pirano (port)	227	Porti Busin	387
Pera (cap)	195	Pirie (le)	241	Portishead	111
Périm (île)	371	Pittenween	83	Portland	103
Périm (île)	373	Pladda	125	Portland (baie)	407
Pernambuco	353	Plaka (cap)	241	Portland (brise-	
Pernata (pointe)	229	Plana (île)	188	lames de)	303
Pernis	9	Planier	199	Portland (cap)	303
Pernov	45	Plata (La)	355	Portland (île)	411
Pero	211	Ploumanach	157	Port l'Etang	297
Péron	357	Plum (île)	314	Port Louis	370
Perros	157	Plymouth	106	Port Navalo	165
Pertskewet	111	Plymouth	307	Port Neuf	278
Pertusato	204	Pocognidol	234	Porto Conte	206
Pesaro	224	Poge (cap)	309	Porto Covo	182
Pescador	176	Pointe à pitre	348	Porto Ercole	211
Pescadores	389	Pointe de Monts	277	Porto Ferrajo	211
Pestchani	258	Point Fort	338	Porto Fino	208
Petagne	222	Point no Point	364	Porto Longone	211
Petor (île)	294	Point-of-Shoals	323	Porto Maurizio	207
Peterhead	80	Pokemouche	281	Port-on-Craig	82
Peterhoff	50	Pola	228	Portore	230
Petit Belt	29	Pollock-Rip	308	Porto Torres	206
Petites Basses	376	Pomquet	285	Porto Vecchio	205
Pettini (rocher)	236	Ponchartrain		Porto-Venere	209
Petit Passage	294	port	336	Portrieux	155
Petropaulowski	396	Pond (île)	303	Port Saint-Jean	203
Phillip (port)	405	Pondichéry	377	Portsmouth	304
Philippeville	263	Pondquogue	316	Portugal	175
Philippines	386	Ponsa (île)	213	Portugal	181
Phiscarda	299	Pont Aven	163	Port-Vendres	196
Phladda	126	Pont Severn	111	Portzic	160
Pi (port)	194	Pontusval	158	Portii	256
Piave Vecchia	236	Ponui (canal)	411	Pouliguen	166
Pickering (port)	306	Pool (île)	326	Poulo Bras	381
Picton (port)	412	Poolbeg	133	Poulo Caballo	387
Pictou (havre)	285	Poole	102	Poulo Kera	385

TABLE DES MATIÈRES.   435

Poulo Lumaut	381	Pylos	240	Revel Stein	47
Poulo Pisan	382			Réville	151
Poulo Rakit	383	**Q**		Revsnœs	33
Poulton	119			Reyes (pointe)	362
Pouzzole	214	Quaço	296	Reykiannœs	75
Pozallo	218	Queenborough	96	Ribble	118
Presto	73	Quélern	160	Richard	173
Pratas (île)	389	Quieto (port)	227	Riche	271
Praya (porto)	267	Quillebœuf	148	Richibucto (cap)	282
Préservation (hâvre)	414	Quillimane	369	Richibucto (riv.)	282
				Richmond	283
Prestenizzé	229	**R**		Richmond (rivière)	401
Preston (plage)	282			Riga	45
Prince (canal du)	96	Raa	38	Rigolet-Ouest	335
Prince Alphonse (Port du)	386	Rabaz (port)	229	Rilland	3
		Race	364	Ringkolm	72
Prince Edouard (île du, pointe E)	283	Race (cap)	273	Ringholm	68
		Race (pointe)	307	Rio	211
Prince Edouard (île du, pte O.)	283	Race Rock	313	Rio Grande de Norte	35
		Rachada (cap)	381		
Prince Edouard (île du)	283	Raffles	382	Rio Grande du Sud	355
		Ragged (pointe)	350		
Princes Bay	318	Raguse (port de)	236	Rio Janeiro	354
Prior	179	Raguse (vieux)	236	Riou	199
Priorino	179	Rajapour (port)	374	Ripley hoal (fort)	330
Procida	214	Ramsey	121	Ristna	46
Progresso	339	Ramsgate	97	Ristninna	46
Promontore	228	Rangoon	381	Rivadesella	177
Propriano (p. de)	204	Raschgoun	265	Rivière- le Coues- non	154
Prospect (havre)	300	Ras Gharib	371		
Provesteen	36	Rasbielee Park	123	Rivoli (baie de)	408
Province Town	307	Ratan	54	Rixhölt	42
Prudence (île)	312	Rathlin	130	Rhetymo	246
Psytalie	241	Rathlin-o-Birn	142	Rhins of Islay	126
Pubnico (havre)	293	Ratnagiri	374	Rho (détroit de)	385
Puercos	193	Rattlesnake	329	Rhode-Island	311
Puerto Cabello	341	Ray (cap	275	Rhode	246
Puerto de Santa Maria	184	Ray (bec du)	161	Rhodes	246
		Raz (falaise du)	161	Roatan, (île)	340
Puerto-Mont	357	Raza	354	Robbin's Reef	318
Puerto-Rico	346	Rozzoli	206	Roca	182
Puffin (île)	272	Récif (cap)	367	Rochebonne	155
Pugwash	284	Red-Fish-Bar	338	Roche-Bonne	170
Pulicat	377	Red-Islet	278	Rock	117
Pulo Dahan	385	Reedy (île)	321	Rockabill	132
Pulo Lepar	385	Reggio	216	Rock Island	394
Pulo Tjilaca	385	Regnéville	154	Rödkallen	53
Pulteney	79	Reine	74	Rodö	73
Pumpkin	301	Renesse	7	Rodsker	48
Pumham (rocher)	312	Ren-Sker	51	Rodtangen	62
Punta Arenas	259	Reuben (pointe)	368	Rodvig	87
Punta Brava	356	Réunion (la)	369	Rogosnizza (port)	233
Punta Dura (île)	232	Revel	47	Roji (île)	372

25.

Rokuren	392	**S**		de l'est)	317	
Romain (cap)	329			— balise		
Roman Rock	367	Sabinal (pointe)	186	de l'Ouest	317	
Romblon (port)	386	Sabine (passe)	337	Sandy Neck	307	
Romsö	33	Sabine (pointe)	312	Sandy Point	325	
Ronaldsha (north)	77	Sable (cap)	292	Sangley (pointe)	387	
Ronde (ile)	385	Sable (ile de)	289	Sangsit	384	
Ronde (ile)	376	Sable (ile de)	334	Sanguinaire (ile)	204	
Ronglevär	69	Sables d'Olonne	169	Santa-Cruz	361	
Roquetas	187	Sacratif (cap)	186	Santiago de Cuba	345	
Rosa (cap)	262	Saddleback	301	Sankaty (cap)	308	
Rosas (port de)	192	Saddle nord	390	San-Paolo	354	
Rose Blanche	275	Sado (ile)	395	Sansego (ile)	232	
Rose (ile)	311	Sagami	394	Santander	177	
Rose (porto)	227	Saghalien (ile)	396	Santipilly	378	
Rosette	261	Sagua la grande	344	Santona	176	
Ross (crique)	397	Said (port)	260	Santos	354	
Rosslare	134	Saïda	260	Sace (ile)	385	
Rota	184	Sainia (ile)	372	Sapelo (ile)	331	
Rothesay	124	Sakaï	393	**Sardaigne (ile de)**	206	
Rotten (ile)	383	Sale (port de)	232	Saseno (ile)	237	
Rotterdam	9	Salinas	194	Saseafras (pointe)	312	
Rotterdan (canal de)	9	Salinas	352	Satano Misaki	392	
		Salomon's Lump	325	Saugor (ile)	380	
Rottnest (ile)	409	Salonique (golfe de)	343	Sounders (cap)	413	
Royal-Tovereign	99			Saundersfoot	113	
Royan	172	Salou (cap)	191	Sauzon	165	
Rouge (cap)	279	Saltees	135	Savanilla	340	
Rouge (mer)	371	Salt End	90	Savone (port de)	208	
Roumili Fener	250	Salut (iles du)	351	Saybrook	314	
Roumili Hissar	250	Salvora	180	Scalambri	218	
Round (cap)	287	Salvoré	227	Scala Nuova	245	
Roussaro	51	Samana (pointe)	237	Scalpay glas Island	128	
Rousse (ile)	203	Samarang	384	Scarborough	88	
Rovigno (port de)	227	Samboangan	388	Scardizza	232	
Rozier (cap)	276	Sambre	290	Scarweather	113	
Rua (ile)	180	Samsoun	257	Scatari (ile)	286	
Rudkjobing	34	Sand (caye)	333	Scattery	140	
Rufisque	267	Sanda	125	Schaneck (cap)	404	
Runa Gal	127	Sandalo (cap)	207	Schern'van Goevee	7	
Rundö	70	Sandhamn	57	Scheurdam	9	
Runö	45	Sandhammaren	61	Scheveningen	10	
Russel (port)	409	Sand Heads	364	Schiedam	9	
Russie	44	Sandkrug	32	Sciermonnigk Oog	12	
Russie	252	Sandridge	406	Schillighorn	16	
Rustico (petit)	283	Sand's Point	316	Schleimunde	31	
Rustico (grand)	283	Sandvig	65	Schleswig	21	
Ru-Stor	128	Sandy (cap)	399	Schnapper (pointe)	406	
Ruytingen	143	Sandy (ile)	347	Schokland	14	
Ryed	99	Sandy Hook	317	Scholpin	12	
Ryde	101	Sandy Hook (coté S. O.)	317	Schulau	20	
Ryvarden	68			Schulau (flottant)	20	
		Sandy Hook (balise		Schulpengat	10	

TABLE DES MATIÈRES. 437

Schutz (banc)	26	Ship (port)	287	Slano (port)	236
Schuylkill	321	Ship Island	335	Sletterhage	29
Scotland (épave du)	317	Ship John (banc)	320	Sligo	141
		Shippigan (port)	281	Slipshaven	31
Sdrelaz (rocher)	232	Ship-Wash	93	Sloe Vulpenburg	6
Sea Cow	283	Shirazu	392	Slottero	68
Seaham	87	Ship Shoal	337	Slyne Head	140
Seal (île)	293	Shoalwater (baie)	363	Smalls	113
Seal Sand	88	Shoreham	100	Smith (île)	364
Sea Reach	95	Shouwen (West)	6	Smith (pointe)	324
Seaton	87	Shovelful	308	Smorhavn	70
Sea Wolf	285	Siaaholmen	74	Smyrne (baie)	244
Sebbsker	52	Siam	388	Smyrne (port)	244
Sebenico (port)	233	Sicile (Ile)	216	Snipan	53
Seddhul Bahr	247	Sidero (cap)	246	Snouw	143
Segna (port de)	231	Sierra Leone	267	Socoa	175
Séguin	303	Silleiro	181	Söderarm	56
Sein (chaussée de)	161	Silloth	120	Söderhamm	55
Sein (île de)	161	Sima (cap)	393	Sod Island	138
Seine (embouchure de la)	148	Simabara	392	Sœddingstrand	22
		Simpnäsklubb	56	Sœderscher	51
Seirö	33	Simon's Bay	367	Sœder-Sker	51
Selsea-Bill	100	Singapour	382	Solitaire du Sud (île)	401
Selze (port de)	231	Sinigallia	224		
Sénéquet	154	Sinope	257	Soller (port)	194
Senieta (pointe)	190	Sisal	339	Solovets	76
Sentina	186	Sisargnas (île)	179	Solvay	120
Sépet (Cap)	200	Siriyosaki (cap)	395	Sombrero (île)	347
Sept Iles	157	Sissibou (rivière)	294	Sombrero (caye)	333
Serpents (îles des)	252	Sivers	254	Somes (îles)	411
Seskar	49	Siwo Misaki	393	Somer (crique)	324
Sestrice (îles)	235	Skagen	54	Sommers	48
Sestroretsk	50	Skagen	24	Sommet Mount	269
Setuval	183	Skagen (récif de)	24	Sonde (détroit de la)	381
Seudre	171	Skeirmoville	126	Sonde (détroit de la)	382
Sénégal	266	Skellys	138		
Sévastopol	255	Skelscher	52	Sonderburg	30
Seven Foot Knoll	526	Skelswer	52	Sondre Katland	65
Seven Stones	107	Skerries	115	Sörhougö	67
Seychelles	369	Skerries (baie)	133	Sorigno	231
Shambles	101	Skerrivore	127	Sosnovets	76
Shantung	393	Skiathos	242	Sottile (pointe)	227
Sharp (île)	325	Skinburness	120	Soukhoum	256
Shaweishan	390	Skiros	242	Soulou	388
Shédiac	282	Skjkllanger	69	Sour	260
Sheerness	96	Skogsnas	70	Sourabaya	384
Sheet Harbour	289	Skopelos	242	Sourop	47
Sheldrake (île)	281	Skovshoved	36	Souter	86
Shelburne	292	Skraaven	74	Southampton	101
Sherbrook	290	Skudeenœs	67	South Bishop	114
Schetland et Orcades (îles)	77	Skutari	249	South Rock	131
		Skutskar	55	South Rona	127
Shields (North)	86	Slag Wall	88	South Sea	101

TABLE DES MATIÈRES

South Stack	115	Stora	263	Swansea	112
South West Sedge	315	Storgrund	59	Swinemünde	41
Souvorof	253	Storjungfrun	55	Swin Middle	95
Sow and Pigs	310	Stornoway	128	Sydney	286
Spakenburg	13	Störort	19	Sydost Brotten	54
Spalato (pointe)	234	Stöt	73	Sylt (ile)	22
Spalmadore	245	Straitsmouth	305	Synœs	71
Spartel (cap)	266	Stratford (pointe)	315	Syra	242
Spartivento (cap)	221	Stranrair	122	Syracuse	217
Spartivento (cap)	207	Straw (ile)	140	Syrie	259
Spasski	254	Stretto (canal)	233	Saint Abs's. Head	85
Spathi (cap)	240	Strib	30	Saint Agnès	108
Spear (cap)	273	Strijen-Saas	8	Saint Andrew	284
Spencer (cap)	296	Stromboli	216	St Andrew (port)	297
Speo (pointe)	233	Stromtagen	64	Saint Andrew's	82
Spezzia	241	Stupiski (pointe)	235	Saint Ann's	143
Spichel	183	Styrsoudden	50	Saint Antoine	279
Spilling Rock	139	Suakin	371	Saint Bees	119
Spit Sand	101	Suannies	177	Saint Blaise (cap)	367
Spotsbjerg	26	Succonnesset	309	St Cristophe (ile)	347
Sprogö	33	Suède	53	Saint David	83
Spurn	89	Suez	371	Saint Denis	369
Square (ile)	390	Suez (baie de)	261	Saint Domingue	346
Srigina (ile)	263	Sugar Loaf (pointe)	401	Saint Elie (cap)	207
Stabben	69	Suga Simia	394	Sainte Anne (port)	285
Stafseng	64	Sulina	252	Sainte-Augustine	332
Stallingborough	90	Sullivan (ile)	329	Sainte Barbe	175
Stamphani	239	Sumatra	381	Sainte Catherine	102
Stamsund	74	Sumburgh (cap)	77	Sainte Croix	279
Stangholm	64	Sumter (fort)	330	Sainte Croix (ile)	347
Start Point	106	Sund (côte est)	38	Ste Croix (rivière)	299
Start point	78	Sund (côte ouest)	35	Sainte Lucie (ile)	349
Staten (ile)	318	Sunderland	87	Sainte Marie	183
Stavanger	67	Sunderland north	85	Sainte Marie	355
Stavenisse	6	Sunk	94	Sainte Marie (cap)	273
Stavnœs	72	Surig	15	Sainte Marie de	
Stavœrnsö	64	Surinam	350	Madagascar	369
Stavoren	15	Suvero (cap)	215	Sainte Maure	298
Stephins (port)	401	Suzac	172	Saint Francis	279
Steilene	62	Svalfer Ort	45	St Francis (cap)	272
Stenscher	48	Svartklubben	56	St Francis (cap)	367
Stenscher	48	Svenborg	30	Saint Georges	112
Stepping-Stones	316	Svenov	64	Saint Georges	252
Stevens	37	Svenska Bjorn	57	St Georges (cap)	285
Stinking (ile)	272	Svenska Hogarne	57	St Georges (cap)	334
Stingray (pointe)	324	Svitiatoi-Noss	75	Saint Gilles	168
Stobba (pointe)	226	Sviato Troiski	254	St Jacques (cap)	358
Stoddar (ile)	293	Svinbadan	38	Saint Jean d'Acre	260
Stokes (baie)	101	Svino	74	Saint Jean de Luz	175
Stolpenmünde	42	Svolvœr	75	St Jean de Pelago	227
Stonehaven	81	Swallow-Tail	298	Saint John	273
Stone Pillar	279	Swan (ile)	300	Saint John	279
Stonington	313	Swan (ile)	403	Saint John (Havre)	296

TABLE DES MATIÈRES. 439

Saint John (riv).	332	San-Antonio (cap)	189	**T**	
Saint Joseph.	335	San-Antonio (cap)	344		
Saint Julien	182	San-Antonio (pte)	232	Taarbœk	36
Saint Lambert	174	San-Blas (cap)	334	Taars	35
Saint-Laurent (Golfe et Fleuve)	275	San Carlos de Acud Us Chiloë	357	Tabisintac. Table Bay	284 268
Saint Lawrence.	279	San Cassano (port	232	Tagal.	383
Saint Lawrence cérique	398	San Cataldo (pte) San Cataldo (pte)	222 223	Tagonrog Taitan (île)	258 389
St Léonard (môle)	406	San Cypriano	178	Taïti.	365
Saint Louis (canal)	197	San Diego.	360	Tajer (port)	233
Saint Malo	154	San-Francisco	353	Takhona.	46
Saint Marcouf	151	San Francisco	362	Talais	173
Saint Margaret.	290	San Giorgio pointe	234	Talamone (port de)	211
Saint Mark's.	334	San José de Guatemala	360	Talanta (canal de) Tamise (embouchure	242
Saint Martin	170			de la).	93
Saint Martin (île)	347	San Lucar	184		
Saint Mary (cap)	294	San Martino della		Tampa	333
Saint-Mary (port)	121	Brazza	234	Tampico.	338
Saint-Marthieu.	160	San Pablo.	362	Tandjong-Kalean	385
Saint Michel (île)	269	San Paolo	354	Tandjong Ouléar.	385
Saint Monans.	83	San Pietro (île de)	207	Tanger	266
Saint Nazaire.	167	San Pietro dei		Tanjohg-Po.	386
Saint Nicolas	172	Nembi (île)	232	Tapia	178
Saint Nicolas banc	387	San Pietro della		Tapti	373
Saint Nicolas port	205	Brazza.	234	Tarbat Ness.	79
Saint Nicolas roche.	167	San Remo (port). San Sébastien	207 192	Tarbert. Tarente.	140 222
Saint Quay.	155	San Stephano	211	Tarifa.	185
Saint Paul.	370	San Stephano	248	Tarkham	255
Saint Paul (baie)	279	Santa Agata	216	Tarpaulin-Cove	310
Saint Paul (île)	275	Santa Anna	352	Tarragone.	191
Saint-Peter	284	Santa Barbara	354	Tasmanie	403
Sain-Pierre	172	Santa Barbara	361	Tavolora (cap).	207
Saint Pierre.	274	Santa Clara	176	Tay.	82
St-Pierre (baie de)	349	Santa Croce	217	Tayport.	82
St-Pierre (baie de)	370	Santa Cruz	270	Tchefuncti (riv).	336
Saint Raphaël.	201	Santa Cruz	344	Tcherdakh (pointe)	248
Saint Roque	279	Santa Cruz.	361	Tchesmé	245
Saint-Sébastien	176	Santa Margharita	268	Tchiva Bournou	251
Saint-Simon (île)	331	Santa Maria (cap)	222	Tchœpmansgrund	53
Saint-Thomas (île)	347	Santa-Maria-di-		Tearaght.	183
Saint-Tropez,	201	Capo (cap).	230	Teighmouth	102
Saint-Tudwall	114	Santa Marta.	340	Teignouse.	164
Saint-Vaast	152	Santa Pola	188	Tekœlei	385
St Valery en Caux	147	Santa Venere	215	Tellichery.	375
Saint-Valery (sur Somme)	145	San Thome San Thomé (cap)	268 354	Telok Beton Tenby.	382 113
Saint-Vincent	183	San Vicente	177	Tenera	255
Saint-Vincent	350	San Vito	219	Ténédos	243
Saint-Yves	108	San Vito (cap).	222	Ténériffe.	270
San-Angelo	214			Ténes	264
San-Antonio.	183			Ténes (cap)	264

TABLE DES MATIÈRES

Tennant (port)	302	Toona (crique)	372	Tsérel	45
Ten-Bound (île)	305	Too's Marshes	324	Tucker's Beach	319
Termini	220	Torbjont Skjœr	63	Tungenœs	66
Terminos	339	Torgauten	69	Tunis	260
Termunterzijl	16	Torgerso	63	Turnabout (îlot)	390
Terneuse	4	Torquoy	103	Turnberry	123
Terningen	72	Torre Annunciata	215	Turneff (cayes)	339
Terno	61	Torre di Faro	216	Turkey (pointe)	326
Terracine (port de)	291	Torre Vieja	188	Turques (îles)	342
Terre Nègre	172	Torrox (pointe de)	186	Turquie	242
Terre Neuve	211	Tortosa (cap)	191	Turquie	251
Terschielling	11	Torungerne	64	Turquie	256
Terstenich	231	Tory	129	Tushar	134
Terstenik (port)	236	Toulinguet	160	Tusket (rivière)	293
Tevennec	161	Toulinguet (île)	271	Tuticorin	377
Texas	337	Toulon	200	Twofold Bay	402
Texel	11	Touquet	145	Tybée	330
Thames (rivière)	411	Toward	124	Tyborøn	23
Thau (étang de)	197	Tsing-Seu (île)	389	Tylo	27
Thémistocle (cap)	241	Tsuru-Sima	393	Tynemouth	86
Théodoros (pointe)	239	Tracacadie	284		
Therapia Kirech (pointe)	250	Tracadie (port)	284	**U**	
Thimble Shoal	322	Trafalgar	184		
Thisted	23	Tralee	138	Ubas (pointe)	229
Thomas (pointe)	325	Tranekjœr	35	Une brasse (Banc de)	381
Thoragumbald-Clough	90	Trano	74	Udsire	67
Thre Top	288	Trapani	219	Uléaborg	53
Throggs Neck	316	Trapani (les Fourmis de)	219	Ulko-kalla	53
Thuno	29	Trapano (port)	235	Ulla	71
Tigani (port)	245	Traste (pointe)	237	Ulladulla	420
Tignoso	338	Travemünde	40	Umago (port)	227
Tigre (île du)	390	Trébizonde	256	Umea	54
Timaru (port)	413	Tréguier	156	Undesten	56
Timbalier (baie)	337	Trekroner	36	Uniacke	286
Timsah (gare de)	261	Trelleborg	61	Urk	14
Timsah (lac)	261	Tremiti	224	Ushenish	128
Tina Major	177	Tréport	146	Usk	111
Tino	209	Trevase-Pead	108	Utholmen	59
Tinoso (cap)	187	Triagoz	158	Utilla (île)	340
Tipara (banc)	408	Trieste	226	Utklippan	60
Tipaza	264	Trieux	156	Ugrunden	60
Tiri-Tiri-Matangi	409	Trindelen	25	Uto	51
Titan (île)	201	Trinidad	363	Vaago	71
Tjilatiap (baie)	382	Trinity (baie)	397	Vada (port de)	210
Tobago	341	Trinity (banc)	337	Vado (port de)	208
Tobœ Ali	385	Trinité (île de la)	341	Vakalapudi	378
Talboukine	49	Tripoli	259	Val	6
Tomangai	393	Trœnen	73	Valdivia	358
Tompkins (fort)	318	Trois Pointes	26	Valence	100
Tollen-Ort	20	Troon	123	Valentia	138
Tongue (East)	96	Troubridge (banc)	407	Valparaiso	335
		Trouville	150	Vantorefc (île)	21
				Varelersiel	17

TABLE DES MATIÈRES. 441

Varna	251	Vlieland	11	West Terschelling	12
Varne	99	Vodnjak (rocher)	234	Weymouth	102
Varnœs	66	Vœro	74	Whale's Back	304
Vathi (golfe de)	245	Volaska (port)	229	Whashington(fort)	327
Vedbœk	36	Volcano (ile)	390	Whibdy	364
Veere	5	Vollendam	13	Whitby	88
Veglia (ile)	233	Volo (golfe de)	242	White (ile)	304
Veglia (port de)	230	Voloschki	254	Whitehaven	119
Veiro	34	Vona Bournou	251	White head	276
Velez Malaga	186	Vordingborg	34	White Head	288
Ven	12	Vostizza (port de)	240	White Head	293
Ver (pointe de)	150	Vulcano	216	White Head	301
Vera Cruz	339			White Shoal	323
Verawal	373	**W**		Whitton-Ness	89
Verder	46			Wick	79
Vert (cap)	266	Wada No Misaki	393	Wickham (cap)	407
Verte (ile)	287	Waikava (rivière)	414	Wicklow Head	134
Veruda (port)	228	Wakefield	407	Wide (baie)	399
Vianna de Castello	181	Waldel	144	Wieringen	12
Viareggio	209	Walderhoug	71	Winga	28
Vibber-Odde	66	Wälerobod	28	Wing's Neck	311
Vielingen (Belgi-		Walker-Dyke	89	Windmill (pointe)	324
que)	2	Walney	119	Winter (port)	300
Vielingen (Hol-		Walsey-Skerries	77	Winteringham	89
lande)	2	Waubron (cap)	413	Winter Quarter	322
Vierge (ile)	158	Walton	295	Winterton	91
Viesti	224	Wanganui	412	Willemsdorp	9
Vietri	215	Wangeroog (ile)	16	Willemstadt	8
Vieux port	148	Warberg	27	William-Town	406
Vigholm	67	Warhworth	85	Wilson (promon-	
Vigneria	211	Warnambool		toire)	430
Vigo	181	(baie)	406	Wilhelminenhohe	32
Villa	73	Warnemünde	40	Wilhemshaven	17
Villajoyosa	189	Warner	101	Willoughby	407
Villanueva (port		Waren	129	Wilson (pointe)	364
de)	191	Warwick-Neck	312	Wisby	59
Villano	180	Washademoak		Wismar	41
Villaricos	187	(lac)	297	Withernsea	89
Villaviciosa	177	Washington	327	Wolf	107
Ville-ès-Martin	166	Watoh Hill	313	Wolf	298
Villefranche	202	Watchet	110	Wolf	331
Villequier	148	Waterford	135	Wolf-Trap	324
Victoria (port)	364	Watt (ile de)	324	Wollerwick	21
Victoria (port)	370	Wedge (ile)	289	Wollongong	401
Vierges (cap des)	357	Wellington	411	Wood (ile)	284
Vinaroz (rade de)	190	Welsoorden	4	Wood (ile)	303
Vindau	44	Wemeldinge	6	Wood End	307
Vingorla (port)	374	Wemyss Ouest	83	Woosung	391
Vingorla (récif)	374	Weser	17	Workington	120
Virginie	322	Westborg	29	Workum	15
Vlaardingen	9	Westergarns	59	Worms	46
Vladivostok	396	Western (port)	404	Worthing	100
Vlakkehock	382	West Quoddy (cap)	299	Wrath (cap)	78

26

TABLE DES MATIÈRES.

Wyk	22	Yénikaleh	258	Zaändkreck	6
Wyre	118	Yerba buena	362	Zandvoort	10
		Yeu (île d')	168	Zante	239
Y		Yokohama	394	Zara	233
Yalta	255	York Spit	323	Zée	242
Yang-Tse-Kiang	391	Youghal	136	Zebu (canal)	386
Yarmouth	293	Ystad	61	Zeitin Bournou	249
Yarmouth	92	Yttero	69	Zélande (nouvelle)	410
Yarmouth	102	**Z**		Zleriksee	6
Ydre Grôningen	65			Zimnegor	76
Yebosi	392			Zijpe	6
Yedo	395	Zafarana	371	Zuidersée	12
Yellow Patih	400	Zanddijh	9	Zumaya	176

FIN DE LA TABLE DES MATIÈRES.

Paris — Imprimerie L. CELLARIUS, 22, rue de l'Hôtel-Colbert.

www.ingramcontent.com/pod-product-compliance
Lightning Source LLC
Chambersburg PA
CBHW060518230426
43665CB00013B/1567